面向高端制造领域的大数据管理系统

“面向高端制造领域的大数据管理系统”项目组　编著

清华大学出版社
北京

内容简介

本书是“十三五”国家重点研发计划“云计算和大数据”专项“面向高端制造领域的大数据管理系统”项目的研究成果。全书共25章，分为导论篇、多模态异构数据源管理引擎篇、语义融合与一体化管理引擎篇、运维工具篇、测试篇和应用篇，紧密围绕我国先进制造发展的需求和国际大数据管理技术的前沿，在工业大数据一体化管理体系架构、多模态异构数据管理、语义融合与协同优化、运维工具与测试床等多个方面论述了本项目的重要成果。

本书可供高端制造企业大数据管理和工业大数据管理领域的科研、开发和运维人员阅读。

图书在版编目(CIP)数据

面向高端制造领域的大数据管理系统/“面向高端制造领域的大数据管理系统”项目组编著. —北京：清华大学出版社，2021.9

ISBN 978-7-302-57911-3

Ⅰ. ①面…　Ⅱ. ①面…　Ⅲ. ①制造工业—数据处理系统—研究　Ⅳ. ①F407.4

中国版本图书馆CIP数据核字(2021)第060936号

责任编辑：龙启铭　战晓雷
封面设计：杨双竹
责任校对：郝美丽
责任印制：刘海龙

出版发行：清华大学出版社
　网　　址：http://www.tup.com.cn，http://www.wqbook.com
　地　　址：北京清华大学学研大厦A座　　**邮　　编**：100084
　社 总 机：010-62770175　　**邮　　购**：010-83470235
　投稿与读者服务：010-62776969，c-service@tup.tsinghua.edu.cn
　质量反馈：010-62772015，zhiliang@tup.tsinghua.edu.cn
　课件下载：http://www.tup.com.cn，010-83470236
印 装 者：三河市铭诚印务有限公司
经　　销：全国新华书店
开　　本：185mm×260mm　　**印　　张**：31.75　　**字　　数**：776千字
版　　次：2021年9月第1版　　**印　　次**：2021年9月第1次印刷
定　　价：98.00元

产品编号：083148-01

谨以此书敬献给砥砺前行的祖国

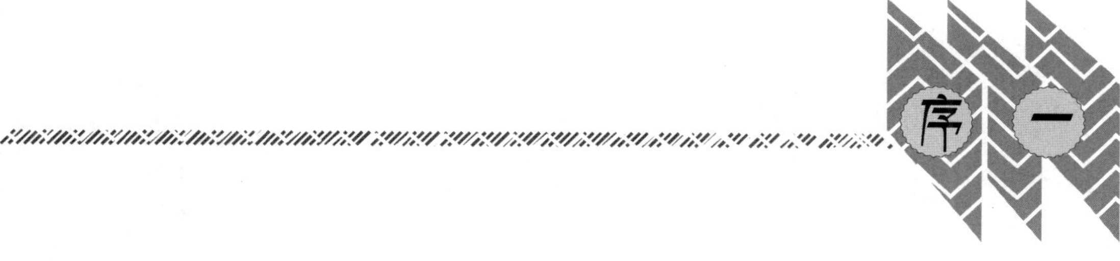

如今，大数据已经在互联网、金融、政府、国防、制造业等众多领域中都有了成功的应用，并正在为国民经济和社会民生创造着巨大的价值。而作为大数据领域的一个重要方向，工业大数据也在近几年里得到蓬勃发展，成为国际的研究热点之一，更是被看作第四次工业革命的基础和关键技术之一。

工业大数据管理系统作为工业大数据软件的核心要素，其关键技术的研发一直是整个工业大数据领域的难点和瓶颈。虽然国内众多学者投身其中，但目前还没有专门的学术著作出版。各种研究成果也零散分布于各种期刊论文或学术报告中，缺乏系统化的论述和整理以供相关研究人员参考使用。因此，本书可谓在此细分研究方向上的探索。

本书的作者都是中青年学者，他们长期在科研和教学第一线工作，具备扎实的理论基础和丰富的科研实践经验，对相关领域的发展前沿和动态有敏锐的洞察力。本书是他们承担的国家重点研发计划重点专项项目"面向高端制造领域的大数据管理系统"的研究成果的凝练总结，可以说是他们长期辛勤的科研工作的结晶，不仅对其他学者的学术研究具有启发意义，更对企业工程人员具有较大的借鉴作用。

基于与本书相关的研究成果，该科研团队成功突破了工业领域的高通量、多模态异构数据一体化管理的关键技术，并在能源、化工、流程制造等众多行业中取得了成功的应用，创造了可观的经济效益和社会效益，真正做到了"能用、管用、好用"。更加值得一提的是，清华大学软件学院一批年轻学者瞄准时序数据在存储和管理上的空白，开发出了工业互联网时序数据引擎 IoTDB 并实现了卓越的性能。秉持共享创新的精神，该科研团队将 IoTDB 全部开源，使其成为中国高校首个 Apache 基金会项目，也是 Apache 基金会在该领域唯一的项目。我欣喜地看到，目前国内已有众多单位的开发人员也通过开源社区参与到 IoTDB 的开发之中，以合作的方式汇聚群力，以开源的魅力共建生态，以创新的精神抢占先机！

历史经验告诉我们，科学研究不能一味地"跟跑"。在扩大国际交流和加强学习国外先进经验的基础上，走我国自主的、有特色的技术路线，是具有重大意义和价值的。以创新的理念和技术手段，实现"并肩跑"甚至"领跑"，从而达到"弯道超车"的效果，既符合国情，也符合技术发展规律。本书在国家重点研发计划重点专项的支持下得以出版，这充分表明，在国家科技创新体系规划和政策指导下，有计划、有组织、有序地开展科学研究，对学科整体体系构建和关键技术发展具有积极的促进作用。

我希望本书的作者再接再厉，坚持扎根科研一线，倾注心血和智慧，扩展深化研究领域，做大数据时代的弄潮儿，撷取更加丰硕的成果！

孙家广

2021 年 3 月于清华园

序二

在本书即将由清华大学出版社出版之际，主编冯铃教授嘱我写序，我欣然同意了。本书是国家重点研发计划“云计算和大数据”重点专项项目“面向高端制造领域的大数据管理系统”(2016年立项)的研究成果。经过项目组历时3年的艰苦努力，该项目现在已经接近完成，并即将接受国家有关部门的验收。我一直非常关注这个项目的进展，因为大数据管理是一个世界性的难题。

2016年，在该重点专项项目启动的时候，市场上并没有所谓的“大数据管理系统”存在。面对大数据应用所特有的数据类型多样、计算模式多样等特点，管理大数据自然就面临着巨大的技术挑战。该重点专项项目专家组经过反复认真研讨，决定面向特定领域——大数据应用，开展大数据管理系统的研制工作，并提出了开放式系统架构、支持多种数据类型、具备“三高”(高扩展性、高可用性、高性能)特性等很高的技术要求，希望在大数据管理系统的核心关键技术上取得突破。

清华大学冯铃教授牵头的团队在激烈的竞争中成功胜出，承担了“工业大数据管理系统”的研究任务。经过3年的努力，该项目组设计了一套名为MIX的工业大数据管理系统架构。该架构能够一体化管理工业领域的高通量、多模态异构数据(含非结构化数据、图数据、时序数据、关系数据、键值数据)，而且能够提供性能监控、调优、运维和质量管理等一系列工具。从数据管理系统的形态看，它是一个具有完整功能的大数据管理系统。它的主要构件包括多模态异构数据源管理引擎层MIX-DB-Engines、语义融合与一体化管理引擎层MIX-Union-Engine、运维工具层MIX-Tools以及测试床MIX-Test-Suits等。该项目组给出了面向工业领域的大数据管理系统的解决方案，并实践了相关系统的一些应用，验证了方案的可行性。这是一个很大的成绩，可喜可贺！该项目组全体成员为之付出了巨大努力！

在这个时候，我不由自主地想起孙家广院士在2002年国家863计划国产数据库管理系统重大专项启动时说过的话：做系统项目的目标应该是“做得出、用得上、卖得掉”。这是科技成果转化的三部曲，而且一步比一步难。我希望“面向高端制造领域的大数据管理系统”项目的验收会不是结束，而是向管理大数据的新目标进军的“誓师大会”。希望该项目组继续努力，做好成果的落地和转化工作，按照习近平总书记的要求：“将论文写在祖国的大地上”，真正解决工业大数据应用中的“高、精、尖、难、怪”等各种实际问题！

杜小勇

中国人民大学教授

CCF数据库专业委员会主任

2021年3月于北京

前言

两百多年来的人类工业文明正在新兴信息通信技术的驱动下发生着深刻的变化。今天，智能制造正在成为新兴信息通信技术与新一代工业革命蓬勃发展的历史交汇点，是现代社会挺进数字经济时代的主战场。

改革开放四十多年来，我国制造业尽管取得了举世瞩目的成就，但是，在国际产业链分工中总体上仍处于低端地位的状况却没有得到根本改变。因此，抓住新工业革命与信息技术融合发展的历史机遇，大力推进智能制造，全面推动工业互联网的发展，已成为我国重要的战略部署。

作为智能制造、工业互联网中关键生产要素的工业大数据及其管理技术与系统则成为高端制造数字化转型发展的赋能力量。

工业大数据管理系统作为工业大数据软件的核心要件之一，能使工业大数据软件具备高通量数据的采集能力、多模态数据的管理能力和超强关联数据的集成查询能力，可为工业大数据的应用研制提供关键支撑。

在“十三五”国家重点研发计划“云计算和大数据”的专项攻坚战中，“面向高端制造领域的大数据管理系统”项目的参研单位紧密围绕我国先进制造发展的需求和国际大数据管理技术的前沿，分工合作，协同攻关，在工业大数据一体化管理体系架构、典型数据管理引擎、系统监控与数据质量工具、工业大数据测试基准及工具等多个方面取得了重要进展，收获颇丰，遂汇聚成书，以供同仁参考学习并请批评指正。

王建民

清华大学

2021年3月

本书获得国家重点研发计划“云计算和大数据”重点专项资助。

感谢团结进取的项目组全体成员。

感谢孙家广院士、王珊教授、李建中教授、杜小勇教授、李战怀教授、彭智勇教授、汪卫教授的悉心指导。

感谢梅宏院士、金海教授、管海兵教授、张文生研究员、袁晓洁教授、赵耀教授、沈一栋研究员、胡雷钧研究员、石友康高工、丁治明研究员、王国仁教授、马帅教授、张世琨教授、李扬高工的批评指正。

感谢杨双竹的封面创意和徐良栋老先生的文字提炼。

感谢清华大学出版社龙启铭老师的大力支持。

感谢清华大学、北京大学、中国人民大学、哈尔滨工业大学、西北工业大学、复旦大学、武汉大学、北京金风科创风电设备有限公司、国家气象中心、中日友好环境保护中心、生态环境部信息中心、中国运载火箭技术研究院、中国商飞北京民用飞机技术研究中心、中国软件评测中心、工信部标准化研究院、人大金仓、恒华伟业等项目承担单位的大力协助。

感谢科技部高技术研究发展中心“云计算和大数据”专项办的有力督导。

国家重点研发计划“云计算和大数据”重点专项
“面向高端制造领域的大数据管理系统”项目组

第1篇 导 论 篇

第2篇 多模态异构数据源管理引擎篇

第 3 篇 语义融合与一体化管理引擎篇

第4篇 运维工具篇

第6篇 应 用 篇

第 1 篇　导　论　篇

工业大数据系统不仅需要一体化管理工业领域的高通量、多模态异构数据，而且需要提供性能监控、调优、运维和质量管理等一系列工具，以确保系统的数据可适性、应用多样性和可靠性。

工业大数据系统的主要构件包括多模态异构数据源管理引擎层 MIX-DB-Engines、语义融合与一体化管理引擎层 MIX-Union-Engine、运维工具层 MIX-Tools 以及测试床 MIX-Test-Suits。

各构件功能如下:

- 多模态异构数据源管理引擎层 MIX-DB-Engines 负责管理高端装备监测时序数据、海量非结构化工程数据以及工业物料表图数据。
- 语义融合与一体化管理引擎层 MIX-Union-Engine 负责对工业异构数据的统一建模和语义融合，实现工业多模态异构数据的一体化数据查询与语义查询。
- 运维工具层 MIX-Tools 负责对高端制造领域大数据管理原型系统的一体化性能监控、运维、调优与质量管理。
- 测试床 MIX-Test-Suits 针对工业数据及其使用特点，提供工业制造机器监测时序数据库、非结构化数据库、工业图数据库的评测基准与测试工具，并进一步使用这些评测基准对相关系统和产品进行功能和性能上的对比评测。

本篇介绍工业大数据管理系统的基本概念、发展动态与现实需求、层次化系统架构等内容，是后续各个章节的基础。

本篇包括 3 章。

第 1 章介绍工业大数据管理系统的背景需求，叙述工业大数据的特征和应用特征，分析工业大数据管理的关键技术。

第 2 章通过对国内外研究现状的分析，揭示全球的技术发展状况和趋势，并阐述国内目前存在的差距和不足。

第 3 章从工业大数据的技术架构和平台架构入手，重点介绍工业大数据管理系统的层次化架构。

什么是工业大数据

王 晨 徐 哲

清华大学软件学院

本章通过对工业大数据的定义以及工业大数据的本质特征、4V特征、新特征和应用特征的论述，回答什么是工业大数据这个问题。

1.1 工业大数据的定义

工业大数据是在工业领域中围绕典型智能制造模式，从客户需求到销售、订单、计划、研发、设计、工艺、制造、采购、供应、库存、发货和交付、售后服务、运维、报废或回收再制造等整个产品全生命周期的各个环节所产生的各类数据及相关技术和应用的总称[1]。工业大数据以产品数据为核心，极大地延展了传统工业数据的范围，从而促进了相关技术的应用和发展。

工业大数据具备双重属性[2]：价值属性和产权属性。一方面，通过工业大数据分析等关键技术能够实现设计、工艺、生产、管理、服务等各个环节智能化水平的提升，满足用户定制化需求，提高生产效率并降低生产成本，为企业创造可量化的价值；另一方面，这些数据具有明确的权属关系和资产价值。企业能够决定数据的具体使用方式和边界，其数据产权属性明显。工业大数据的价值属性实质上是基于工业大数据的采集、存储、分析等关键技术，对工业生产、运维、服务过程中的数据实现价值的提升或变现；工业大数据的产权属性则偏重于通过管理机制和管理方法帮助工业企业明晰数据资产目录与数据资源分布，确定产权边界，为其价值的深入挖掘提供支撑。

工业大数据是工业互联网的重要核心，是工业智能化发展的基础原料[3]。随着互联网与工业融合创新和智能制造时代的到来，工业大数据技术及应用不仅是未来提升制造业生产力、竞争力、创新能力的关键要素，更是驱动产品智能化、生产过程智能化、管理智能化、服务智能化、新业态和新模式智能化，支撑制造业转型和构建开放、共享、协作的智能制造产业生态的重要基础，对我国实施智能制造战略具有十分重要的推动作用。

1.2 确定性与不确定性并存

工业系统往往具有复杂动态系统的特性。例如，飞机、高铁、汽车、船舶、火箭等高端工业产品本身就包含着极其复杂的运作系统。所以，产品的设计过程首先要满足外部系统复杂多变的需求;产品的生产过程更是一个人、机、料、法、环协同交互的多维度动态系统;产品的使用过程本质上就是产品与外部环境系统相互作用的过程。由此可见,在产品全生命周期中,各个环节都具有典型的系统性特征。

确定性是工业系统本身能够有效运行的基础。对设计过程来说,确定性体现为对用户需求、制造能力的准确把握;对生产过程来说,确定性体现为生产过程稳定、供应链可靠、高效率和低次品率;对使用过程来说,确定性体现为产品持久耐用、质量稳定和对外部环境变化的适应性。因此,人们倾向于提高系统的确定性,避免不确定性因素对系统运行的干扰。工业系统设计一般基于科学的原理和行之有效的经验,输入和输出之间的关系体现为强确定性。

有效应对不确定性是工业系统相关各方追求的目标。但是,工业系统是一个开放的动态系统,它要面临复杂多变的内外部环境。因此,不确定性是工业系统必须面对的客观存在。工业产品全生命周期的各个阶段都存在着不确定性,例如,外部市场与用户需求等因素的不确定性,制造过程中人、机、料、法、环等要素的不确定性,以及产品使用和运行环境的不确定性等。

应对不确定性的前提是感知信息,进而消除不确定性。以工业互联网技术为代表的ICT 技术的发展和普遍应用,大大提升了信息自动感知的能力,让人们感知到用户需求和市场的变化,感知到远程设备和供应链的异动,感知到人、机、料、法、环等诸要素的状态,从而减少人在信息感知环节中的参与,降低人对信息感知的不确定性影响。

在感知的基础上,可以更快速、科学地应对不确定性:通过智能服务,解决用户使用过程中遇到的不确定性问题;通过智能设备,应对设备自身、原料以及运行环境所涉及的其他不确定性问题;通过智能生产,应对用户需求和工厂内部变化引起的不确定性问题;通过工业互联网,应对供应链、跨地域协同中的不确定性问题;等等。在此基础上,相关过程产生的大数据能够帮助人们更加深入、准确地理解工业过程,进而将工业过程中的个性化问题归结成共性问题,形成知识,并用于优化和指导企业的各种业务。这样,通过工业互联网和大数据技术的应用,能将不确定性转化为开拓市场、提质增效、转型创新的能力,把工业带入智能制造时代。

由此可见,工业系统同时具有确定性和不确定性的特征[4]。确定性是目标,不确定性则是机遇。

1.3 4V 特征

工业大数据首先符合大数据的 4V 特征[5],即体量(Volume)大、速度(Velocity)快、种类(Variety)繁、质量(Veracity,真实可靠性)低。

- 体量大:即数据规模极为巨大,而且呈几何级数增长的态势。
- 速度快:不仅要求采集速度快,而且要求处理速度快。
- 种类繁:即复杂性,主要指各种类型的碎片化、多维度工程数据杂乱纷繁。
- 质量低:即数据的真实可靠性低。相对于分析结果的高可靠性要求,工业大数据有时难以准确测量和表达物理世界的客观真实状况,因而导致数据分析质量比较低。

1.4 多模态、强关联、高通量

工业大数据作为对工业相关要素的数字化描述和在赛博空间的映像，除了具备大数据的 4V 特征以外，相对于其他类型的大数据，还具有反映工业逻辑的新特征。这些特征可以归纳为多模态、强关联、高通量 3 个主要特征[6]。

1. 多模态

工业大数据是工业系统在赛博空间的映像，必须反映工业系统的系统化特征，反映工业系统的各方面要素。所以，数据记录必须追求完整，往往需要用超级复杂结构来反映系统要素，这就导致单体数据文件结构复杂。例如，三维产品模型文件不仅包含几何造型信息，而且包含尺寸、工差、定位、物性等其他信息；同时，飞机、风机、机车等复杂产品的数据又涉及机械、电磁、流体、声学、热学等多学科、多专业。因此，工业大数据的复杂性不仅是数据格式的差异性，而且是数据内生结构所呈现出的多模态特征。

2. 强关联

工业数据之间的关联并不是数据字段的关联，其本质是物理对象之间和过程的语义关联。这些关联包括：

(1) 产品部件之间的数据关联，如零部件组合、零件借用、版本及其有效性之间的关联。

(2) 生产过程的数据关联，如跨工序大量工艺参数之间的关联、生产过程与产品质量的关联、运行环境与设备状态的关联。

(3) 产品生命周期的设计、制造、服务等不同环节的数据之间的关联，如仿真过程与产品实际工况之间的关联。

(4) 在产品生命周期的统一阶段所涉及的不同学科、不同专业的数据关联。例如，民用飞机预研过程中会涉及总体设计方案数据、总体需求数据、气动设计及气动力学分析数据、声学模型数据及声学分析数据、飞机结构设计数据、零部件及组装体强度分析数据、系统及零部件可靠性分析数据等。

数据之间的强关联反映的是工业的系统性及其数据关联间复杂的动态关系。

3. 高通量

嵌入了传感器的智能互联产品已成为工业互联网时代的重要标志。用机器产生的数据来代替人所产生的数据，实现实时感知。从工业大数据的组成体量看，物联网数据已成为工业大数据的主体。以风机装备为例，根据 IEC 61400-25 标准，持续运转的风机的故障状态数据采样频率为 50Hz，单台风机每秒产生 225KB 传感器数据，按 2 万台风机计算，如果全量采集，写入速率为 4.5GB/s。由此可见，机器设备所产生的时序数据具有以下几个特点：海量的设备与测点、数据采集频度高（产生速度快）、数据总吞吐量大、24×7 全天候持续不断，总体上呈现出高通量的特征。

1.5 应用特征

我们把工业大数据的应用特征归纳为跨维度、协同性、多因素、因果性、强机理。这些特性都是工业对象本身的特性或由其需求所决定的。

跨维度与协同性主要体现在大数据支撑工业企业的在线业务活动及推进业务智能化的过程之中。

跨维度是工业大数据的首要特征，是由工业的复杂系统性所决定的。针对业务需求，广泛、深入应用的ICT技术将设备、车间、工厂、供应链及社会环境等不同维度的系统在赛博空间中联系在一起。事实上，工业4.0强调的横向、纵向、端到端的集成就是把不同空间维度的信息集成到一起。此外，跨维度不仅体现于空间维度，还体现于时间维度。业务上常常需要将毫秒级、分钟级、小时级等不同时间维度的信息集成起来。为此，任何一个工业过程都要综合利用云计算、物联网、边缘计算等技术。

协同性是工业大数据的另一个重要特征。工业系统强调系统的动态协同，工业大数据必须支持这个业务需求。信息集成的目的就是促成信息和数据的自动流动，加强信息感知能力，减小决策者所面临的不确定性，进而提升决策的科学性。

“牵一发而动全身”是对协同性的形象描述，是协同性的典型特征。具体到工业企业，就表现为某台设备、某个部门、某个用户的局部问题能够引发工艺流程、生产组织、销售服务、仓储运输的变化，这就需要整个企业乃至供应链上多个部门和单位的大范围协同。

多因素、因果性与强机理体现在工业大数据所支撑的过程分析、对象建模、知识发现并应用于业务持续改进的过程中。因为工业过程追求确定性，并要消除不确定性，所以数据分析过程就必须注重因果性，强调机理的作用。如果分析结果是具有科学依据的知识，就体现了因果性。

多因素是指影响某个业务目标的因素特别多。事实上，许多大数据分析的目标就是发现或澄清人们过去不清楚的影响因素。多因素是由工业对象的特性所决定的。当工业对象是复杂的动态系统时，人们只有完整地、历史地认识、考察它的全貌，才能得到正确的认识；对应到工业大数据分析中，就体现为多个因素的复杂关系，进而导致了多因素的现象。

认清多因素特征对于工业数据收集有着重要的指导作用。人们往往需要事先尽量完整地收集与工业对象相关的各类数据，才有可能得到正确的分析结果，不被假象所误导。对于非线性、机理不清晰的工业系统，多因素会导致问题的维度上升，不确定性增大；对应到工业大数据分析过程中，人们常会感觉到数据不足，分析难度极大。

因果性源于工业系统对确定性的高度追求。为了把数据分析结果用于指导和优化工业过程，其本身必须具有高度的可靠性。一个不可靠的结果可能会引发系统巨大的损失。同时，由于工业过程本身的确定性强，也为追求因果性奠定了基础。为此，工业大数据的分析过程不能止步于发现简单的相关性，而是要通过各种可能的手段逼近因果性。

然而，如果用系统的观点看待工业过程，就会发现：系统中存在各种信息的前馈或者反馈路径。工业技术越成熟，这种现象也就越普遍。这导致数据中体现的相关关系往往并不是真正的因果关系。为了避免被假象迷惑，必须在数据准确、完备的基础上，进行全面、科学、深入的分析，特别是对于动态的工业过程，数据的关联和对应关系必须准确，动态数据的时序关系不能错乱。

强机理是获得高可靠分析结果的保证。我们认为：分析结果的可靠性体现在因果性和可重复性上。而关联关系复杂往往意味着干扰因素众多，也就不容易得到可重复的结论。所以，要得到可靠的分析结果，需要排除来自各方面的干扰。排除干扰是需要先验知识的，而先验知识就是机理。在数据维度较高的前提下，人们往往没有足够的数据用于甄别现象的真假。先验知识能帮助人们排除那些似是而非的结论。这时，领域中的机理实质上就起到了数据降维的作用。从另一个角度看，要得到因果性结论，分析的结果必须能够被领域的机理所解释。事实上，由于人们对工业过程的研究往往比较深入，多数现象确实能够找到机理上的解释。

本章参考文献

[1] 中国电子技术标准化研究院.工业大数据白皮书：2017 版[M]. 北京：中国电子技术标准化研究院，2017.

[2] 中国电子技术标准化研究院.工业大数据白皮书：2019 版[M]. 北京：中国电子技术标准化研究院，2019.

[3] 工业互联网产业联盟. 工业大数据技术与应用白皮书[M]. 北京：工业互联网产业联盟，2017.

[4] 工业互联网产业联盟. 工业大数据分析指南[M]. 北京：工业互联网产业联盟，2019.

[5] IBM. The Four V's of Big Data[EB/OL]. https://www.ibmbigdatahub.com/ infographic/ four-vs-big-data.

[6] 王晨，郭朝晖，王建民. 工业大数据及其技术挑战[J].电信网技术，2017(8)：1-4.

发展动态与现实需求

王 晨 徐 哲

清华大学软件学院

本章对国内外大数据系统的研究现状和应用情况进行调研，分析领域内的研究发展动态。在本章中，对国外主要研究机构的研究成果及应用情况进行详细叙述；列举国外发表的相关文献和制定的相关标准；总结国内的研究现状，对国内主要行业企业的大数据平台的技术能力和应用情况进行描述；剖析目前我国国内在大数据系统的研究和应用中存在的问题。

2.1 国际动态

金融危机以来，为了寻找经济增长的新出路，特别是在云计算、大数据和物联网新兴技术的推动下，全球掀起了以制造业转型升级为首要任务的新一轮工业变革，其中以美国工业互联网和德国工业 4.0 为典型代表。方兴未艾的新工业革命以数字化为基础，以网络化为核心，以智能化为目标，将新一代信息技术与现代制造业、生产性服务业等深度融合，以推动产业转型升级。麦肯锡全球研究院发布的研究报告[1]表明，美国制造领域的数据规模为各领域之首，大数据作为工业从自动化到智能化跨越发展的核心动力，其重要性不言而喻。

随着大数据技术与开源社区不断成熟，大数据平台系统趋于稳定，商业配套工具日益丰富。IBM、EMC、GE 等企业都在开源大数据软件之上封装了各自的商业版数据管理产品。这些技术的成熟为数据技术向工业界渗透提供了必要条件，同时也为制造企业提供了巨大的市场机会。近年来，国际知名工业企业、软件公司和各国政府部门纷纷研发面向制造业转型升级的大数据产品和系统。

国外从事相关研究的主要机构目前不超过 5 家，主要的研究机构包括美国通用电气公司数字分公司（GE Digital）、西门子研究院、美国智能维护系统产业中心（IMS）、德国思爱普公司（SAP）和美国参数技术公司（PTC）。美国通用电气公司联合 Pivotal 软件公司向全球开放工业互联网云平台 Predix[2]，将各种工业资产设备接入云端，提供资产性能管理（Asset Performance Management，APM）和运营优化服务；美国 PTC 公司收购了物联网云平台公司 Axeda，打造智能互联产品 ThingWorx 云平台[3]；丹麦维斯塔斯（Vestas）公司联合 IBM

公司，基于 BigInsights 大数据平台，分析气象、传感器、卫星、地图数据，开展风场评估等工作；德国西门子公司面向工业大数据应用，整合远程维护、数据分析及网络安全等一系列现有技术和新技术，推出 Sinalytics 数字化服务平台[4]，作为其实现工业 4.0 的重要抓手；德国 SAP 公司开发了面向物联网应用和实时数据处理的 HANA 大数据平台[5]，并利用其在传统企业信息化系统（即 ERP）上的优势，推动 HANA 与信息化系统的集成；美国航天局对外开放了自身数据，以帮助其进行火星生命探测和天文观测等。除此之外，硅谷新兴创业公司也在积极投入工业数据的技术和产品研发，典型代表为 Uptake Tech 公司，它主要为建筑、航空、采矿行业提供分析与预测软件后台服务。

2.2 国内现状

国内工业大数据平台的建设刚刚起步，主要依托国内互联网应用的基础，通过消费端轻资产设备数据接入，搭建通用平台[6]，例如中国移动物联网开放平台、腾讯 QQ 物联平台等；在高端装备方面仍然是以龙头企业厂家自建的方式为主，例如陕鼓动力公司的鼓风机远程监测平台、三一集团的工程机械物联网平台、远景能源公司的格林威治风电云平台、红领制衣公司的板型数据平台、南方航空公司的航空大数据平台等。这些工业领域的大数据平台一般直接基于通用大数据平台构建，缺乏对高端制造领域多模态、强关联、高通量等特征的支持，存在技术架构差异大、建设水平参差不齐、应用效果不明显等瓶颈问题。不仅如此，由于缺乏在面向领域的核心系统与应用技术上的突破，国内制造领域大数据平台在生态系统建设和相关标准上难以取得话语权，既不利于我国自主的大数据技术和生态的健康发展，也无法使我国装备制造企业形成国际竞争力。

未来，随着我国人口红利逐步消失，环境压力日益加大，工业数据作为战略核心资产将成为我国制造业转型过程中实现价值留存和新价值创造的要素。在此背景下，我国也相继出台了《国务院关于积极推进“互联网＋”行动的指导意见》《国务院关于印发促进大数据发展行动纲要的通知》和《关于深化“互联网＋先进制造业”发展工业互联网的指导意见》等指导性文件，制订了《“互联网＋”行动计划》和《中国制造 2025》等战略目标，以实现制造业转型升级。在 2019 年 3 月召开的十三届全国人大二次会议上，国务院总理李克强在政府工作报告中明确指出：“围绕推动制造业高质量发展，强化工业基础和技术创新能力，促进先进制造业和服务业融合发展，加快建设制造强国。打造互联网平台，拓展“智能＋”，为制造业转型升级赋能。”这也是连续第二年将工业互联网写入政府工作报告中，在国家层面为推动工业互联网创新发展作出指示和部署，充分显现了国家对发展工业互联网平台、促进工业大数据应用、推进实体经济转型、加快制造强国建设的高度重视。为顺应这一趋势，大量的中国制造业企业已经完成或正在着手进行设备的数字化改造，为建设大数据平台提供了良好的数据基础。

标准是经济活动和社会发展的技术支撑。全国信息技术标准化技术委员会（简称信标委，SAC/TC28）等标准组织结合大数据产业现状，已经开展了行业标准化制定的相关工作，但就大数据整体技术体系和发展规模而言，仍处于起步阶段，与产业发展水平和需求并不相称。工业和信息化部电子工业标准化研究院制定了《信息技术工业大数据产品核心元数据》，全国信标委相继出台了《信息技术大数据术语》《信息技术大数据参考架构》《信息技术数据交易服务平台交易数据描述》《信息技术数据交易服务平台通用功能要求》等标准和规范。在信标委大数据标准工作组的推动下,未来将进一步制定和完善我国大数据领域标准体系,组织开展大数据相关技术和标准的研究,包含申报国家、行业标准,承担国家、行业标准制定和修订计划任务,宣传推广标准实施,组织推动国际标准化活动。

2.3 现实需求

在当前以制造业转型升级为首要任务的新一轮工业变革大潮中,大数据已经成为工业从自动化到智能化跨越发展的核心动力。

工业软件是制造业数字化、网络化、智能化的基石,是新一轮工业革命的核心要素。发展以工业大数据平台与制造业核心软件为代表的基础工业软件,以及面向先进轨道交通装备、电力设备、农业设备、高档数控机床与机器人、航空航天装备、海洋工程装备与高技术船舶等重点领域的工业应用软件,对确保我国工业领域的安全可靠具有重要意义。

统一的需求管理是数据体系发展的必然选择,也是大数据背景下必须采取的手段。工业大数据管理系统不仅需要能够一体化、有效地管理高通量、多模态异构数据,而且需要提供能够适应数据和应用多样性的、完备的系统监控、调优、运维和数据质量管理等工具,以提高工业大数据软件的性能和可靠性。工业大数据管理系统及相应的标准规范、评测基准、测试工具以及系统管理与数据清洗工具是目前工业大数据领域研究的热点,而目前面向制造业的工业大数据管理在国内外学术界和工业界尚处初步探索阶段。

工业大数据管理系统与一般的数据管理系统不同,由于工业大数据呈现多模态、强关联、高通量等数据特征,工业大数据管理系统的开发和研究需要从信息物理、多源数据、跨界语义 3 个维度,围绕一体化数据融合与管理的典型应用场景,突破非结构化工程数据、过程和 BOM(Bill of Material,物料清单)图数据、高通量时序数据等制造业典型数据类型管理技术,以及多模态跨专业学科、跨产业链、跨产品周期的数据统一建模、语义融合技术,设计按需融合的灵巧、开放的系统架构,支持 EB 级多模态数据与工作负载协同优化的工业大数据管理系统与工具。同时,工业大数据管理系统还需在不同数据模型基础上,具备高扩展性、高可用性与高性能。

上述需求为工业大数据管理系统的研发带来如下 4 个问题:

- 特有数据类型的数据管理问题。多种类非结构化工程数据、动态演化图数据、高通量时序数据是工业领域特有的数据类型,其有效管理存在着技术挑战。
- 大数据一体化管理问题。多模态数据统一建模、数据融合与协同优化等大数据一体化管理核心技术是工业领域大数据典型应用场景的核心要求。然而,这一核心要求的实现依然任重道远。
- 系统的推广性问题。为推动大数据技术与系统在工业领域的应用、发展与普及,必须有相应的标准规范、评测基准与测试工具。
- 系统的易用性问题。必须在工业大数据系统的可维护性与可管理性方面实现创新,研制相应的系统监控、调优、运维和数据质量管理等工具。

上述问题成为工业大数据管理系统研究和开发的难点及必须突破的瓶颈。

本章参考文献

[1] 王建民. 工业大数据技术[J]. 电信网技术，2016(8)：1-5.

[2] GE Predix.Predix Platform：Connect，optimize，and scale your digital industrial applications[EB/OL]. https://www.ge.com/digital/iiot-platform.

[3] ThingWorx. ThingWorx platform [EB/OL]. https://www. ptc. com/en/products/iiot/ thingworx-platform.

[4] KAYSER H J，GAUS N. Siemens industry analyst briefing call. Digitalization Strategy & Sinalytics Platform. 2016-01.

[5] FÄRBER F，CHA S K，PRIMSCH J，et al. SAP HANA database：data management for modern business applications[J]. ACM Sigmod Record，2012，40(4)：45-51.

[6] 国家工业信息安全研究发展中心. 国内外工业互联网平台对比分析研究[R]. 北京：国家工业信息安全研究发展中心，2017.

系统架构与关键技术

王　晨　徐　哲

清华大学软件学院

本章围绕工业大数据典型应用场景和产品全生命周期各环节，确定工业大数据的技术架构。在此基础上，提出MIX工业大数据管理系统架构，并对其中的关键技术进行阐述。

3.1　工业大数据技术架构

工业大数据技术架构[1]以工业大数据的全生命周期为主线，面向工业大数据在采集、存储管理、分析、服务与应用阶段的特殊需求来规划关键技术，以搭建与工业大数据多源、异构、高通量、强机理的特点相适应的技术体系。工业大数据技术架构如图3.1所示。

工业大数据技术架构分为以下5层：

(1) 数据采集层，包括时序数据采集与治理、结构化数据采集与治理及非结构化数据采集与治理。针对海量工业时序数据在24×7全天候的持续发送过程中存在着峰值和滞后波动等质量问题突出的特点，构建了前置性数据治理组件与高性能时序数据采集系统；针对结构化与非结构化数据，构建了兼顾可扩展性和处理性能的高效数据采集系统。

(2) 数据存储与管理层，包括大数据存储和管理功能。利用大数据的分布式存储技术，实现在性能和容量方面都能线性扩展的时序数据存储、结构化数据存储和非结构化数据存储。基于以上存储技术，并结合工业大数据在数据建模、资产沉淀、开放共享等方面的特殊需求，构建了数据模型管理、数据质量管理、数据资产管理、数据安全管理和数据共享管理技术体系。

(3) 数据分析层，包括基础大数据计算技术和大数据分析服务功能。其中，基础大数据计算技术包括并行计算技术、流计算技术和数据科学计算技术。据此提供完善的大数据分析服务功能，来管理和调度工业大数据分析，并进行知识积累。大数据分析服务功能包括分析模型管理、可视化分析编排、分析作业管理、通用/工业专用算法库和分析服务发布。

(4) 数据服务层，是利用工业大数据技术对外提供服务的功能层，包括数据访问服务和数据分析服务。其中，数据访问服务对外提供大数据平台内所有原始数据、加工数据和分析结果数据的服务化访问接口和功能；数据分析服务对外提供大数据平台上积累的实时流处理模型、机理模型、统计模型和机器学习模型的服务化接口。

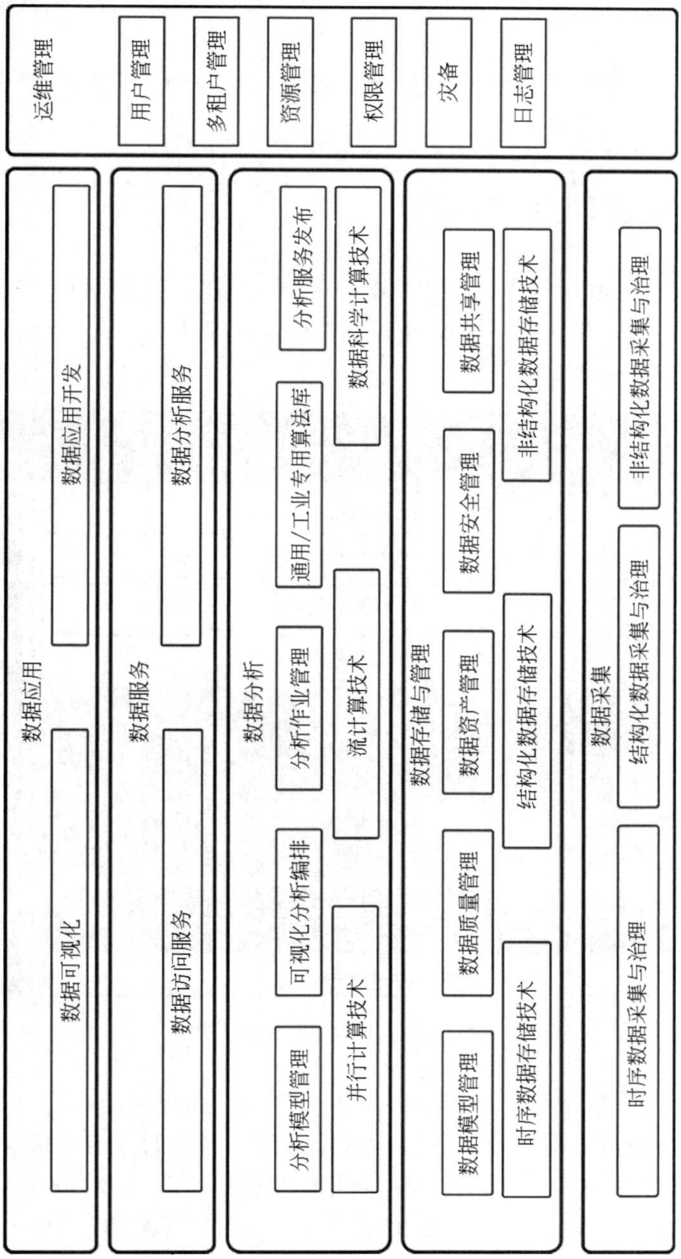

数据应用

数据可视化　数据应用开发

数据服务

数据访问服务　数据分析服务

数据分析

分析模型管理　可视化分析编排　分析作业管理　通用/工业专用算法库　分析服务发布

并行计算技术　流计算技术　数据科学计算技术

数据存储与管理

数据模型管理　数据质量管理　数据资产管理　数据安全管理　数据共享管理

时序数据存储技术　结构化数据存储技术　非结构化数据存储技术

数据采集

时序数据采集与治理　结构化数据采集与治理　非结构化数据采集与治理

运维管理

用户管理　多租户管理　资源管理　权限管理　灾备　日志管理

图 3.1　工业大数据技术架构

（5）数据应用层，主要面向工业大数据的应用技术，包括数据可视化技术和数据应用开发技术。综合原始数据、加工数据和结果分析数据，通过可视化技术，将多来源、多层次、多维度数据以更为直观、简洁的方式展示出来，方便用户理解和分析，提高决策效率。综合利用微服务开发框架和应用开发 PaaS 等工具，基于工业大数据管理与分析技术，快速实现工业大数据应用的开发与迭代，构建面向实际业务需求、数据驱动的工业大数据应用，实现提质、降本与增效。

此外，运维管理技术也是工业大数据技术的重点，包括用户管理、多租户管理、资源管理、权限管理、灾备、日志管理等。

3.2 工业大数据管理系统架构

工业大数据管理系统需要支持关系型数据、非结构化数据、图数据和时序数据的统一管理与协同查询优化，并支持其他类型数据管理引擎的动态接入。为此，我们设计了 MIX 工业大数据管理系统架构，如图 3.2 所示。

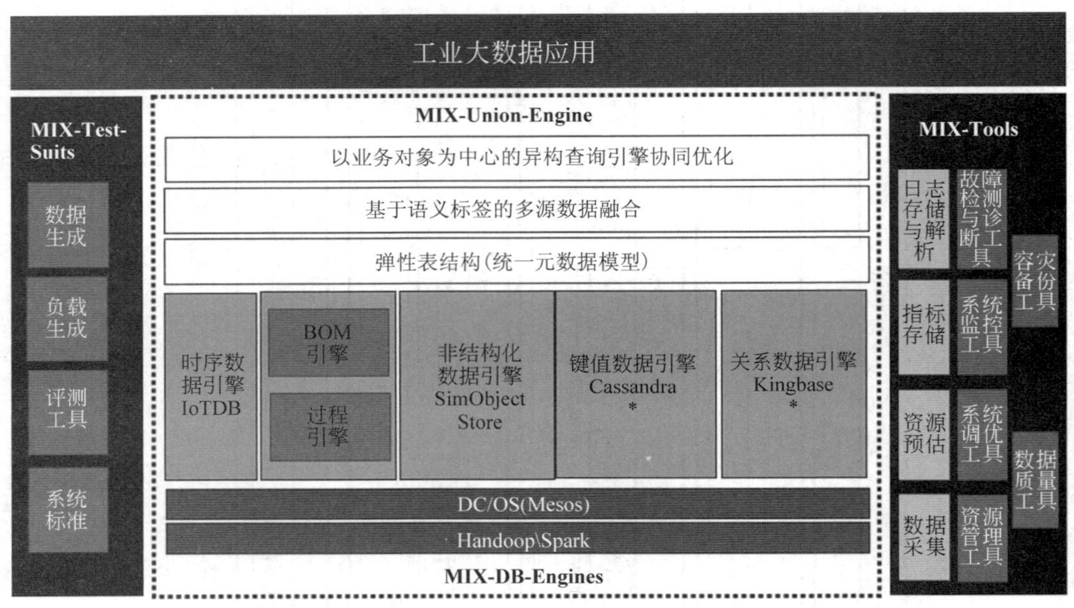

图 3.2 MIX 工业大数据管理系统架构

基于该架构的工业大数据系统不仅能够一体化管理工业领域的高通量、多模态异构数据（含非结构化数据、图数据、时序数据、关系数据、键值数据），而且能够提供一系列性能监控、调优、运维和质量管理等工具，确保系统的数据可适性、应用多样性和可靠性。

MIX 工业大数据管理系统主要构件包括多模态异构数据源管理引擎层 MIX-DB-Engines、语义融合与一体化管理引擎层 MIX-Union-Engine、运维工具层 MIX-Tools 以及测试床 MIX-Test-Suits。

各构件功能如下：

- 多模态异构数据源管理引擎层 MIX-DB-Engines 负责管理高端装备监测时序数据、

过程与 BOM 图数据以及非结构化数据。

- 语义融合与一体化管理引擎层 MIX-Union-Engine 负责对工业异构数据的统一建模和语义融合，实现工业多模态异构数据的一体化数据查询与语义查询。
- 运维工具层 MIX-Tools 负责对高端制造领域大数据管理原型系统的一体化性能监控、运维、调优与质量管理。
- 测试床 MIX-Test-Suits 针对工业数据及其使用特点，提供了工业制造机器监测时序数据库、非结构化数据库、BOM 图数据库的评测基准与测试工具，并进一步使用这些评测基准对相关系统和产品进行功能和性能上的对比评测。

3.3　工业大数据管理关键技术

工业大数据具有多样性、多模态、高通量和强关联等特性。工业大数据管理系统需具备数据实时采集、高吞吐量存储、数据压缩、数据索引、查询优化和数据缓存等能力，其关键技术主要包括数据采集与治理技术、多源异构数据管理技术、多模态数据集成技术[2]。

1. 数据采集与治理技术

工业大数据的采集主要通过 PLC、SCADA、DCS 等系统，从机器设备实时采集数据；也可通过数据交换接口，从实时数据库等系统以透传或批量同步的方式获取物联网数据。同时，还需要从业务系统的关系型数据库、文件系统中采集所需的结构化与非结构化业务数据。工业大数据对数据采集与治理的要求更加精准化。工业大数据以 24×7 的全天候方式高速持续产生，数据分析往往更讲求精准化。例如，高速旋转设备的故障诊断需要分析每秒高达千次采样的数据，要求全时无损采集数据。通过故障容错和高可用架构，即使在部分网络、机器故障的情况下，仍可保证数据的完整性，杜绝数据丢失。同时，在数据接入过程中自动校验数据类型和格式，对异常数据分类隔离、提取和告警，及时发现数据质量问题，防止格式和定义不符的异常数据入库[3]。

2. 多源异构数据管理技术

各种工业场景中存在大量多源异构数据，例如业务系统中的结构化数据、设备监测过程产生的时序数据[4]、研发仿真产生的非结构化数据等。这些数据均需要高效的存储管理优化与异构的存储引擎，在此基础上还需要对数据的元数据定义和高效查询与读取进行优化，但现有大数据技术难以满足全部要求。

3. 多模态数据集成技术

工业大数据来源十分广泛[5]，包括但不限于传统的企业信息管理系统、服务维修数据和产品服役过程中产生的机器数据等。这些数据格式异构、语义复杂且版本多变。对这些多源异构信息的集成是形成数据生命周期信息闭环的基础。在数据生命周期管理中，在研发、制造周期以 BOM 为主线，在制造、服务周期以设备实例为中心，BOM 和设备的语义贯穿了工业大数据的整个生命周期。因此以 BOM 和设备为核心建立数据关联，可以使得产品生命周期的数据既能正向传递又能反向传递，形成信息闭环。

本章参考文献

[1] 工业互联网产业联盟. 工业大数据技术架构白皮书[M]. 北京：工业互联网产业联盟，2018.
[2] 王晨，宋亮，李少昆.工业互联网平台：发展趋势与挑战[J].中国工程科学，2018，20(2)：15-19.
[3] 张奥千. 时间序列数据清洗方法研究[D]. 北京：清华大学，2018.
[4] 王晨，郭朝晖，王建民. 工业大数据及其技术挑战[J]. 电信网技术，2017 (8)：1-4.
[5] 王建民. 工业大数据技术综述[J].大数据，2017，3(6)：3-14.

第 2 篇　多模态异构数据源管理引擎篇

针对工业领域数据的多模态、高通量、强关联等特点，本篇探讨高通量监测时序数据、海量非结构化仿真数据、BOM 图数据等多模态异构数据源管理引擎相关技术，为语义融合与一体化管理提供支撑。

本篇包括 5 章。

第 4 章讲解高通量监测时序数据管理引擎。

第 5 章讲解海量非结构化仿真数据管理引擎。

第 6 章讲解 BOM 图数据管理引擎。

第 7 章讲解 BOM 图数据模式匹配算法。

第 8 章讲解 BOM 图数据测试与分析算法。

第4章 高通量监测时序数据管理引擎

黄向东　乔嘉林

清华大学软件学院

4.1 概述

本章介绍一款创新研发的轻量级、高通量时序数据管理引擎 IoTDB。该引擎聚焦工业物联网，具备低存储成本（数据压缩比可达百倍，可存储千万条时间序列）、高速数据写入（百万数据点秒级写入，支持高并发）、快速查询（TB 级数据毫秒级查询，支持高并发）、功能完备（数据的增删改查、丰富的聚合函数、相似性匹配）、查询分析一体化（一份数据，满足实时查询与分析挖掘）、简单易用（采用标准的 JDBC 接口、类 SQL 语言）等特点。

4.2 需求

4.2.1 时序数据

时间序列数据（简称时序数据）是一系列由时间和值所构成的二元组序列，并且在时间维度上递增，例如(100,28.3)(200,30.7)(300,28.3)(400,28.3)(500,15.2)。时间序列分为定频时间序列和不定频时间序列，定频时间序列相邻两个时间点的时间间隔相等，上述示例即为定频时间序列。

时序数据在工业应用中发挥着重要作用，是设备监控、故障诊断、故障预测的重要支撑。时序数据通常由设备上的传感器产生，不同传感器的频率不同。例如，北京金风科创风电设备有限公司拥有 2 万余台风机，每台装有 120～510 个传感器，数据产生频率从 0.00167Hz 到 50Hz 不等。

4.2.2 应用场景

随着物联网技术和工业信息化的不断发展，时序数据的应用日益广泛。工业应用中的传感器数据、信息系统中的日志数据等都可以看作时序数据。时序数据作为一种典型的大数据，在具有广泛应用的同时，其存储与查询问题对现有的数据管理技术也提出了巨大挑战。在实际应用中，时序数据的生成速度快、数据量大，这要求数据存储系统必须具有较快的数据写入速度、较大的数据存储空间；同时，时序数据具有一次产生、多次使用的特点，且实际应用中对时序数据的查询多为分析型查询，这要求数据存储系统在执行大规模数据查询与分析时具有优越的性能。

本章论述的时序数据管理引擎 IoTDB 面向的目标场景是工业物联网。与传统的云端数据中心监控场景相比，工业物联网环境更加复杂，主要涉及 3 个层次：工业机器、本地控制器、云端。图 4.1 中横向的 3 部分表示了这 3 个层次。

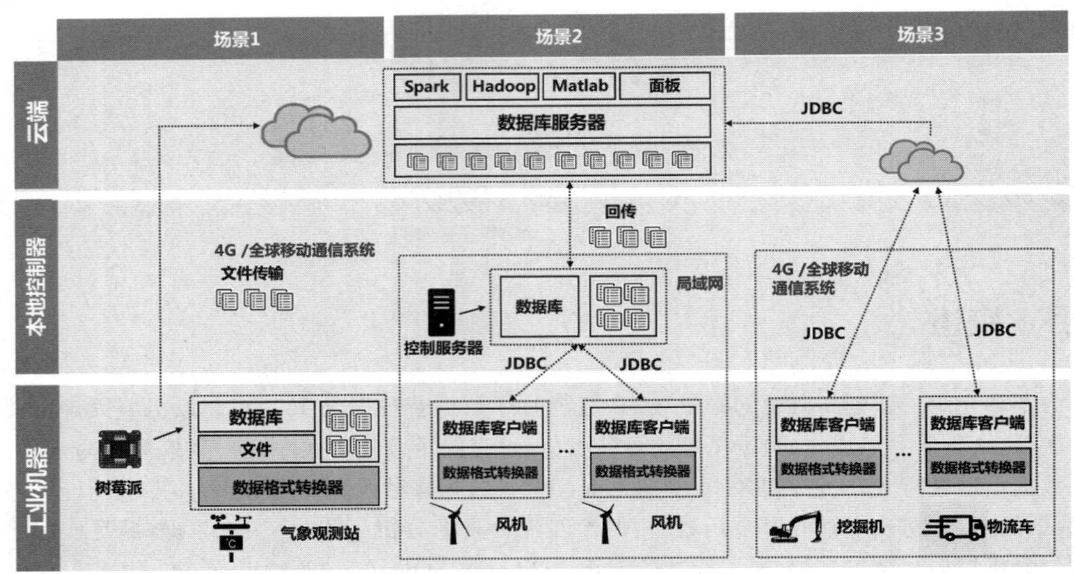

图 4.1　工业场景

此外，图 4.1 中 3 个纵向部分展现了 3 个典型的应用场景：

场景 1：工业机器生成数据，并通过数据格式转换器产生数据文件，存储在机器中，然后通过全球移动通信系统或网络将文件传输到云端。

场景 2：数据由终端设备生成，并通过客户端传输到工厂中的控制器。控制器中部署了一个数据库，用来实时监测设备运行状态。数据库中的数据文件需要定期发送到数据中心，进行集中分析。

场景 3：移动设备通过客户端直接向数据中心发送数据。数据中心包含所有时序数据，并使用大数据计算平台进行数据分析与挖掘。

4.2.3　功能需求

工业物联网的 3 种典型应用场景对时序数据管理引擎提出了如下新的需求与挑战：

(1) 轻量级，部署灵活，支持以上 3 种典型应用场景。

(2) 查询分析一体化。一份数据既支持实时查询，又支持基于复杂的数据挖掘和机器学习算法的数据分析，以避免重新导入数据仓库的麻烦。

(3) 大量时间序列条数。一台挖掘机可产生 1000 余个时间序列，例如电机转速、挖掘机速度、加速度、水箱温度等。而一个企业可能有数万台挖掘机需要监控。

(4) 数据频率不同。不同设备的不同传感器的数据采集频率大不相同。例如，单台风机中的某些传感器为了故障检测或预测目的，可以每秒产生 50 个数据点；而其他传感器则每 7 秒产生 1 个数据点。由于时间控制器或可编程逻辑控制器中的程序逻辑精度问题，有些设备甚至不按照固定频率产生数据点。

(5) 数据可能出现乱序。在许多工业应用中，设备使用 UDP 协议发送时序数据，这可能导致数据乱序。此外，移动设备可能在网络覆盖范围之外的某些区域中处于离线状态，并且该情景可能持续数天；当移出该区域时，它首先将其当前的工作状态数据报告给数据中心，然后重新发送几天前收集的数据，这不可避免地会导致大量数据乱序。

(6) 范围更新操作。由于数据质量低，通常需要清理数据。例如，传感器收集的水箱中的水温数据可能大于 100℃，但这些值需要更正为 100℃。此外，由于工作环境复杂，即使使用精确的传感器，也不可避免地会出现错误。

(7) 需要提供数据删除操作，例如，磁盘已满或者某些时间序列需要重置。

(8) 历史数据长期存储。历史数据对设备制造商来说十分宝贵。数据库系统应支持快速检索历史数据，并保证历史数据不会影响“热”数据的处理速度。此外，历史数据需要有很高的压缩率。

(9) 面向时间序列的丰富查询操作。查询结果需要始终按照时间维度排序。需要提供的查询操作包括原始数据查询、聚合操作、降采样、插值补空、模式匹配等。

(10) 与现有的大数据系统深度集成，如 Hadoop[1]、Spark[2]、Grafana[3]、MATLAB[4]等。

4.2.4 现有工作

工业物联网对时序数据库的以上需求，超出了现有的时序数据库的能力。当前，先进的时间序列数据管理系统(如 InfluxDB[5]、OpenTSDB[6]和 kairosDB[7])以面向数据中心监控为主，它们不够轻量级，无法在低性能的机器内部运行。例如，InfluxDB 必须在 SSD 上运行，在机械硬盘上无法保证系统能从宕机中正常恢复。而 OpenTSDB 依赖于 HBase[8]，比较沉重。此外，这些数据库系统不支持复杂的分析操作，如数据挖掘和机器学习的各种算法。用户必须将数据重新加载到数据仓库，然后才能进行分析。其他内存数据库(如 Gorilla[9]和 Beringei[10])则只能将数据存储在内存中，不适合对长期历史数据进行管理。

Parquet[11]文件格式，因其与开源领域中 Impala[12]、MapReduce、Spark 等的集成，能够提供丰富的分析功能。但是 Parquet 也具有不足之处：不支持实时处理，必须等待整个文件写入完成后才能查询数据；没有针对时序数据进行优化(如复杂查询和按时间排序)；不支持更新操作。

数据仓库和 NoSQL 系统(如 HBase、Cassandra[13]和 Druid[14])支持实时查询，同时也集成了大数据分析平台。但是，它们不是专门为时间序列数据管理而设计的，因此针对时序数据的管理性能不高。

4.3 系统设计

4.3.1 系统架构

针对工业物联网领域对时序数据库的需求，我们设计了时序数据管理引擎 IoTDB 及其底层时序数据文件格式 TsFile。IoTDB 采用了查询分析一体化的开放式架构，如图 4.2 所示。

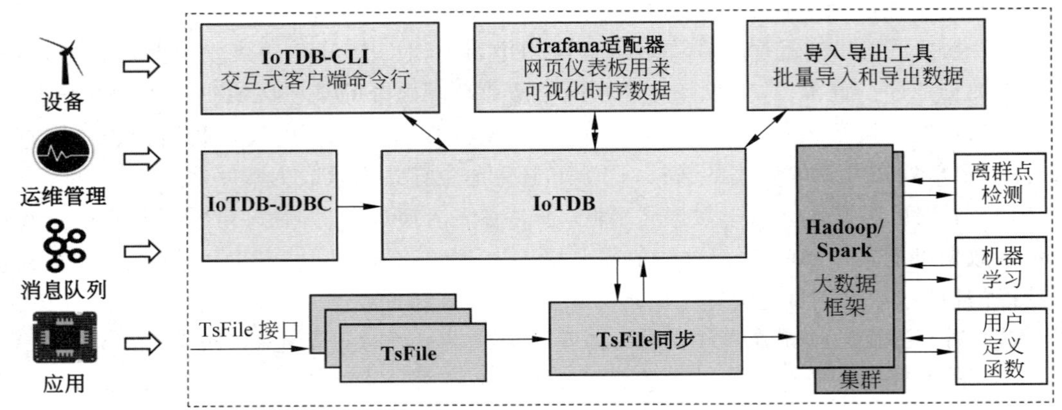

图 4.2 IoTDB 系统架构

TsFile 直接提供文件级接口，允许用户直接将时间序列数据存储为 TsFile 格式，可以应用在终端设备的持久化过程中。其次，用户可以使用 IoTDB-JDBC 和类 SQL 语言写入和查询数据。IoTDB 实例负责解析 SQL 语句，决定何时生成新的数据文件 TsFile，并在后台重新组织和合并文件。同时，IoTDB 提供了交互式工具(CLI 工具)、可视化工具(Grafana 适配器)以及用于不同操作数据的导入导出工具。多个 IoTDB 实例中的数据文件 TsFile 可以通过回传功能传输到高性能服务器中的 IoTDB。

4.3.2 系统特点

系统具有以下特点：

(1) 能有效减少时序数据在存储时所使用的硬件资源。TsFile 在对时序数据进行存储时，将每个时间序列看作一列，将每个时间序列的时间戳和值分开存储，并根据特定的数据类型进行编码和压缩，这能有效利用数据的局部性原理，提高数据在存储时的压缩比，节省存储空间。

(2) 能加快按列查询的速度，适用于时序数据的应用场景。TsFile 对时序数据按照时间序列进行列式存储，并将具有一定联系的时序数据在文件中邻近存储，这种存储方式可以有效地减少数据查询时需要读取的数据量，减少磁盘 I/O 的次数，从而提高查询的速度。

(3) 能有效地支持聚合查询。TsFile 在对时序数据进行存储时，按照列组、列、页这样的层级结构对数据进行划分，并在列和页的级别对数据进行预聚合，存储了数据点的聚合索引信息。这使得该文件格式能够原生地支持聚合查询，以减少不必要的计算。

(4) 支持文件自解析，能适配主流的数据分析平台。TsFile 在存储时包含了自身的元数据信息，通过元数据信息可以对文件进行自解析，并提供相应的读写接口。这种特性使得该类文件能够适用于 Hive、Spark 等数据分析平台。

(5) IoTDB 支持乱序数据存储与查询，可以在数据乱序严重的情况下保持良好的性能。系统还支持任意频率、任意缺失值的数据存储，支持更新和删除功能。

4.3.3　数据模型

在 IoTDB 中，设备指的是在实际场景中拥有传感器的装置，即所有的传感器都应有其对应的、归属的设备。传感器是指在实际场景中的一种检测装置，它能感受到被测量的信息，并能将感受到的信息按一定规律变换成电信号或其他所需形式的信息输出，最后发送给 IoTDB。IoTDB 存储的所有数据及路径均以传感器为单元进行组织。

用户通过定义存储组，达到在磁盘上组织和隔离不同时序数据的目的。属于同一个存储组的时间序列将被不断地写入相应文件夹的同一文件中。如果该文件因用户命令或系统策略而关闭，这些传感器后续到来的数据会存入同一文件夹的新文件中。属于不同存储组的时间序列则被存储于不同的文件夹。用户可以将任意前缀路径设置成存储组。假设有 4 条时间序列：root.vehicle.d1.s1、root.vehicle.d1.s2、root.vehicle.d2.s1、root.vehicle.d2.s2，路径 root.vehicle 下的两台设备 d1 与 d2 可能属于同一个业主或者同一个厂商。这时候就可以将前缀路径 root.vehicle 指定为一个存储组，这使得 IoTDB 将其下所有设备的数据存储在同一个文件夹中。未来 root.vehicle 下增加了新的设备，也将属于该存储组。

时间序列是 IoTDB 的核心概念。IoTDB 的所有时间序列均以 root 开始，以传感器结束。一个时间序列也可称为一个全路径。例如，vehicle 种类的 device1 有名为 sensor1 的传感器，则它的时间序列可以表示为 root.vehicle.device1.sensor1。

4.3.4　编码压缩

为了支持高效的压缩率，IoTDB 和 TsFile 采用了诸多高效的编码和压缩方法。

(1) 二阶差分编码。适合存储单调递增或者递减的序列数据，不适合存储波动较大的序列数据。二阶差分编码也可用于对浮点数进行编码，但在创建时间序列的时候需指定保留小数位数。二阶差分编码适合存储某些浮点数值连续出现、单调递增或者递减的序列数据，不适合存储小数点后精度要求较高以及前后波动较大的序列数据。

(2) 游程编码。适合存储整数值连续出现的序列数据，不适合存储大部分情况下前后值不一样的序列数据。游程编码也可用于对浮点数进行编码，但在创建时间序列的时候，需指定保留小数位数。游程编码适合存储浮点数值连续出现的序列数据，不适合存储小数点后精度要求较高以及前后波动较大的序列数据。

(3) GORILLA 编码。适合存储前后值较为接近的浮点数序列数据，不适合存储前后波动较大的序列数据。

IoTDB 支持的压缩方式有两种：不压缩和 SNAPPY 压缩。当时间序列写入系统并按照指定的类型编码为二进制数据后，IoTDB 使用压缩技术对该数据进行压缩，进一步提升空间存储效率。

虽然编码和压缩都旨在提升存储效率，但它们有不同的针对性。编码技术通常只适合特定的数据类型，然后将它们转换为二进制流；压缩方式针对二进制流进行压缩，因此压缩方式的使用不再受数据类型的限制。

4.3.5　查询功能

时序数据库的查询结果通常需根据时间进行排序，当查询多条时间序列时，需要将结果按时间对齐，如果一个时间序列在某一时间点上没有值，则需要填充空值。此外，为避免数据量过大，需提供结果集分批返回的功能。

IoTDB 包括丰富的查询功能：

（1）原始数据查询。这是工业物联网场景中最常用到的查询，通常用来查询一段时间内某些时间序列的原始数据，可以附加一些过滤条件，包括对时间的过滤和对值的过滤等。一个原始数据查询示例如下：

```
select windspeed, angle from root.turbine.beijing.farm1.device1
where time > 10 and windspeed < 20
```

（2）聚合查询。为了得到一个时间序列的整体信息，可以在所选后缀路径上使用聚合函数。例如，select count(windspeed) from root.turbine.beijing.farm1.device1 的查询结果为时间序列中代表 device1 的风速数据的总点数。聚合函数是其他高级查询的基本组件。IoTDB 支持多种聚合函数，包括 max_value、max_time、min_value、min_time、count、sum、mean 等。

（3）模糊时间戳查询。返回特定时间戳的一个或多个时间序列值，此功能重点在于插值补齐。在实际应用中，有时在给定时间戳的时间序列中没有数据点。更糟糕的是，在一些工业应用中，数据采集频率不固定，经常出现波动，因此很难准确查到一个有数据的时间点，更多的是出现空值。为了解决空值问题，模糊时间戳查询可以通过应用一些策略来填充空值：previous 策略根据给定时间戳最近的数据点进行空值填充；linear 策略为线性插值方法，即根据查询时间点的前一个和后一个数据点来计算填充值。不同的策略适用于不同的数据类型。例如，下述模糊查询旨在查询 device1 在给定时间点的值，且此数据类型为 float。

```
select temperature from root.turbine.beijing.farm1.device1
where time = 2018-10-01T16:37:50 fill(float [linear, 1m, 1m])
```

其中，[1m，1m]为时间范围，表示给定时间点的前一分钟到后一分钟。如果在 2018 年 10 月 1 日的 16:36:50 和 16:38:50 之间没有数据点，则结果为空；否则通过线性插值计算。

（4）趋势查询（降采样）。查询一段时间内时间序列的趋势，如某个月内的日均温度。该查询过程包括两个步骤：分段和聚合。分段即将查询的时间区间分为若干段；聚合即在每个分段内引用聚合函数。例如：

```
select mean(temperature) from root.turbine.beijing.farm1.device1
group by (1d, 2018-08-01, [2018-08-01, 2018-09-01])
```

旨在查询 device1 在 2018 年 8 月 1 日到 2018 年 9 月 1 日之间每天的平均温度。首先，IoTDB 将从 2018 年 8 月 1 日开始的时间按天划分；然后，IoTDB 计算每个时间段内的聚合值，并向客户端返回 31 个聚合值。同样，趋势查询也支持时间过滤和值过滤。

（5）模式匹配。IoTDB 提供索引管理模块并支持用户定义索引。例如，键值匹配是 IoTDB 中用于子序列匹配查询的高级索引。利用索引，用户可以通过输入模式示例在 IoTDB 中找到类似的时间序列。

4.4 技术实现

4.4.1 TsFile 文件格式

IoTDB 设计了一种高效存储数据的文件格式 TsFile。它是针对时间序列数据优化的列式存储文件格式。TsFile 的目标如下：

(1) 高写入速度，每秒高达数百万个数据点。

(2) 紧凑的数据组织和高效的压缩，可以用于长期的历史数据存储。

(3) 支持高效的查询。IoTDB 通过设备号和传感器号来唯一标识 TsFile 中的时间序列，以便查询。

TsFile 文件格式如图 4.3 所示。最左侧展示了 TsFile 的总体结构，主要由两部分组成：数据和元数据。数据从文件头开始存储，元数据在文件末尾。

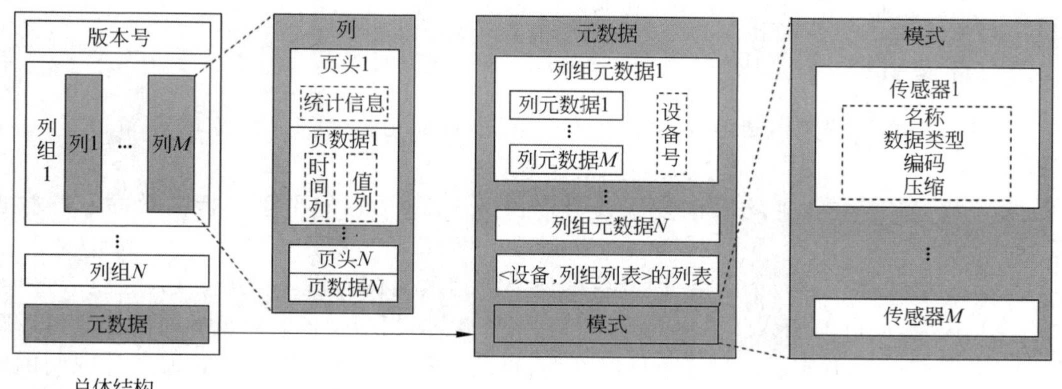

图 4.3 TsFile 文件格式

1. 数据部分

TsFile 的数据部分由许多列组组成。

下面是 TsFile 数据部分涉及的主要术语。

列组：存储一段时间内单台设备的所有数据。对于每台设备，其不同的列组的时间范围不重叠，后一个列组总是具有更大的时间戳。列组包含多个列。

列：每个列负责存储一台设备上一个传感器一段时间内的数据。列结构在图 4.3 中第二部分给出。一个列包含多个页。

页：磁盘上存储时间序列数据的基本单位。一个页包括两个部分：页头和页数据。

页头：存储此页中数据的统计信息。与其他列式文件格式相比，TsFile 的列的页头具有更多与时间序列相关的信息，例如此页面中的数据点数、最大和最小时间戳和值。

页数据：按时间排序存储的时间序列数据，包含两个序列，一个是时间列，另一个是值列。

时间列：存储一段时间戳的列表。

值列：存储一段值的列表。

TsFile将时间列与对应的值列一起存储,而不是让所有时间序列共享同一时间列,避免了由于对齐的需求而在磁盘上存储空值。

当调用写入数据接口时,TsFile为内存中的每台设备维护一个列组。当内存中的数据达到指定大小时,所有列组将导入磁盘中。因此,TsFile中的每台设备将有多个列组。为了与大数据生态系统集成,列组的大小通常设为128MB或HDFS中文件块大小的因数。

2. 元数据部分

元数据格式如图4.3中第三、四部分所示。元数据包含TsFile中所有列组的信息。每个列组对应一个列组元数据,包含列组在文件中的偏移、长度和摘要信息。类似地,列组中所有列的元数据也包含在列组元数据中。列组元数据按设备名称分组,便于快速获取属于同一台设备的所有列组,以避免误读其他设备的数据。

文件末尾是模式信息,包含此文件中所有传感器的定义。对于每个传感器,模式信息记录了其名称、数据类型、编码和压缩信息。模式信息可以用来生成关系表模式,从而方便地与Hive、SparkSQL和MATLAB等其他系统集成。

4.4.2 存储引擎

IoTDB对数据按照存储组进行物理划分,每个存储组拥有一个独立的存储引擎,互不影响。

鉴于数据乱序在工业物联网领域普遍存在,IoTDB的存储引擎支持高效的乱序数据写入。

TsFile格式存在着一个约束,即设备的所有列组的时间范围不重叠,且是完全有序的。为减轻此约束,IoTDB引入了overlappedTsFile格式,即相同设备的列组的时间范围可以重叠。给定TsFile和具有时间过滤条件的查询,查询过程可以在读取达到过滤条件限制的时间戳上的数据点时终止扫描数据。我们称此功能为fast-return,它使得TsFile中的时间范围查询快速、高效。但是,overlappedTsFile失去了上述功能。这种文件格式仅用于处理乱序数据写入,在后台的合并线程中将文件重新组织为普通的TsFile。

在IoTDB中,所有数据都会先写入内存中的memtable,它包含一段时间内的所有时序数据。对于每个存储组,有两种类型的memtable,即顺序memtable和乱序memtable。针对每台设备,在内存中保留一些时间戳。当IoTDB收到一个时间戳更新的数据点时,该数据点将被添加到顺序memtable中;否则该数据点将被写入乱序memtable。memtable在达到一定大小后,会将数据写入磁盘中对应的文件。

4.4.3 查询引擎

查询执行策略的原则为:充分利用TsFile文件格式的特征,提升查询的效率。在TsFile文件的查询中,影响查询性能的因素主要有以下两个:

(1) 磁盘I/O。查询执行的第一步是将需要读取、解析的字节从磁盘加载到内存。字节读取的多少以及被读取字节在文件中的分布将影响磁盘I/O的效率。

(2) CPU计算。当字节从磁盘加载到内存后,由于TsFile在存储时对数据点进行了编码和压缩,所以在查询时需要进行字节的数据解码和解压;另外,在进行结果合并和聚合计算时,也需要进行较多的CPU计算。

从上述两个因素切入，结合 TsFile 文件格式的特征，在设计查询执行策略时，主要从以下 4 个角度进行优化：

(1) 仅加载需要的数据。在查询执行过程中，利用文件元数据块中记录的列块信息，仅加载被投影列在文件中的字节，以减少磁盘 I/O。

(2) 通过索引信息过滤不必要的数据。在对一个时间序列的所有列块进行数据加载时，可以通过列块的索引信息以及查询条件，仅选择需要的列块进行数据加载，以减少磁盘 I/O。

(3) 通过页的索引信息过滤数据。在对一个列块中的页进行解码之前，可通过查询条件和页头中的索引信息，判断该页数据是否需要进行解码，以减少 CPU 的计算量。

(4) 通过索引信息直接计算聚合结果。在执行聚合查询时，可以通过列块的预聚合索引信息和列块中每个页的预聚合索引信息计算聚合结果，从而避免不必要的数据解码，减少 CPU 的计算量。

4.5 性能

4.5.1 性能概述

性能表现为功能、量化指标和可移植性 3 个方面。

在功能方面，高通量时序数据管理引擎 IoTDB 由数据模型选用与创建、数据接入、数据查询和数据维护等模块构成。其中，数据模型选用与创建模块实现选用存储模型、创建存储组和创建时间序列等功能；数据接入模块实现实时数据的接入功能；数据查询模块实现时间切片查询、降频聚合查询、索引查询和查询结果自动补值等功能；数据维护模块实现数据更新和数据删除等功能。

在量化指标方面，我们模拟了 100 个传感器的数据上传操作，每间隔 1s 插入一次数据，TPS 值为 98.34 次/s，平均响应时间为 0.001s，服务器资源使用合理；模拟了 1000 个传感器的数据上传操作，每间隔 1s 插入一次数据，TPS 值为 941.90 次/s，平均响应时间为 0.001s，服务器资源使用合理；模拟了 10 000 个传感器的数据上传操作，每间隔 1s 插入一次数据，TPS 值为 5947.70 次/s，平均响应时间为 0.001s，服务器资源使用合理。

在可移植性方面，IoTDB 可以兼容 JConsole 工具，对运行的 IoTDB 进行系统状态监控；可以兼容 Grafana 可视化工具。

4.5.2 测试结果

本节从数据导入(Load)、数据添加(Append)、简单查询(Read)、聚合查询以及压力测试等方面，将 IoTDB 与当今主流的时序数据管理系统 InfluxDB 和 TimescaleDB 进行比对。

InfluxDB 是一款开源的、扩展性强的分布式时序、事件和指标数据库系统。InfluxDB 支持数据的快速写入和快速查询，但是它不支持数据的删除和修改。用户可以通过指定数据保存策略(Retention Policy)来实现历史数据的批量删除。InfluxDB 数据库里的数据采用 TSM 存储引擎进行存储。InfluxDB 内置 HTTPAPI，数据可以被标记，允许非常灵活的查询。InfluxDB 采用类似 SQL 的查询语言，数据输入和输出速度快，可以实时响应查询。

TimescaleDB 是唯一支持完整 SQL 的开源时间序列数据库。它针对快速数据注入和复杂查询做了深入优化。TimescaleDB 既像传统的关系数据库一样易于使用，又具有 NoSQL 数据库的扩展能力。TimescaleDB 具有如下特点：易用性、巨大的摄取规模、高级的查询性能和迅速的数据删除操作。它支持所有的 SQL，包括二级索引、复杂谓词、联接、窗口函数、CTE(Common Table Expressions)等；此外，TimescaleDB 允许扩展 SQL，引入新的语义，使时序操作更容易。TimescaleDB 的后端对 PostgreSQL 查询计划器进行了修改，以使数据库能够正确处理时序数据。

我们进行了单机版的 IoTDB、InfluxDB 和 TimescaleDB 的性能对比测试。测试用的机器配置为 12(24 线程)的 Intel Xeon E5-2620 0 @ 2.00GHz CPU，32GB 内存，2TB SATA 硬盘。操作系统为 CentOS 7.4.1708，IoTDB 版本为 V0.6.0，InfluxDB 的版本为 V1.5，TimescaleDB 的版本为 V9.6。

1. 数据导入测试

为了避免从硬盘读取数据和网络传输成为测试瓶颈，我们把数据装载到内存，然后进行数据导入实验(以避免硬盘 I/O 瓶颈)，并且在一台测试机器上(以避免网络传输瓶颈)运行数据库服务器和客户机测试程序。

在数据导入方面，我们首先生成一个月(30 天)的历史数据(风力发电厂的传感器数据)，保存在文件中。主要参数：设备数为 100 台，每台设备包含 150 个传感器，所有传感器每 7s 采集一次数据，共 5 739 750 000 条数据。然后，把数据装载到内存，进行导入。用 10 个客户端将数据导入目标数据库中，数据库服务器通过锁核技术占用 4 个核 8 个线程。在测试过程中监控 CPU 的使用情况。测试结果如表 4.1 所示。

表 4.1 时序数据库的数据导入测试结果

指　　标	IoTDB	InfluxDB	TimescaleDB
导入数据点数	5 739 750 000	5 739 750 000	5 739 750 000
成功数据点数	5 739 750 000	5 739 750 000	5 739 750 000
占用空间/KB	15 634 544	21 960 032	121 634 816
导入成功率/%	100	100	100
单点占用空间/B	2.79	3.92	21.19
导入消耗时间/s	7431	9093	108 811
导入速度/(数据点/s)	772 406	631 227	52 794

(1) 在导入成功率方面，IoTDB、InfluxDB、TimescaleDB 均实现了 100%数据的成功导入。

(2) 在占用空间方面，IoTDB 优于 InfluxDB 和 TimescaleDB。单个数据点占用空间情况如下：IoTDB 为 2.79B；InfluxDB 为 3.92B；TimescaleDB 压缩效果不佳，为 21.19B。

(3) 在导入速度方面，IoTDB、InfluxDB 和 TimescaleDB 分别达到 772 406 数据点/秒、631 227 数据点/秒和 52 794 数据点/秒。IoTDB 优于 InfluxDB 和 TimescaleDB，获得最高导入性能。

2. 数据添加测试

在数据添加方面，通过增加请求的客户端数，增加写入压力（每个客户端对应 50 台设备，每台设备 150 个传感器）。在固定客户端数量情况下，每个客户端发送频率为平均每 7s 发送一个请求，每个客户端发送 10 次，每个客户端每次发送的数据点数量为设备数乘以传感器数。记录目标数据库的平均吞吐量与响应时间。

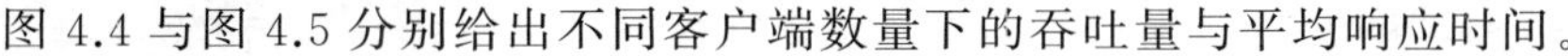
图 4.4 与图 4.5 分别给出不同客户端数量下的吞吐量与平均响应时间。

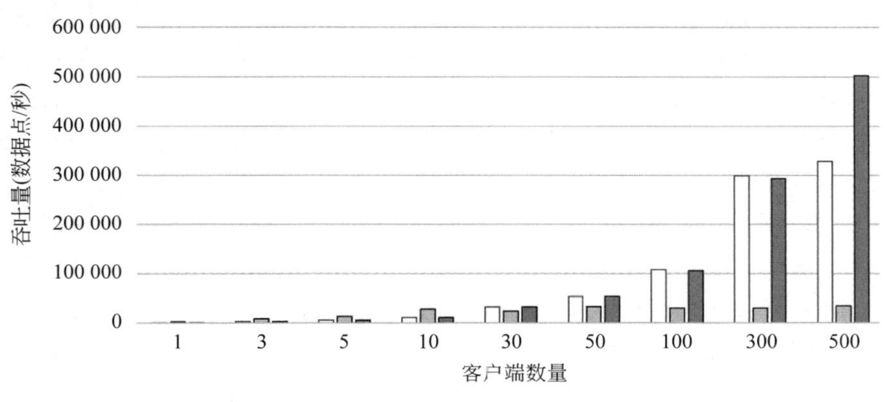

图 4.4　时序数据库的数据添加吞吐量

在吞吐量方面，随着客户端线程数的增加，3 个数据库的吞吐量都在不断增加。其中，在 500 个客户端的情况下，InfluxDB 达到 502 900 数据点/秒的吞吐量，IoTDB 达到 329 172 数据点/秒的吞吐量，TimescaleDB 达到 33 268 数据点/秒的吞吐量；当客户端数从 300 个增加到 500 个时，IoTDB 与 TimescaleDB 的吞吐量增加缓慢，InfluxDB 的吞吐量还在增加。当客户端数较少时，IoTDB 的吞吐量不如 TimescaleDB；随着客户端数量的增加，IoTDB 的吞吐量将明显高于 TimescaleDB。

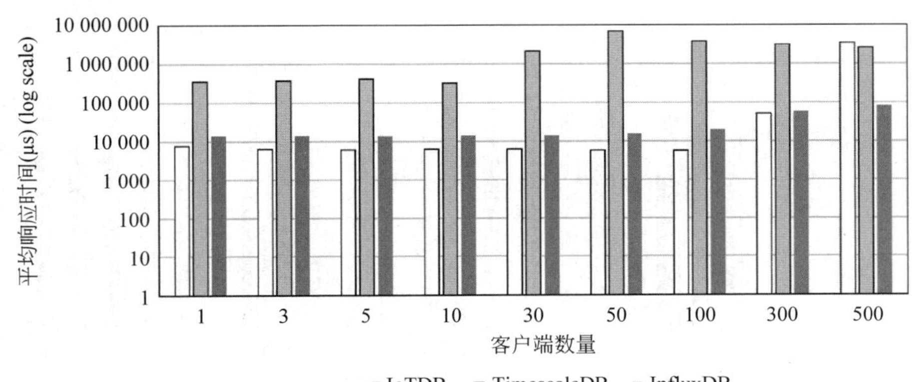

图 4.5　时序数据库的数据添加响应时间

在平均响应时间方面，InfluxDB 在 500 个客户端的情况下为 84 571μs。IoTDB 在 300 个客户端的情况下为 51 715μs，在 500 个客户端的情况下为 3 413 446μs。TimescaleDB 在

10 个客户端的情况下响应时间 332 666μs，为毫秒级；但是在 500 个客户端的情况下为 2 600 111μs，达到秒级。可见，IoTDB 和 TimescaleDB 在并发客户端数量增加，逐渐接近 500 时，数据添加操作的响应时间有较大下降。InfluxDB 获得最优的响应时间。IoTDB 的响应时间在客户端数量较少情况下优于 TimescaleDB；在客户端数量接近 500 时，TimescaleDB 的响应时间变得更快。

3. 数据查询测试

对数据库进行两类查询的性能测试：第一类为简单查询，如查询一个月内某一小时内某一设备的某一传感器的所有值；第二类为分析查询，如查询一个月内某一小时内某一设备的某一传感器的聚合值(max、min、mean)。两类查询的混合比例为 9∶1。增加查询客户端(线程)数的查询压力，每个客户端每秒最多发送 20 个请求，think time 为 50ms。记录查询吞吐量、请求成功率以及响应时间。

图 4.6 与图 4.7 给出不同客户端数量下对应的混合查询吞吐量与响应时间。

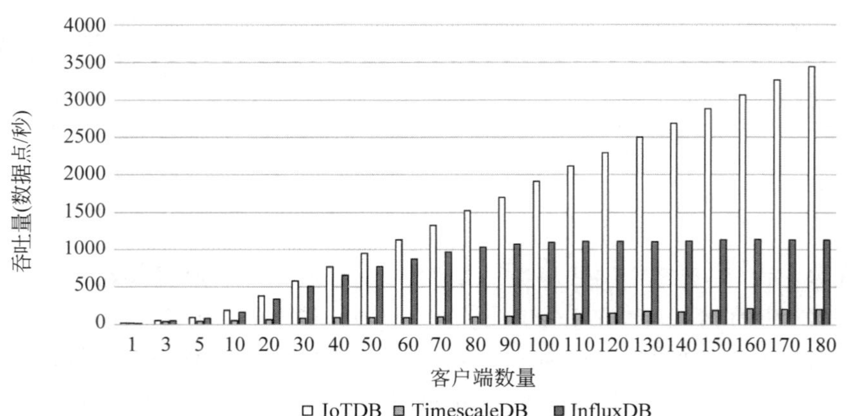

图 4.6 时序数据库的数据混合查询吞吐量

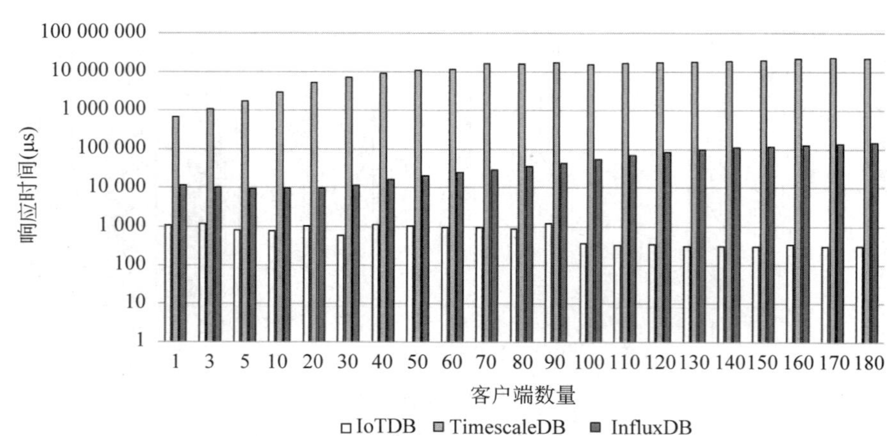

图 4.7 时序数据库的数据混合查询响应时间

在吞吐量方面，随着客户端线程数的增加，3 个数据库的吞吐量均不断增加。在 200 个客户端的情况下，InfluxDB 的吞吐量已经达到饱和，为 1138 个请求/秒；IoTDB 达到 3439 个请求/秒,吞吐量尚未达到饱和;TimescaleDB 达到 208 个请求/秒,吞吐量达到饱和。

在查询响应时间方面,在 200 个客户端的情况下,InfluxDB 为 146 003μs,为毫秒级;IoTDB 为 313μs;TimescaleDB 为 22 463 031μs,达到秒级,延迟明显。由此可见,在响应时间方面,IoTDB 明显占优。

IoTDB 在混合查询吞吐量与响应时间上明显优于 InfluxDB 和 TimescaleDB。

4. 查询负载下的数据添加测试

在数据库已经有一个相对稳定的查询负载下(50 个客户端,每个客户端每秒发送两个查询请求,每秒有 100 个业务查询),进一步实时生成设备数据,并向数据库添加数据。通过增加请求的客户端数(每个客户端对应 50 台设备),增加数据添加的压力。记录吞吐量以及响应时间。

图 4.8 与图 4.9 分别给出不同客户端数量下对应的数据添加吞吐量与响应时间。

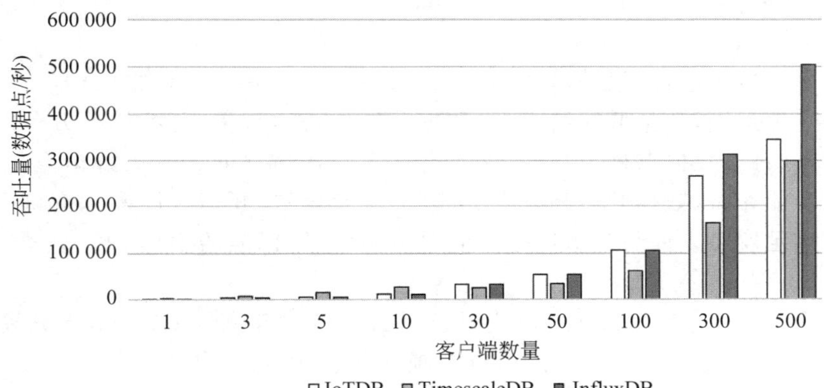

图 4.8　查询负载下时序数据库的数据添加吞吐量

在吞吐量方面,随着客户端线程数的增加,3 个数据库的吞吐量不断增加。在 500 个客户端的情况下,InfluxDB 达到 504 728 数据点/秒的吞吐量,IoTDB 达到 346 205 数据点/秒的吞吐量,TimescaleDB 达到 298 832 数据点/秒的吞吐量。InfluxDB 吞吐量最优。

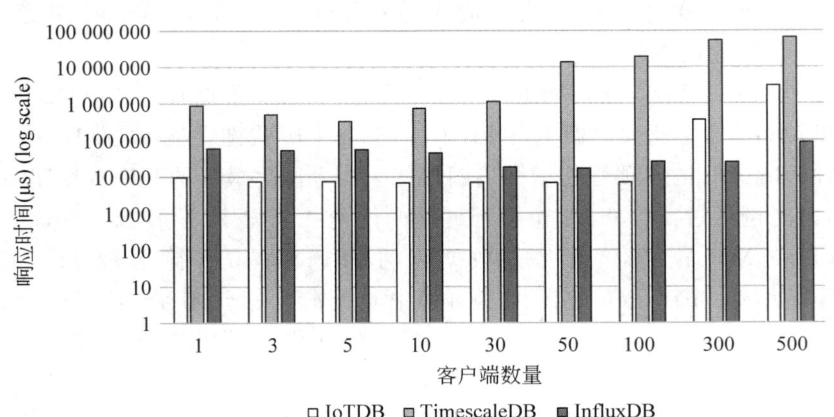

图 4.9　查询负载下时序数据库的数据添加响应时间

在响应时间方面，InfluxDB 在 500 个客户端的情况下为 85 455μs。IoTDB 在 300 个客户端的情况下为 355 436μs；而在 500 个客户端的情况下为 3 132 646μs，达到秒级。TimescaleDB 在 300 个客户端的情况下为 54 873 464μs；而在 500 个客户端的情况下为 67 354 656μs，达到 10 秒级，延迟很大。

IoTDB 在查询负载下，当并发客户端数据量接近 500 时，数据添加操作的响应时间有所下降，TimescaleDB 响应时间下降很大。InfluxDB 在客户端数量较少的情况下，吞吐量和 IoTDB 不相上下，InfluxDB 的响应时间弱于 IoTDB；但是当客户端数量不断增加时，InfluxDB 在吞吐量和响应时间方面都达到最优。

当客户端数量较少时，IoTDB 的吞吐量不如 TimescaleDB；随着客户端数量增加，IoTDB 的吞吐量将明显高于 TimescaleDB。

4.6 本章小结

本章介绍的高通量时序数据管理引擎 IoTDB 是一款聚焦工业物联网的高性能、轻量级时序数据管理系统，具备低存储成本（数据压缩比可达百倍，可存储千万条时间序列）、高速数据写入（百万数据点秒级写入，支持高并发）、快速查询（TB 级数据毫秒级查询，支持高并发）、功能完备（数据的增删改查、丰富的聚合函数、相似性匹配）、查询分析一体化（一份数据，满足实时查询与分析挖掘）、简单易用（采用标准的 JDBC 接口、类 SQL 语言）等特点。

IoTDB 底层文件存储格式相关源代码于 2017 年 1 月正式在 GitHub 上开放，获得国内外高校与企业的关注。2017 年 8 月，IoTDB 项目库正式被国际知名仓库 maven（世界上应用最广泛的代码依赖库之一）收录。2017—2018 年，IoTDB 持续开发和更新迭代，先后发布 0.3、0.4、0.5、0.6、0.7 共 5 个版本，与 2017 年的 0.12 版本相比，新增 10 余项功能，系统稳定性与性能均不断提升。目前，IoTDB 已完成与开源大数据生态（Hadoop、Spark）的集成，实现了相关的编程 SDK（JDBC 形式）、导入导出工具、可视化工具、命令行交互工具、数据回传工具等多项 IoTDB 辅助工具，大幅度提升了 IoTDB 的适应力。截至目前，IoTDB 核心模块有效代码达 7 万余行，通过 DSL 语言生成代码 6 万余行。IoTDB 代码提交更新次数超过 1300 次，用户反馈、建议与回复达 200 余次。

基准测试表明，IoTDB 读写性能均优于现有的时序数据库 InfluxDB、OpenTSDB、Cassandra 以及 GE 的工业大数据平台 Predix。根据中国软件评测中心和中国人民大学的性能对标测试，IoTDB 的各项性能指标均明显优于当今国际最优的时序数据库系统。

IoTDB 已全网通过 Apache 基金会孵化器的讨论并获得 10 票赞成。Apache 基金会孵化器主席 Justin Mclean、国际著名大数据公司 HortonWorks 副总裁 Joe Witt、Apache PLC4X 项目负责人 Christofer Dutz、华为开源中心负责人姜宁成为本项目的指导者。2018 年 11 月 18 日，IoTDB 项目正式成为 Apache 孵化器项目，这是我国高校目前唯一一个进入 Apache 基金会孵化器的项目。

目前，IoTDB 系统已在青海电力、金风科技、联想集团、天远科技等多家单位的工程应用中得到部署和使用。

本章参考文献

[1] KONSTANTIN S, KUANG H, RADIA S, et al. The hadoop distributed file system[C]. In: Proc. of the 26th IEEE Symposium on Mass Storage Systems and Technologies(MSST). Washington DC: IEEE Computer Society, 2010: 1-10.

[2] MATEI Z, CHOWDHURY M, DAS T, et al. Resilient distributed datasets: a fault-tolerant abstraction for in-memory cluster computing[C]. In: Proc. of the 9th USENIX Conference on Networked Systems Design and Implementation (NSDI). Berkeley: USENIX Association, 2012: 15-28.

[3] Grafana. https://grafana.com/.

[4] MATLAB. https://www.mathworks.com/products/matlab.html.

[5] InfluxDB. https://www.influxdata.com.

[6] OpenTSDB. http://opentsdb.net/.

[7] KairosDB. https://kairosdb.github.io/.

[8] LARS G. HBase: the definitive guide: random access to your planet-size data[M]. [S.l.]: O'Reilly Media, Inc., 2011.

[9] TUOMAS P, FRANKLIN S, TELLER J, et al. Gorilla: a fast, scalable, in-memory time series database[J]. VLDB Endowment, 2015, 8(12): 1816-1827.

[10] Beringei. https://github.com/facebookarchive/beringei.

[11] Apache Parquet. https://parquet.apache.org/.

[12] Apache Impala. https://impala.apache.org/.

[13] AVINASH L, MALIK P. Cassandra: a decentralized structured storage system[J]. ACM SIGOPS Operating Systems Review, 2010, 2(44): 35-40.

[14] YANG F, TSCHETTER E, LÉAUTÉ X, et al. A real-time analytical data store[C]. In: Proc. of ACM SIGMOD International Conference on Management of Data, New York City, New York, USA, June 23-28, 2013. 2014: 157-168.

第5章 海量非结构化仿真数据管理引擎

王 淞 兰 海

武汉大学计算机学院

5.1 概述

制造领域所面临的重要挑战之一是如何有效管理与使用海量非结构化仿真数据。这些海量仿真数据具有文件数量巨大、单个文件体量小、非结构化等特点，使得现有非结构化数据管理方法难以奏效。本章介绍一种面向制造领域的海量非结构化仿真数据管理引擎。

5.2 需求

海量非结构化仿真数据管理在制造领域具有重要的价值。本节首先介绍海量非结构化仿真数据管理引擎在实际应用场景中所扮演的角色；其次分析目前学术界及工业界使用的主流数据管理方法以及国内制造企业主要采用的数据管理方法；最后总结制造领域中对海量非结构化仿真数据管理引擎的具体需求。

5.2.1 应用场景

以我国风能发电企业金风科技公司为例，该企业在全国拥有数千个风场，每个风场内部有数千台风机，这些风机年发电量达到44GW。每台风机的发电量都与一系列参数的设定有关。例如，在面对不同的风况时，需要将发电机叶片调整到合适的角度。这些参数的选择直接影响每一台风机的发电效率。而且，风机在使用过程中，可能存在一些部件、传感器老化的问题，导致风机在初期部署时使用的软件控制参数在后续使用过程中可能不再是最优解。

为了保证每一台风机都能达到最大的发电效率，该公司每天都要运行海量的仿真试验，用于模拟不同型号、不同使用周期的风机在不同风况、不同参数设置下的发电效率。这些仿真试验结果需要被妥善存储起来，再由专业的数据分析人员进行大数据分析，从而找到适合当前不同型号、不同使用周期风机的最佳参数选择。分析得出的这些参数选择会被部署到实际风场的风机中，以保证每一台风机都能够达到最大的发电效率。

在这一过程中，存在的一个主要挑战就是如何妥善存储在仿真试验中生成的海量仿真文件。这些文件是一些非结构化的小文件。主要有三大特征：

(1) 非结构化。这些文件往往是通过专业的仿真软件生成的，因此对应的文件格式也只能通过专业的仿真软件进行解析。

(2) 单个文件体量小。一般来说，每一个仿真文件都对应着一种型号风机的某一部件在一次仿真试验中的结果。因此，单个文件的体量较小，一般每个文件大小为数百KB到15MB。

(3) 数量巨大。在一批次仿真试验过程中，往往对风机的不同部件重复进行若干次仿真试验，因此，单批次仿真试验所产生的小文件数量十分惊人。以金风公司的仿真数据为例，单批次仿真试验往往会产生数据量高达700GB～1TB的小文件，考虑到单个文件大小不足15MB，单批次数据的文件数量是非常巨大的。

目前企业存储这些数据使用的主要平台是HDFS[1]等分布式存储系统。通过在这些系统上层搭建SPARK等分析平台，可以很好地支持企业对海量仿真文件的分析工作。然而，传统的分布式数据存储系统(如HDFS)的设计初衷是针对大文件的存储，而非针对海量小文件的存储。因此，如果直接将海量的仿真小文件存入HDFS，将会带来很多问题，其中最大的问题在于对NameNode产生的巨大内存压力。HDFS使用一个节点作为管理者节点(即NameNode)，该节点为了能够知晓系统中每一个文件存在的具体位置，需要为系统中存入的每一个文件在内存中维护一条元数据信息，用于记录该文件的相关记录。因此，NameNode中维护的元数据大小直接与系统中存在的文件总数相关。当存储的文件主要是大文件时，HDFS中的文件总数不会过多，NameNode有能力将全部元数据存入内存。然而，当存入的文件属海量小文件时，如果存储相同数据量的数据，系统需面对远超存储大文件时的海量文件数量。这会导致系统中产生海量的文件数，让NameNode维护非常多的元数据，为NameNode带来巨大的内存压力。

为了解决海量非结构化仿真小文件的管理问题，一种主流解决方法是对小文件进行装块处理，即将若干小文件合并成一个大文件，再将这个大文件存入HDFS中。这样，系统需要存储的不再是海量小文件，而是若干由小文件合并成的大文件，从而减少了NameNode所面临的内存压力。

然而，尽管解决了NameNode的内存压力问题，装块方法却为小文件管理场景带来了新的挑战。我们将其称为I/O放大(I/O Amplification，IOAMP)问题。产生该问题的原因在于：一旦将海量小文件合并成一个大文件存入HDFS中，当用户需要访问系统中的任意一个小文件时，就需要将小文件所在的大文件全部读取出来，进行解析后再获取对应的小文件。这一过程将会导致该大文件中存在的其他小文件信息也全部被读取出来，而对这些文件的访问其实是不必要的。例如，如果将若干大小为1MB的小文件存入一个64MB的大文件，那么，当需要读取其中一个小文件时，需要将整个大文件读取出来，这一过程导致期望读取的文件所需要的I/O(1MB)被放大到64倍。通过实验发现，在实际应用中，由于装块带来的IOAMP达到20倍左右。

企业在对文件的分析过程中，首先需要将数据从HDFS读取到SPARK[2]中用于分析，这一过程的耗时与需要读取的数据量成正比。因此，装块方法带来的20倍IOAMP意味着在进行分析工作时会导致系统需要花费20倍的时间在I/O开销上，这一问题极大地影响了企业对海量仿真文件的分析效率。因此，目前企业需要解决的一个重要问题就是如何使系统不仅能够管理海量非结构化仿真文件，同时还要能够满足快速查询与读取需求。

5.2.2 相关工作

目前，非结构化数据管理系统主要包括两类：一类是大公司自己开发的，服务于自身功能需求的分布式非结构化数据管理引擎；另一类是基于现有的开源系统开发的系统。

在公司开发的非结构化数据管理系统中，最有代表性的系统之一就是 Facebook 公司开发的 Haystack[3]。Haystack 是一个针对用户上传的海量照片的非结构化数据管理系统。在系统层面，Facebook 公司论证了现有系统架构无法满足它们对海量图片的查询功能，因此基于 XFS 开发了一套分布式数据管理系统；在技术层面，Haystack 引入了文件合并策略与二级索引技术来加快对图片数据的检索速度。这类系统虽然功能强大，但并不适用于面向制造业的非结构化数据管理任务需求。其原因有二：其一，这类公司所搭建的管理系统往往被视为其技术核心，不会将代码与技术细节全部公开，因此仅仅通过论文对其技术复现存在相当大的难度；其二，Haystack 面向海量图片，特别是用户照片的存储，这类非结构化数据无论从生成模式上看还是从查询需求上看都与工业非结构化数据不同，Haystack 所面向的图片数据处于随机写、随机读的应用场景，而工业非结构化数据则往往是批量存、批量读。因此，尽管 Haystack 系统可以存储工业非结构化数据，也可以进行查询，但其性能很可能会大打折扣。

基于开源系统进行开发也是非常流行的方案之一。最直接的方案是使用分布式数据库作为元数据存储系统，使用分布式文件系统作为非结构化数据存储系统。该类解决方案往往面临着和上文类似的问题，而且更加严重。举例来说，目前的公司往往会使用开源的分布式文件系统(如 HDFS)来存储非结构化数据。HDFS 作为一个优秀的开源分布式文件系统，具有很强的扩展性与容灾备份能力，其查询接口也可以做到对用户透明。所以，HDFS 可以胜任一般场景下的海量数据存储。然而，直接将 HDFS 用于工业非结构化仿真数据存储是有问题的。其原因在于，工业非结构化仿真数据在形式上往往表现为海量的小文件，由于 HDFS 需要为存入系统的每一个文件建立索引并维护在内存中，因此，当系统中存入的文件数量过多时，内存空间往往会先被庞大的索引信息占满，而硬盘仍然有充足的空间，从而浪费了系统的实际存储容量。不仅如此，庞大的索引量也极大地影响了用户的查询效率。因此，如果要使用现有的开源系统来管理工业非结构化大数据，需要对系统进行有针对性的改进。

5.2.3 需求描述

针对制造领域产生的大量非结构化数据，我们提出了一种非结构化管理系统来有效地存储与查询这些数据。相较于一般数据，这些数据具有以下特点：

(1) 数据在上传时主要采用批次上传的形式。

(2) 每一批次文件中包含大量的小文件。

(3) 系统主要功能需求为上传数据、查询数据与删除数据，对修改数据的功能需求较小。

(4) 数据的查询功能需要以多种模式实现，包括按批次查询、按元数据维度查询、针对元数据的模糊查询等。

针对以上特点，我们设计与开发了一种非结构化数据管理引擎，用来存储与查询制造领域产生的海量非结构化数据，特别是近几年比重逐渐上升的仿真数据。

下面以仿真数据为例，介绍非结构化数据的主要特征。

仿真数据主要包括两个部分：非结构化仿真数据和元数据。其中，非结构化仿真数据是制造企业在仿真过程中生成的、只能使用特殊软件解读的数据。这类数据的特征如下：

(1) 单个文件较小，一般一个文件大小不超过 10MB。

(2) 数量多。企业在一次仿真中可以生成数万到数十万个仿真文件，导致单次传入的数据量达到数百 GB。

(3) 批量传入。企业往往会将一次仿真得出的数据一次性传入系统，呈现出“批量存储”的特征。

(4) 元数据与仿真数据一一对应。

元数据是非结构化仿真数据的描述信息，一般以文本、JSON 等可解析的格式存在。一般情况下，元数据与非结构化数据一一对应，每一个元数据都描述了对应的非结构化数据的基本信息。例如，对于风力发电设备的仿真数据，其元数据一般包括这次实验使用的风机型号、风力大小以及这次实验中发电量的峰值、低谷与平均值等数据。由于非结构化仿真数据无法直接解析，在查询需要的非结构化仿真数据时，用户往往需要通过元数据来查找与定位对应的非结构化数据。因此，在对元数据进行存储时需要满足以下 3 个要求：

(1) 元数据需要与对应的非结构化数据相关联。

(2) 元数据不仅支持基于属性的简单查询，同时也支持基于全文检索的复杂查询。

(3) 用户可以通过元数据访问到想要的非结构化数据。

用户在上传了非结构化仿真数据以后，有时候需要对数据进行相应的处理，例如，使用线性回归预测未来设备的运转趋势，或者使用逻辑回归、LOF 等算法找出异常数据，等等。在传统系统中，用户往往需要将数据从存储系统中下载到本地，再进行进一步处理。由于每一批次的仿真数据体量都很大，无论是将仿真数据下载还是存储下来都是非常费时费力的。针对以上问题，本章描述的非结构化数据管理系统应当具备给用户提供扩展分析接口的能力。具体来说，当用户希望对某些数据进行分析时，可以将相应的分析脚本(例如 MATLAB 脚本、Python 脚本、R 语言脚本等)以及其依赖的算法包上传给系统，并选择想要处理的数据。系统可以自动地在相应数据上运行这些脚本，并且将分析结果返回给用户。

基于以上应用场景分析，我们将系统功能划分为以下 3 部分：

(1) 非结构化数据存储。主要涉及对非结构化数据进行存储与管理的相关功能。

(2) 元数据存储。主要涉及对元数据进行存储与管理的相关功能。

(3) 扩展查询与分析。主要涉及面向用户的简单查询、扩展查询以及分析等相关功能。

在本章后续各节中将对以上功能划分的具体功能需求进行详细介绍。

1. 非结构化数据存储功能需求

针对结构化数据的特征，非结构化数据存储功能应当涉及以下几个方面：

(1) 海量小文件管理。在分布式系统中往往存在一个管理者节点(即 NameNode)来管理整个分布式系统，NameNode 需要记录系统中保存的每一个文件的相关信息。因此，系统中存在的文件数量过多将会导致 NameNode 的存储与处理性能成为瓶颈。因此，在管理海量非结构化数据时，需要对海量的小文件采取合适的管理策略，降低 NameNode 的负载，避免 NameNode 的性能成为瓶颈。

（2）非结构化数据备份。分布式存储系统往往出现一个或多个节点失效的问题，因此，需要通过对存储文件进行备份来避免由于节点失效导致的文件丢失问题。

（3）集群扩展。为了能够存储海量非结构化数据，存储集群应当具备扩展性，具体来说，当系统容量达到上限时，能够通过向集群内加入更多存储设备的方式扩展系统的整体容量，使系统可以管理海量的非结构化数据。

2. 元数据存储功能需求

针对元数据的特征，元数据存储功能应当涉及以下几个方面：

（1）元数据和非结构化数据关联。由于非结构化数据无法被直接解析，因此用户在查询非结构化数据时，往往是通过其描述信息——元数据来定位想要访问的非结构化数据的。因此，在系统设计时，需要将非结构化数据与其元数据关联起来，使得用户可以通过元数据来实现对相应非结构化数据的查询。

（2）元数据备份。与非结构化数据存储类似，元数据同样应当具备容灾备份能力，保证数据不会因为设备故障等原因而丢失。

（3）集群扩展。由于传入的数据中也包含海量的元数据，因此，元数据存储系统应当同样具备扩展能力，保证可以存储足够多的元数据文件。

3. 扩展查询与分析功能需求

针对用户的查询需求，查询、分析接口应当实现以下几种功能：

（1）元数据、非结构化数据增删查改。这一部分主要是基本查询功能。与传统数据库中的增删查改功能类似。在非结构化数据管理系统中，同样应当支持基本的查询功能，例如，找出某一特定文件名的文件，找出某些事件生成的非结构化数据，等等。值得注意的是，在制造业非结构化数据的应用场景下，一般修改文件的功能需求很少。因此在这里并未给出对修改功能的明确需求。在实际应用中，用户可以通过结合删除与增加两个操作来实现对特定文件的修改，即删除旧文件并传入新版本的文件。

（2）元数据扩展查询。由于元数据一般都是以文档、JSON 脚本、XML 等方便解析的格式存在的，因此，在实际查询过程中，用户可能希望对元数据进行扩展查询，例如，对元数据中包含的文本进行全文检索，或者对可能存在的关键词、语句进行模糊匹配等。与简单查询中主要通过属性匹配来查询不同，扩展查询需要对元数据的全文信息进行检索，在查询难度上比简单查询需求更复杂，同时功能也更加强大。

（3）元数据、非结构化数据分析。针对用户需要对存储的非结构化数据进行分析的功能需求，系统需要提供相应的接口用来执行算法。首先，针对目前主流的算法脚本（如 MATLAB、Python、Spark 等），系统需要集成相应的运行环境，用户无须自行安装。其次，由于目前已经有很多现成的算法包（例如 Spark 的 Mllib 等），用户往往会调用一些自己使用的算法包中的功能，因此，系统应当为用户提供可以导入自定义算法包的功能。最后，对于一些常用的算法与工具，系统应当将其集成到自身的算法库中，使得用户可以直接调用来处理上传的数据。

以上介绍了在制造领域海量非结构化仿真数据管理的应用场景以及目前的常用方法，并进一步分析了海量非结构化仿真数据管理工作的具体功能需求，从非结构化数据存储、元数据存储以及扩展查询与分析 3 个角度出发，描述了仿真数据管理需要达到的具体目标。下面介绍我们开发的非结构化数据管理引擎的具体实现方法以及该引擎满足以上功能需求的管理策略。

5.3 方法设计

基于对非结构化数据管理系统的功能分析，我们提出非结构化数据管理系统框架。本节详细介绍各个模块的具体功能以及为了实现这些功能所使用的技术。

5.3.1 系统框架执行原理

为了能够更好地描述本系统的功能模块，在本节中，首先介绍在实际应用场景中系统查询数据的具体流程，对各个功能模块在查询数据过程中所扮演的功能角色进行初步介绍，以方便接下来介绍各个功能模块的技术细节。

整个非结构化数据管理系统中包含 3 个功能模块，即系统管理者模块、元数据存储模块和非结构化数据存储模块，如图 5.1 所示。其中，系统管理者模块主要负责数据在集群中的整体调度，以及对索引信息的存储；元数据存储模块主要负责对元数据的存储以及查询；非结构化数据存储模块主要负责对非结构化数据的存储。为了简化整体框架结构，元数据存储模块与非结构化数据存储模块之间无法直接传递数据，所有的交互信息都需要通过系统管理者模块来协调。在接下来的几节中，将依次介绍各个模块的具体功能以及采用的技术路线。

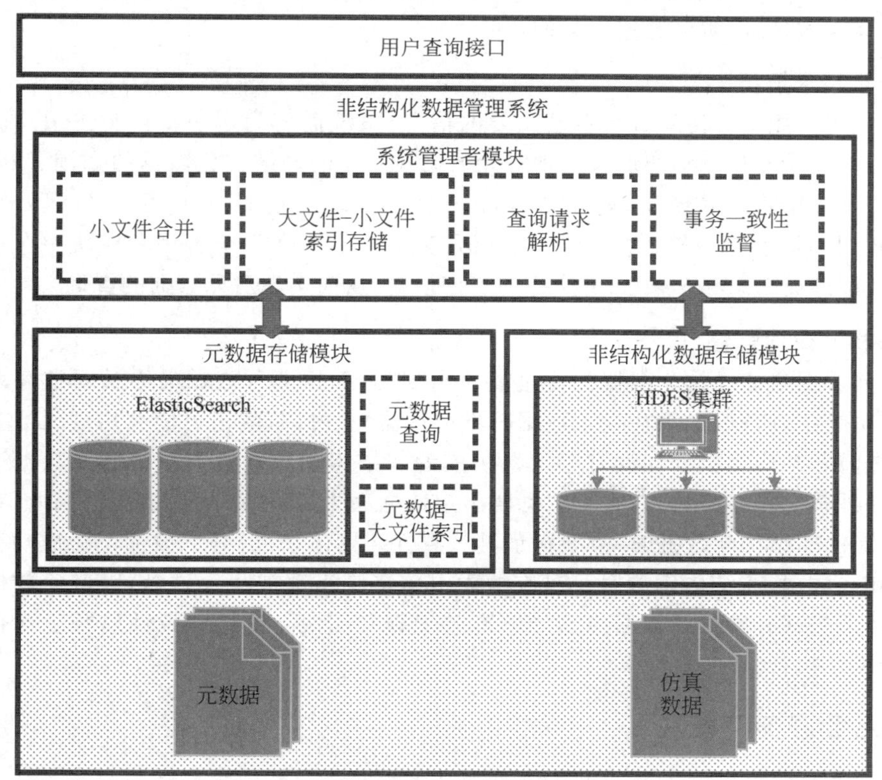

图 5.1　非结构化数据管理系统框架

5.3.2 系统管理者模块

系统管理者模块承担了对整个存储系统的管理工作。一方面需要维护系统中元数据与非结构化数据之间的一致性，另一方面还要响应用户的增删查改等查询请求。具体来说，系统管理者模块主要实现了以下 4 个功能点来满足实际功能需求。

1. 小文件合并

小文件合并技术主要应用在用户上传非结构化数据过程中。一方面，用户所上传的非结构化数据的主要特征体现为单个文件较小、总体数据量巨大的文件集合；另一方面，非结构化数据存储模块用于存储文件的 HDFS 不能很好地支持对小文件的存储功能。因此，在存储非结构化数据文件时，需要将若干个小文件合并成一个大文件，整体存入 HDFS。因此，在将非结构化数据写入 HDFS 之前，需要将多个小文件在系统管理者模块内进行合并，再将合并后的大文件写入非结构化数据存储模块。将小文件合并成大文件以后，多个非结构化数据文件信息被整合在一个大文件中。因此，为了能够访问一个大文件内存储的任意非结构化数据文件信息，需要建立大文件与其中的小文件之间的索引关系，这一技术被称作大文件-小文件索引。

2. 大文件-小文件索引存储

在用户需要访问某一具体非结构化数据内容时，可以通过大文件-小文件索引找到想要的信息。由于对小文件的合并工作是在系统管理者模块进行的，因此大文件-小文件索引信息也在合并文件时一并产生，并保存于系统管理者模块。由于该索引信息十分重要，而将其仅仅保存在内存中会有数据丢失的风险，因此，系统管理者模块会将生成的大文件-小文件索引及时写入磁盘，以避免数据丢失的风险。

3. 查询请求解析

为了让用户能够方便地查询自己想要的信息，系统需要为用户提供类 SQL 查询接口，让用户可以通过 SQL 语句的形式实现对元数据及对应的非结构化数据的查询。然而，在系统实现中，元数据管理系统是基于 ElasticSearch[4] 系统搭建的，这一系统并不天然支持类 SQL 查询。因此，在用户输入类 SQL 查询语句以后，需要在系统管理者模块中对查询语句进行解析，翻译成 ElasticSearch 可执行的查询语句，从而实现对元数据的查询。

4. 事物一致性监督

由于元数据与非结构化数据往往是成对出现的，而这两种数据最终又要被存入两个不同的存储系统中，所以，如果在存入数据时不进行监督、协调，就很可能会出现元数据存入系统，而对应的非结构化数据却没有存入系统或者非结构化数据存入系统而元数据丢失的情况。这些问题将会导致用户在查询数据时出现数据丢失、无法访问的情况。因此，在存入元数据与对应的非结构化数据时，需要保证其一致性。具体来说，对于被标记为成功存入系统的数据，其元数据、非结构化数据及对应的索引信息应当都被写入磁盘，以避免数据丢失的风险；而对那些部分缺失的数据应当能够有效识别和回滚。这些一致性监督工作也均由系统管理者模块执行。

5.3.3 元数据存储模块

元数据存储模块主要负责实现对元数据的查询功能以及记录元数据与大文件之间的索

引信息。为了满足对元数据的简单查询、多维查询、扩展查询等一系列查询请求，同时还要兼顾海量元数据存储所要求的扩展性，我们选择使用 ElasticSearch 作为元数据存储与查询系统。

1. 元数据查询

在实际使用中，对元数据的查询包括增、删、查、改 4 种功能。具体来说，系统支持用户对元数据及对应的非结构化数据进行单个或批量写入及删除，对数据进行简单查询或复杂查询。对于修改操作，考虑到在实际应用场景中用户的修改操作较少，因此系统不支持用户直接对已存入系统的数据进行修改；相对地，用户可以通过写入新数据并删除旧数据的操作来实现修改需求。

2. 元数据到大文件的二级索引结构

非结构化数据不能被直接解析，因此用户也无法对非结构化数据直接进行查询。实际上，我们可用对应关系最终找到非结构化数据。在系统中，使用了二级索引结构来存储元数据与非结构化数据之间的对应关系。首先，系统在元数据中保存了元数据到其对应的非结构化数据的唯一标识信息。接下来，系统可以在系统管理者模块中查询大文件-小文件索引，这一索引中包含了所有小文件所在的大文件信息以及小文件在大文件内的块内偏移量和文件大小。通过定位大文件、块内偏移量和文件大小，可以唯一确定非结构化数据所在的位置并将其读取出来。

5.3.4　非结构化数据存储模块

在非结构化数据存储模块中，我们选择了基于 HDFS 的分布式存储系统。由于在系统管理者模块中已经将海量的非结构化小文件打包成若干大文件，非结构化数据存储模块只需要将这些数据存储下来，而不需要再存储或解析额外的信息。因此，相较于系统管理者模块和元数据存储模块，非结构化数据存储模块的功能相对简单。

在选择存储系统时，需要综合考虑现有分布式存储系统的优势和劣势。我们最终选择 HDFS 作为存储系统。相较于其他分布式存储系统，HDFS 在存储非结构化数据时具有以下优势：首先，HDFS 的框架模型比较简单，NameNode-DataNode 的框架使其非常容易管理，由于数据存储的模式信息都集中在 NameNode 中，系统只需访问 NameNode 就可以了解整个 HDFS 集群的数据存储状态；其次，HDFS 具备优秀的扩展性、可用性和一致性，经过多个版本的迭代更新，HDFS 已经集成了一套成熟的管理机制来保证系统的扩展性、可用性和一致性，使得系统无须进行二次开发就可以满足相应的功能需求；最后，HDFS 具有非常成熟的 API 以及丰富的开发文档，这大大降低了系统开发的难度。综上所述，我们选择使用 HDFS 作为非结构化数据的存储系统。

5.4　技术实现

5.3 节介绍了非结构化数据管理系统的设计原理以及相关功能模块的功能实现策略。本节详细介绍非结构化数据管理系统在管理海量非结构化仿真数据文件时所引入的小文件管理策略。该策略极大地提升了该系统对小文件管理任务的性能。在此基础上，进一步介绍在该系统上进行查询所使用的查询语法。

5.4.1 小文件管理策略

在对海量非结构化仿真数据进行管理时，仅仅能够存储、访问这些文件还是远远不够的。其原因在于制造业的海量非结构化仿真数据文件往往都是一些小文件(相较于传统HDFS文件块大小)，而HDFS的设计初衷是为了存储若干个体量较大的文件。因此，在设计原理上，HDFS并不能很好地支持对海量小文件的存储。

HDFS作为一个分布式系统，在进行数据存储时，除了将对应的数据存入DataNode以外，还会在管理者节点(即NameNode)的内存中维护一条元数据信息。这条元数据信息会记录存储的数据及其存在系统的哪个节点。当用户需要从HDFS中访问数据时，首先会通过访问NameNode中的内存记录，找到需要访问数据所在的具体位置，再去相应的DataNode读取需要的数据。从这个过程中可以看出，为了保证用户总能够找到自己所需要的数据，对于HDFS中存储的每一个文件，NameNode都必须在内存中维护一条元数据信息。值得注意的是，这些元数据信息只与系统中文件的数量有关，而与文件的大小无关。存储100个1MB的文件和存储100个1GB的文件，在NameNode中的元数据信息所占用的内存空间是一致的。

这样的设计原理在使用HDFS存储大文件时是没有问题的；然而，当使用HDFS存储海量小文件时，就会产生问题。其原因是：当系统的硬盘空间大小一定时，存储的文件平均大小越小，系统所能存储的文件数量就越多。考虑到需要存储的海量仿真小文件一般大小不足5MB，远小于HDFS在设计时所使用的默认块大小，将海量小文件直接存入HDFS会导致NameNode需要维护的元数据信息过多。这一现象会导致NameNode中的元数据占用大量的内存，在最差情况下，可能NameNode中的内存不足以支撑整个系统所能存储的全部小文件数量。即便内存大到能够存储全部小文件的元数据，大量的元数据也会严重影响访问文件时的访问效率。其原因是：每当用户需要从HDFS中访问文件时，都需要遍历NameNode中的全部元数据信息，从中找到用户需要访问的文件，再定位文件所在DataNode的位置，而遍历元数据的时间开销也是与系统中元数据总量直接相关的。

通过以上分析可知，如果直接将海量的小文件存入HDFS，将会导致HDFS性能下降以及NameNode内存占用率过高等问题。因此，为了能够解决海量小文件管理的问题，我们引入了文件装块策略。

文件装块策略是指：在存储海量小文件时，事先将若干个小文件合并成一个大文件，再将其写入HDFS。与此同时，合并小文件的索引信息也会被一并保存下来。这样一来，需要存入HDFS的不再是海量小文件，而是若干大文件，从而避免了海量小文件存储所带来的一系列问题。

然而，文件装块策略也会带来新的问题。其主要问题在于：一旦将多个小文件合并成一个大文件以后，如果用户需要访问大文件中的任意一个小文件，就需要将整个大文件读取出来。举例来说，假设将64个1MB的小文件合并成一个64MB的大文件存入HDFS中，如果需要访问大文件中的任意一个小文件，就需要将整个大文件读取出来。也就是说，为了访问一个1MB的小文件，需要执行64MB的磁盘I/O以及数据传输。这一过程会导致大量的时间被浪费在无关数据的传输上。

解决这一问题的方法：在对小文件进行组织时，将文件之间的关联关系考虑进去。举例来说，如果用户在查询中经常同时访问小文件 A 和 B，那么应当把小文件 A、B 写入同一个大文件中。这样，通过读取一个大文件就能同时满足对小文件 A 和 B 的访问请求。如果将具有较强关联关系的小文件都放在对应的大文件中，就可以极大地减小额外数据传输开销。

为了能够发现文件之间的关联关系，我们在设计小文件管理策略时提出了一种小文件装块算法——PUBA。该算法的功能是：通过输入文件的并发访问记录以及给定一个合并的大文件大小阈值，可以自动生成一种装块策略，使得在基于该装块策略对海量小文件进行分块时，能够使生成的文件块带来的额外 I/O 开销尽可能小。

该算法采用的方法是首先对查询基于图模型进行建模。以图 5.2 为例，已知历史的查询记录为 Q1～Q5，每个查询所访问的文件各不相同。基于这些查询，可以构建一个以文件为点、以查询为边的加权图模型。具体来说，针对查询中的每一个文件，都在图中生成一个对应的节点，如果该节点已经存在，则将节点权重增加 1；对于访问了多个文件的查询，在这些文件两两之间都添加一条边，如果边存在，则将该边的权重加 1。当对给定的全部查询条件都以上述方法进行了处理以后，就可以生成一个包含已访问的全部小文件的加权图，节点的权重代表该节点被访问的次数，节点之间边的权重代表这两个节点被并发访问的次数。基于该加权图，可以进一步使用一些经典的图聚类算法(例如 hMetis 算法)对图模型进行聚类，将加权图分割成若干子图，每一个子图中都包含了若干小文件所对应的节点，这些子图就是对原始文件进行组织的装块策略。通过将小文件按照划分子图的结果进行组织，即可实现对原始文件进行装块的功能。又因为在划分子图过程中使用的聚类算法更倾向于保留权重较大的边，所以，那些被频繁地并发访问的文件更有可能被划分到同一个子图中。因此，该算法所生成的子图划分策略可以有效降低由于文件装块所带来的额外 I/O 等开销，提升了从系统读取文件的效率。

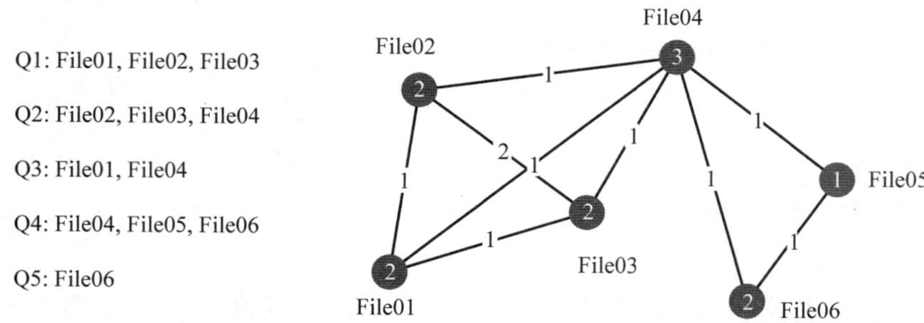

图 5.2 基于文件查询历史构建加权图模型示例

5.4.2 查询语法

本节将介绍我们开发的非结构化仿真数据管理系统所使用的主要语法。目前该系统主要通过类似函数的 API 接口实现对对象的操作。

1. 对象类型操作

下面介绍对象类型的创建、修改、删除等操作。

1）新建一个对象类型

新建一个对象类型，会在 object_class 表中插入一条记录，在 object_field 表中插入多条记录，创建 object_metadata_ * 以及 object_tag_ * 表(其中 * 为 objectClassId)，在 HDFS 上创建该对象类型目录，目录名为 objectClassId：

```
/**
  * Create an object class including inserting a record into object_class table
    and creating object_metadata and object_tag table and create a dir on HDFS.
  *
  * @param objectClassName the object class name
  * @param objectColumnInfos the object column infos
  * @return object class id
  * @throws ServiceException
  */
public long create(String objectClassName, List<ObjectColumnInfo>
objectColumnInfos) throws ServiceException
```

2）对象类型修改

向已有对象类型增加字段或者修改某个字段的名称：

```
/**
  * Update an object class including add new fields to the given object class or
    rename existing field names or do the both operations.
  * The fields to add and rename must belong to the given object class.
  *
  * @param objectClassId the object class id to be updated
  * @param fieldsToAdd the fields to add
  * @param fieldsToRename the fields to rename
  * @return true if update success
  * @throws ServiceException the service exception
  */
public boolean update(long objectClassId, List<ObjectColumnInfo> fieldsToAdd,
Map<Long, String> fieldsToRename) throws ServiceException
```

3）对象类型删除

删除指定对象类型，将该对象类型设置为删除状态，等待删除进程删除相关表以及目录：

```
/**
  * Delete an object class by setting a tombstone. The records, tables and HDFS dir
    will be deleted by ObjectDeleteDaemon.
  *
  * @param objectClassId the object class id to be deleted
  * @return true if delete operation succeed
  */
public boolean delete(long objectClassId)
```

4）获取所有对象类型

获取所有未被删除的对象类型，包括该对象类型包含的字段信息：

```
/**
  * List all the object class withtheir fields.
  *
  * @return the list of object classes
  */
Map<ObjectClass, List<ObjectColumnInfo>>list()
```

5）模糊查询对象类型

根据给定的部分对象类型名获取对象类型的信息，包括该对象类型包含的字段信息：

```
/**
  * Get the count of the fuzzy search result according to object class name.
  *
  * @param objectName the object name to search
  * @param isExact do fuzzy search if false, do exact match if true
  * @return the count of the fuzzy search result
  * @throws ServiceException the service exception
  */
Map < ObjectClass, List < ObjectColumnInfo > > fuzzySearchClassName ( String
className, boolean isExact)
```

6）获取某个类型的字段列表

获取给定对象类型的所有字段信息：

```
/**
  * Get all the fields of the given object class.
  *
  * @param objectClassId the object class id to which the fields belong.
  * @return the list of fields of the given object class.
  */
public List<ObjectColumnInfo>searchFields(long objectClassId)
```

2. 对象操作

下面介绍对象的添加、读取、更新等操作。

1）添加对象

插入一个对象：

```
/**
  * Put an object metadata in db, store object file in HDFS.
  *
  * @param path
  * If the object file is on the local disk, add it to FS at the generated dst path
    {@link com.k2data.platform.objectstore.sdk.common.HdfsService#genDestPath
    (long, String, String)}.
```

```
  * If the object file is under FS, path should start with 'hdfs://'. copy it to FS
    at the generated dst path.
  * @param fields
  * the map collections, key is the field name, value is the field value.
  * @return true if this object put success
  * @throws ServiceException
  */
boolean put(long objectClassId, String path, Map<String, String> fields) throws
ServiceException;
```

2）读取对象

读取指定对象：

```
/**
  * Get an object metadata by the object class's cid fields containing value.
  *
  * @param objectClassId
  * the object class id
  * @param ukFields
  * these unique fields represent a unique object metadata of the object class id
  * @return
  * an object metadata
  * @throws ServiceException
  */
ObjectMetadata get (long objectClassId, Map < String, String > ukFields) throws
ServiceException;
```

3）更新对象

更新对象的基本信息：

```
/**
  * Update oldObjectMetadata with updateFields
  *
  * @param oldObjectMetadata
  * the object metadata is to be updated
  * @param updateFields
  * the map collections, key is the field name, value is the new field value.
  * @return
  * @throws ServiceException
  */
boolean update (ObjectMetadata oldObjectMetadata, Map < String, String >
updateFields) throws ServiceException;
```

4）删除对象

删除指定对象：

```
/**
  * Delete an object metadata by insert a tombstone.
```

```
 *
 * @param objectMetadata
 * the object metadata is best constructed by the method {@link com.k2data.
   platform.objectstore.sdk.common.ObjMetaHelper#toMetadata(long, Map)}.
 * @return
 * true if this delete success.
 * false if this delete failed
 * @throws ServiceException
 */
boolean delete(ObjectMetadata objectMetadata) throws ServiceException;
```

5）添加标签

为指定对象增加一组标签：

```
/**
 * Adding tags to an object metadata, i.e., delete the original tag of the object
   metadata, then adding new tags.
 *
 * @param objectClassId
 * the object class id
 * @param objectFieldList
 * Get the object class's fields by {@link com.k2data.platform.objectstore.sdk.
   dao.ObjectFieldDao#getFields(long)}.
 * Set the value of fields that {@link ObjectField#isCid()}
 * or
 * Get the object metadata by {@link com.k2data.platform.objectstore.sdk.
   common.ObjMetaHelper#toMetadata(long, Map)},
 * Get the fields by {@link ObjectMetadata#getFields()}
 * @param tags
 * @return
 * true if adding tags success
 * @throws ServiceException
 */
boolean addTags(long objectClassId, List<ObjectField>objectFieldList, Set
<String>tags) throws ServiceException;
```

6）对象搜索

在系统中搜索想要的对象：

```
/**
 * Search object metadata by a SQL
 * @param objectClassId
 * @param querySql
 * a query SQL should be a WHERE clause, condition1 [AND [OR]] condition2...
 *
 * condition's name should be with ` `, for field `{@link ObjectField#fieldName}`,
   for tag `tag`
```

```
    * condition's value should be with ' '
    * for example:
    * `key1` = 'value1' and `key2` in ('v2','value2','val2')
    * @return
    * an object metadata list that is not contain tags
    * @throws ServiceException
    */
List < ObjectMetadata > search ( long objectClassId, String querySql) throws
ServiceException ;
/**
    * Search object metadata by a map.
    * @param objectClassId
    * @param searchParams
    * for filed, key should be an object field's field name {@link ObjectField#
      fieldName}. for tag, key should be a 'tag'.
    * value is a string array
    * equal SQL WHERE clause:
    * key1=value1 and key2 in (v2, value2, val2) and key3 like '%val%'
    * @return
    * an object metadata list that is not contain tags
    * @throws ServiceException
    */
List<ObjectMetadata>search(long objectClassId, Map<String, String[]>
searchParams) throws ServiceException;
```

5.5 性能

针对海量非结构化仿真小文件所带来的存储挑战，5.4 节介绍了海量非结构化仿真数据管理系统的技术实现细节，特别是系统使用的装块策略及原理，以及系统使用的关键接口函数与功能。本节评价非结构化仿真数据管理系统在存储海量非结构化仿真小文件时的性能。

在海量非结构化仿真数据管理工作中，最重要的挑战之一是如何妥善存储与管理仿真小文件，因为对仿真小文件的读取效率直接影响相关技术人员处理数据时所花的时间。为了能够妥善管理海量非结构化仿真小文件，我们引入了小文件装块策略。在本节中，重点考察小文件装块策略对访问海量仿真小文件的性能影响。

在性能测试上，我们使用了两个不同的数据集来测试海量非结构化仿真数据管理系统的小文件管理策略的有效性。

5.5.1 Benchmark 测试

首先，我们使用中国人民大学提供的非结构化测试基准中的 Benchmark 对系统的小文件管理性能进行测试。该 Benchmark 模拟了制造业每日产生的海量仿真文件的文件形式以及查询模式。具体来说，该 Benchmark 生成的仿真文件都具备不同的属性，包括属于扇叶、发电机、转子、立柱等不同组件的仿真文件，各个仿真文件的大小也各不相同。除此之外，不同部件的仿真文件也包含不同类型的属性。例如，针对扇叶的仿真文件包含“转速”这一属性，而针对发电机的仿真文件则包含“发电量”这一属性。

在数据生成完毕以后，该 Benchmark 进一步模拟对数据的查询。对数据的查询主要包含 3 种形式：随机查询、按顺序查询以及按属性查询。这 3 种查询分别模拟了常见的用户访问需求。其中，随机查询对应着用户通过文件名指定访问若干个文件；按顺序查询对应着用户按照时间顺序访问同一批次数据(例如昨天上传的全部数据)；而按属性查询则对应着一些较为复杂的处理脚本，例如，为了找出有故障的风机，往往需要找出发电量较低并且包含错误日志的发电机仿真文件，这些过滤条件就对应着文件的一些属性。

基于以上 Benchmark，我们测试了系统在仿真小文件管理上的性能优势。其中的重要测试指标是读取数据的效率。

图 5.3 展示了在 Benchmark 测试下，采用不同的数据组织策略访问数据的时间开销对比与数据量对比。

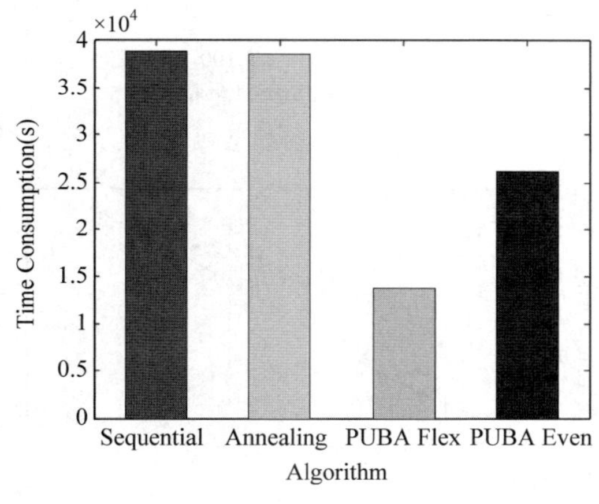

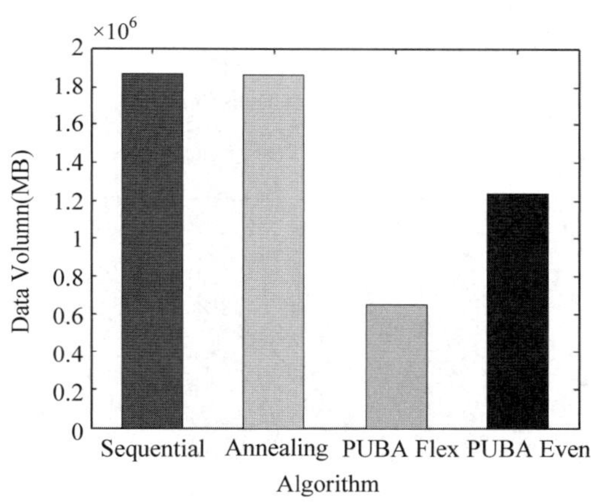

图 5.3　4 种数据组织策略的时间开销对比与数据量对比

其中，Sequential 与 Annealing 分别代表按顺序排序的装块算法与基于模拟退火[5]的装块算法。其中，顺序装块是目前企业使用的小文件装块主流方法；而模拟退火则作为一种基准方法用于对比我们提出的方法的有效性，这类方法也经常被用于数据组织问题中[6]。PUBA Flex 与 PUBA Even 分别代表我们的系统在使用不同参数时的数据组织策略。从测试结果可以看出，在使用我们的数据组织策略对数据进行组织以后，执行相同的查询测试，无论是需要耗费的时间还是需要访问的数据总量，我们的数据组织策略的性能都优于目前的主流方法以及基准方法。

5.5.2 ImageNet 测试

为了进一步验证我们提出的算法的有效性，我们在微软公司的 ImageNet 数据集上进行了仿真测试。ImageNet 数据集是针对一系列互联网图片数据的数据集，其中包含 9600 张不同的图片及其标签信息(例如哪些图片包含人、哪些图片包含汽车等)。我们在 ImageNet 数据集上进行测试的目的是为了验证系统在采用不同阈值来约束文件块大小时系统的性能表现结果。图 5.4 展示了系统在面对不同的查询访问模式(随机访问、顺序访问、基于标签访问以及混合访问)下选择不同文件块阈值时的查询文件总量、访问文件块数、文件块平均大小以及总时间开销。从结果可以看出,在 NameNode 负载允许范围内,使用一个较小的文件块阈值可以得到更好的表现结果。因此,在实际应用中,一般选择 64MB 作为系统的默认文件块阈值。

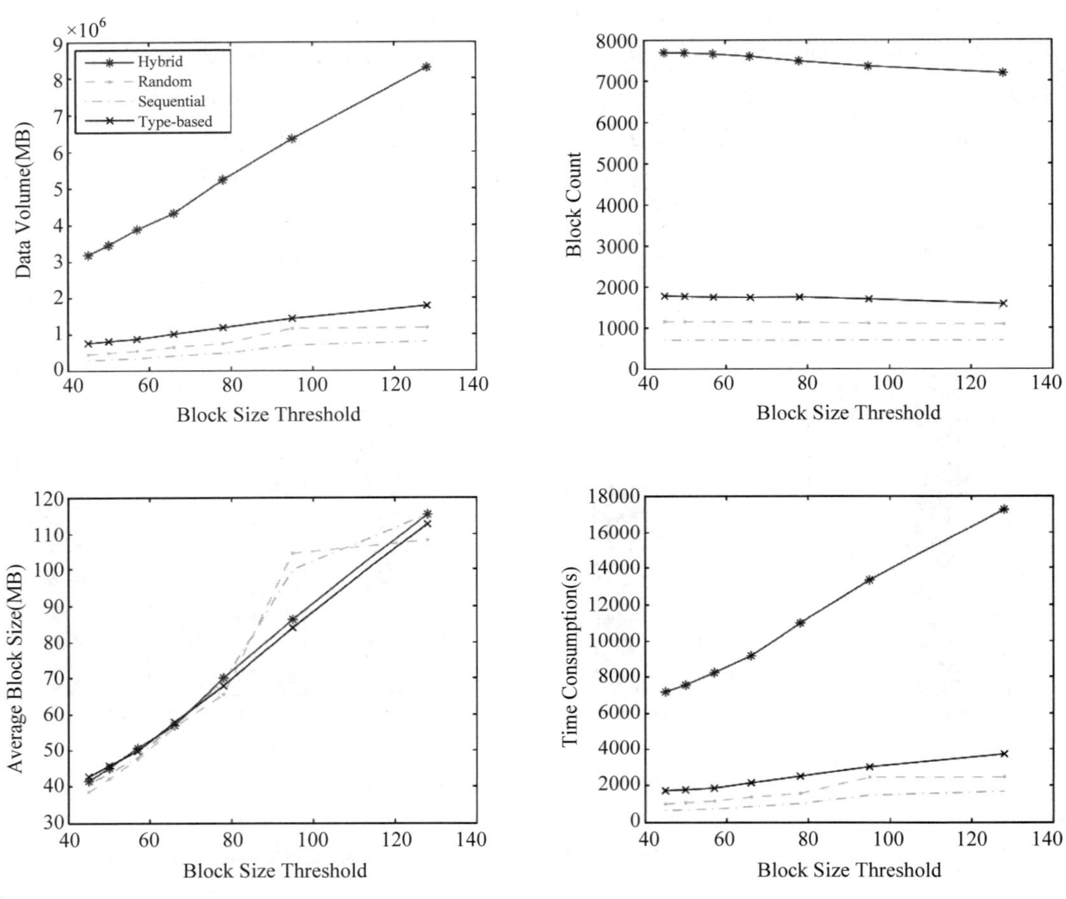

图 5.4 ImageNet 测试结果

5.6 本章小结

非结构化仿真数据管理系统是制造业大数据管理领域非常重要的一个数据管理引擎,其功能在于对仿真文件等一系列非结构化文件进行存储。本章详细介绍了我们设计的海量非结构化仿真数据管理系统的需求、功能以及技术细节。首先,从需求层面分析了制造业需要海量非结构化仿真数据管理系统的原因、该系统在现实生活中所扮演的角色以及需要实现的功能。接下来,将需求明细化,介绍了在设计该系统时需要满足的技术指标以及为了满足这些技术指标所使用的技术路线。进一步,针对仿真数据管理领域的一个重要挑战,即小文件管理问题,详细介绍了解决该问题所使用的技术路线与方法。最后,使用 Benchmark

和 ImageNet 两个测试数据集，测试了该系统在管理小文件时的性能。测试结果表明我们所设计的小文件管理策略是十分有效的。

本章参考文献

[1] KONSTANTIN S, KUANG H, RADIA S, et al. The hadoop distributed file system[C]. In: Proc. of the 26th IEEE Symposium on Mass Storage Systems and Technologies (MSST), Washington DC: IEEE Computer Society, 2010: 1-10.

[2] MENG X, BRADLEY J, YAVUZ B, et al. Mllib: Machine learning in apache spark[J]. The Journal of Machine Learning Research, 2016, 17(1): 1235-1241.

[3] BEAVER D, KUMAR S, LI H C, et al. Finding a needle in Haystack: Facebook's photo storage[C]. In: Proc. of the 9th USENIX Conf. on Operating Systems Designand Implementation (OSDI). Vancouver: USENIX Association, 2010: 1-8.

[4] GORMLEY C, TONG Z. ElasticSearch: the definitive guide: a distributed real-time search and analytics engine[M]. [S.l.]: O'Reilly Media, Inc., 2015.

[5] VAN LAARHOVEN P J M, AARTS E H L. Simulated annealing[M]//Simulated annealing: theory and applications. Dordrecht: Springer, 1987: 7-15.

[6] BIAN H, YAN Y, TAO W, et al. Wide table layout optimization based on column ordering and duplication[C]. In: Proc. of the ACM International Conference on Management of Data. [S.l.]: ACM, 2017: 299-314.

第6章

BOM图数据管理引擎

沈恩亚　刘英博　周伊莎

清华大学软件学院

6.1 概述

随着现代高新信息技术在传统制造业中的不断渗透与发展，产品从设计、生产、服役到回收再利用的整个生命周期中，都在源源不断地产生海量的数据。这些数据之间存在着千丝万缕的联系，却又来源广泛、格式异构。它们既包括了遵循严格模式的结构化数据，又包括了文本、图像、音视频等非结构化数据。市场的激烈竞争要求企业在产品的整个生命周期中挖掘这些数据中的重要信息，降低产品成本，优化产品质量和服务质量。集成和组织这些海量异构数据，并在此之上进行信息共享、关联分析和协同查询等，形成产品生命周期信息闭环，成为企业创新竞争的重要出路。

而传统的产品生命周期信息管理或闭环产品生命周期信息管理的解决方案缺乏对产品生命周期中后期数据的重视，且重点关注信息共享而非信息的分析和利用，趋向于建立分散数据源的统一视图，而在物理存储上依然完全分散，不利于多维数据的关联分析。

本章结合理论研究和工业实际，循序渐进地探寻了一种基于图数据库的以 BOM 数据为核心的图数据管理引擎 InGraphDB 的设计与实现，重点阐述与 BOM 管理相关的内容，包括数据模型的设计思想、基于图数据库的 BOM 存储模式设计以及从关系模型到图模型的转换方法。

6.2 需求

6.2.1 BOM 数据的建模需求

1. BOM 树状模型

由于 BOM 中零部件间的关系是多对多的，存在借用关系，因此 BOM 的原始数据结构呈现出网状结构。目前，数据库领域常用的数据模型有层次模型、图模型和关系模型 3 种[1]。由于建立在严格的数学基础之上的关系模型数据独立性和安全性较高，且技术十分成熟，因此过去在 BOM 管理的实现上常采用关系型数据库。

传统的基于关系型数据库的存储方案为了将 BOM 的网状结构存储到二维表中，将 BOM 转换成树状结构，通常有单层 BOM 和多层 BOM 两种构造方法。树状 BOM 结构如图 6.1 所示。但多层 BOM 的构造方法冗余较大，对于借用件也需要重复录入。例如，图 6.2 中的零部件 C 是产品 A 和产品 H 共有的借用件，在多层 BOM 的构造方法中，零部件 C、B、E、F、G 和 J 都分别作为 A 的孩子和 H 的孩子被记录两遍。且这些冗余数据的更新维护十分困难，若 C 的结构发生了变化，则图 6.1 中涉及的相关行都需要被更新。

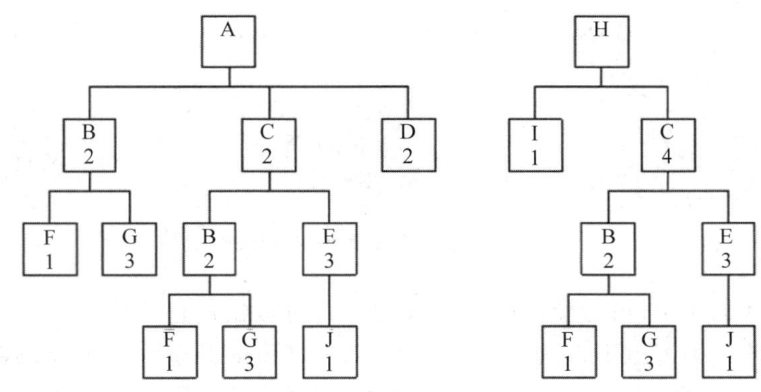

图 6.1 BOM 的树状结构

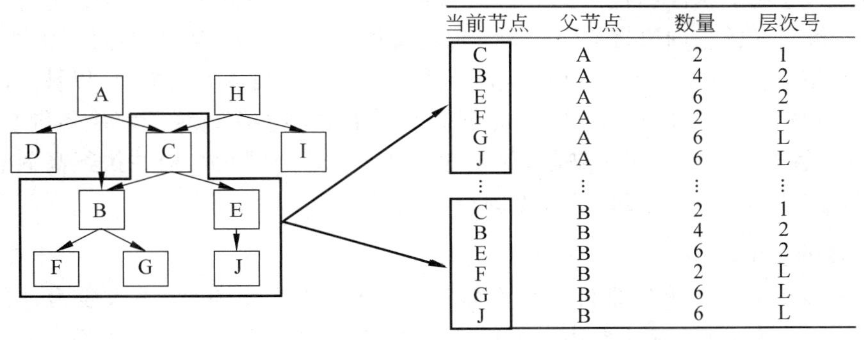

当前节点	父节点	数量	层次号
C	A	2	1
B	A	4	2
E	A	6	2
F	A	2	L
G	A	6	L
J	A	6	L
⋮	⋮	⋮	⋮
C	B	2	1
B	B	4	2
E	B	6	2
F	B	2	L
G	B	6	L
J	B	6	L

图 6.2 多层 BOM 中借用件的冗余

所以，一般采用单层 BOM 构造方法来减少冗余。但即使采用单层 BOM 构造方法，在零部件的关系表中，装备关系的变更仍然可能会涉及大量行的变动。此外，不同零部件的异构属性在关系表中的存储同样面临问题。

图数据库是近年来颇受关注的一种 NoSQL 数据库。它应用图理论存储实体和实体之间的关系，数据被存储在图结构中，对图数据对象进行创建（Create）、读取（Read）、更新（Update）和删除（Delete）操作（简称 CRUD）。在落实到具体的数据文件时，通常有 3 种图数据模型，分别是三元组（triple）、属性图（property graph）和超图（hypergraph）。一般的图数据库系统通常采用属性图模型。

在属性图模型中，图是节点和关系的集合，实体和它的属性被存储在节点中，而实体间的连接方式和这些连接的属性则表示为关系，关系有且仅有一个开始节点和一个结束节点。图 6.3 显示了属性图如何表示 Alice 和 Bob 共同拥有 3 辆汽车这一关系。Alice 和 Bob 是

driver 类型的节点，两人拥有 Mini、Range Rover 和 Prius 这 3 辆汽车，这些汽车都是 car 类型的节点，OWNS 表示拥有关系，OWNS 的 primary 属性指明谁对车辆具有主要的拥有权。

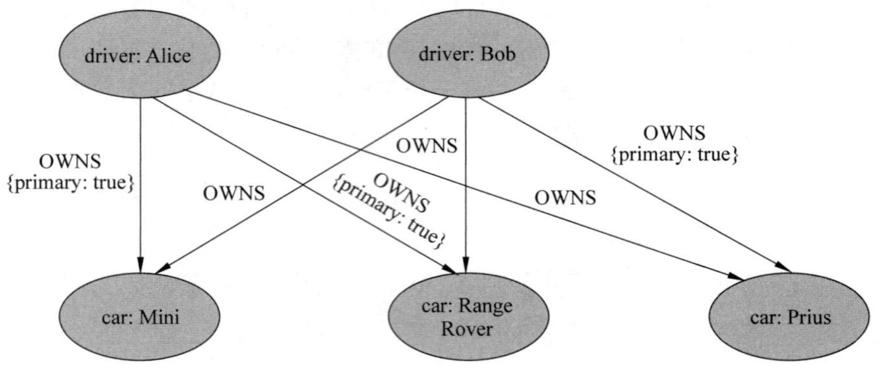

图 6.3 汽车拥有关系的属性图表示

因此，在图数据库中，可以使用简单直观的方式对数据进行建模，而不需要构建复杂的二维关系表；实体的关系也不再需要外键或者 MapReduce 等过程来进行推断，而是在数据模型中直接表现。因此，图数据库能够有效地存储具有复杂关系且动态变化的数据，并高效地执行复杂的图查询操作。

Neo4j[2,3] 是基于属性图模型的一款开源图数据库，它提供了一个本地化的图数据库、ACID 事务、声明式图查询语言 Cypher[4,5] 和查询展示一体化的 Web 界面。另外，Neo4j 还提供了一个 APOC[6] 库，支持一些由 Cypher 语言无法直接表达的功能，可以被 Cypher 中的 CALL 语句调用，这些功能包括数据集成、图算法和数据转换等。为了解决传统基于关系型数据的 BOM 管理方案的不足和缺陷，更好地表达 BOM 的网状结构并执行高效查询，本章将基于图数据库 Neo4j 实现 BOM 数据的存储查询。

2. BOM 的存储模型

BOM 主要包含产品和零部件两种实体，产品通常是网状 BOM 中入度为 0 的节点（树状结构中的根节点），而产品主要由零部件组成，零部件之间也存在组成关系。在 Neo4j 中，实体通过节点标签（node label）来标记，一个节点可以通过多个标签来标记成不同的实体，因此本章创建 Product 和 Material 两种节点标签，而 Product 节点同时也是 Material，关系则通过关系类型（relationship type）来区别，但关系只有一个类型，针对 BOM，本章设计了 BELONGTO 这种关系类型，以表示零部件与产品和零部件与零部件之间的组成关系。关系和实体均有各自的属性，可以存储与零部件和其关联关系有关的参数。图 6.4 展示了一个简单的 BOM 图逻辑结构。

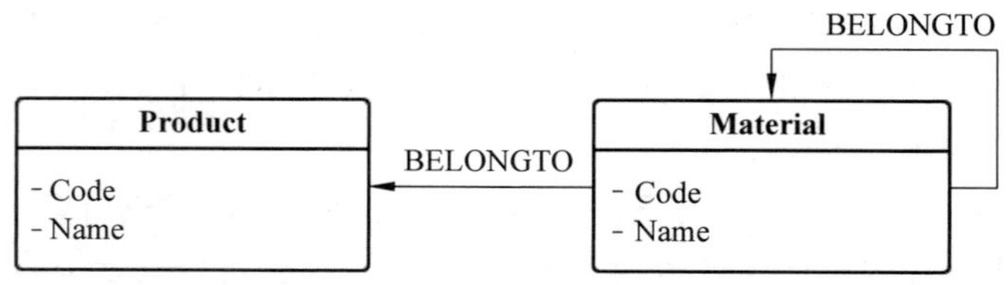

图 6.4 一个简单的 BOM 图逻辑结构

在 Neo4j 中，由于节点和关系的属性都由键值组成，且节点标签对节点的属性并不作约束，因此不同种类的零部件之间的异构属性可以在 Material 类型的节点下完美地共存，当需要进行零部件的分类管理时，只需要添加相应的节点标签。后文将略去这一部分，所有的零部件实体具有相同的属性结构。

在描述零部件和产品间的装配关系时，装配数量是一个十分重要的属性。由于相同规格的零部件共享相同的属性，可以建立一个 Material 类型的节点并复用，而装配数量对于不同的装配关系是不同的，无法作为零部件的属性存储，因此装配数量将作为 BELONGTO 类型的关系的属性进行存储。

至此，一个完整的 BOM 结构通过图模型完成了建模，可以看出图模型对 BOM 结构的描述非常直观，很好地解决了在关系模型中可能存在的借用件冗余的问题、数据的一致性和完整性问题、零部件属性异构问题等。同时，在图模型中对产品结构的更新非常方便，只需要增加或删除对应的关系即可，无须在二维表中定位并修改大量的相关行。

3. 关系模型的转换

上面介绍的图模型在存储 BOM 结构时，相比于关系模型展现出了非常大的优势。但鉴于传统的方案中 BOM 结构多存储在关系型数据库中，需要考虑从关系模型到图模型的转化。因此，下面以泵车的 BOM 数据为例，介绍如何将存储在关系型数据库中的 BOM 数据转换成 Neo4j 中的图数据。

通常，在关系型数据库中，会将 BOM 结构分为 Item 和 Relation 两张表进行存储，Item 表存储的是物料的相关属性参数。表 6.1 节选了泵车 BOM 的 Item 表的关键列，包括物料的唯一标识(PLT_OID)、物料名称(PLT_NAME)、物料重量(PLM_WEIGHT)和物料类型(PLM_WLLX)。Relation 表存储的则是物料之间的装配关系和相关属性。表 6.2 节选了泵车 BOM 的 Relation 表的关键列，包括关系的唯一标识(PLT_OID)、父节点的唯一标识(PLT_LEFTOID)、子节点的唯一标识(PLT_RIGHTOID)和装配数量(PLT_NUM)。

表 6.1　泵车 BOM 的 Item 表

PLT_OID	PLT_NAME	PLM_WEIGHT	PLM_WLLX
52E282C1C41***6E8F8CB1	三节臂	1	专用零件
2F2E802B021***6CBC0203	弯板	1	非标外购件

表 6.2　泵车 BOM 的 Relation 表

PLT_OID	PLT_LEFTOID	PLT_RIGHTOID	PLT_NUM
777FF20***C35A811A	52C1C41***6E8F8CB1	2F2B021***6CBC0203	1
377CE81***6E5CD7C4	30871E9***A2193934	1B94EB3***8D7F851B	3

Neo4j 提供的 Cypher 查询语言包含了将 CSV 文件直接导入的语句。将 Item 表中的物料及其信息转换成 Neo4j 中 Material 节点的 Cypher 语句如代码 Cypher 1 所示，使用 CREATE 子句创建 Material 节点，把 Item 表中每一行的所有列作为属性赋予这个节点，其中 PLM_WEIGHT 属性需要使用 toFloat 方法从字符串类型转换成浮点数类型。

```
代码 Cypher 1
LOAD CSV WITH HEADERS FROM "item.csv" AS row
CREATE (n:Material)
SET n = row,n.PLM_WEIGHT = toFloat(row.PLM_WEIGHT);
```

将 Relation 表所表示的物料间的关系转换成 Neo4j 中 BELONGTO 关系的 Cypher 语句如代码 Cypher 2 所示，为每一对匹配到的满足 PLM_OID 等于 Relation 表中的 PLT_LEFTOID 和 PLT_RIGHTOID 条件的 Material 实体创建 BELONGTO 关系，并把 Relation 表中每一行的所有列作为属性赋予这个关系，其中 PLM_NUM 需要使用 toInteger 方法从字符串类型转换成整型。

```
代码 Cypher 2
LOAD CSV WITH HEADERS FROM "relation.csv" AS row
MATCH (l:Material), (r:Material)
WHERE l.PLM_OID = row. PLT_LEFTOID AND r.PLM_OID = row.PLT_RIGHTOID
CREATE (l)<-[details:BELONGTO]-(r)
SET details = row,details.PLM_NUM = toInteger(row.PLM_NUM);
```

至此，BOM 数据完成了从关系模型到图模型的转换。

6.2.2 BOM 数据的查询需求

BOM 数据贯串了产品的整个生命周期，是工艺管理、物料管理、制造执行等阶段的重要基础数据，针对 BOM 的高效查询检索是支持这些阶段可靠、高效运作的重点。

针对 BOM 数据有 4 种典型的查询：

(1) 产品快照查询(Snapshot Query)，查询产品结构在某一刻的快照。

(2) 使用情况查询(Where Used Query)，查询节点的使用情况。

(3) 结构相似性查询(Structure Similarity Query)，查询给定结构的相似性。

(4) 结构聚合查询(Structure Aggregation Query)，自上而下或自下而上聚合所有节点的某个属性。

本节以 6.2.1 节中导入 Neo4j 的泵车 BOM 为例，阐述上述 4 种典型 BOM 图查询的详细作用与应用场景、基于图模型的实现，以及与基于关系模型实现的比对。

1. 产品快照查询

由于无论在图模型还是基于单层 BOM 的关系模型中，BOM 结构实际上均以图的形式存储，而生产时需要查看的是一个产品的树状结构，因此，需要进行产品的快照查询。产品快照意为：指定根节点，基于父子装配关系形成最新的树状结构。例如，在生产组织过程中，需要快速找到某个产品的结构，形成清单，以便制订采购计划、库存计划和生产计划。

在泵车 BOM 的示例中，快照查询的输入为产品代号 PLM_OID 和层级数 level。代码 Cypher 3 和代码 SQL 1 中的{PLM_OID}和{level}为输入变量，查询结果为该产品对应层数的产品结构树，然后以嵌套的树状结构 JSON 格式进行输出。

代码 Cypher 3 显示了如何在 Neo4j 中进行产品快照查询。第一步是获得树的所有自根节点到每个层数不大于 level 的叶子节点的路径，其中包括经过相同借用件的不同路径，

这是最后能生成组织结构树的关键所在；第二步是将这些路径转换成嵌套的 JSON 格式，Neo4j 通过 APOC 库提供了丰富的内建过程（Procedure）和方法（Function），其中 apoc.convert.toTree([paths])方法将第一步的输出通过 COLLECT 子句转换成路径的集合，作为输入，输出嵌套的树状结构的 JSON 数据。在 toTree 方法中，程序通过遍历所有路径上的节点和关系，建立 Map 存储每个节点的子节点，最后使用 Stream 进行输出，实际上进行了一次图的深度优先遍历。

代码 Cypher 3

```
MATCH p=(m:Material{PLM_OID:
{PLM_OID}})<-[:BELONGTO*..{level}]-(n:Material)
WHERE NOT (n)<-[:BELONGTO]-()
WITH COLLECT(p) AS ps
CALL apoc.convert.toTree(ps) YIELD value
RETURN value
```

而在关系型数据库中，通常采用单层 BOM 的构造方式，因此 Relation 表存储的是 BOM 图的所有边，当需要输出产品结构树时，通常需要通过递归查询表结构来实现。代码 SQL 1 显示了使用公用表表达式（Common Table Expression，CTE）的递归查询，使得临时结果集可以被保存在内存中，并被递归地使用，由此完成深度优先遍历，在支持 SQL 92 以上的关系型数据库中均可运行。

代码 SQL 1

```
WITH bom_tree(root_id,pid,cid,cname,rid,qty,lev,root_path)AS
  (SELECT p.plm_m_id root_id, p.plm_m_id pid, c.plm_m_id cid, c.plm_i_name cname, r.plm_oid
rid,r.plm_number qty, 1 lev, p.plm_m_id || '\' || c.plm_m_id root_path
  FROM t_item p
  JOIN t_relation r ON p.plm_m_oid = r.plm_leftobj
  JOIN t_item c ON r.plm_rightobj = c.plm_m_oid
  WHERE p.plm_m_id = {PLM_OID}
  UNION ALL
  SELECT p.root_id,n.pid,n.cid,n.cname,p.rid,n.qty,lev + 1 lev,
  p.root_path || '\' || n.cid root_path
  FROM bom_tree p
  JOIN (SELECT p.plm_m_id pid,c.plm_m_id cid,c.plm_i_name cname,
          r.plm_numberqty
    FROM t_item p
    JOIN t_relation r ON p.plm_m_oid = r.plm_leftobj
    JOIN t_item c ON r.plm_rightobj = c.plm_m_oid) n
  ON p.cid = n.pid
  WHERE lev < {level})
SELECT * FROM bom_tree
```

代码 SQL 2 显示了利用 Oracle 提供的树状结构查询特性进行的产品快照查询的实现。

代码 SQL 2

```
SELECT CONNECT_BY_ROOT(p.plm_m_id) rootid, p.plm_m_oid pitem_oid, c.plm_m_oid citem_oid,
c.plm_i_name, r.plm_oid, r.plm_number, level plm_level, CONNECT_BY_ISLEAF is_leaf, LPAD(' ',
LEVEL * 2 - 1) || SYS_CONNECT_BY_PATH(p.plm_m_id, '>')
FROM item p
```

```
JOIN relation ON r p.plm_m_oid = r.plm_leftobj
JOIN item c ON r.plm_rightobj = c.plm_m_oid
START WITH p.plm_m_id = rootid
CONNECT BY p.plm_m_oid = PRIOR r.plm_rightobj AND level < lev;
```

尽管在关系型数据库中可以通过 CTE 或暂存表或带树状结构查询特性的语句进行快照查询，但这样做存在以下两个缺点：

（1）无论用哪种方式实现，由于关系模型的限制，要进行深度优先遍历，必须在递归操作时暂存临时结果。当进行大规模的 BOM 遍历时，将消耗大量的系统资源。

（2）由于 Relation 表和 Item 表分别存储了关系和实体的相关信息，使得快照的查询必定需要 JOIN 操作，而大量的 JOIN 操作将极大地降低系统性能。

2. 使用情况查询

使用情况查询即指定任意节点，查询哪些根节点（产品）能到达该节点。例如，在某零部件设计发布前，查询受影响的产品，评估其是否可以发布。

在泵车 BOM 的例子中，使用情况查询的输入为零部件的 PLM_OID，查询结果为使用了该零部件的产品到达该零部件的所有路径和路径上的节点信息。代码 Cypher 4 显示了在 Neo4j 中进行使用情况查询的方法。只需查询并返回从零部件到产品的所有路径即可，各个节点的信息也将包含在 JSON 中。

代码 Cypher 4

```
MATCH P=(n:Material {PLM_OID:{PLM_OID}})-[:BELONGTO*]->(m:Material)
WHERE NOT ()<-[:BELONGTO]-(m)
RETURN P
```

而在关系型数据库中，使用情况查询需要通过将 Relation 表与 Item 表进行两次内连接，再通过递归进行查询来实现。代码 SQL 3 显示了使用树状结构查询的一种实现方式。

代码 SQL 3

```
SELECT c.plm_m_id pid, p.plm_m_id cid, r.plm_oid rel_oid, r.plm_number cnt, level lev, LPAD(' ',
LEVEL * 2 - 1) || SYS_CONNECT_BY_PATH(p.plm_m_id, '>') PATH
FROM item p
JOIN relation r ON p.plm_m_oid = r.plm_leftobj
JOIN item c ON r.plm_rightobj = c.plm_m_oid
START WITH c.plm_m_id = rootid
CONNECT BY PRIOR p.plm_m_oid = r.plm_rightobj
ORDER SIBLINGS BY p.plm_m_id;
```

使用情况查询同产品快照查询相似，仅查询方向相反，因此同样存在与产品快照查询类似的问题，即需要暂存大量临时结果以及存在 JOIN 操作。

3. 结构相似性查询

结构相似性查询即给定两个不同的节点，比较其结构上的差异，得到新增、修改、删除的零部件集合。例如，寻找可替代结构的零部件，或者在发生变更时对比部件的历史结构差异。

在泵车 BOM 的例子中，本章实现的结构相似性查询的输入为被比较零部件 A 和比较零部件 B 的 PLM_OID，查询结果为零部件 A 的子图中存在而零部件 B 的子图中不存在的边。代码 Cypher 5 显示了在 Neo4j 中进行结构相似性查询的方法。通过 APOC 库提供的 subgraphAll 方法可以获得被查零部件的连通子图中的所有 BELONGTO 关系，使用 UNWIND 子句将 BELONGTO 关系的集合拆成多行，再通过比较关系的唯一标识(PLM_OID)获得所有只存在于零部件 A 的子图中而不存在于零部件 B 的子图中的关系。

代码 Cypher 5

```
MATCH (i:Item {PLM_M_ID:{PLM_OID_A}}),(j:Item {PLM_M_ID:{PLM_OID_B}})
CALL apoc.path.subgraphAll(i,{relationshipFilter:'<BELONGTO'}) YIELD relationships AS lps
CALL apoc.path.subgraphAll(j,{relationshipFilter:'<BELONGTO'}) YIELD relationships AS rps
UNWIND lps AS lp
WITH lp
WHERE NONE (p IN rps WHERE p.PLM_OID= lp.PLM_OID)
RETURN lp
```

代码 SQL 4 显示了结构相似性查询在关系型数据库中的实现的关键行，主要通过两次产品快照查询获得两棵产品结构树，再以父节点、子节点的 PLM_M_ID 和节点所在层次相等作为连接条件进行两张表的全连接，由此获得两棵树的全部差异。

代码 SQL 4

```
SELECT r.plm_oid plm_r_oid,p.plm_m_id pid,c.plm_m_id cid,r.plm_number, level lev
FROM t_item p
JOIN t_relation r ON p.plm_m_oid = r.plm_leftobj
JOIN t_item c ON r.plm_rightobj = c.plm_m_oid
START WITH p.plm_m_id = source_id
CONNECT BY p.plm_m_oid = prior r.plm_rightobj) s
FULL OUTER JOIN (SELECT r.plm_oid plm_r_oid,p.plm_m_id pid,c.plm_m_id
                cid, r.plm_number,level lev
           FROM t_item p
           JOIN t_relation r ON p.plm_m_oid = r.plm_leftobj
           JOIN t_item c ON r.plm_rightobj = c.plm_m_oid
           START WITH p.plm_m_id = target_id
           CONNECT BY p.plm_m_oid = prior r.plm_rightobj) d
ON s.pid = d.pidAND s.cid = d.cidAND s.lev = d.lev
```

在结构相似性查询中，虽然在生成两个产品快照时，基于关系型数据库的实现依然存在问题。但在获得了两张表后，只需一次全连接操作即可将两图的差异完全展现出来。而在基于 Neo4j 的实现中，不支持全连接操作，使得对比操作需要在单个关系和关系集合间进行显式对比，在子图的关系集合较多时效率比较低下。

4. 结构聚合查询

结构聚合查询即指定任意节点的某个属性，从叶子节点到根节点或者从根节点到叶子节点进行该属性的聚合，例如，计算部件或产品的单体重量以决定运输方式，计算部件或产品的采购成本以决定资金预算，等等。

本系统实现了自上而下计算物料采购计划和自下而上计算产品总重量两种常用查询。

采购计划查询的输入为产品的 PLM_OID，查询结果为该产品包含的所有物料的数量、总重量等信息的列表。BOM 数据中存储的 PLM_NUM 只是装配数量，而真实使用的数量需要对自根节点到物料节点的整个路径上的物料数量进行聚合计算来获得。

代码 Cypher 6 显示了基于 Neo4j 的实现，由于在 Neo4j 中无法暂存中间变量，因此将通过直接修改节点的属性来存储结果，这就需要利用事务机制来保证计算过程中涉及的节点和关系都不会被其他过程所修改。

代码 Cypher 6

```
1. MATCH (i:Item ) WHERE i.PLM_M_ID <>{PLM_OID}   SET i.RealQty=0
2. MATCH (i:Item ) WHERE i.PLM_M_ID = {PLM_OID}   SET i.RealQty=1
3. MATCH (i:Item {PLM_M_ID : {PLM_OID}})
   CALL apoc.path.expandConfig(i,{relationshipFilter:'<BELONGTO',uniqueness:
   "RELATIONSHIP_GLOBAL"}) YIELD path
   UNWIND relationships(path) AS ps
   WITH collect(Distinct ps) AS paths
   FOREACH (p IN paths | SET startnode (p).RealQty = endnode (p).RealQty * p.PLM_NUMBER +
  startnode(p).RealQty)
4. MATCH (:Item {PLM_M_ID : {PLM_OID}} )<-[p: BELONGTO* ..]-(n:Item)
   WITH n,max(length(p)) AS level ORDER BY level
   WHERE n.RealQty<>0 AND n.PLM_WLLX="非标外购件"
   RETURN n.PLM_M_ID,level,n.RealQty,n.RealQty*n.PLM_WEIGHT AS WeightSum
```

采购计划的查询过程如下：

(1) 更新所有节点的 RealQty 属性。其中，产品节点的 RealQty 初始值为 1，其余零部件节点的 RealQty 初始值为 0。

(2) 调用 APOC 库提供的 expandConfig 方法，通过将 uniqueness 设置成 RELATIONSHIP_GLOBAL 来获得产品结构树的所有路径；对于路径中的所有关系进行去重处理；通过 startnode 和 endnode 方法分别获得关系连接的子节点和父节点，使用父节点的 RealQty 属性累加值更新子节点的 RealQty 属性。

(3) 查询每个节点的 RealQty 属性，得到物料的真实数量，并计算总重量，通过 PLM_WLLX 属性过滤外购件，最后以产品节点到节点的最长路径长度作为节点的 level，对结果进行排序后返回。

在步骤(2)中，由于 expandConfig 默认使用广度优先方法来遍历所有路径，因此得到的关系集合是以广度优先的顺序存在于集合中的，这使得对 RealQty 属性的更新也是以广度优先的顺序进行的，这样就保证了当子节点进行 RealQty 属性的累加更新时，它的父节点的 RealQty 属性已经被更新为正确的值。

对于产品总重量查询，则只需在执行了采购计划查询步骤(1)和(2)之后执行代码 Cypher 7 中的语句，即可得到结果。其余需要自上而下聚合某种属性的查询都可以采用相似的操作进行。代码 Cypher 7 中使用 SUM 和 COUNT 等关系型数据库中常用的聚合操作，用于计算图节点的某个属性的聚合值。

代码 Cypher 7

```
MATCH (i:Item {PLM_M_ID:{PLM_OID}})
CALL apoc.path.subgraphNodes(i,{relationshipFilter:'<BELONGTO'}) YIELD node
RETURN count(node),sum(node.RealQty),sum(node.RealQty*node.PLM_WEIGHT)
```

代码 SQL 5 显示了在关系型数据库中实现自上而下聚合的核心 CTE。树状结构查询无法将聚合值的中间结果跨层传递，而只能在父节点和子节点之间传递。

代码 SQL 5

```
WITH full_bom(root_id, root_name, pid, pname, cid, cname, qty, p_weight, c_weight, qty_sum,
lev, root_path) AS
  (SELECT p.plm_m_id root_id, p.plm_i_name root_name, p.plm_m_id pid, p.plm_i_name pname,
c.plm_m_id cid,c.plm_i_name cname,r.plm_number qty,p.plm_weight p_weight,c.plm_weight
c_weight,1 qty_sum, 1 lev, p.plm_m_id || '\' || c.plm_m_id root_path
  FROM t_item p
  JOIN t_relation r ON p.plm_m_oid = r.plm_leftobj
  JOIN t_item c ON r.plm_rightobj = c.plm_m_oid
  WHERE p.plm_m_id = source_id
  UNION ALL
  SELECT p.root_id, p.root_name, n.pid, n.pname, n.cid, n.cname, n.qty,n.p_weight, n.c_
  weight, p.qty_sum * n.qty qty_sum, lev + 1lev, p.root_path || '\' || n.cid root_path
  FROM full_bom p
  JOIN (SELECT '' rootid, p.plm_m_id pid, p.plm_i_name pname,
      c.plm_m_id cid, c.plm_i_name cname, r.plm_number qty, p.plm_weight p_weight,c.plm_
      weight c_weight
      FROM t_item p
      JOIN t_relation r ON p.plm_m_oid = r.plm_leftobj
      JOIN t_item c ON r.plm_rightobj = c.plm_m_oid) n
  ON p.cid = n.pid)
SELECT root_id,root_name,cid,cname,min(lev) min_lev,max(lev) max_lev,sum(qty_sum) qty_sum,
sum(qty_sum * nvl(c_weight,0)) weight_sum
FROM full_bom
GROUP BY root_id, root_name, cid, cname;
```

5. 算法分析

在关系型数据库中，BOM 中的 Item 和 Relation 以如图 6.5 所示的方式被存储。要查询 Item3 的子节点，需要执行右侧的关系表的索引查询，时间复杂度为 $O(\log n)$，其中 n 为索引表的长度。假设每个节点的子节点数目均为 m（m 远小于 n），则查询一棵 3 层的 BOM 结构树的时间复杂度为 $O((\log n)^2 m^2)$。在具体的实现中，可能会进行一些优化。

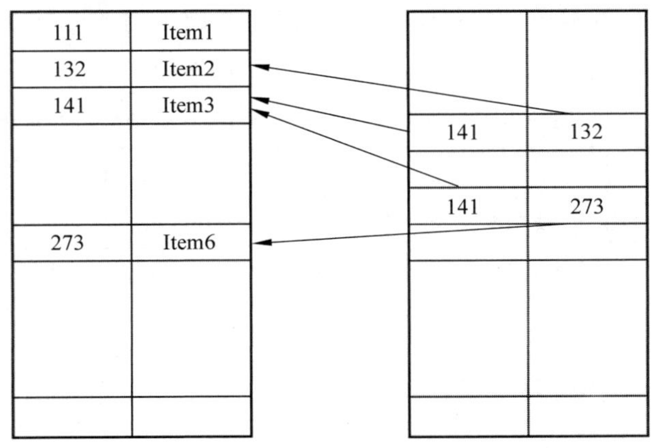

图 6.5　关系型数据库中的关系查询示意图

在前述 4 种 BOM 的查询中，可以看出，关系型数据库的实现主要利用基于 CTE 的递归查询对 BOM 结构进行遍历。CTE 分为定点子查询和递归子查询，定点子查询设定了 CTE 的初始值，而递归子查询则从初始值开始不断递归，并使用 UNION ALL 将每轮迭代的结果联合起来，直到递归子查询结果为空，由此完成 BOM 结构的深度优先遍历。

从 CTE 的实现方式进行分析，假设 Item 表的长度为 n，Relation 表的长度为 k，每个节点的子节点数目均为 m，每次查询中将 Item 表与 Relation 表进行两次 JOIN 操作，时间复杂度为 $O(n^2k)$，在 MERGE JOIN 的优化下时间复杂度为 $O(k\log k+n\log n)$，而 3 层结构的子节点查询涉及了 CTE 表在长度为 1、m 和 m^2 时与 Item 表和 Relation 表的 JOIN 操作，优化后的时间复杂度为 $O((m+m^2)\log m+k\log k+n\log n)$。

Neo4j 采用了免索引邻接的机制来保证关系查询的速度，即每个节点都会维护与其邻接节点的引用，这比维护全局索引的代价要小很多，且意味着对关系的查询所消耗的时间不会随着图的整体规模增大而增大，而只与其邻接节点的数量成正比。图 6.6 显示了 Neo4j 中关系与实体的存储模式，因此，要查找 Item3 的一个子节点，时间成本为 $O(1)$。同样假设每个节点的子节点数目均为 m，则遍历一棵 3 层 BOM 结构树的时间复杂度为 $O(m^2)$，与 Item 表和 Relation 表的长度 n 和 k 无关。

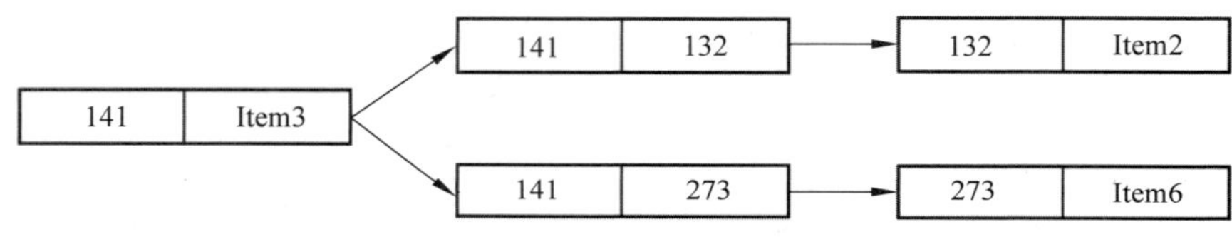

图 6.6 Neo4j 中的关系查询示意图

由此可见，在不进行查询计划的优化，仅基于存储结构执行基础操作的情况下，图数据库的底层设计更适合关系的查询。

6.2.3 需求小结

本节将 4 种常见的 BOM 结构查询与基于关系型数据库的实现进行了对比，两者针对 BOM 的复杂查询的表达能力如表 6.3 所示。可以看到，对于这 4 种查询，原生的 SQL 语句是无法直接实现的，需要借助 CTE 进行递归查询；而图数据库的 Cypher 语言则在前两种查询中可以直接通过原生查询语言获得结果，在后两种查询中则需要借助 APOC 库提供的过程，说明图模型在表达和查询 BOM 结构时是更直观和合理的。

表 6.3 图数据库与关系型数据库实现 BOM 查询能力的对比

查询类型	表达能力	图数据库	关系型数据库
产品快照查询	使用原生查询语言	可	否
	使用过程/CTE	可	可
使用情况查询	使用原生查询语言	可	否
	使用过程/CTE	可	可

续表

查询类型	表达能力	图数据库	关系型数据库
结构相似性查询	使用原生查询语言	否	否
	使用过程/CTE	可	可
结构聚合查询	使用原生查询语言	否	否
	使用过程/CTE	可	可

同时,还可得出以下结论:

(1) 在产品快照查询、使用情况查询等针对图或树结构的直接查询中,在图数据库中可以通过对路径的查询来实现。由于在物理存储时,图数据库中的关系、节点之间是由指针进行连接的,而关系型数据库则需要在主表中寻找匹配的主键记录来进行搜索与匹配,因此,从效率上看,图数据库远高于关系型数据库。

(2) 在结构相似性查询中,由于图数据库中只存在节点和关系两种逻辑类型,而不存在表结构,因此,只能通过 OPTIONAL MATCH 对单个节点与满足条件的结果集进行连接,无法实现两个结果集的连接操作。

(3) 在结构聚合查询中,由于其原理等同于对图的遍历,因此在图数据库中的实现十分简单。但由于图数据库不支持临时节点或变量等,中间结果需要通过修改实际数据来存储,需要加写锁,因此对并发读写有一定影响。而在关系型数据库中,由于不需要修改真实数据,因此只需要加读锁即可。总的来说,在聚合操作时,关系型数据库仍需要进行大量的 JOIN 操作,导致查询性能不佳。

6.3 方法设计

6.2 节对 BOM 数据在图数据库中的存储和查询需求进行了探究,结果表明,图数据库可以很好地存储 BOM 结构,并支持典型查询的实现,为产品生命周期数据通过 BOM 集成并形成信息闭环提供了良好的基础。本节将主要阐述以 BOM 为核心的产品生命周期信息闭环模型的设计思想、结构化与非结构化数据的集成方法以及信息闭环的具体应用。

6.3.1 以 BOM 为核心的产品生命周期信息闭环模型设计思想

在产品的整个生命周期中,会产生非常多的与产品相关的数据、资源和活动,而这些就是产品生命周期信息管理的核心。下述讨论仅针对与产品相关的数据和资源。

1. 多源数据集成

产品生命周期数据来源十分广泛,包括但不限于传统的企业信息管理系统、服务维修数据和产品服役过程中产生的机器数据等。这些数据的特点是格式异构、语义复杂且版本多变。对这些多源异构信息的集成是形成产品生命周期信息闭环的基础。

本体技术和知识图谱在异构信息集成中的应用为产品生命周期信息集成提供了参考。本体主要包括对应实体的概念(concept)和描述实体间关联的关系(role)两个集合。图数据库十分适合描述这些实体和关系,更新数据也非常灵活便捷;另外,相比于本体描述语言,图数据库本身不限制于存储本体,具有更丰富的存储能力;同时,实体之间的复杂关系查询在图数据库上表达简单,效率远超关系型数据库。因此,本章利用图数据库进行产品生命周期信息集成。

在产品生命周期信息管理中,BOM 数据贯穿了产品的整个生命周期,是产品生命周期数据的核心语义结构,无论是机器数据还是维修数据都是与 BOM 中的零部件或者产品有关的。因此,以 BOM 数据为核心,建立产品生命周期数据和 BOM 的关联,可以使得产品生命周期数据既能正向传递又能反向传递,形成信息闭环。由于 6.2 节已经进行了 BOM 数据在图数据库中的导入,因此在信息集成过程中,BOM 数据中的不同物料将作为标准实体与其余数据提取出的实体进行对齐。

本章着重于如何将结构化数据和非结构化数据与 BOM 模型融合,其中包括数据清洗、实体抽取、属性抽取、实体对齐、关系建立等过程。

2. 信息闭环

当产品生命周期过程中产生的多源异构数据通过清洗、信息抽取等处理后与 BOM 结构进行连接,成功地集成为一个信息和知识网络时,如何利用这些信息和知识产生新的价值就成为十分重要的问题。

生命周期不同阶段产生的信息可能作用于其他阶段,例如,在产品生命周期的中期产生的维修数据可以反过来为产品生命周期的前期的设计和生产过程的完善和创新提供支持。而在一个产品生命周期中,尤其是在漫长的产品生命周期的中期,包括通过物联网技术获得的产品运行数据和维修服务数据,在采集和转化之后可以作为为用户提供精细化支持服务的依据。因此,实际上存在产品生命周期内闭环和跨产品生命周期闭环两种信息闭环。

本章的信息和知识存储模型是基于图的,且数据本体中抽取的信息被直接存储到图中,而无须再从数据源获取,这十分有利于进行关联分析,寻找涉及多个维度的不同因素之间的关联关系。

下面以泵车为研究对象,基于已集成的 BOM 数据、产品地理位置数据、维修工单数据和故障描述数据,分析 4 种信息闭环的实际应用场景,实现维修工程师推荐、相关维修工单推荐两种产品生命周期内信息闭环以及故障现象统计分析和相关设备地理位置统计分析两种跨产品生命周期信息闭环。

6.3.2 结构化数据集成

在传统的产品生命周期信息管理解决方案中,存在大量存储在关系型数据库中的结构化数据,这类数据通常可以建立与关系型数据建模时的实体对应的图数据库实体。本节主要以存储在关系型数据库中的泵车维修工单表中的非文本部分和泵车设备位置表为例,阐述结构化数据与 BOM 模型集成的流程。

1. 数据预处理

下面的内容以某企业混凝土泵车产品 2011—2013 年的保内维修工单表和已售泵车产品的设备位置表为例。其中,2011 年的维修工单表包含 8403 条维修工单,2012 年的维修工单表包含 600 条维修工单,2013 年的维修工单表包含 900 条维修工单,共 9903 条维修工单;设备位置表包含 16 465 条设备信息。

表 6.4 给出了维修工单表的关键列，其中，服务订单号为维修工单表的主键，每一行记录了一次维修的相关信息，包括服务涉及的工程师、分公司、设备和故障相关记录等。

表 6.4 维修工单表的关键列

列　名	类　型	列　名	类　型
服务订单号	VARCHAR2(50)	开机日期	DATE
工程师	VARCHAR2(50)	生产下线日期	DATE
工程师电话	VARCHAR2(50)	实际工作时长	NUMBER
设备型号	VARCHAR2(50)	损坏件工作时长	NUMBER
设备编号	VARCHAR2(50)	故障性质	VARCHAR2(50)
服务分公司	VARCHAR2(50)	故障一级部位	VARCHAR2(50)
出厂日期	VARCHAR2(50)	故障二级部位	VARCHAR2(50)

表 6.5 给出了设备位置表的关键列，其中，车号为设备位置表的主键，每一行记录了一台泵车设备在售出后的具体地理信息。由于泵车为大型复杂装备，其服役地鲜少变动。

表 6.5 设备位置表的关键列

列　名	类　型	列　名	类　型
车号	VARCHAR2(50)	经度	NUMBER
位置	VARCHAR2(50)	纬度	NUMBER
时间	DATE		

数据中存在以下问题：

(1) 3 年时间对应的 3 张维修工单表的表结构和列名不完全相同。

(2) 部分列的部分行存在空值。

(3) 字符串存在半角与全角字符的混用。

针对问题(1)，我们通过人工对比的方式统一各表的列名，去掉无关列；针对问题(2)，我们通过编写 Python 程序，将所有的空值替换成该类型的初始值，例如，VARCHAR2 类型对应空字符串，NUMBER 类型对应 0；针对问题(3)，我们通过编写 Python 程序将所有半角字符统一成全角字符。

2. 数据建模

从维修工单表中可以提取出维修工单(WorkOrder)、工程师(Engineer)、分公司(Branch)3 种实体。其中，维修工单实体具有维修工单 ID、生产下线时间、实际运行时间、故障分类、故障类型、故障详情描述和处理情况等属性；工程师实体具有姓名和电话两个属性；分公司实体具有姓名属性。从设备位置表中可以提取出设备(Device)实体，设备实体则包含设备 ID、经度和纬度 3 个属性。

在实际环境中，工程师及分公司实体应另有详细记录，以这些表为基础进行实体的创建，再通过主键进行匹配关联。本章由于数据限制，将基于维修工单表进行 3 种实体的创建，实际上是将维修工单表看作 3 张不同的实体表。基于真正的不同实体表中的实体进行关联，下面通过工单实体与设备实体进行说明。

图 6.7 显示了本章选取的两种非结构化数据的样例与 BOM 结构进行集成的模型。工程师实体与分公司实体间通过 WORKIN 关系连接，表示该工程师来自该分公司；工程师实体通过 WRITE 关系与工单实体连接，表示该工程师进行了此次维修；设备实体通过 ISINSTANCE 关系与产品实体连接，表示该设备是该产品的一个实例；工单实体通过 RECORD 关系与设备实体连接，表示该条维修记录是记录了该设备的维修情况；工单实体与物料实体则通过 HASFAULTLOC 关系连接，表示该工单记录中的设备故障部位为该零部件。除了工单实体与物料实体为多对多的关系外，其余实体之间都是一对一的关系。

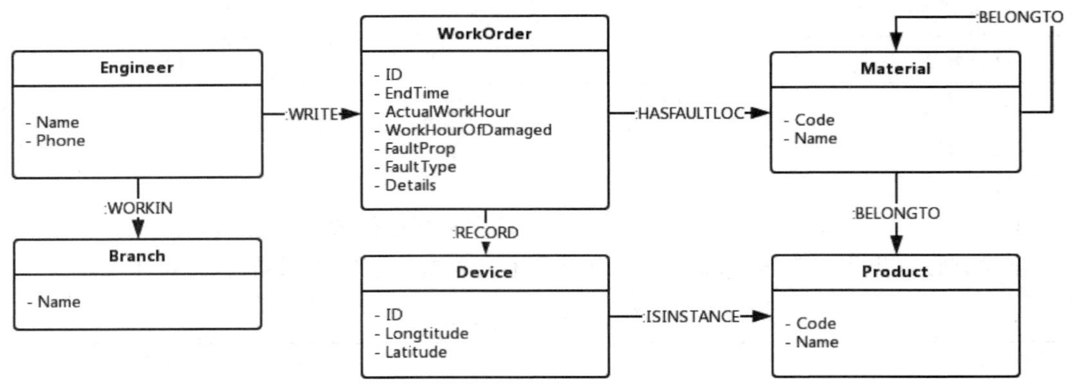

图 6.7 基于图模型的结构化数据样例与 BOM 结构集成模型

3. 数据集成

前文阐述了本章针对样例数据建立的模型。根据模型进行数据的导入，步骤如下。

首先，根据维修工单表创建工程师和分公司实体以及 WORKIN 关系。代码 Cypher 8 显示了创建这些实体和关系的 Cypher 语句，MERGE 语句表示在不存在时创建，用于去除重复。

代码 Cypher 8

```
LOAD CSV WITH HEADERS FROM "serviceReport.csv" AS row
MERGE (n:Engineer {Name:row.EngineerName,Phone:row.phone})
WITH row,n
MERGE (m:Branch {Name:row.BranchName})
WITH n,m
MERGE (n)-[:WORKIN]->(m)
```

然后，根据设备地理位置表创建设备实体。代码 Cypher 9 显示了相关的 Cypher 语句。

代码 Cypher 9

```
LOAD CSV WITH HEADERS FROM "devicePos.csv" AS row
CREATE (n:Device)
SET n=row
```

由于维修工单表中存储了设备编号和其对应的产品类型编号，因此可以通过维修工单表添加 ISINSTANCE 关系。

最后，根据维修工单表创建工单实体，并建立 WRITE 和 RECORD 关系。代码 Cypher 10 显示了创建语句。

代码 Cypher 10

```
LOAD CSV WITH HEADERS FROM "serviceReport.csv" AS row
MERGE (n: WorkOrder { ID: row. OrderID, EndTime: row. EndTime, ActualWorkHour: row.
ActualWorkHour, WorkHourOfDamaged: row. WorkHourOfDamaged, FaultProp: row. FaultProp,
FaultType:row.FaultType, rowInFile:row.ID })
WITH n,row
MATCH (m:Device)
WHERE row.ID=n.rowInFile AND m.ID=row.DeviceID
MERGE (n)<-[:WRITE]-(m)
WITH n,row
MATCH (k:Engineer)
WHERE row.ID=n.rowInFile AND k.Phone=row.phone
MERGE (n)-[:RECORD]->(k)
WITH n,row
MATCH (p:Material)
WHERE row.ID=n.rowInFile AND row.FaultLoc=m.Name
MERGE (n)-[:HASFAULTLOC]->(p)
```

至此完成了结构化数据与 BOM 结构的集成。可以看到，实体的创建十分简单：将实体表中的属性列转换成图数据库中节点的属性；而关系的创建只需使用可以唯一匹配（关系模型中的主键）实体的属性得到相应的实体，并建立关联即可。

6.3.3　非结构化数据集成

在产品的整个生命周期中，数据形式趋向多元化，出现很多图片、文本等非结构化数据，它们相较于结构化数据缺乏固定的模式，需要用一些额外的信息或特征抽取等手段提取其中的信息，并针对这些信息建立新的实体，与 BOM 结构进行集成。本节主要以泵车维修工单表中的文本部分，即故障描述、处理情况等文本列为例，阐述非结构化数据与 BOM 结构集成的流程。

1. 数据预处理

下面的内容以某公司泵车产品 2011—2013 年的保内维修工单表中的故障详细描述文本和备注文本为例，其 9903 条维修工单共包含了 19 806 条文本，这些文本以字符串形式作为节点的属性进行存储。

虽然文本中蕴含了丰富的信息，但直接作为长字符串存储，其中的知识是无法为机器所识别的，因此在将这些文本存储为工单实体的属性的同时，需要通过关键词抽取等方法，使得文本中的信息可以通过词和短语来精简描述。

在本例中，既需要为长文本寻找关键字和概念，也需要提取 BOM 结构中的标准物料实体以进行文本数据和 BOM 结构的关联。因此，数据预处理时需要完成以下步骤：

（1）抽取文本中的物料实体。

（2）实体对齐。

（3）抽取故障的现象词。

在步骤(1)中，当产品出现故障时，故障详情记录和维修信息常常涉及产品的多个零部件，手工标注效率不高且无法移植到其他应用场景，因此我们采用了一种领域无关的无监督短语挖掘工具 AutoPhrase[7] 进行物料实体的提取。

AutoPhrase 工具主要包含两步。

第一步是模型的训练。首先设定一个短语长度的阈值 n 和短语出现频率的阈值 m，通过字符匹配的方式，计算出训练语料中长度小于 n 的词序列的出现频率，筛选出现频率大于 m 的词序列作为合格短语的候选集；接着将公共知识库(如 Wikipedia)作为正样本池，而将候选集中不能匹配到知识库的词序列作为负样本集。为了避免一些领域特有的名词在知识库中匹配不到而被打上错误的标记，对于每一个基本分类器(本例采用决策树)，随机选择候选集中 K 个样本，将 T 个基本分类器的结果求平均，获得一个集成分类器。当 T 无限增大时，总体误差趋向于 0。每个短语的质量评分 $Q(.)$ 为将此短语判为正样本的分类器占所有分类器的比例。

第二步是 POS 词性指导的短语分割，首先通过分词和词性标注获得一个词性标注的词序列，每个词性标注序列的 POS 质量评分 $P(.)$ 定义为对应的词序列成为一个完整语义单元的条件概率；然后通过固定参数的动规算法计算得到最佳的分割，使得 $Q(.)$、$P(.)$ 及一个因子的联合对数似然估计最大，而这些参数可通过 Viterbi Training 获得最优值。

因此，AutoPhrase 十分适合在故障现象文本中提取物料实体。在本例的物料实体提取中，将全部样例文本集中到一个大文件中，作为原始训练的语料，并将 BOM 结构中的所有标准物料实体附加到知识库文件中；训练结束后，通过训练得到的模型对样例文本进行短语分割，由此获得每条文本对应的物料实体列表。

维修工单文本是由工程师人工填写的，用词与 BOM 中的标准物料名存在偏差。例如，泵车 BOM 中的标准物料实体“4＃臂架油缸”在文本中可能是“4 号油缸”“4＃油缸”等同义词，因此步骤(1)提取出的物料实体不能与 BOM 结构直接进行集成，还需要进行步骤(2)。本例通过计算编辑距离，为每个提取的实体存储与其编辑距离小于设定阈值的 top5 标准物料实体，再通过人工选择进行实体的对齐。

故障详情的描述基本为多条故障部位与故障现象的组合，如“底盘漏油”由“底盘”和“漏油”组成。在故障详情中，故障部位为步骤(1)所提取出的实体；而对于故障现象，本例暂时采用手工标注的方式进行提取。

经过预处理步骤，最终获得了表 6.6 所示的工单文本信息表头，每一行记录了工单文本中一条记录里提到的一个原始物料名和经过实体对齐后得到的标准物料名。如果一条记录中提到多个“故障部位＋故障现象”的组合，则分多行记录。表 6.7 显示了预处理步骤的结果统计数据，在物料实体提取步骤中，从文本中一共提取了 5843 个物料实体(含重复实体)；经过与标准物料实体对齐后，得到了不重复的标准实体 2708 个。故障现象则为 2214 个。

表 6.6　预处理后的工单文本信息表头

列　名	类　型	列　名	类　型
服务订单号	VARCHAR2(50)	标准物料名	VARCHAR2(50)
原始物料名	VARCHAR2(50)	故障现象	VARCHAR2(50)

表 6.7　预处理结果统计

预处理步骤	数　量
物料实体提取	5843(含重复)
物料实体对齐	2708
故障现象提取	2214

2. 数据建模

从文本转换成图模型时,故障详细描述文本和处理情况文本作为工单实体的属性进行存储,不再新建实体。针对从文本中提取的信息,本例建立了故障现象(Symptom)和伪物料(PseudoMaterial)两种新实体。由于故障现象可能被连接到多个物料实体上,因此不能直接作为关系的属性或工单实体的属性存储,需要单独作为一个实体来存储,故障现象实体的 Desc 属性存储的是数据预处理后得到的现象短语。伪物料实体用于存储从文本中提取的物料实体,即实体名的同义词。

图 6.8 显示了工单文本数据与 BOM 结构进行集成的模型,工单实体通过 HASSYMPTOM 关系与故障现象实体进行连接,而故障现象实体通过 DESCRIBE 关系与物料实体进行连接,由此文本顺利地与 BOM 结构完成关联,同时,伪物料实体通过 HASSYNONYM 与物料实体进行连接。工单实体与故障现象实体的关系和故障现象实体与物料实体的关系都是多对多的,物料实体与伪物料实体的关系是一对多的。

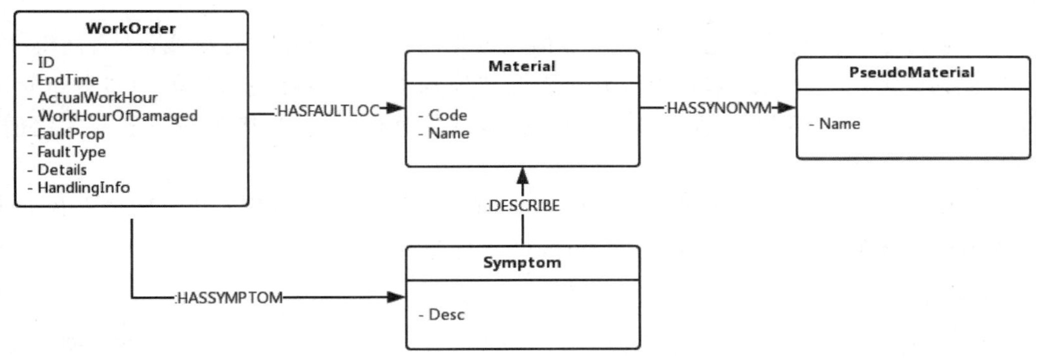

图 6.8　基于图模型的非结构化数据样例与 BOM 结构集成模型

3. 数据集成

根据上面构建的模型,进行维修工单文本与 BOM 结构集成,步骤如下。

首先根据数据预处理中总结出的物料实体的同义词表创建伪物料实体,并建立 HASSYNONYM 关系,实际上就是将文本中的同义词信息转化成图模型进行存储。代码 Cypher 11 显示了与此步骤相关的语句。

代码 Cypher 11

```
LOAD CSV WITH HEADERS FROM "loc.csv" AS row
MATCH (m:Material)
WHERE row.Material=m.Name AND row.Raw is not null
```

```
MERGE (m)-[:hasSynonym]->(x:PseudoMaterial {name:row.Raw})
```

代码 Cypher 12 显示了如何创建故障现象实体并将其与工单和物料实体相关联。在创建原始的故障现象实体时，同时为标准物料实体也建立类似的故障现象实体，并用 HASSYNONYM 将针对标准物料实体建立的故障现象实体与原始故障现象实体相关联。

代码 Cypher 12

```
LOAD CSV WITH HEADERS FROM "ServiceOrderText.csv" AS row
MATCH (n:WorkOrder),(m:Material)
WHERE row.ID=n.rowInFile AND row.Material=m.Name
WITH n,m,row
MERGE (s1:Symptom {desc:(row.Material+row.Symptom)})
MERGE (s2:Symptom {desc:(row.Raw+row.Symptom)})
MERGE (n)-[:hasSymptom]->(s1)
MERGE (n)-[:hasSymptom]->(s2)
MERGE (s1)-[:describe]->(m)<-[:describe]-(s2)
MERGE (s1)-[:hasSynonym]->(s2)
```

至此完成了非结构化文本数据与 BOM 结构的集成。非结构化数据的集成过程主要集中在数据的预处理步骤中，在预处理时抽取数据的关键信息，通过与物料或产品的关系与 BOM 结构进行连接。

6.3.4 信息闭环的应用场景

前文阐述了如何将结构化数据和非结构化数据与 BOM 结构进行集成，从而使得产品在不同生命周期产生的信息和知识得到有效的建模和组织。对这些信息进行利用和分析，将结果反馈到生命周期中，形成信息的闭环，是推动信息循环、实现产品与服务的优化创新的基础。

本节结合前文集成的设备地理位置数据、BOM 数据、维修工单数据和故障文本数据等，阐述对其进行关联分析和查询的部分应用场景及其实现。

1. 模型分析

结合图 6.7 和图 6.8 所展示的集成模型，最终的信息模型如图 6.9 所示。该图模型包含了以下几种主要的实体：

(1) 物料实体：BOM 图中的零部件，通过关系连接构成了产品的 BOM 结构。

(2) 产品实体：BOM 图的根节点，每个节点代表一种产品类型。

(3) 设备实体：某种产品类型的实例。

(4) 工单实体：与某个设备相关的某次故障维修的工单记录。

(5) 故障现象实体：某条工单记录中提到的一条故障现象。通过数据清洗和对齐，故障现象将被重用。

(6) 工程师实体：某位负责维修故障设备和记录故障详情的工程师，隶属于某家分公司。

(7) 分公司实体：某家负责产品服务和维修的分公司。

这些实体和它们所包含的多种多样的属性值组成了关联分析的多重维度。由于本例中

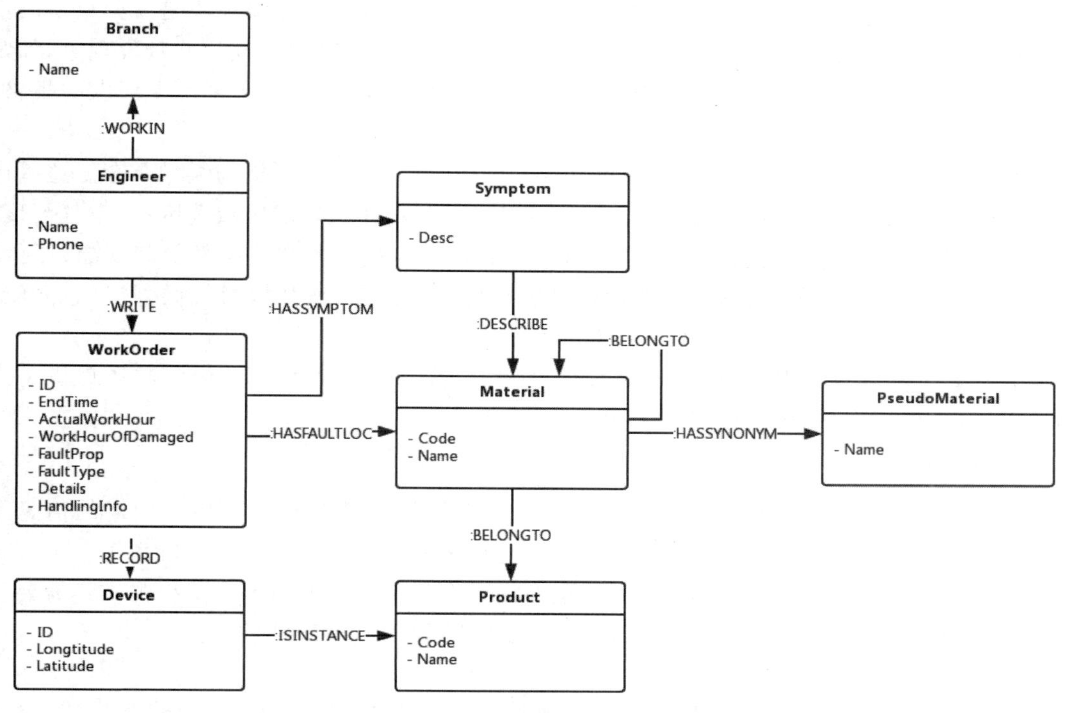

图 6.9　基于图模型的产品生命周期信息模型

建立的模型是以 BOM 结构为核心的，因此物料实体是关联不同维度属性值的关键所在，不同来源的数据通过 BOM 结构中的物料进行关联和融合。

2. 场景分析

在产品的维修服务阶段产生的维修记录包含了多种类型的重要信息，可以对其加以利用并反馈服务于本阶段，优化产品服务，形成产品生命周期内信息闭环。结合已知数据，可以梳理出以下两种服务闭环的典型应用场景。

场景一，维修工程师推荐。在为用户派遣工程师时，工程师对产品的不同零部件的维修经验是不同的，针对用户描述的需维修故障部位、故障现象等，可以为用户推荐与其描述的部位、现象相关度最高的工程师，为用户提供更精准的服务。尤其在出现的故障现象不太常见时，处理过相关情况的工程师更有可能提供更适合的服务。

场景二，相关维修工单推荐。通常从用户处可以获得故障现象的描述，在故障现象中涉及了一些产品的零部件。针对这些信息，可以为维修工程师推荐和筛选高度相关的历史维修工单，使工程师可以从中获得解决方案的提示等。例如，泵车的臂架发生异响，通过查看历史维修工单中的相关内容，可能发现异响通常是由轴套松动引起的。

在这两种场景下，以当前数据为切入点，能够从构建的模型中通过搜索获得历史数据中的重要信息或知识，以支持当前的决策。

除了服务于当前的阶段，这些在维修服务过程中产生的数据同样可以为产品的设计和生产甚至用户定制化提供重要参考，形成跨生命周期信息闭环。针对跨生命周期信息闭环，可以梳理出以下两种设计闭环的典型应用场景：

场景三，故障现象统计分析。在历史维修数据中，故障部位和故障现象是十分重要的信息。在进行产品设计时，历史维修数据往往能反映出产品的故障频发部位和频发现象，如泵车臂架干涉等。对于此类数据的分析和展示，有助于进行设计优化，如更换零部件的规格、品牌或改变设计结构等。

场景四，相关设备地理位置统计分析。在本例中，产品为不同规格的大型泵车。这些产品的实例设备一经售出，通常会在固定的区域范围内服役；在固定的区域范围内，空气湿度、日照强度、温度等环境因素也是固定的。对产品服役的地理位置与故障部位和现象进行统计分析，有助于发掘隐藏的关联，并帮助产品进行地域定制化，例如针对气候潮湿的区域更换易锈部件的材质等。

在场景三和场景四中，历史数据经过整理和分析，为挖掘属性间的潜藏联系提供了支持，而挖掘出的知识可以被设计和生产阶段有效利用。

3. 实现逻辑

为说明本章提出的模型能够有效支持产品生命周期内部和跨产品生命周期的信息闭环，下面以 BOM 结构中的零部件名称为搜索词，实现多维度数据查询与分析系统。本节将阐述如何在存储模型上实现上述 4 种场景的应用。由于场景一中的维修工程师推荐需要利用场景二中的相关维修工单的查询步骤，因此先阐述场景二的实现细节。

1）相关维修工单推荐

在维修过程中，向维修工程师进行相关维修工单的推荐，涉及的实体有物料实体、设备实体、故障现象实体和维修工单实体，前三者为输入和过滤条件。推荐思路为：所有能通过单向路径与输入的物料实体相连的维修工实体都被认为是相关的。由于本章中的图模型为有向图，根据前文描述的模型，物料实体到维修工单实体是单向可达的。查询的基本流程如下：

(1) 根据输入的零部件名称，查询所有可以通过单向 BELONGTO 关系组成的路径到达对应的物料实体的物料实体集合，即 BOM 图中以物料实体为根节点的子图上的所有节点。

(2) 根据过滤条件查询相关的维修工单：

- 当没有其他过滤条件时，查询并返回通过 HASFAULTLOC 或 HASSYMPTOM+DESCRIBE 关系关联到步骤(1)中的物料实体的维修工单实体集合，其中 HASSYMPTOM 和 DESCRIBE 间通过故障现象实体连接。
- 当过滤条件中包含故障现象时，查询并返回通过 HASSYMPTOM+DESCRIBE 关系关联到步骤(1)中的物料实体且 HASSYMPTOM 和 DESCRIBE 间的故障现象实体描述等于过滤条件的维修工单实体集合。
- 当过滤条件包含设备 ID 时，查询并返回满足步骤(1)中的条件且由 RECORD 关系关联的设备实体的 ID 等于过滤条件的维修工单实体集合。

最终，与输入和过滤条件相关联的维修工单实体都会被返回，以供维修工程师参考。通常，在添加了故障现象过滤条件时，本查询的结果集范围将缩小至与现实情况十分近似的小部分维修工单，大大缩减从大量历史工单中检索有用信息的时间。工程师可以通过查看维修工单实体的故障描述进一步选择和过滤相似工单，同时通过查看历史工单的处理情况获得解决方案的参考信息。

2）维修工程师推荐

进行维修工程师推荐涉及的实体有物料实体、故障现象实体、设备实体、维修工单实体和工程师实体，其中前三者为推荐的输入和过滤条件。推荐思路为：当一位工程师记录过的维修工单中与输入和过滤条件相关的工单数量更多时，认为这位工程师在推荐名单中排序更靠前。查询的基本流程如下：

(1) 同相关维修工单推荐场景的步骤(1)。

(2) 同相关维修工单推荐场景的步骤(2)。

(3) 查询并返回所有与步骤(2)中得到的维修工单实体通过WRITE关系关联的工程师实体，同时计算工程师关联的属于步骤(2)结果集的不同维修工单实体的数量Count，按Count排序，返回前5个满足要求的工程师实体；若不足5个，则返回全部查询结果。

(4) 查询并返回通过WRITE+HASFAULTLOC或WRITE+HASSYMPTOM+DESCRIBE关系与步骤(3)结果集中的工程师实体关联的物料实体和上述工程师实体到这些物料实体的路径数PathCount，为结果集中的每位工程师返回PathCount数量最大的物料实体作为其最擅长的产品部位值。

最终，根据输入的零部件和其他过滤条件，为用户推荐相关维修经验更多的工程师集合，这些结果又可以进一步使用在维修服务计划的编排中，以优化用户的维修体验。

3）故障现象统计分析

故障现象的统计涉及的实体有物料实体、设备实体、故障现象实体和维修工单实体，前两者为输入和过滤条件。由于零部件本身由其余零部件构成，因此当输入条件为某个零部件时，其子零部件直接关联的故障现象同样属于该零部件关联的故障现象。例如，在本例中，输入条件为臂架时，实际上直接与名称为臂架的物料实体相关联的故障现象实体是不存在的，但臂架的子零部件则可能关联到多种不同的故障现象，如轴套出现故障现象“轴套磨损”，则“轴套磨损”将作为与臂架关联的故障现象进行统计。基本的查询流程如下：

(1) 同相关维修工单推荐场景的步骤(1)。

(2) 根据过滤条件查询并计算故障现象的统计数据：

- 当没有其他过滤条件时，查询并返回通过DESCRIBE关系与步骤(1)结果集中的物料实体相关联的故障现象实体，并使用NOT条件子句排除这些故障现象实体中被HASSYNONYM关系关联到的部分，以避免原始故障现象和为标准物料实体建立的故障现象实体重复计入，并返回故障现象实体和连接到这些故障现象实体的属于步骤(1)结果集的物料实体数。
- 当过滤条件中包含设备ID时，首先查询并返回通过HASFAULTLOC或HASSYMPTOM+DESCRIBE关系与步骤(1)结果集中的物料实体关联的维修工单实体，同时这些维修工单实体通过RECORD关系关联到设备实体，且这些设备实体的ID为过滤条件；然后查询并返回通过HASSYMPTOM关系与上述结果集中的维修工单实体相关联的故障现象实体，同样使用NOT子句排除为标准物料实体建立的故障现象实体；最后返回故障现象实体和连接到这些故障现象实体的属于上述结果集中的维修工单实体数。

最终，针对输入的零部件和可能包含的过滤条件，零部件本身以及在BOM结构中与所有以该零部件为根节点的子图中的零部件相关联的故障现象将被统计。特别是当输入的物料实体为产品本身时，针对该产品故障现象的统计数据将被计算并返回。由此，用户既可以在产品层面宏观地查看整体的情况，又可以对感兴趣的零部件的频发故障进行有针对性的分析，从而改进产品设计。

4. 相关设备地理位置统计分析

设备的地理位置统计涉及的实体有物料实体、故障现象实体、维修工单实体和设备实体，其中物料实体和故障现象实体为输入和过滤条件。设备地理位置的统计实际上是设备故障现象与其地理位置的关联分析，因此需要以维修工单实体作为中间节点将两个因素关联起来。查询的基本步骤如下：

(1) 同相关维修工单推荐场景的步骤(1)。

(2) 根据过滤条件查询获得维修工单实体：

- 当没有其他过滤条件时，查询并返回与步骤(1)结果集中的物料实体通过HASFAULTLOC 或 HASSYMPTOM+DESCRIBE 关系关联的维修工单实体。
- 当过滤条件中包含故障现象时，查询并返回与输入的故障现象实体通过HASSYMPTOM 相关联的维修工单实体。

(3) 查询并返回通过 RECORD 关系与步骤(2)结果集中的维修工单实体相关联的设备实体和连接到这些设备实体的属于上述结果集的不同维修工单数。

最终，针对输入的某个零部件，所有曾出现过与此零部件及其子零部件有关的故障的设备的地理位置分布将被计算，通过输入故障现象的过滤条件，用户可针对感兴趣的故障现象，查看发生过此故障现象的设备的地理位置分布，由此可以挖掘特定故障现象与设备所在地理位置的隐藏关联。

6.4 技术实现

本节主要介绍基于前文设计的产品生命周期信息闭环模型实现的 BOM 图数据管理引擎 InGraphDB，包括其系统架构、功能结构设计和数据支持等。

6.4.1 系统架构

InGraphDB 集成了 6.3.4 节阐述的几种应用场景，以物料名为搜索关键词，实现了一套查询与分析系统，用于发掘故障现象、设备地理位置和故障部位之间的关联，并推荐与故障部位相关的维修工单、维修工程师。系统架构如图 6.10 所示，主要分成三大部分，包括数据存储层、数据处理层和 API 层。

数据存储层选用了图数据库 Neo4j 对模型进行存储，其中，存储的数据包括 BOM 图、维修工单、分公司和维修工程师等信息。

数据处理层包括进行数据处理和实现上层应用的算法。其中，数据处理包括文本实体提取、实体对齐、实体创建与关系创建等，而上层应用则通过对存储层的图模型进行不同类型的复杂查询来实现。

API 层是供前端调用的一系列 RESTful API，是对外提供的业务功能，包括基础查询、统计分析和相关推荐 3 种功能。其中，基础查询为 BOM 子图查询，统计分析包括设备地理位置统计和故障现象统计，相关推荐则包括搜索词推荐、工单推荐和维修工程师推荐。

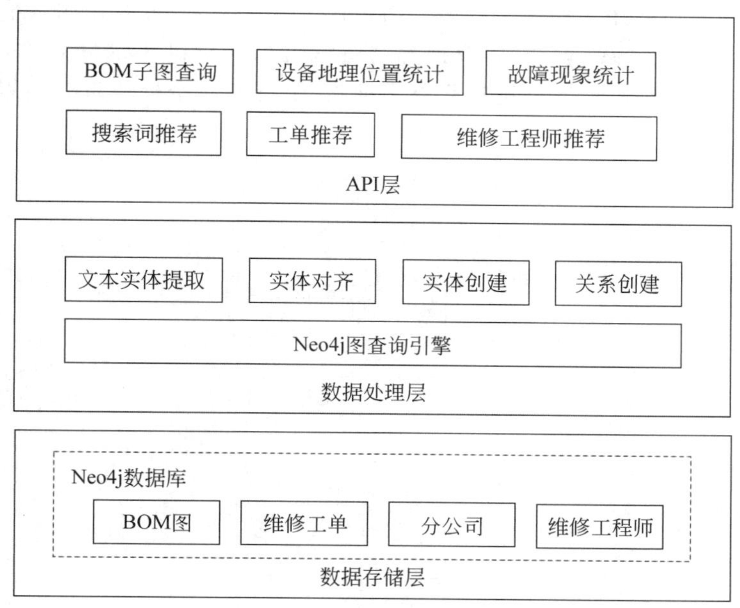

图 6.10　BOM 图数据管理引擎 InGraphDB 系统架构

6.4.2　功能结构实现

1. 用户使用流程

图 6.11 为本引擎的界面，主要有 BOM 部件搜索框和 5 个显示模块，左侧为模块 1，即 BOM 结构展示模块，右侧从上到下依次是模块 2～5，即故障现象统计模块、维修工单推荐模块、维修工程师推荐模块以及设备地理位置统计模块。

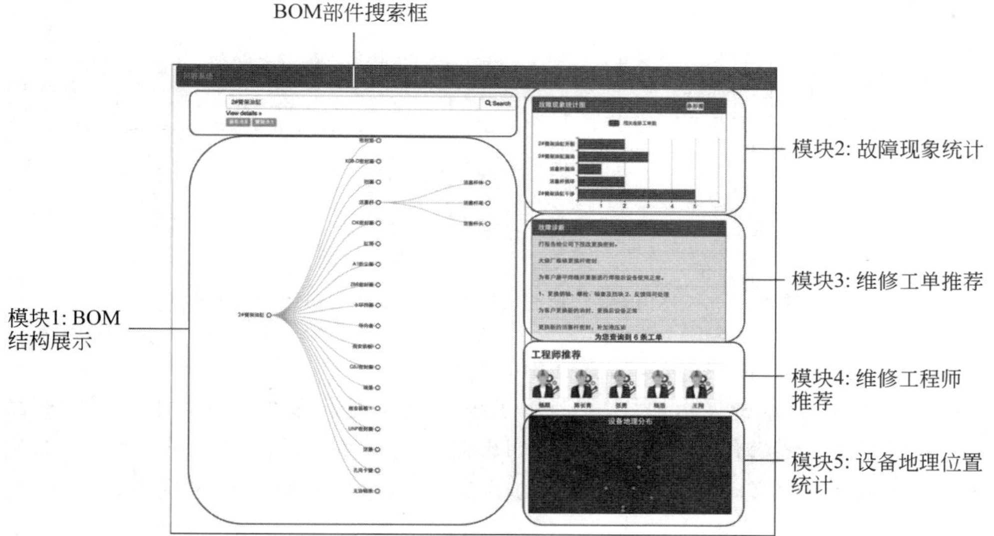

图 6.11　BOM 图数据管理引擎 InGraphDB 界面

图 6.12 为本引擎的用户使用流程图。用户在进入系统后，可以在输入框输入零部件名称，如“臂架油缸”。此时系统会为用户推荐与输入近似的标准零部件名称，如“1＃臂架油缸”“2＃臂架油缸”等。用户进行选择后单击搜索，下方的 5 个模块将分别展示与搜索词相关的结果。

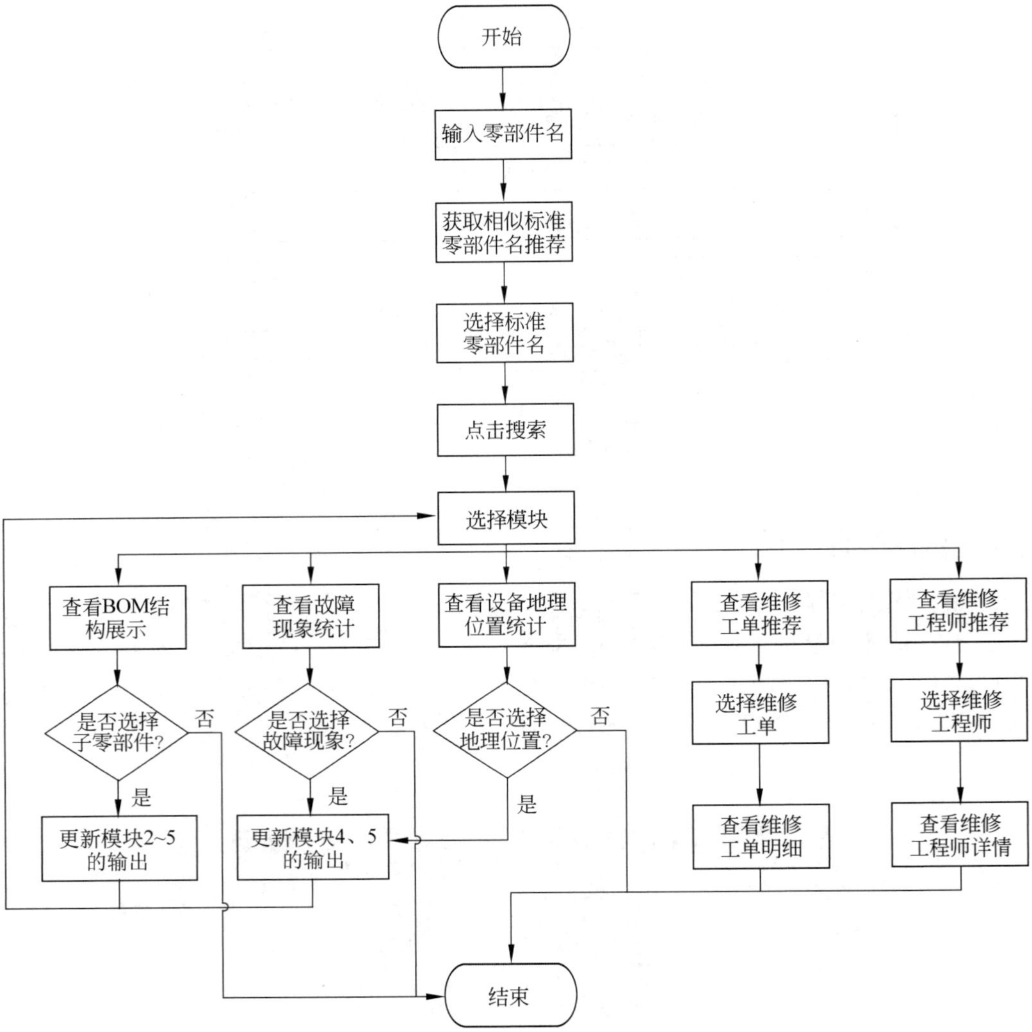

图 6.12　BOM 图数据管理引擎 InGraphDB 用户使用流程图

此时用户可以选择不同的模块，查看相关的信息。

图 6.13 为 BOM 结构展示模块，它展示了根节点为搜索部件的不大于 2 层的产品结构树。其中，所有的子零部件均可单击选择；如果需要进一步对故障部位进行细化，如“2＃臂架油缸”的“OK 密封圈”，则可以单击相应的子零部件，用户界面右侧的模块 2～5 则会根据选择进行过滤和更新。

图 6.14 为故障现象统计模块，它可以统计与用户搜索的零部件相关的维修工单中的不同故障现象。在故障现象统计图中，纵坐标为故障现象，横坐标为提及此故障现象的不同维

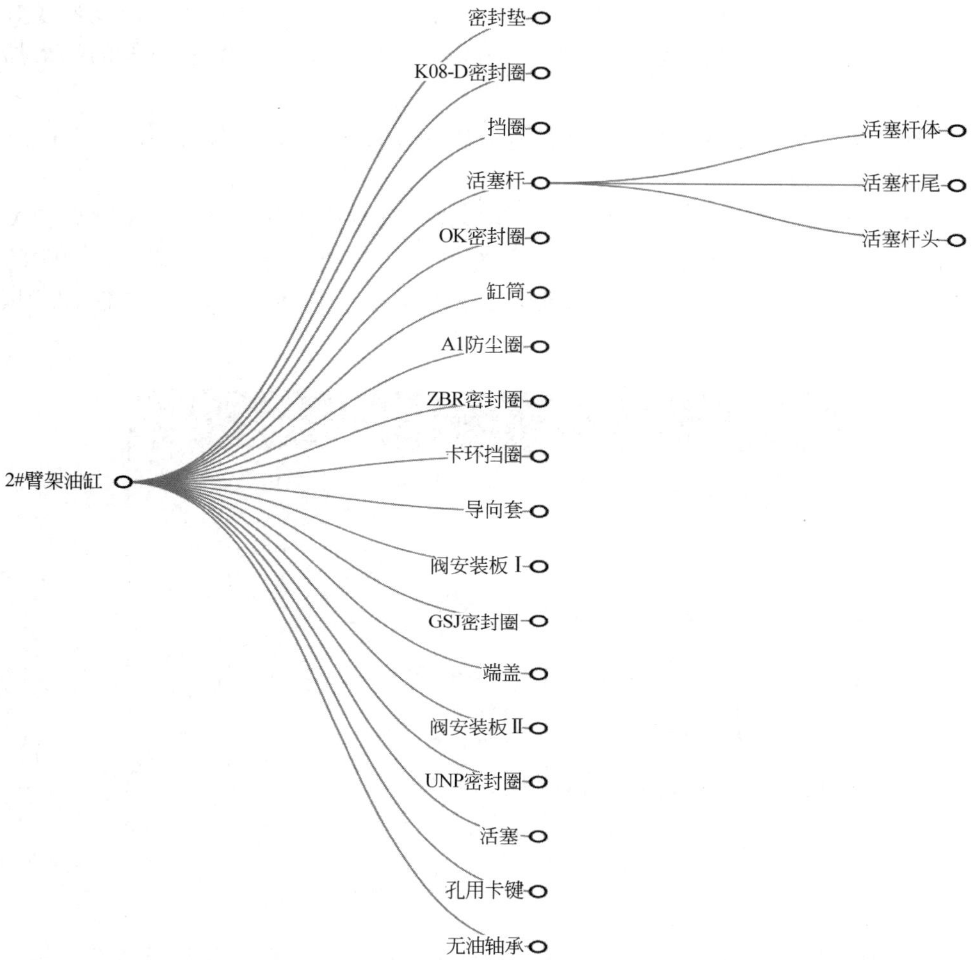

密封垫
K08-D密封圈
挡圈
活塞杆
活塞杆体
活塞杆尾
活塞杆头
OK密封圈
缸筒
A1防尘圈
ZBR密封圈
卡环挡圈
2#臂架油缸
导向套
阀安装板Ⅰ
GSJ密封圈
端盖
阀安装板Ⅱ
UNP密封圈
活塞
孔用卡键
无油轴承

图 6.13 BOM 结构展示模块

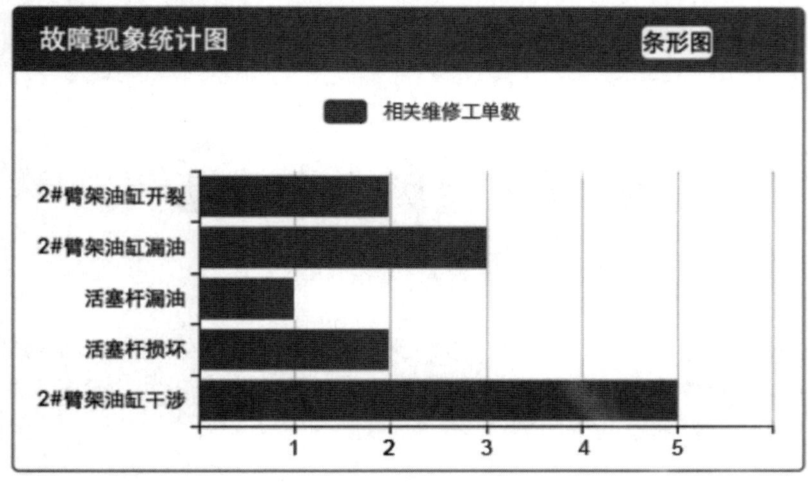

图 6.14 故障现象统计模块

修工单数量。其中，所有的故障现象都可单击选择；如果需要进一步明确故障现象或对某种故障现象感兴趣，如“2＃臂架油缸漏油”，则可以单击该故障现象，模块3～5的结果都将被相应地更新。

设备地理位置统计模块负责展示设备地理位置分布图、故障设备所在的位置以及相关故障的设备数量等信息。

图6.15为维修工单推荐模块，其中展示了与用户搜索的零部件及其子零部件相关的维修工单中的故障处理情况列表，可根据故障现象统计模块和设备地理位置统计模块的选择进行过滤和更新。如果需要查看推荐的维修工单的详情，可以单击模块中处理情况列表，查看相关工单的详细内容。

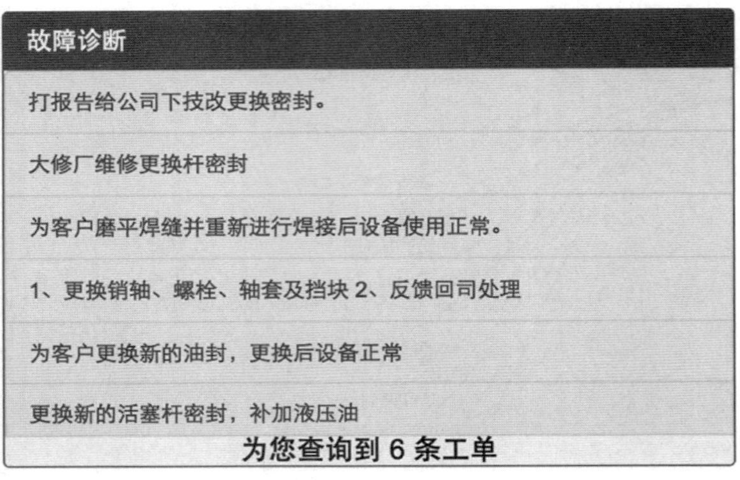

图6.15 维修工单推荐模块

图6.16为维修工程师推荐模块，展示了具有用户搜索的零部件及其子零部件相关维修经验的维修工程师，相关维修经验更丰富的维修工程师将被放置在更靠前的位置，也可根据故障现象统计模块和设备地理位置统计模块的选择进行过滤和更新。如果需要查看推荐的维修工程师，可以单击本模块中的维修工程师的头像，查看其详细信息。

图6.16 维修工程师推荐模块

通过上述查询和过滤操作，用户可以最终获得精确的相关维修工单和维修工程师推荐，同时也可以通过查看故障现象统计和设备地理位置统计来获得一些隐藏的关联提示，如地理位置对设备故障频发部位的影响等。

2. 功能说明

本引擎包含了以下主要功能：

(1) 搜索词推荐：根据用户的输入，提示用户最接近的标准物料实体名称，以进行后续查询。

(2) BOM 结构展示：展示搜索的 BOM 零部件的部分子零部件。

(3) 故障现象统计：展示搜索的 BOM 零部件所涉及的维修工单中提到的故障现象的统计数据，纵轴是故障现象关键词，横轴是此故障现象在相关工单中出现的频次。

(4) 相关工单推荐：根据搜索的 BOM 零部件推荐相关的维修工单，并按相关程度排序。单击某个维修工单项，可以查看该维修工单详细信息。

(5) 维修工程师推荐：根据搜索的 BOM 零部件推荐维修工程师，并按其维修经验排序。单击某个维修工程师项，可以查看该维修工程师的详细信息，包括此维修工程师最擅长处理的故障。

(6) 相关设备地理位置统计：展示搜索的 BOM 零部件所涉及的设备的地理位置分布。

(7) 交叉过滤：按照用户感兴趣的点进行交叉过滤，可以选择的过滤条件包括设备地理位置、设备故障现象和 BOM 子树中的零部件名称。

3. 查询接口

为实现上述查询和分析功能，本引擎实现并提供了以下 7 个接口：

(1) BOM 子树查询。

接口签名：[tree，width] = get_subtree(root)。

接口参数：root，查询的 BOM 子树的根节点名称。

接口输出：tree，BOM 子树的 JSON 字符串。

width：BOM 子树的最大宽度。

接口描述：根据输入的零部件名称，查询并返回其在 BOM 结构中的深度不大于 2 的子树和子树的最大宽度。对于借用件，将展开成为不同的节点。

(2) 故障统计数据查询。

接口签名：stat = get_fault_stat(material，device_id = None)。

接口参数：material，查询的零部件名称。

device_id，设备的 ID，可为空。

接口输出：stat，包含 error_phenomenon 和 error_phenomenon_weight 两个列表的 JSON 字符串。

接口描述：根据输入的零部件名称，查询并返回与零部件相关的故障现象名称列表，以及与该列表中每个故障现象所涉及的不同维修工单统计数量的列表，这些维修工单必须通过某条单向路径与该零部件相关联。当 device_id 非空时，故障现象和其对应的统计数量将通过关联的设备进行过滤，仅返回与参数中的设备相关的故障现象统计数据。

(3) 设备地理位置统计数据查询。

接口签名：geoinfo = get_geoinfo(material，symptom = None)。

接口参数：material，查询的零部件名称。

symptom，故障现象描述，可为空。

接口输出：geoinfo，以[ID，Longitude，Latitude，Count]为基本元素的列表，在每个基本

元素中包含设备 ID、经度、维度和涉及此设备的不同维修工单数量。

接口描述：根据输入的零部件名称，查询并返回维修工单中涉及该零部件的设备列表、这些设备的地理位置信息以及该设备所有维修工单中涉及此零部件的维修工单数量。当 symptom 不为空时，设备和相关维修工单集合将根据故障现象进行过滤，仅返回上述结果中提及此故障现象的结果。

(4) 维修工单全集查询。

接口签名：orderDict = get_all_workorder()。

接口参数：无。

接口输出：orderDict，以维修工单 ID 为键，以整个工单全部属性的 JSON 字符串为值的字典。

接口描述：以字典的形式返回维修工单实体的全部集合。

(5) 相关维修工单集合推荐。

接口签名：IDList = get_filtered_workorder_index(material，symptom＝None，device_id＝None)。

接口参数：material，查询的零部件名称。
symptom，故障现象描述，可为空。
device_id，设备 ID，可为空。

接口输出：IDList，维修工单 ID 的列表。

接口描述：根据输入的零部件名称，查询并返回与该设备相关的维修工单 ID 列表。当 symptom 非空时，将通过输入的故障现象对上述维修工单集合进行过滤。而当 device_id 非空时，维修工单的结果集会通过设备 ID 进行过滤，仅返回与该设备相关的维修工单。

(6) 维修工程师推荐。

接口签名：engineerList = get_related_engineer(material，symptom＝None，device_id＝None)。

接口参数：material，查询的零部件名称。
symptom，故障现象描述，可为空。
device_id，设备 ID，可为空。

接口输出：engineerList，维修工程师实体的所有原始属性与计算出的该工程师最擅长维修的零部件名称组成的 JSON 对象的列表。

接口描述：根据输入的零部件名称，计算并返回与该零部件相关的维修工单的维修工程师信息的集合，以维修工程师所记录的维修工单中涉及该零部件的数量作为指标进行排序，仅返回排在前 5 位的维修工程师信息，不足 5 个则返回所有维修工程师信息。若 symptom 和 device_id 不为空，则在计算相关维修工单数量时，使用输入的故障现象和设备 ID 作为过滤条件。

(7) 搜索词推荐。

接口签名：synonymList＝ get_synonym(text)。

接口参数：text，零部件名称。

接口输出：synonymList，标准零部件名称的列表。

接口描述：根据输入的零部件名称，计算并返回 5 个与该名称近似的标准零部件名称，不足 5 个则返回计算结果的全集。

6.5　性能

6.4 节基于 6.3.2 节描述的集成模型描述了查询与分析工具的系统架构设计和详细的功能设计。最终原型系统的运行离不开数据的支持，本节将说明数据的准备和导入过程。

6.5.1　数据准备

本节从不同规格的混凝土泵车设备中选取了 46m 混凝土泵车作为样例，其相关数据中包含以下 3 种类型的数据：

(1) BOM 数据。来自清华大学软件学院研制的 MRO 基础平台[8]，其中，Item 表共有 2609 条数据，Relation 表共有 2754 条数据。

(2) 设备地理位置数据。来自某泵车公司内部系统，共 16 147 条数据，包含了不同型号的泵车设备，未通过产品型号进行过滤。

(3) 维修工单数据。同样来自某泵车公司内部系统，数据涉及的时间为 2011—2013 年，共有 1808 条与 46m 混凝土泵车相关的维修工单，每一条维修工单数据将被拆分成包含维修工程师、分公司等信息的结构化数据以及包含故障现象和备注的文本数据两部分进行导入，结构化数据为 1808 条，文本数据为 3616 条。

6.5.2　数据导入

首先导入 BOM 数据。在执行了导入语句之后，共计创建了 1 个 Product 实体、2609 个 Material 实体和 2754 个 BELONGTO 关系，新增了 7972 个属性。

其次导入设备地理位置数据。执行导入语句后，共计创建了 16 147 个设备实体，新增了 48 441 个属性。

再次导入维修工单结构化数据。执行导入语句后，共计创建了 4434 个实体，其中包含 765 个 Engineer 实体、249 个 Branch 实体、1808 个 WorkOrder 实体；共计创建了 7801 个关系，其中包含 765 个 WORKIN 关系、1808 个 WRITE 关系、1808 个 RECORD 关系、1612 个 ISINSTANCE 关系、1808 个 HASFAULTLOC 关系；新增了 21 079 个属性。

最后提取和导入维修工单文本数据的实体，共创建了 899 个 PseudoMaterial 实体和 2214 个 Symptom 实体，以及 899 个 HASSYNONYM 关系、2214 个 DESCRIBE 关系和 2708 个 HASSYMPTOM 关系，新增了 3113 个属性。

表 6.8 总结了整个数据导入过程中的统计数据。最终创建了 26 304 个不同的实体、16 376 个不同的关系和 80 605 个属性，为引擎的运行提供了数据支持。

表 6.8　导入数据统计

导入步骤	实体数	关系数	属性数
BOM 数据导入	2610	2754	7972
设备地理位置数据导入	16 147	—	48 441

续表

导入步骤	实体数	关系数	属性数
维修工单结构化数据导入	4434	7801	21 079
维修工单文本数据导入	3113	5821	3113
总计	26 304	16 376	80 605

6.5.3 应用案例

为了验证本引擎的有效性，本节设计了 4 个查询，收集并验证了查询结果。

查询一：输入“2＃臂架油缸”。

推荐的维修工单为 13 条。单击维修工单详情，显示的故障详情为“2 号臂架油缸环形缝隙处渗油”“2＃臂架油缸漏油”“二号臂架油缸密封漏油”等，均包括 2＃臂架油缸及其子零部件实体；且提供了相关的处理方案，如“更换新的油封”“更换新的活塞杆密封”等。

推荐的维修工程师为杨顺、陈长青等。使用源数据进行过滤统计，推荐工程师维修过的与 2＃臂架油缸相关的故障频率与推荐结果相同。

设备地理位置统计信息所涉及的 6 台设备的维修记录中，均包含了 2＃臂架油缸或其子零部件的故障记录，因此，可用于分析搜索的零部件在哪些地理位置容易出现故障。

故障现象统计信息所涉及的维修工单数量和故障现象数量与源数据的统计信息一致。其中，有 5 个维修工单提到了“2＃臂架油缸干涉”，有 2 个维修工单提到了“活塞杆开裂”，有 1 个维修工单提到了“活塞杆漏油”，有 3 个维修工单提到了“2＃臂架油缸漏油”，有 2 个维修工单提到了“2＃臂架油缸开裂”，因此，高频故障现象为“2＃臂架油缸干涉”。这为产品的设计优化提供了参考信息。

查询二：输入“2＃臂架油缸”，单击 BOM 结构展示模块中的“活塞杆”。

相较于查询一，本查询中的 4 个模块皆过滤掉了与“活塞杆”及其子零部件无关的结果。当输入的零部件的子零部件较多时，可以采用此种方式过滤不感兴趣的子零部件，再深入查看所需的信息。

查询三：输入“2＃臂架油缸”，单击故障现象统计模块中的“2＃臂架油缸开裂”。

相较于查询一，本查询中与“活塞杆损坏”无关的结果被过滤。维修工单推荐模块中显示出故障现象为“大臂底座 2 号油缸往中间处焊缝开裂 8 厘米左右”的维修工单。单击工单可以看到处理情况“为客户磨平焊缝并重新进行焊接后设备使用正常”，获取维修提示。而在维修工程师推荐模块中推荐的维修工程师具有多条与臂架油缸开裂相关的维修记录，可为用户安排此工程师。

查询四：输入“2＃臂架油缸”，单击设备地理位置统计模块中的设备 A（设备编号被隐去）。

相较于查询一，本查询中的其余 3 个模块中与设备 A 无关的结果被过滤，可以精确定位同地区设备的相关查询结果。

通过设计的查询及其结果与源数据中的统计结果间的对比，证明了本引擎的正确性和有效性，它可以满足应用场景的需求。

6.6　本章小结

不同产品生命周期中产生的大量信息与数据蕴含了非常大的价值。在激烈的市场竞争下，有效地集成这些海量异构信息并形成生命周期信息闭环，为产品的优化创新提供源动力，成为企业的重要出路。本章基于图数据库对于产品生命周期信息闭环模型进行了探索与研究，并提出了一套包括 BOM 数据存储与查询、结构化与非结构化数据集成和信息闭环应用的解决方案。本章基于图数据库逐步进行了 BOM 管理引擎 InGraphDB 的设计与实现，包括 4 个部分：

(1) 提出了基于图模型的 BOM 存储方案，并实现了 4 种常见的针对 BOM 图的典型查询，有效地解决了现存的基于关系型数据库或对象数据库的 BOM 存储和查询方案中数据一致性与完整性难以保证和遍历查询效率较低的问题。

(2) 以泵车产品在产品生命周期中期的运维服务阶段产生的数据为样例数据，阐述了结构化数据与非结构化数据在图模型上与 BOM 结构集成的方案，包括数据预处理、数据建模和数据集成实现 3 个过程，弥补了现有的产品生命周期管理方案中缺乏对产品生命周期中后期数据集成的不足。

(3) 基于集成 BOM 结构与运维服务样例数据形成的产品信息和知识网络，针对产品生命周期内和跨产品生命周期两种类型的信息闭环，分别分析和实现了两个具体应用场景，探索了本章提出的产品生命周期信息闭环模型对产品生命周期数据关联分析和协同查询的支持。

(4) 将上述 4 种信息闭环的具体应用场景集成为泵车多维数据查询与分析工具，并提供了前端可视化界面，展示了产品生命周期信息闭环模型在泵车数据上的实际应用效果。

本章提出的以 BOM 为核心的产品生命周期信息闭环模型仍然存在一些不足和有待提高及扩展的方面，主要包括以下 3 方面：

(1) 在 BOM 数据的查询实现中，受限于 Cypher 语句的功能，存在不能原生地支持对两个结果集的连接操作的问题。另外，由于不支持临时变量或视图，一些查询中的计算操作需要对实际存储数据进行修改，对并发操作有一定影响。这些问题在一定程度上可以通过编写用户自定义的过程或方法来解决。

(2) 本章在数据集成过程中采用的样例数据仅为产品生命周期中期的维修服务数据。实际上，在产品的服役过程中，海量的机器时序数据也是十分有价值的，同时还有图像、音频、视频等多种多样的数据形式，它们反映了产品服役时的状态。有必要对更多类型的数据的集成方式进行探索，形成更全面的产品生命周期信息数据集合。

(3) 限于篇幅，本章仅选取了 4 种信息闭环的应用场景进行了实现。实际上，基于集成的产品生命周期信息和知识网络，可以建立更为复杂和综合的系统。例如，本章的维修工单推荐功能根据输入的零部件和故障现象推荐相关维修工单，可将其扩展为以图像、音频和自然语言作为输入的产品故障排查系统。

本章参考文献

[1] HULL R, KING R. Semantic database modeling: survey, applications, and research issues[J]. ACM Computing Surveys, 1987, 19(3): 201-260.

[2] Neo4j. https://neo4j.com/.

[3] WEBBER J. A programmatic introduction to Neo4j[C]. In: Proc. of the 3rd Annual Conference on Systems, Programming, and Applications: Software for Humanity. New York: Association for Computing Machinery, 2012.

[4] FRANCIS N, TAYLOR A, GREEN A, et al. Cypher: an evolving query language for property graphs[C]. In: Proc. of the 2018 Int'l Conf. on Management of Data. New York: ACM, 2018: 1433-1445.

[5] PANZARINO O. Learning Cypher[M]. Birmingham: Packt Publishing Ltd, 2014.

[6] NEWMAN M E J. Scientific collaboration networks: II. Shortest paths, weighted networks, and centrality[J]. Physical Review, 2001, 64(1): e016132.

[7] SHANG J, LIU J, JIANGM, et al. Automated Phrase mining from massive text corpora[J]. IEEE Transactions on Knowledge & Data Engineering, 2017, 30(10): 1825-1837.

[8] 中国 MRO 支撑平台技术社区. http://mro.thss.tsinghua.edu.cn/index.php/2012- 10-25-19-08-48.

BOM 图数据模式匹配算法

高　军　周　畅

北京大学信息学院数据库实验室

7.1　概述

工业大数据是指在整个产品工业生产各个环节所产生的各类数据,包括客户需求、销售、研发、设计、制造、采购、供应、库存等数据。图数据是这些数据的重要基础形式。例如,BOM 数据可以看作图,其中产品零件为图中的节点,零件之间的组合关系为图中的边,还可以引入操作、设备、资金等,进一步丰富 BOM 图中蕴含的信息。销售图描述商品、用户、商家之间的关系,包括用户节点和商品节点之间不同类型的关联关系(浏览、收藏、购买等),商品和商家之间的隶属关系等。在物流运输图中,节点可以表示为物流服务点,边可以表示物流服务点之间的关系,关系还包括运载容量、拥挤度等属性。工业领域的知识图谱也可以用图数据自然描述,其中,图节点描述工业大数据中的概念,边描述概念之间的关联关系。

BOM 图数据中蕴含着丰富的知识。分析挖掘 BOM 图数据不仅需要考虑图数据节点的内容属性,而且需要考虑结构特性。支持 BOM 图数据之上分析挖掘的底层操作类型众多,大致划分为面向节点、面向路径、面向子图的查询和分析等操作。例如,在销售网络中,发现影响力最大的用户,能够更加有效地推送广告;在供应链网络中,发现给定供应商的相似供应商,支持供应商的备选和替代;在物流网络中,发现两点间满足不同指标的路径集合,有助于行程规划;在 BOM 图中,发现和用户特定查询模式匹配的数据子图,方便定位目标的组件或者操作。

7.2　需求

模式匹配方法是图数据之上的面向子图的基本算法,从某种意义上说,部分面向路径和面向节点的算法是模式匹配算法的特例或者受限情况。在知识图谱资源描述框架(Resource Description Framework,RDF)领域,其上的 SPARQL 查询语言本质上也是图模式匹配查询语言。

模式匹配主要考虑查询图和数据图之间的结构关系以及内容关系。即,用户给出描述查询结果的子图模式,在一个数据图或者多个数据图中获得匹配的子图数据。匹配存在不同的语义,其中最常见的是图同构的语义。

给定一个数据图 $G=(V_G, E_G)$ 和查询图 $Q=(V_Q, E_Q)$，Q 与 G 同构当且仅当 Q 的顶点集 V_Q 与 G 的顶点集 V_G 之间存在一个双射关系 $f: V_Q \Leftrightarrow V_G$，使得图 Q 中任意两个顶点 u 和 v 之间有一条边当且仅当在图 G 中相应顶点 $f(u)$ 和 $f(v)$ 之间有一条边。

在真实图中，节点之上往往带有各类属性，例如标签(label)等。用户在查询过程中也可表达节点应该满足的属性条件。如图 7.1 所示，图 7.1(a)是数据图，图 7.1(b)是查询图，其中 a、b、c 代表节点标签属性，数字代表节点标号。查询图到数据图的映射：(0→0)，(1→2)，(2→3)。这一映射不但满足对应边结构关系，而且满足节点属性约束。

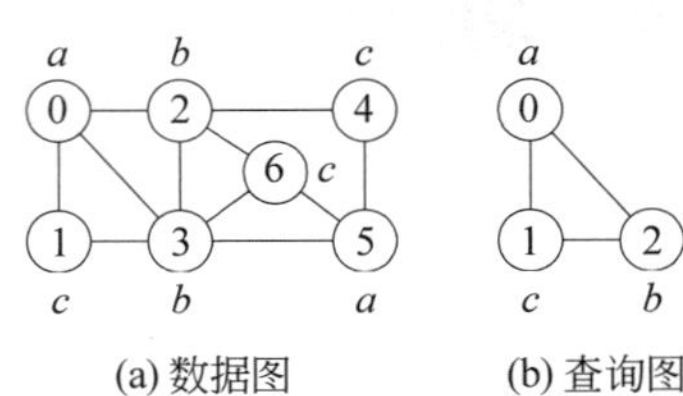

(a) 数据图　(b) 查询图

图 7.1　图同构检测

子图同构/子图检测问题指在数据图 G 中，找出所有的子图 $G' \subset G$，使得 G' 与用户的查询模式 Q 同构。子图同构问题是一个著名的 NPC 问题。

图模式匹配查询作为一种基础的图查询操作，在工业制造大图中也有众多作用。用户可以将其信息需求表达为图模式查询，查询图在底层的数据图中综合考虑内容和结构进行匹配，从而获取用户感兴趣的数据子图。下面简要介绍模式匹配查询在工业中的应用场景。

1. BOM 图查询

图 7.2 描述了复杂 BOM 结构中的模式匹配查询。复杂 BOM 结构不仅有部件之间组装的层次关系，而且描述了相关的操作和设备等关系，因此，复杂 BOM 结构可以用图数据建模[1]。如果用户对特定 BOM 子图感兴趣，可以发出类似图 7.2(b)的图模式匹配查询，系统在整个 BOM 图中搜索定位，查找到用户感兴趣的数据子图。

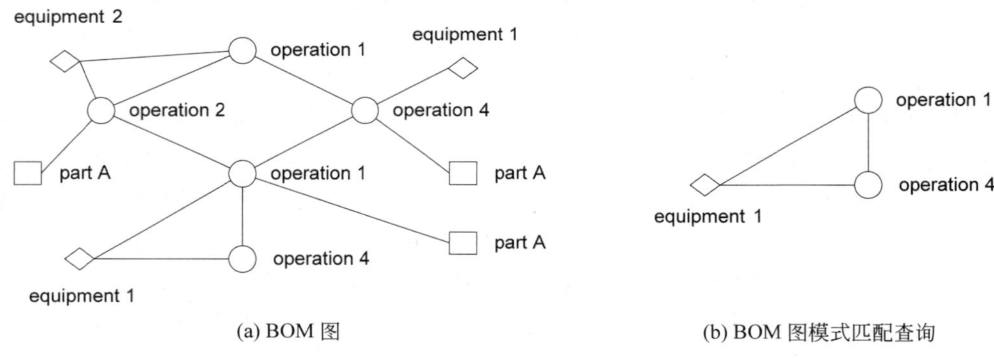

(a) BOM 图　(b) BOM 图模式匹配查询

图 7.2　复杂 BOM 结构中的模式匹配查询

2. 工业知识图谱查询

工业知识图谱描述了工业制造中通用的领域知识，包含工业领域中的概念和概念之间的关联关系，为信息获取、数据分析和挖掘提供外部支持，也为用户带来新的查询方式。图 7.3(a)描述了风机装配流程图①，节点表示操作步骤，有向边表示操作之间的先后关系。如果用户对发电机总成安装的操作细节或者前后步骤感兴趣，可以提供步骤子图。系统通过模式查询，定位到相关的流程，进而查询相关操作细节，为用户提供更加友好的结果展示。

① http://www.wuhaneca.org/view_sub.php?id=128&page=3

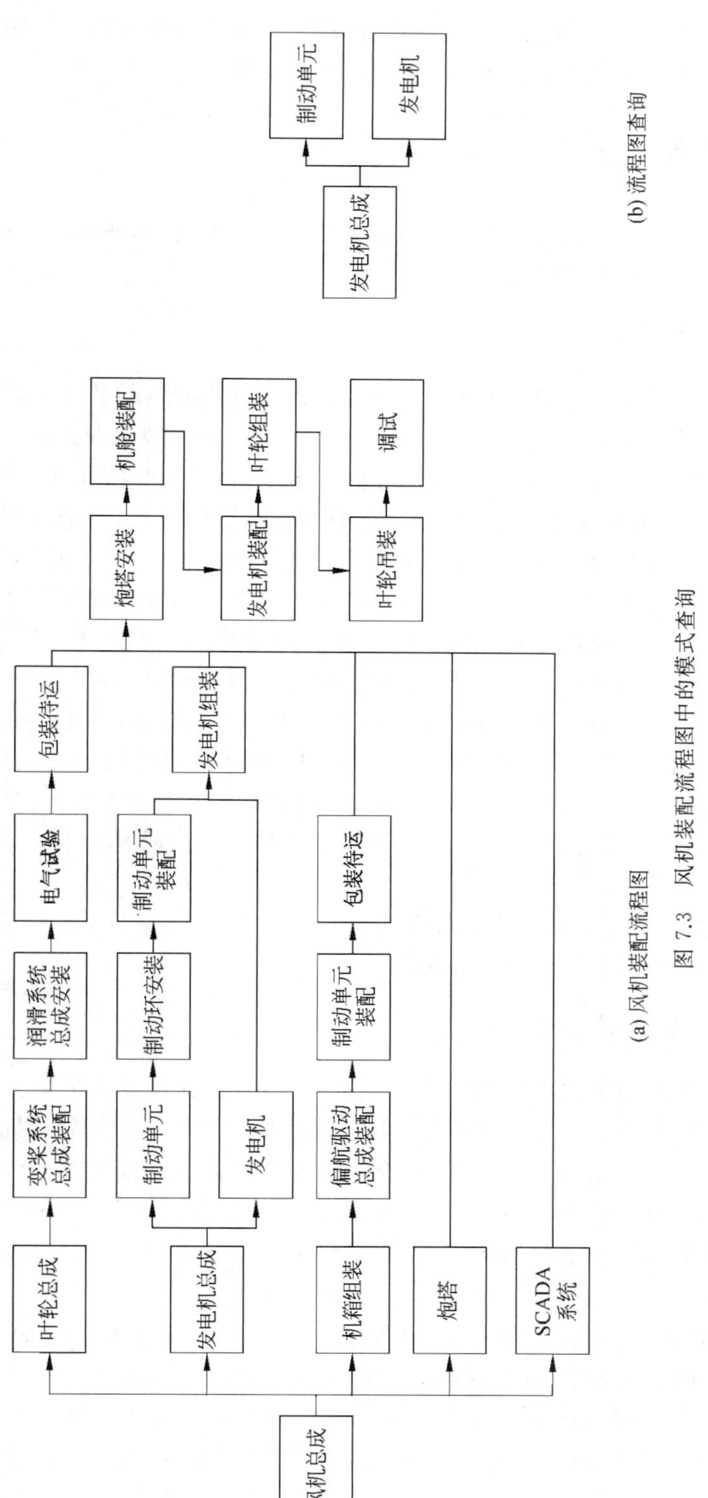

图 7.3　风机装配流程图中的模式查询

工业制造过程中各个环节都有数据依赖关系，而且，通过工业领域的知识图谱，可以进一步关联相关数据，丰富工业制造大图的内容，相应的工业制造大图的规模进一步增大。后续的查询分析方法应充分考虑工业制造大图的数据规模。

7.3 相关工作

本节主要讨论大图数据的模式匹配查询相关工作进展，包括图同构查询、分布式图计算框架、分布式图模式匹配查询等。

7.3.1 图同构查询

图同构查询是指在一个数据图中获取和给定的查询图同构的数据子图。目前图同构查询方法大致分为基于搜索的方法和基于连接的方法[2]。基于搜索的方法是：首先枚举单个查询节点可能的映射节点，根据映射形成初始状态；然后逐一增加查询节点，同时保证状态的合理性。例如，如果存在某个数据节点是现有数据节点的邻居，某个查询节点是现有查询节点的邻居，两者标记一致，则将节点映射关系加入。节点映射关系的扩展直到所有的查询节点均存在映射时为止。这种搜索方式的代价会随着数据图规模的增加呈指数增长。

目前也提出了多种优化策略，以缩小上述图同构查询映射建立中的搜索空间。例如，可以首先对查询节点进行排序，按照次序发现查询节点的映射节点，避免同一个状态由不同的路径到达；其次，如果映射数据节点的度数小于查询节点的度数，则这个映射不会导致最终的映射，可以直接忽略；另外，在新增映射的过程中，要保持映射的一对一关系，不能将一个查询节点映射到不同的数据节点，也不能将一个数据节点映射到多个查询节点。此外，在进行映射扩展时，不仅要考虑节点的标记，还要考虑邻居关系。现有工作还对连接顺序以及一些剪枝策略进行了探究。

然而，现有的基于搜索的精确算法不具备可扩展性，无法应用于大规模图数据（例如 10 亿条边以上）中，难以满足现实应用的需求。

7.3.2 分布式图计算框架

为了克服大图数据处理的存储和计算瓶颈，大图计算往往需要借助分布式计算环境中的资源。直接利用分布式计算资源需要应用考虑底层处理的一系列细节问题，如图的划分、节点通信、任务调度、容错处理等，为用户应用程序开发带来一些困难。分布式图计算框架应运而生[3]。这一框架抽象并实现了不同的图操作的公共部分，为不同应用提供统一接口。开发者在满足框架结构要求的前提下，能够聚焦于应用逻辑，从而大大减轻了开发负担，加快了开发进程。

现有大多数分布式图处理框架，如 Google 公司的 Pregel、Apache 开源的 Giraph[4] 和 GraphX，都遵循以节点为中心的编程模型（Vertex-Centric model，简称 VC 模型）。VC 模型的基本观点是以节点的视角来实现图计算任务。节点是图操作调度和执行的基本运算单元，所有的操作都以节点为中心完成。具体来讲，图的操作通常是多轮完成的，每一轮抽象为一个超步。框架维护超步之间的同步。在超步中，每个数据节点的操作经过 3 个阶段，即消息收集阶段、消息处理阶段和消息广播阶段。在第一阶段，每个节点从邻居节点以消息方式获取信息，这通常由框架支持；在第二阶段，每个节点根据收集到的信息，执行用户描述的计算脚本，更新自身的状态；在第三阶段，每个节点将更新后的信息以消息或者共享内存等方式发送给一个或多个邻居。图计算将会持续多轮，直到图计算任务完成或者达到某个收敛状态为止。

7.3.3 分布式图模式匹配

利用分布式图框架解决图模式匹配的问题同样引起了研究人员的兴趣。微软亚洲研究院的研究人员[5]提出一种基于连接的分布式图模式匹配方法，并在微软公司内部的 Trinity 分布式图计算框架中加以实现。该方法在查询计划构建阶段，根据启发式规则，对查询模式图进行拆分，使得拆分后的子图为星形结构，以便于搜索求解。在运行过程中，每个星形结构执行搜索求解，并缓存中间的计算结果。根据每个星形部分的选择度，逐步将各个星形结构的结果进行拼接，最终得到完整的匹配。这种方法也是面向精确解的方法，中间结果数量随数据规模呈指数级增长。

7.4 方法设计

鉴于图模式匹配查询自身的复杂性，单纯依赖于分布式资源的增长无法满足大规模图数据匹配查询需求。因此，在方法设计层面，需要首先在应用允许的合理范围内弱化问题，例如找到图模式匹配的近似结果，同时减小漏报率和误报率。其次，在方法设计层面，要考虑分布式图计算框架提供的接口和内部机制，使得图模式匹配查询的方法适用于分布式图框架的场景。

本节提出的方法主要用于解决大规模工业数据查询模式匹配的问题，大规模的含义是计算代价超出单机的计算能力。首先，介绍查询模式匹配的整体架构；其次，提出查询计划 SSD 的构造方法，包括消息传递结构和转换规则的生成；再次，讨论查询执行计划的动态运行方法；最后对算法的代价和效果进行分析。

7.4.1 系统整体架构

图 7.4 给出了我们设计的分布式图模式匹配查询系统的整体架构[6]。首先将大图数据导入分布式图计算框架。我们注意到，不同的数据节点，如 a_0、b_1 等，分散存储到不同的计算节点中。图数据分布存储由框架透明地完成的。图模式匹配查询相当于基于分布式图计

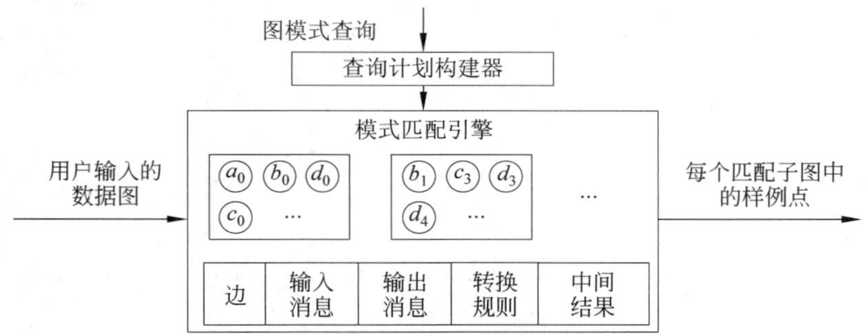

图 7.4 分布式图模式匹配查询系统的整体架构

算框架的一个应用。为了支持后续的查询，每个数据节点的数据结构进行扩展。除了包含框架中原有的边信息、传入消息队列和传出消息队列外，数据节点还要记录转换规则和计算的中间结果。详细的转换规则和中间结果结构见 7.4.3 节。

用户提交图模式匹配查询，系统产生图模式匹配查询的执行计划。在我们设计的方法中，查询图首先将被转化成一个带有单目标节点的有向无环图(Directed Acyclic Graph，DAG)。查询模式对应的 DAG 中的每个节点会根据查询模式产生状态转换规则，并通过有向边的方向传递局部满足性信息。这些规则将附加到对应的数据节点中，引导查询执行过程中数据图内部的消息流转。最终能匹配目标节点的数据节点报告自身的模式匹配状态，也就意味着查询图模式在数据图中得到满足。

我们设计的方法实质上是一种子图模式的近似匹配方法，因此需要衡量该方法得到的匹配结果的质量，包括召回率和准确率。由于我们设计的方法不会产生漏报，因此，召回率始终是 1。我们用 pcs(Q)来衡量查询 Q 结果的准确性，其代表返回的结果中有多少是正确匹配中的解。为了简化解空间，我们以查询计划中目标节点 v_r 所对应的数据节点来代表查询结果。记 M 为所有从 Q 到 G 的同构映射，则 $\text{pcs}(Q)=|V_0|/|V_1|$，其中 $V_0=\{m(v_r)\}$，它包含所有正确映射 $m\in M$ 中匹配 v_r 的数据节点，而 V_1 包含所有被近似算法检测出的与 v_r 匹配的数据节点。

另外，由于该算法是基于以点为中心的分布式图计算框架来设计并实现的，因此在衡量算法效率方面，需要考虑分布式算法中常用的指标，如消息量和总执行时间等。记 msg(Q)为查询模式 Q 执行过程中导致的分布式图计算框架传输的通信总量，即为不同机器节点间的消息发送总条数。消息量是分布式图计算框架中非常重要的衡量算法实现效率的指标。一方面，对于当前的普通集群来说，带宽是非常有限的，这导致跨机器传输代价非常大；另一方面，在常规网络协议下，网络传输的速度比本地内存访问速度要慢几个数量级，是影响任务执行时间的关键因素。此外，消息量的大小还会严重影响分布式图计算框架的内存开销，影响系统稳定性和可扩展性。

查询响应时间 rsp(Q)是另一重要评价指标。rsp(Q)在同步的分布式图计算系统中往往是与超步个数、消息总量紧密相关的。由于在分布式计算框架中一个超步只能传播一跳的信息，因此图模式匹配算法往往需要多个超步来计算。对于我们设计的方法而言，不同的执行计划对应着不同的超步个数，因此对 rsp(Q)也有着一定的影响。

7.4.2 查询计划 SSD 的构造

本节用一个例子来说明如何将图模式匹配查询(图 7.5)转化为分布式环境中的查询执

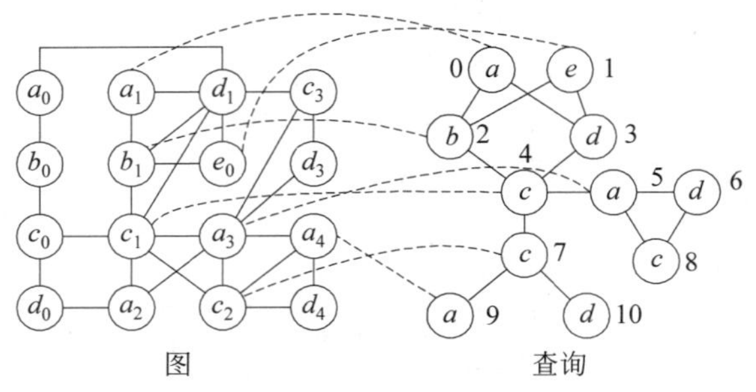

图 7.5 图模式匹配查询

行计划。在我们设计的方法中，查询执行计划的形态为一个 SSD(Single-Sink DAG，单目标节点的 DAG)。为了使得解法更加通用化，在下面的例子中使用较为复杂的图匹配查询。

在图 7.5 中，选择节点 c(标号为 4) 作为目标节点，实现原图到 DAG 的转换。转换之前的图查询可以看作无向图，转换之后是有向图，边的方向表示分布式环境中消息的传播方向。目标节点是整个 DAG 中唯一只有入边没有出边的节点，所有节点的消息最终会汇总到目标节点，且目标节点不需要发出任何消息。进一步，将 c 作为点割，从 DAG 中去掉后，形成了更小的 3 个子 DAG。在每个子 DAG 中，都有一些源节点。源节点是指那些只有出边没有入边的 DAG 中的节点。它们不需要处理任何消息，只负责向外发送消息，是消息的源头。例如，图 7.6 中的 0、1、9、10、6 均为源节点。

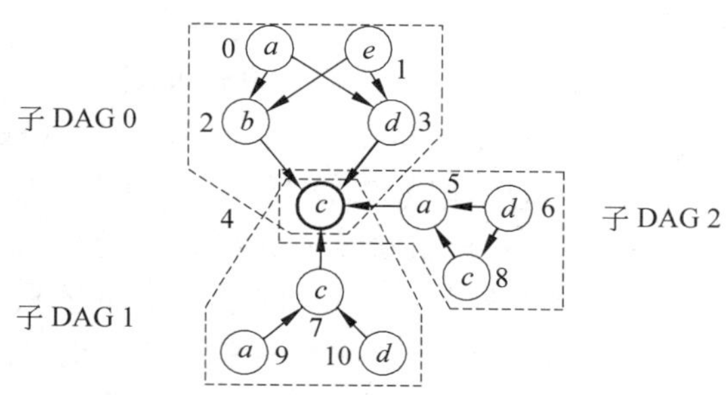

图 7.6 查询模式的 SSD 执行计划

在 DAG 的转化算法中，目标节点的选择对算法的结果影响非常大。在基础算法中，选择度数最大的点作为目标节点。这样的策略倾向于产生更多的子 DAG，通常意味着更好的并行性、潜在更短的消息传播路径以及更短的执行时间 rsp(Q)。接下来，在目标节点 v_r 确定之后，利用宽度优先搜索(Breadth First Search，BFS)确定每一条边的方向。具体来说，首先为 v_r 初始化一个层级符号：level←0。紧接着，开始访问 v_r 的邻居节点，将 level 增加 1 并赋值给邻居的层级符号。然后对邻居节点递归操作。假设在遍历过程中，从 v_{q_0} 出发遇到的 v_{q_1} 是新访问到的节点，那么边的方向就设置为从 v_{q_1} 到 v_{q_0}；否则，边的方向为从高层次节点到低层次节点。而如果节点层次相同，则指定边的方向为从大标号节点到小标号节点。这种确定边方向的方式可以保证转换后的图是一个仅有一个目标节点的 DAG。

下面形式化描述查询的 SSD 结构。给定 $Q=(V_q, E_q)$为查询子图，r 是选定的目标节点，将 Q 转化为一个由多个子 DAG 组成的 DAG，$Q_s^0=(V_s^0, E_s^0)$，$Q_s^1=(V_s^1, E_s^1)$，…，$Q_s^k=(V_s^k, E_s^k)$，满足如下两个条件：

(1) $\bigcup_{0\leqslant i\leqslant k} V_s^i=V_q$，$\bigcup_{0\leqslant i\leqslant k} E_s^i=E_q$。

(2) $\forall 0\leqslant i,j\leqslant k$ 且 $V_s^i \cap V_s^j=\{r\}$。

第一个条件需要所有的子 DAG 的并集能够覆盖原图中所有的节点和边，这意味着这样的 DAG 能够保存原查询的所有信息。第二个条件要求不同的子 DAG 共享一个目标节点。这意味着对于任意一条 DAG 中的边来说，其满足性信息最终能够传递到目标节点，目标节点有足够的信息判定整个图匹配查询是否得到满足。

目标节点的选择与转换后的 DAG 的结构紧密相关。当目标节点 v_r 被选择后，会将其作为割点，将原始查询图拆分成多个子 DAG，默认选择度数最大的节点作为目标节点。还可以选择最小查询深度或者最多子 DAG 个数作为衡量目标节点的依据。

(1) 最小查询深度。由于查询深度较小的查询计划需要较少的超步进行计算,因此可能会减少总体的任务执行时间。因此可以遍历查询图中的每个节点,并选择使得查询深度最小的节点作为目标节点。

(2) 最多子 DAG 个数。子 DAG 越多,分支节点将会越少。一方面,这种方法可以相对减小算法代价;另一方面,根据后续分析,分支节点越少,算法匹配结果准确的概率越高。另外,子 DAG 更多意味着潜在的并行性更好。

7.4.3 消息传递规则构建

查询模式转换后的 DAG 将会引导数据图中的消息传播。本节主要讨论具体的消息类型以及每个节点上的消息转换规则。

首先介绍最基本的节点间的查询消息。记 v_q 为查询模式中的节点,v_q'是 v_q 的邻居,$m(v_q)$是 v_q 所对应的数据节点,满足 v_q.label$=m(v_q)$.label;且存在 $m(v_q')$是 $m(v_q)$的邻居,满足 v_q'.label$=m(v_q')$.label。$m(v_q)$向 $m(v_q')$ 发送一条消息,该消息仅包含查询节点 v_q 的标号。当 $m(v_q')$接收到这条消息后,将能确定查询模式中的(v_q, v_q')这条边在数据图中已经匹配成功。我们称这样仅包含查询节点标号的消息为查询消息。

尽管查询消息非常简单而且节省空间,但它对稍复杂的查询模式(例如带环图)来说不足以产生高质量的匹配。以图 7.5 为例,当数据节点 c_1 从 b_1 和 d_1 获得消息后,c_1 获知查询图中的边(c,b)和(c,d)在数据图中找到匹配的边。但是,c_1 无法获知这两条消息是否源自标记为 a 的同一个数据节点。因此,仅靠查询消息将会在这样的情况下产生很多误报。

为了克服上述问题,需要扩展消息内容,在消息中引入一些特定数据节点的标号。如果希望对任意的图模式都得到精确解,在最坏情况下需要在每个消息里都加上沿路访问到的数据节点的标号,但是,这种策略会导致指数级增长的空间代价,无法适用于大数据环境中。因此,为了平衡空间代价和最终的匹配准确度,仅在消息中保留一部分关键数据节点的标号。记 $m(v_q)$是一个数据节点,其标号与 v_q 相同。例如,当 v_q 有一个以上出边时,将会记录 $m(v_q)$的标号并可以在之后的转发消息中一直保留下去。当然,若子 DAG 中的目标节点 v_r 仅有一个入边时,消息中保存的数据节点的标号可以提前移除,不会影响结果的判定。

在查询 DAG 中,定义分支节点(branching vertex)来描述什么时候消息需要携带对应的数据节点标号,定义收拢节点(dominating vertex)来描述什么时候消息中数据节点标号可以被移除。记 Q_s 为一个子 DAG,v_l 为 Q_s 中的源节点,v_r 为 Q_s 中的目标节点,Q_{ls}为 Q_s 中涵盖所有从 v_l 到 v_r 的节点和路径的子图。Q_{ls}中的分支节点是从 v_l 出发(包含 v_l)的第一个出度大于 1 的节点,收拢节点则是 Q_{ls}中第一个从 v_r 反向出发(包含 v_r)且入度大于 1 的点。

图 7.7 显示了图 7.6 所示的查询模式中 3 个子 DAG 的分支/收拢节点。在子 DAG 0

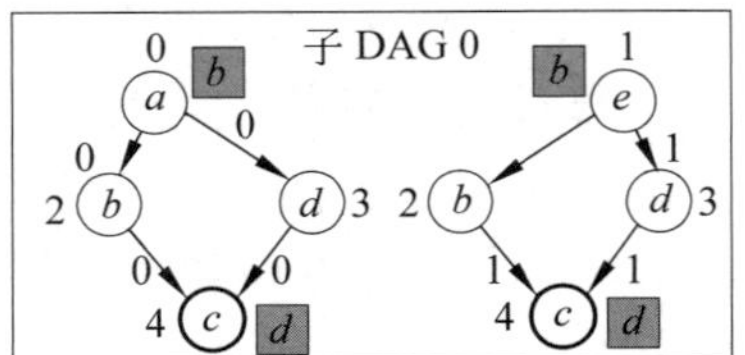

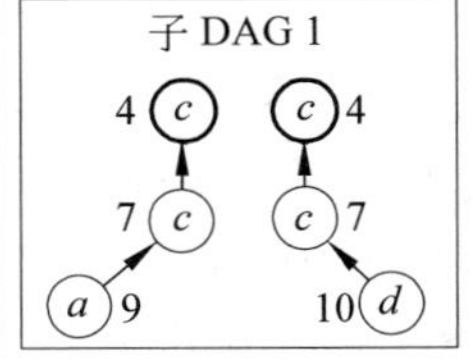

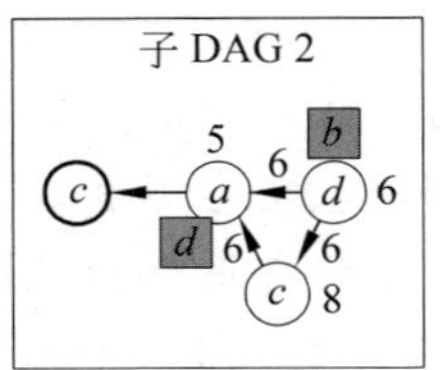

图 7.7 查询子图的分支节点和收拢节点

中,a 是源节点。首先构建出从 a 到 c 包含所有路径的子图,然后确定分支/收拢节点,并在图中以 b 和 d 分别表示。将类似的操作也施加于源节点 e 上。在子 DAG 1 中,也有两个源节点 a 和 d。由于 a(或者 d)到目标节点 c 的子图中没有一个节点的出边或者入边数大于 1,因此不存在分支/收拢节点。在子 DAG 2 中,分支节点是 d (标号为 6),因为它作为源节点自身就有两个出边;收拢节点则是 a(标号为 5)。

基于分支/收拢节点,引入另一种消息——数据消息 dmsg,用于携带对应数据节点的自身标号。若 v_b 是一个分支节点,$m(v_b)$是 v_b 所匹配的数据节点,则 $m(v_b)$发出的消息为数据消息,数据消息包含查询节点 v_b 的标记 v_b.label、标号 v_b.id 和数据节点的标号 $m(v_b)$.id。当收拢节点 v_d 对应的数据节点 $m(v_d)$收到它的消息时,将解析消息,提取分支节点 v_b 的标号和数据节点的标号 $m(v_b)$.id。这样 $m(v_d)$就可以区分这些消息是否来源于分支节点对应的同一个数据节点。

在查询模式图的边上加标记来区分边上传递的是查询消息 qmsg 还是数据消息 dmsg。分支节点 v_b 和收拢节点 v_d 之间子图的边标记上查询 v_b 的节点标号,这些边所对应的消息为数据消息 dmsg。其他未被标记的边对应的消息为查询消息 qmsg。图 7.7 中也显示了这样的标记方式。

查询模式图上的边标记完成后,就可以构建查询模式中每个节点匹配状态的更新以及消息传输的规则。记 v_q 为查询 DAG 中的一个节点,E_i 为 v_q 的入边集合,E_o 为 v_q 的出边集合。$\forall e_o=(v_q,v'_q)\in E_o$,$e_o$ 在 v_q 上的消息转换规则 r 可被表示为以下四元组的形式:

$$\{(v_q.\text{label},\ M_i,\ v'_q.\text{label},\ M_o)\}$$

其中,M_i 包含从 E_i 发送的所有消息,M_o 是 e_o 发送的所有消息的集合。消息 $m_o\in M_o$ 描述如下:

(1) 若 e_o 未被标记上任何分支节点的标号,则输出消息 m_o 为仅携带 v_q.id 的查询消息 qmsg。

(2) 若 e_o 被标记上分支节点 v_b 的标号,则输出消息 m_o 为数据消息 dmsg,并用三元组(v_b.id,x,v_q.id)表示,其中,x 将会在运行时被匹配 v_b 的数据节点 $m(v_b)$的标号所替代。

下面以子 DAG 0 为例来描述节点上的消息转换规则,如图 7.8 所示。在子 DAG 0 中,所有边上对应的消息均为数据消息 dmsg,因为它们都被标记了源节点(a 或者 e)的标号。a 既是源节点又是分支节点,a 将沿着出边(a, b)发送数据消息 dmsg(0, x, 0)。其中,第一个 0 是查询图中源节点 a 的节点标号,x 将在运行时被替换成 a 匹配的数据节点的标号,第二个 0 则代表当前节点的标号。节点 b 的消息转换规则更加复杂。当 b 接收到来自 a 和 e

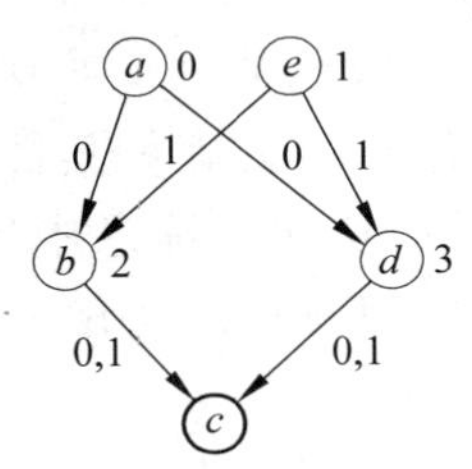

(a) 子 DAG 0

节点标号	入	邻居节点标号	出
a		b	(0, x, 0)
		d	(0, x, 0)
e		b	(1, x, 1)
		d	(1, x, 1)
b	(0, x, 0)(1, x, 1)	c	(0, x, 2)(1, x, 2)
d	(0, x, 0)(1, x, 1)	c	(0, x, 3)(1, x, 3)

(b) 部分消息转换规则

图 7.8　子 DAG 0 的部分消息转换规则

的消息后，首先需要将这些消息拆分，判定查询节点和数据节点的标号是否匹配。其次，将三元组的第三项改为自己的标号，并发送给后续的邻居节点 c。其他消息转换规则的产生与这两种情况类似。

查询模式 Q 对应的整个 SSD 查询计划由 Q 的所有节点上的消息转换规则$\{(v_q.\text{label}, M_i, v'_q.\text{label}, M_o)\}$确定。

7.4.4 消息传递规则附加到数据节点

SSD 查询计划用来指导数据节点在运行时如何进行消息转换和传输。当 SSD 查询计划构建完成之后，将这些消息转化规则附加在对应的数据节点中。在查询执行过程中，每个数据节点将会按照被分配到的规则并行地进行消息处理，并更新自身状态。

最直接的规则附加方法非常简单，对于 SSD 查询计划中的每个消息转换规则 $r = (v_q.\text{label}, M_i, v'_q.\text{label}, M_o)$，将规则 r 附加在所有与 v_q 节点有相同标记的数据节点中。在这种策略下，每个数据节点可能被附加了多个消息转换规则。运行过程中按这些消息转换规则顺序执行即可。

消息转换规则的基本附加方法仅仅依赖于查询节点和数据节点的标记。然而，并不是所有匹配标记的数据节点都是潜在的查询匹配的目标。以图 7.5 为例，将查询节点 a（标号为 0、5、9）对应的规则附加在数据节点 a_0 中。然而，a_0 并没有以 d 或者 c 为标记的邻居节点，因此，所有附加在 a_0 上的规则将不会产生任何有效的结果，并且还会占据大量的内存空间以及触发不必要的消息传输。

可以进一步结合节点本地邻居来优化规则附加方法。记 v_q 为查询节点，$\text{Nbr}(v_q)$表示 v_q 在查询图中的邻居节点集合，v_d 为数据节点，$\text{Nbr}(v_d)$为 v_d 在数据图中的邻居节点集合。将 v_q 的规则附加到 v_d 需要满足以下两个条件：

(1) $v_q.\text{label} = v_d.\text{label}$ 且 $\forall v'_q \in \text{Nbr}(v_q), \exists v'_d \in \text{Nbr}(v_d)$。

(2) $v'_q.\text{label} = v'_d.\text{label}$。

任何正确匹配的解都满足以上两个条件。从另一个角度看，该优化方法本质上是一个局部剪枝策略。

基于本地邻居结构的附加方法可以极大地减少不必要的规则，并且提前过滤不能匹配的数据，充分减少了分布式环境下的消息数量和规则占用的内存空间。

7.4.5 查询计划的执行

在查询执行阶段，每个数据节点根据附加到自身上的规则进行消息的发送和接收。总体来说，在任务开始时，所有和源节点匹配的数据节点都会按照消息转换规则开始发送消息。当某节点 $m(v_d)$收到消息时，会判定目前接收到的消息是否满足其消息转换规则的输入条件。如果满足，$m(v_d)$按照消息转换规则中的逻辑，从输入消息中提取信息，根据规则组装新的消息，并按照标记发送到其邻居节点。这些消息最终将触发目标节点的状态转化。

除了没有输入消息的源节点对应的数据节点之外，其他数据节点都需要判断消息转换规则是否满足。例如，假设$(v_b.\text{id}, x, v_q.\text{id})$和$(v_b.\text{id}, x, v'_q.\text{id})$是规则 r 中的两个输入消息。当数据节点 $m(v_d)$收到消息时，它需要检查分支节点标号 $v_b.\text{id}$ 和与其匹配的数据节点标号

x。此外，由于是利用分布式图计算框架实现每个数据节点并行处理消息，$m(v_d)$可能无法在同一超步内收到其所需要的信息。必须设计精简的数据结构来缓存中间结果，同时尽量减少空间使用量，提高算法的可扩展性。

数据节点 $m(v_d)$上规则 r 的满足性可以由其入边消息的满足性来计算。如果 r 的一个入边消息 m_q 是查询消息，m_q 是否满足取决于 $m(v_d)$是否已经收到对应的查询消息 qmsg。如果 r 的一个入边消息 m_d 是数据消息，m_d 是否得到满足不仅取决于是否收到对应的数据消息 dmsg，而且需要判定消息包含相同的分支节点，类似于实现了连接操作。

我们提出双层 AO(And-Or)列表来记录消息满足性判定的中间结果。记 r 为节点 $m(v_d)$上的一个消息转换规则，表示为(v_q.label, M_i, v'_q.label, M_o)，根据 $m(v_d)$接收到的消息动态维护 AO 列表，从而方便计算 $m(v_d)$已收到的消息是否满足 r。r 所对应的 AO 列表是一个两层的列表结构：

(1) 在第一层中，A 列表(And 类型的关系)包含了输入消息 M_i 中所有的查询消息 qmsg 以及数据消息 dmsg 的群组。其中，数据消息 dmsg 的群组按照分支节点进行划分，包含所有 v_b.id 一致的数据消息 dmsg(v_b.id, x, v_q.id)。

(2) 在第二层中，第一层中的每个数据消息 dmsg 群组对应着一个 O 列表(Or 类型的关系)，用来记录不同的数据节点当前的匹配情况。O 列表以三元组中的分支节点所对应的数据节点标号 x 来分组，只要某个 x 对应的一组满足了条件，则该群组满足条件。

图 7.9 给出了一个查询节点 c(标号为 4)所匹配的两个数据节点 c_0 和 c_1 对应的 AO 列表。该列表结构中的第一层是 A 列表，其中元素的数值代表查询消息 qmsg 的查询节点标号或者数据消息 dmsg 的分支节点标号。一个数据消息 dmsg 群组对应一个 O 列表来记录收到了源自哪些分支数据节点的消息。我们列举 3 个超步后节点的 AO 列表状态。此时，c_1 分别从 b_1 和 d_1 接收到两个数据消息 dmsg，它们携带着分支节点 a_1 的标号，这样，O 列表中的 a_1 节点被满足(灰色节点)。O 列表中只需满足"或"关系，即其中任意一个数据节点得到满足，则该 dmsg 群组得到满足。同理，另一个分支节点为 e(标号为 1)的数据消息 dmsg 群体也被满足。c_1 还从 c_2 和 a_3 收集到了查询消息 qmsg，这两个查询消息分别满足 A 列表中剩下的两个条件。根据"并"关系的要求，c_1 节点满足消息转换规则要求；而另一个节点 c_0 不能满足消息转换规则，其至少还需要收到标记为 a 和 e 的查询消息、一个分支节点为 e 的数据消息以及一个从数据节点 a_0 出发并经过 d 的数据消息。

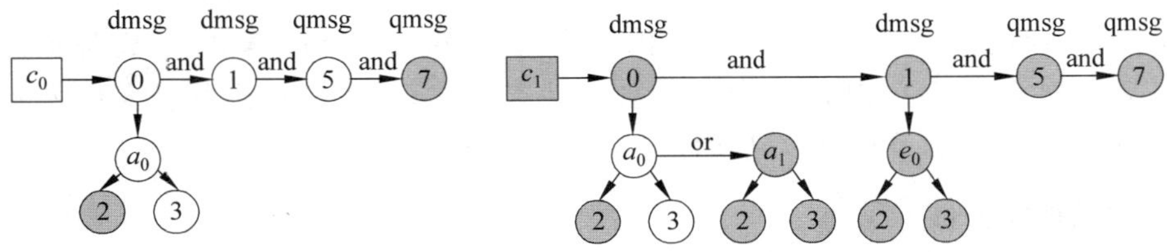

图 7.9 运行时刻节点 c_0 和 c_1 的 AO 列表

在利用以点为中心的分布式图计算框架实现查询的过程中，每个数据节点根据其所附加的消息转换规则，为每个消息转换规则维护一个 AO 列表，基于收集到的消息判定 AO 列表是否得到满足。由于上述算法就是以节点为单位的，因此可以自然迁移到现有的分布式图计算框架中。在静态图中，匹配查询的执行需要多个超步。稍后将分析总共需要的超步数量等于查询 DAG 的最大层数这一结论。需要注意的是，为了减少超步中的消息数量，仅在节点的 AO 列表的满足状态发生改变时进行消息发送。

7.4.6 方法分析

记 $Q=(V_q, E_q)$ 为查询模式，$G=(V_d, E_d)$ 为数据图。$\forall v_q \in V_q, M(v_q) \subseteq V_d$ 是和 v_q 标记相同的所有节点的集合。$B_q \subseteq V_q$ 是所有的分支节点的集合，$M(B_q) \subseteq V_d$ 则是 B_q 对应的数据节点的集合。本节分析上述方法的消息总数、内存需求、超步数量以及查询结果的完备性和精确性。

1. 消息总数

对于查询模式图 Q 中的任意边 $e=(v_{q_0}, v_{q_1})$，在底层数据图 G 中最多有 $|M(v_{q_0})||M(v_{q_1})|$ 条数据边与之对应。每条数据边的消息或者是包含一个查询节点标号的查询消息，或者是包含至多 $|M(B_q)|$ 个数据节点标号的数据消息。最坏情况下，消息总数为 $\sum_{(v_{q0}, v_{q1}) \leftarrow E_q} |M(v_{q0})||M(v_{q1})||M(B_q)|$。

2. 内存需求

本方法中内存主要消耗在以下几个方面：①每个查询节点的消息转换规则；②每个数据节点上运行时刻的 AO 列表数据结构；③分布式图计算框架中每一轮的消息大小。其中，第二部分的空间占用是第一部分空间占用的超集。每个节点最多含有 $O(|V_q|)$ 个 AO 列表，而每个 AO 列表会最多保存 $|B_q||M(B_q)|$ 个数据消息以及最多 $|V_q|$ 个查询消息。考虑前面分析的消息总数的大小，最坏情况下内存需求为

$$O(|V_d||V_q||B_q||M(B_q)| + \sum_{(v_{q0}, v_{q1}) \leftarrow E_q} |M(v_{q0})||M(v_{q1})||M(B_q)|$$

以上分析的最坏情况仅在所有节点标记一致并且查询图是完全图的情况下发生。而现实生活中的大图数据通常比较稀疏，实际应用中的节点标记数量也比较多，因此内存需求和消息总数远没有最坏情况下需要的那么大。

3. 分布式查询执行超步数量

图匹配查询 Q 执行所需的超步数量为所有子 DAG 中源节点到目标节点的最大跳数。分析如下，记 k 为最大跳数，则任意从源节点到目标节点的路径长度不超过 k。在分布式图计算框架中，一跳的信息可以在一个超步内完成，且在我们设计的算法中，数据节点都是在满足条件后立刻发出消息，因此，目标节点在 k 个超步之后，可以得到所有来自源节点的消息。因此，k 步之后目标节点可以判断模式是否得到满足。

4. 查询结果完备性

对于与 $Q=(V_q, E_q)$ 同构的任意数据子图 $G_s=(V_s, E_s) \subset G$，G_s 都会被上述方法找到，即上述方法不会漏报。分析如下：因为 G_s 是与 Q 同构的 G 的子图，可以建立一个双射关系 $m: V_q \Leftrightarrow V_s$。每一个节点 $v_q \in V_q$ 都对应着一个数据节点 $m(v_q) \in V_s$。根据消息转换规则附加规则，源节点 $v_1 \in V_q$ 的消息转换规则将附加到 $m(v_1) \in V_s$ 上。由归纳法易知，后续节点将会满足所附加的消息转换规则。因此，目标节点最终也会报告自身满足匹配的状态，即正确的结果不会被漏报。

5. 查询结果精确性

当每个子 DAG 中最多有一个节点出度超过 1 时，SSD 执行计划将产生精确解。下面讨论子 DAG 中有且仅有一个出度大于 1 的节点 v_b。假设算法给出的目标节点为 v_r。由于子 DAG 中只有 v_b 出度大于 1，v_b 到 v_r 的所有路径中的节点都不是分支节点，因此，在每个子 DAG 的汇总节点上，考虑包含 v_b 所对应的数据节点 $m(v_b)$ 标号的数据消息，查询方法能够精确判定每个子 DAG 的匹配程度。整个查询目标节点或者是每个子 DAG 的汇总节点，或者是收集汇总节点发出的查询消息。在这两种情况下，目标节点都能正确判定模式是否匹配。

7.5 性能

7.5.1 实验设置

本节实验主要测试我们设计的方法中不同策略的影响，这些策略包括不同的消息转换规则附加策略、不同的目标节点选择策略等。方法衡量指标包括查询执行时间 rsp、消息量 msg 以及查询结果的准确率 pcs。此外，还要比较我们设计的方法和现有其他主要方法在上述指标上的差异。

1. 对比方法

我们设计的方法基于分布式图计算框架 Apache Giraph 得以实现。同时，基于 Giraph，我们也实现了另外两个对比算法。

第一个对比算法与文献[5]中的思想一致，该算法是在微软公司闭源的分布式图计算框架 Trinity 上利用多路连接实现的精确子图检测算法。由于其源码和基础架构均不可用，我们利用 Trinity 的思想，在 Giraph 上实现了我们的方法，标记为 Join-based 方法。

第二个对比算法是一个精确的纯遍历的匹配算法，标记为 PathMatch。该算法对查询图有明确的限制：查询模式必须包含一个哈密顿路径，从而可以将部分匹配状态从路径头部一直传递到尾部。收到部分匹配消息的节点会查看已有匹配加上自身节点后是否还是合理的部分匹配。如果是，则将自己的信息加入消息后继续根据哈密顿路径的方向向后传递，直到尾部。最后，由尾部节点报告整个查询模式精确匹配的结果。

2. 硬件环境

所有实验都在由 23 个计算节点组成的集群中完成。每个计算节点配备两颗 2.60GHz 的 AMD Opteron 4180 处理器、48GB 内存和 2TB 硬盘。操作系统为 SUSELinux Enterprise Server 11，Java 版本为 1.7，并装有 64 位 JVM。所有节点之间的连接带宽为 1GB/s。Giraph 版本为 1.0，Hadoop 版本为 0.20.3，HDFS block 大小为 64MB。

3. 数据集

实验中用到了图数据查询中常用的 3 个真实图数据集：uk-2007-05 是一个由 12 个月的.uk 域快照组成的网页结构图；twitter-2010 是一个“关注-被关注”类型的 Twitter 社交网络图；livejournal 是一个在线社区 LiveJournal 的朋友关系网络。我们同时人工生成了一些随机图，边的范围为 10 亿到 50 亿。我们为每个节点添加一个随机的标记，并控制标记密度

默认保持在 10^{-5}，标记密度定义为不同标记个数与总点数之比。

4. 查询集合

记查询子图 $Q=(V_q, E_q)$，其大小定义为节点个数 $|V_q|$，其密度定义为 $|E_q|/(|V_q|(|V_q|-1))$。给定查询子图大小 N 以及密度 D，生成方式描述如下：随机给 N 个节点设置标签，接着在这些节点之间随机构建一个生成树，以保证这个查询子图的连通性。随后在树上连续加边，直到密度大于 D。对每个 (N,D) 对的组合生成 10 个查询模式，并报告平均指标。

7.5.2 优化策略分析

首先测试消息转换规则附加的基本方法和考虑局部结构剪枝的优化方法。图 7.10(a)比较了基本附加算法(Basic)和剪枝优化算法(Neighborhood)对 rsp 指标的影响。可以看出，带剪枝策略方法的查询执行时间仅仅是基本算法的 30%～50%；而消息量 msg 也有类似的减少比例，如图 7.10(b)所示。主要原因就在于剪枝策略可以有效减少内存消耗，并减少无效消息的传输。由于基于本地邻居的剪枝策略能大幅度提高算法整体性能，因此，接下来的实验默认将启用该优化策略。

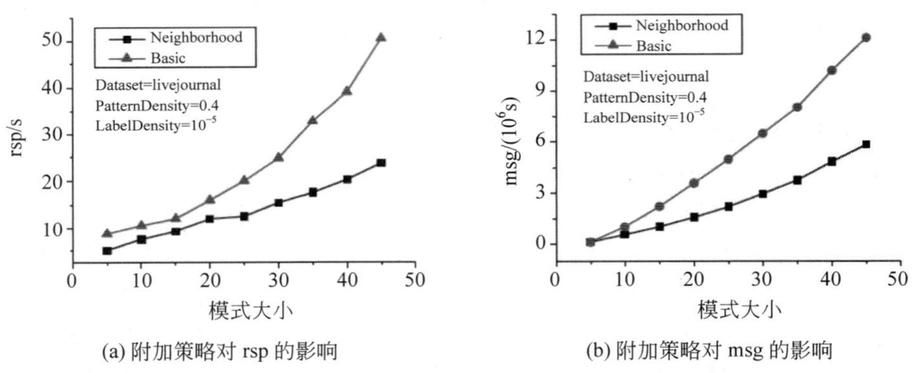

(a) 附加策略对 rsp 的影响　　(b) 附加策略对 msg 的影响

图 7.10　消息转换规则的附加策略

我们通过实验研究目标节点的不同选择策略对 rsp、msg 和 pcs 指标的影响。4 种启发式选择方法分别记为 MD、MQ、MS 以及 RS。其中，MD 的含义是最大度数，MQ 的含义是最小查询深度，MS 的含义是最大 DAG 个数，RS 的含义是随机选择。

图 7.11(a)报告了 4 种策略在 livejournal 数据集上的 rsp 指标。可以观察到 MQ 策略表现最好。从前面的分析可知，MQ 有着最小的超步总数。进一步分析这些策略下每个超步的平均用时，如图 7.11(b)所示。我们发现这些策略在每个超步的用时差别不大。这也从侧面说明了超步总数对执行时间的影响最大。

图 7.11(c)中显示了不同查询模式大小下 4 种策略所产生的消息量 msg。可以看到 4 种策略产生的消息量差别不大。图 7.11(d)报告了 4 种策略的准确率 pcs 指标，都在 80%以上。这个结果说明，虽然我们设计的方法是基于遍历的，但数据消息中引入的部分连接可以改善匹配的准确度。另一方面，4 种策略在 pcs 指标上的差别并不明显，因此，我们推荐使用 MQ 策略来构建 SSD 计划，因为它通常有更低的执行时间和更好的综合表现。

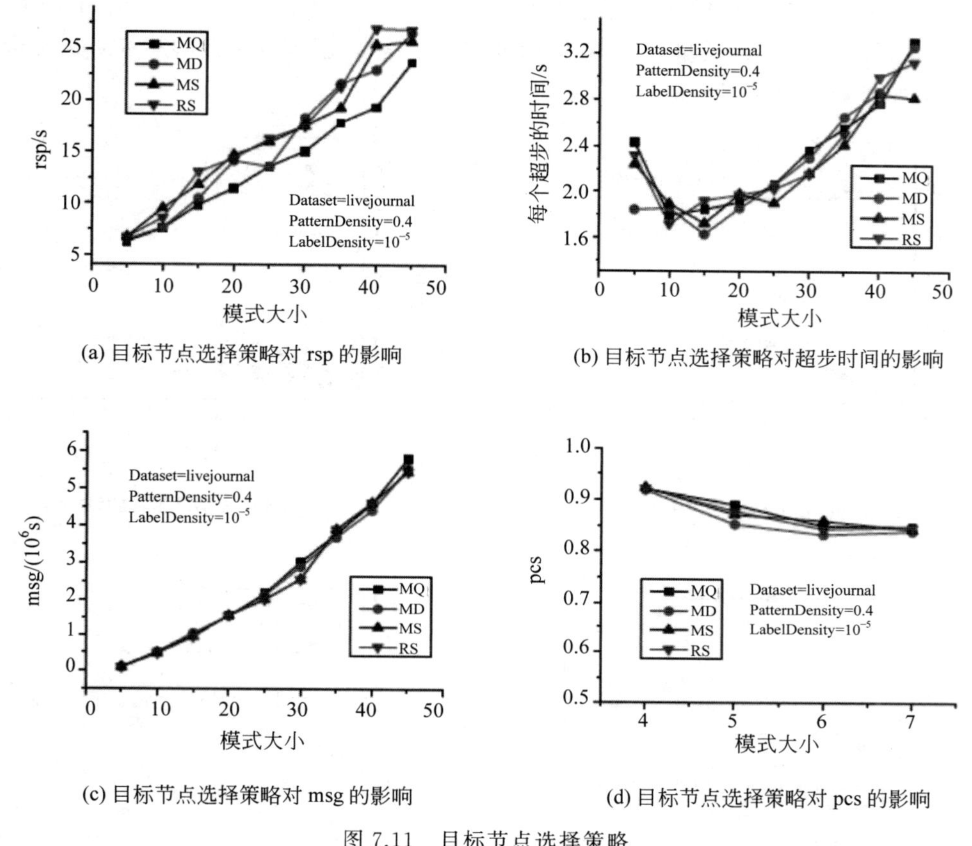

(a) 目标节点选择策略对 rsp 的影响

(b) 目标节点选择策略对超步时间的影响

(c) 目标节点选择策略对 msg 的影响

(d) 目标节点选择策略对 pcs 的影响

图 7.11 目标节点选择策略

图匹配查询模式大小增长会使匹配成功的数据子图减少，从而减少参与运算和消息传输的节点数量，进而减少执行时间。这些指标也会受到不同标记数量的影响。如果标记数量增加，则成功匹配的数据子图也会减少。

7.5.3 可扩展性分析

图 7.12(a)和(b)展示了模式大小改变时我们设计的方法在不同数据集上的 rsp 和 msg。我们观察到，查询模式增大时，rsp 呈现先增长而后趋于平稳甚至下降的趋势。当查询模式节点数较小时，随着模式的增大，匹配的规则、涉及的数据节点个数、产生的消息、超步数量也越来越多；这将导致执行时间的增加；而当查询模式点数较大时，模式继续增长会使匹配到的数据节点数减少，从而使参与运算和传输消息的节点也越来越少，进而使执行时间反而下降。我们注意到，这些指标也会受到不同标记的数量的影响。可以看到 uk-2007-05 数据集上的结果有最少的消息量 msg，这是因为在总体标记密度相同时，该数据集较大的规模使得不同的标记数量变大。

图 7.12(c)是利用 livejournal 数据集研究不同的图查询模式密度对 pcs 的影响的结果。可以看到，对于固定大小的图查询模式来说，随着查询密度的减小，pcs 不断增高，直到 1。这是因为，当查询模式的密度较小时，模式本身的结构较为简单。而根据前面的分析，当每个子 DAG 中仅存在最多一个出度大于 1 的节点时，我们设计的算法可以产出精确解。

图 7.12(d)展示了查询模式密度的变化对 rsp 的影响。当模式密度变大时，模式内部的联系更紧密，导致子 DAG 数量变少，查询深度增加。这样，就需要更多的超步来执行这个查询，从而增加查询响应时间 rsp。

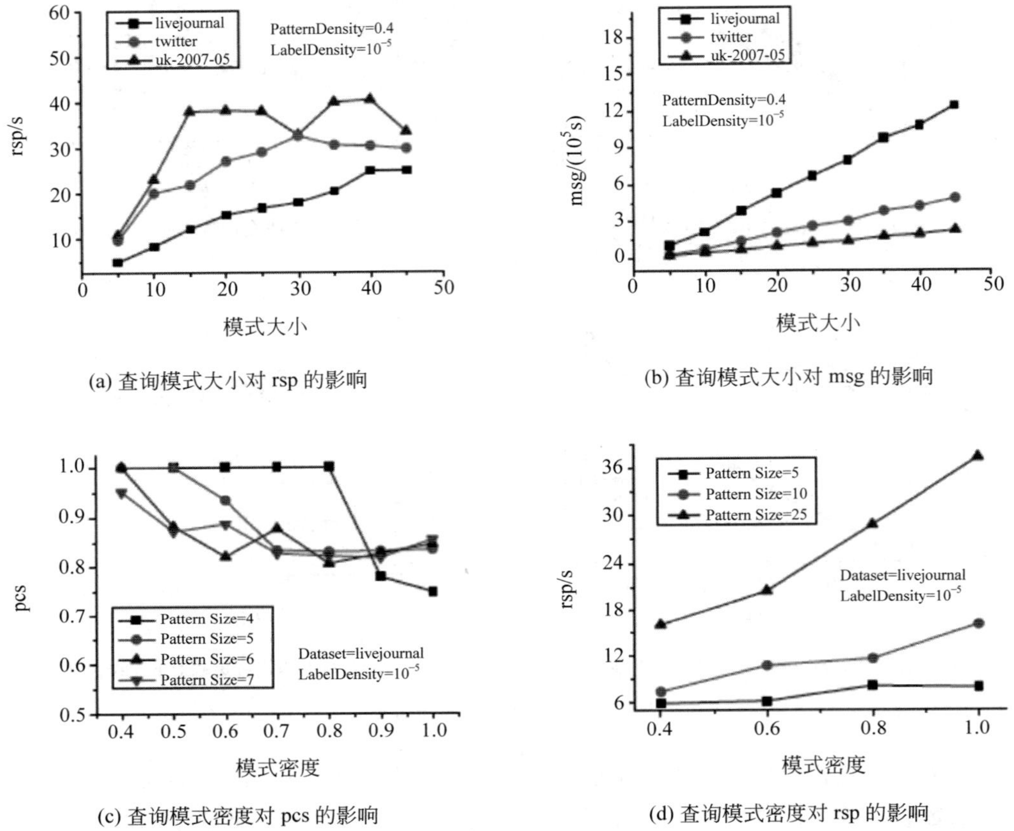

(a) 查询模式大小对 rsp 的影响

(b) 查询模式大小对 msg 的影响

(c) 查询模式密度对 pcs 的影响

(d) 查询模式密度对 rsp 的影响

图 7.12 查询方法的扩展性分析

7.5.4 相关方法对比分析

图 7.13(a)和(b)比较了我们设计的算法和另外两种算法在消息量 msg 和响应时间 rsp 上的差别。实验数据集为 livejournal，因为在更大的数据集上，其他算法无法成功运行。从图 7.13 中可以看出，我们设计的 SSD 算法在消息量 msg 和响应时间 rsp 指标上远优于 Join-Based 方法以及 PathMatch 方法。事实上，Join-Based 方法和 PathMatch 方法在图匹配查询大小超过 7 时就已经无法在测试环境中成功运行了，或者报告超内存错误，或者运行时间过长(超过半小时)。一个很重要的原因是这两种方法产生的消息太多，且增长过快，如图 7.13(a)所示。该对比实验说明了 SSD 方法优于基于纯路径的遍历方法，同时，SSD 方法中部分节点的分布式连接相比两阶段遍历-连接方法[7]，更加适用于以节点为中心的分布式图计算框架。

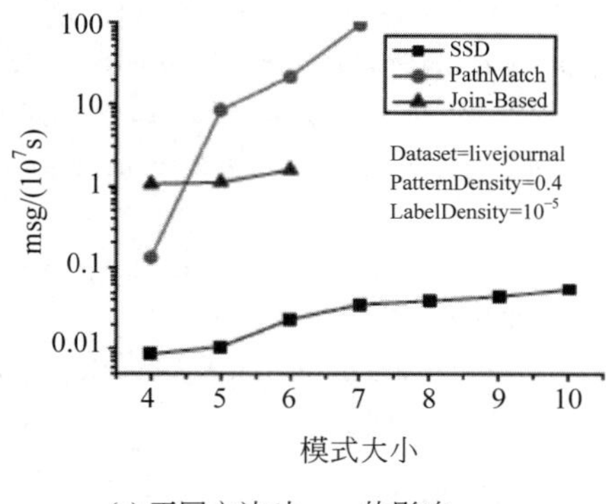

(a) 不同方法对 msg 的影响

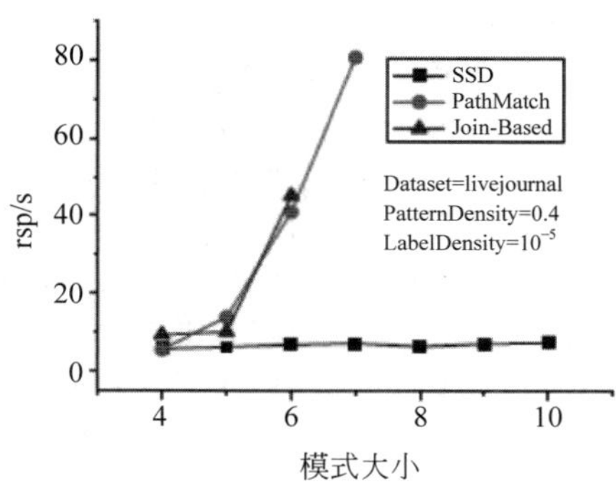

(b) 不同方法对 rsp 的影响

图 7.13　SSD 和相关方法的指标对比

7.6　本章小结

本章介绍了一种高可扩展的分布式图模式匹配算法。首先将图匹配查询模式转化为单目标节点的 DAG，之后建立 SSD 查询计划，并采用图遍历的方式，以节点为中心，根据 SSD 查询计划持续维护各节点的状态并进行消息传递。大量实验表明，该算法可扩展性好，结果准确度高，可以在十亿级别边数的数据图上达到秒级的查询响应时间。

基于 SSD 分布式图模式匹配方法，我们进行了如下扩展：

（1）动态数据图中查询的执行和优化。在工业等领域，底层图数据处于动态变化过程中。在特定事件监控等应用中，用户将特定事件表达为图查询，查询是相对静态的，而数据是动态的。在这种情况下，增量维护分布式环境中的中间结果，保证查询结果的一致性，是其中的重要问题，具体工作进展请参看文献[8]。

（2）多模式匹配查询的执行和优化。图模式匹配查询执行代价高。不同的图模式匹配查询之间存在共享的计算代价。给定多个不同的查询，构造统一的查询执行计划，减少不同查询间的冗余操作，是多模式匹配查询执行和优化的核心问题，具体工作进展请参看文献[9]。

本章参考文献

[1]　RINGSQUANDL M，LAMPARTER S，THON I，et al. Knowledge graph constraints for multi-label graph classification[C]. In：Proc. of IEEE International Conference on Data Mining Workshops. New York：IEEE，2017：121-127.

[2]　LEE J，HAN W-S，KASPEROVICS R，et al. An in-depth comparison of subgraph isomorphism algorithms in graph databases[J].VLDB Endowment，2012，6(2)：133-144.

[3]　MALEWICZ G，AUSTERN M H，BIK A J C，et al. Pregel：a system for large-scale graph processing [C]. In：Proc. of ACM SIGMOD Conference on Management of Data. New York：ACM，2010：135-146.

[4]　Apache Giraph.http://incubator.apache.org/giraph/.

[5]　SHAO B，WANG H X，XIAO Y H. Managing and mining large graphs：systems and

implementations[C]. In: Proc. of SIGMOD Conference. New York: ACM, 2012: 589-592.

[6] GAO J, ZHOU C, ZHOU J S, et al. Continuous pattern detection over billion-edge graph using distributed framework[C]. In: Proc. of ICDE, Chicago, USA, March 31-April 4, 2014: 556-567.

[7] SUN Z, WANG H Z, WANG H X, et al. Efficient subgraph matching on billion node graphs[J]. VLDB Endowment, 2012, 5(9): 788-799.

[8] GAO J, ZHOU C, YU J X. Toward continuous pattern detection over evolving large graph with snapshot isolation[J]. VLDB Endowment, 2016, 25(2): 269-290.

[9] GAO J, LIU Y Q, ZHOU C, et al. Path-based holistic detection plan for multiple patterns in distributed graph frameworks[J]. VLDB Endowment, 2017, 26(3): 327-345.

第8章

BOM图数据测试与分析算法

王朝坤 钱 珺

清华大学软件学院

8.1 概述

随着工业互联网的迅速发展，机器、物料、人员、系统等众多实体被连通起来，产生了大量的网络图数据。对于这些交互数据进行快速处理分析，有助于提升工业互联网的创新和应用水平。然而，现有的图数据库管理系统还不够成熟，对于复杂图分析方法的支持不够充分，难以满足生产需求。因此，我们设计了一个 BOM 图数据的测试与分析算法，一方面，提供社区发现和介数中心度计算的复杂算子，帮助用户对图数据实现深入的分析；另一方面，提供底层图数据库管理系统的测试模块，协助用户判断底层系统基本功能是否完善。

8.2 需求

随着信息通信技术和现代工业的快速发展与不断融合，工业互联网应运而生，并已经成为新工业革命的关键支撑和智能制造的重要基石。通过机器、物料、人、信息系统等实体的全面连通，工业各环节的大量数据都被收集和存储起来。这些不断产生和积累的海量数据间的关联和相互影响较为普遍[1]，人们据以构建出了多种工业网络，如产品设计网络[2]、供应链网络[3]、物流网络[4]、客户网络[5]和投入产出网络[6]等。由节点和边(节点间的关系)组成的图作为一种常用的刻画网络的数据结构，能描述各类实体间的交互关系。对这些实体网络中产生的大量 BOM 图数据(如图 8.1 所示)进行安全存储与快速分析，是工业互联网实现科学决策与智能控制的重要手段。

因为传统的关系数据库系统难以处理实体间关联非常复杂，且关联自身也带有各种不同属性的情况，所以其无法满足工业图数据的存储与分析需求。以 Neo4j 为代表的图数据管理系统通过直接描述具有属性的边来表示实体间的关联，能提高图数据分析处理的效率。然而，由于发展时间较短，现有的图数据管理系统还不够成熟，功能有限，仅能支持一些相对简单的图分析方法，如广度优先搜索、深度优先搜索等，缺少对于社区发现、中心度计算等图上复杂操作的支持。

考虑到这一现状，我们以现有主流图数据管理系统作为存储基础，实现一个工业图数据

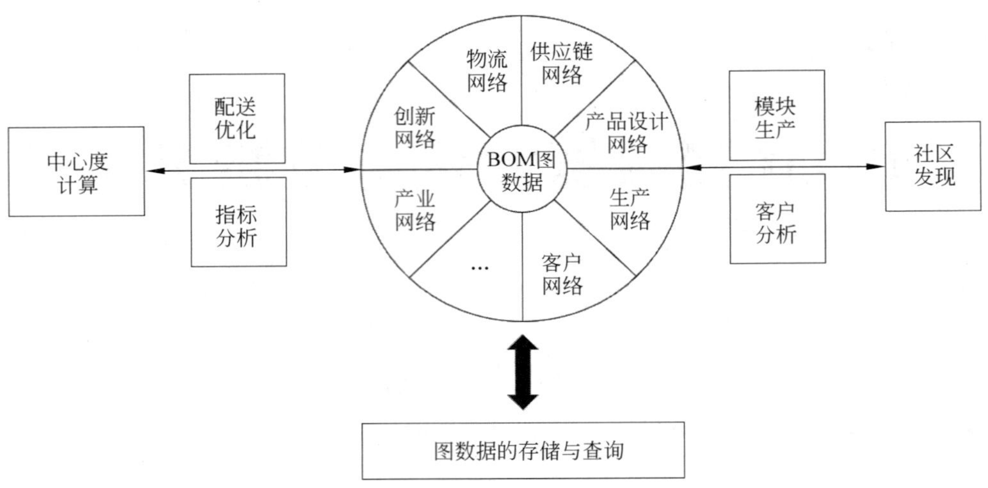

图 8.1　BOM 图数据

的测试与分析工具。一方面,针对一些常用的图分析方法进行整合,以满足工业图数据的分析和处理需求。另一方面,提供 BOM 图数据管理系统的测试接口,实现图数据管理系统的性能和安全分析。

对于 BOM 图数据而言,用来刻画实体的节点是相当重要的组成部分。因此,挖掘 BOM 图中有影响力的节点,能够发现工业生产与管理中的核心环节,是工业数据分析的重要任务之一。衡量一个节点自身重要性的指标有很多,例如点度中心度(degree centrality)、接近中心度(closeness centrality)、特征向量中心度(eigenvector centrality)、介数中心度(betweenness centrality)等。其中,介数中心度量化了一个节点在其他节点之间最短路径上充当桥梁的能力,常用于刻画网络中一个实体对于其他实体之间交流的影响能力。例如,在工业物流配送网络[7]中,每个节点表示一个配送站,介数中心度较高的节点在日常的业务往来中承载的工作量较大,找到这些节点,就可以加强重点维护,提高整个网络的可靠性。由于介数中心度的计算依赖于图中所有点对的最短路径,这导致介数中心度计算速度有限,介数中心度的精确计算的最快方法在有向无权图上的时间复杂度为 $O(mn)$,在有向有权图上的时间复杂度为 $O(mn+n^2\log n)$,其中 m 和 n 分别为边数和节点数。这个效率显然太慢了,无法满足工业互联网的需求。如何在图数据中快速计算节点的介数中心度,挖掘关键的节点,成为我们研究的重点。

除了节点和边,图中通常还存在社区的概念。社区是复杂网络的一个普遍特征,可以认为一个网络是由许多社区组成的。社区目前还没有一个公认的形式化定义。一般认为,社区就是由一些节点组成的聚合体,其中同一社区内的节点联系相对密切,而不同社区间的节点联系相对松散。社区发现(community detection)对于研究网络特性具有重要意义。找到那些属于同一个社区的相似节点,可以更加细化地进行节点实体的特征挖掘、工业任务的分配与调度等工作。例如,在客户网络[8]中,通过社区发现可将具有相同特点、联系紧密的客户聚集到一起,便于实现客户细分并展开"一对一"营销和个性化服务。因此,我们将在工具中提供工业图数据的社区发现功能。同时受社区概念的启发,我们考虑借助社区自身的特性,即社区间、社区内节点的联系,尝试在图数据中快速、精准地进行节点介数中心度的更新计算。

以上功能均围绕 BOM 图数据分析工作展开。鉴于在实际应用中用户也非常关注图数据存储的安全性和图数据库访问的效率，我们还提供了一个图数据库系统的测试模块，通过编写详细的测试样例及对应的测试接口，实现用户对于 BOM 图数据库系统的安全性和效率的便捷测试与分析。

8.3 方法设计

如图 8.2 所示，整个图数据测试与分析工具(Graph Data Testing and Analysis Tool，GDTAT)的结构分成 3 层，包括：面向用户使用的测试界面，处理测试需求和功能的测试管理平台，以及存储测试数据的图数据库管理系统。

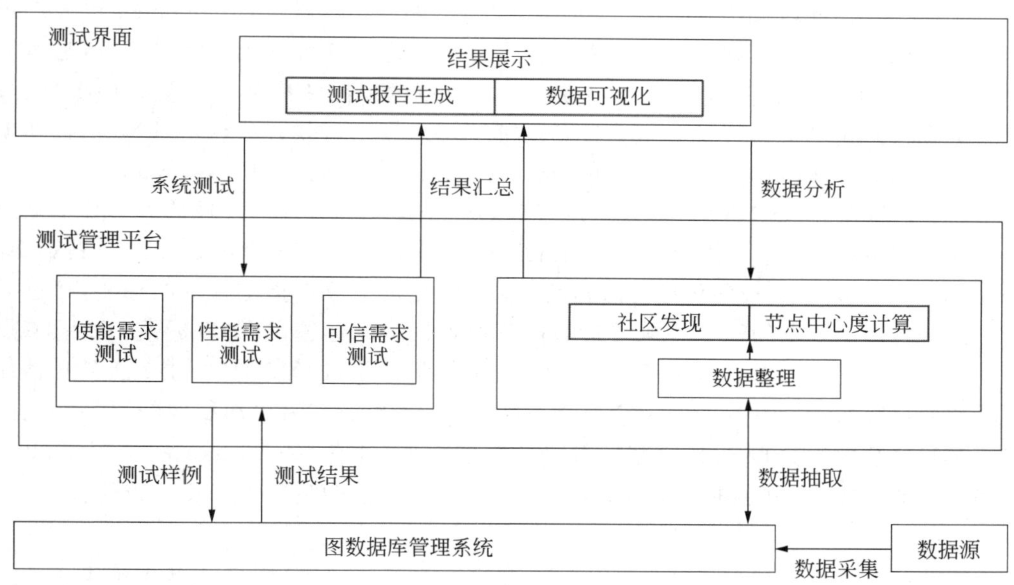

图 8.2 GDTAT 结构示意图

测试界面负责用户交互工作，提供一系列可供选择和组合的测试选项，同时基于测试管理平台返回的测试结果生成测试报告，实现测试结果的可视化展示，并支持用户交互操作。

测试管理平台负责处理具体的测试项目。测试项目大致可分成两类，即针对图数据库管理系统的系统测试和针对指定图数据的数据分析。系统测试包括图数据库管理系统的使能需求测试(如节点和边的建模能力)、性能需求测试(如图数据库管理系统能同时处理多少请求)以及可信需求测试(如图数据库管理系统的用户鉴权是否完整可靠)。数据分析主要是针对指定的图数据做拓扑分析和数据挖掘相关工作，包括从图数据库中抽取、整理数据，而后使用社区发现、节点中心度计算等方法对图数据进行分析和测试。最终，测试管理平台会整合所有测试结果，并提交给测试界面。

底层的图数据库管理系统负责存储从数据源采集而来的待测数据，为整个工具提供支撑。用户可以根据实际的生产需求，使用和配置合适的图数据库管理系统，如 Neo4j、Titan 或者自研系统。

8.4 技术实现

本节主要介绍图数据测试和分析工具的具体技术实现，包括社区发现算法、介数中心度计算和图数据管理系统测试。

8.4.1 社区发现

社区是一些节点组成的集合，同一社区内部的节点间联系密切，而不同社区的节点间联系相对稀疏。社区发现[9]旨在根据网络中节点之间的关联，构建内部连接关系较强的子图[10]。在过去的几十年中，出现了大量的社区发现算法，试图从不同的角度解决这一问题。Girvan 与 Newman[11]给出了社区发现的基本算法——GN 算法，通过移除边介数值最大的边来划分社区。在此基础上，衍生出了许多算法，例如 Radicchi[12]和 Newman[13]分别用边聚类系数和 modularity 矩阵的特征值来代替边介数。这类算法虽然精度很高，但是速度比较慢，例如，GN 算法的时间复杂度为 $O(n^3)$。与分割的思路相反的方法就是层次聚类，通过逐步扩展的方式形成最终的社区。Newman[14]提出了一种快速算法——NFGA，其精度比 GN 算法略低，但时间复杂度提升到了 $O((m+n)n)$。Clauset 与 Newman 等人[15]又给出了一个改进算法——CNM，时间复杂度仅为 $O(n(\log n)^2)$。社区发现的另一种常见思路是通过标签传播多次迭代形成社区。Raghavan 等人[16]于 2007 年提出了 LPA（Label Propagation Algorithm，标签传播算法），其思路是：给每个节点指定唯一的标签，通过异步更新的方法将每个节点的标签转换成其邻接节点中最多的标签，最终将标签一致的节点划为一个社区。在此基础上，Leung 等人[17]于 2009 年提出了 HANP 算法，引入标签传播能力的衰减和节点获取新标签的偏好两个概念，使得社区发现的结果更加稳定与可靠。这两个算法的时间复杂度均为 $O(m)$，效率比较高。除此之外，还有 Khorasgani 等人[18]提出的基于局部核心节点的 TopLeaders 算法，Kumpula 等人[19]提出的基于派系过滤的算法 SCP，等等。

由于社区发现算法种类繁多、形式各异，在实际生产应用中，用户难以快速比较和选择一个合适的社区发现算法。针对这一问题，王萌等人[20]提出了一个标准化的面向过程的社区发现通用框架——CoDFM（Community Detection Framework，社区发现框架），用于评测和分析现有的多种算法，并进行改进。我们采用文献[20]中的统一社区发现算法框架，实现 BOM 图数据测试与分析工具中的社区发现算子。

1. 基本定义

首先针对图数据的一些基本概念进行定义，作为预备知识。

网络（Network，或者称为图）是由节点集合 $V=\{v_1,v_2,\cdots,v_n\}$ 和边集合 $E=\{e_1,e_2,\cdots,e_m\}$ 组成的二元组 $G(V,E)$。其中，V 是节点的集合，E 是节点间边的集合，$n=|V|$ 表示节点的个数，$m=|E|$ 表示边的条数，$\omega(v,w)$ 表示节点 v 到节点 w 的权值（无权重默认为 1）。

基于上述知识，可以给出如下的社区定义：

定义 8.1 社区（communities）是网络 G 中的一些非空节点集合的集合，记作 $\text{Coms}=\{C_1,C_2,\cdots,C_k\}$，其中，$k$ 是从网络 G 中找到的社区总数，$C_i=\{v_{i_1},v_{i_2},\cdots,v_{i_l}\}\subseteq V$，且尽量满足 $C_i \cap C_j=\varnothing$。

在社区发现的过程中，并不强制把每个节点都分到一个特定的社区，而是允许存在一些与所有社区联系都不紧密的节点，称之为异常点。

通过对大量社区发现算法进行总结和分析，我们提出了社区发现的两个基本概念——近邻相似度和启发式结构，用于不同社区发现方法的模块化与标准化。

定义 8.2 给定一个由图 G 中的元素子集(节点、边或者其他由节点和边组成的特定结构)构成的子集 Ω，其近邻相似度(propinquity measure)通过 Ω 之间的内部连接关系衡量了其中所有元素的整体接近程度，记作 $\Phi(\Omega)$。在通过 Ω 进行变形产生社区的过程中，$\Phi(\Omega)$ 是用于计算网络中不同元素子集优先级的唯一标准。

如前文所述，社区是一些节点组成的集合，同一社区内部的节点联系紧密，而不同社区之间的节点联系相对松散。近邻相似度就是用于刻画节点间的这种亲疏联系的。在以往的工作中，网络结构相似度大多指节点的相似度，如余弦相似度、Jaccard 系数等。而我们将相似度度量的对象扩展到网络元素的任意子集 Ω，包括节点、边以及其他特定结构，例如 k-团，k-最大公共朋友子图等。通过衡量网络元素之间的相似程度，区分网络元素各个子集的重要性，就可以赋予它们特定的优先级，使得近邻相似度越高的元素越先向我们想要的社区结构演化。模块度、节点中心度、边聚集系数等是比较典型的近邻相似度。

定义 8.3 给定图 G，与之相关联的启发式结构(revelatory structure)是由 G 衍生出来的一个辅助结构，记作 Π。通过对网络中繁杂的连接关系的重新组织，Π 提供了一种全新的对于网络 G 中元素进行组织的方式，从而更清晰地抽离出隐含的社区关系。

启发式结构可以认为是对于原始网络的重构，将原本扁平的网络进行分离或者拉伸，通过立体或者层次化的方式解释网络元素之间隐含的关系，从而使社区发现的过程明朗化。网络层次树、标签传播算法的标签分布、团渗透方法的 G^* 图都可以认为是启发式结构。

2. 通用算法

基于上述近邻相似度和启发式结构的概念及对不同社区发现方法的归纳和总结，我们将社区发现的过程分成 3 个阶段：要素生成、结构转化与社区构建。如图 8.3 所示，这 3 个阶段相互独立、依次进行。

要素生成阶段是进行社区发现的初始化阶段，主要工作是网络信息的初始化，包括近邻相似度的预计算(PreCompute)以及启发式结构、社区结构的初次分配(FirstAllocate)。

结构转化是社区发现的核心阶段，主要包括候选网络元素的生成(Select)、结构转化的执行(Fluctuate)和近邻相似度的更新(Update)。在这一阶段，通过不断地迭代变化，网络中的社区结构逐渐浮现，当满足一定的中断条件(Break Conditions)时，结构转化停止，进入社区构建阶段。

在社区构建阶段，对上一阶段中得到的中间结果进行再次加工。加工方式有两种：收集多重社区结构(Collect)和挑选最优结果(MultiLevelDraft)；对唯一存在的社区结构进行直接抽取(Extract)。最后，根据社区规模，将过小的社区清除(Erase)，并将结果从大到小排序(Order)。

接下来给出详细的、标准化的社区发现通用算法。

算法 8.1 为社区发现的通用算法，其输入为网络 $G(V,E)$、最小社区规模 mvs 以及可选的最大迭代次数 $T_{\max}$。最小社区规模表示小于该阈值的社区规模较小，不能构成一个完整的社区，其中的节点被视为异常点。算法输出结果即为社区发现的结果，包括社区集合

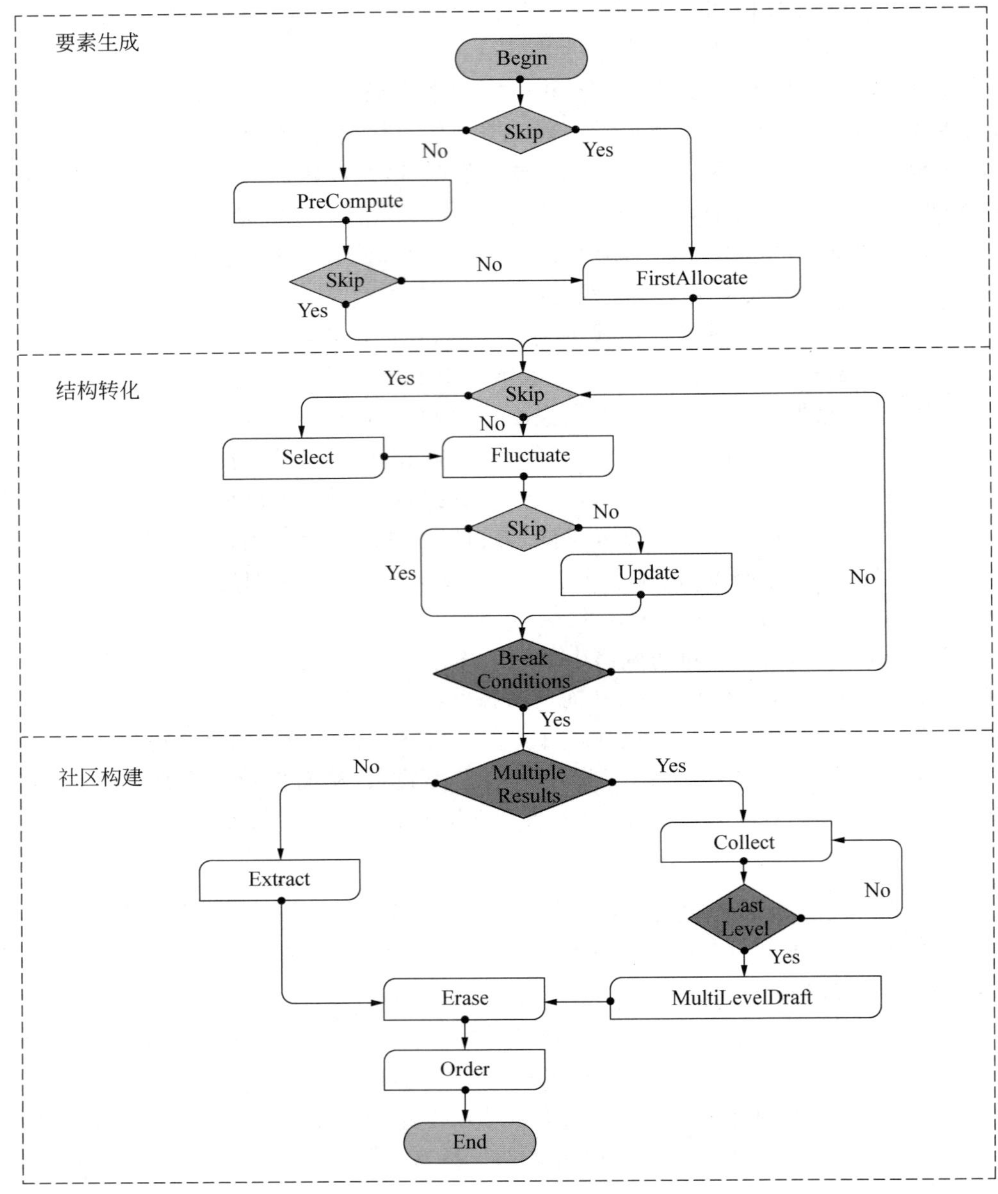

图 8.3　社区发现的过程

Coms 和异常点集合 Outs。

算法第 1～4 行为要素生成阶段。首先，选定衡量网络元素接近程度的近邻相似度函数 Φ 以及对网络元素进行重新组织的启发式结构 Π。然后，算法将迭代次数 T 置为 0，将中间社区集合 $S_{R_{tmp}}$、社区结果集合 S_R 和结构转换化候选元素集合 Cad^T 置空。最后是要素生成，包括使用 PreCompute 初始化近邻相似度，使用 FirstAllocate 初始化启发式结构并产生原始的社区分配。

算法第 5～11 行为结构转化阶段，通过网络元素内部结构和连接关系迭代变换与区分，产生中间社区集合 $S_{R_{tmp}}$。首先，用 Select 通过特定规则从网络中挑选出候选元素集合

Cad^T。其次，用 Fluctuate 基于启发式结构对候选网络元素进行结构转化，得到中间结果 R^T_{tmp}。然后用 Involve 找到近邻相似度受到这次转化影响的网络元素集合，用 Update 对它们进行更新。最后将中间结果 R^T_{tmp} 合并入中间社区集合 $S_{R_{tmp}}$ 中去。当到达最大迭代次数或者启发式结构达到稳定或者近邻相似度最优时，停止迭代。

算法第 12～23 行为最后的社区构建阶段，通过中间社区集合 $S_{R_{tmp}}$ 得到最终的社区发现结果。如果 $S_{R_{tmp}}$ 具有多重结果，则用 Collect 收集所有结果，然后根据近邻相似度 Φ 或者其他衡量社区质量的指标 Ψ 挑选最优结果。然后，用 Extract 对中间社区结果 $S_{R_{tmp}}$ 进行加工处理，得到最终结果。最后使用 Erase 过滤小社区，使用 Order 对社区发现结果进行排序。

算法 8.1　社区发现通用算法(GenericDetectProc, GDP)

输入：$G=(V,E)$，T_{max}，mvs

输出：R(Coms, Outs)

1: 设定 Φ 和 Π;　　/* 设定近邻相似度函数和启发式结构 */
2: T<-0, $S_{R_{tmp}}$<-0, S_R<-0, Cad^T<-0, R.Coms<-0, R.Outs<-0
3: PreCompute(G,Φ);　　/* 近邻相似度预计算 */
4: R^T_{tmp}<-FirstAllocate(G,Π);　　/* 初始化启发式结构、社区结构初次分配 */
5: while T!=T_{max} 且 Stable(Π)不为真且 Optimal(Φ)不为真 do
6: 　　Cad^T<-Select(G,Π);　　/* 挑选候选元素集合 */
7: R^T_{tmp}<-Fluctuate(Cad^T,Π);　　/* 候选元素结构转化，形成中间结果 */
8: 　　Update(Involve(Cad^T),Φ);　　/* 更新受影响元素的近邻相似度 */
9: $S_{R_{tmp}}$<-$S_{R_{tmp}}$ $\cup$ R^T_{tmp};　　/* 与中间结果合并 */
10: T++;
11: end
12: if $|S_{R_{tmp}}|$>1 then
13: 　　for $R_{tmp}\in\Pi$ do
14: 　　　　S_R<-S_R $\cup$ Collect(R_{tmp});　　/* 收集每一种可能的中间结果 */
15: 　　end
16: 　　R<-MultiLevelDraft(S_R,Φ 或 Ψ);　　/* 通过 Φ 或 Ψ 度量，挑选最优结果 */
17: else if $S_{R_{tmp}}$ 不能被直接获得 then
18: 　　R<-Extract(Π,Φ 或 Ψ);　　/* 加工中间结果，抽取社区结构 */
19: else
20: 　　R 已从迭代中获得;　　/* 通过迭代直接得到结果 */
21: end
22: R.Outs<-R.Outs $\cup$ Erase(R.Coms, mvs);　　/* 过滤小社区，加入异常点集合 */
23: Order(R.Coms);　　/* 按社区规模降序排序 */
24: return R

3. LPA 算法与优化

标签传播(label propagation)方法初始时为每个节点赋予唯一的标签，而后模拟社交关系的传播过程，在节点之间进行标签的迭代式传播。当整个网络的标签分布趋于稳定后，有相同标签的节点即被视为同一社区的节点。这类方法具有复杂度低、执行时间短、算法效果好的特点，适用于 BOM 图数据的分析。

LPA 算法[16]依靠的是节点标签分布这一启发式结构，并不考虑网络中的近邻关系，因此没有近邻相似度计算的部分。首先，在要素生成阶段，使用 FirstAllocate 赋予每个节点唯一的标签，形成初始的启发式结构，并将每个节点视作一个社区，作为临时社区结果。然后，在结构转化阶段，使用 Select 生成所有节点的随机序列(Cad^T)，使用 Fluctuate 根据随机序列逐一更新节点，得到新的标签分布结果。当达到最大迭代次数或者节点标签分布稳定后，停止迭代。最后，在社区构建阶段，使用 Extract 根据最后的标签分布将标签相同的节点划分到同一社区。

通过分析上述计算过程可以发现，原始的 LPA 算法没有近邻相似度计算的部分，在更新过程中缺乏对网络元素相近关系的考量。因此，可以通过添加相关参数并调整对应步骤来提高 LPA 算法的效果。通过实验可以发现，在标签传播的过程中，有的节点标签十分稳定，几乎不变；而有的节点频繁修改自身标签。因此，可以通过节点的活跃度来量化这一现象，即在迭代过程中将节点 v_i 标签的变化次数记作 $\alpha(i)$。进而给出近邻性度量指标，即节点置信度(confidence)。

定义 8.4 节点 v_i 在标签传播过程中的置信度 $\beta(i)$ 为节点 v_i 在该过程中活跃度的倒数，即 $\beta(i)=\dfrac{1}{\alpha(i)}$。它表示对于其邻居节点而言，$v_i$ 在标签更新过程中的可信度。

显然，置信度越高的节点，其标签越稳定，也越可靠。因此，可以根据节点置信度来调整标签传播的权重，即

$$L_i = \arg\max_l \sum_{v_j \in N_i} \Phi(v_j)^{\rho}\delta(L_j, l), l \in \mathscr{L}_{N_i}$$

其中，L_i 是节点 v_i 的标签；N_i 是节点 v_i 邻居节点的集合；$\Phi(v_j)$ 为节点置信度 $\beta(i)$；ρ 是调节参数；$\delta(a,b)$ 为指示函数，当 $a=b$ 时，$\delta(a,b)=1$，否则为 0；$\mathscr{L}_{N_i}$ 是 N_i 中所有节点标签的集合。改进的 LPA 算法如算法 8.2 所示。

算法 8.2 改进的 LPA 算法(LPA*)

输入：$G=(V,E)$，$T_{\max}=20$，mvs

输出：R(Coms,Outs)

```
设定 Φ 为节点置信度,Π 为所有节点的标签分布; /* 设定近邻性度量函数和启发式结构 */
T<-0,R.Coms<-0,R.Outs<-0
初始化每个节点 v_i 的活跃度,α(i)<-1;
初始化标签分布,每个节点 v_i 的标签 L_i<-i;
while T!=T_max do
生成节点随机序列{v_i,v_j,…,v_k}
    for 每个节点 v_i∈V do
        if T≥6 then                          /* 使用节点置信度信息进行标签传播 */
            按式(8.1)更新 v_i 标签;
            节点活跃度 α(v_i)++,更新节点置信度 β(i)
        else
            按原始策略更新 v_i 标签;
        end
    end
T++
end
for 每个节点 v_i∈V do
```

```
    更新节点的当前标签 L_i 并将其分到相应的社区 C_{L_i} 中;
end
R.Coms<-{C_{L_i} | L_i 为当前存在的标签};
R.Outs<-Erase(R.Coms,mvs);                    /* 过滤小社区,加入异常点集合 */
Order(R.Coms);                                /* 按社区规模降序排序 */
return R
```

8.4.2 介数中心度计算

除了 8.4.1 节提到的节点、边和社区,图还有路径的概念。路径是点与边的一条交替序列,其长度为整条路径中所有边的权重之和,反映到无权图上就是边的数量。两个节点的距离 $d(s,t)$ 为从节点 s 出发到达节点 t 的路径中最短的一条或多条的长度。因为两个节点之间的最短路径往往不是唯一的,所以就用 $\sigma(s,t)$ 来表示节点 s 到节点 t 的最短路径的数量。介数中心度的具体定义如下:

定义 8.5 介数中心度为

$$c_B(v)=\sum_{s,t\in V}\frac{\sigma(s,t \mid v)}{\sigma(s,t)}$$

其中 $\sigma(s,t)$ 是节点 s 到节点 t 的最短路径的数量。

由于介数中心度的计算依赖于图中所有点对间的最短路径,而在图中常用的获取所有点对间最短路径的 Floyd-Warshall 算法的时间复杂度为 $O(n^3)$,难以优化,于是介数中心度计算的时间复杂度也往往被限制为 $O(n^3)$。显然这样做的效率太低了,无法满足动态网络的需求。因此,如何减少冗余的计算量,提高介数中心度的计算效率,也就成为研究的重点。Brandes 等人[21]提出了一种基于改进的广度优先搜索和点对依赖的算法,大大减少了求最短路径时不必要的计算,使无权图上介数中心度计算的时间复杂度降为 $O(mn)$,有权图上介数中心度计算的时间复杂度也只有 $O(mn+n^2\log n)$,成为最常用的介数中心度计算方法,但是 Brandes 算法本身仍然依赖于所有点对之间最短路径的计算,效率仍然不够高。Sariyüce 等人[22]提出了一种将图分解压缩的策略,通过把复杂的网络图分为一个个简单的子图,并将许多作用等价的节点合并,大大简化原有的网络,从而加快介数中心度的计算。Lee 等人[23]提出了 QUBE 算法,借助最小链接环过滤不受边增减操作影响的点对,以减少最短路径的计算,达到提高效率的目的。杨建祥等人[24]提出了一种利用点对最短距离减少需要更新最短路径的点对数量的方法,从而加快计算。钱珺等人[25]提出了利用社区间距离实现剪枝以提高介数中心度更新效率的方法。这也是我们采用的算法。

1. 基本概念

为了使用社区来加速节点介数中心度的更新计算,我们提出了社区与节点之间的 3 种最短距离概念,用于节点的过滤。

首先是两个社区之间的最短距离:对于图 $G=(V,E)$ 中存在的两个社区 $c_1=\{v_1, v_2,\cdots,v_k\}$,$c_2=\{u_1,u_2,\cdots,u_l\}$,$c_1$ 到 c_2 的最短距离为 c_1 的所有节点到 c_2 的所有节点的距离的集合,即

$$d_{cc}(c_1,c_2)=\{d(v,u) \mid v\in c_1,u\in c_2\}$$

但是,在实际应用时,保留整个集合占据的空间比较大,而且集合中大部分值的应用价

值不大,所以只考虑距离集合中的最小值和最大值：$d_{cc}(c_1,c_2)_{min}$和$d_{cc}(c_1,c_2)_{max}$。

同理,可以定义社区与节点之间的最短距离。考虑到有向图的情况,分别定义从社区出发和从节点出发的两种最短距离。

定义 8.6 对于图 $G=(V,E)$中存在的社区 $c=\{v_1,v_2,\cdots,v_k\}$和节点 u,c 到 u 的距离为 c 中所有节点到 u 的距离的集合,u 到 c 的距离为 u 到 c 中所有节点的距离的集合,即

$$d_{cv}(c,u)=\{d(v,u)\mid v\in c\}$$

$$d_{vc}(u,c)=\{d(u,v)\mid v\in c\}$$

同样,在实际应用时,只考虑它们的最小值和最大值,即 $d_{cv}(c,u)_{min}$、$d_{cv}(c,u)_{max}$和$d_{vc}(u,c)_{min}$、$d_{vc}(u,c)_{max}$。

从介数中心度的定义可以看出,节点介数中心度计算速度慢的主要原因就在于所有点对间最短距离的计算量大。因此减少更新过程中点对间最短距离的计算量也是常用的思路。对于图中一条边的增加或减少的操作来说,它的影响的范围是有限的,基本不可能使所有点对的最短距离都发生变化,因此我们要做的就是尽可能快地找到这些点对。但如果对点对进行逐个判断,其时间复杂度仍然为 $O(n^2)$,效率仍然不高。因此,可以做尝试使用这样一种过滤：基于两个社区本身的属性,满足一定条件,则可以认为这两个社区的节点构成的点对的最短路径不受本次增加或删除操作影响。而这里社区的属性就确定为上文提到的3种最短距离。通过社区这样一个中间载体,就可以将对所有点对的判断转换成对所有社区对的判断。有些社区对可能整体的最短路径不发生变化,可直接将其过滤;有些社区对可能的最短路径全部发生变化,则直接转入后面的介数中心度更新部分;有些可能无法确定,需要进一步对所有点对判断。总体来说,由于网络图上的社区数量远小于节点数量,因此,我们能通过对社区的初步过滤来筛选点对,从而减小更新节点间最短路径的计算量。

2. 最短路径计算

首先,考虑如何快速计算经过任意节点的最短路径数量 $\sigma(s,t|v)$。最直接的方法,自然是记录最短路径经过的所有节点。但这样维护整体最短路径的信息所占用的空间巨大,消耗的时间也不短。因此,通过如下的定理将它转化成其他易算的值。

定理 8.1 对于图 $G=(V,E)$,图上节点 v 至少在节点 s 到节点 t 的一条最短路径上出现,则 s 到 t 经过 v 的最短路径数量为$\sigma(s,t|v)$,s 到 v 的最短路径数量为$\sigma(s,v)$,v 到 t 的最短路径数量为$\sigma(v,t)$,三者满足性质 $\sigma(s,t|v)=\sigma(s,v)\sigma(v,t)$。

为了证明定理 8.1,首先引入一个有关最短路径最优子结构的引理。

引理 8.1 对于图 $G=(V,E)$,若存在一条最短路径 $P=(v_0,v_1,\cdots,v_k)$,那么 P 的任意子路径$(v_i,v_{i+1},\cdots,v_j)$必然是 v_i 到 v_j 的一条最短路径。

证明：假设最短路径 $P=(v_0,v_1,\cdots,v_k)$上存在一条子路径 $P_{ij}=(v_i,v_{i+1},\cdots,v_j)$不是 v_i 到 v_j 的最短路径,那么 v_i 到 v_j 必然存在一条路径$(v_i,u_1,\cdots,v_j)$,其路径长度小于 P_{ij}。这样路径 $P'=(v_0,v_1,\cdots,v_i,u_1,\cdots,v_j,v_{j+1},\cdots,v_k)$的长度也就小于 P 的长度,这与假设不符,所以 P 的任意子路径均为最短路径。证毕。

在此基础上,就可以证明定理 8.1。

证明：由于 v 至少在 s 到 t 的一条最短路径上出现,则 s 到 t 的最短距离 $d_{vv}(s,t)=d_{vv}(s,v)+d_{vv}(v,t)$。$s$ 到 v 的任意一条最短路径$(s,u_0,\cdots,v)$与 v 到 t 的任意一条最短路径$(v,u_k,\cdots,u_l)$拼接起来的路径$(s,u_0,\cdots,v,u_k,\cdots,u_l)$显然是 s 到 t 的最短路径,可以得

到$\sigma(s,t|v)\geqslant\sigma(s,v)\sigma(v,t)$。而如果存在一条不满足上述 s 到 t 的经过 v 的任意最短路径$(s,u_0,\cdots,v,u_k,\cdots,u_l)$，即其子路径$(s,u_0,\cdots,v)$不是 s 到 v 的最短路径，或者其子路径$(v,u_k,\cdots,u_l)$不是 v 到 t 的最短路径，这与最短距离的结果不符，由此可以得出 $\sigma(s,t|v)=\sigma(s,v)\sigma(v,t)$。

通过定理 8.1，可以将最短路径经过某点的次数计算转化成最短路径数量的计算，提高了计算的效率。

我们的最短路径数量计算方法采取深度优先搜索的遍历方式，依次访问源节点所有的邻居节点，由最短距离判断该节点是否出现在待求点对的最短路径中。若出现，则转为计算其邻居节点到达目标节点的最短路径数量，累加起来，即可得到该点对的最短路径数量。

算法 8.3 是用于更新点对间最短路径数量的伪代码，其中添加了 flag 这样一个矩阵变量，用于记录网络中的点对是否发生变化，当点对改变时，将其置为 false。这样做的原因有两个，一是考虑到大部分点对可能不受更新操作的影响，二是为了避免算法中对已得到新的最短路径数量的点对重复计算。这一算法也可用于最初最短路径数的计算，即将 flag 均设为 false，然后通过两层循环遍历所有点对。

算法 8.3　最短路径数量更新算法 CountPath(G,d_{vv},s,t,flag,σ)

输入： $G=(V,E)$, d_{vv}, s, t, flag, σ

输出： 新的 σ, flag

```
if flag(s,t) =false  then
    σ(s,t) =0
for (s,v)∈E do
        if dvv(s,t)=dvv(s,v)+dvv(v,t) then
            CountPath(G,dvv,v,t,flag,σ)
        σ(s,t) +=σ(v,t)
(s,t) =true
return σ,flag
```

3. 点对过滤

由引理 8.1 给出的最短路径的子路径仍然是最短路径这一结论可知，如果在图 G 上的节点 u、v 之间添加一条新的边，想要一个点对 s、t 的最短路径发生改变，必然要满足 $d_{vv}(s,t)\geqslant d_{vv}(s,u)+d_{vv}(v,t)+\omega(u,v)$。

转换到 u、v 分别所属的社区 c_1、c_2，就可以认为，只要满足 $d_{cc}(c_1,c_2)_{\max}\geqslant d_{cv}(c_1,u)_{\min}+d_{vc}(v,c_2)_{\min}+\omega(u,v)$，那么这两个社区间的点对的最短路径就有可能发生变化，这需要进一步判断。在上面的公式中就运用了上文提出的 3 种最短距离。在此基础上，甚至可以这样简化：如果 $d_{cc}(c_1,c_2)_{\max}\geqslant d_{cc}(c_1,c_3)_{\min}+d_{cc}(c_4,c_2)_{\min}+\omega(u,v)$，其中 c_3、c_4 分别是 u、v 所属的社区，那么这两个社区间的点对的最短路径就有可能发生变化。这样的简化可以减少存储空间和维护代价，但是对应的过滤能力会下降。两种算法后面的思路一致，这里就不分开讨论了。下文中的算法介绍部分均以前者为标准。在本章最后的实验中将讨论这两种算法的效果区别。

也可以很简单地得到在增加一条边的操作后基于社区过滤的 4 种情况：

(1) 如果 $d_{cc}(c_1,c_2)_{\max}<d_{cv}(c_1,u)_{\min}+d_{vc}(v,c_2)_{\min}+\omega(u,v)$，则可以认为这两个社区

间的点对的最短路径均不发生变化，全部忽略。

(2) 如果 $d_{cc}(c_1,c_2)_{\min} > d_{cv}(c_1,u)_{\max} + d_{vc}(v,c_2)_{\max} + \omega(u,v)$，则可以认为这两个社区间的点对的最短路径均发生变化，且全部变化成需要经过(u,v)这条边的新路径。

(3) 如果 $d_{cc}(c_1,c_2)_{\min} = d_{cv}(c_1,u)_{\max} + d_{vc}(v,c_2)_{\max} + \omega(u,v)$，则可以认为这两个社区间的点对的最短路径均发生变化，有些变化为需要经过(u,v)这条边的新路径，而有些在原有最短路径上添加了经过(u,v)这条边的新路径。

(4) 在其他情况下，无法从这两个社区整体的最短距离数据上得到结果，需要对其点对进行逐一判断，进行类似的最短距离比较，从而确定每组点对最终的变化情况。

从实现方面来考虑，后两种情况可以合并起来，因为不同的变化结果对应的操作不同，仍然需要对所有的点对逐一判断的过程。

同理，可以得到在删除一条边的操作后基于社区过滤的两种情况：

(1) 如果 $d_{cc}(c_1,c_2)_{\max} < d_{cv}(c_1,u)_{\min} + d_{vc}(v,c_2)_{\min} + \omega(u,v)$，则可以认为这两个社区间的点对的最短路径均不发生变化，全部忽略。

(2) 反之，这两个社区之间的点对的最短路径变化情况不明，需要对其点对进行逐一判断。

在删除操作下，社区过滤的效果可能会差一点，因为无法通过简单的社区间最短距离判断两个社区之间的点对的最短路径是否均通过同一条边。

综合来看，我们主要通过社区的筛选，大量整体过滤不受增加或删除操作影响的点对，接着对具体的点对再详细分析，以减少最短路径的计算量，提高介数中心度更新的效率。

4. 插入边操作下的更新

下面介绍基于前面的设计所产生的插入操作对应的介数中心度更新算法。

算法 8.4 是在动态图中插入节点后更新节点介数中心度的伪代码。第 1～13 行是通过社区等进行过滤，寻找最短路径发生变化的点对，并标明其变化的类型(最短距离不变或者最短距离缩小，两者最终处理的细节略微不同)。第 14～16 行则是去除这些点对的更新前最短路径对介数中心度的影响。第 17～23 行是获取这些点对新的最短路径，当点对最短距离不变时，新增加的边仅仅导致最短路径数量增加；当点对最短距离减小时，新的最短路径就均经过新增加的这条边，最短距离也很容易得到。第 24～26 行是计算新的点对间最短路径对节点介数中心度的影响。第 27 行是维护社区的相关属性。

算法 8.4 插入边操作下的介数中心度更新算法

输入： $G=(V,E), d_{vv}, d_{cv}, d_{vc}, d_{cc}, \sigma, c_B, (s,t,\omega), C$

输出： 新的 c_B

```
1: for(c_i, c_j) ∈ C×C do
2: if d_cc(c_i, c_j)_max < d_cv(c_i, s)_min + d_vc(t, c_j)_min + ω   then
3:           跳到第 1 步
4:      else if d_cc(c_i, c_j)_min > d_cv(c_i, s)_max + d_vc(t, c_j)_max + ω   then
5:      将(c_i, c_j)中所有点对(v_ik, v_jl)加入待修改集合 NodePair,且 type=1
6: else
7:           for (v_ik, v_jl) ∈ c_i × c_j do
8:                if d_vv(v_ik, v_jl) < d_vv(v_ik, s) + d_vv(t, v_jl) + ω   then
9:                     跳到第 7 步
```

　　　　else if $d_{vv}(v_{ik}, v_{jl}) > d_{vv}(v_{ik}, s) + d_{vv}(t, v_{jl}) + \omega$ then
　　　　　　将点对(v_{ik}, v_{jl})加入待修改集合 NodePair，且 type=1
　　　　else
　　　　　　将点对(v_{ik}, v_{jl})加入待修改集合 NodePair，且 type=2
for $(v_i, v_j) \in$ NodePair　do
for $u_k \in V$ do
　　　　$c_B(u_k) = c_B(u_k) - \sigma(v_i, u_k) \times \sigma(u_k, v_j) \div \sigma(v_i, v_j)$
for $(v_i, v_j) \in$ NodePair　do
　　if　type=1 then
　　　　$\sigma(v_i, v_j) = \sigma(v_i, s) \times \sigma(t, v_j)$
　　　　$d_{vv}(v_{ik}, v_{jl}) = d_{vv}(v_{ik}, s) + d_{vv}(t, v_{jl}) + \omega$
　　　　将(v_{ik}, v_{jl})所属的社区对(c_i, c_j)加入待修改集合 ComPair
　　else
　　　　$\sigma(v_i, v_j) = \sigma(v_i, v_j) + \sigma(v_i, s) \times \sigma(t, v_j)$
for $(v_i, v_j) \in$ NodePair　do
　　for $u_k \in$ V do
　　　　$c_B(u_k) = c_B(u_k) + \sigma(v_i, u_k) \times \sigma(u_k, v_j) \div \sigma(v_i, v_j)$
基于 ComPair 更新 d_{cv}, d_{vc}, d_{cc}
return c_B

算法 8.4 中引入了两个待修改集合：ComPair 存储变化的社区信息，主要是为了方便最终的社区最短路径维护，减少其中不发生变化的社区带来的冗余计算；NodePair 存储变化的点对信息，主要是为了将删除点对之间旧的最短路径对介数中心度的影响、计算最短路径、增加点对之间新的最短路径对介数中心度的影响这 3 部分分离出来，将重新计算各个点对最短路径这一部分合并，减少其中的冗余计算。

5. 删除边操作下的更新

下面介绍基于前面的设计所产生的删除操作对应的介数中心度更新算法。

在 8.4.2 节中提到，基于社区过滤会产生两种结果：一种可以认为两个社区的所有点对的最短路径均不发生变化，另一种则需要具体对所属的点对进行判断。对所属的点对进行判断时有两种结果：一种结果是删除的边不在最短路径上，这样同样可以过滤这些点对；另一种结果就是删除的边出现在最短路径上。对于后一种结果，就面临一个新的问题：是否所有点对的最短路径均依赖于这条边？若不完全依赖，在最短距离不变时，可以快速更新；若完全依赖，就意味着需要重新遍历整个网络，寻找这些节点间的最短路径。

算法 8.5 是在动态图中删除节点后更新节点介数中心度的伪代码。第 1～11 行是通过社区等进行过滤，寻找最短路径发生变化的点对，并标明其变化的类型(最短距离不变或者最短距离改变，这两种情况在后面进行最短路径数量计算时差异很大)。第 12～14 行则是去除这些点对更新前最短路径对介数中心度的影响。第 15～21 行是获取这些点对新的最短路径。第 22～24 行是计算新的点对间最短路径对节点介数中心度的影响。第 25 行是维护社区的相关属性。

算法 8.5　删除边操作下的介数中心度更新算法

输入： $G=(V, E)$, d_{vv}, d_{cv}, d_{vc}, d_{cc}, σ, c_B, (s, t, ω), C

输出： 新的 c_B

```
1: for(c_i, c_j) ∈ C×C do
2: if d_cc(c_i, c_j)_max < d_cv(c_i, s)_min + d_vc(t, c_j)_min + ω  then
3:         跳到第 1 步
4: else
5:         for (v_ik, v_jl) ∈ c_i × c_j do
6:         if d_vv(v_ik, v_jl) < d_vv(v_ik, s) + d_vv(t, v_jl) + ω  then
7:                 跳到第 5 步
8:             else if σ(v_ik, v_jl) > σ(v_ik, s) × σ(t, v_jl) then
9:                 将点对(v_ik, v_jl)加入待修改集合 NodePair,且 type=1
10:            else
11:                将点对(v_ik, v_jl)加入待修改集合 NodePair,且 type=2
12: for (v_i, v_j) ∈ NodePair  do
13: for u_k ∈ V do
14:         c_B(u_k) = c_B(u_k) - σ(v_i, u_k) × σ(u_k, v_j) ÷ σ(v_i, v_j)
15: for (v_i, v_j) ∈ NodePair  do
16:     if  type=1 then
17:         σ(v_i, v_j) = σ(v_i, v_j) - σ(v_i, s) × σ(t, v_j)
18: else
19:         更新 d_vv(v_i, v_j)。
20:         利用算法 8.3 重新计算 σ(v_i, v_j)
21:     将(v_ik, v_jl)所属的社区对(c_i, c_j)加入待修改集合 ComPair
22: for (v_i, v_j) ∈ NodePair  do
23: for u_k ∈ V do
24:         c_B(u_k) = c_B(u_k) + σ(v_i, u_k) × σ(u_k, v_j) ÷ σ(v_i, v_j)
25: 基于 ComPair 更新 d_cv, d_vc, d_cc
26: return c_B
```

整体来说,删除边操作后的更新算法与增加边操作后的更新算法是类似的。在算法 8.5 第 15～21 行的最短路径计算中,当点对最短距离不变时,说明点对存在不通过删除边的最短路径,就可以很轻松地得到新的最短路径数。但是,当点对最短距离增大后,问题就比较复杂了。我们不知道这组点对的最短路径会变成什么样子。此时,不仅需要得到最短路径数,还需要重新获取点对的最短距离。如果借助算法 8.3,只要获取了最短距离,就可以相对轻松地获取最短路径数。

因此,核心问题就是在已知图上部分节点的最短距离的情况下如何获取其他点对的最短距离。可以使用朴素的 Floyd-Warshall 算法,但是这样做耗时巨大。因此,我们对 Floyd-Warshall 算法进行了一些修改。算法 8.6 即为修改后的伪代码。该算法的思路本质上与 Floyd-Warshall 算法类似,采取动态规划的思路,利用中途不经过索引不比 k 大的点的最短路径,减少了无须改动的点对的最短距离的冗余计算,降低了时间的开销。

算法 8.6 部分点对最短距离更新算法

输入: $G=(V,E)$, d_{vv}, NodePair $\in V\times V$

输出: 新的 d_{vv}

```
for (v_i, v_j) ∈ NodePair do
d_vv(v_i, v_j) = INT_MAX
for u ∈ V do
```

```
      for (v_i, v_j) ∈ NodePair do
            d_vv(v_i, v_j) = min (d_vv(v_i, u) + d_vv(u, v_j), d_vv(v_i, v_j))
return c_B
```

8.4.3 图数据库管理系统测试

BOM 图数据的可信存储和快速查询是工业互联网图数据分析的基础。不同工业企业借助各类解决方案和技术实现了各自的数据管理系统，整体设计和实现功能各异，所以我们对本章提出的算法还针对使用的图数据库管理系统进行了测试，分析其能否支持一些图数据的核心管理服务，满足实际的工业生产需求。我们将图数据的管理分析的需求划分为以下 3 类：赋能需求、性能需求和可信需求，并分别进行测试。

赋能需求测试主要针对的是 BOM 图数据管理系统的基本功能，即图数据中节点和边的建模能力、图模型的查询能力和整个系统的数据导入导出能力。对于节点和边，我们主要测试的是 BOM 图数据管理系统有无完整的建模能力，能否完整地刻画节点和边，以及其对应的属性和标签能否使用具有唯一性的 ID 标识节点。图模型的查询能力主要是指能否根据指定的要求对于图中的节点实现广度优先或者深度优先的查询。数据的导入导出主要是指图数据管理系统的迁移能力。我们编写了相应的测试样例，来测试 BOM 图数据管理系统是否能满足这些基本的功能。

性能需求测试主要针对的是 BOM 图数据管理系统的并发性能。我们根据给定的测试样例，同时向 BOM 图数据管理系统发送大量操作请求，计算出系统能够并发接受并处理的请求数量。

可信需求测试主要针对的是 BOM 图数据管理系统的安全性，主要包括以下 3 个方面：首先是数据服务可信，BOM 图数据管理系统需要具备基本的用户身份，能够向不同用户提供不同级别的服务，如只读权限、修改权限、删除权限等；其次是数据源可信，图数据所涉及的属性信息、关联信息的发布应保证一定的私密性，通过单个或组合的访问控制策略为合法用户提供服务，避免暴露用户的个人隐私；最后是数据上下文可信，即 BOM 图数据管理系统能够为图数据提供一些基本的匿名化功能，保证系统具有一定的抗攻击能力。

8.5 效果与特色

本节主要展示图数据测试与分析工具 GDTAT 的实际效果，分为前端图形界面展示和算法效率测试两个部分。

8.5.1 界面展示

GDTAT 的前端图形界面由 HTML 5 和 JavaScript 编写而成，并借助可视化工具 EChart[26] 实现了社区发现和介数中心度计算的可视化展示。如图 8.4 所示，整个界面可分为左右两部分。左侧为工具选项栏，在此用户可以选择自己需要的服务，包括使能、性能、可信 3 种需求的测试和介数中心度计算、社区发现这两个图数据分析算子；右侧为具体的测试分析详情界面，用于进行具体的测试分析和操作并展示最终的结果。

图 8.4 为图数据使能需求测试的界面，性能需求测试和可信需求测试的界面与之类似，

图 8.4 GDTAT 的前端图形界面

就不一一展示了。使能需求又分成节点建模、边建模、节点查询、数据导入、数据导出 5 个类别。每个类别都设置了一定量的测试用例，用户可以通过勾选的方式随意组合这些测试用例。单击“开始测试”按钮，将针对选中的测试用例进行测试，并在测试状态栏返回测试结果（成功或者失败）。最右侧的测试信息框将返回测试过程中数据库的输出信息，以方便用户更详细地了解数据库的状态。

图 8.5 为社区发现界面。该界面给出 4 种不同的社区发现算法。单击相应的按钮，即可使用一种算法在图数据中进行社区发现，并将结果展示在右侧，不同社区的节点会以不同颜色显示。

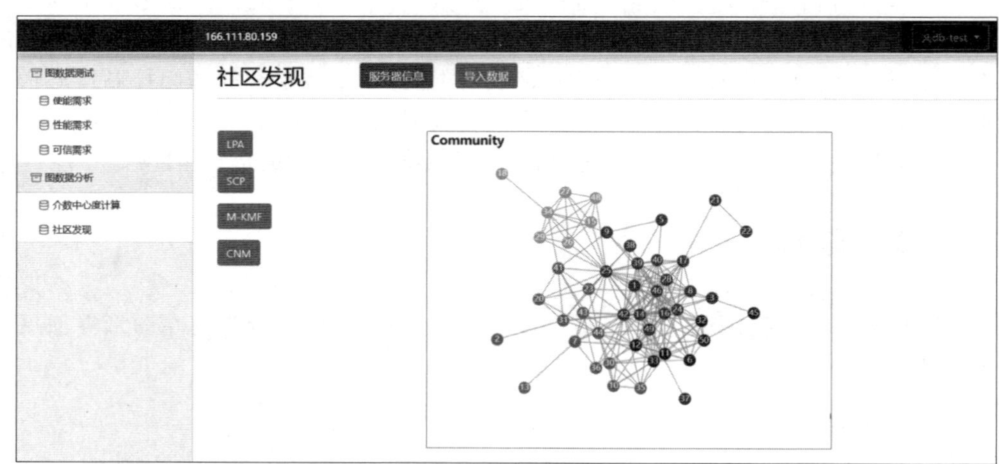

图 8.5 社区发现界面

图 8.6 为介数中心度计算界面，用户可以通过“导入数据”按钮向底层图数据库传输待测数据。单击“计算”按钮，就可以计算整个图中所有节点的介数中心度，并在右侧以网络图的方式展示最终的计算结果，节点越大，代表其介数中心度越大，节点上的数字为节点标号。单击网络图中的具体节点，就可以查看节点的详细信息和介数中心度的准确值。单击“增删

边”按钮，即可在两个选中的节点间添加或删除边（若这两个节点间有边，则删除这条边；若这两个节点间无边，则在节点间添加一条边），并利用 8.4.2 节的算法快速更新节点的介数中心度。

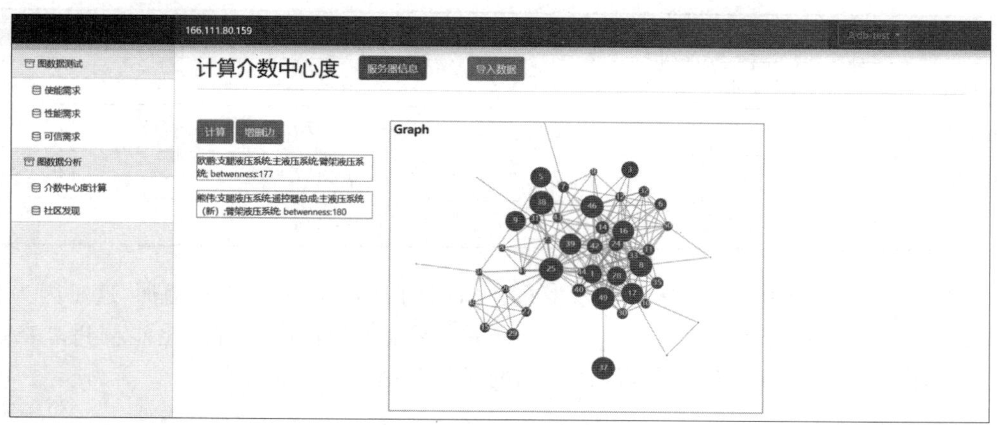

图 8.6　介数中心度计算界面

8.5.2　社区发现效率

本节将比较 LPA 算法和改进后的 LPA* 算法在时间开销和社区质量上的差异。其中，衡量社区质量的指标主要包括以下 3 个：

(1) 聚集系数(Clustering Coefficient，CC)。表示社区内部节点的聚集程度。聚集系数越大，社区内部的节点之间越有可能存在边相连。具体公式如下：

$$\mathrm{CC}=\frac{1}{k}\sum_{i=1}^{k}\left(\frac{1}{|c_i|}\sum_{v\in c_i}\frac{2\,|\{e_{ts}: v_t, v_s\in N_v\cap c_i, e_{ts}\in E\}|}{d_v(d_{v-1})}\right)$$

其中，N_v 是节点 v 的邻居节点集合，d_v 表示节点 v 的度数，k 是社区总数，c_i 表示第 i 个社区，e_{ts} 表示节点 v_t 和 v_s 之间的边。

(2) 社区强度[12](Strength，S)。表示社区内部的边与社区之间的边的差异。用 d_v^{in} 和 d_v^{out} 分别表示社区 c_i 内的节点 v 在社区内部和外部的边数。若对于 $\forall v\in c_i$，都有 $d_v^{\text{in}}>d_v^{\text{out}}$，则 c_i 为强社区，社区强度为 $\text{strength}(c_i)=1$；若 $\sum_v d_v^{\text{in}}>\sum_v d_v^{\text{out}}$，则 c_i 为弱社区，社区强度为 $\text{strength}(c_i)=0.5$；其他情况下社区强度为 $\text{strength}(c_i)=0$。全局社区强度如下：

$$S=\frac{1}{k}\sum_{i=1}^{k}\text{strength}(c_i)$$

(3) 模块性[15](Modularity，记作 Q)。表示社区内部的网络关系和随机网络期望值之间的差异。模块性的值越大，社区内部实际相连的边的数量越是高于随机网络期望值，说明节点越有集中在某些社区内的趋势，即网络的模块化结构越明显，社区划分的精度越高。具体公式如下：

$$Q=\sum_{i=1}^{k}\left(\frac{E_i^{\text{in}}}{m}-\frac{2E_i^{\text{in}}+E_i^{\text{out}}}{2m}\right)$$

社区发现效率测试主要在来自斯坦福大规模网络数据集的 4 个真实数据集上进行，包括学术合作网络 CA-HepPh 和 DBLP、通信网络 Email-Enron 和社交网络 Gowalla。其统计信息如表 8.1 所示。

表 8.1 社区发现效率测试使用的数据集的统计信息

数据集	节点数 n	边数 m	平均聚集系数 CC	网络直径 diam
CA-HepPh	12 008	118 505	0.6115	13
Email-Enron	36 691	183 830	0.4970	11
Gowalla	196 591	950 327	0.2367	14
DBLP	317 080	1 049 866	0.6324	21

从图 8.7 来看，改进后的 LPA* 算法总的运行时间比 LPA 算法略有增加，这是因为我们增加了与节点置信度相关的计算所导致的。从表 8.2 给出的社区质量对比能看到，LPA* 算法得到的社区质量比 LPA 算法高，因此增加的时间开销是可以接受的。

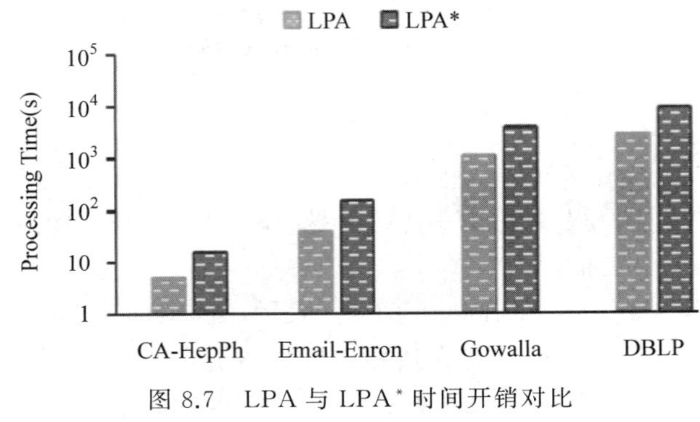

图 8.7 LPA 与 LPA* 时间开销对比

表 8.2 社区质量对比

数据集	CC		S		Q	
	LPA	LPA*	LPA	LPA*	LPA	LPA*
CA-HepPh	0.7037	0.7227	0.5985	0.6617	0.4201	0.4449
Email-Enron	0.7340	0.7408	0.7912	0.8118	0.2983	0.4954
Gowalla	0.7685	0.7751	0.7902	0.8058	0.3690	0.5303
DBLP	0.7317	0.7381	0.6149	0.6404	0.6930	0.7032

8.5.3 介数中心度更新效率

本节使用合成数据集和真实数据集对 8.4.2 节所提算法（简记为 CBU 算法）进行实验验证和结果分析。为了更好地评价 CBU 算法的有效性，针对有向图，我们选择目前最主流的 Brandes 算法[21]作为基准算法；针对无向图，我们选择 Brandes 算法[21]和 Lee 等人提出的无向图上的算法[23]（以下简记为 Lee 算法）当作基准算法。

同时，我们考虑如下两个评价指标：

(1) 时间。CBU算法的目标在于减小动态网络中节点介数中心度的更新计算开销，于是计算所用时间 T 就成为第一个指标。

(2) 加速比。为了更直观地呈现CBU算法与基准算法的差异，我们用加速比 Ra 这一概念来刻画算法效率。加速比指的是基准算法所用时间与CBU算法所用时间的比值。其值越大，意味着CBU算法的效果越好。

本节实验数据集分为合成数据集和真实数据集两部分，如表8.3所示。其中，合成数据集包括：①ER随机图[27]，实验中ER_10000的平均度数为10，ER_100000的平均度数为20；②WS小世界网络[28]，实验中WS_10000的平均度数和重新连接的概率分别为10和0.5，WS_100000的平均度数和重新连接的概率分别为20和0.5；③BA无标度网络[29]，实验中BA_10000的平均度数为10，BA_100000的平均度数为20；④社区基准图ben_10000[30]，平均度数为10。真实数据集同样来自斯坦福大规模网络数据集，包括：来自社交网络Facebook上的真实数据集ego-Facebook，俄勒冈2001年路由网络的信息Oregon，来自基于位置的社区网络的用户关系gowalla，Wikipedia在2008年1月前的投票关系图wiki-vote，来自消费者评论网站Epinions的真实用户网络soc-Epininos1，2002年8月时Gnutella对等文件共享网络的一份快照数据p2p-Gnutella25。

表8.3 介数中心度更新效率测试使用的数据集的统计信息

数据集	节点数	边数	类型
ER_10000	10 000	50 029	无向图
ER_100000	100 000	1 000 678	无向图
WS_10000	10 000	50 000	无向图
WS_100000	100 000	1 000 000	无向图
BA_10000	10 000	49 975	无向图
BA_100000	100 000	999 900	无向图
ben_10000	10 000	49 883	无向图
ego-Facebook	4039	88 234	无向图
Oregon	10 670	22 002	无向图
gowalla	196 591	950 327	无向图
wiki-vote	7115	103 689	有向图
soc-Epininos1	75 879	508 837	有向图
p2p-Gnutella25	22 687	54 705	有向图

CBU算法和基准算法在不同数据集上的效率对比如表8.4所示，其中Ra为加速比，T 是计算时间开销(单位为s)。初始计算社区时，本部分采用的社区发现算法是HANP。由于Brandes算法并未从流程上严格区分增加边和删除边操作，对应这两种操作的算法相同，所以其对应的时间开销也一致，故Brandes算法的计算时间开销只列出一个值。对于CBU算法和Lee算法，我们分别给出其在增加边与删除边操作下所用的更新时间。需要注意的

是，因为 Lee 算法仅适用于无向图，所以在有向图数据集上该算法对应的数据项为空。

如表 8.4 所示，CBU 算法显著提高了动态网络中节点介数中心度的更新效率。在合成数据集上，CBU 算法的效率大约是 Brandes 算法的 30 倍，大约是 Lee 算法的 10 倍。其中，添加一条边之后的更新效率略高于删除边之后的更新效率。在 ER 和 WS 数据集中节点与边的分布比较均匀；ben 数据集对应的分布虽然不够均匀，但整个网络是连通的，每个节点都至少与一定数量的边相关联。因此在这 3 类数据集上添加或删除边所影响的点对数量是相对固定的，且差异不大，即需要重新计算的点对数量大致相当。考虑到在添加边操作后，可以直接得到点对的新最短路径，耗时较短；而在删除边操作后，可能需要遍历整张图来获得点对的新最短路径，耗时较长。这样的差异导致添加边操作后的更新一般快于删除边操作后的更新。而对于 BA 数据集，整个网络类似一棵树，添加操作影响的点对少于删除操作影响的点对，添加操作后的更新效率明显更高。

表 8.4 两种算法在不同数据集上的效率对比

数据集	T/s					Ra			
	Brandes	Lee(+)	Lee(−)	CBU(+)	CBU(−)	Brandes(+)	Brandes(−)	Lee(+)	Lee(−)
ER_10000	460	237	234	7.96	13.5	58	34	30	17
ER_100000	212 773	88 484	85 345	3524	9644	60	22	25	8.9
WS_10000	406	224	244	10.8	12.1	38	34	21	20
WS_100000	238 970	78 627	78 061	7193	11 794	33	20	11	6.6
BA_10000	445	242	232	7.35	15.1	60	29	32	15
BA_100000	302 499	82 770	91 397	3834	47 902	78	6.3	22	1.9
ben_10000	572	147	117	5.56	7.06	102	81	26	17
ego-Facebook	324	55.4	65.9	18.8	0.859	17	337	2.9	77
Oregon	241	36.7	51.5	9.86	25.7	24	9.4	3.7	2.0
wiki-vote	107			1.41	3.3	75	32		
soc-Epininos1	332			29.8	16.1	11	20		
p2p-Gnutella25	223			61	84	3.7	2.7		

注：表中(+)代表边添加操作，(−)代表边删除操作。
对于非百万规模数据集，时间为 50 次添加或删除边操作的平均值；而百万数据集耗时较长，为两次操作的均值。
时间栏下的 Lee 表示 Lee 算法所用时间，加速比栏下的 Lee 表示 Lee 算法与 CBU 算法所用时间的比值。

在真实数据集上，CBU 算法在效率上也有明显提高。添加边操作和删除边操作后更新效率差别更加显著。这主要是因为，真实数据集中节点与边的分布不均匀，没有一个特定的规律。例如，对于 ego-Facebook 和 soc-Epininos1 来说，节点平均度数比较高，且聚集系数不低，网络中存在若干规模较大的紧密社区。因此，在进行边的添加操作时，容易将这些大的社区连接起来，受影响的点对较多；而删除操作更容易发生在社区内部，影响范围有限。这使得添加边操作后的更新效率低于删除边操作后的更新效率。对于 Gnutella 和 Oregon 数据集来说，节点平均度数较低，同时网络中的边集中于有限的节点上，这使得图中存在大量

孤立节点。因此在边的添加操作时容易处理到孤立节点,受影响的点对较少,加速效果明显;而删除边的操作则基本出现在网络的核心区域,节点之间联系紧密,删除操作所影响的点对较多,更新效率也随之变慢。

8.6 本章小结

为了解决现有 BOM 图数据管理系统不能完全满足实际生产需求的问题,本章设计并实现了图数据测试与分析工具 GDTAT,针对工业图数据管理系统现有功能进行需求测试,给出了社区发现和节点介数中心度计算两个算子,便于用户进一步分析图数据。未来,我们考虑进一步完善 GDTAT,逐步添加其他重要的图计算功能,并提高图分析的能力。

本章参考文献

[1] 谭军，余绍军. 数据挖掘在制造业中的应用[C].全国电子信息技术与应用学术会议，12 月 16—18 日，上海，2011.

[2] 郭于明，王坚，凌卫青. 基于小世界网络模型的复杂产品设计变更传播研究[J]. 制造业自动化，2011，33(1)：85-90.

[3] 李勇. 供应链中分销配送优化模型及算法研究[D]. 重庆：重庆大学，2005.

[4] 任荣. 企业第三方物流信息系统关键技术及数据挖掘关键算法研究[J]. 电子商务，2012，11：52-53.

[5] 贾玉锋，胡迎新. 数据挖掘在客户关系管理中的应用研究[J]. 石家庄铁道大学学报(社会科学版)，2009，3(2)：31-34.

[6] CERINA F，ZHU Z，CHESSA A，et al. World input-output network[J]. PLOS ONE，2015，10(7)：e0134025.

[7] 黄金山，张成强. 复杂网络中心度在物流配送网络中的应用研究[J]. 物流技术，2013，32(11)：108-111.

[8] 郭鹏. 数据挖掘在市场营销中的应用研究[D]. 武汉：武汉理工大学，2004.

[9] FORTUNATO S. Community detection in graphs[J]. Physics Reports，2009，486(3)：75-174.

[10] TANG L，LIU H. Community detection and mining in social media[M]. San Rafael：Morgan and Claypool Publishers，2010.

[11] GIRVAN M，NEWMAN M E J. Community structure in social and biological networks[J].PNAS，2002，99(12)：90-100.

[12] RADICCHI F，CASTELLANO C，CECCONI F，et al. Defining and identifying communities in networks[J]. Proc. of the National Academy of Sciences of the United States of America，2004，101(9)：2658-2663.

[13] NEWMAN M E J. Modularity and community structure in networks[J]. PNAS，2006，103(23)：8577-8582.

[14] NEWMAN M E J. Fast algorithm for detecting community structure in networks[J]. Physical Review：Statistical Nonlinear & Soft Matter Physics，2003，69(6 Pt 2)：e066133.

[15] CLAUSET A，NEWMAN M E J，MOORE C. Finding community structure in very large networks[J].Physical Review，2004，69(2)：e026113.

[16] RAGHAVAN U N，ALBERT R，KUMARA S. Near linear time algorithm to detect community structures in large-scale networks[J]. Physical Review，2007，76(3)：e036106.

[17] LEUNG I X Y, HUI P, LIO P, et al. Towards real-time community detection in large networks[J]. Physical Review: Statistical Nonlinear & Soft Matter Physics, 2008, 79(2): e066107.

[18] KHORASGANIR R, CHEN J, ZAÏANE O R. Top leaders community detection approach in information networks[C]. In: Proc. of SNA-KDD, Washington DC, USA, Jul 25, 2010.

[19] KUMPULA J M, KIVELA M, KASKI K. A sequential algorithm for fast clique percolation[J]. Physical Review E Statistical Nonlinear & Soft Matter Physics, 2008, 78(2): e026109.

[20] WANG M, WANG C, YU J X, et al. Community detection in social networks: an in-depth benchmarking study with a procedure-oriented framework[C]. In Proc. of the VLDB Endowment, 2008, 8(10): 998-1009.

[21] BRANDES U. A faster algorithm for betweenness centrality[J]. The Journal of Mathematical Sociology, 2001, 25(2): 163-177.

[22] SARIYÜCE A E, SAULE E, KAYA K, et al. Shattering and compressing networks for centrality analysis[C]. In: Proceedings of the 2013 SIAM International Conference on Data Mining. SIAM, 2013: 686-694.

[23] LEE M J, LEE J, PARK J Y, et al. QUBE: a quick algorithm for updating betweenness centrality [C]. In: Proc. of the 21st International Conference on World Wide Web. New York: ACM, 2012: 351-360.

[24] 杨建祥，王朝坤，白易元，等. 社交网络介数中心度快速更新算法[J]. 计算机研究与发展，2012，49(增刊)：243-249.

[25] 钱珺，王朝坤，郭高扬. 基于社区的动态网络节点介数中心度更新算法[J]. 软件学报，2018，29(3)：853-868.

[26] DEQING L, HONGHUI M, YI S, et al. ECharts: A declarative framework for rapid construction of Web-based visualization[J]. Visual Informatics, 2017, 2(2): 81-91.

[27] ERDÖS P, RÉNYI A. On random graphs [J]. Publicationes Mathematicae Debrecen, 1959, 6: 290-297.

[28] WATTS D J, STROGATZ S H. Collective dynamics of "small-world" networks[J]. Nature, 1998, 393(6684): 409-410.

[29] BARABÁSI A L, ALBERT R. Emergence of Scaling in Random Networks[J]. Science, 1999, 286(5439): 509-512.

[30] LANCICHINETTI A, FORTUNATO S, RADICCHI F. Benchmark graphs for testing community detection algorithms[J]. Physical Review, 2008, 78(4 Pt 2): e046110.

第3篇　语义融合与一体化管理引擎篇

针对工业领域多模态异构数据，本篇探讨统一数据建模、语义融合，以及一体化查询等相关技术，实现工业大数据的一体化管理。

本篇包括4章。

第9章讲解数据融合与一体化数据查询模型。

第10章讲解数据融合与一体化数据查询调度。

第11章讲解语义融合中的实体抽取与关联。

第12章讲解语义融合与一体化语义查询实现。

第9章 数据融合与一体化数据查询模型

黄向东

清华大学软件学院

9.1 概述

在工业应用中，多源异构数据各自发挥其价值。例如，在诊断设备故障时，通过时间序列数据可以观测设备的实时运行情况；通过 BOM 图数据可以追溯设备的制造情况，从而发现是哪些零部件问题导致异常运行情况；通过非结构化数据可以有效管理设备故障时的现场照片、维修工单等数据；键值数据作为灵活补充，能方便地记录一些需要快速检索的信息。因此，对于工业大数据，不仅要求能够针对各类数据进行有效的管理，还要求能够通过数据融合实现多源异构数据的一体化管理，从而最大化实现数据价值，为工业智能制造和智能运维提供支撑。本章着重介绍基于数据源和数据模式的多源异构数据融合与一体化数据查询模型。

9.2 需求

数据融合意指多源异构数据能够有机地结合在一起，发挥出单一数据无法挖掘出的价值。这一问题与学术界的数据集成[1]问题类似。

数据集成旨在将存储在不同物理存储引擎上的数据连接在一起，并为用户提供统一的数据视图。

在传统的数据集成领域，由于信息系统建设的阶段性和分布性，导致信息孤岛现象的存在。信息孤岛导致系统中存在大量冗余数据，无法保证数据的一致性，从而降低信息的利用效率和利用率，因此需要进行数据集成。而在工业大数据中，重点不是解决数据冗余问题，而是发现多源异构数据之间存在的某些内在联系，从而使得这些数据能够被协同地用于描述或者解释某些工业制造或者设备使用的现象。

数据集成的核心任务是将互相关联的分布式异构数据源集成到一起，使用户能够以透明的方式访问这些数据源。数据集成需要维护数据源整体上的数据一致性，提高信息共享利用效率。透明的方式是指用户无须关心如何实现对异构数据源数据的访问，仅关心以何种方式访问何种数据。数据融合是在数据集成的基础上刻画出不同数据之间的内在联系，并允许用户根据这些内在联系进行数据查询。

9.2.1 数据集成

数据集成的难点可归纳为如下3个主要方面：

(1) 异构性。被集成的数据源通常是独立开发的，其异构的数据模型给集成带来很大挑战。异构性主要表现在数据语义、相同语义数据的表达形式、数据源的使用环境等方面。

(2) 分布性。数据源异地分布，依赖网络传输数据，这就存在网络传输的性能和安全性等问题。

(3) 自治性。各个数据源有很强的自治性，可以在不通知集成系统的前提下改变自身的结构和数据，这对集成系统的鲁棒性提出了挑战。

为了解决上述难题，人们尝试了很多方法，主要可以分为模式集成方法、数据复制方法，以及在这两种方法基础上的综合方法[2]。

1. 模式集成方法

模式集成是人们最早采用的数据集成方法。其基本思想是：在构建集成系统时将各数据源的数据视图集成为全局模式，使用户能够按照全局模式透明地访问各数据源的数据。全局模式描述了数据源共享数据的结构、语义及操作等。用户直接在全局模式的基础上提交请求，由数据集成系统处理这些请求，转换成各个数据源在本地数据视图基础上能够执行的请求。模式集成方法的特点是直接为用户提供透明的数据访问方法。由于用户使用的全局模式是虚拟的数据源视图，所以一些学者也把模式集成方法称作虚拟视图集成方法。模式集成主要解决两个基本问题：构建全局模式与数据源数据视图间的映射关系；处理用户在全局模式基础上的查询请求。模式集成过程需要将原来异构的数据模式作适当的转换，消除数据源间的异构性，映射成全局模式。

基于联邦数据库和中间件的集成方法是现有的两种典型的模式集成方法。

1）基于联邦数据库的模式集成方法

联邦数据库是早期人们采用的一种模式集成方法[3]。在联邦数据库中，数据源之间共享自己的一部分数据模式，形成一个联邦模式。紧密耦合联邦数据库系统使用统一的全局模式[4]，将各数据源的数据模式映射到全局数据模式上，解决了数据源间的异构性问题。这种方法集成度较高，用户参与少，Timothy G. Mattson 等人[5]总结了关于联邦数据库的最新研究进展；其缺点是构建一个全局数据模式的算法复杂，扩展性差。

2）基于中间件的模式集成方法

中间件集成方法[6]是另一种典型的模式集成方法。它同样使用全局数据模式，但是与联邦数据库不同，中间件系统不仅能够集成结构化的数据源信息，还能够集成半结构化或非结构化数据源中的信息(如 Web 信息[7])。

典型的基于中间件的数据集成系统主要包括中间件和包装器，其中每个数据源对应一个包装器，中间件通过包装器与各个数据源交互。用户在全局数据模式基础上向中间件发出查询请求。中间件处理用户请求，将其转换成各个数据源能够处理的子查询请求，并对此过程进行优化，以提高查询处理的并发性，减少响应时间。包装器对特定数据源进行了封装，将其数据模型转换为系统所采用的通用模型，并提供一致的访问机制。中间件将各个子查询请求发送给包装器，由包装器与其封装的数据源交互，执行子查询请求，并将结果返回给中间件。

基于中间件的集成系统注重全局查询的处理和优化，与联邦数据库系统相比，它的优势在于：它能够集成非数据库形式的数据源，有很好的查询性能，自治性强。基于中间件的集成系统的缺点在于它通常是只读的，而联邦数据库对读写都支持。

多源异构数据集成是大数据背景下众多行业迫切需要的技术手段。目前已经有众多企业推出相关的产品，其中知名产品包括GE公司的Predix工业互联网系统、Oracle公司的Oracle Enterprise Metadata Management（OEMM）元数据管理系统、微软公司的Azure Data Catalog数据目录系统等。

在宏观角度上，Predix是一个云操作系统，负责将各种工业资产设备和供应商相互连接并接入云端，并提供资产性能管理（APM）和运营优化服务。作为软件平台，Predix的核心功能包括链接资产的安全监控、工业数据管理、工业数据分析、云技术应用和移动应用。机器产生的数据量十分巨大而凌乱，这需要企业有能力对数据进行实时分析与整理。Predix正是这样一款专为工业数据的采集和分析而开发的服务，它不仅能同步捕捉机器运行时产生的海量数据，还能对这些数据进行分析和管理，实现对机器的实时监测、调整和优化，提升运营效率。Predix针对多源异构的工业资产数据进行集成，有显著的工业领域背景。

与Predix类似，微软公司的Azure Data Catalog数据目录系统依托在微软公司Azure云平台上。用户通过Azure Data Catalog可以对企业的各种数据进行挖掘和检索，帮助用户更好地理解数据和消费数据。两者不同的是：Predix包含从数据采集到数据分析的整套功能，而Azure Data Catalog针对的是存储在云平台上的数据，所以它并不能很好地应用在Predix所擅长的工业互联网领域。两种基于云平台的多源异构数据集成系统都要求数据存储在云端，而对于数据安全性要求极高的企业和机构来说，这种模式通常无法被接受。

与前两种多源异构数据集成系统不同，Oracle Enterprise Metadata Management是可以独立部署的软件系统。在数据处理及数据仓库建设中，元数据管理是必不可少的，OEMM可以解决元数据管理过程中的各种关键业务和技术问题，其中包括如何管理元数据的统计信息，如何了解变更数据之后对下游的影响范围。而且OEMM从业务角度通过浏览器展现数据全貌，并且可以在报表中展现企业内完整的元数据信息，进而用于分析和改进元数据。OEMM能在多种数据平台之间建立元数据采集桥梁，其中包括Oracle公司的数据建模工具、微软公司的SQL Server集成服务、Sybase公司的Power Designer、Tableau等。同时，OEMM也提供了专用界面以跟踪数据血缘和变更影响。在多种元数据粒度上，用户可以针对不同的存储对象类型设计定制化的菜单，以满足个性化需求。相比前两种基于云平台的多源异构数据集成系统，OEMM不需要将数据全部转移到自己的存储空间中，保持了数据的相对独立性。但是，作为面向企业的通用数据集成系统，OEMM不能根据用户需求灵活地扩展数据源类型和数据模式，也无法按照用户的业务逻辑组织和使用数据。

2. 数据复制方法

数据复制方法将各个数据源的数据复制到与其相关的其他数据源上，并维护数据源整体上的数据一致性，提高信息共享利用的效率。数据复制可以是整个数据源的复制，也可以是仅对变化数据的传播与复制。数据复制方法可以减少用户使用数据集成系统时对异构数据源的数据访问量，从而提高数据集成系统的性能。

最常见的数据复制方法就是数据仓库[8]。数据仓库将各个数据源的数据复制到同一处，用户则像访问普通数据库一样直接访问数据仓库。

数据复制方法可以从数据传输方式和数据复制触发方式两个方面来划分。

数据传输方式分为数据推送和数据拉取。数据推送是指源数据源主动将数据推送到目的数据源上；而数据获取则是目的数据源主动向源数据源发出数据请求，从源数据源获取数据到本地。数据复制触发方式是指集成系统通常预先定义了一些事件，例如，数据源上发生了数据变化，变化数据缓存累积到一定批量，用户对某个数据源发送访问请求，具有一定间隔的时间点，等等，当这些事件被触发时执行相应的数据复制。

数据复制通常直接采用端到端的方式，也有一些数据集成系统使用专为数据周转服务的数据平台。执行数据复制时，数据发布者先将数据传送到数据平台上，由数据平台处理后转发给数据订阅者。数据平台要处理好网络负担和并发控制问题。使用数据平台的好处是单点控制、便于管理。但数据平台增加了系统的复杂性，降低了系统的可靠性。

9.2.2 面向多源异构数据的统一数据操作接口规范

要对多源异构的数据库进行统一操作，现有的 SQL 是不够的。几乎每一个非关系型数据库都会和其特有的操作语言(类 SQL 或者相应的 API 接口)一同提出，这意味着如果想在不同的数据库之间移植应用，就需要耗费相当大的精力。也正是因此，对于多源异构数据库一体化操作的研究也相当丰富。SOS(Save Our Systems)[9] 主要通过对元数据建模的方法来提供统一的编程接口，使多种数据库连接到一个特定的公用接口上，通过这个接口，一个应用就可以同时和多个不同的数据库进行交互。德国的 NotaQL 提供了一种跨系统转换语言。这种语言可以简洁有效地对多种非关系型数据库进行操作。法国的 CloudMdsQL 则提出了一种类似于 SQL 的语言，通过它可以用单一的语句对多种不同的数据库进行操作。这种语言通过多种途径优化，使得其能够适用于大规模的异构数据管理。

9.3 模型设计与实现

在实际应用中，不同类型的数据库能够有效管理不同类型的数据，采用数据复制的方法将其集中在一起，则丧失了使用不同类型的数据库的优势。此外，由于工业领域中产生的数据体量庞大，数据复制的时间成本和硬件成本也不可忽视。因此，我们采用数据模式集成的方式进行数据融合与一体化查询，并形成相应的多源异构数据一体化管理引擎——清华数为 MIX(简称 MIX)。MIX 有两个主要概念：数据源和数据模式。

9.3.1 数据源

在 MIX 中，将一个数据库实例称为一个数据源。数据源主要定义了该数据库实例的连接方式，使得 MIX 引擎可以有效地访问该数据库实例。

在 MIX 中，数据源是异构的。也就是说，一个时序数据库实例可以是一个数据源，一个关系数据库也可以是一个数据源，甚至一个文件系统(如 HDFS)也可以是一个数据源。当前，MIX 一共支持 5 类异构数据源，包括时序数据库、关系数据库、图数据库、非结构化数据库和键值数据库。此外，同一类数据库可以有多个数据源。例如，一个 MIX 系统可以连接一个存储了国内风力发电机运行情况的时序数据库实例，与此同时，又链接了一个存储了国

外的风力发电机运行情况的时序数据库实例。

下面将详细介绍一个数据源的具体实现。

9.3.2　数据模式

数据模式用于描述一个数据库中的数据元组的格式。在关系数据库中，一个数据模式是由若干张表和表之间的关联关系组成的。在 MIX 中，数据模式分为两类：局部数据模式和全局数据模式。

1. 局部数据模式

局部数据模式是各数据源的数据模式中需要被 MIX 管理的数据模式子集的集合，表示数据源中哪些数据需要被 MIX 一体化管理。MIX 中的局部数据模式以表的定义形式存在。

对于关系数据库和键值数据库（如 ApacheCassandra）等有表的概念的数据源来说，局部数据模式可以是这些数据源的原有表定义，也可以是表的视图定义。

对于其他类型的数据源（甚至是文件系统）而言，由于不存在表结构，因此很难提出一个通用的从该数据源的数据模式转换成局部数据模式的方法。

1）时序数据库

以时序数据库 Apache IoTDB 为例，在 IoTDB 中，一条时间序列的唯一 ID 被定义为 root. ×. ×. …. × 的形式。例如，root. comp1. hn. windfarm1. turbine1. speed 代表了名为 comp1 的公司旗下的位于河南（hn）的风场 1（windfarm1）的风机 1（turbin1）的风速（speed）的时间序列。也就是说，对于 IoTDB 而言，假设一条时间序列为 root.p1.p2.p3.…pm.pn，则 pm 表示该时间序列对应的设备名，pn 表示该时间序列对应的设备 pm 的工况名。

对于 IoTDB，我们将形成包含时间戳、设备名和多个工况名字段的表结构。例如，IoTDB 中存在如下时间序列定义：

root.p1.p2.d1.s1
root.p1.p2.d1.s2
root.p1.p2.d1.s3
root.p1.p2.d2.s1
root.p1.p2.d2.s2

上述数据的表结构可以定义为

表名：root.p1.p2.p3.…
表中字段：（timestamp，device_name，s1，s2，s3）

在这种定义下，时间序列数据可以被视为如下的表（表中数据为示例）：

timestamp	device_name	s1	s2	s3
1547734645000	d1	5	3	2
1547734645000	d2	2	4	5
1547734645000	d1	3	2	4
1547734645000	d1	4	3	5

2）图数据库

以管理 BOM 数据的图数据库为例。该数据库存储了产品的零部件装配情况和每个对应图中的节点。节点有对应的节点标签，例如将零部件标签设置为 Item。同时，每个节点还

有不同属性，用来表示节点代表的对象的一些属性，例如零部件上有 PLM_I_NAME（零部件名）、PLM_WEIGHT（物料权值）、PLM_M_OID（零部件标识）等属性。

对于图数据库，将形成以标签名为表名、以节点属性为字段的表结构。

针对上述数据，可以将表结构定义为

表名：Item

表中字段：（PLM_I_NAME，PLM_WEIGHT，PLM_M_OID）

在这种定义下，图中的数据可以看作如下的表：

PLM_I_NAME	PLM_WEIGHT	PLM_M_OID
电缆压紧板-45	1.0	10.02.00108
加厚垫圈	1.0	10.05.00104
平垫圈 A 级	1.0	4.0200.0018

3）键值数据库

当前常见的键值数据库包括 Cassandra、Redis、RocksDB、LevelDB 等。以 Redis 为例，下面介绍如何将其转换为局部数据模式（Cassandra 已经有了表的概念，可以直接映射为局部数据模式）。

对于键值数据库 Redis，将其中的键和值看作表上的两列。在 Redis 中没有表等相关概念，相当于整个数据库对应一个表。所以，对应的局部数据模式表名是任意取的，没有其他的命名约束。同时，对于字段的命名也是任意的。在命名时，定义顺序决定了其对应的值。第一个定义的字段对应的是键，第二个定义的字段对应的是值。

例如，有一个 Redis 数据库专门用来存储故障信息，键为风机 ID 加故障时刻，值为对应故障的故障类型编号。可以将局部数据模式定义如下：

表名：TurbineTrouble

表中字段：（TurbineID，TroubleType）

4）非结构存储引擎

以第 5 章介绍的非结构数据管理引擎为例。在该非结构数据管理引擎上，用 ElasticSearch 管理元数据，用 HDFS 管理非结构化数据。查询首先在 ElasticSearch 上进行，获得满足条件的小文件标识，然后在 HDFS 上获取对应的文件。例如，要管理风机故障工单文件。在 ElasticSearch 中对应 Index、Type、Document 等概念。故障工单文件作为非结构化文件存储，其元数据存储在 ElasticSearch 中，记录对应的风机的风场 ID、风机 ID 和故障工单文件名。

在 ElasticSearch 中，将一个 Document 映射为表中的一行，用 Index 和 Type 表示表名，表中的字段对应 JSON 文档中的键名。上述数据的表结构可以定义为

表名：TroubleWork

表中字段：（filename，windfarmid，turbineid）

在这种定义下，可以将非结构化元数据视为如下的表（表中的数据为示例）：

filename	windfarmid	turbineid
turbine_001_hIzWi_001_20180531224318.b	windfarm_hIzWi_001	turbine_001_hIzWi_001

5）关系数据库

对于关系数据库，不需要做任何转换，可以直接映射为局部数据模式。

2. 全局数据模式

全局数据模式是 MIX 引擎对多源数据进行统一管理的模式。全局数据模式由若干局部数据模式加上局部数据模式之间的关联关系构成。可以从以下几方面来理解全局数据模式：

(1) 从应用来看，全局数据模式是一个场景中与业务相关的局部数据模式的集合。用户在这个全局数据模式上进行查询，获取需要的信息。

(2) 从模式来看，全局数据模式是来自不同数据源的局部数据模式组成的一张宽表。

全局数据模式由两部分构成：局部数据模式集合以及局部数据模式之间的关联关系。局部数据模式在前面已经有所描述，下面介绍局部数据模式之间的关联关系。

局部数据模式之间的关联关系指两个不同的局部数据模式之间是通过哪个字段进行关联的。例如，风机的时序数据与风机的基本信息是两个不同的局部数据模式，它们之间的关联关系通过风机名（风机唯一标识）进行关联。关联关系定义限定于一个全局数据模式中。

在 MIX 中，可以定义多个全局数据模式。一个局部数据模式可以属于多个全局数据模式，因为同样的局部数据模式有可能用于多个不同的应用。

9.4 本章小结

本章从多个层面分析制造业多源异构数据之间的内在关联，研究基于多层面特征的多源异构数据集成方法，给出面向多源异构数据的统一数据操作接口规范，满足不同类型数据管理的开放性、高效性、一致性等要求。同时，为支持制造业多源异构数据的统一查询与优化奠定基础。

本章参考文献

[1] Wiki.Data integration[EB/OL]. https://en.wikipedia.org/wiki/Data_ integration.

[2] 陈跃国，王京春. 数据集成综述[J]. 计算机科学，2004，31(5)：48-51.

[3] SHETH A P，LARSON J A. Federated database systems for managing distributed，heterogeneous，and autonomous databases[J]. ACM Computing Surveys(CSUR)，1990，22(3)：183-236.

[4] KOZANKIEWICZ H，STENCEL K，SUBIETA K. Implementation of federated databases through updatable views[C]. In：Proc. of European Grid Conference. Berlin Heidelberg：Springer，2005：610-619.

[5] TAN R，CHIRKOVA R，GADEPALLY V，et al. Enabling query processing across heterogeneous data models：a survey[C]. In：Proc. of IEEE International Conference on Big Data. New York：IEEE，2017：3211-3220.

[6] NISWONGER B，HAAS L M，MILLER R J. Transforming heterogeneous data with database middleware beyond integration[J]. IEEE Data Engineering Bulletin，1999，22(1)：31-36.

[7] LANGEGGER A，WÖß W，BLÖCHL M. A semantic Web middleware for virtual data integration on the Web[C]. In：Proc. of European Semantic Web Conference. Berlin Heidelberg：Springer，2008：493-507.

[8] CALVANESE D, DE GIACOMO G, LENZERINI M, et al. Data integration in data warehousing[J]. Proc. of International Journal of Cooperative Information Systems, 2001, 10(3): 237-271.

[9] ATZENI P, BUGIOTTI F, ROSSI L. SOS(Save Our Systems): A Uniform Programming Interface for Non-relational Systems[C]. In: Proc. of the 15th International Conference on Extending Database Technology(EDBT), Berlin, German, March 27-30, 2012: 582-585.

第10章 数据融合与一体化数据查询调度

兰 海 王 淞

武汉大学计算机学院

10.1 概述

在制造业数据处理过程中往往伴随着对一系列来自不同数据源、不同类型数据的查询和分析工作。因此，一体化数据查询在制造业数据管理中起着重要作用。本章就如何设计高效的数据存储架构以及查询调度方法展开讨论。

10.2 需求

现有的面向制造领域的大数据管理系统是一个由多个引擎组成的数据管理系统。在设计实现过程中，分别采用非结构化数据管理引擎、图数据管理引擎、时序数据管理引擎、关系数据管理引擎和键值数据管理引擎对系统中各类工业相关数据进行管理。尽管5个引擎的分工明确，且各自都具备完备的数据管理功能，然而，当作为一个整体系统使用时，直接将5个引擎整合起来使用仍然存在诸多问题。在目前的制造领域中，引擎整合的现有问题以及对应的改进需求集中在3个方面：一是查询语言统一问题，二是跨引擎访问切换问题，三是跨引擎查询执行效率问题。

10.2.1 查询语言统一问题

由于5个引擎分别管理不同类型的数据，数据的查询接口及其实现技术均存在一定程度的不同。例如，如果非结构化数据管理引擎使用ElasticSearch[1]管理元数据，在进行数据查询时，其支持的查询语言也会是ElasticSearch所支持的JSON类型的查询语言；如果“图数据管理引擎”基于Neo4j，其支持的就是Neo4j所支持的类SQL查询语言。因此，在整个工业大数据管理系统中，存在多种不同的查询语言，分别对应各种不同的数据管理引擎，导致用户在使用系统时，需要掌握多种不同的查询语言，这将非常不方便[2]。

针对查询语言问题，工业大数据管理系统需要实现面向不同引擎的统一查询语言。用户在访问系统时，可以使用一种统一的查询语言对系统进行访问。一体化管理引擎负责解析用户的查询语句，并将其分发给对应的数据管理引擎。这一过程将极大地方便用户，提升用户体验。

10.2.2 跨引擎访问切换问题

当一个查询涉及对多个数据管理引擎的访问时，就会面临跨引擎访问切换问题。例如，要进行下述查询：首先，从关系数据库中查出设备的基本信息；然后，基于设备基本信息，从图数据库中找到设备的组成部件。此查询需要访问关系数据管理引擎与图数据管理引擎。这就需要用户在执行查询的过程中，首先访问关系数据管理引擎，在得出查询结果以后，再断开数据库连接，转而访问图数据管理引擎，从图数据管理引擎中得出最终数据。这一操作过程十分烦琐，需要用户在多个数据管理引擎之间频繁建立连接和断开连接。

为了解决跨引擎访问的切换问题，工业大数据管理系统需要具备在多个数据管理引擎之间无缝切换的功能。当用户需要访问多个不同引擎中的数据时，不需要单独连接每一个独立的引擎，而是通过一体化管理引擎直接访问需要的数据管理引擎。在底层不同引擎之间的切换操作将由一体化管理引擎进行，这一过程避免了用户手动切换引擎的烦琐操作。

10.2.3 跨引擎查询执行效率问题

在对多个引擎内容进行查询时，由于不同数据库中所存储的数据类型不同，其对应的数据体量差异也是巨大的。例如，针对多台设备，在关系数据库中往往只存在几条数据，用于描述这些设备的基本信息；而在时序数据库中，可能存在成千上万条数据对应着这些设备所产生的传感器信息。如果要查找某台设备在特定时间段内的传感器数据，则需要访问两个不同的数据库，一共有 3 种查询执行策略：

(1) 先访问关系数据库，查出该设备的基本信息；再访问时序数据库，基于基本信息和时间过滤条件找出需要的传感器数据。

(2) 先访问时序数据库，找出符合时间过滤条件的全部数据，并从中找出符合描述的设备；基于该设备的 ID 等标识，再访问关系数据库，查找设备的基本信息。

(3) 并行访问关系数据库与时序数据库，分别按对应的查询规则找出设备的基本信息和满足时间过滤条件的传感器数据，再通过 JOIN 操作将两者合并，得出最终所需要的查询结果。

虽然上述 3 种执行策略可以给出相同的查询结果，但是执行效率差距极大。特别是策略(2)和(3)，由于事先不知道设备的过滤条件，只能将时序数据库中所有满足时间过滤条件的数据全部取出来，这可能涉及数据库中多台设备在这一时间段内的所有时序数据，这一批次数据的体量是巨大的，因此，查出该批数据所花费的开销也很大。而在策略(1)中，由于事先从关系数据库中查出了需要的设备，在时序数据库中进行查询时，可以基于设备过滤条件，筛除一大批不需要的其他设备的时序数据信息，极大地减少了查询开销。从以上分析中可以看出，当涉及对多个数据引擎进行查询访问时，一条查询在多个引擎之间的执行顺序对执行效率的影响十分重大。

为了提高跨引擎查询执行效率，工业大数据管理系统需要引入查询优化功能。当一条查询中涉及对多个引擎的访问时，一体化管理引擎可以预先计算不同查询执行策略的代价，并从中选取代价最小的查询策略来执行，以优化查询执行效率。

10.3　方法设计

10.3.1　设计思想

1. 查询设计

鉴于 SQL 使用的简便性、易于理解以及广泛性，本章采用类 SQL 的查询输入方式。一体化管理引擎自动分析类 SQL 查询语句中所涉及的数据来源以及数据之间的关联关系，然后向对应的数据源发出数据获取请求，最后由一体化管理引擎对各个数据源传回的数据进行统一的处理，将整合的结果返回给用户。

2. 模式映射

一体化管理引擎需要接入关系数据管理引擎、时序数据管理引擎、图数据管理引擎、非结构化数据管理引擎和键值数据管理引擎。由于底层数据管理引擎返回的数据模式各异，为便于一体化管理引擎的统一处理，需要对各个底层数据源的数据模式进行统一的映射，当前，将它们映射为关系模式。具体的模式映射工作在对外部数据源的包装器中完成，获取外部数据源后，将它们都转换为关系模式下的数据。下面介绍如何将各个数据源统一映射为关系模式。

关系数据管理引擎是当下使用最为普遍的数据管理引擎，其本身就是基于关系模式构建的，因此对关系数据不必做任何转化。

时序数据管理引擎返回的时序数据是带有时间戳的一系列监控值。如果将时间戳这个属性看作关系模式中的一列，那么它就是关系模式。在现有的著名的时序数据库中，TimescaleDB[3] 即为在关系数据管理引擎 PostgreSQL[4] 上的扩展。

图数据管理引擎专门用来处理图模型数据。在图数据库中优先考虑的是数据之间的关联关系。当下的数据分析也特别注重挖掘数据点之间的关联。在图数据库中，节点带有类型和属性，可以将相同类型的节点看作一个表，将节点中的属性看作表中的列。这样，就将图数据管理引擎中的数据映射为关系模式。但是，此映射方法有两点缺陷：首先，没有表达图数据管理引擎中的关联关系这一概念；其次，没有表达如何进行节点之间的关联查询。

非结构化数据管理引擎存储了各种类型的文件。此种数据管理引擎的一般架构都包含两个主要部分：文件元数据管理与文件存储管理。其中，文件元数据管理部分主要用来存储文件的基本信息(如文件大小、文件名、文件存储位置、文件类型等)以及用户定义的元数据信息(如文件描述的对象类型等)。通过元数据管理模块对查询请求进行分析，获取满足条件的文件信息，然后将获取的文件返回给用户。将非结构化数据管理引擎中的元数据映射为关系模式，因为这类信息大多用关系引擎或者 ElasticSearch 来存储。

键值数据管理引擎可以很方便地映射为关系模式。例如：可以认为 Redis[5] 是一张大表，键和值分别对应表中的一列。

3. 数据组织

我们在逻辑上提出了几个概念：DataSet、IGTabl 和 Correlation。一个 DataSet 下包含了若干个 IGTable 以及若干个 Correlation。

IGTable 是外部数据源在一体化管理引擎中的模式定义，即各个外部数据源映射成的关系模式。在一体化管理引擎中，使用者看到的数据都是 IGTable。对查询用户屏蔽底层数据源具体信息,使用户如同使用 SQL 对一个关系引擎进行查询一样。每个 IGTable 除了包括传统关系模式的关系名、列名以及列属性信息外,还包括该 IGTable 来自哪个外部数据源以及与外部数据源的列如何对应等内容。由于某个 IGTable 可能没有映射某个外部数据源上的所有属性,因此必须指明列映射关系。例如,一个外部关系数据源上的表 A 含有 a、b、c 3 个列,而在一体化查询接口中定义的 IGTable 1 只需要映射其中的 a、c 两个列,此时,就必须加上这个列映射信息,否则,查询时就无法确定获取关系数据源上的哪些列。此外,可以针对每个 IGTable 定义默认分组的属性,以明确查询获得的数据依据哪个属性上的值进行分组。

Correlation 定义了两个 IGTable 之间的关联关系。可以理解为传统关系数据库中两个表的 JOIN 条件。在执行查询请求时,可以自动分析它们需要满足的关联关系。

DataSet 由若干 IGTable 和 Correlation 构成。可以将 DataSet 理解为由这些 IGTable 构成的视图。DataSet 主要出于应用的考虑,不同的用户针对不同的应用,查询对应的 DataSet 即可。在 DataSet 中加入了 IGTable 后,可以为其中的 IGTable 之间构建 Correlation。一个 IGTable 可以被加入到多个 DataSet 中,而一个 Correlation 只属于一个 DataSet。

10.3.2 元数据模式信息

一个 DataSet 下可以有多个 IGTable 以及多个 Correlation,每个 IGTable 记录其对应的外部数据源信息。上述信息通过元数据管理模块中的元数据模式进行描述与管理。

1. Server 元数据

每个外部连接的数据源定义为一个 Server。当访问外部数据源获取外部数据时,首先通过该 Server 提供的信息同外部数据管理引擎建立通信,发送相应的查询请求。由于不同的数据管理引擎所包含的连接信息有所不同,这里抽取其主要部分,包括以下信息:

(1) 数据源名称,全局唯一,由用户定义,用来唯一标识一个数据源。

(2) 数据源类型,用来区分数据源类型,如时序、关系、图、非结构化以及键值。

(3) 数据源的 IP 地址。

(4) 端口号,数据源监听的端口号。

(5) 用户名,连接外部数据源所使用的用户名。

(6) 密码,连接外部数据源时对应用户名的密码。

(7) 数据库,主要针对关系数据库,在连接数据库时需要指定当前连接的数据库。

2. IGTable 元数据

IGTable 是在一体化管理引擎中使用的统一关系模式。IGTable 元数据包括如下信息:

(1) 基本信息,包括关系名、属性列表、外部映射的对象名以及对象内的模式信息。

(2) IGTable 对应的 Server 名,通过该信息能够连接外部数据源进行数据查询。

(3) 分组属性。

3. Correlation 元数据

描述一个 DataSet 中两个 IGTable 之间的(等值)关联条件。用户后续查询时无须显式指定查询关联,仅需要输入待查询的数据信息,一体化管理引擎会自动根据这些信息对获取的数据建立关联,呈现给用户。Correlation 元数据主要包括如下信息:

(1) Correlation 名，在一个 DataSet 内是唯一的。

(2) DataSet 名，该 Correlation 所属的 DataSet。

(3) IGTable 名 1，属性名 1，建立关联的左边表名和对应的列。

(4) IGTable 名 2，属性名 2，建立关联的右边表名和对应的列。

4. DataSet 元数据

DataSet 元数据包括如下信息：

(1) DataSet 的描述。不同 DataSet 的建立有不同的应用目的，通过此描述信息，用户能够了解该 DataSet 针对的应用，或者它包含了哪些数据信息。

(2) IGTable 信息，该 DataSet 包括的所有 IGTable 的名称。

(3) Correlation 信息，属于该 DataSet 的 Correlation 信息。

10.3.3 架构设计

一体化管理引擎旨在整合异构数据源时提供统一的查询接口，既能对单个数据源进行查询，又能实现跨数据源的查询。它对用户屏蔽了各个异构数据源，用户就像是面对一个数据源一样。一体化管理引擎的架构如图 10.1 所示。

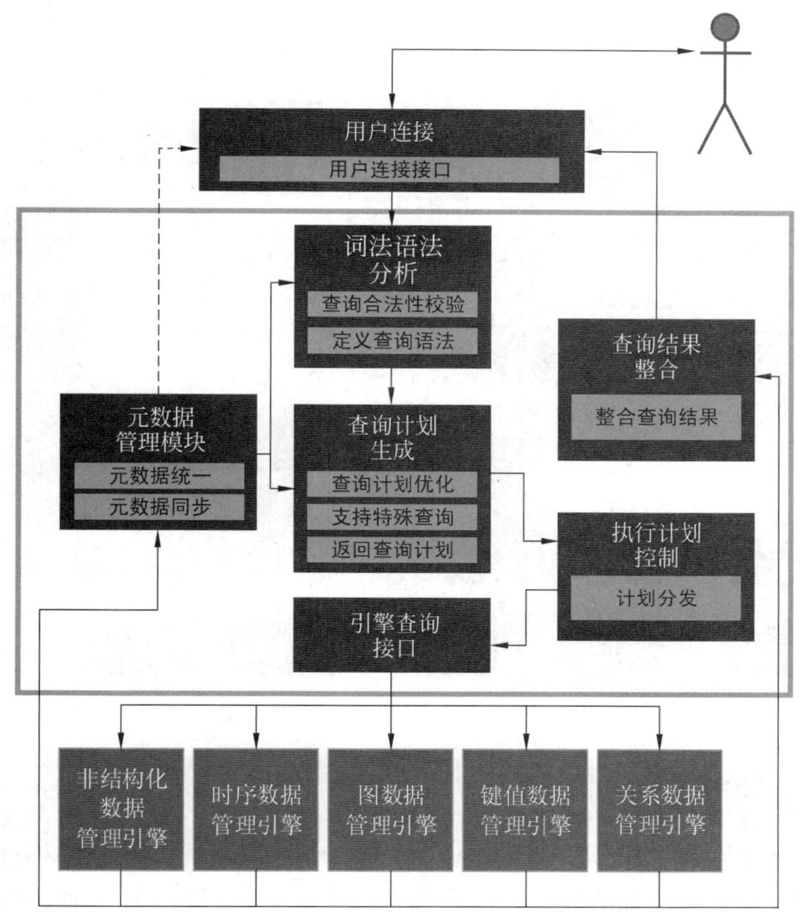

图 10.1 一体化管理引擎的架构

借鉴传统数据仓库中的思路,为每个数据源构建包装器,针对新的数据源可以构建新的包装器,因此系统具有很好的可扩展性。包装器主要有两个功能:一是负责将对于某数据源的查询计划包装成该数据源的查询语句,然后发给该数据源;二是负责接收数据源返回的查询结果,并将结果包装成前面描述的统一的关系模式。经过这层包装后,就可以把外部数据源上的数据对象当作表进行操作。

对于用户输入的查询,会结合元数据去分析该查询语句涉及哪些外部数据源,每个数据源对应的查询条件是什么,以及这些数据源之间的关联是什么。为此,要构建计划树,计划树上主要有两类节点:一类是从每个数据源获取数据的单个数据源上的节点,在这类节点上进行条件下推,将对应某数据源的条件直接推给该数据源;另一类是整合规则,也就是当从各个数据源上将数据取回之后,将这些异构数据整合到一起的规则。

10.4 技术实现

10.4.1 整体框架

遵循整体设计思路,图 10.2 给出了一体化管理引擎的整体框架。本节首先概述整体框架,在后面的小节中,对其中的每个模块进行详细介绍。

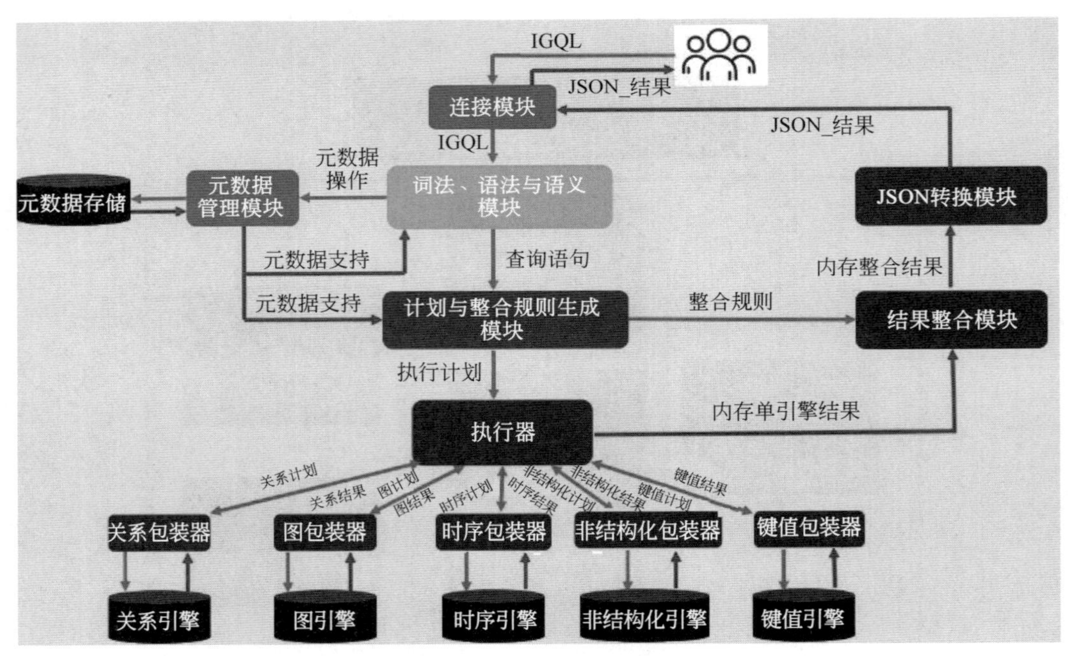

图 10.2 一体化管理引擎整体框架

一体化查询接口包括以下 7 个模块:

(1) 一体化管理引擎对外有连接模块,主要有两个作用:一是接收用户输入的查询语句,并将查询结果返回给用户;二是将收到的查询语句传给词法、语法与语义模块。

(2) 词法、语法与语义模块分析用户输入的查询,得到用户的查询目标、查询条件、DataSet 以及分组属性等信息,并对语义进行检查。如果通过检查,则将包装好的信息传给计划与整合规则生成模块。

(3) 元数据管理模块主要为语义检查、计划生成、规则生成等模块提供元数据支持，为系统的正确运行提供元信息。

(4) 计划与整合规则生成模块生成单个外部数据源的查询计划，以及跨数据源之间的整合规则。将单个数据源的查询计划交给执行器。

(5) 执行器根据数据源类型，将计划传给对应的外部数据源包装器。外部数据源包装器接到计划后，将计划转换为对应外部数据源的查询语句，发出查询请求，将接收到的查询结果包装为内部关系形式。当各个数据源都提供了数据后，这些数据将和整合规则一起发给结果整合模块。

(6) 结果整合模块对结果进行跨数据源的关联，最后将整合后的结果传入 JSON 转换模块。

(7) JSON 转换模块将整合后的查询结果序列化为 JSON 格式，返回给连接模块，由连接模块传回客户端。

10.4.2　语法设计

1. 定义 Server 的语法

语法：

```
CREATE SERVER name(type,ip,port,user,password,database);
```

解释：

name　　创建的数据源名称，全局唯一。

type　　该数据源类型，可以取值为 TS(时序)、RD(关系)、GR(图)、NS(非结构化)、KV(键值)。

ip　　该数据源所在机器的 IP 地址。

port　　该数据源的监听端口号。

user　　连接该数据源的用户名。

password　连接该数据源的密码。

database　该数据源指定的数据库。

示例：

```
CREATE SERVER RDServer90(RD,localhost,54321,SYSTEM,123456,SAMPLES);
```

以上语句创建一个名为 RDServer90 的数据源，该数据源的类型为 RD，IP 地址为 localhost，端口号为 54321，用户名为 SYSTEM，密码为 123456，指定的数据库为 SAMPLES。

2. 定义 IGTable 的语法

语法：

```
CREATE IGTABLE name (igattr1, igattr2, …) SERVER server OBJECT object (obatt1,
obatt2,…) OGBY igattrx;
```

解释：

name　　在一体化查询接口中创建一个 IGTable 名称，全局唯一。

igattr1 等　该 IGTable 的属性名列表。
server　该 IGTable 所在的数据管理引擎的名称。
object　在远端数据源上该数据的名称。
obattr1 等　在远端数据源上该数据的属性名列表。
igattrx　表示组织结果的属性，所有结果按照该属性来分组组织。
示例：

```
CREATE IGTABLE turbine(r_turbineid, r_windfarmid, r_devicetype, r_description)
SERVER RDServer90 OBJECT turbines (turbineid,windfarmid,devicetype,description)
OGBY r_turbineid;
```

以上语句创建一个名为 turbine 的 IGTable，该 IGTable 的属性有 r_turbineid、r_windfarmid、r_devicetype、r_description，该 IGTable 的数据在名为 RDServer90 的数据源上，对应的数据表为 turbines，其属性有 turbineid、windfarmid、devicetype、description，分组属性为 r_turbineid。

3. 定义 DataSet 的语法

语法：

```
CREATE DATASET name(description);
```

解释：
name　创建的 DataSet 名称，全局唯一。
description 该 DataSet 的基本描述。
示例：

```
CREATE DATASET dataset3(display_demo);
```

以上语句创建一个名为 dataset3 的 DataSet，该 DataSet 的描述信息为 display_demo。

4. 在 DataSet 中添加 IGTable 的语法

语法：

```
APPEND name WITH (igtable);
```

解释：
name　DataSet 名。
igtable　加入 DataSet 的 IGTable 名。
示例：

```
APPEND dataset3 WITH (turbine);
```

以上语句将名为 turbine 的 IGTable 加入 dataset3 中。

5. 定义 Correlation 的语法

语法：

```
CREATE CORRELATION name AT dataset (igtable1.attr1,igtable2.attr2);
```

解释：

name　　建立的 Correlation 的名称，在 DataSet 内唯一。
dataset　　该 Correlation 的 DataSet 名。
igtable1.attr1　　该 Correlation 的左部表以及属性。
igtable2.attr2　　该 Correlation 的右部表以及属性。

示例：

```
CREATE CORRELATION KV_RD28 AT dataset3
    (faultspoint.turbineid,turbine.turbineid);
```

以上语句在 dataset3 上创建一个名为 KV_RD28 的 Correlation，它关联了 faultspoint.turbineid 和 turbine.turbineid。

6. 定义查询的语法

语法：

```
SELECT target_attr1,target_attr2,…
FROM dataset_name
WHERE condition1 AND condition2 AND… OGBY attrx;
```

解释：

target_attr1 等　　要返回其值的属性。
dataset_name　　待查询的 DataSet 名称。
condition1 等　　查询条件。
attrx　　分组属性。

示例：

```
SELECT r_turbineid,r_description,r_windfarmid,r_devicetype,t_time,t_windSpeed,
    t_powerActive,t_generatorSpeed,t_pitchAngle,gr_typeid,gr_plmid,gr_descr,
    gr_layer
FROM dataset3
WHERE t_windSpeed>10 AND t_powerActive>100 AND t_powerActive<500 AND
    gr_layer=1 OGBY t_turbineid;
```

以上语句从 dataset3 中选择满足条件 t_windSpeed＞10 AND t_powerActive＞100 AND t_powerActive＜500 AND gr_layer＝1 的相关数据的 r_turbineid、r_description、r_windfarmid、r_devicetype、t_time、t_windSpeed、t_powerActive、t_generatorSpeed、t_pitchAngle、gr_typeid、gr_plmid、gr_descr、gr_layer 属性值，结果按照 t_turbineid 分组组织。

10.4.3　词法、语法与语义模块

1. 功能描述

词法、语法与语义模块从连接模块接收到查询操作语句后，分析用户的输入语句，并将信息存储到相应的内部结构体中。例如，从查询语句中首先分析出查询目标、查询条件、DataSet、分组属性等信息，存入 SelectStmt 结构体中。然后进行语义检查，主要检查需要操作的对象是否存在。例如，查询的目标属性是否存在，DataSet 是否存在，创建 IGTable 时是

否已经有同名的 IGTable 存在，等等。

对于上面两个功能模块，若有一个失败，就会直接返回，并告诉客户端出错的原因是语法错误还是语义错误。

2. 技术实现

利用开源工具 ANTLR，编写描述 10.4.2 节中各类语句的语法文件，并定义操作语句转换后的结构体。利用 ANTLR 生成对应的解析代码。当接收到用户的输入操作语句（可能是查询语句，也可能是定义语句）后，利用生成的解析代码转换为对应的结构体。

在进行语义检查时，利用解析模块得到的结构体，访问对应的元数据信息，检查查询对象是否存在。该过程主要调用元数据模块的 API。

10.4.4 元数据管理模块

1. 功能描述

元数据管理模块主要为语义检查、计划生成、规则生成等模块提供元数据支持，为系统的正确运行提供元信息。

2. 技术实现

采用键值数据库（Redis）存储元数据，并设计一套元数据存储、获取的 API 接口。

以下是元数据存储模式设计。

(1) Server 信息。

键：SERVER@Server 名。

SERVER 为 Server 类型信息的固定前缀。Server 名是全局唯一的，所以该键能够唯一地标识一个 Server。

值：Server 类型#@#IP 地址#@#端口号#@#用户名#@#用户密码#@#数据库名。

对该外部数据源建立连接的必要信息。对于缺失的值，赋值为“_”。

(2) IGTable 信息。

键：IGTABLE@IGTable 名。

IGTABLE 为 IGTable 类型信息的固定前缀。IGTable 名是全局唯一的，所以该键能够唯一地标识一个 IGTable。

值：Server 名#@#对象名#@#ig_att1：ob_attr1#ig_att2：ob_att2#…#@#分组属性。

Server 名表示该 IGTable 对应的外部数据所在的数据源名，结合已定义的 Server 信息，能够与该数据源建立连接获取对应的外部数据。

对象名表示该 IGTable 在外部数据源上对应的数据名。

第三部分是属性映射关系，记录属性间的映射信息。

分组属性表示在获取了 IGTable 上的数据后，按照哪个属性进行分组。

(3) DataSet 信息。

键：DATASET@DataSet 名。

DATASET 为 DataSet 类型信息的固定前缀。DataSet 名是全局唯一的，所以该键能够唯一地标识一个 DataSet。

值：DataSet 描述信息＃@＃IGTable 名 1＃IGTable 名 2＃…。

DataSet 描述信息是用户对该 DataSet 的一个自定义描述，可能是该 DataSet 的用途或者对它的应用的描述。

第二部分是该 DataSet 中所包含的 IGTable 名。

(4) Correlation 信息。

键：CORRELATION@DataSet 名@Correlation 名。

CORRELATION 是 Correlation 的固定前缀。DataSet 名表示该 Correlation 属于哪个 DataSet。Correlation 名为该关联关系的名称，在 DataSet 内唯一。

值：IGTable1.ig_attr1＃IGTable2.ig_attr2。

表示建立等值关联的两个 IGTable 名以及建立等值关联的属性。

10.4.5 计划与整合规则生成模块

1. 功能描述

计划与整合规则生成模块针对查询语句起作用，而定义语句不会进入该模块。因为定义语句不会进行外部数据源的数据查询，其操作都是和元数据模块进行交互，调用元数据模块的 API，使得对应的定义语句得以执行。

计划生成部分主要结合元数据，生成每个数据源上的数据查询计划，然后将这些计划传给执行器，再传递给对应的外部数据源包装器。后者根据该计划，从外部数据源获取需要的数据。

整合规则生成部分主要用于在跨多个数据源进行数据获取时，对多个数据源数据的协同过滤和 JOIN 连接，根据元数据信息以及用户查询请求，得到各个数据源之间的关联图。由于有一个用于信息分组的属性，所以这里形成的图实际上是一棵树，树根是用户查询指定分组的属性所在的 IGTable。整合规则最后交由一体化管理引擎的结果整合模块，当所有数据源上的数据都接收到后，便开始对结果进行整合。

2. 技术实现

对于经过词法、语法与语义检查后的查询语句，首先要分析其查询目标以及待查属性所在的 IGTable。对于涉及的每个 IGTable，建立一个计划结构体记录相关信息。通过元数据管理模块获取该 IGTable 的模式信息(包括映射的外部数据源上的对象信息)以及其对应的数据所在外部数据源信息(供包装器建立连接使用)。其次，将用户请求中涉及该 IGTable 的查询目标以及查询条件都记录在计划中，以便对应的外部数据源包装器得到该计划后，能够构造出可以在数据源上执行的查询语句，进而执行查询，返回结果。

在实现上，我们考虑了查询条件下推，将涉及一个 IGTable 的条件都推给对应数据源来处理。当前用户的查询限于一个 DataSet 中所包含的 IGTable 的列，所以一个查询中不同 IGTable 之间的关联不需要由用户定义，可直接利用已经在 DataSet 中定义好的 IGTable 之间的 Correlation 作为不同 IGTable 之间的关联约束。为此，可首先将用户指定为实体组织的属性取出，将该属性所在的表作为树根，然后，将关联到的 IGTable 的属性作为它的孩子，继续寻找其孩子的孩子，直到本次所有涉及的 IGTable 都加入树中。如果不能生成这样的一棵树，那么将直接返回，告诉用户这个查询暂时不被支持。生成的规则整合树将交由结果整合模块执行。

10.4.6 执行器模块

1. 功能描述

执行器模块负责两种类型的语句的执行：一种是定义语句的执行，另一种是查询语句的执行。对于定义语句，将通过语法检查的定义语句所要定义对象的全部信息写入结构体，然后调用元数据管理 API，按照前面定义的模式将键值存储起来。对于查询计划，将其传递给对应的外部数据源包装器，由后者处理查询计划，转换成对应的外部数据源上的查询语句，然后同外部数据源建立连接，发送查询语句，接收结果并包装为 IGTable 对应的模式。

2. 技术实现

面向查询类型的执行器首先会根据待查询数据源的数据类型，选择对应的包装器。每个包装器实现以下功能：同外部数据源建立、断开连接的接口，将查询计划转为对应的外部数据源的查询语句的接口，将查询结果保存在事先定义的二维表结构变量中。

10.4.7 结果整合模块和 JSON 转换模块

1. 功能描述

当获取了多个数据源上的数据之后，将进行多个数据源上的数据的整合。结果整合模块以整合规则以及各个数据源返回的数据作为输入，将获取的数据按照整合规则进行整合，然后将整合结果传入 JSON 转换模块，将结果转换为 JSON 格式。

2. 技术实现

结果整合模块得到的整合规则是树状结构，树根是用户指定的分组属性对应的 IGTable，其孩子节点为与该 IGTable 建立直接关联的其他 IGTable，直接的关联信息也存储在父节点中。在进行规则整合时，采用类似于 NestLoop 的算法，从树根对应的 IGTable 上取一行结果，然后自顶向下取每个数据源上的数据。每循环一次就取一条结果，直到根节点的结果集都取完为止。最后，将结果转换为 JSON 格式，也就是将内部数据结构序列化为 JSON 格式。

10.5 性能

上面介绍了一体化管理引擎的数据查询功能以及查询实现细节。本节介绍一体化管理引擎在实际应用中的主要功能页面及其功能。

10.5.1 首页

一体化管理引擎主界面如图 10.3 所示。左边栏展示了相关的操作选项，包括数据源概览、元数据管理、数据查询和语义融合 4 个功能。其右侧的界面主体区域自上往下分为 4 个部分。第一部分展示当前一体化管理引擎中已经注册的数据源、已经定义的映射模式以及已经定义的数据集。第二部分展示的是近 10 天对一体化管理引擎查询请求的情况。第三部分又分为左右两块，左边展示了每个数据集的请求情况，右边是当前一体化管理引擎管理的所有映射模式被查询的统计。第四部分提供了协同分析的功能，展示所有 m 个表至少一起被查询 n 次的所有统计，m、n 均由用户在输入框内输入，单击“统计”按钮，会在右边的表格中展示。

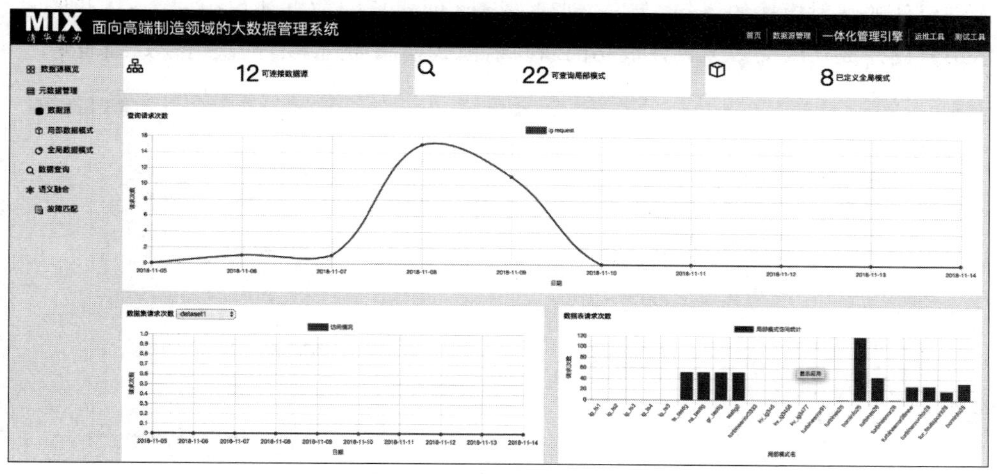

图 10.3　一体化管理引擎主页面

10.5.2　数据源

图 10.4 为一体化管理引擎中所有注册的数据源列表,该信息是一体化管理引擎访问对应数据源的必要信息,如 IP 地址、端口号等。用户可以输入创建新数据源的语句,单击“创建”按钮,创建新的数据源,一体化管理引擎会提示用户创建成功或失败。创建成功的新数据源会被添加到现有数据源列表中。

QUERY　　创建

数据源列表

数据源名	数据源类型	IP地址	端口号	用户名	用户密码	数据库
TSServer1	TS	127.0.0.1	6667	root	root	_
TSServer2	TS	127.0.0.1	6667	root	root	_
GRServer25	GR	127.0.0.1	7474	neo4j	lanhai241119*	_
GRServer2	GR	127.0.0.1	7474	neo4j	lanhai241119	_
GRServer1	GR	127.0.0.1	7474	neo4j	neo4j	_
GRServerL2	GR	192.168.3.61	7474	neo4j	1234	_
GRServerL1	GR	192.168.3.61	7474	neo4j	1234	_
GRServerL3	GR	192.168.3.61	7474	neo4j	1234	_
NSServer91	NS	127.0.0.1	8889	_	_	_
NSServer2	NS	127.0.0.1	8889	_	_	_
RDServer25	RD	localhost	5432	hailan	_	hailan
RDServer1	RD	127.0.0.1	5432	lanhai	123456	lanhai
RDServer2	RD	127.0.0.1	5432	hailan	_	hailan
KVServer3	KV	127.0.0.1	9042	_	_	hai
testserver	KV	192.168.3.90	9042	_	_	_
KVServer2	KV	127.0.0.1	9042	_	_	hai
testserver3	KV	192.168.3.90	9042	_	_	_
testserver2	KV	192.168.3.90	9042	_	_	_
testserver5	KV	192.168.3.90	9042	_	_	_
testserver4	KV	192.168.3.90	9042	_	_	_

图 10.4　数据源列表

10.5.3　映射模式

图 10.5 为映射模式列表,展示当前一体化管理引擎中所有的映射模式。第一列为一体化管理引擎中远端数据的名称,第二列为数据在远端数据的名称,第三列为该数据实际的数据

源,第四列为分组属性,最后两列为该数据在一体化管理引擎和源引擎上的字段信息。用户可以输入创建新的映射模式的语句,单击“创建”按钮,创建新的数据映射模式,一体化管理引擎会提示用户创建成功或失败。创建成功的新映射模式会添加到现有的映射模式列表中。

QUERY　创建

映射模式列表

表名	源表名	数据源名	分组属性名	属性	源属性
bominfo25	Item	GRServer25	gr_typeid	gr_typeid,gr_name,gr_oid,gr_weight	typeid,PLM_I_NAME,PLM_M_OID,PLM_WEIGHT
turbineerror91	errorinfos_errorinfos	NSServer2	nx_turbineid	nx_turbineid,nx_windfarmid,filename	turbineid,windfarmid,filename
ns_testig	metadata77_error	NSServer2	turbineID	turbineID,windfarmID,filename	turbineid,windfarmid,filename
turbineerror3333	errorinfos_errorinfos	NSServer2	n_turbineid	n_turbineid,n_windfarmid,n_filename	turbineid,windfarmid,filename
testig_gr	test_gr	RDServer2	g11	g11,g12,g13	c1,c2,c3
testig	test	RDServer2	a1	a1,a2,a3	a1,a2,a3
testigmeta	test	RDServer2	c1	c1,c2,c3	a1,a2,a3
testig3	test_gr	RDServer2	g1	g1,g2,g3	a1,a2,a3
testig2	test	RDServer2	c1	c1,c2,c3	a1,a2,a3
testigT1	test	RDServer2	c1	c1,c2,c3	a1,a2,a3
testkvrd	testkvrd	RDServer2	g1	g1,g2	t1,t2
testigmeta2	test	RDServer2	c1	c1,c2,c3	a1,a2,a3
testigT2	test_gr	RDServer2	g11	g11,g12,g13	g1,g2,g3
ts_testig	TS	TSServer2	turbinEID	turbinEID,time,windSpeed,powerActive,generatorSpeed,pitchAngle	turbineid,Time,windSpeed,powerActive,generatorSpeed,pitchAngle
rd_turbine	turbine	RDServer1	turbineid	turbineid,windfarmID,devicetype,comment	turbineid,windfarmid,devicetype,description
ts_goldwind	root.ln	TSServer1	turbineid	turbineid,timestamp,windSpeed,powerActive,generatorSpeed,pitchAngle	turineid,timestamp,windSpeed,powerActive,generatorSpeed,pitchAngle
gr_bominfo	Item	GRServer1	typeid	typeid,layer,pimid,description,issensor	typeid,layer,pimid,description,issensor
kv_ig345	turbinefault	KVServer2	t1	t1,t2,t3	turbineid,happenedtime,faulttype
kv_testig_temp	testkv	KVServer2	t1	t1,t2	a1,a2
kv_ig3456	turbinefault	KVServer2	t1	t1,t2,t3	turbineid,happenedtime,faulttype
ns_errorfile	metadata77_errorinfo	NSServer1	id	id,filename	id,filename
turbines25	testrd	RDServer25	r_turbineid	r_turbineid,r_typeinfo	turbineid,typeinfo
gr_testig	Item	GRServer2	typeid	typeid,pimid,descr,layer,issensor	typeid,pimid,description,layer,issensor
kv_ig3477	turbinefault	NSServer91	t1	t1,t2,t3	turbineid,happenedtime,faulttype

图 10.5　映射模式列表

10.5.4　数据集信息

图 10.6 为一体化管理引擎中定义的所有的数据集。数据集由在一体化管理引擎中定

QUERY　创建

数据集信息

数据集: dataset2

描　述　: test_plan

IGTables　: testig2,testig_gr,gr_testig,ns_testig,ts_testig

关联名	关联左部	关联右部
testcor_relation_gr	testig2.c2	gr_testig.typeid
rd_testig2_gr_testig_gr	testig2.c1	testig_gr.g11
testcor_relation_ts	testig2.c1	ts_testig.turbinEID
testcor_relation_ns	testig2.c1	ns_testig.turbineID

数据集: dataset3

描　述　: test_kv

IGTables　: kv_testig_temp,testkvrd

关联名	关联左部	关联右部
testkv_rd	testkvrd.g1	kv_testig_temp.t1

数据集: testigmain

描　述　: test_demo

IGTables　:

关联名	关联左部	关联右部

数据集: dataset1

描　述　: demo_ig_search

IGTables　: rd_turbine,ts_goldwind,gr_bominfo,ns_errorfile

关联名	关联左部	关联右部
rd_turbine_gr_bominfo	rd_turbine.devicetype	gr_bominfo.typeid
rd_turbine_ts_goldwind	rd_turbine.turbineid	ts_goldwind.turbineid
rd_turbine_ns_errorfile	rd_turbine.turbineid	ns_errorfile.id

数据集: dataset7

描　述　: test

IGTables　:

图 10.6　数据集信息

义的多个表构成，它们之间存在相互的关联。例如，用户在定义数据集 dataset2 时，可对该数据集添加描述信息（如用途等）；IGTables 是该数据集中包含的所有定义在一体化管理引擎中的表，其下的关联信息（“关联名”“关联左部”和“关联右部”）指明数据集中的两个表之间的关联关系。其中，“关联名”是对两个表的一个标识，在单个数据集中唯一；“关联左部”和“关联右部”分别指明了关联的表及其字段。

在输入框中可以输入创建新的数据集、新数据集的表以及定义数据集中两个表关联关系的语句。单击“创建”按钮，即执行相应的创建操作，一体化管理引擎会提示用户创建成功或失败。如果创建成功，会将其添加到现有的数据集信息中。

10.5.5　数据查询

数据查询界面的最顶部是查询输入框以及“查询”按钮，该按钮下是“示例”按钮，用于展示若干查询示例。该界面支持对不同引擎的单引擎查询功能，以及对多个引擎的一体化查询功能。除此之外，我们还预先集成了一些常用查询示例，以方便用户输入。

在访问不同的查询引擎时，返回结果的布局也会因返回数据的种类及引擎来源不同而不同。例如，可以以不同的查询示例来展示不同的查询结果。

示例一的查询结果如图 10.7 所示。

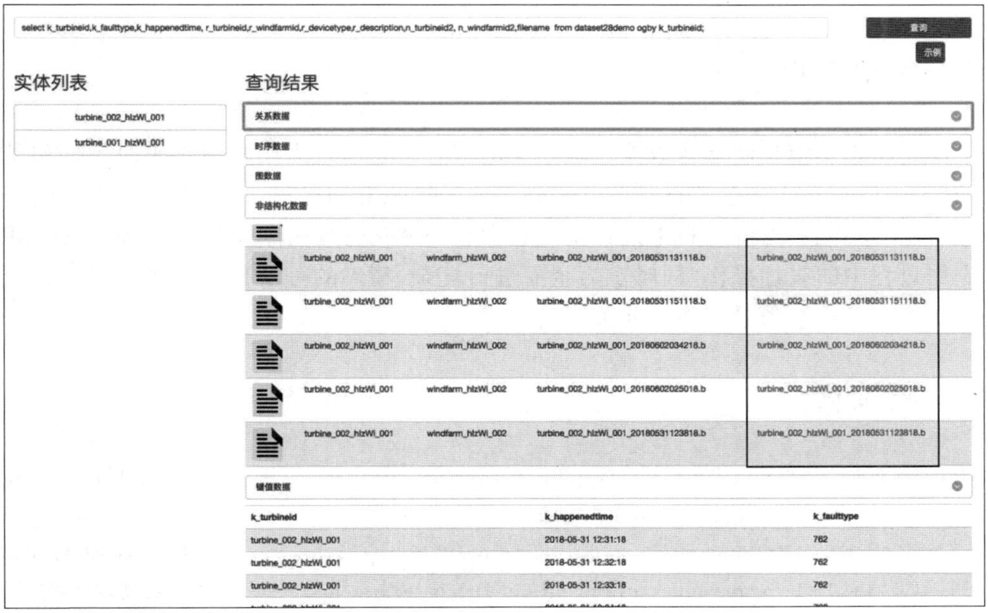

图 10.7　示例一的查询结果

实体列表列出当前查询中满足查询条件的实体。单击相应的实体，右边的查询结果会切换到对应实体的相关信息。对于非结构化数据，可以单击最右边的蓝色部分（在图 10.7 中以方框标示），下载对应的非结构化文件。

示例二的查询结果如图 10.8 所示。

该查询采用折线图可视化展示时序数据。图 10.8 直接展示出对应节点的标签信息。也可单击相应节点查看其上下层信息，单击“查看组成部件”按钮或者“查看使用者”按钮查看相应的信息。

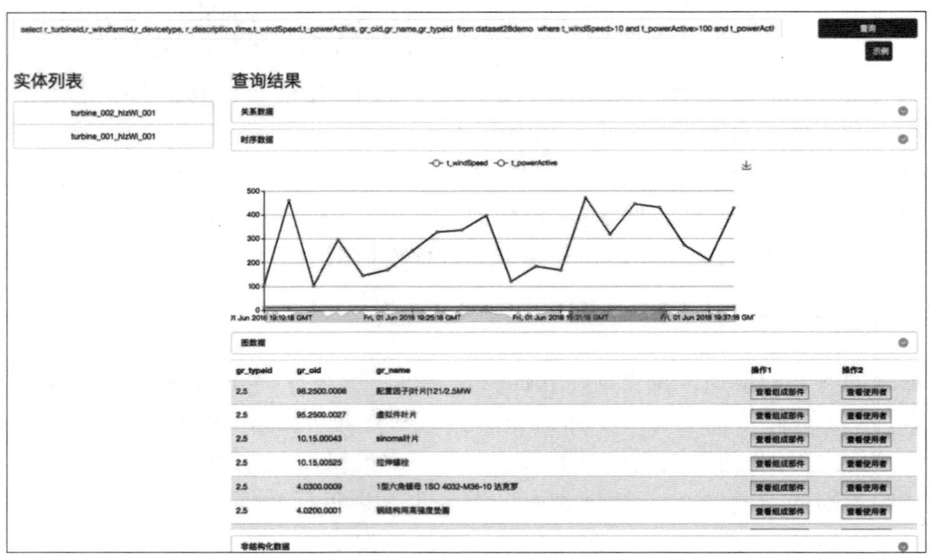

图 10.8 示例二的查询结果

10.6 本章小结

一体化管理引擎是制造业数据管理系统的核心。它通过为用户提供来自不同引擎的数据查询接口,以及基于多个数据源融合基础上的一体化查询接口,使得用户可以通过一个查询界面对底层不同数据源的数据进行统一查询。一体化管理引擎不仅极大地方便了用户在实际应用过程中的查询操作,同时也为企业进行复杂、精确的分析任务提供了可能性。一体化查询功能在制造业场景中将扮演重要的角色。

本章参考文献

[1] GORMLEY C, TONG Z. ElasticSearch: the definitive guide: a distributed real-time search and analytics engine[M]. [S.l.]: O'Reilly Media, Inc., 2015.

[2] LENZERINI M. Data integration: a theoretical perspective[C]. In: Proc. of the 21st ACM SIGMOD-SIGACT-SIGART Symposium on Principles of Database Systems. New York: ACM, 2002, 233-246.

[3] TimescaleDB. https://www.timescale.com/.

[4] MOMJIAN B. PostgreSQL: introduction and concepts[M]. New York: Addison-Wesley, 2001.

[5] Redis. https://redis.io/.

语义融合中的实体抽取与关联

王 鹏

复旦大学计算机科学技术学院

11.1 概述

面向高端制造领域的大数据管理系统涵盖了各种类型的数据，其中最主要的是时间序列数据和故障文本数据。语义融合任务即通过分别对时间序列和故障文本构造语义表示，为时间序列和故障文本之间的关联分析奠定基础。通过对时间序列和故障文本的语义表示，可以实现以下功能：输入故障工单文本，不仅能够返回具有类似故障情况、能够提供解决方法建议的相似文本，还可以返回该类故障所对应的时间序列表示；反过来，输入一段时间序列数据，也可以查询该时间序列可能对应的标志性故障文本，从而在两个维度对面向高端制造领域的大数据管理系统提供语义查询。

以实体为基本单位，通过特征词集合对文本进行语义表示，在自然语言处理领域是一种常用的技术与方法[1]，具有效率高、通用性强、可定制的特点，在研究和工程领域得到了大量的应用。但以实体为单位的语义表示需要高质量的实体列表，而在面向高端制造领域的大数据管理系统中，由于包含航空产业、卫星及应用产业、轨道交通装备业、海洋工程装备以及智能制造装备等各类完全不同的制造领域，各个领域的文本具有完全不同的领域特征，而现有的实体识别方法主要针对通用领域的实体识别任务[2,3]，往往不具备自适应各个领域不同的数据特征的能力，因此需要设计专门的实体抽取算法，来支持以实体为单位进行语义表示的任务。

针对面向高端制造领域的大数据管理系统中的数据具有完全不同的领域特征这一特点，本系统采用了交互式算法来捕捉用户需求。该算法将现有的各类方法建模为标签函数[4]，通过概率图模型[5]来综合各类现有方法的结果，生成统一的标签，作为训练数据使用的标签，再通过主动学习的技术[6]实现与用户的交互，从而在最大化利用现有的方法、最小化用户工作量的前提下，抽取高质量的、能够为面向高端制造领域的大数据管理系统中的语义融合任务，提供足够支持的实体列表。

11.2 需求

在面向高端制造领域的大数据管理系统中，故障分析是针对制造过程中产生的以时间序列为主的设备监控数据和以文本为主的人工检修维护记录等多种异构数据进行的综合性分析，是面向高端制造领域的大数据管理系统在工作流程后端的数据挖掘方面重要的应用之一。例如，在制造业中，大型仪器设备往往具有对应的传感器来检测温度、功率等各类运行状态数值信息，而这些信息也以时间序列为载体，是对系统运行状况的一种反映。如果能够捕捉到这类时间序列中的数据的基本语义单元，就可以实现系统自动监控与报警，同时也可以为用户提供错误查询的推荐。同样，如果能够实现对文本的语义表示，用户可以通过查询相似的故障文本来获得类似的故障文本及其对应的维修记录，从而对故障类型和维修方法有预先判断。而在时间序列数据和文本数据之间也可以进行关联性分析。例如，通过故障部分时间序列的查询可以获得具有相似时间序列特征的历史故障的时间序列数据、故障文本和维修记录文本；同样，通过故障文本的查询也可以获得对应故障的时间序列特征。

对时间序列和文本进行语义表示是支持上述语义查询和关联查询的基础。时间序列的文本表示方法将在第 12 章进行介绍，本章对面向高端制造领域的大数据管理系统中的文本数据的语义表示方法进行介绍。制造领域的数据往往具有领域性很强的特点，不同领域的数据有着截然不同的特点，因此一般做法是针对某一特定领域设计专门的方法[7]。而由于面向高端制造领域的大数据管理系统针对的是航空产业、卫星及应用产业、轨道交通装备业、海洋工程装备以及智能制造装备等各类完全不同的制造领域，无法预估存储数据的特点，以便采用某种现有的方法，因此需要一种能够适应不同制造领域数据特征的自适应算法。为了解决这一类自适应问题，面向高端制造领域的大数据管理系统选择了基于主动学习的交互式算法，通过最大化利用现有算法、最小化用户工作量的方法来自适应地抽取实体，为系统在文本方面提供语义支持。

11.3 方法设计

11.3.1 方法概述

在面向高端制造领域的大数据管理系统中，实体抽取方法的基本框架利用了标签函数[4]的半监督建模方法和主动学习[8]的交互式分类技术。通过将现有的各种方法建模为标签函数来利用现有方法的信息；同时通过数据编程（data programming）的方法，在标签函数的基础上为数据提供训练标签[9,10]。然后利用基于专家委员会的主动学习技术[11]，通过抽样训练样本和训练数据属性集的方法来构造随机森林分类器[12]。通过衡量专家委员会之间的差异度来选择每轮迭代提供给用户标记的数据样本，而用户反馈的标签则作为真实标签在后续的分类和训练中使用。在每一轮为训练器选择数据时，对用户已反馈的标签数据具有较高的选择概率，从而实现进一步捕捉用户意图的目的。

实体抽取算法流程图如图 11.1 所示。该算法首先从故障工单等文本数据库中利用人为设定的频率阈值过滤 N 元模型（N-gram）抽取候选样本[13]，然后在候选样本上利用标签函数来推断标签，并对数据进行抽样以建立随机森林分类器。随机森林分类器中所有的决策树组成专家委员会，利用专家委员会的决策差异性选择样本提供给用户，用于标记和反馈，再利用用户反馈的样本更新分类器，直到输出的实体列表满足用户的需求为止。

11.3.2 节介绍候选样本的提取方法和特征的选择方法，11.3.3 节介绍标签函数与基于标签函数的标签推断方法，11.3.4 节介绍基于专家委员会的主动学习交互方法，11.3.5 节介

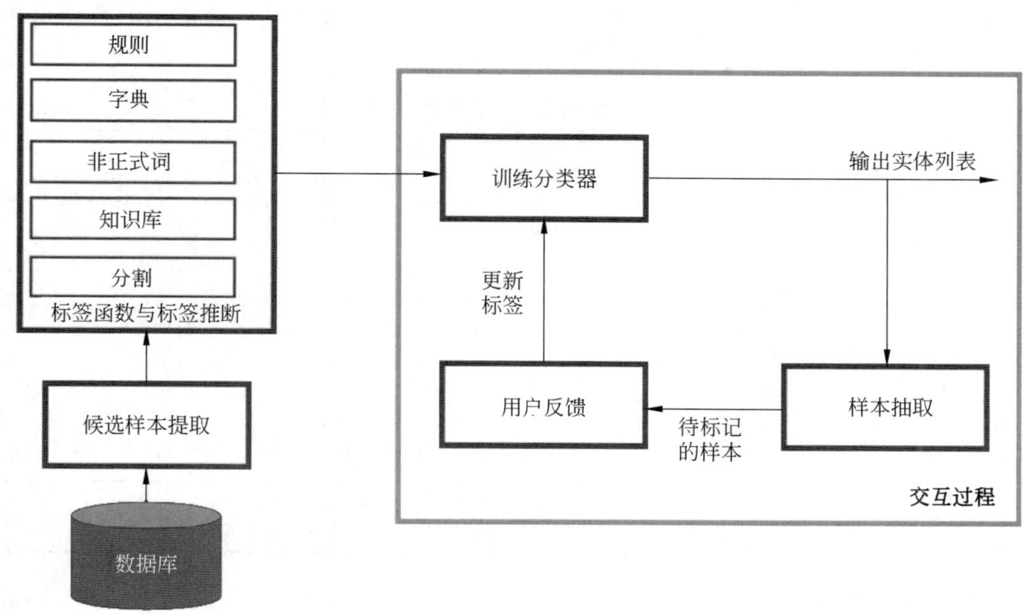

图 11.1 实体抽取算法流程图

绍在面向高端制造领域的大数据管理系统中使用的标签函数构造方法,这些是目前有代表性的实体抽取方法。

11.3.2 候选样本提取与特征选择方法

在面向高端制造领域的大数据管理系统的语义融合模块中,使用的候选实体选择方法是选择频率超过一定阈值的 N 元模型,这是一种在分类模型中经常使用的候选样本抽取方法[14,15]。

N 元模型是由相邻的 N 个字符组成的短语(phrase),在中文信息处理中是经常使用的基本语义单元[16]。N 元模型是否具有期待的语义,以及连续或非连续 N 元模型之间的关系,通常需要进一步使用其他模型进行判断。N 元模型的提取方法通常是选择在整个文本数据库中出现的所有长度不大于某个阈值的短语(可能不具有完整的语义)。由于通常在提取 N 元模型时不加语义判断和规则筛选,因此挑选出来的语义模型具有非常低的精确度(召回率为 100%),通常使用频率过滤可以剔除大部分低频的不具有语义的噪声短语,粗粒度地实现精确度和召回率之间的折中。另外,长度为 1 的 N 元模型,即一元模型,通常也具有比较弱的语义,这种弱语义的特征在制造领域尤其明显,因此一元模型通常也可以剔除。

表 11.1 说明了在“变桨子站故障”样例文本中选择出的长度超过 1 但不超过 4 的所有 N 元模型。

表 11.1 N 元模型抽取示例

样例文本	N 元模型
变桨子站故障	变桨,桨子,子站,站故,故障, 变桨子,桨子站,子站故,站故障, 变桨子站,桨子站故,子站故障

候选样本的特征选择方法也就是特征模板的设计。语义融合模块使用的特征模板如表 11.2 所示。

表 11.2 特征模板

字符特征	长度 是否包含中文/英文/数字
统计特征	频率 前一个相邻字符是中文/英文/数字的比例 前一个相邻字符的信息熵 后一个相邻字符是中文/英文/数字的比例 后一个相邻字符的信息熵 内部字符的凝聚度 左边界两字符的凝聚度 右边界两字符的凝聚度
结构特征	前一个相邻字符是标点符号的比例 后一个相邻字符是标点符号的比例

需要说明的是凝聚度这一特征的意义。一个短语的凝聚度(coherence)[15]是指该短语是否作为统一整体出现在文本中,其形式化定义如下：

$$C(w=[c_1,c_2,\cdots,c_n])=\frac{P(w)}{\min\limits_i P([c_1,c_2,\cdots,c_i])\times P([c_{i+1},c_{i+2},\cdots,c_n])}$$

$w=[c_1,c_2,\cdots,c_n]$为待检查的短语,由字符 $c_1,c_2,\cdots,c_n$ 按顺序组成;$P(w)$为 w 短语或字符序列出现的频率,$C(w)$即为 w 短语的凝聚度。如果某一部分不是作为该短语的一部分经常出现,而是单独出现或者作为其他短语的某一部分经常出现,那么分母会增大,分式的值会减小,即凝聚度小,代表待检查的短语不经常作为统一整体出现在文本中。由于分割位置不确定,因此取最大凝聚度作为分式凝聚度的代表。

在检查左右边界两个字符的凝聚度时,只有两个字符,以左边界为例,公式退化为

$$C([c_f,c_1])=\frac{P([c_f,c_1])}{P([c_f])\times P([c_1])}$$

其中,c_f 表示字符串最左边的字符。

11.3.3 基于标签函数的标签推断方法

需求分析说明了在制造领域中数据来源多样、领域性强且差异性大的特点,因此单一的现有方法难以满足需求;再加上领域数据通常没有足够的标签信息提供给模型进行训练,因此我们选择了标签函数作为对现有方法的建模,再利用标签函数中的标签推断方法来提供训练标签[4,9,10,17]。下面分别对标签函数和标签推断方法进行介绍。

标签函数是一种抽象的黑盒模型,其输入为候选实体(字符串),其输出通常为1(是相关实体)、−1(不是相关实体)或0(本函数不能判断),也可以是其他需要的标签信息。在语义融合模块中即使用了{1,0,−1}的输出域。由于黑盒模型的特点,因此可以在标签函数内部包装多种实现方式,主要有以下 5 种：

(1) 基于预定义词典的模式匹配算法。

(2) 基于人工定义规则的模式匹配算法。

(3) 基于分割的模式匹配算法。

(4) 基于非正式词的挖掘方法。

(5) 基于外部知识库的挖掘方法。

对每种方法的具体说明见 11.3.5 节。

获得了标签函数之后,需要通过机器学习模型来减少多个标签结果带来的数据噪声,返回唯一的标签,以方便后续其他方法的使用。该模型通过因子分析[18]来衡量不同的标签函数及其之间的相互作用,该模型主要包括如下 3 个因子:

$$\Phi_{i,j}^{\mathrm{Lab}}(\boldsymbol{\Lambda},\boldsymbol{Y})=I\{\Lambda_{i,j}\neq 0\}$$
$$\Phi_{i,j}^{\mathrm{Acc}}(\boldsymbol{\Lambda},\boldsymbol{Y})=I\{\Lambda_{i,j}=y_i\}$$
$$\Phi_{i,j,k}^{\mathrm{Coor}}(\boldsymbol{\Lambda},\boldsymbol{Y})=I\{\Lambda_{i,j}=\Lambda_{i,k}\}$$

$\boldsymbol{\Lambda}$ 是标签函数的标记矩阵,$\Lambda_{i,j}$ 是第 j 个标签函数为第 i 个数据项(候选实体)提供的标签。$I\{\text{Boolean}\}$ 是示性函数,如果括号中的布尔表达式为真,则为 1,否则为 0。$\boldsymbol{Y}$ 是(待推测)的真实标签向量,y_i 即第 i 个数据项的真实标签。因此,在上面 3 个因子中,$\Phi_{i,j}^{\mathrm{Lab}}$ 代表了第 j 个标签函数是否为第 i 个候选实体提供标签;$\Phi_{i,j}^{\mathrm{Acc}}$ 代表了第 j 个标签函数为第 i 个候选实体提供的标签是否符合真实标签向量;$\Phi_{i,j,k}^{\mathrm{Coor}}$ 代表了第 j 个标签函数与第 k 个标签函数对第 i 个候选实体提供的标签是否一致,用来衡量标签函数之间的相关性。估计的目标是

$$p_w(\boldsymbol{\Lambda},\boldsymbol{Y})=Z_w^{-1}\exp\Big(\sum_{i=1}^{m}w^{\mathrm{T}}\Phi_i(\boldsymbol{\Lambda},y_i)\Big)$$

$p_w(\boldsymbol{\Lambda},\boldsymbol{Y})$ 是在标签函数矩阵 $\boldsymbol{\Lambda}$ 下真实标签为 $\boldsymbol{Y}$ 的概率;Z_w^{-1} 为参数 $\boldsymbol{w}$ 的归一化常数。对参数的估计则采用优化目标函数的方法,公式如下所示:

$$\hat{w}=\underset{w}{\operatorname{argmin}}-\log_2\sum_{\boldsymbol{Y}}p_w(\boldsymbol{\Lambda},\boldsymbol{Y})$$

优化方法使用基于吉布斯采样的交错随机梯度下降方法[9,10]。优化完成后,即可选择概率最大的真实标签向量作为标签的估计来使用。

11.3.4 基于专家委员会的主动学习交互方法

交互过程主要涉及两个问题:如何选择样本提供给用户进行标记,以及如何利用用户反馈的数据。

对于选择样本提供给用户进行标记的问题,语义融合模块采用衡量专家委员会的分歧度的方法[8]。专家委员会由随机森林组成,每一位专家委员为随机森林中的一棵决策树。决策树由随机选择的超过一半的特征属性集合和部分抽样数据拟合来建立。分歧度采用投票熵来衡量[19],投票熵的形式化定义如下:

$$S_i=-\sum_{j}\frac{V(y_j)}{\sum_i V(y_i)}\log\frac{V(y_j)}{\sum_i V(y_i)}$$

S_i 即第 i 个候选实体的投票熵,$V(y_j)$ 即将该候选实体分类为 y_j 的决策树分类器的数量,$\sum_i V(y_i)$ 则为分类器的总数量。专家委员之间的分歧越大,投票熵越大;当有 1/3 的决策树分类器的分类结果为 1、有 1/3 的决策树分类器的分类结果为 0、有 1/3 的决策树分类器的分类结果为 -1 时,投票熵达到最大值。

对于选择提供给用户标记的样本数据的问题,只需要选择投票熵最大的一个或一组样

本即可。通常情况下选择一组样本[20]，这样可以提高用户标记的效率。

在用户反馈了训练标签后，在训练分类器时即可采用用户标记的数据。但由于用户反馈标签的数据相较于整体数据是比较小的，即数据倾斜比较大，因此在采用倾斜采样的方法中，需要在采样时不断增大用户反馈标签被采集到的概率[21]。

11.3.5 标签函数构造方法

在面向高端制造领域的大数据管理系统中，文本数据主要是各类机械设备的故障工单和服务工单数据。这一类文本数据具有很强的领域性，且由于领域不同而具有不同的特点，但它们也有一些相似的特征。在本节中，首先总结共性的数据特点，然后针对各个特点分别设计和采用不同且有代表性的实体抽取方法，这些方法均可以按照 11.3.3 节的说明整理成标签函数来使用。

在制造领域，机械设备的故障工单和服务工单数据主要有如下几个特征：

(1) 语法与句式不规范。主要原因是工单数据主要采用人工输入，而人工输入的文本并不是规范的书面文本，且存在误拼误写等问题。

(2) 存在非正式名称或多种类型的名称。对于同一个对象或事件，由于不同的习惯用法或缩略方式，导致对同一种或同一类对象的命名方式有所差异，例如，对设备机组的编号或记录有可能存在"F60 机组"和"60＃机组"两种不同的方式。产生此问题的主要原因是工作人员在输入过程中往往不会输入完整的正式名称，且不同的工厂对同种设备可能存在不同的惯用名称。

(3) 数据略有倾斜。工单数据对应的故障类型比较少。

(4) 数据量不足，且缺乏标记数据。

针对以上 4 个特征，我们设计了基于模式匹配的方法、基于非正式词的挖掘方法和基于外部知识库的挖掘方法，并通过特征函数的方式进行融合，再通过主动学习的交互过程生成最终的实体列表。而在基于模式匹配的方法中，又有基于预定义词典、基于人工定义规则和基于分割 3 种方法。下面对这些方法加以介绍。

1. 基于预定义词典的模式匹配方法

领域数据由于其专业性，往往有相应的领域词典，可以对候选实体进行预先判断。用户由于其专业背景和工作积累，也可以提供一部分样例实体数据[22-24]。对于这一类样例实体数据，可以在标签函数中进行判断。如果领域词典中有对应的词条，则返回 1(是相关实体)，否则返回 0(无法判断)。当然，用户也可以提供负标签，例如指定某些词条是不需要的，函数在匹配到这一类词条时，则返回－1(不是相关实体)。

2. 基于人工定义规则的模式匹配方法

基于人工定义规则的模式匹配方法是指通过观察待检索实体的格式特征或文本特征，人工设计相应的规则来提取对应的实体或短语，这种规则通常使用正则表达式[25]来表述和匹配。例如，在提取故障对应的数值指标时，我们设计了如下所示的用 Python 语言表示的规则：

```
if re.search(u'\d+',line) and re.search(u'[\u4e00-\u9fa5]+',line) \
and not re.search(u'\d(.\d){2,}',line) \
```

```
and not re.search(u'\d\s * [、.]\s * ([\u4e00-\u9fa5]+|—)',line) \
and not re.search(u'\d[_/:#\-年月日、:"]',line)\
and not re.search(u'[a-zA-Z]+[-.] * \d',line) \
and not re.search(u'((\d))|(名称:)|(编号:)|(注:)',line):
```

利用以上规则，可以从某风机设备故障检测文本中提取 65 条故障对应的数值指标，部分提取到的指标如下：

0bar

3m/s

2℃

5m/s

8℃

定义用正则表达式表示的规则，并将其嵌入标签函数中。如果用户输入的文本满足规则，则输出 1；否则输出 0。同样，也可以定义不是实体的规则。例如，用正则表达式表示以“病”为结尾的候选实体均不是所需要的实体这一规则。如果满足规则，则输出 −1；否则输出 0。

3. 基于分割的模式匹配方法

考虑到大部分故障工单与维修工单的数据具有较强的领域性，即包含了大量的领域词汇和专有短语，因此，在设计面向高端制造领域的大数据管理系统时，可以用已有的实体对文本进行分割，以发现新的实体。有了新实体之后，就可以将发现的词放入预定义词库，按照基于预定义词库的模式匹配方法来构造标签函数。下面介绍基于分割发现新实体的方法。

假设待提取的输入文本为“处理二期 21＃变桨安全链，变桨子站故障”，当前用户词库为“处理，二期，故障”。第一步，利用用户词库对输入文本的一个短句进行分割。例如，对“处理二期 21＃变桨安全链，变桨子站故障”的分割结果为“处理 ｜ 二期 ｜ 21＃变桨安全链 ｜ 变桨子站 ｜ 故障”，除用户词库中已有的词以外，新产生了字符片段“21＃变桨安全链”和“变桨子站”。第二步，在“21＃变桨安全链”和“变桨子站”不能被进一步分割的情况下（使用优先队列来检查是否可以继续被分割），将这两个短语加入用户词库，则更新后的用户词库为“处理，二期，故障，21＃变桨安全链，变桨子站”。迭代第一步和第二步，直到所有的文本都得到了处理。

在算法的实现过程中使用了字典树和优先队列两个数据结构。

字典树的每个节点都是一个字符，从根到叶子的一条路径上的所有字符连接起来组成一个实体，具有比较低的存储代价和访问时间。另外，由于实体中有可能存在英文和符号，因此对于每个节点的字符也进行了压缩，即某个节点有可能由多个中文字符、英文字符和符号组成。

优先队列的使用是考虑到分割出来的字符片段有可能比较长，虽然目前的词库无法分割这些比较长的字符片段，但后续可能会有短的字符片段被分割出来，这些短的字符片段能够分割前面无法被进一步分割的长的字符片段。因此，在具体实现中使用了长度优先队列为每次分割提供最短的句子，而未能被进一步分割的长句被放回长度优先队列，等待后续的分割。

但基于短语分割的方法也存在一些问题,表现在结果上主要是准确率比较低。其主要原因是:基于分割的方法比较适合句子都是名词短语的场景,即每个词都是实体的组成部分,如果有动词或连词等不包含在任何需要的实体中的词,那么这样产生的结果肯定是噪声。例如"F18 机组报风向标故障"中,"报"无论添加到什么词中都是噪声。而且,这种问题由于中文的语义多样性,无法用简单的枚举法来处理,例如"混凝土和石灰"与"拌和机"中都有"和"字,但它们的语义是完全不同的,前者应该去掉,后者应该保留。

由于上述问题,导致基于分割的方法所产生的结果有一定的噪声,因此直接将该方法产生的实体列表作为实体挖掘的结果是不可靠的。所以,将该方法产生的实体列表作为预定义词库,按照基于预定义词库的模式匹配方法来构造标签函数。

4. 基于非正式词的挖掘方法

针对数据中存在非正式名称或多种类型的名称的问题,语义融合模块参考并结合了近几年发表的人工智能领域和数据挖掘领域的论文[26-28],采用定义迭代抽取规则的方法[28]、缩略词抽取方法[27]等多种效果最好的方法来构造非正式词和正式词对应的词典,再利用状态转换模型对故障工单的文本进行分词,在分词后的文本中通过频率过滤挑选实体,通过对非正式词单独进行检查的方法来提高准确率。下面介绍利用状态转换模型对故障工单进行分词的基本方法。

利用状态转换模型对故障工单文本进行分词的核心算法如图 11.2 所示。基本算法如图 11.2(a) 所示,是一种有限状态机模型。每个状态由一个栈(stack)和一个队列(queue)组成,栈中存储了分割之后的词(如"机组")和当前正在检查的词的部分(如"风"),队列中按顺序存储了每一个字(如"向")。状态之间的转换有连接(APP)和分割(SEP)两种操作,连接操作即将下一个字连接到栈中正在检查的词的剩余部分(如果前一个词已结束,则开始一个新的词),分割操作即将下一个字连接到栈中正在检查的词的剩余部分,同时标记这个词已经结束。训练的目标函数则是生成训练文本中所有句子对应的状态转换序列(即操作序列)的概率,模型的训练方法是最大似然估计法。

在基本的状态转换分词模型的基础上,通过添加一个新的非正式词分割的操作,可以实现针对非正式词的分词。具体如图 11.2(b) 所示,算法的流程并没有改变,变化的是将分割操作改成了正式词分割(SEP_F)和非正式词分割(SEP_{IF})两种不同的操作,分别标记当前已结束的词是正式词还是非正式词,这样在确定状态转换序列时就由 APP/SEP 两种操作变成了 APP/SEP_F/SEP_{IF} 3 种操作,从而对非正式词进行了区分和处理。

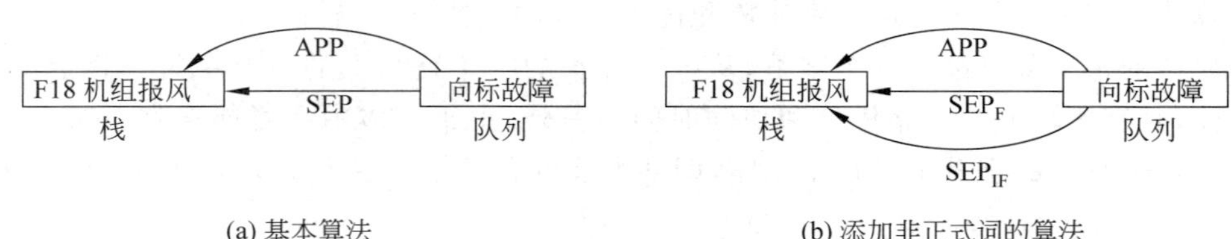

(a) 基本算法 (b) 添加非正式词的算法

图 11.2 状态转换模型的分词方法

模型训练数据的生成是通过用非正式词词典中的词替换在已分词的训练文本中的出现构造出来的。生成非正式词词典的方法也有很多选择,在本系统的实现中我们采用了两种有代表性的方法。一种是通过深度学习技术生成缩略词的方法[27]。例如,将"中国东方航空公司"缩略为"东航"。另一种是通过总结文本规则来挖掘关键模式的方法，即通过已有的公开知识库[29]或百度等搜索工具进行迭代查询[28]。例如，在"中国东方航空公司也称东航"中，"也称"即需要挖掘的关键模式。但已分词的训练文本和非正式词词典的领域性都会影响模型的效果，这也是这种方法的主要问题，因此这种方法单独使用同样不能保证效果。

5. 基于外部知识库的挖掘方法

针对缺乏标记数据的问题，由于外部知识库包含很多可以利用的信息，因此我们参考近几年发表在国内外顶尖学术会议上的论文，利用维基百科和百度百科中已经存在的实体来构造训练数据，从而查找文本中的其他实体。虽然这些数据具有一定的噪声，但实验证明，利用它们训练出的分类模型仍然具有很好的效果[14,15]。

利用外部知识库中的实体来构造模型，生成可用于模式匹配的实体列表的主要思路如图 11.3 所示。首先从文本中搜集高频的不同长度的连续字符序列作为候选词，选择在维基百科或百度百科中出现过的候选词作为正标签，而没有出现的候选词都作为负标签。但是，由于百科中的词不具有完备性(即不能覆盖所有正确的实体)，所以有一部分正确的实体进入了负标签池，但通过增加随机森林中随机树分类器的数量能够将误差率降低到可以接受的程度，并利用这部分数据来训练随机森林分类器[15]。随机森林分类器会对每一个候选实体输出一个概率值，它表示这个候选实体是需要被抽取的实体的概率。如果分类的结果已符合预期，则可以选择一个概率阈值，将超过该阈值的所有实体均放入通过该方法生成的预定义实体列表，通过模式匹配的方法来构造标签函数。在另一方面，分类模型生成的概率值可以和其他特征一起，以实体和短语为单位对句子进行分割，在分割后的结果上统计频率、凝聚度等信息，可以对候选实体产生更准确的统计信息；利用这些信息重新训练随机森林分类器，可以提高分类器的训练结果。如果迭代训练分类算法和分割算法都收敛，分类器的输出结果即为最后的结果[15]。

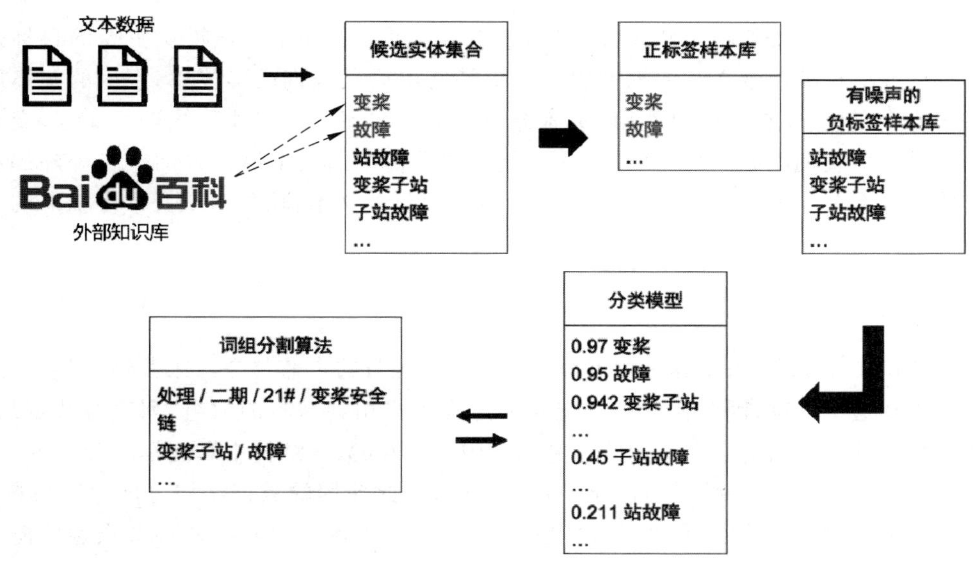

图 11.3 利用外部知识库生成实体列表的算法主要思路

由于大量专有词库的存在，通过基于外部知识库的方法能够产生比较准确的候选词。

但因为这种方法利用了大量的统计信息，与候选词的出现频率的相关性比较大：如果某些候选词的出现频率比较小，可能被直接过滤掉，或由于具有不稳定的统计信息而被误判。

11.4 技术实现

11.4.1 概述

在面向高端制造业的大数据管理系统的语义融合模块中，实体抽取系统的技术实现主要分为两个模块，即实体挖掘模块和实体查询模块。这两个模块的功能和与外界的交互如图 11.4 所示。

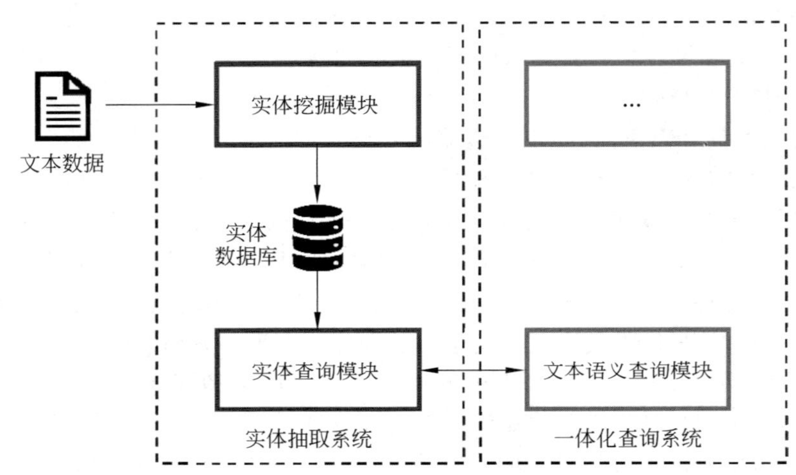

图 11.4 实体抽取系统的模块设计

实体挖掘模块主要的功能和设计方法在 11.3 节进行了介绍。该模块主要的目标是为了从没有标签信息的领域文本中挖掘出足够支持文本语义查询的实体库，生成的实体库存储在数据库中，供实体查询模块使用；实体查询模块则与外部或其他系统进行交互，交互的方式是提供实体查询服务。具体而言，一体化查询系统中的文本语义查询模块等外部模块调用实体抽取系统的编程接口，其输入为需要抽取实体的文本，输出为从文本中抽取的实体列表。

11.4.2 数据结构

在实体挖掘模块中，由于算法的流程是使用标签函数的半监督方法来获取标签，然后再通过随机森林进行训练，因此在训练和交互的过程中只用到基本的数组、列表等数据结构，没有使用特殊的数据结构。在不同的标签函数中，使用的数据结构由算法本身确定。

在实体查询模块中，主要进行的是字符串匹配，因此使用的数据结构是前缀字典树[30]。图 11.5 为前缀字典树示例。前缀字典树是一棵多叉树，匹配时沿路径从根节点逐层向下进行匹配，例如，对“混凝土强化材料”进行匹配时，从深度为 1、2、3 的树的节点处分别匹配到“混”“凝”“土”，则将“混凝土”作为一个实体提取出来，再匹配剩下的“强化材料”。当“强”不能匹配到任何深度为 1 的节点时，则从下一个字“化”开始匹配。在前缀字典树的基础上也有许多针对字符串匹配的优化算法，常见的有 Boyer-Moore 字符串匹配算法[31]。

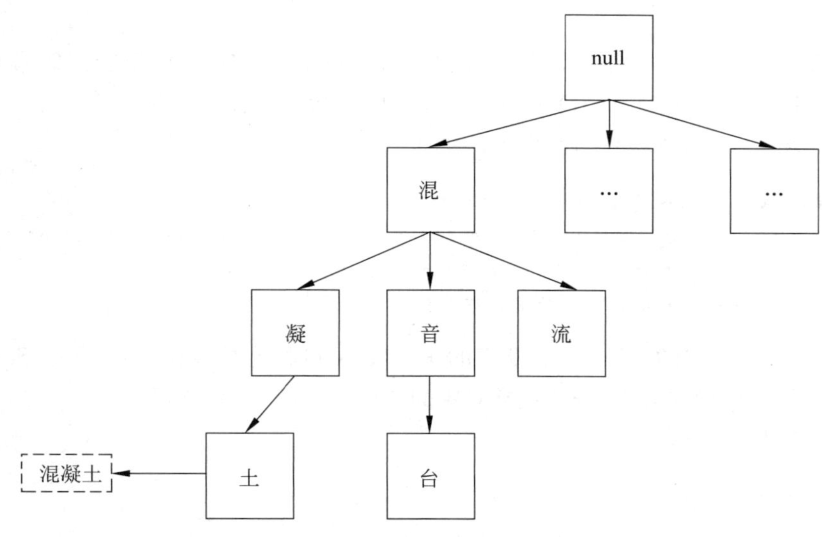

图 11.5　前缀字典树示例

11.4.3　实现细节

实体抽取系统的两个模块均使用 Java 语言实现，Java 版本为 1.8。在实体挖掘模块中没有使用第三方组件。在实体查询模块中，由于需要与一体化查询系统进行交互，因此使用了第三方组件 Py4J 来支持在用 Java 实现的实体查询模块与用 Python 实现的一体化查询系统之间的数据交互。

Py4J 允许在 Python 解释器中运行的 Python 程序动态访问 Java 虚拟机中的 Java 对象，对 Java 对象的使用与在 Python 解释器中其他 Python 对象的使用是一致的，并且可以通过标准 Python 集合方法访问 Java 集合。Py4J 还使 Java 程序能够回调 Python 对象，因此是一种比较流行且使用方便的在 Java 与 Python 之间进行数据交换的方法。Py4J 的实现是使用网络方式进行交互，即在 Java 段开启 HTTP 端口的守护进程，由 Python 段访问该端口并进行交互[32]。这种方法比起常规的直接用底层代码实现 Python 与 Java 虚拟机的交互，优点是使用非常方便；其缺点是，由于需要网络访问，性能比直接进行虚拟机交互弱一些。不过由于在面向高端制造领域的大数据管理系统中，语义融合模块的关联分析性能瓶颈并不在实体抽取系统中，因此选择 Py4J 对系统并无整体性能上的影响。

11.4.4　外部接口

语义融合模块中实体抽取系统的外部接口，即实体查询模块的外部调用接口，主要提供给网页客户端使用，用于利用实体库对用户的输入文本进行分割和提取。用户也可以基于此接口进行二次开发和利用。二次开发时，如果使用 Java，可直接调用方法；如果使用 Python，则需要启动后台守护进程。

下面介绍在本系统中提供给网页客户端的接口的使用方法。

使用时需要首先启动后台进程，启动的方法如下：

```
java - cp PATH_TO_JAR cn.edu.fudan.dsm.SegmentorEntry - port PORT_NUMBER - d
DICTIONARY_FILE
```

其中,PATH_TO_JAR 用来指定 jar 包路径,PORT_NUMBER 用于指定端口(可以不给出,默认端口为 25335),DICTIONARY_FILE 用于指定实体库文件。

网页客户端(Python 实现)的调用方法如下:

```
from py4j.java_gateway import JavaGateway,GatewayParameters
gateway=JavaGateway(gateway_parameters=GatewayParameters(port=25335))
segmentor=gateway.entry_point.getSegmentor()
print(segmentor.segment('待分割文本'))
```

其中,JavaGateway 对象即与 Java 开启的 HTTP 端口的连接;entry_point.getSegmentor 方法获得 Java 中用于分割的对象,按照正常对象的使用方法进行调用即可。

Segmentor 类的外部接口如下:

```
public String segment(String line)
```

其中,segment 函数的输入为待分割的字符串,输出为用制表符(\t)分割的实体列表。例如,输入为“变桨子站故障”,输出为“变桨子站　故障”。Segmentor 类未开放其他的外部接口。

11.5 性能

11.5.1 实体挖掘模块成果

在实体挖掘模块,以风机故障排查和维护文本为基础进行了词库挖掘。风机厂商和相关工作人员提供了约 800 个用户初始化实体,通过在互联网上搜索以及从百度百科和其他外部知识库中抽取又获得了约 2500 个词,共得到了包含约 3300 个词的初始化实体库。从文本中得到的候选实体规模为 50 万个,经过工作人员使用交互式算法进行挖掘,最终获得了 8000 个风机故障领域词。

11.5.2 实体抽取系统性能

我们对实体抽取系统进行了性能测试,测试的系统环境如下:

(1) CPU:双路 Intel Xeon E5-2676 v3,24 核心,主频 2700 MHz。

(2) 内存:64GB RAM。

(3) 操作系统:Microsoft Windows Server 2016 Version 1607 (OS Build 14393.2363)。

(4) 外存:Dell PERC H330 Adp SCSI Disk Device 256GB。

经过测试,在开满 48 线程的情况下,每秒平均可处理 5106 条查询(查询字符串的平均长度为 30 个字符),可以满足面向高端制造领域的大数据管理系统对实体抽取的峰值查询速率的要求。

11.6　本章小结

本章介绍了在面向高端制造领域的大数据管理系统中对挖掘领域实体的需求以及相应的方法和系统实现。由于领域数据具有非常强且差异性大的领域特征,因此本系统使用标签函数来整合各类常用的实体识别方法,同时采用主动学习的技术来实现与领域专家的交互,从而保证挖掘到的领域实体的准确性和有效性。本章还介绍了在面向高端制造领域的大数据管理系统中使用的各类标签函数的构造方法。为提供给后续文本语义查询模块使用,实体抽取系统以前缀字典树作为核心数据结构实现了实体挖掘模块,提供了外部接口,供后续模块和第三方开发者使用。本章最后在真实开发环境中对实体抽取系统进行了测试,从效果和性能两方面验证了实体抽取系统的有效性。

本章参考文献

[1]　袁书寒，向阳. 词汇语义表示研究综述[J]. 中文信息学报，2016，30(5)：1-8.

[2]　陈基. 命名实体识别综述[J]. 现代计算机，2016，3：24-26.

[3]　NADEAU D，SEKINE S. A survey of named entity recognition and classification[J]. Lingvisticae Investigationes，2007，30(1)：3-26.

[4]　RATNER A，BACH S H，EHRENBERG H，et al. Rapid training data creation with weak supervision[J]. Proc. of the VLDB Endowment，2017，11(3)：269-282.

[5]　KOLLER D，FRIEDMAN N，BACH F. Probabilistic graphical models：principles and techniques [M]. Cambridge：MIT Press，2009.

[6]　SETTLES B，CRAVEN M. An analysis of active learning strategies for sequence labeling tasks[C]. In：Proc. of the International Conference On Empirical Methods In Natural Language Processing，Honolulu，Oct，25-27，2008：1070-1079.

[7]　李润岐，郝建春. 制造工程领域中的数据挖掘[J]. 科技经济导刊，2017 (17)：17-20.

[8]　SETTLES B. Active learning[M]//Synthesis Lectures on Artificial Intelligence and Machine Learning. San Rafael：Morgan & Claypool Publishers，2012.

[9]　RATNER A J，DE SA C M，WU S，et al. Data programming：creating large training sets，quickly [C]. In：Proc. of International Conference on Neural Information Processing Systems (NIPS)，Barcelona，Dec 5-10，2016：3567-3575.

[10]　BACH S H，HE B，RATNER A，et al. Learning the structure of generative models without labeled data[C]. In：Proceedings of the 34th International Conference on Machine Learning，Sydney，Aug 6-11，2017：273-282.

[11]　SETTLES B，CRAVEN M，RAY S. Multiple-instance active learning[C]. In：Proc. of International Conference on Neural Information Processing Systems(NIPS)，Whistler，Canada，Dec 12，2008：1289-1296.

[12]　李航. 统计学习方法[M]. 北京：清华大学出版社，2012.

[13]　LESHER G W，MOULTON B J，HIGGINBOTHAM D J. Effects of ngram order and training text size on word prediction[C]. In：Proc. of the RESNA Annual Conference，1999：52-54.

[14]　LIU J L，SHANG J B，WANG C，et al. Mining quality phrases from massive text corpora[C]. In：

Proc. of ACM SIGMOD International Conference on Management of Data. New York: ACM, 2015: 1729-1744.

[15] SHANG J B, LIU J L, JIANG M, et al. Automated phrase mining from massive text corpora[J]. IEEE Transactions on Knowledge and Data Engineering, 2018, 30(10): 1825-1837.

[16] 宗成庆. 统计自然语言处理[M]. 北京: 清华大学出版社, 2008.

[17] WU S, HSIAO L, CHENG X, et al. Fonduer: knowledge base construction from richly formatted data[C]. In: Proc. of ACM SIGMOD International Conference on Management of Data. New York: ACM, 2018: 1301-1316.

[18] THOMPSON B. Exploratory and confirmatory factor analysis: Understanding concepts and applications[M]. [S.l.]: American Psychological Association, 2004.

[19] DAGAN I, ENGELSON S P. Committee-based sampling for training probabilistic Classifiers[C]. In Proc. of the International Conference on Machine Learning(ICML), Tahoe City, California, USA, July 9-12, 1995: 150-157.

[20] ZHU X J. Semi-supervised learning literature survey[R].Dept of Computer Science, University of Wisconsin-Madison, 2006.

[21] MIKOLOV T, SUTSKEVER I, CHEN K, et al. Distributed representations of words and phrases and their compositionality[C]. In: Proc. of International Conference on Neural Information Processing Systems(NIPS), Lake Tahoe, Nevada, USA, Dec 9-12, 2013: 3111-3119.

[22] 郑本伟. 汉英双解现代机械制造技术词典[M]. 大连: 大连出版社, 1994.

[23] 靳顺则. 英汉汉英船舶词典[M].北京: 海洋出版社, 2014.

[24] 国际玻璃协会名词委员会. 玻璃制造词典(英、法、德、中文对照)[M].北京: 世界图书出版公司, 1988.

[25] THOMPSON K. Programming techniques: regular expression search algorithm[J]. Communications of the ACM, 1968, 11(6): 419-422.

[26] ZHANG M S, FU G H, YU N. Segmenting Chinese microtext: joint informal-word detection and segmentation with neural networks[C]. In: Proc. of International Joint Conference of Artificial Intelligence, Beijing, China, Aug 3-9, 2013: 4228-4234.

[27] ZHANG Q, QIAN J, GUO Y, et al. Generating abbreviations for Chinese named entities using recurrent neural network with dynamic dictionary[C]. In: Proc. of International Conference on Empirical Methods in Natural Language Processing. [S. l.]: Association for Computational Linguistics, 2016: 721-730.

[28] QIAN T, ZHANG Y, ZHANG M S, et al. A transition-based model for joint segmentation, pos-tagging and normalization[C]. In: Proc. of International Conference on Empirical Methods in Natural Language Processing. [S.l.]: Association for Computational Linguistics, 2015: 1837-1846.

[29] LEHMANN J, ISELE R, JAKOB M, et al. DBpedia: a large-scale, multilingual knowledge base extracted from Wikipedia[J]. Semantic Web, 2015, 6(2): 167-195.

[30] DE LA BRIANDAI R. File searching using variable length keys[C]. In: Proc. of Computer Conference. [S.l.]: IEEE Computer Society, 1959: 295-298.

[31] BOYER R S, MOORE J S. A fast string searching algorithm[J]. Communications of the ACM, 1977, 20(10): 762-772.

[32] DAGENAIS B. Py4J—A Bridge between Python and Java[EB/OL]. https://www.py4j.org/contents.html.

语义融合与一体化语义查询实现

王　鹏　吴嘉晔　蒲嘉宸

复旦大学计算机科学技术学院

12.1　概述

在面向高端制造领域的大数据管理系统中，数据可能以各种类型存在，如时间序列、故障文本等。目前对于单一类型的数据相关性已有很多研究，但是对于异构数据的相关性研究还有待展开。在本章中，主要着眼于在故障分析的情境下建立异构数据之间的关联。为此，我们提出了时序模式生成算法，分别面向文本数据和时序数据设计了匹配算法，并将算法融入系统设计之中。最后通过相关实验证明了算法的可行性和有效性。

12.2　需求

故障分析是针对制造过程中产生的各种设备监控数据、人工维护和检修记录等多种数据进行的综合性分析，也是面向高端制造领域的大数据管理系统中非常重要的功能与应用之一。制造领域的数据存在时间序列、故障工单文本等多种异构类型，对这些异构数据进行统一分析对于提高系统故障分析的性能与效果具有非常大的意义。

本系统针对在面向高端制造领域的大数据管理系统中进行故障分析的需求，针对制造领域常见的时间序列、故障工单文本、BOM 图 3 种数据类型，从故障的文本表示、故障的时间序列表示两个子需求出发，设计和使用了风机实体抽取技术、时序模式生成技术、文本相似性匹配技术和时间序列相似性匹配技术，实现了故障工单匹配功能和时间序列查询及故障模式匹配功能。

故障的文本表示需求是指针对制造领域的故障工单文本，选择一种合适的方式来对不同的文本进行统一的表示，以方便后续基于文本表示进行的故障分析和解决方法推荐。制造领域的故障工单文本通常由故障描述和故障的处理方案组成。常见的文本表示方法有特征词集合(bag of words)、嵌入向量等，在本系统中使用了特征词集合的表示方法，并针对特征词集合的表示方式设计了文本匹配算法。该部分的需求在第 11 章已进行了介绍。

故障的时间序列表示需求是指针对制造领域的设备监控序列数据，选择一种合适的方式来对故障对应的时间序列进行表示，以支持后续的时间序列匹配以及故障的诊断和分析。

在本系统中采用了特征子序列对故障时间序列进行表示，并基于特征子序列设计了对应的模式匹配算法。

12.3 方法设计

12.3.1 方法概述

文本特征与时序模式匹配系统是针对历史故障工单中故障文本的特征词表示和历史故障的时序特征表示进行匹配和推荐的系统，使用 Python 和网页客户端实现。文本匹配的方法主要基于 Jaccard 距离，时序模式的匹配使用了专门设计的 KV-match 算法[1]。

与上述系统相关的算法详见 12.3.2 节至 12.3.4 节。另外，在系统实现中使用到的关键组件见 12.4.1 节。对于故障工单的数据结构的详细介绍见 12.4.2 节，此处只需知道其为包括故障描述这一属性的一张数据表即可。故障描述的数据类型为字符串，存储了与该次故障相关的一段描述性文字。这段文字中可能包含了一些领域相关的词，这些词是我们分析的重点。关于领域相关的词组提取的详情参见第 11 章。

12.3.2 时序模式生成算法

对于时序模式的生成，我们的目标是找到故障工单内容和时间序列之间的关系。这种关系当然可以显式指定，但是在数据量较大的情况下，不可能完全依靠人工来对这种对应关系进行标注。一方面，这种时序的模式可能难以描述，虽然可以通过查看其中的一些样本来总结这种规律，但是这种总结可能会比较粗糙，从而引入一些噪声。另一方面，这种模式可能涉及比较多的时间序列，对于较为复杂的时间序列的关系，直接分析比较困难。因此，最好能用一些算法对故障和时序的关系进行标注。这便是时序模式生成算法需要做的工作。

本算法的总体思路是：基于多个类似的故障描述文本，将对应的时序数据泛化，从而得到统一的时序模式。关于时序模式生成部分，对于相似的故障工单来说，与其对应的时间序列可能也会符合一个特定的模式，因此，可以对这些潜在的故障时序模式进行挖掘，从而形成故障描述和时序模式的对应，以方便在时间序列上对相似的故障模式进行匹配，从而从时间的维度得到相似的工单及其解决方案。

时序模式生成问题可以形式化为以下问题。

已知：预先训练好的分词器，相关介绍见第 11 章。

输入：用户故障工单的集合及其对应的时间序列的集合。

输出：故障描述词集及其对应的时序模式。

对于这个问题，我们的解决方法如下：

(1) 对已有的故障工单中的故障描述进行分词，剔除与故障无关的词。

(2) 对于每个故障工单，得到其对应的时间序列。

(3) 对于每个时间序列，使用 PLR 近似表示方法对相应的时间子序列进行表示。

(4) 使用 pHMM 算法对多个时间序列的 PLR 近似表示进行融合，求取其平均水平。

(5) 根据故障描述词集将这些时间序列聚合起来，并将词集对应的时序模式保存至数据库中。

首先,使用文本特征抽取技术得到一些能够有效地反映相应故障的一些词,然后形成一个领域的词库。词库形成之后,对于一个新的故障工单,就可以将其与词库进行匹配,从而将匹配的词作为文本特征。其次,使用基于 PLR 的近似表示方法对相应的子序列进行表示。最后,使用 pHMM 算法对多个子序列的近似表示 PLR 进行融合,从而得到最终的时序模式。

12.3.3 文本匹配方法

对于文本匹配问题,主要通过在数据的文本层面进行相似性比较,选取较为相似的工单,这样可以帮助用户了解这个故障产生的可能原因以及可能的解决方案。因为在大数据量的情况下,相似的工单中总会存在各方面较为一致的故障,了解其一般的发生原因和解决方案有助于用户更好地对问题进行分析和解决。

关于文本匹配,可以进行如下的问题描述:

首先有预处理好的数据表 D 和分词器 S,用户需要输入故障工单 x、匹配度的阈值 t 和最多显示条数 k,算法将用户输入工单 x 与历史工单集合 D 中的每个历史工单 d 进行匹配,输出匹配度大于阈值 t 的前 k 个历史工单信息。算法如下:

输入:用户故障工单 x、阈值 t 和最多显示条数 k。

已知:(1) 预处理后的数据表 D,包含历史故障工单及处理结果。

(2) 预先训练好的分词器 S。

输出:满足匹配度大于阈值 t 的前 k 个关于故障的解决方案。

对于这个问题,解决方案如下:

(1) 对输入的工单 x 中的故障描述进行分词。

(2) 获取所有与输入工单 x 相关的数据。

(3) 将历史库中故障清单的故障描述的分词结果与输入的分词后的故障描述逐条计算 Jaccard 距离。

(4) 判断 Jaccard 距离是否大于阈值 t。

(5) 将所有满足条件的历史工单按 Jaccard 距离排序,返回前 k 条数据。

该算法的伪代码如下:

```
CANDIDATES = {}
FOR EACH d in D
    Similarity = Jaccard(d.words, x.words)
    d. Similarity = Similarity
    IF Similarity > t
        CANDIDATES.APPEND(d)
QUICKSORT(CANDIDATES, Similarity, DESCEND)
RETURN TOP- k items of CANDIDATES
```

在上面的代码中,QUICKSORT 表示调用已实现的快速排序算法,DESCEND 表示结果按降序排序。

在算法中,我们对于每个工单进行枚举,计算每个工单的描述中包含的词的集合与用户输入工单中包含的词的集合的 Jaccard 距离,如果它大于一个阈值,就将其加入候选列表;最后再根据候选列表排序得到前 k 个工单，将其故障描述以及解决方案返回给用户，就实现了工单的匹配以及解决方案的推荐。

当然，在处理之前，需要做以下预处理工作：

(1) 将数据从文件读至内存中，并完成反序列化。

(2) 预先完成几个词库集合的合并过程，去掉空串，计算词频。

内存数据库即为一个存储键值对的字典，类似 Redis，它有如下优势：

(1) 不需要反序列化。

(2) 查询时间复杂度为 $O(1)$。

12.3.4 时间序列的模式匹配算法

对于相似的故障工单，与其对应的时间序列可能也会符合一个特定的模式，因此可以对这些潜在的故障时序模式进行挖掘，从而形成故障描述和时序模式的对应，以方便用户在时间序列上对相似的故障模式进行匹配，从而从时间的维度得到相似的工单及其解决方案。对于前面已经找到的故障文本与故障时序模式的对应，我们希望从故障时序模式出发，找到更多符合该模式的时间序列。这些时间序列可能包含了潜在的故障，也是我们希望找到的结果。时间序列的模式匹配算法与上面的匹配算法对应，上面的匹配算法只从文本相似度来对故障工单进行推荐，而本算法则通过时序数据和模式的匹配来反向找到相应的故障工单，从而能进行更加精细的匹配，因为时间序列的相似比故障文本的相似要求更高，从而能得到准确度更高的推荐结果。

在此之前，已有一些关于时间序列的模式匹配算法，下面先对它们进行一些简单的介绍。FRM[2] 首先提出了一种解决子序列匹配问题的算法，他将每个滑动窗口转换为一个低维的点，然后将其保存至 R^* 树中。与之相对应的是 Dual-Match 算法[3]，它从数据中提取不相交的时间窗口，从查询串中取得滑动窗口，然后减小 R^* 树的大小。General Match 算法[4] 综合了两者的特点，同时拥有 Dual-Match 的点过滤效应和 FRM 的窗口大小效应。此后的算法在各个方面进行了改进。例如，通过构建多套索引，然后根据查询时的情况，选择较优的索引来使用[5]；支持任意的 lp 范数[6]；支持满足特定条件的更多的距离[7]；通过 Jaccard 距离处理 k 近邻请求[8]。

本算法的主要创新点是：首先采用了基于文件的索引结构，它比 R 树索引更加高效，而且更适合大规模数据的处理。此外，我们设计了更好的查询匹配算法，支持不同长度的查询，也做了提前终止等优化。

对于本算法要解决的问题，可以将其描述为如下几个问题：

(1) 原始子序列匹配问题(RSM)。

输入：时间序列、查询时间序列、距离阈值。

输出：在时间序列中，与查询时间序列等长，且与查询时间序列的距离小于或等于距离阈值的所有时间子序列。

(2) 正则化子序列匹配问题(NSM)。

输入：时间序列、查询时间序列、距离阈值。

输出：在时间序列中，与查询时间序列等长，且与查询时间序列在正则化之后的距离小于或等于距离阈值的所有时间子序列。

（3）受约束的正则子序列匹配问题（cNSM）。

输入：时间序列、查询时间序列、距离阈值。

输出：在正则化子序列匹配问题的基础上，满足序列均值之差、序列方差之比在一定范围内的条件下的子问题的解。

为了方便解决这个问题，我们提出一个索引结构——KV索引，它是由键值构成的有序集合，是更加紧凑的索引结构，相邻的时间点存储在相邻的位置上，因此邻近的滑动窗口的均值也会比较接近。

本算法主要解决的是RSM和cNSM问题，算法主要部分如下：

（1）将时间序列按窗口进行分割，并计算均值。

（2）对于每个时间窗口，可以得到KV索引中的连续行的列表。对于cNSM问题，可以使用均值之差和方差之比推出距离的上下界，从而对结果进行剪枝。基于这些行，可以生成一组候选的子序列。

（3）通过获取数据和计算实际距离来过滤这些子序列。

本算法主要将时间序列的匹配问题抽象为一个受约束的正则子序列匹配问题（cNSM），该问题提供了一个调节机制，从而可以使用户灵活地控制偏移量和幅度收缩的程度，然后用户就可以通过构建索引来处理查询。使用KV索引，就可以支持欧几里得距离和DTW距离下的RSM和cNSM问题。此外，为了支持任意长度的查询，本算法还利用动态规划对原始的匹配算法进行了拓展，从而解决了多种情况下的时间序列的模式匹配问题。

本算法还有一些针对实现的优化。例如，为了加速计算，不使用定长的时间窗口，而是利用动态规划逐步增加时间窗口的长度。除此之外，本算法中还有一些关于动态查询、多维时间匹配的考虑。

12.4　技术实现

12.4.1　组件选取

为了实现上述算法，需要选取相应的编程语言及组件。编程语言选择了Python，它有一系列方便进行大数据量处理的类库。而对于算法中使用的组件，下面一一进行介绍。

1. Django

Django是一个基于Python的高级Web框架，具有简洁、务实的设计风格。Django是由经验丰富的开发人员构建的，消除了Web开发中存在的诸多麻烦。此外，它还具有免费和开源的特性。Django主要有3个特点：

（1）快速开发。Django旨在帮助开发人员尽快从概念设计开始，顺利地完成应用程序。

（2）安全可靠。Django注重安全性，能帮助开发人员避免许多常见的安全错误。

（3）超可伸缩性。Django具有快速灵活扩展的能力，因此为许多大型网站所采用。

Django在本系统中主要用来做用户内容的展示。由于本系统采用网页方式呈现，因此该组件主要是作为网页前后端来使用的。

2. Jinja2

Jinja2是Python的一个全功能模板引擎。它具有完整的Unicode支持，并且具有免费和开源的特性。Jinja2 具有简洁、优雅的语法，而且功能强大。与 Django 的模板系统相比，它具有更强的拓展性，功能更加强大。它采用了提前编译的策略，因此可以在运行时获得最佳的性能。它选用了沙箱的执行模式，因此具有很强的安全性。Jinja2 得到广泛应用，知名的使用者包括 Mozilla 和 SourceForge 等大型网站。

该组件在本系统中与 Django 一起使用。由于 Django 自带的模板引擎性能不佳，支持的语义也比较少，因此使用 Jinja2 作为前端工具的补充。

3. NumPy

NumPy 是使用 Python 进行科学计算的基础包。它的特点如下：

(1) 强大的 N 维数组对象。

(2) 复杂的(广播)功能。

(3) 用于集成 C/C++ 和 Fortran 代码的工具。

(4) 有用的线性代数、傅里叶变换和随机数功能。

除了科学计算外，NumPy 还可以用作通用数据的高效多维容器，可以定义任意数据类型，这使 NumPy 能够无缝快速地与各种数据库集成。

NumPy 在本系统中主要用作数据的基础容器，得益于其向量化的加速优化，NumPy 在大数据量下的计算速度可以达到 Python 程序的数十倍到数百倍。

4. Pandas

Pandas 是一个开源库，为 Python 编程语言提供高性能、易于使用的数据结构和数据分析工具。它的特点如下：

(1) 快速、高效的 DataFrame 对象，用于集成索引的数据操作。

(2) 用于在内存数据结构和不同格式之间读取和写入数据。

(3) 智能数据对齐和缺失数据的集成处理。在计算中获得基于标签的自动对齐，并轻松地将凌乱的数据处理成有序的形式。

(4) 灵活的数据集整形和旋转功能。

(5) 基于智能标签的切片、花式索引和大数据集的子集化。

(6) 可以从数据结构中插入和删除列，以确保大小可变性。

(7) 通过引擎聚合与数据转换，支持对数据集的拆分与组合操作。

(8) 高性能的数据集合并和连接功能。

(9) 分层轴索引提供了在低维数据结构中处理高维数据的直观方式。

(10) 时间序列相关功能。日期范围生成和频率转换，移动窗口统计，移动窗口线性回归，日期转换和滞后。还可以创建特定于域的时间偏移和连接时间序列而不会丢失数据。

(11) 高度优化性能，使用 Cython 或 C 语言编写关键代码路径。

Pandas 在学术和商业领域中被广泛使用，例如金融、神经科学、经济学、统计学、广告、网络分析等相关子领域的研究与工程使用。

在本系统中，Pandas 主要作为 NumPy 的补充，由于一个 NumPy 容器中的数据必须是同一类型的，所以我们选择使用支持每列不同类型的 Pandas。另外，它还能支持数据在数据库、内存及各种存储格式(如 CSV 等)中的转换，这大大提升了开发效率。

5. JayDeBeApi

JayDeBeApi 模块允许用户使用 Java JDBC 从 Python 代码连接到数据库。它为该数据库提供了 Python DB-API v2.0。

它适用于通过 JPype Java 集成的普通 Python(CPython)或 Jython 来使用 Java JDBC 驱动程序。

与 Jython 项目中的 zxJDBC 相比,JayDeBeApi 允许用户使用 Jython 和 Python 访问数据库,只需对代码稍加修改。JayDeBeApi 的未来目标是通过灵活的插件机制为不同类型的 JDBC 驱动程序提供独特而快速的接口。

由于本系统依赖的数据库只支持 JDBC 的接口,并不直接提供 Python 的交互接口,因此需要有这样一个中间件来对数据进行存取。

6. Py4J

Py4J 允许在 Python 解释器中运行的 Python 程序动态访问 Java 虚拟机中的 Java 对象。调用方法就好像 Java 对象驻留在 Python 解释器中,并且可以通过标准 Python 集合方法访问 Java 集合。Py4J 还使 Java 程序能够回调 Python 对象。

由于第 11 章所介绍的分词器是使用 Java 语言编写的,因此为了与其方便地进行交互操作,本系统采用了 Py4J。与上述模块不同,Py4J 没有直接用 Python 和 JVM 进行交互,而是通过网络方式进行交互,这种方式比较方便,适合小数据量的数据传递。

7. jQuery

jQuery 是一个快速、小巧、功能丰富的 JavaScript 库。它通过易于使用的 API 在多种浏览器中运行,使得 HTML 文档遍历和操作、事件处理、动画和网页更新更加简单。凭借其多功能性和可扩展性,jQuery 改变了编写 JavaScript 代码的方式。

在本系统中,jQuery 主要作为前端页面和前端逻辑的中间件。使用该组件,可以方便地对网页元素进行操作,也可以比较容易地发送异步请求。

8. Bootstrap

Bootstrap 是一个用于 HTML、CSS 和 JavaScript 应用开发的开源工具包。它通过 Sass 变量和 mixins、响应式网格系统、广泛的预构建组件以及基于 jQuery 构建的强大插件,可以帮助开发人员快速构建想法或整个应用程序。

在本系统中,主要使用 Bootstrap 进行前端的布局和设计,通过其内置的一些类(class)来设置元素的大小、位置以及样式,从而提高网站开发效率。

12.4.2　数据结构与预处理

故障工单是由工厂和零件厂商提供的,因此先介绍其原始的数据组织形式,然后介绍我们对原始数据的预处理过程和最终得到的数据及其形式。

1. 原始数据

工厂的故障工单通常用如表 12.1 所示的结构存储。

表 12.1　工厂故障工单样例

序号	表内容	类型	样　例　值
1	工单编号	String	SR201601015735
2	标题	String	辽宁阜新华润驿马池 21#机组滑环损坏问题反馈

续表

序号	表内容	类型	样　例　值
3	服务请求描述	String	2016年1月12日甘肃民勤中广核项目现场人员在巡检A1-04F机组时发现导流罩后支架断裂两套。机组上电时间：2011-12-03，导流罩编号：2703，厂家：河南省沁阳市锦辉风电科技有限公司，导流罩支架编号：YL097L3(另外一个支架铭牌丢失)，导流罩支架厂家：河北翼凌机械制造总厂。为保证机组安全，现场已将该机组停机。物资已调拨发货。需求：需要给出解决方案，是否只是更换两个后支架即可
4	故障处理过程	String	更换机组滑环

零件厂商故障工单通常以表12.2的结构存储。

表12.2　零件厂商故障工单样例

序号	表内容	类型	样　例　值
1	工单编号	String	SR201601015735
2	标题	String	辽宁阜新华润驿马池21#机组滑环损坏问题反馈
3	服务请求描述	String	辽宁阜新华润驿马池项目21#机组频报变桨内子站故障，现场多次维护故障依然报出，怀疑滑环损坏，更换后机组恢复正常
4	解决方案	String	2016/01/05 16：53：35 (25520)： 1、责任划分：质控中心和供应链(暂判)。2、处理方法：a、请项目现场就近申请备件；b、请联系物资保障部将坏件返厂拆解分析。3、人员到场时间：无须人员到场。4、原因分析：待返厂后分析原因。5、是否批量问题：否。6、后期预防措施：厂家协助分析滑环损坏原因及其预防措施
5	相关记录工单编号	String	FA201601010022

2. 数据预处理

由于同时使用两张表对于匹配过程来说很不方便，因此将两张表按照工单编号这一属性进行自然链接。除此之外，还根据实际情况设置了一个新的属性：故障类型，这样便于进行历史工单数据的匹配和解决方案的推荐。

数据预处理之后的表结构如表12.3所示。

表12.3　数据预处理之后的表结构样例

序号	表内容	类型	样　例　值
1	工单编号	String	SR201601015735
2	标题	String	辽宁阜新华润驿马池21#机组滑环损坏问题反馈
3	服务请求描述	String	辽宁阜新华润驿马池项目21#机组频报变桨内子站故障，现场多次维护故障依然报出，怀疑滑环损坏，更换后机组恢复正常
4	解决方案	String	a、请项目现场就近申请备件；b、请联系物资保障部将坏件返厂拆解分析

续表

序号	表内容	类型	样 例 值
5	故障描述	String	处理二期 21#变桨安全链,变桨子站故障
6	故障处理过程	String	更换机组滑环
7	故障分类	String	变桨系统故障
8	相关记录工单编号	String	FA201601010022

3. 大数据量的优化

在大数据量的情况下,将数据全部保存在数据库中会导致数据库响应时间过长;而且在以前的算法中,会将输入的查询文本与数据库中的每一条数据进行比对。在这种情况下,不仅数据库读取速度是一个瓶颈,如何有效地进行数据的比对也是一个有待解决的问题。

对于数据的存取速度来说,可以使用 NoSQL 数据库,将数据保存在内存中,从而减少 I/O 的瓶颈带来的速度损失。但是,如果只对存取过程进行优化,那么计算过程则会变成瓶颈,因为需要将输入的文本与已知数据逐条进行 Jaccard 距离的计算。如果可以预先存储一些中间变量,则可以将计算复杂度也同时降下来。

在这种思路下,可以采用的方法是提前对库中的所有词进行编码,正如布隆过滤器那样,以每个二进制位来表示每个词是否在一个条目中存在。根据对现有数据的分析,发现词的总量比较少,因此该方法是可行的。

另外,如果想充分利用 CPU 的核心数,那么就势必要使用多线程技术来对计算过程进行加速。但是,由于 Python 的 GIL 线程锁[9]的存在,多线程技术无法正常使用,因此只能转而使用多进程技术。而在多进程的情况下,数据的共享变得较为困难。

通常可以使用系统提供的管道、文件/网络共享以及共享内存等方式,如表 12.4 所示。管道方式使用方便,可以直接通过调用系统控制台或者使用管道实现多进程共享。但由于缓存比较小(Linux 系统下为 64KB),在大数据量的情况下会反复冲刷缓存,导致速度很慢,所以这种方式通常比较适合小数据量的共享。文件/网络共享是较为常用的多进程共享方式。由于存储介质容量较大,因此可以完成大数据量的共享存取,但是它的缺点是读写速度依然取决于中间环节。例如,文件共享方式主要取决于磁盘与内存之间的读写速度,网络共享方式则还需要受网络情况的影响。因此,在需要保证数据读取性能的情况下,可以使用共享内存的方式。这种方式由于数据直接在内存中进行交换,因此存取速度非常理想。它的缺点是实现较为复杂。

表 12.4 多进程下的数据共享方式

方 式	优 势	劣 势
管道	简单易用	大数据量下速度慢
文件/网络共享	可以对大数据量进行存取	速度仍然受 I/O 影响
共享内存	速度不受 I/O 影响	实现较为复杂

在采用共享内存方式的情况下,可以将程序分为两部分,一部分为客户端,另一部分为服务器端。

客户端的执行流程如下：

(1) 尝试读取共享内存中的数据。

(2) 若失败，则尝试重启服务器端。

(3) 根据查询，选取某一块数据，服务器端将该块复制后，发送给客户端。

(4) 正常使用，使用结束后通过 Python 的 GC 自动释放。

服务器端的执行流程如下：

(1) 对库中数据进行格式化，并读入内存。

(2) 将内存中的数据复制到共享内存中。

(3) 释放普通内存中的数据。

(4) 持久运行，直到用户发出停止信号。

在这些优化的基础上，可以结合 NumPy 的向量化方式对计算过程进行加速。向量化方式可让执行算法所使用的时间显著降低，达到用户的预期。

12.4.3 系统实现

在面向高端制造领域的大数据管理系统中，主要使用了 12.4.2 节介绍的组件。那么它们是怎么联系到一起的呢？

对于网站的前端，使用了 Django，网页采用静态 HTML 加上 jQuery 的异步组件，网页按钮与 JavaScript 逻辑绑定，向网站后端发送请求，等待服务器响应后更新显示，向用户展示查询的结果。Django 的模板选择了 Jinja2。而在前端页面的设计上选择了 Bootstrap。

对于网站的后端，由于选择了 Python 来实现，因此选择一些 Python 的热门模型也是必要的。对于数值运算，使用了 Numpy，得益于其使用 C 语言实现的向量化拓展，对于列存储的数值运算可以获得成倍的加速。此外，对于数据的预处理以及表格数据的读取，Pandas 也是 Python 下的一个得力的工具。得益于 Pandas 实现的 DataFrame，可以非常方便地将各种类型的数据读入内存，并保存成列式存储的形式，然后将对于列的运算交给 NumPy 来执行，最后可以将数据转换成任意类型，如数据库、Excel 文件或者 JSON 文件等。数据库连接可以通过 JayDeBeApi 调用 Java 类库来实现。NumPy 在底层也是使用 C/C++ 完成的计算优化。系统组件的层次如图 12.1 所示。

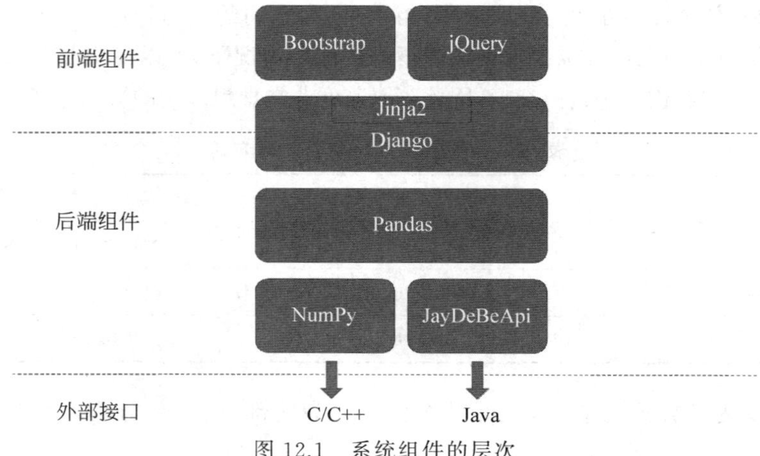

图 12.1　系统组件的层次

12.4.4　外部接口

在面向高端制造领域的大数据管理系统中，故障分析是非常重要的功能与应用。制造领域的数据存在时间序列、工单文本等多种异构类型，对这些异构数据进行统一的分析，对于提高系统故障分析的性能与效果具有非常大的意义。

本系统针对在面向高端制造领域的大数据管理系统中进行故障分析的需求，针对制造领域常见的时间序列、故障工单文本、BOM 图 3 种数据类型，设计和使用了风机实体抽取技术、时序模式生成技术、文本相似性匹配技术和时间序列相似性匹配技术，实现了故障工单匹配功能和时间序列查询及故障模式匹配功能。

下面对故障工单匹配功能和时间序列查询及故障模式匹配功能的相关接口的使用进行说明。由于该匹配功能主要提供给用户使用，因此着重对故障工单匹配的网页进行介绍。

该功能主要用网页的形式来展现，网址为 http://192.168.3.90：9999/new_match。

在如图 12.2 所示的故障匹配功能界面中，用户可以在前端输入类似 SQL 的查询语句，其中可以查询的数据源包含文本形式的工单数据、时间序列的数据以及两者的融合数据，分别命名为 TROUBLE_TICKET、TROUBLE_GRAPH 以及 TROUBLE_HYBRID。SQL 中可以查询的关键词包括传感器名称（如“风机”和“发电机”）、待查询的时间和故障发生的位置（如“2 号风场”“1 号风机”等）。此处以工单数据为例，当匹配完成后，系统会返回所有匹配到的工单，并会显示工单的相关信息，如工单编号、工单的故障内容、工单的类型以及匹配度。匹配结果会按匹配度降序显示。

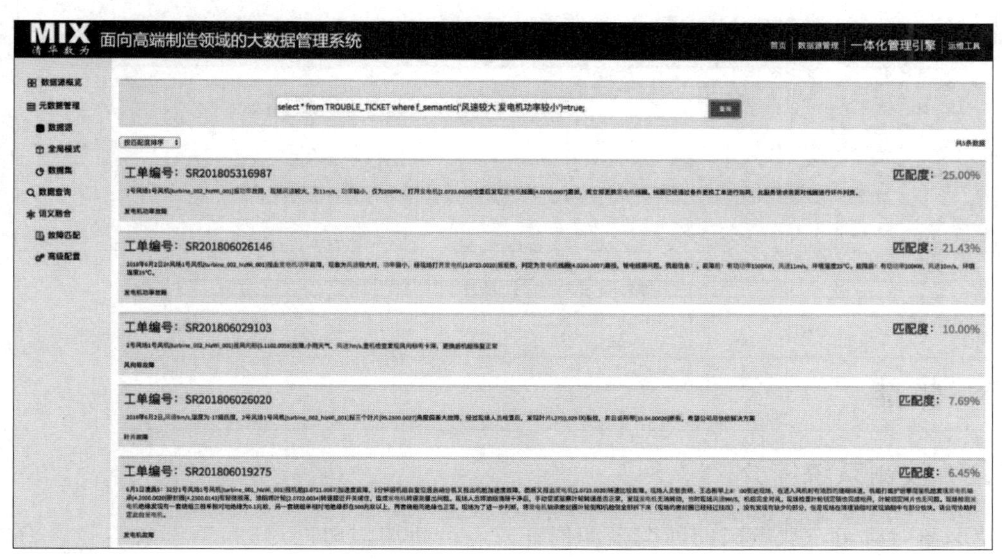

图 12.2　故障匹配功能界面

同理，使用这个查询接口，也可以查询时序数据。在此处，可以对某个传感器在该段时间内的数据进行绘制。目前主要支持 4 种数据：风速、功率、发电机转速、桨距角。

在图 12.3 中，可以发现风速和功率之间在某些时刻可能存在问题，这是一种故障模式。通过进行语义融合查询，可以在完整的时间序列中找到类似的模式，将时序和故障工单对齐并进行展示，如图 12.4 所示。

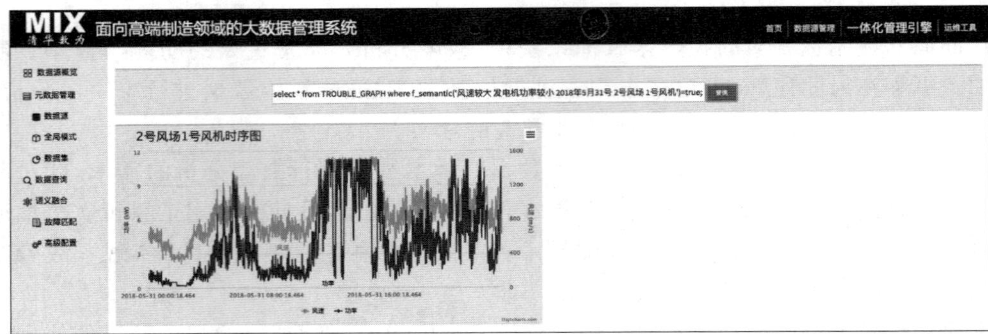

图 12.3　2 号风场 1 号风机时序图

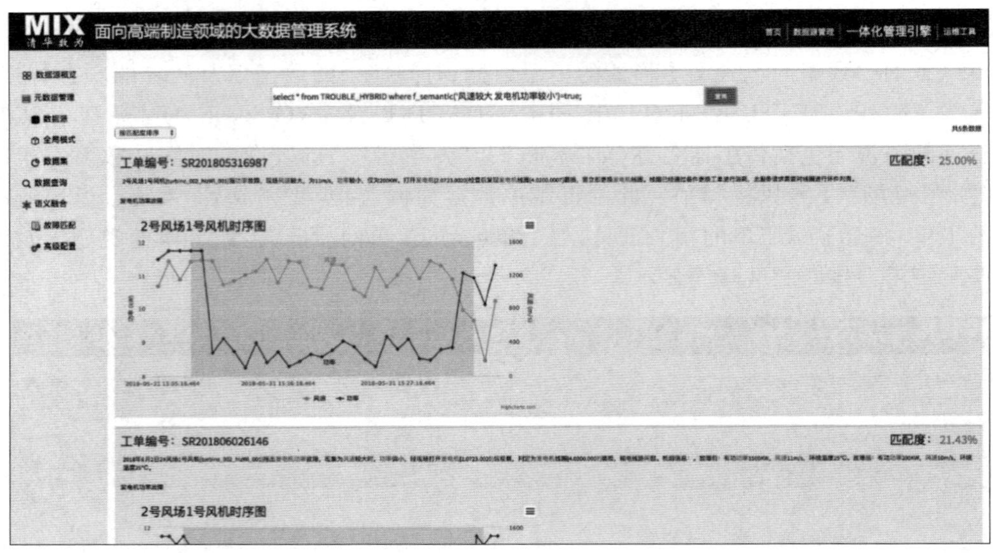

图 12.4　语义融合查询结果

12.5　性能

12.5.1　被测系统简介

语义融合部分主要解决的问题是如何在故障分析中对时间序列、工单文本等异构数据进行统一的分析。为此我们设计了语义融合系统，主要包含故障工单匹配等功能，以网页的形式呈现给用户。

从模块划分来看，可以将系统分为两个部分：分词模块和匹配模块。分词模块主要负责对输入的故障内容进行分词，得到分词后的词组序列；匹配模块将多个故障工单的内容进行比对，找到最相关的故障工单。由于匹配模块会调用分词模块，因此直接将两者作为一个整体来进行测试。

12.5.2　测试环境介绍

为了对上述系统进行测试，我们引入两台计算机，分别为客户机和服务器。下面介绍机器的配置情况。另外，由于需要通过客户机向服务器发送请求，因此下面也会对网络拓扑进行介绍。

1. 客户机配置

客户机配置如下：

(1) CPU：Intel Core i7-7700HQ，4 核心，主频 3600MHz。

(2) 内存：16GB RAM。

(3) 操作系统：Microsoft Windows 10 Version 1803 (OS Build 17134.165)。

(4) 外存：Intel 600P SSD 512GB 硬盘。

2. 服务器配置

服务器配置如下：

(1) CPU：双路 Intel Xeon E5-2676 v3，24 核心，主频 2700 MHz。

(2) 内存：64GB RAM。

(3) 操作系统：Microsoft Windows Server 2016 Version 1607 (OS Build 14393.2363)。

(4) 外存：Dell PERC H330 Adp 256GB SCSI 硬盘。

3. 网络拓扑

网络拓扑如图 12.5 所示，可以看到客户机与服务器处于同一局域网中，不会存在网速受限制或者网络不稳定的情况。

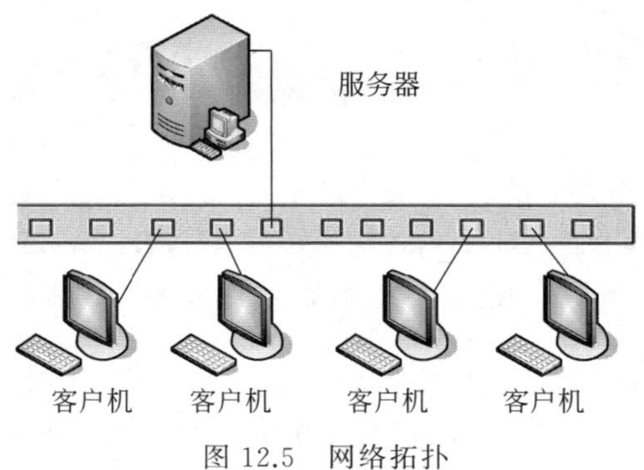

图 12.5　网络拓扑

12.5.3　测试方法

下面介绍我们使用的测试方法。首先需要明确测试目标。我们的测试目标是通过网页前端进行故障工单内容的查询，测试故障工单匹配的性能。由于分词模块的效果直接体现在匹配的效果，所以在此只进行系统的集成测试，测试的结果将同时证明分词模块和匹配模块的可用性。

本测试的内容主要是本系统在故障匹配时正确地进行查询操作的能力以及对库内工单的匹配能力。测试方法如表 12.5 所示。

表 12.5 测试方法

场景	测试点
查询库内数据	检查故障匹配功能对于输入的工单的分词和库内分词是否匹配
新工单验证查询	构造库内工单的相似条目，查询是否与原条目匹配

另外，本次测试所用到的工具如下：

(1) 主要测试工具：Google Chrome 浏览器。主要用于从客户机向服务器发送请求，观察服务器返回的结果。

(2) 辅助软件：Microsoft Word。主要用于整理测试的结果，并绘制图表。

12.5.4 测试内容

本测试在局域网环境中进行，排除了外网的网速限制及不稳定性。

查询库内数据时，将库中的每条数据直接作为输入，将匹配度阈值设置为 1.0，请求服务器进行工单匹配，检查是否能得到相应的原工单。测试结果如表 12.6 所示。

表 12.6 查询库内数据的测试结果

数据点个数	正确数据点个数	匹配精度	回归率	F1 值
100	100	1.0	1.0	1.0

如图 12.6 所示，在结果中我们可以看到在已有数据下，我们的匹配系统都可以匹配到原始的故障工单，说明库中的清单分词正常，分词器对于相同输入的结果是稳定的。

图 12.6 故障工单匹配结果

进行新工单验证查询时，将原工单中不属于分词结果的一些非关键信息进行随机替换，构造为新工单，然后将新工单作为输入，进行工单的匹配。测试结果如表 12.7 所示。

表 12.7 新工单验证查询的测试结果

相似度阈值	数据点个数	正确数据点个数	匹配精度	回归率	F1 值
1.0	100	95	1.0	0.95	0.97
0.9	100	100	1.0	1.0	1.0

可以发现，在将相似度阈值限制为 1.0 时，可能会发生匹配不到原工单的情况。其原因是：一些内容被替换之后，分词模块会将添加的内容错认为有效的词，导致其进入分词结果，从而影响到了结果的匹配。而当把相似度阈值降到 0.9 的时候，所有的工单都是可以匹

配到的。这说明，虽然分词模块有可能受到输入的影响，但这种影响比较小。

12.5.5 测试结果

本测试的结果验证了系统符合使用预期。在测试的过程中，可以发现系统潜在的问题，例如分词器可能会受到用户输入的影响，而这种影响可以通过降低相似度阈值来解决。在本测试的过程中，服务器运行也比较稳定，没有请求错误的情况发生。因此我们认为该系统可以保证语义融合功能的有效和运行的平稳。

12.6 本章小结

本章针对制造领域常见的时间序列、故障工单文本、BOM 图 3 种数据类型，从故障的文本表示、故障的时间序列表示两个子需求出发，设计了时序模式生成算法、文本匹配方法以及时间序列的模式匹配算法，给出了实现细节。时序模式生成算法主要是在时间序列和故障工单文本之间自动寻找联系，从而方便后面的时序模式匹配。而在文本匹配方法中，我们主要考虑如何在文本层面发现两个实例的相关性，主要采用了 Jaccard 距离以及第 11 章介绍的分词方法，这样可以找出过去发生过的类似故障，从而为新的故障提供参考以及相应的解决方案。时序的模式匹配算法，主要是从时序的角度进行匹配，其主要解决的是 NSM 或 cNSM 问题。通过这样的抽象，可以将该算法用于普适的序列匹配问题。另外，在算法中通过动态规划等一系列优化保证了执行的性能。在技术实现部分，主要介绍了选用的组件、数据结构以及预处理方式。最后，通过实验验证了上述算法的可用性和有效性。我们希望今后能在更多的数据形式上完成相似性匹配工作。此外，我们也关注如何提升现有匹配算法的性能的问题。

本章参考文献

[1] WU J, WANG P, PAN N, et al. KV-match: A Subsequence Matching Approach Supporting Normalization and Time Warping[C]. In: Proc. of the IEEE 35th International Conference on Data Engineering(ICDE), Macau SAR, China, April 8-11, 2019: 866-877.

[2] FALOUTSOS C, RANGANATHAN M, MANOLOPOULOS Y. Fast subsequence matching in time-series databases[M]. New York: ACM, 1994.

[3] MOON Y S, WHANG K Y, LOH W K. Duality-based subsequence matching in time-series databases [C]. In: Proc. of the 17th International Conference on Data Engineering. Washington, DC: IEEE Computer Society, 2001: 263-272.

[4] MOON Y S, WHANG K Y, HAN W S. General match: a subsequence matching method in time-series databases based on generalized windows [C]. In: Proc. of ACM SIGMOD international conference on Management of data. New York: ACM, 2002: 382-393.

[5] LIM S H, PARK H, KIM S W. Using multiple indexes for efficient subsequence matching in time-series databases[J]. Information Sciences, 2007, 177(24): 5691-5706.

[6] YI B K, FALOUTSOS C. Fast time sequence indexing for arbitrary LP norms[C]. In: Proceedings of the 26th International Conference on Very Large Databases, Cairo, Egypt, Sep 10-14, 2000: 297-306.

[7] ZHU H, KOLLIOS G, ATHITSOS V. A generic framework for efficient and effective subsequence retrieval[J]. VLDB Endowment, 2012, 5(11): 1579-1590.

[8] PENG J, WANG H, LI J, et al. Set-based similarity search for time series[C]. In: Proc. of ACM SIGMOD International Conference on Management of Data. New York: ACM, 2016: 2039-2052.

[9] PALACH J. Parallel Programming with Python[M]. Birmingham: Packt Publishing Ltd, 2014.

第 4 篇　运维工具篇

本篇论述性能监控、系统调优、资源规划与调度、数据备份与容灾、故障诊断与修复、数据清洗等技术，以实现对面向高端制造领域的大数据管理系统进行一体化性能监控、运维、调优与质量管理的目的。

本篇包括 6 章。

第 13 章讲解性能监控工具。该工具负责对各种数据管理引擎的运行特征、基础硬件资源（CPU、内存、网络、磁盘等）、Hadoop 与 Spark 计算平台、以及集群节点状态的一体化性能监控。

第 14 章讲解系统调优工具。该工具负责针对高端制造领域差异化的应用负载、数据特性与系统资源状况下的非结构化数据、图数据、时序数据、关系数据、键值数据管理引擎以及大数据计算平台 Hadoop 和 Spark 的运行参数进行优化调整。

第 15 章讲解资源规划和调度工具。该工具针对面向高端制造领域的大数据管理系统中各个自治的数据源管理引擎的特点以及整个系统任务实时性、高可用性、可扩展性等要求，实现资源的统一管理与调度、组件添加与删除、资源动态伸缩和资源预估。

第 16 章讲解数据备份与容灾工具。该工具采用异地容灾、远程复制、连续数据保护等灾难恢复策略，以应对各种软硬件故障或自然灾害对计算机系统的影响，保护工业大数据系统的不间断运行。

第 17 章讲解故障诊断与修复工具。该工具基于自动检测到的故障，利用搜集的信息，采用可视化智能分析算法，对面向高端制造领域的大数据管理系统各软件模块进行故障检测与诊断，智能地发现系统故障的诱因。

第 18 章讲解数据清洗工具。该工具针对工业场景中数据不完整、不一致、不精确等问题，特别是工业时间序列上的不完整、不精确值修复、错列识别与匹配修复、序列异常区间检测等问题，对数据进行清洗。

性能监控工具

石胜飞　高　宏　王宏志　高　宇
吴浩楠　刘　游　李克果
哈尔滨工业大学计算机科学与技术学院

13.1 概述

面向高端制造领域的大数据管理系统的性能监控工具负责对各种数据管理引擎的运行特征、基础硬件资源、计算平台以及集群节点状态进行一体化性能监控。本章介绍面向高端制造领域的大数据管理系统的性能监控工具的设计与实现。首先，阐述本工具的主要功能。然后，给出本工具的模型设计，并针对其中各个监控模块进行具体介绍，主要包括各个监控模块根据其监控内容所区分的种类以及需要监控的信息和指标的具体内容。接下来，对本工具中的数据采集、监控数据处理与可视化、异常监测以及历史任务评价中涉及的具体工作流程与技术实现进行详细介绍。最后，展示本工具的效果演示图，总结本工具与现有相关工具相比的优势。

13.2 需求

面向高端制造领域的大数据管理系统的性能监控工具的主要功能是：从不同角度对大数据管理平台的各项指标进行监控，其监控主体为时序数据管理引擎、非结构化数据管理引擎、图数据管理引擎、关系数据管理引擎和键值数据管理引擎；同时，实现对集群和硬件的实时监控、集群历史任务评价及异常监测等功能。

13.3 模型设计

性能监控工具的整体架构如图 13.1 所示，主要包括数据监控、数据采集和监控数据处理与可视化 3 个部分。本节介绍数据监控部分的系统模型设计。数据采集的分类以及对应的解决方案将在本章 13.4.1 节详细介绍，监控数据处理与可视化的具体框架设计及工作流程将在 13.4.2 节进行说明。

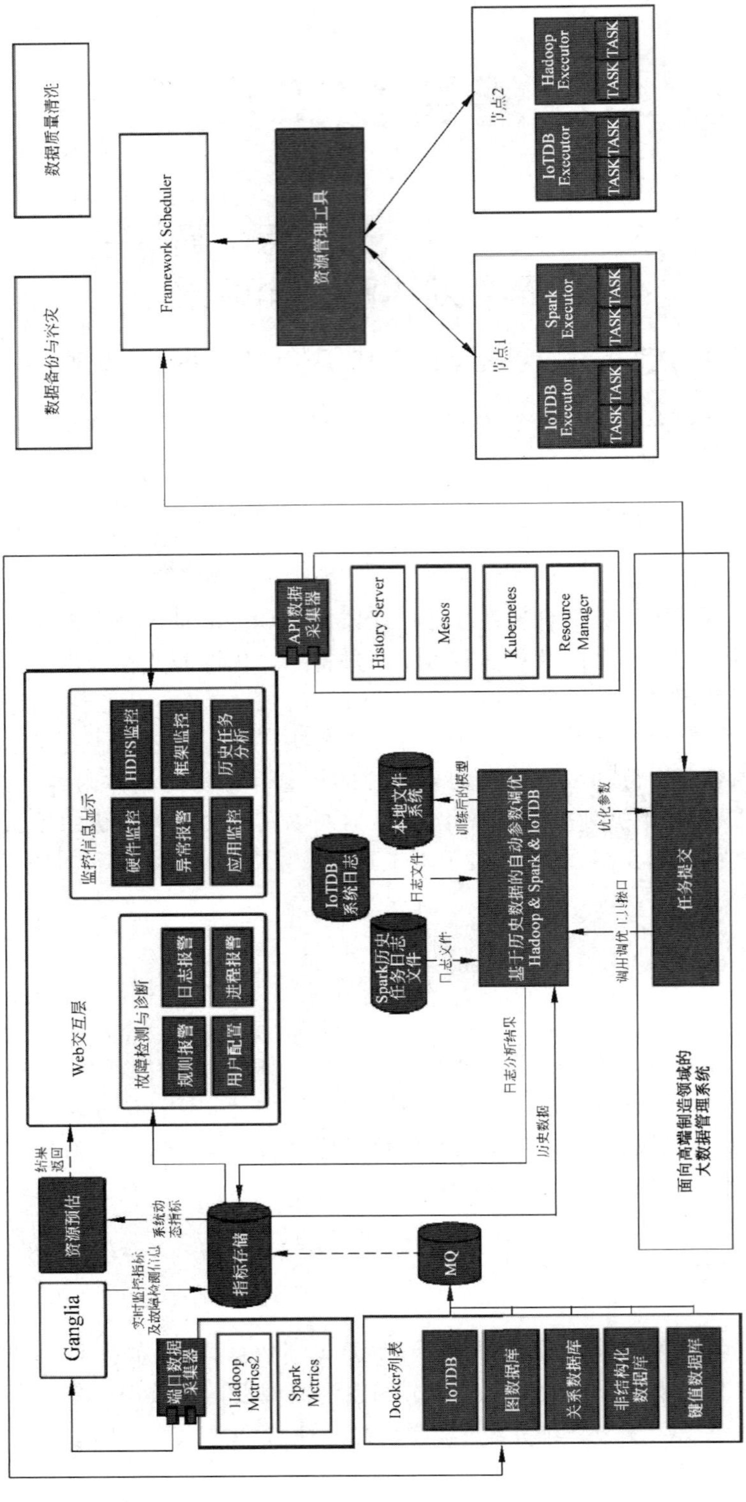

图 13.1　性能监控工具整体架构

数据监控模型除了负责对包含时序数据库在内的五大数据库的监控、硬件监控、集群监控、Docker 监控以外，还包含对历史任务的评价和异常监测[1-10]。其具体组成如图 13.2 所示。

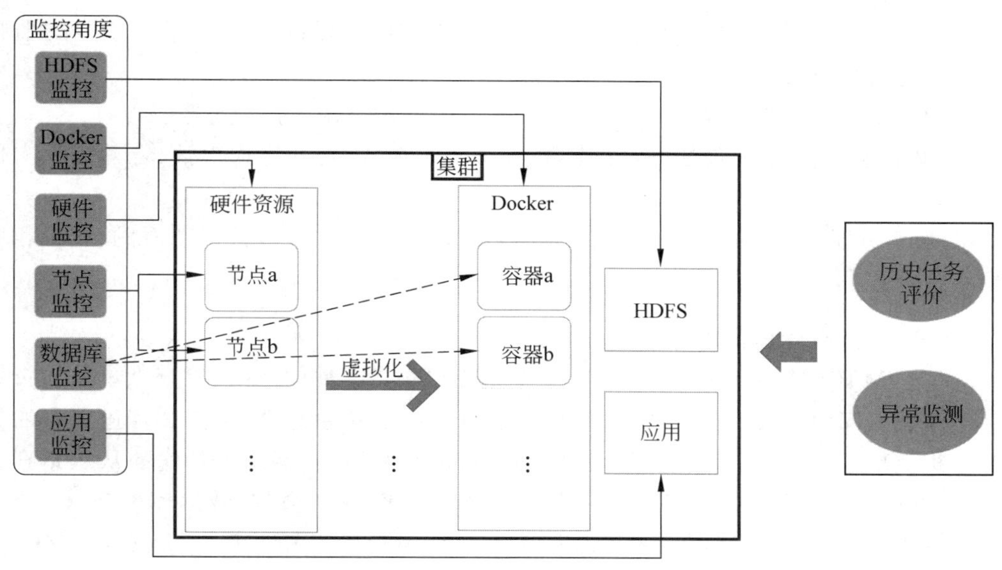

图 13.2　数据监控模型的组成

为监控运行在 Docker 容器中的五大数据管理引擎，性能监控工具根据各数据库的特点，确定监控指标，展示各数据库的工作状态。硬件资源监控着重于整体上对工业大数据管理系统硬件资源进行监控。集群监控包括对 HDFS、Hadoop 集群节点以及运行在集群上的应用的监控。Docker 监控主要针对为 Docker 分配的计算资源以及各 Docker 容器的相关信息的监控。

除了对整个系统的监控外，性能监控工具还设计了历史任务评价模块和异常监测模块。其中，异常监测模块作为监控的辅助工具，其核心技术将在 13.4.3 节中进行详细阐述；历史任务评价模块负责在应用运行结束之后对其给出整体评价分数，其涉及的算法以及具体的实现步骤将在 13.4.4 节中介绍。

下面分别对数据库监控模块、硬件监控模块、集群监控模块和 Docker 监控模块的设计进行具体介绍。

13.3.1　数据库监控模块

1. 时序数据管理引擎监控

本工具针对时序数据管理引擎 IoTDB 的运行特点和常规指标实行监控。由于 IoTDB 运行于 Docker 容器中，因此监控的静态指标包括由 Docker 监控获取的主机名、开放的连接口、系统启动时间，同时还覆盖数据库版本以及使用中需要向用户展示的配置参数。

此外，考虑到 IoTDB 目录结构的时间序列组织管理方式以及高通量时间序列数据读写和语义查询等工作特点，本工具还会监控 IoTDB 工作时的时间序列数量、内存占用量、传输速率、每秒写入点数、HDFS 数据占用量与剩余空闲空间大小、当前连接数、平均查询延迟、

GC 信息等特征信息。

2. 非结构化数据管理引擎监控

待监控的非结构化数据管理引擎采用具有高扩展性与水平伸缩性的分布式列存储，支持对数据的透明切分与高性能并发读写操作。因此，对于非结构化数据管理引擎的监控主要从以下几方面进行：

（1）本机：包括当前机器打开文件数、可用 CPU 数、空闲内存大小等。

（2）单个域(region)：包括 Store 个数、Storefile 个数、合并完成次数、合并完成文件个数等。

（3）域服务器(region server)：包括请求数、收发数据量、垃圾回收总时间、线程相关指标等。

3. BOM 图数据管理引擎监控

针对 BOM 图数据管理引擎的特点，主要监控检查点事件的总数、检查点事件的持续时间、存储在数据库中的关系类型总数、存储在数据库中的关系总数、页面缓存过程中的异常总数、已提交事务的总数、查询重新计算之间等待的总秒数、在网络上传输的从从站到主站的事务数据以及提交的字节数等，覆盖数据库检查点、数据库数据、数据库事务、Cypher 相关指标、服务器指标、网络状况等多方面内容。

4. 关系数据管理引擎监控

对于关系数据管理引擎的监控主要针对关系数据库特点，对其在运行中各方面性能和状态进行监控。而资源方面的监控指标在其他工具中有更为详细的展示。结合现在主流关系数据库监控工具和本系统中关系数据库的工作场景和特性，本工具着重对运行中的关系数据库的连接数、各连接的状态、某一时段内的平均事务数、活动会话数、I/O 吞吐量等指标进行监控并展示。同时针对关系数据库的特点，还将对数据库运行和使用过程中的查询执行器的统计信息、语法分析器的统计信息、SQL 语句运行时间等统计信息、表的共享内存利用情况统计信息、表 I/O 与索引 I/O 次数等向用户进行展示。

5. 键值数据管理引擎监控

由于工业大数据管理系统中的数据库采用去中心的 P2P 架构，网络中所有节点对等地形成一个环，节点之间通过 P2P 协议每秒交换一次数据，这样每个节点都拥有其他所有节点的信息，包括位置、状态等。结合此运行特点，本工具侧重对下列几方面的监控：

（1）表指标：包括存储在 memtable 中的数据情况、读取情况、压缩分区、表行 Cache 命中率等。

（2）线程池指标：包括任务情况、线程数、被占用的缓存大小等。

（3）存储指标：包括捕获的内部异常数、此节点管理的磁盘数据的大小等。

13.3.2 硬件监控模块

1. CPU 监控

本工具对 CPU 的各项动态、静态指标进行监控与可视化显示。用户根据指标和相关提示判断其运行的任务是否存在 CPU 瓶颈以及瓶颈主要出现在哪个环节，进而判断是否能够通过修改代码、更改配置等方式对任务进行优化。以下为监测的指标。

(1) 静态指标：

- CPU 逻辑核心数：物理 CPU 数量×每个 CPU 核心数。
- CPU 总体运行速度(MHz)。
- CPU 平均繁忙程度。

(2) 动态指标：

- CPU 空闲程度：CPU 空闲且没有显著的磁盘 I/O 请求的时间所占百分比。
- CPU 窃取占比：虚拟机会与虚拟环境的宿主机上的多个虚拟机实例共享物理资源。其中之一就是共享 CPU 时间切片。如果虚拟机的物理机虚拟比是 1/4，那么它的 CPU 使用率不会限于 25%的 CPU 时间切片，能够超过设置的虚拟比。如果在负载未满的物理机上运行一个长时间的计算任务，那么它可能会使用超过设定的 CPU 切片时间。过一段时间，可能其他的虚拟机也需要超过设定的 CPU 切片时间，所以这个任务的执行会变慢。对于长时间的计算任务而言，这个情况并不是不能接受的：它可能会较晚完成，也可能更快地完成(由于它能够使用更多的资源)。
- CPU 等待 I/O 占比：由于 I/O 速度相对缓慢，I/O 瓶颈很可能造成 CPU 资源的严重浪费。
- CPU 用户进程使用占比：以用户级别运行进程时 CPU 占用率。
- CPU 内核进程使用占比：以内核级别运行进程时 CPU 占用率。
- 总进程数。
- 运行进程数。

2. 内存监控

系统对内存的监控主要包含以下几个方面：

(1) 空闲内存：代表整个系统集群中总的空闲内存大小。通常希望整个系统的空闲内存比较小，但空闲内存并不是越小越好，如果空闲内存过小，在将新的数据读入内存的时候，需要使用一定的算法来替换已经存在的内存缓存文件，这样会造成比较大的时间延迟，所以系统需要留下必要的空闲内存，以减小从磁盘硬调页的延迟。

(2) 文件缓存：代表整个系统上已经被缓存，但是未被正式使用的数据，属于操作系统多层缓存的一部分。缓存的分配也影响到文件读写的效率。如果缓存分配不当，导致系统频繁发生硬调页，则会对整个系统的性能造成很大的影响。

(3) 内存缓冲区：保存的是要写入磁盘的数据，因为机械硬盘具有高延迟以及物理上半顺序访问的特点，所以将数据批量写入可以减少对于磁盘的读写时间，在一定程度上也可以避免文件碎片的产生。

(4) 交换空间：是操作系统层面的概念，由服务器的操作系统管理，交换空间和物理内存之和就是系统可以提供的最大内存总量。交换空间的大小和内存换页调度对系统性能非常重要。因为相对于内存而言，磁盘读写的速度较慢，延迟也较高，所以如果频繁使用交换空间，那么系统就会发生一些性能问题。

(5) 共享内存：指在多处理器的计算机系统中可以被不同 CPU 访问的大容量内存。它对于多线程的应用来讲有一定的意义。

3. I/O 监控

磁盘的使用情况也是整个硬件监控的基础数据之一。I/O 监控的内容主要包括以下几方面：

(1) 磁盘总大小：集群内磁盘总可用空间。

(2) 磁盘使用率：对于现代机械硬盘而言，其使用率在一定程度上也会影响读写的效率。了解磁盘使用率对于系统的性能比较重要。

(3) 网络 I/O 情况(接收/发送字节数，接收/发送数据包数)：在一个高性能集群中，对网络性能的监控是必不可少的，网络性能往往是集群或应用性能的瓶颈之一。对网络性能进行监控，可以使集群管理员能够注意到潜在的网络性能瓶颈。许多分布式算法以及集群管理系统的作用实际上都是为了减少网络交换数据量进行优化。

13.3.3 集群监控模块

1. HDFS 监控

HDFS 监控工具将监测 HDFS 中的 NameNode 的指标。HDFS 监控分为两个功能模块：NameNode 监控模块和启发式信息模块。NameNode 监控模块用于展示 HDFS 的总体情况以及 JVM 的部分情况，并且结合异常检测算法和实时获得的数据，给出有价值的性能评价和异常预警。在 Web 端采用动态图表展示 HDFS 实时的状态，用户可以直观地观察运行在 HDFS 上的各种操作，例如垃圾回收机制进行的时间以及释放的内存、文件突然大量修改(写文件或删除文件)的情况等。此外，HDFS 监控工具根据预定的指标并结合给定算法进行性能评价和预警，给出启发式的建议。例如，HDFS 监控工具观察到内存使用率过高，可能导致预留的磁盘空间不能满足任务计算的需要，就会建议增加存储设备和删除无用数据；当丢失块过多时，可能引起任务报错，本工具会提示可能有节点出现故障。

以下为 HDFS 监控指标及其说明：

(1) 文件总数：运行在 HDFS 上的文件总数。

(2) 总块数：HDFS 独立存储单元块的总数。

(3) 损坏块数：由于磁盘损坏、机器宕机等原因造成的损坏块数。

(4) 丢失块数：由于磁盘损坏、机器宕机等原因造成的丢失块数。

(5) GCTime、GCCount：NameNode 垃圾回收时间和次数。

(6) MemHeapUsed：堆内存使用。

(7) ThreadsBlocked/Waiting：线程阻塞等待数量。

2. 应用监控

应用监控工具将给出 MapReduce 和 Spark 计算框架提交的应用程序的运行状态，包括正在运行的任务数、完成的任务数、失败的任务数、杀死(kill)的任务数。对于正在运行的任务，应用监控工具将追踪以下内容：任务本次提交的作业的 ID、提交任务的用户、用户运行的 JAR 的名称、作业所属类型(MapReduce 类型或者 Spark 类型)、任务运行的进度(实时更新)、任务提交的时间及已经持续的时间。

此外，应用监控工具也将提供有关此应用和集群相关的信息，包括其所属的集群 ID、所属的工作队列以及集群为其分配的内存、虚拟核心数、容器数量等信息。如果想要更详细的信息，应用监控工具将提供进一步的追踪地址、应用程序日志的链接等。

3. 节点监控

节点监控工具除了监测集群整体的情况外，还将细化到每个子节点的各项指标。节点监控工具提供了对集群子节点 CPU 速率、负载、窃取、占用等信息的展示，提供了磁盘使用情况的分析以及内容使用的报告，包含内存总空间、可用空间、缓存、缓冲区、进程共享、已用空间、使用率等信息。

除了上述硬件信息外，本工具还将提供各个节点与计算平台相关的资源信息，例如节点上创建的应用容器数量；还提供对节点上运行应用的展示，让监控人员可以知晓当前在节点上运行的应用列表、状态、每个应用所占用的容器以及各个容器的资源分配情况。

13.3.4 Docker 监控模块

Docker 是数据库及其他应用的运行容器。Docker 监控模块能第一时间从外部获取 Docker 容器内应用的运行状况。尤其是当资源不足或者出现其他异常时，对 Docker 的监控就显得更为重要。

对比已有监控工具的监控指标，并结合系统特点，本工具对 Docker 的监控与对节点监控类似。Docker 在工作前，需要管理人员为其分配计算资源(如虚拟内核和内存等)，这些既定资源理论上应与节点运行的应用相匹配[11-13]，一旦出现资源不足的情况，管理人员或系统应及时调整，因此需要为系统使用者提供 Docker 整体运行的静态指标，主要是 CPU 数、CPU 时钟周期数、运行容器数量、主机名、总虚拟内存大小等。

对于 Docker 中运行的应用，本工具为用户提供包括应用名、容器 ID、命名空间、CPU 数、内存总量、应用创建时间等信息。除基本信息外，本工具还为用户提供链接，供用户查看 Docker 容器的详细数据。主要监控内容及其详细指标如下：

(1) CPU：包括总可用核心、CPU 使用率、用户应用中断率、系统中断率、每个核的使用率。

(2) 内存：包括总可用空间、内存使用空间、缓存使用空间、实际使用物理内存大小。

(3) 进程：包括 I/O 等待进程数、就绪进程数、休眠进程数、中止进程数、CPU 不可中断进程数。

13.4 技术实现

13.4.1 数据采集

1. 硬件信息采集

在整个工业大数据管理系统的建设和运行过程中，硬件是系统的基础，对于硬件的监控能够帮助用户实时了解平台性能上限并及时发现故障来源。这里提供两种采集硬件信息的技术手段。

1) 通过 Ganglia 采集硬件信息

Ganglia 是一款性能卓越的开源集群监控平台，具有十分强大的数据采集功能，擅长对包含数以千计的节点的集群进行监控。Ganglia 可以对节点的硬件性能指标进行监控，如 CPU 利用率、硬盘利用率、网络速率等。Ganglia 的强大主要体现在对系统性能的监控上，它采用多层次的结构模式，每一个 gmond 内同时收集同一个集群内的所有其他 gmond 采集的数据，再由 gmetad 轮询 gmond，这样的结构意味着一台服务器能够通过不同的分层管理上万台机器。Ganglia 采用的这种体系结构以及它强大的数据采集功能使得它在对大型集群监控时优势明显，并且它所占用的系统资源极少，不会给集群造成过大的负担，用户可以通过 Ganglia 对目标集群进行全面、详细的监控。但是对监控数据的保存是它的短板，同时它的 gweb 又不易集成性能监控其他层面的展示功能，因此，可以取其所长，对其进行适当的修改，只使用 Ganglia 的数据收集功能。

Ganglia 的架构如图 13.3 所示，由 gmond、gmetad 和 gweb 3 种守护进程组成。在操作上，每种守护进程都是独立的，运行时只需要自己的配置文件来操作即可[14]，最重要的是这 3 种守护进程的任意一种进程在缺少其他两种进程的情况下也可以正常启动和运行，这为完全修改 Ganglia 提供了可能。

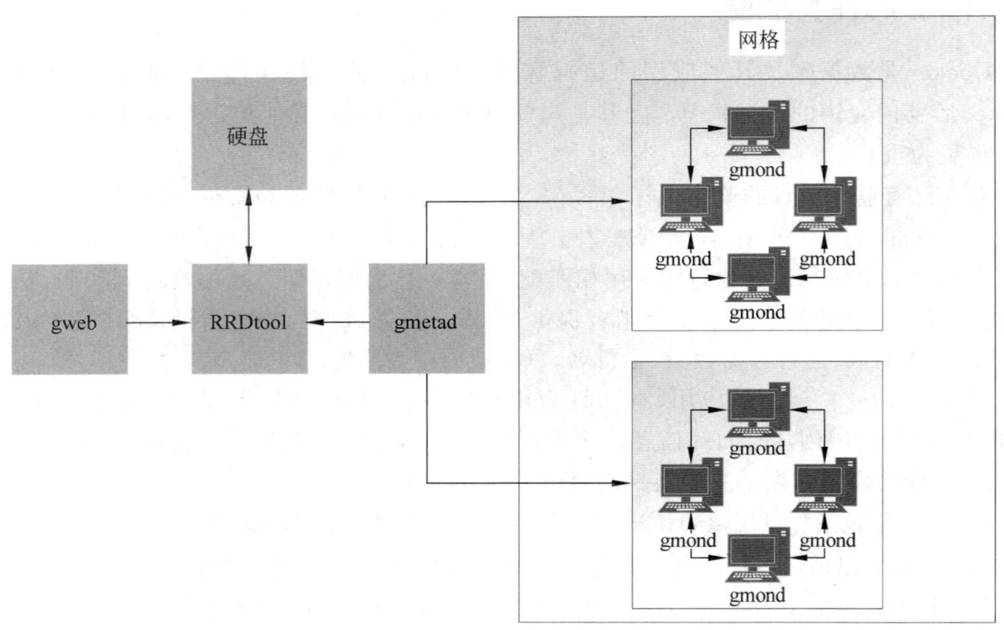

图 13.3　Ganglia 的架构

gmond 是最基础的分布在每个节点上的守护进程，它的工作是收集各项性能指标。它的内部采用模块化设计，是基于 C 语言编写的。同时，gmond 还可以接收其他节点的监控数据，并将其保留在缓冲区，而且它的系统开销也很小，不会影响节点的性能。本系统在使用时，在需要监控的每一个节点上安装 gmond，可以通过 yum 或者 apt-get 命令直接安装[15]。

gmetad 是一个简单的轮询器，它会周期性地对每个 gmond 所在的集群发出询问，并将每台主机上返回的所有指标数据写入各个集群对应的轮询数据库[16]。此处的轮询数据库也就是 RRD 数据库，Ganglia 在正常工作的情况下，会通过 RRDtool 为监控数据文件生成图形化的界面。由于 RRD 的工作机制，RRD 形式适合存储动态数据，并且不长期存储。RRD 数据库大小是固定的，当数据存储量达到上限时，系统会自动覆盖较早写入的数据[17]。这种机制显然不适合较大体量的大数据管理系统性能监控，故在实现时对其进行修改，在需要进行指标汇总的节点上编译、安装修改后的 gmetad，使其定期将数据存储在 MySQL 或者时序数据库中，需要注意的是 gmetad 的安装是包含在 gmond 安装中的，编译、安装的过程可以通过 configure 参数选择只安装 gmond 或者两者同时安装。修改后的 Ganglia 架构如图 13.4 所示。

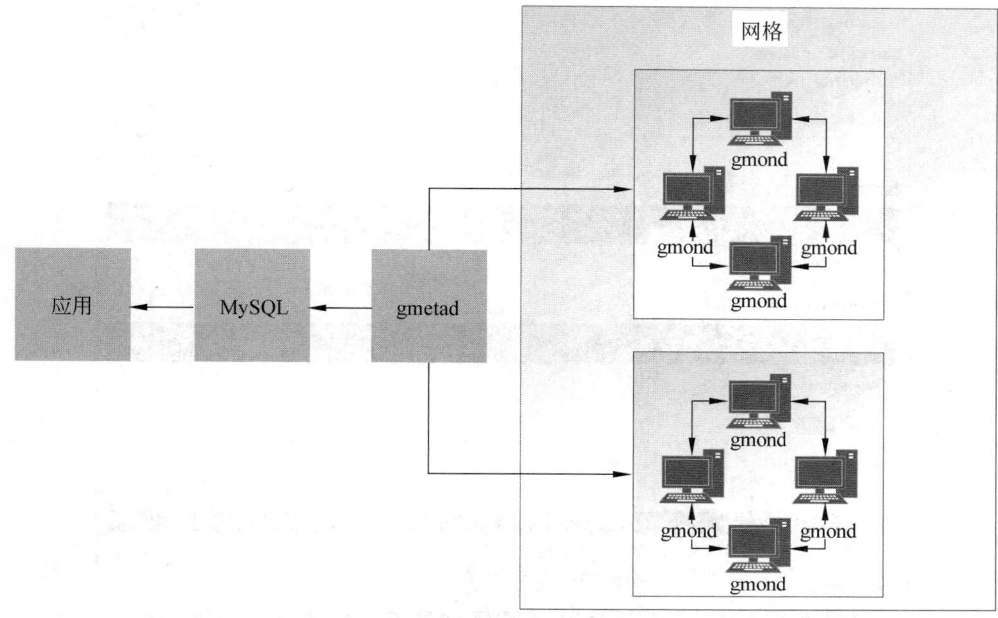

图 13.4　修改后的 Ganglia 架构

2）通过 cAdvisor 采集硬件信息

cAdvisor 是由 Google 公司基于 lmctfy 开发的监控工具，它可以对节点上的资源及容器进行实时监控和性能数据采集，包括 CPU 使用情况、内存使用情况、网络吞吐量及文件系统使用情况。cAdvisor 原生支持 Docker 容器，cAdvisor 运行一个守护进程用来收集每一个容器的数据，同时用户可以通过多种途径获取 cAdvisor 收集到的数据。

使用 cAdvisor 的好处在于：当集群使用 Docker 容器时，用户可以将应用及其依赖包打包到 Docker 容器中时，cAdvisor 还可以同时获取容器的监控信息。cAdvisor 本身具有一个图形化的数据展示的 Web 页面，cAdvisor 守护进程会提供一个友好的 UI 界面用来展示收集的数据。显示的数据是实时的，可以用来排错，并且包含运行在 Docker 容器中的应用信息。cAdvisor 的 Web 页面如图 13.5 所示。

2. 异构数据源信息采集

对于系统中的异构数据源，可以针对其特性采用对应的方法采集数据。在此提供 3 种思路。

1）查询数据库记录自身服务器状态变量的系统表

一些数据库在运行过程中会对自身服务器状态变量进行记录，并将其保存在系统表中。例如，在前面提到的时序数据库 IoTDB，为用户提供对其中存储数据信息的数据统计监控方式，在工作过程中会记录系统各个模块的数据统计信息，并将其汇总后存入数据库中，用户可以开启数据统计监控(enable_stat_monitor)功能后通过读取系统表的方式获取内部数据。在开启该监控功能后，IoTDB 将对部分指标进行统计和存储。又如，关系数据库 MySQL 在 GLOBAL_STATUS 和 SESSION_STATUS 表中记录了有关服务器状态变量的信息。在这种情况下，用户可以直接参考数据库的用户手册，若无特殊需求，用户无须再额外开发监

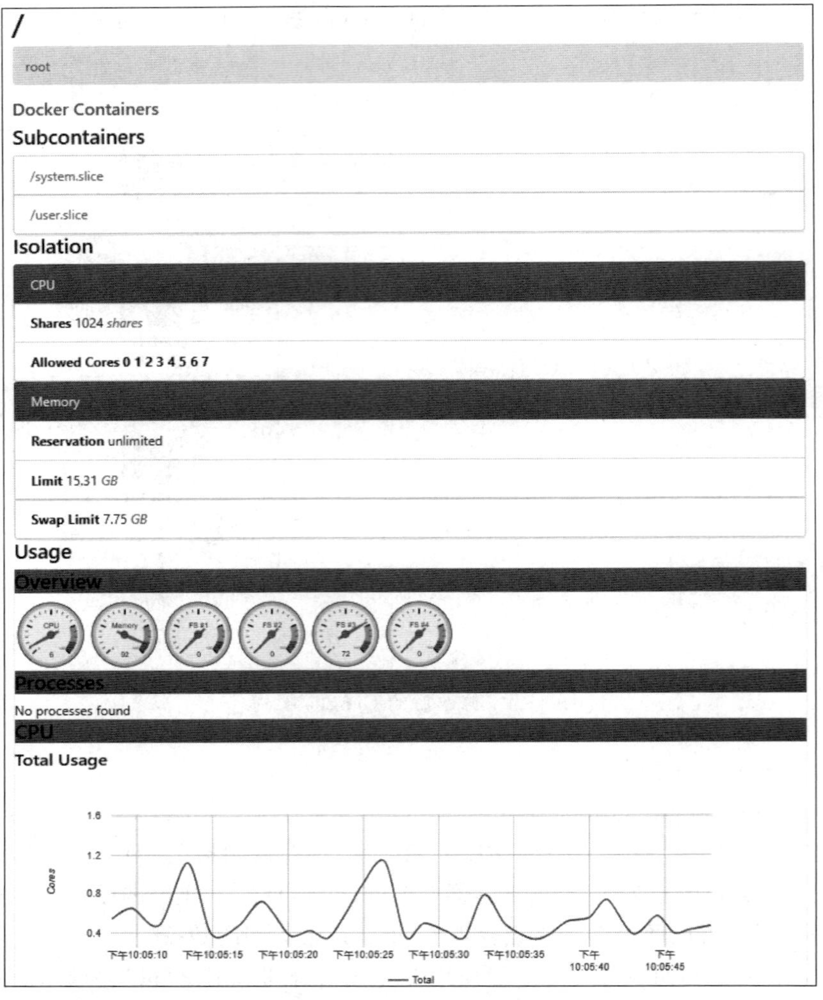

图 13.5　cAdvisor 的 Web 页面

控信息采集工具，只需直接通过查询获得所需数据。

2）开发数据采集代理

若数据库自身的系统表中的记录项不满足需求或者不支持第一种数据采集方式时（如本系统中的 InGraphDB 与 KVStore），用户可以选择单独开发一个数据采集代理的方式对目标数据库进行监控信息的采集。在本系统中，数据采集代理模式架构如图 13.6 所示。由于两个数据库运行在容器中，只需在对应的容器中部署数据采集代理，然后将数据存储在数据库中。由于采集到的数据是随着时间流而不断产生的数据，因此将数据以时序数据的形式存储在时序数据库中，供前端系统使用。

3）调用开发者提供的采集接口

如果数据库本身对外提供数据采集接口，可以直接调用。例如，本系统中的 UnStructFS 数据库，在开发时已经预先与开发人员进行了协调，为监控功能的接入预留了数据采集接口，因此，可以直接调用该接口，获取事先约定好格式与内容的数据，这样就无须进行开发。其具体实现此处不再赘述。

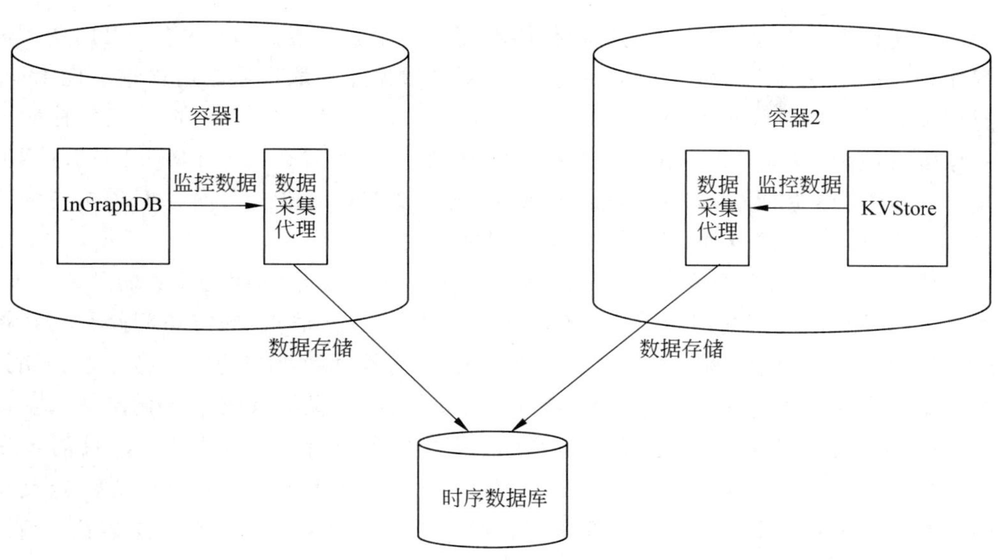

图 13.6　数据采集代理模式架构

13.4.2　监控数据处理与可视化

1. 数据处理

系统中性能监控工具的服务器端使用 SSM 框架，按照实际需求，数据处理流程如图 13.7 所示。

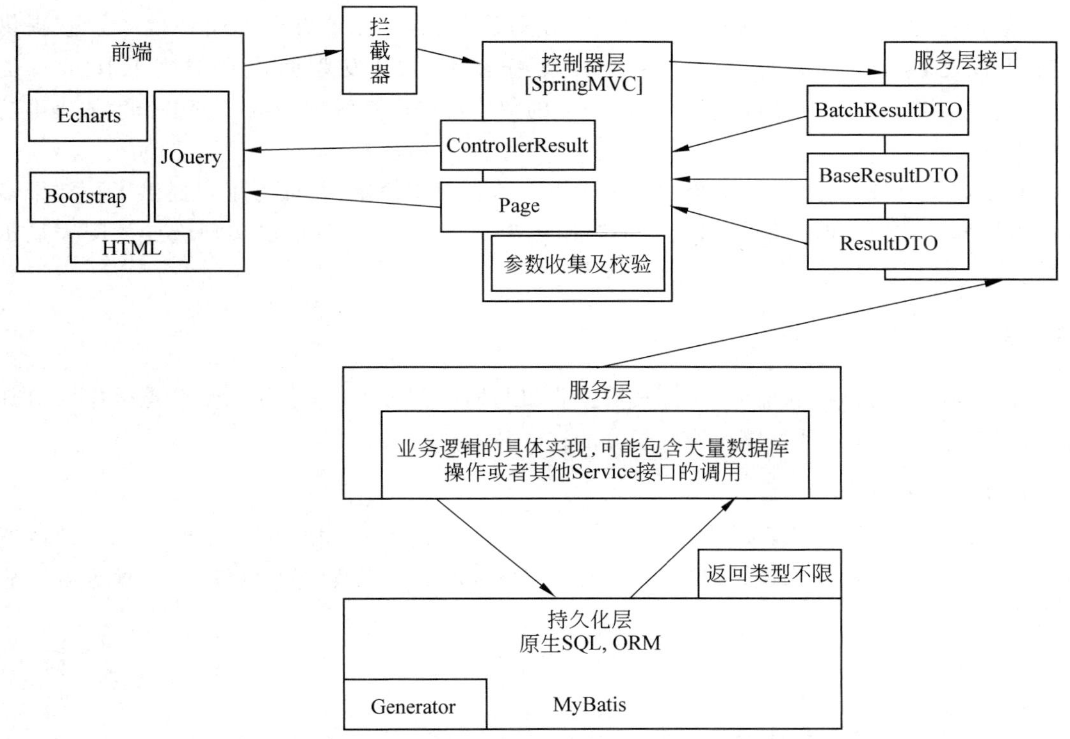

图 13.7　性能监控工具服务器端数据处理流程

前端发送请求到控制器层;控制器根据前端请求调用服务层接口;服务层根据业务需要与数据库相关的实现调用持久化层接口;持久化层在数据库中取得数据后再逐层向上响应,最终返回页面。各层接收和处理数据时对数据格式均有一定要求,因此在数据传输时会对数据对象进行包装,其中 BaseResultDTO 用来返回响应正确与否,BatchResultDTO 返回列表数据,ResultDTO 返回对象数据,ControllerResult 以 JSON 格式返回数据和响应的正确与否,Page 以 JSON 格式返回分页数据、页码和总页数。

在代码实现阶段,流程的关键步骤大致如下。首先根据需求设计前端页面及相关文件,确定所需数据及页面之间的逻辑关系,然后由前端发送 Ajax 请求,确定访问路径。在控制器层通过注解添加该映射,编写该映射的实现函数,保持返回数据与请求一致。在控制器层中涉及的服务层接口需进一步在服务层定义并实现,然后定义涉及的持久化层接口。此处应注意,MyBatis 框架在此展现了强大的作用,因为在实现持久化层接口时,只需要编写 Mapper 文件,并在 Spring 配置文件中关联二者即可。传参时,在 Mapper 的方法定义中指定 ParameterType 选择 ResulType 或者 ResultMap 指定返回数据的类型。这样就完成了服务器端的某一模块具体功能的实现。

2. 监控数据可视化

数据可视化的技术实现主要在前端,而前端需要与用户进行交互,因此应该尽可能提高用户体验,提升前端的美观性和实用性。对前端的设计是很重要的,但是设计的深度应该适当,并非每个程序员都需要成为一个合格的美工。目前已经有很多成熟的前端框架,它们的存在大大减轻了程序员开发时的设计难度。在前端的框架选择上,本系统选择的是 Bootstrap,它在前端开发上有很多优点。它能借助 CSS 媒体查询实现通过同一个代码快速、有效地适配手机、平板电脑、PC 的功能,在跨设备、跨浏览器方面首屈一指[18]。它提供了实用性很强的组件,包括导航、标签、工具条、按钮等,供开发者使用,同时基于 JQuery 提供了很多实用的 JQuery 插件[19]。Bootstrap 的使用使得本系统在前端开发中产生了事半功倍的效果。

对于数据可视化插件,本系统使用了 Echarts,它使用简单,并且为用户提供了种类繁多的图表选择。在使用时只需根据配置手册按照需要进行配置,就可以实现极佳的图表显示效果。

13.4.3 异常检测

异常检测作为监控的辅助工具,其数据收集与监控部分类似,也是采集节点数据后对其进行预处理,因此本节只对异常检测部分的核心技术进行阐述。

1. 系统运行机制

设源源不断的数据流表示为 $S=\{p_1,p_2,p_3,\cdots\}$,其中 p_i 表示第 i 个时刻到来的数据点,并且 p_i 由 n 维属性构成。设定 B 为固定窗口大小,W_j 为第 j 个窗口,则数据流可以分割为

$$S=\{W_1,W_2,W_3,\cdots\}$$

其中,

$$W_j=S((j-1)B+1)),S((j-1)B+2))+\cdots+S(jB),j=1,2,3,\cdots$$

任何时刻获取的数据都要进行预处理。初始化系统时要构建初始窗口。初始化的一种方法是利用第一个缓存窗口 W_1 建立 6 个异常探测器。

初始化完成以后，经过整合和分类的 p_i 按照其类别存储到相应的窗口 W_j 中。例如，对于某个采样时刻，窗口将获取由近 30 个参数组成的一个数据点，并且这个新到达的数据点会立即被探测器处理，并赋予异常与否的标签，从而能够实时分析数据异常；当前窗口大小达到设定阈值 Winsize 时，就会触发探测器更新机制。在实时运行过程中，当触发一定的条件时，就会进行异常原因分析。

本系统使用的探测器为隔离森林（iForest）。隔离森林在异常探测中的重要观念是：异常只是少数，而且彼此各不相同，与正常值相比，这些异常值更容易被隔离[20]。隔离森林是一种有效的树结构，它能使得异常点距离树根较近，而正常点距离树根较远，从而可使用一定的打分机制来探测异常。

隔离森林所使用的树结构称为隔离树（iTree）。

隔离森林为一个给定的数据集建立一个 iTrees 集合，也就是说，隔离森林是一个类似于随机森林的集成结构。隔离森林构建完毕后，异常点往往在 iTrees 上具有较短的平均路径。

隔离森林需要两个初始化参数：构建隔离树的个数（构建多少个 iTrees）和样本抽样大小。而隔离森林的检测性能收敛迅速，只需要较少的隔离树和较小的抽样规模。

每个数据样本的分值等于其在隔离森林中的路径长度。

算法 13.1　基于隔离森林的异常检测与原因分析算法

输入：窗口大小 Winsize，采样时间间隔 T，隔离森林模型训练时使用的参数 μ（训练样本的异常率）。

输出：各个采样时刻数据点异常与否；原因分析报表。

```
1:  clf_system、clf_FS、clf_RPC、clf_JVM、clf_datanode、clf_namenode 探测器初始化
2:  while True:
3:      获取 i 时刻样本点 p_i
4:      将 p_i 解析为 p_i_system 等 6 个部分，并分别发往 W_system 等 6 个相应的窗口
5:      使用 clf_system 等 6 个探测器分别对 p_i_system 等 6 个部分进行预测
6:      if 任意窗口大小≥Winsize
7:      探测器更新
8:      if 满足原因分析条件
9:      异常原因分析
```

步骤 1 通过初始化操作，得到 $\mathrm{clf}_{\mathrm{system}}$ 等 6 个探测器，分别对应于机器系统、Hadoop 文件系统、RPC、JVM、DataNode 和 NameNode 的度量值（metrics）。步骤 4 使用高效的索引，按照字段对 p_i 进行解析，并分别发送到不同的窗口。步骤 5 利用相应的探测器进行预测。当条件满足时，进行探测器更新与原因分析（步骤 6～9）。

2. 异常原因解释和分析

算法何时进行原因分析，要依据具体的应用场景而定。原因分析触发算法如下：

算法 13.2　原因分析触发算法

输入：用户定义每 k 个异常点进行一次分析，当前窗口 W_i。

输出：True，触发，进行原因分析；False，不触发。

```
统计窗口 W_i 中被探测器判定为异常点的总数 c
if c<k
```

```
        return False
    下一次统计窗口 W_i 时忽略这 c 个异常点
    分析原因
    return True
```

之所以让用户设定 k，是为了减小系统分析的开销，同时也是为了防止噪声点对系统的影响，否则，每出现一个异常点就进行一次分析，会造成不必要的负载。

算法 13.3 原因分析算法

输入： SampleSize 为用户定义训练样本大小，W_i 为当前窗口，ratio 为用户定义的用于控制样本正负实例平衡的数值，默认为 0.5，即正例与负例平衡。

输出： 原因分析报表。

```
 1: index =-1,positiveSize =0,negativeSize =0,正样本集合={},负样本集合={}
 2: while positiveSize +negativeSize <SampleSize:
 3:     if W_i[index] == -1
 4:         positiveSize +=1
 5:         正样本集合∪W_i[index]
 6:     else
 7:         negativeSize +=1
 8:         负样本集合∪W_i[index]
 9:     index -=1
10: 如果没有剩余样本,就进行相关处理
11: 控制样本平衡(positiveSize,negativeSize,正样本集合,负样本集合,ratio)
12: 调用具体的原因分析算法(正样本集合,负样本集合)
```

算法的步骤 1～10 用于获得正负实例平衡的样本。在异常探测问题中，认为异常样本是正例，正常样本是反例。

SampleSize 的设定相当于改变训练样本的大小。遍历时采用逆序遍历的方式，这样做的原因是利用时间的局部性原理，力求样本时效性更强，更能体现当下的具体环境。

同时，使用 ratio 控制样本平衡是必要的，因为异常事件的总数较少，需要考虑正负样本平衡的问题。

3. 模型更新

本系统采用缓冲区满的策略进行模型更新，也就是说，由于缓冲区（当前窗口）已满，下一个时刻的数据会存放到新的缓冲区（新窗口）中，新的探测器是基于当前窗口进行训练的。

这里有一个潜在的问题：如果当前窗口中的异常样本比率过高，那么这个窗口训练出的探测器就有较大的误判风险。解决这一问题的方法有 3 种：

（1）统计探测器对于每个窗口的预测异常样本的个数，当异常样本个数与窗口大小的比例大于一定阈值 δ 时，就有理由相信当前窗口的异常样本比率过高，那么就不进行模型更新。

（2）更新时，控制隔离森林中表示训练样本异常样本比率的参数 μ。

（3）更新时，适当剔除被探测器标记为异常的样本点。

在模型更新时，会使用上一个窗口的数据，具体做法为：使用 birch 算法将上一个窗口的数据聚类为 k 类，从这 k 类中选取几个样本数较多的类别，用于与新窗口的数据进行融

合,从而强化正常数据的影响。

13.4.4　历史任务评价

当应用程序运行结束之后,本系统会主动获取该应用程序运行过程中的所有指标信息,针对指标信息进行详细分析,给出一个总体评分,并通过简单的方式将其分析展示出来。同时它使用一组可插拔、可配置、基于规则的启发式算法来分析 MapReduce 或 Spark 任务,并给出关于任务各个阶段的详细报告信息。

1. 参数评价机制

首先根据历史任务的集群资源消耗特征,使用机器学习模型对任务进行类型评定,然后针对特定类型的历史任务,定义系统性能指标来量化系统性能的优劣程度,并设计启发式参数评价算法,对任务的相关运行效率数据和集群资源消耗数据进行处理和分析,最终得到任务的各性能指标分数和总体评分。

1）类型评定

根据 Ganglia 对集群资源消耗的特征数据(如历史任务在 CPU、内存、磁盘、网络等方面的综合使用情况),使用机器学习算法建立模型,对历史任务进行类型评定。

2）启发式算法

启发式历史任务评价算法主要计算历史任务的各系统性能指标值及其权重因子。该算法根据任务的系统运行特征进行处理,最终建立适合任务的指标评价体系,并给出任务的具体评分。

首先,对历史任务的各阶段系统运行特征数据进行整理(如各阶段的运行时间、数据倾斜程度、垃圾回收效率等),定义启发式基准选取规则,选取历史基准任务并将其各项运行特征数据作为基准运行特征数据。随后,定义启发式评分标准,将基准任务的评价得分作为基准分数,将优于基准运行特征数据的运行特征数据定义为良好的性能数据,获得较高评分;反之,则定义为稍差的性能数据,获得较低评分。也就是说,运行特征数据越优,评分越高;运行特征数据越差,评分越低。然后根据历史任务类型和任务运行特征数据,定义启发式权重因子。最后根据任务的各项评分和对应的权重因子,计算加权和,作为任务的最后评分。

2. 交互界面部分

考虑到本系统与用户交互的良好性,我们做了以下两方面工作。

一方面,将任务的相关重要信息展示给用户,如用户名、任务 ID、历史任务概况等,以帮助用户了解任务,如图 13.8 所示。

图 13.8　任务的相关重要信息

另一方面,将历史任务的评价体系可视化,以帮助用户了解历史任务各种性能的具体情况，进而对历史任务有直观了解，如图 13.9 所示，其中显示历史任务的总体评分、类型和 Mapper 阶段的各项性能指标的具体分数，包括数据倾斜程度（Mapper Data Skew）、垃圾回收效率（Mapper GC）、运行时间（Mapper Time）、运行速度（Mapper Speed）、数据溢出（Mapper Spill）以及内存占用（Mapper Memory）等。

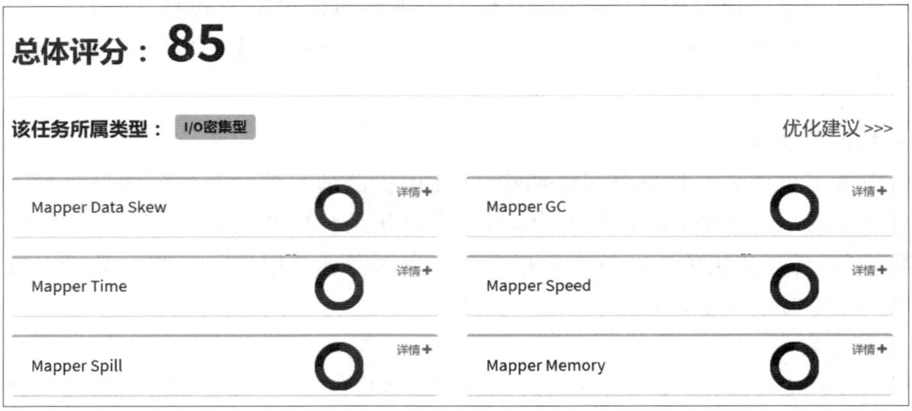

总体评分：85

该任务所属类型：I/O密集型 优化建议 >>>

Mapper Data Skew 详情+
Mapper GC 详情+
Mapper Time 详情+
Mapper Speed 详情+
Mapper Spill 详情+
Mapper Memory 详情+

图 13.9 历史任务评价可视化

13.5 效果与优势

13.5.1 监控效果演示

性能监控工具首页（图 13.10）给出集群运行的总体概览，包括硬件资源检测、集群负载、Hadoop 与 Spark 运行任务信息等。硬件资源监测分 CPU、内存、I/O 3 部分。CPU 监测指标包括 CPU 运行速度、使用率以及进程数量等；内存监测指标有内存使用率、空闲内存和交换空间、内存缓存、文件缓存以及线程共享内存；I/O 监测指标主要包括集群磁盘资源监控、网络数据流动监控，其中涉及秒读取和发送的字节数及数据包量的信息。

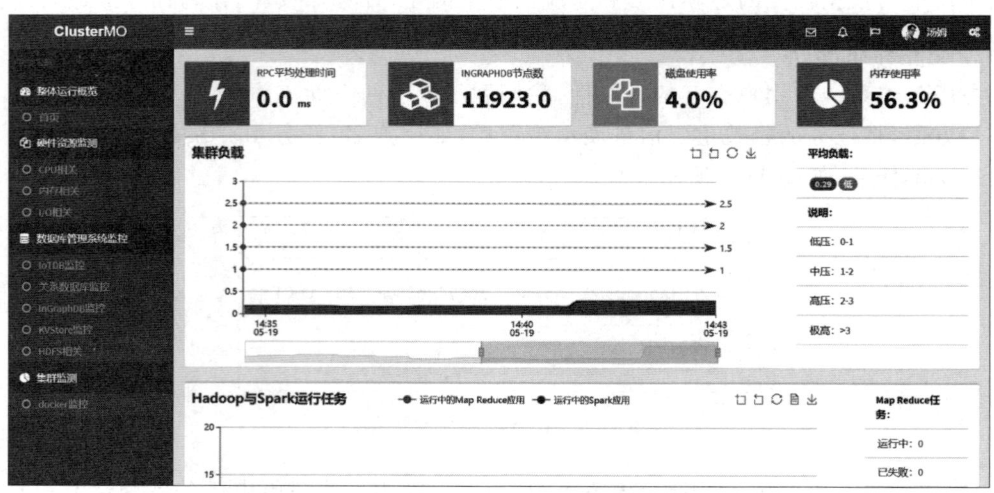

图 13.10 性能监控工具首页

对于异构数据管理引擎的监控，针对不同数据库的监控信息采取不同的展示方式，如图 13.11 和图 13.12 所示。

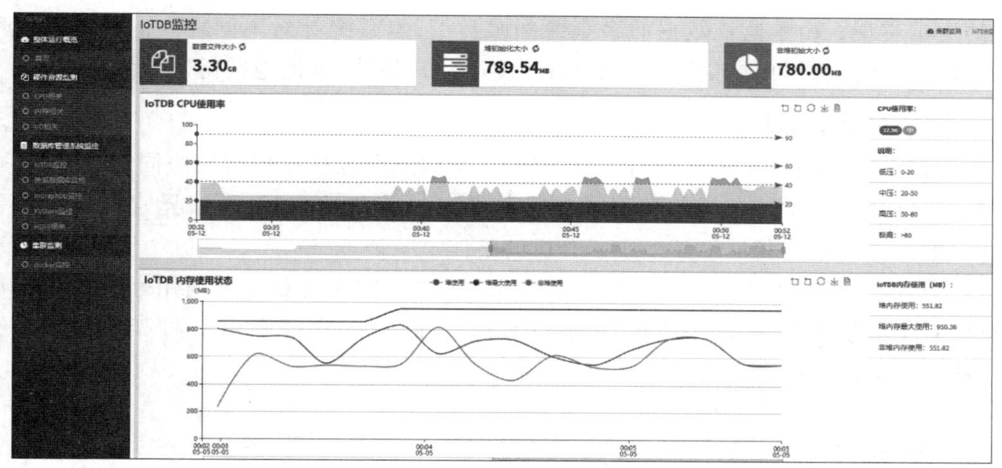

图 13.11 IoTDB 监控信息展示

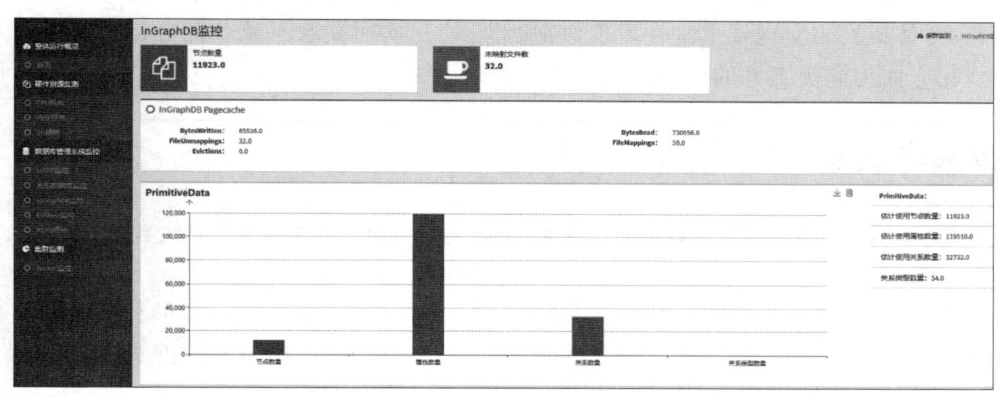

图 13.12 InGraphDB 监控信息展示

13.5.2 与相关工具相比的优势

1. 具有创新性和针对性

目前市面上尚无能同时针对异构数据源性能的监控工具，且尚无只需简单改良即可实现扩展的工具。现有单一数据源监控工具和现有计算资源监控工具也通常存在着诸如代理上限较低、不保留历史数据、数据存储形式不合理等问题。本章介绍的性能监控工具对上述方面进行了功能补充或性能提升，结合工具的实际研发意义，并结合存在的异构数据源使用场景和数据特点等问题设计了有针对性的性能指标。

2. 具有较好的扩展性

本工具前端采用开放式架构，针对不同数据库的特点提出了不同的数据采集方案，实现了数据采集、处理、展示的一体化框架，以后扩展时无须重新设计，而且降低了各数据源监控之间的耦合性。

3. 具有与用户交互的良好性

本工具前端整体采用 Bootstarp 框架,不仅设计实现了 PC 端布局,在移动设备上也有较好的展示实现。由于监控数据的多来源和多类型,本系统针对不同特点的数据采用不同的展示形式,并且为用户提供了不同的组件,便于用户快捷、方便地获得监控信息。

4. 具有较高的协同性

本监控工具作为一体化工具的组成部分,与其他数据也存在较高的协同性,实现了与其他工具共享数据采集,结合异构数据源的工作特点设计监控指标,预留异常检测与预警接口,较好地与项目中的其他工具组成了有机的整体。

本工具的方案既覆盖了工业需要的特定监控需求,同时也是一套通用性较高的解决方案,可以对集群硬件资源和 Hadoop 状态以及部署在 Hadoop 上的计算框架的状态进行监控,为解决同类问题提供了新的思路。

13.6 本章小结

本章针对协同工作的工业大数据管理系统,多层次、多角度地阐述了性能监控工具的设计思路、整体架构与实现技术。在发现数据协同关系、实时获取系统各部分运行状态以及实现可视化方面为同类工具的研发提供了设计思路。

本章参考文献

[1] 钱卫宁,夏帆,周敏奇,等.大数据管理系统评测基准的挑战与研究进展[J]. 大数据,2015,1(1):89-103.

[2] 李博. 基于开源软件的大数据处理与管理平台的研究与实现[D]. 北京:北京邮电大学,2017.

[3] HUANG J W,LIN C,CHENG B. Energy efficient speed scaling and task scheduling for distributed computing systems[J]. Chinese Journal of Electronics,2015,24(3):468-473.

[4] 魏祥健. 基于云计算下的审计云平台架构与协同审计模式研究[J].审计研究,2014(6):29-35.

[5] 赵宇. 大数据平台运行监控工具的研究与应用[D].北京:北京交通大学,2016.

[6] WU M L. Application research of Hadoop resource monitoring system based on Ganglia and Nagios [C]. In:Proc. of the 4th IEEE International Conference on Software Engineering and Service Science. New York:IEEE,2013:684-688.

[7] 李晋. Hadoop 集群监控工具的研究与应用[D].南昌:南昌大学,2014.

[8] 赵哲,谭海波,赵赫,等. 基于 Zabbix 的网络监控工具[J]. 计算机技术与发展,2018,28(1):144-149.

[9] 肖海琴. Zabbix 性能监控软件在高性能集群上的应用[J]. 中国管理信息化,2017,20(3):139.

[10] 徐宇弘. Hadoop 集群监控工具的设计与实现[D].哈尔滨:哈尔滨工业大学,2013.

[11] MARTIN A,RAPONI S,COMBE T,et al. Docker ecosystem—vulnerability analysis[J]. Computer Communications,2018,122:30-43.

[12] 孔同,王利明,徐震,等. 一种基于容器的安全云计算平台设计[J]. 科研信息化技术与应用,2017,8(1):10-18.

[13] 李舒. 心电系统数据归档的设计与实现[D].郑州:郑州大学,2016.

[14] 周凯. 高性能计算中作业调度技术与集群管理系统的研究[D].镇江:江苏科技大学,2015.

[15]　MASSIE M L, CHUN B N, CULLER D E. The Ganglia distributed monitoring system: design, implementation, and experience[J]. Parallel Computing, 2004, 30(7): 817-840.
[16]　卫晓锋. 基于 Ganglia 的 Hadoop 集群监视系统研究与实现[D]. 西安：西安电子科技大学，2017.
[17]　朱娜娜. 基于云平台的集群故障监控的研究与实现[D]. 北京：北京邮电大学，2014.
[18]　周萍，赵娜，李慕. Bootstrap 框架在响应式 Web 设计中的应用[J]. 软件导刊，2017，16(6)：135-137.
[19]　李强.Web 前端开发技术与学习探讨[J].长治学院学报，2016，33(2)：75-77.
[20]　LIU F T, KAI M T, ZHOU Z H. Isolation forest[C]. In: Proc. of the 8th IEEE International Conference on Data Mining. New York: IEEE, 2009: 413-422.

系统调优工具

石胜飞　高　宏　王宏志　巢泽敏
李东升　赵茁竹　李天禹
哈尔滨工业大学计算机科学与技术学院

14.1　概述

在传统的数据库系统和新兴的大数据处理平台中，往往有着数量众多、可动态调节的参数。这些参数会影响系统的性能和表现，在同样的工作负载下，经过优化的系统参数可以显著地提高系统性能。通常情况下，参数调优的工作由人工完成。本章探讨一些基于机器学习技术的数据库系统参数自动优化方法。

14.2　需求

在实际使用数据库系统的生产环境中，专业的系统管理员可以手动对系统参数进行较为合理的配置，以实现资源的有效利用和数据处理的高效执行。但这种依赖于人力的方法显然具有很大的局限性：一方面，这些系统参数往往数量不少，而且参数之间相互作用复杂，人工调优的效果有限[1-3]；另一方面，在所有的场景下都有条件由专业人员管理数据库系统或者 Spark 这样的分布式处理平台。有鉴于此，系统配置参数的设定成为影响程序处理数据效率的重要因素，系统参数的不当配置是系统性能降低的一个重要原因。

本章主要讨论关系型数据库、键值数据库、时间序列数据库和开源分布式处理框架 ApacheSpark 自动化参数调优的思路和实现细节。这些系统尽管功能不同，实现不同，应用场景也有差异，但是在调整参数时面临的挑战是相似的。

（1）需要配置的参数数量庞大，配置参数之间互相影响，数据库配置参数之间关系复杂，数据库配置参数与数据库性能之间关系更加复杂。如图 14.1 所示，在高维稀疏参数空间下，即使是经验丰富的数据库管理人员，也难以对配置参数之间、配置参数与数据库性能之间的关系有清晰的认识。

（2）依靠机器进行自动化调优的相关工作较少，可供借鉴的经验不足，作为基础用来训练模型的历史任务数量相对于可调参数巨大的参数空间而言颇为不足，对调优工作构成了一定的挑战。

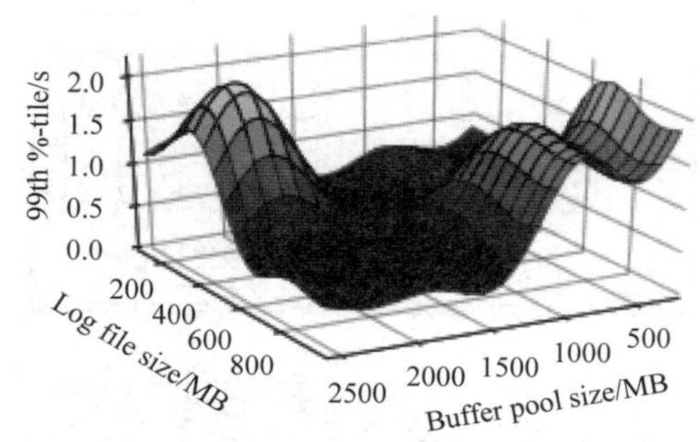

图 14.1　数据库配置参数与性能之间的复杂关系

(3) 在数据库系统或者分布式处理系统上运行的任务种类众多，同一个参数对于不同任务性能的影响不同。例如，对于 CPU 密集型任务，与磁盘读写相关的配置参数的修改可能对任务性能不产生太大的影响，但是对于 I/O 密集型任务而言，这种影响则是决定性的。因此，需要针对不同的任务分别调整系统参数。

(4) 需要考虑系统部署环境对于应用的潜在影响，例如，同样的算法在单个节点上是 CPU 密集的；但是当它运行在一个集群上的时候，其性能瓶颈可能就是网络吞吐量。所以，具体的优化参数实际上和系统所在的硬件环境直接相关。

针对以上需求和问题，本章给出具体的解决方法。通过先验知识或影响因子分析方法选择一部分调优价值较大的参数；建立配置参数与性能之间的回归模型，并根据该模型在参数空间中搜索需要的参数。出于通用性的考虑，本章中涉及的所有方法均不需要修改数据库系统的源代码。

14.3　方法设计

本节讨论关系型数据库、键值数据库、时间序列数据库和分布式数据处理平台 ApacheSpark 调优工具的方法设计。

14.3.1　关系型数据库调优工具设计

关系型数据库调优组件架构如图 14.2 所示。关系型数据库配置参数较多，配置参数之间互相影响，直接进行配置参数调优效果不明显且代价昂贵。为解决以上问题，我们一方面通过历史数据对任务的负载特征降维，对解析任务类型建模；另一方面利用历史数据对配置参数进行清洗和筛选，保留对性能影响较大的配置参数，最后建立配置参数与性能之间的回归模型，根据最优化算法推荐优化配置参数。对于用户来说，本组件可以帮助用户了解任务运行特点和性能状态，了解目标任务与历史任务的相似度，了解对目标任务的性能产生重要影响的配置参数。本组件为用户提供简洁明了的配置参数设置建议，推荐优化配置参数。

我们将关系型数据库系统视为黑盒，通过设置外围配置参数提升系统性能。我们通过使用 benchmark 进行压力测试，得到训练数据。我们使用多种机器学习方法，对任务特征、系统配置参数、参数与性能的关系进行解析建模，并使用最优化的方法找到模型的优化解，即推荐配置参数[4-6]。调优组件关键技术主要分为 3 个部分：负载特征的量化和冗余剪除，

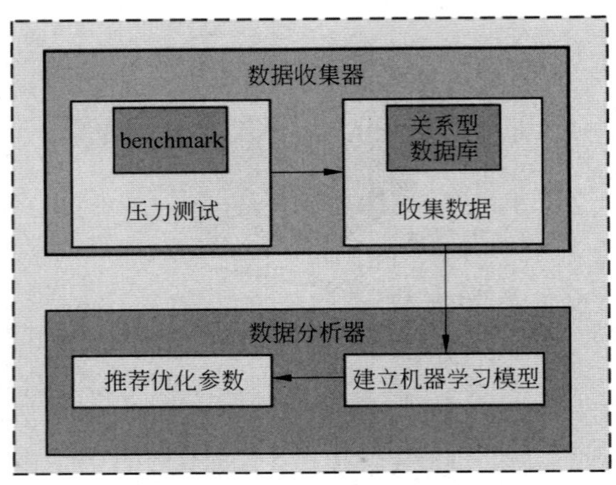

图 14.2　关系型数据库调优组件架构

重要配置参数的定位和自动调优模型。主要优化流程如下：

(1) 通过历史数据，对负载特征建立模型并进行解析，对冗余的负载特征进行降维。

(2) 利用正则化特征选择方法，定位重要的配置参数。

(3) 建立配置参数与性能之间的回归模型，并通过梯度下降法预测优化性能，推荐配置参数。

优化指标：关系数据库的主要优化指标是数据库系统插入和查询操作的吞吐率。

14.3.2 键值数据库调优工具设计

目前针对键值(key-value)数据库进行系统参数的优化完全依赖于人工经验，还没有关于自动优化配置的研究。不过，目前尚有一些较为成熟的方案可供参考。例如，使用基于机器学习的方法对 Hadoop 系统和 Spark 系统进行优化。然而，由于键值数据库系统独有的特点，致使键值数据库系统参数的优化问题又不能照搬 Hadoop 系统和 Spark 系统的方法。这是因为键值数据库参数不像 Hadoop 和 Spark 参数那样可以实时修改，所以，键值数据库系统的参数只有在系统重启之后才能生效。因此，需要以尽量少的测试次数和测试代价获取更大限度的性能提升。图 14.3 给出了键值数据库调优组件架构。

用户通过任务提交接口填写必要参数，送入调优系统。如果用户发送的请求与历史优化数据匹配成功，则直接从历史优化数据中返回优化结果；如果匹配失败，则进入生成及测试(generate and test)模块。在该模块中，调优系统基于生成及测试的思想，使用优化算法进行参数调优，并在压测模块的反馈下返回优化结果，具体的算法与过程在 14.4 节中阐述。

优化指标：在此只对读线程数和写线程数进行调优，它们是对 I/O 影响很大的两个参数。

14.3.3 时间序列数据库调优工具设计

在当今的网络监控、电信数据管理、传感器数据监控等应用中，数据采取的是多维、连续、快速、随时间变化的时间序列形式，对数据的访问也是多次和连续的，并要求即时响应。传统的关系数据库系统难以适应这种时间序列应用的数据管理需求，而时间序列数据库管理系统不仅支持对固定存储的关系数据的管理，也支持对时间序列应用中快速变化的、连续

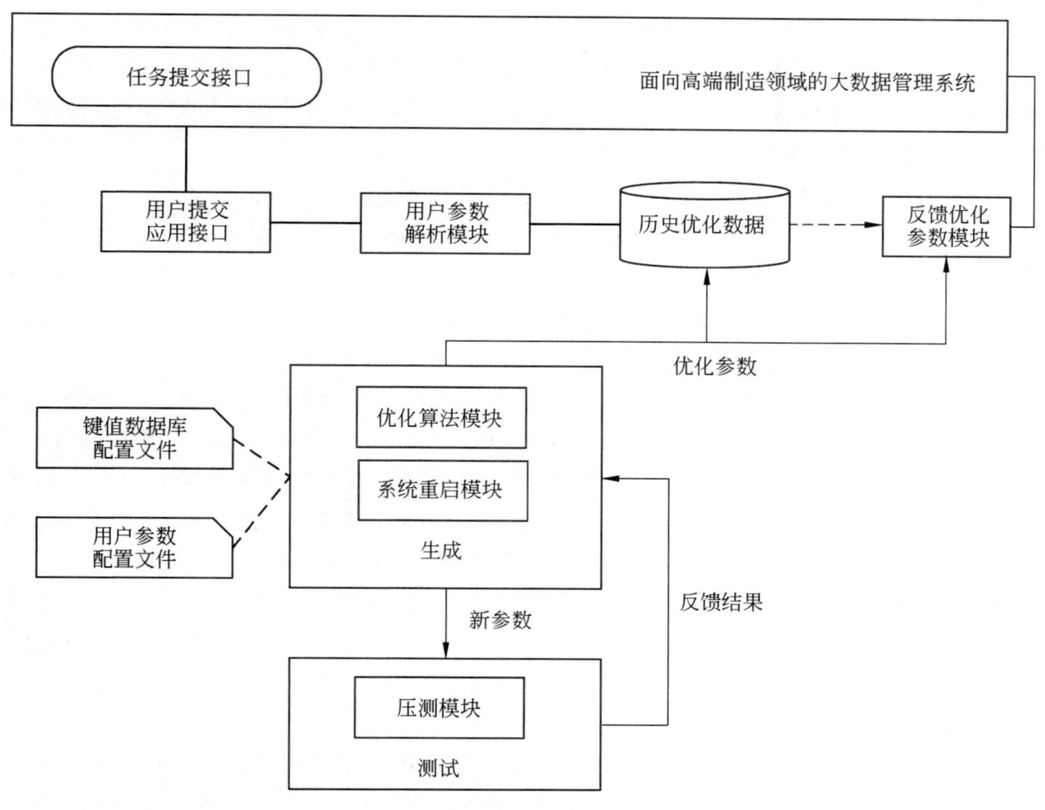

图 14.3　键值数据库调优组件架构

的时间序列数据的管理。

在面向高端制造领域的大数据管理系统项目中，我们开发了新型时间序列数据库 IoTDB。它针对的是时间序列数据收集、存储与分析一体化的数据管理引擎，适用于工业物联网应用中海量时间序列数据高速写入和复杂分析查询。时间序列数据库调优工具主要针对 IoTDB 进行参数调优，旨在为用户提供适应实际使用场景且性能表现更好的配置参数组合，在一定程度上提高系统的工作效率，减少用户的使用成本。图 14.4 给出设计框架简图。

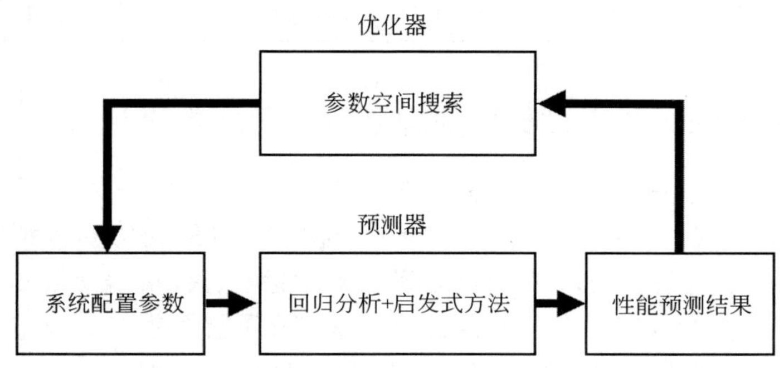

图 14.4　时间序列数据库调优组件架构

本工具首先读取日志信息，包括配置参数信息、系统资源总量、查询任务的负载特征以及查询任务的主要性能指标，然后建立性能预测模型，使用回归分析和启发式方法建立配置参数信息、系统资源总量、查询任务的负载特征与查询任务的主要性能指标之间的关联关系[8]。

然后根据得到的性能预测模型，使用合适的参数空间搜索算法，根据给定的系统资源总量和查询任务的负载特征，对已知的已经经过学习得到预测模型的任务进行优化，得到最优配置参数，并利用优化结果验证性能提升的效果。

优化模型是在预测模型的基础上建立的。预测模型如下：

$$F(\text{resource}, \text{workload}, \text{parameters\_IoT}, \text{parameters\_JVM}) = Y$$

其中，resource 表示为系统分配的资源，workload 表示对应任务的工作负载，parameters_IoT 和 parameters_JVM 分别代表待调节的 IoTDB 配置参数和 JVM 配置参数，Y 表示查询响应时间或者写入数据速度等性能指标。

建立预测模型时，尽可能多地找到不同 resource、不同 workload、不同 parameters_IoT 和 parameters_JVM 组合下 IoTDB 运行某一 benchmark 的性能指标 Y，形成 resource、workload、parameters_IoT、parameters_JVM 到 Y 的训练数据，在训练数据上应用适当的预测方法建立模型。预测模型能够完成这样的功能：给定一组 resource、workload、parameters_IoT 和 parameters_JVM 值，预测运行时对应 benchmark 的性能值。

进行优化时，当用户给定 resource 之后，优化模型调用预测模型，将 resource 设定为用户提供的值，workload 为任务信息体现出来的特征，而 parameters_IoT 和 parameters_JVM 在其参数空间范围内按照一定策略进行搜索，找到使得性能达到最优点时的参数组合，就是最终为用户提供的参数建议组合。

优化指标：IoTDB 主要执行的任务包括对时间序列的存储和查询两大类，对于这两大类任务，主要性能指标略有不同，具体如表 14.1 所示。各类任务有不同的性能指标，最终确定任务性能优劣时需要在各类指标之间权衡，得到最贴近用户需求的综合性能最佳结果。

表 14.1　IoTDB 典型任务及主要性能指标

任　　务	性能指标 1	性能指标 2	性能指标 3	性能指标 4
大批量数据导入	吞吐量(每秒成功写入点数)	响应时间	写入成功率	存储所用空间
多线程写入	吞吐量(每秒成功写入点数)	响应时间	写入成功率	最大线程数
一般查询	吞吐量(每秒成功查询数)	响应时间	查询成功率	
分析聚合查询	吞吐量(每秒成功查询数)	响应时间	查询成功率	

14.3.4　Apache Spark 分布式数据处理平台调优工具设计

Spark 是目前最受欢迎的开源分布式数据处理平台之一，它引入了用户友好的弹性分布式数据集(Resilient Distributed Dataset，RDD)的概念，以便利用分布式集群上的内存资源快速处理大量数据。其内存数据操作机制使其非常适合迭代机器学习和图形算法等迭代应用，相较于 Hadoop，在效率上有了大幅提升。弹性分布数据集表示分布在一组机器上的数据只读集合。用户可以通过机器将 RDD 显式缓存在内存中，并将其复用于多个类似 MapReduce 的并行操作。Spark 分布式数据处理平台框架如图 14.5 所示。这些优点使得 Spark 成为广受欢迎的大数据处理平台，并且被广泛应用于制造业数据处理。

Apache Spark 平台上特定作业的执行时间可能会受输入数据设计和算法的实现类型和

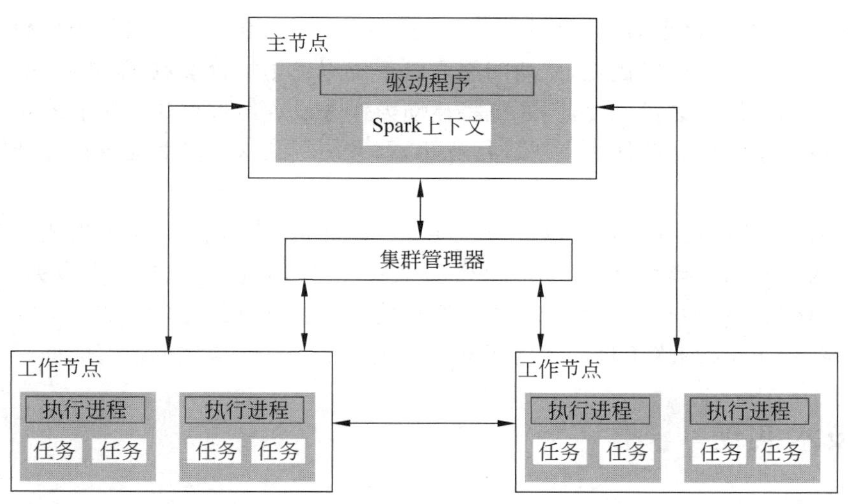

图 14.5　Spark 分布式数据处理平台框架

大小、计算能力(例如节点数、CPU 速度和内存大小)以及配置参数影响。Apache Spark 具有 180 多个配置参数,可以根据用户的具体应用情况进行调整,从而优化性能。这是优化 Spark 应用程序性能最简单的方法。目前,由于参数空间较大以及参数之间复杂的相互作用,这些参数通常是手动调节的。

Spark 调优工具整体设计如图 14.6 所示。本工具从 Spark 历史服务器中获取相应的历

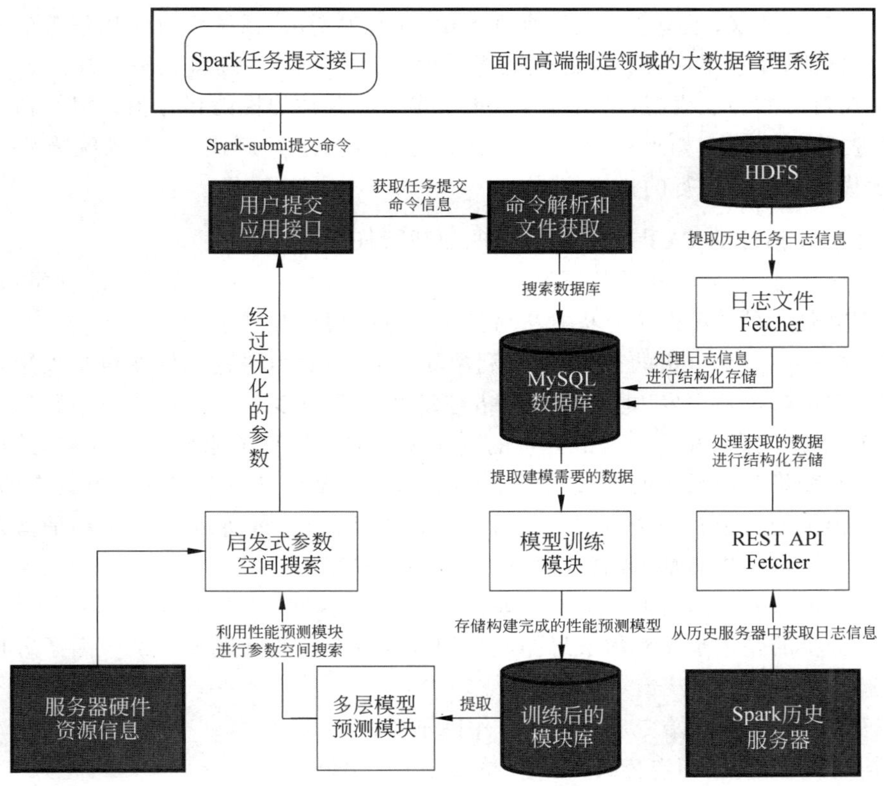

图 14.6　Spark 调优工具整体设计

史数据资料，用户提交命令后，优化系统将自动识别任务并和历史数据集相比较，判断一个任务能否被优化。如果可以优化，就询问用户能否使用优化配置参数，并调用Spark shell接口执行任务。如果用户选择优化，则系统将自动为任务设置经过优化的配置参数；如果用户选择不优化或者系统认为此任务无法进行优化，则系统将默认的参数配置提交到原生Spark系统上。

其中，参数优化的过程主要可以分为两部分：首先通过对Spark系统的先验知识，对系统的部分行为建立白盒模型，确定一部分相关参数；然后，对该任务的历史数据构造一个灰盒模型，通过该灰盒模型在参数空间内的启发式搜索寻找可行的优化参数。

优化指标：Spark调优工具的优化指标是缩短一个Spark应用的执行时间。

14.4 技术实现

在本节，重点关注各个优化工具的具体实现细节。尽管各个工具解决的问题是相似的，但是具体到每一个工具上，就需要使用不同的方法以取得更好的整体优化效果。

14.4.1 关系型数据库调优工具实现

关系型数据库系统调优工具主要分为3个部分：负载特征分析、配置参数分析和配置参数推荐。本工具的工作流程如下：首先，系统利用已有的历史数据，在任务的运行特征和性能指标之间建立机器学习模型；然后，对于用户希望调优的目标任务，由用户选择希望调优的性能指标；接下来，系统会进入一个观察期，在观察期内，系统将收集该任务的相关特征值和性能指标值，显示用户所选择的性能指标值；再接下来，系统将任务匹配到最相似的历史任务，选择对应的性能模型，给出推荐的配置参数和预估的性能指标值；最后，由用户选择是否需要进行参数优化，如果用户确认需要对配置参数进行调优，那么系统将修改配置参数，并显示优化后任务运行的指标值。

1. 基于EM估计的FA因子分析算法的负载特征分析

对于历史任务，我们将相关特征值存储到历史数据库中。由于特征值的种类众多，因此利用基于EM估计的FA因子分析算法对其结构进行解析并降维。

因子分析是主成分分析的推广，它是利用降维的思想，由研究原始变量相关矩阵或协方差矩阵的内部依赖关系出发，把一些具有错综复杂关系的多个变量归结为少数几个综合因子的一种多元统计分析方法。因子分析的基本思想是：把每个原始变量分解为两部分，一部分是由所有变量共同具有的少数几个公共因子，另一部分是每个变量独自具有的因子，即特殊因子。因子分析中有一个重要的统计量：因子负荷量(或称因子载荷)，是指因子结构中原始变量与因子分析时抽取出的公共因子的相关程度。

因子分析的核心问题有两个：一是如何构造因子变量，二是如何对因子变量进行命名解释。因子分析的基本步骤和解决思路就是围绕这两个核心问题展开的。因子分析通常有以下4个基本步骤：

(1) 确认待分析的原始变量是否适合作因子分析。

(2) 构造因子变量(确定公共因子个数)。

(3) 利用旋转方法使因子变量更具有可解释性。

(4) 计算因子变量得分。

我们认为,任务的特征与当前系统的 CPU、I/O 和网络带宽等方面资源密切相关,出于对因子解释性的考虑,设定因子个数为 3 个。

FA 因子分析算法需要用到 3 个参数,包括公共因子的个数、转换矩阵和误差协方差。FA 因子分析算法可以根据数据和公共因子个数来估计转换矩阵和误差协方差。

由于 FA 因子分析算法并不能判断特征与性能之间的相关程度,因此使用 *k*-means 算法对特征进行聚类分析,根据一定的先验知识,删除与性能相关性较小的特征。具体来说,使用 FA 因子分析算法得到的负载因子矩阵作为特征的坐标,然后使用 *k*-means 算法聚类,删除对于已知的与性能无关的特征。

2. 基于 Lasso_path 算法的配置参数降维

由于数据库系统可以调节的配置参数数量可能比较庞大,因此使用 Lasso 回归算法,得到配置参数与性能指标相关性递减的列表。根据该列表,保留对性能指标影响较大的配置参数。Lasso 回归算法在最小二乘法的基础上加入 L1 正则项,以此实现特征选择。我们使用 Lasso_path 算法,即在初始化回归方程时,将 L1 正则项的系数设置为较大的常量,然后在迭代过程中逐步减小该系数,在这个过程中,模型中自变量的系数将逐步回归。根据系数回归的先后顺序,为配置参数关于性能的重要性排序。

3. 基于高斯过程回归模型和梯度下降法的调优模型

首先,对历史任务的特征进行聚类,将聚类中心的样本点作为该聚类中的代表样本点。然后,对于每一个聚类中的样本点,建立配置参数与性能指标之间的高斯过程回归模型,并将模型存储到数据库中。当收集到目标任务的相关特征值后,系统将目标任务匹配到最相似的历史任务,并将目标任务的相关特征加入回归模型中,利用梯度下降法求得近似最优配置参数(见算法 14.1)。

算法 14.1 基于高斯过程回归模型和梯度下降法的调优算法
输入:配置参数矩阵 $\boldsymbol{K}$,性能指标矩阵 $\boldsymbol{P}$,置信区间 c。
输出:优化参数。
1. 计算先验均值 predictive_mean
2. 计算先验方差 predictive_variance
3. 计算 log($\boldsymbol{P}|\boldsymbol{K}$)
4. 根据置信区间 c,得到模型 best_GPR
5. 利用梯度下降法,得到近似最优配置参数 best_Config
6. return best_Config

14.4.2 键值数据库调优工具实现

键值数据库调优工具的设计理念为生成与测试,如图 14.7 所示。

在生成阶段,可以使用各种优化方法生成新的参数,例如使用模拟退火算法、遗传编程等。在测试阶段,使用具体的测试方法对新参数进行验证,依据验证结果的反馈和记录,进行新一轮的生成和测试,从而不断迭代[7]。

针对键值数据库系统的特点,我们给出了基于生成与测试策略并结合迭代思想和模拟退火算法的优化算法(见算法 14.2)。

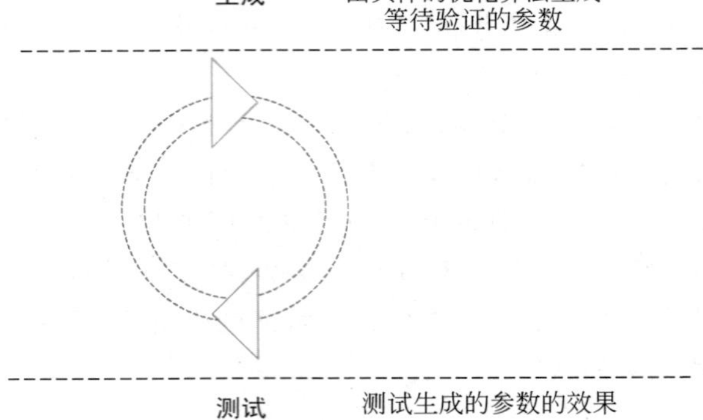

图 14.7 键值数据库调优工具的设计理念

算法 14.2 键值数据库系统优化算法

输入： 模拟退火算法参数(冷却温度等)，用户设定的迭代次数阈值 Iteration_num。

输出： 优化参数。

```
1. Counter = 0
2. 参数集合 P = {}
3. 产生优化初始参数 p
4. 测试参数 p 的实际表现
5. while 模拟退火算法终止条件未满足  and  Counter < Iteration_num
6.     Counter +=1
7.     使用模拟退火算法得到修改后的参数 p′，并保证 p′之前不存在于集合 P 中；测试参数 p′的
       实际表现
8.     P∪p′
9. end while
10. if 模拟退火算法终止
11.     return 模拟退火算法选定的参数
12. end if
13. return 随机给出 P 中表现最好的几个参数之一
```

第 3 行和第 7 行为优化算法的生成阶段，第 4 行和第 8 行为优化算法的测试阶段。该算法添加了迭代次数以满足实际的应用效率需求，如果模拟退火算法终止条件得到满足，则只需返回优化后的参数即可；如果算法迭代次数达到了用户设定迭代次数的阈值，则需要停止模拟退火算法并返回到目前为止表现最好的参数。

生成阶段可以由优化算法实现。

测试阶段需要完成以下任务：

(1) 修改键值数据库系统配置文件(.yaml)。

(2) 重启键值数据库系统。

(3) 使用特定任务进行测试。

具体实现步骤如下：

(1) 使用程序修改系统配置文件中的相关参数。

(2) 调用脚本重启键值数据库系统。

(3) 对优化系统进行休眠操作，以留出时间供键值数据库重启，否则可能出现键值数据库系统还没有重启就进行测试的错误。

(4) 使用特定任务进行测试，并将运行结果记录下来。

具体流程如图 14.8 所示。

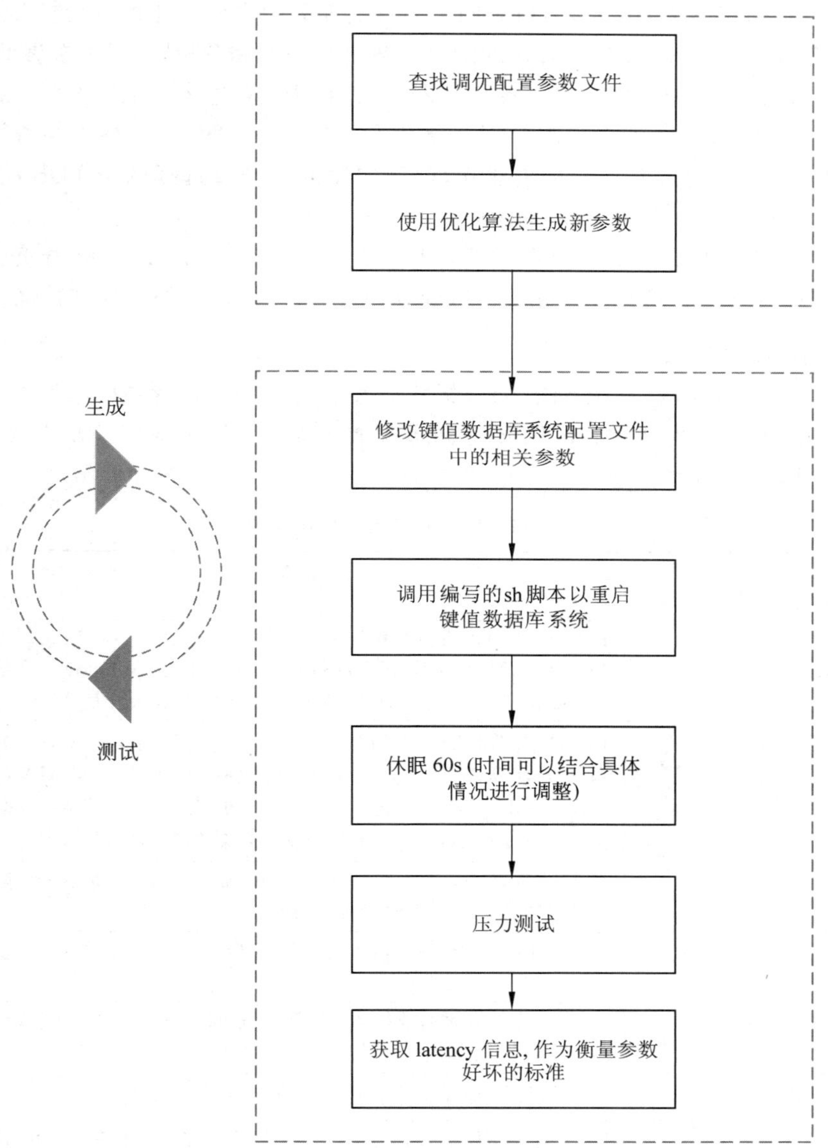

图 14.8　键值数据库调优系统流程

可以看出，生成与测试形成了一个逐步迭代的闭环，用于优化参数的搜索。此外，生成阶段其实只依赖于具体的优化算法，可以使用不同的优化算法，不限于模拟退火算法。

14.4.3 时间序列数据库调优工具实现

对于 IoTDB 参数调优，本节主要解决以下 3 个问题：

(1) IoTDB 查询任务的主要性能指标和配置参数对查询性能的影响分析以及被调整参数的选择。通过查阅相关文献资料，分析不同类型查询任务的主要性能评价指标。通过参考官方说明以及实验验证的方式，对 IoTDB 的配置参数进行归类和分析，并对配置参数进行遴选。参数能够对查询任务性能产生的贡献将决定最终能够作为建模输入的配置参数到底有哪些。

(2) 建立对 IoTDB 的性能预测模型。模型中要建立 IoTDB 配置参数与查询性能之间的联系。这个模型使用机器学习算法建立，模型的输入是经过选择的 IoTDB 配置参数、查询负载特征、运行时机器资源参数，输出是任务的执行时间。

(3) 实现基于优化模型的参数空间高效搜索算法，接管用户的 IoTDB 查询任务提交过程，给出当前资源环境和负载下的配置参数建议，自动对用户提交的任务进行优化。

1. 待调节的配置参数

我们经过调研和实验，从 IoTDB 众多配置参数中，遴选了部分参数，作为参数调优的待调节配置参数，主要分为两类：IoTDB 待调节配置参数和 JVM 待调节配置参数，分别如表 14.2 和表 14.3 所示。

表 14.2 IoTDB 待调节配置参数

参数名称	参数含义	是否重启生效
MAX_HEAP_SIZE	IoTDB 启动时能使用的最大堆内存大小。在 Linux 或 MacOS 系统下默认为计算机内存的 1/4；在 Windows 系统下，32 位系统默认值是 512MB，64 位系统默认值是 2GB	是
HEAP_NEWSIZE	IoTDB 启动时能使用的最小堆内存大小，在 Linux 或 MacOS 系统下默认值为计算机 CPU 核数乘以 100MB 与 MAX_HEAP_SIZE 的 1/4 这二者中的较小值；在 Windows 系统下，32 位系统默认值是 512MB，64 位系统默认值是 2GB	是
compressor	数据压缩方法，可选 UNCOMPRESSED、SNAPPY 两种，默认为 UNCOMPRESSED，即不压缩	否
group_size_in_byte	每次将内存中的数据写入磁盘时的最大写入字节数，默认值为 128MB	否
max_number_of_points_in_page	一页中最多包含的数据点(时间戳-值的二元组)数量，默认值为 2^{20}	否
page_size_in_byte	内存中每个列写出时单页最大的大小，默认值为 1MB	否
time_series_encoder	时间列编码方式，默认二阶差分(TS_2DIFF)，可选 PLAIN、RLE	否
fetch_size	批量读取数据的时候，每一次读取数据的数量，即不同时间戳的个数。在一次会话中，用户可以在使用时自己设定该参数，仅在该次会话中生效。默认为 10 000 条	是
max_opened_folder	最多同时打开的文件夹个数。默认为 100。该值越大，则占用内存越多，I/O 随机读写次数越少，文件分块(即 group)越整齐；该值越小，则占用内存越少，I/O 随机读写次数越多，文件块大小不足 group 的概率越大	是

续表

参数名称	参数含义	是否重启生效
merge_concurrent_threads	overflow 数据进行合并的时候最多可以用来进行合并的线程数。默认为 10。值越大，对 I/O 资源和 CPU 消耗越多；值越小，磁盘占用量越大，读取会越慢	是
bufferwrite_meta_size_threshold	当内存中保存的 TsFile 文件元数据大小超过该阈值之后，会将元数据保存在 TsFile 文件尾部，然后关闭该文件，并释放元数据占用的内存空间。默认值为 200MB	是
bufferwrite_file_size_threshold	当磁盘上的一个 TsFile 文件大小超过该阈值时，会关闭该 TsFile 文件，并打开一个新的 TsFile 文件接收元数据。默认值为 2GB	是
concurrent_flush_thread	当 IoTDB 将内存中的数据写入磁盘时，最多启动多少个线程来执行该操作。如果该值小于或等于 0，那么采用计算机所安装的 CPU 核的数量。默认值为 0	是

表 14.3　JVM 待调节配置参数

参数名称	参数含义	是否重启生效
-Xms	初始堆大小	是
-Xmx	最大堆大小	是
-XX：NewSize=n	设置年轻代大小	是
-XX：NewRatio=n	设置年轻代和年老代的比值。例如，n 为 3，表示年轻代与年老代比值为 1∶3	是
-XX：SurvivorRatio=n	年轻代中 Eden 区与两个 Survivor 区的比值。注意，Survivor 区有两个。例如，3 表示 3∶2，一个 Survivor 区占整个年轻代的 1/5	是
-XX：MaxPermSize=n	设置持久代大小	是
-XX：ParallelGCThreads=n	设置并行收集器收集时使用的 CPU 数，即并行收集线程数	是
-XX：MaxGCPauseMillis=n	设置并行收集最大暂停时间	是
-XX：GCTimeRatio=n	设置垃圾回收时间占程序运行时间的百分比，公式为 1/(1+n)	是
-XX：+CMSIncrementalMode	设置为增量模式。适用于单 CPU 情况	是
-XX：ParallelGCThreads=n	设置并发收集器年轻代收集方式为并行收集时，使用的 CPU 数(并行收集线程数)	是

2. 基于 ExtraTreesRegressor 的性能预测器模型

ExtraTreesRegressor 本身就是一个组合学习的机器学习方法。所谓组合学习(或称集成学习)就是通过构建并结合多个学习器来完成学习任务，其目的是结合使用给定学习算法构建几个基本估计器用于预测，以便通过单个估计器来提高预测的鲁棒性。通常，实验人员可以对同一个训练数据集使用多个机器学习算法，然后比较各算法效果的准确率，选择最适合这个数据集合的一个算法。当现有的单个算法都不能很好地拟合训练数据集或者不知道

哪种方法更合适的时候,组合学习方法可以避免所有单个算法都不能达到预期的准确率的情况[8]。

ExtraTreesRegressor 的原理主要是实现了一个适用于数据集的各个子样本上的多个随机决策树的元估计,并对结果求平均值来提高预测精度并控制建模过程中的过拟合。

3. 基于参数空间搜索的优化器模型

参数空间搜索的优化方法的主要思想是:针对已有的代价函数的输入参数,在以这些参数为维度的参数空间中,按照一定的策略进行空间搜索,获得使得代价函数值最小或者局部最小的参数组合。在本节中,使用模拟退火算法建立参数空间搜索所依据的代价函数[9]。

4. 模拟退火算法简介

模拟退火算法是受物理学领域的现象启发而形成的一种优化算法,退火是指将合金加热后再慢慢冷却的过程。模拟退火算法以一个随机解开始,用一个变量表示温度。温度刚开始的时候非常高,随后逐渐降低。在每一次迭代中,模拟退火算法会随机选中题解中的某个数字,然后朝某个方向变化一定步长。

模拟退火算法的关键在于:如果新的代价函数值更低,则新的题解就会成为当前题解。这和爬山法的内容十分相似,但它优于爬山法之处在于:如果代价函数值更高,则新的题解仍有可能成为当前题解。模拟退火算法之所以管用,不仅因为它总是会获得更优的解,而且还因为它在退火过程的开始阶段会接受表现较差的解。随着退火过程的不断进行,算法越来越不能接受较差的解;到最后,算法只接受更优的解。其中代价函数值更高的解能够被接受的概率由以下公式给出:

$$P = \mathrm{e}^{-(\text{highcost}-\text{lowcost})/\text{temperature}}$$

其中,lowcost 是当前解的代价函数值,highcost 是参数组合移动后较差的解的代价函数值,temperature 是退火温度。退火温度会在每一轮迭代中按照一定比例衰减,从而逐渐降低对较差解的容忍程度,最后得到全局最优解。因为 temperature(表示接受较差解的容忍程度)开始非常高,e 指数总是接近 0,所以概率几乎为 1;随着温度的降低,高代价函数值和低代价函数值之间的差越来越大,概率不断降低,算法越来越不能接受较差的解。

算法 14.3 模拟退火算法

输入: 代价函数(预测模型),随机初始配置参数组合。

输出: 最优配置参数。

```
def annealingop(vec,domain,costf,T=10000.0,cool=0.95,step=1):
while T>0.1:
    i = random.randint(0,len(domain)-1); #选择一个索引值
    step = getstep(i);                   #选择一个改变索引值的方向
    dir = random.randint(-1,1) * step;
    vecb = vec;                          #创建一个代表题解的新列表,改变其中一个值
    vecb[i] +=dir;
    if vecb[i] < s.get_low_bound(i):     #计算当前代价函数值和新的代价函数值
        vecb[i] = s.get_low_bound(i);
    elif vecb[i] > s.get_high_bound(i):
        vecb[i] = s.get_high_bound(i);
```

```
    ea = costf (np.array(vec))'';
    eb = costf (np.array(vecb));
    if eb<ea or random.random()<pow(math.e,-(eb-ea)/T):   #判断是否是更好的解
        vec = vecb[:];
    T = T* cool                              #降低温度
```

本节利用模拟退火算法进行参数空间搜索，以获得性能最佳的查询任务配置参数组合。为了方便优化过程中索引值的选择(确定在哪个参数维度上进行退火)和对参数上下界、变化步长的判断，专门构建了一个 JSON 格式的文件 config.json，在该文件中指明了每个参数的名称、取值下界、取值上界、优化搜索步长和参数值类型。

14.4.4 Apache Spark 分布式数据处理平台调优工具实现

Spark 调优工具首先从历史数据库中获取应用的历史任务信息，然后根据先验知识选取合适的参数进行优化，这一优化过程是在一个 Spark 应用性能预测模型的指导下，对一个给定的参数空间进行启发式搜索完成的。具体细节如下。

1. Spark 应用信息的获取

Spark 任务的运行日志文件中存储了应用在运行时的信息，其中包含的一部分信息通过 Spark History Server 显示在本系统所提供的 Web UI 上。由于在本系统开发时 Spark RESTful API 仍然缺少一些必要的参数值，所以同时还要通过读取日志文件的方式来获取应用的配置参数和任务执行时的调度信息等数据。

2. 优化参数的选取

在参数选择阶段，我们根据前人在进行相关实验时的经验选择了一些对 Spark 应用性能具有较大影响的参数。通过这样的方式避免了对 Spark 系统的全部参数进行调优可能造成的维度灾难，能够比较有效地提高预测模型的准确度[10-15]。

对于不同种类的参数，我们使用了不同的搜索策略。例如，对表 14.4 中的一些参数，可以通过对 Spark 系统资源调度的先验知识，使用硬件资源和系统参数相结合的方式，预测系统的并行度，并从所有可能的参数值中找出性能最优的相关参数。

表 14.4 用于调优的参数

参数名称	参数含义	调优方式
Spark.executor.cores	每个 executor 的内核数	枚举搜索
Spark.executor.memory	分配给每个 executor 使用的内存量	枚举搜索
Spark.driver.cores	用于 driver 进程的内核数	枚举搜索
Spark.driver.memory	用于 driver 进程的内存量，即 Spark Context 初始化时的内存量	枚举搜索
Spark.broadcast.blockSize	TorrentBroadcastFactory 每个广播块的大小，与广播的效率有关	启发式搜索
Spark.reducer.maxSizeInFlight	从每个 Reduce 任务能获取的 Map 输出的最大值	启发式搜索
Spark.memory.fraction	用于执行和存储的空间比值	启发式搜索

续表

参数名称	参数含义	调优方式
Spark.shuffle.compress	是否压缩 Map 输出文件	启发式搜索
Spark.shuffle.spill.compress	是否压缩 shuffle 期间溢出文件	启发式搜索
Spark.io.compression.codec	用于压缩内部数据(如 RDD 分区、广播变量和随机播放输出)的编解码器	启发式搜索
Spark.broadcast.compress	是否在发送之前压缩广播变量	启发式搜索

3. Spark 应用执行时间黑盒预测模型

一个 Spark 系统的应用最终会根据 RDD 和数据流之间的依赖关系被分解为若干阶段(stage),每个阶段又分为若干任务(task),每个阶段中的任务都是可以并行执行的任务,每个 executor 可以以多线程的方式并行执行若干任务。这样的调度方式成为 Spark 系统执行并行计算的基础。

Spark 系统执行一个应用的过程可以视为执行这一应用中所有阶段的过程。因为 Spark 划分阶段的标准是数据之间的宽依赖关系,所以同一应用的不同的阶段执行运算的特点可能几乎没有相似性。可以分别为它们选择不同的机器学习算法来预测其执行时间,这些对阶段运行时间进行预测的模块构成了整个应用时间预测模型的第一层。通过将每个阶段的运行时间预测视为一个子问题,可以从一个给定的机器学习回归模型列表中选出在某个子问题上表现更好的算法。

整个应用的运行时间并不是各个阶段运行时间之和,考虑到各阶段之间复杂的数据依赖关系以及整个系统的并行性,我们也将每个阶段的执行时间和整个应用的总执行时间之间的关系当成一个黑盒来处理,这个黑盒模型也可以被描述为一个机器学习回归问题,是应用时间预测模型的第二层。

相比于直接使用简单的机器学习算法对应用总执行时间进行预测,我们使用的自适应 Spark 结构的分层预测模型在以均方误差作为衡量指标时,其表现普遍优于单个的模型,如图 14.9 所示。

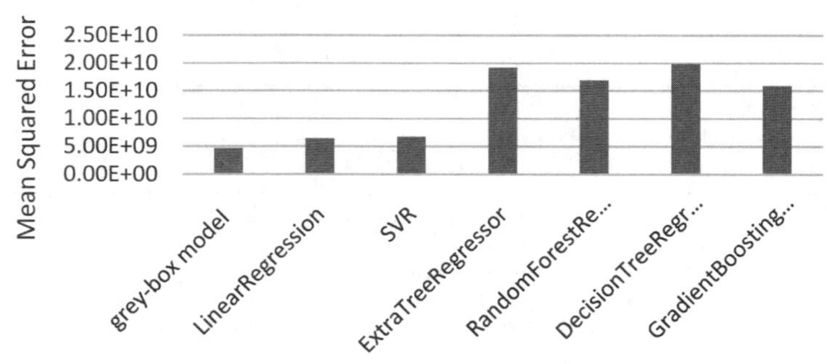

图 14.9 时间预测模型均方误差比较

当然,我们提出的分层的时间预测模型也有一些缺点,在模型选择阶段对模型进行评估会引起较大的时间开销。但是,这样的时间开销一般是值得的,因为随着模型质量的提升,可以在参数空间搜索的过程中减少搜索的次数,进而减少优化过程的总时间。

对 Spark 应用的性能建模时，目前常用的基于机器学习的方法往往需要大量的训练数据，而且这些训练数据的参数必然要有所不同，这样的条件在实际的生产条件中是不易被满足的。下一阶段我们打算跳过对每一个 Spark 应用进行建模的阶段，直接通过应用的特征进行分析，然后通过某种方法找出一个参数调整的方向，使得在该方向上调整参数能不断优化系统性能，通过这种启发式搜索方法来优化系统性能，并采用类似于梯度下降法的方式进行局部最小值搜索。通过这种方式，可以摆脱对应用历史数据的依赖，大大提高调优方法的实用价值。

4. 随机递归搜索算法简介

得到最终的模型后，就可以用它来预测 Spark 应用在给定一组参数时的执行时间。但是，参数的搜索空间很大，无法遍历整个参数空间。因此，应该使用优化的搜索算法来减少搜索参数空间的时间开销。这里采用递归随机搜索（Recursive Random Search，RRS）算法来搜索参数空间，其目的是解决黑盒优化问题。

递归随机搜索算法是为解决大规模网络配置参数进行参数空间搜索调优而设计的算法，RRS 算法基于随机抽样的初始高效特征，并尝试通过调整样本空间不断重新启动随机抽样来维持高效率。由于这是一种基于随机抽样的算法，所以这种算法对于随机噪声具有良好的鲁棒性。这种算法非常适合进行高维空间的搜索。

首先，RRS 算法随机抽取一些子空间，以识别有希望包含最优解的区域，然后在这些子空间中递归采样，在这些子空间中基于收集的样本逐渐移动或收缩到局部最优参数组合，并且最后重新开始随机抽样，以找到更有希望的子空间来重复递归搜索。

通过使用这种搜索方法，可以高效地在有限的时间内找到合适的参数。

14.5　性能

由于参数优化工具的返回结果实际上就是系统的参数，比较抽象，不便于展示，所以在本节仅对优化的效果和与已有的工具做对比并进行概略介绍[16-19]。

通常情况下，数据库系统一般会自带性能监测工具。然而，令人遗憾的是，对于普通用户而言，这些工具的报告信息普遍过于冗长。我们的工具向用户提供简洁明了的配置参数说明，这样可以使用户能够迅速知道参数调整的主要目标和方向。未来我们将向用户提供相应的高级功能，使用户可以利用自身经验，完全独立地利用工具的图形化界面进行自定义配置参数的设定。与此同时，我们向用户提供目前配置参数可能达到的性能指标值以及预估的优化后的性能指标值，使用户能够对调优后的效果一目了然。我们的工具为用户提供了简单、易操作的配置参数修改功能，通过图形化的界面提供了需要调优的配置参数和对应数值，用户只需要确定是否进行一键优化操作即可。

时序数据库系统往往有上百个维度的负载特征。在经负载特征分析模块评定后，负载特征的空间得到了有效降低。我们使用因子分析技术，使得大部分与性能无关的负载特征得到了有效剔除，将超高维负载特征空间大大降低。同理，我们针对数据库系统庞大的配置参数集合，使用配置参数分析模型，得到了具有调优价值的配置参数子集，从而达到配置参数空间降维的目的，为后续配置参数寻优过程的效率提供了保障。我们使用机器学习回归模型和优化算法，形成配置参数推荐模块。在前两个模块得到的参数空间和特征空间中建

立数据库系统配置参数与性能指标之间的关系模型，并找到近似优化的配置参数。经性能测试平台 benchmark 的压力测试，我们的工具能够达到性能平均提升 8%、最高提升 18%的效果。

目前尚无可以直接对键值数据库参数进行自动调优的工具。我们集中对非结构化数据库读写场景进行了许多测试，衡量性能的核心指标为 latency。经过测试，latency 相比于默认值可以降低 5%～20%，而且调优时间可以通过用户设置迭代次数阈值进行控制。为了使用户尽快看到调优的效果，实现快速反馈，我们的方法采用了两种优化策略：基于生成与测试策略的优化算法和基于机器学习的优化算法，这使得我们的键值数据库系统具有如下优势：

（1）用户可以指定迭代次数阈值，系统保证在有限的迭代次数下也能有较好的调优效果。

（2）机器学习算法的应用十分自然，不用为了某个情况重复运行多组不同的参数以积累数据。对于某个未优化过的情况，可以使用基于迭代思想的方法进行优化，每一次迭代的数据都将被存入历史数据库中，从而自然而然地积累了大量的数据。通过使用读写比例和数据量来刻画任务的运行状态，可以很自然地将一个任务迁移到另一个任务上。

对于时间序列数据库，经过实验验证，IoTDB 性能优化组件提供的配置参数组合较系统默认配置参数能够得到平均 10%的吞吐率性能提升，最好情况下能够得到 15%的吞吐率性能提升。Spark 参数优化工具能够将在 SparkonYarn 部署模式下将应用运行时间缩短 40%左右，并且能够支持在没有历史数据的情况下使用合理的方式对应用进行调优，对于应用的实用性是一个巨大的改进。

图 14.10 和图 14.11 展示了参数优化工具可视化界面示例。由于本章所叙述的各个工具的可视化界面和交互方式都类似，所以不再一一介绍。

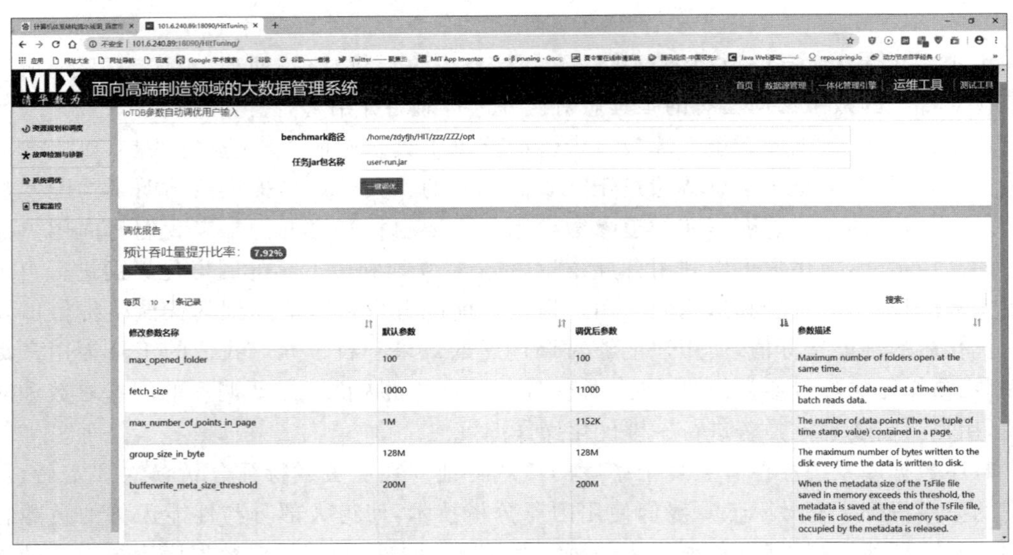

图 14.10 时序数据库管理引擎 IoTDB 性能优化工具可视化界面示例

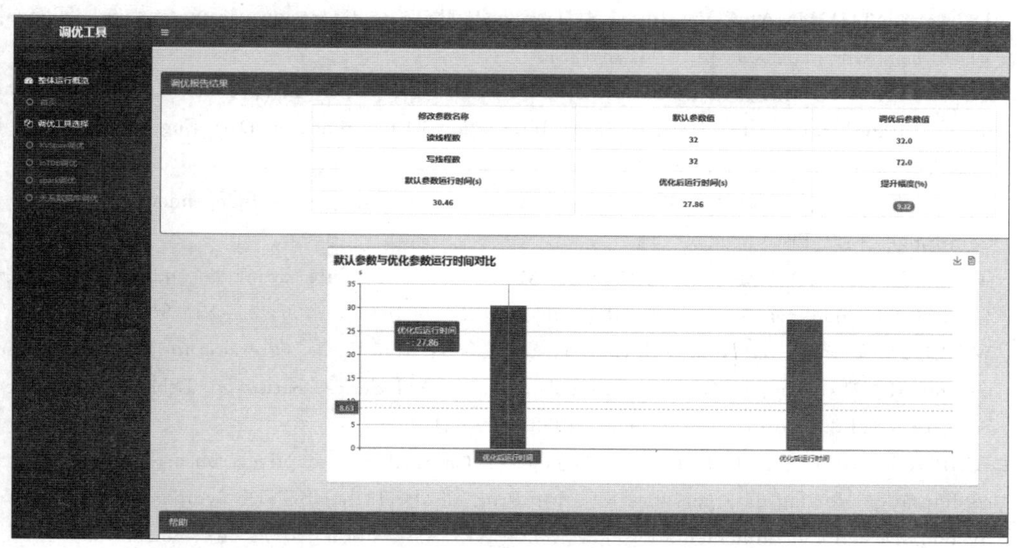

图 14.11　键值数据库性能优化工具可视化界面示例

14.6　本章小结

本章介绍了对于关系型数据库、键值数据库和时间序列数据库进行自动优化的方法。这种根据历史数据建模进行优化的过程也可以作为一种通用方法扩展到其他具有复杂参数的系统上，主要步骤如下：

第一步，确定需要优化的指标和需要调节的参数，并通过在任务运行时尝试不同的参数来积累历史数据。在这一过程中，也可以引入类似于降维的思想，将对于应用性能影响较小的参数剔除。

第二步，建立适合的模型，用来预测在特定参数下应用的运行指标。这一步是采用本方法对系统进行优化的关键。通常一个好的模型需要结合一定的系统知识。单纯使用简单的机器学习模型应当被视为权宜之计。

第三步，利用第二步中描述的模型，在一个给定的参数空间中采用启发式搜索方法来寻找预计能够使应用取得较好指标的参数配置，在模型预测精度较高的情况下，该参数配置也能在实际运行时使得系统的指标达到比较满意的效果。在这一过程中，如果能够对于潜在的参数空间有一定的先验知识，也可以大大加快优化的进度。

当然，这类方法的缺点是在模型训练初期严重依赖训练数据，对系统了解得越少，训练模型所需要的参数就越多。

本章参考文献

[1] AKEN D V, PAVLO A, GORDON G J, et al. Automatic database management system tuning through large-scale machine learning[C]. In: Proc. of ACM SIGMOD International Conference on Management of Data. New York: ACM, 2017: 1009-1024.

[2] DUAN S, THUMMALA V, BABU S. Tuning database configuration parameters with iTuned[J]. VLDB Endowment, 2009, 2(1): 1246-1257.

[3] DEBNATH B K, LILJA D J, MOKBEL M F. SARD: a statistical approach for ranking database tuning parameters[C]. In: Proc. of IEEE International Conference on Data Engineering Workshop. New York: IEEE, 2008: 11-18.

[4] JORDAN M, SEJNOWSKI T. Independent factor analysis [M]//Independent factor analysis. Cambridge: MIT Press, 1999.

[5] KUKREJA S, LÖFBERG J, BRENNER M J. A least absolute shrinkage and selection operator (LASSO) for nonlinear system identification[J]. Proc. of IFAC, 2006, 39: 814-819.

[6] WILLIAMS C K I. Prediction with Gaussian processes: from linear regression to linear prediction and beyond[M]//Learning in Graphical Models. NATO ASI Series (Series D: Behavioural and Social Sciences): vol 89. Dordrecht: Springer, 1998: 599-621.

[7] ALIPOURFARD O, LIU H H, CHEN J, et al. CherryPick: Adaptively unearthing the best cloud configurations for big data analytics[C]. In: Proc. of the 14th USENIX Symposium on Networked Systems Design and Implementation. [S.l]: USENIX Association, 2017: 469-482.

[8] CHEN C O, ZHUO Y Q, YEH C C, et al. Machine learning-based configuration parameter tuning on Hadoop system[C]. In: Proc. of IEEE International Congress on Big Data. New York: IEEE, 2015: 386-392.

[9] SONG G, MENG Z, HUET F, et al. A Hadoop MapReduce performance prediction method[C]. In: Proc. of the 10th IEEE International Conference on High Performance Computing and Communications & IEEE International Conference on Embedded and Ubiquitous Computing. New York: IEEE, 2013: 820-825.

[10] DEAN J, GHEMAWAT S. MapReduce: simplified data processing on large clusters [J]. Communications of the ACM, 2008, 51(1): 107-113.

[11] ZAHARIA M, CHOWDHURY M, FRANKLIN M J., et al. Spark: cluster computing with working sets[C]. In: Proc. of USENIX Conference on Hot Topics in Cloud Computing USENIX Association. [S.l]: USENIX Association, 2010: 10.

[12] GU L, LI H. Memory or time: performance evaluation for iterative operation on Hadoop and Spark [C]. In: Proc. of IEEE International Conference on High Performance Computing and Communications & 2013 IEEE International Conference on Embedded and Ubiquitous Computing. New York: IEEE, 2013: 721-727.

[13] WANG G, XU J, HE B. A novel method for tuning configuration parameters of Spark based on machine learning[C]. In: Proc. of the 18th IEEE International Conference on High Performance Computing and Communications & IEEE 14th International Conference on Smart City & IEEE 2nd International Conference on Data Science and Systems (HPCC/SmartCity/DSS). New York: IEEE, 2016: 586-593.

[14] Apache.Spark configuration[EB/OL]. http://spark.apache.org/docs/latest/ configuration.html.

[15] LI M, TAN J, WANG Y D, et al. SparkBench: a comprehensive benchmarking suite for in memory data analytic platform Spark[C]. In: Proc. of ACM International Conference on Computing Frontiers. New York: ACM, 2015: 53.

[16] FISCHER L, GAO S, BERNSTEIN A. Machines tuning machines: configuring distributed stream processors with Bayesian optimization[C]. In: Proc. of IEEE International Conference on Cluster Computing, New York: IEEE, 2015: 22-31.

[17] MATEI Z. Resilient distributed datasets：a fault-tolerant abstraction for in-memory cluster computing[C]. In：Proc. of USENIX Conference on Networked Systems Design and Implementation. [S.l.]：USENIX Association，2012：2.
[18] BOEHM M，DUSENBERRY M W，ERIKSSON D，et al. SystemML：declarative machine learning on Spark[J]. VLDB Endowment，2016，9(13)：1425-1436.
[19] BOSAGH Z R，MENG X，ULANOV A，et al. Matrix computations and optimization in Apache Spark[C]. In：Proc. of the 22nd ACM SIGKDD International Conference on Knowledge Discovery and Data Mining. New York：ACM，2016：31-38.

第15章 资源规划和调度工具

刘海龙　李美霞　杨　航　李　恒　卢星宇　张陶然

西北工业大学计算机学院

15.1 概述

随着信息技术和制造业的融合发展，制造业在生产、运营等环节产生了多模态、时效性强的海量数据需要进行收集和管理。本章设计了异构大数据管理系统的一体化资源管理方案，对集群中的图数据库、键值数据库、关系数据库、时序数据库以及非结构化数据库组件进行统一的资源管理，实现了运行前灵活的资源规划调度机制和运行中合理的资源动态伸缩机制，使各个组件彼此间资源隔离，共享集群资源，协同高效工作。

15.2 需求

工业大数据除具有体量大、类型多、分布广、数据处理速度快、价值密度低等特点外，还具有时序性、强关联性、准确性、闭环[1]等特性，其作为大数据的一个应用领域，对传统数据管理技术与数据分析技术提出了很大的挑战，因此一体化资源管理工具基于异构资源参数的多样性，提出了求解系统资源规划与调度策略、系统预估与动态伸缩策略以及为用户提供实时、准确的资源任务状态信息展示界面的功能需求。

15.2.1 功能需求

一体化资源管理工具需要实现的主要功能如下：

(1) 一体化资源管理工具需要集成管理多种数据库引擎。

(2) 在一体化资源管理工具中，实现用户可配置的资源规划与调度策略。

(3) 能根据工作负载的变化，动态调配资源，因此需实现数据库组件的资源动态伸缩。

(4) 需要建立工作负载的资源使用模型，对新到来的工作负载，能预估并展示其资源需求信息。

(5) 为用户提供实时的集群资源和任务状态信息展示界面。

1. 一体化资源管理工具

工业大数据具有多样性、多模态、高通量和强关联等特性。各种制造业场景中存在大量多源异构数据，例如结构化业务数据、时序的设备监测数据、非结构化工程数据等。每一类型数据都需要高效的存储管理方法与异构的存储引擎，但现在大数据技术难以满足全部要求。一体化资源管理工具需要对集群中的图数据库、键值数据库、关系数据库、时序数据库以及非结构化数据库引擎进行统一的资源管理，从而实现不同数据引擎的增删改查，实现异构数据从数据模型到查询接口的一体化管理。

2. 资源规划调度机制

在工业大数据管理系统中，多个自治的数据管理系统协同工作，在完成一项大任务时，需要根据任务的实时性、高可用性要求，合理规划和调度异构的计算资源和数据资源，因此需要设计高效的资源规划调度机制。

资源管理工具涉及数据库引擎资源的分配和调度两个方面，对数据库引擎所需要的资源进行合理规划和分配。同时可以将各种数据引擎调度到不同的节点上运行，从而尽可能减少数据迁移，以及最大限度地提高资源的利用率，并实现用户可配置的资源规划与调度策略。

3. 资源动态伸缩

弹性伸缩是动态资源调度的重要特征。资源弹性伸缩是指组件可大可小、可增可减地利用集群资源，主要目的是在使用大数据管理系统时不会因资源供给不足而导致服务质量低下，也不会因资源过度供给而导致集群资源浪费和一些额外开销。

当数据库组件的资源利用率大于或者小于某个值，已有的资源已经不能满足数据库的需求，或者资源利用率过低时，需要合理地动态分配数据库组件所需要的资源内存、CPU 等。

本工具需要针对系统架构和工业大数据管理系统中各个组件的任务特点，设计实现组件间智能的、细粒度的动态资源伸缩机制，包括水平伸缩和垂直伸缩。水平伸缩指增加更多实例资源，整合成一个整体来工作和对外提供服务，即可以动态更改数据引擎的实例数目；垂直伸缩指在现有的实例资源上增加配置来提高处理性能，即动态地增加每个实例的资源。

4. 资源预估机制

每一个任务的完成都离不开各种资源的协同。传统的资源分配方式是给任务分配足够的资源。这种分配方式有明显的缺陷：当资源过多时，会导致资源的大量浪费，资源得不到最大化利用，系统整体性能下降；当资源不足时，任务无法正常执行，对用户造成影响。因此，资源管理工具需要实现数据库引擎中任务所需资源信息的预估，主要是对 IoTDB 资源的预估，还要实现对其他数据库引擎的预估。

5. 用户界面

首先，系统复杂，操作烦琐，需要设计一个友好的人机交互界面来供用户使用系统的功能。其次，界面需要向用户展示系统的状态，例如实时展示系统资源利用率、数据库组件信息、组件运行消耗资源信息，用户可以通过界面对系统进行自定义配置。界面的设计需要直观、简洁，保持一致性，符合用户的使用习惯，易操作。

15.2.2 挑战

一体化资源管理模块所遇到的挑战主要有以下几点：

(1) 不同数据引擎的集成。由于制造业大数据多样性、多模态、高通量和强关联的特性，每一类型数据都需要高效的存储管理方法与异构的存储引擎，但现在大数据技术难以满足全部要求，资源管理系统需要对不同数据引擎进行管理，因此首先需要将多种数据库组件集成起来。

(2) 资源预估机制。目前已有的集群资源管理系统的预估机制并不成熟。本系统需针对每个组件，对于新到来的工作负载，预估执行该任务所需的 CPU 核数、内存空间大小、磁盘空间大小、任务完成时间等。

(3) 异构大数据管理系统的扩展性。异构大数据管理系统除了管理多种数据库组件之外，还可以管理别的框架，实现各个组件之间的负载均衡，通过资源共享来提高资源的利用率，同时数据库组件也要能够由用户灵活地添加和删除。

(4) 针对底层状态数据的扩展性。每一个数据库组件的数据都是有状态的，需要考虑到当数据库的工作负载过大或者过小以及资源的使用率过高或者过低时组件中资源的重新分配。根据工作负载需求变化，动态调配资源，实现高度弹性伸缩，用户不必介入具体操作流程，只需关注结果。

(5) 数据库引擎所需资源的预估。简单地给数据库引擎分配一定的资源不足以应对工作负载突发性的变化。在峰值到来时再计算需要多少个引擎以及启动引擎的时间，很明显这种延迟太高，因此需要预估峰值。

15.3 方法设计

资源规划和调度工具用于管理面向高端制造领域的大数据管理系统(以下简称大数据管理系统或异构大数据系统)中的数据库和一体化查询引擎。由于大数据管理系统需要集成多种数据库及查询引擎，这些数据库中既包含单机数据库也包含分布式数据库，每种数据库自身又带有相应的资源调度和管理机制。因此，要实现对异构数据引擎的资源管理，就必须实现类似于 Mesos[2] 的两级资源调度[3] 管理机制。然而，大数据管理系统对系统弹性有较高的要求，需要系统可以针对不同的运行负载进行水平伸缩。单纯的类似于 Mesos 的两级资源调度管理机制无法很好地满足这一要求。基于以上事实和功能需求，资源规划和调度工具将底层的异构数据引擎全部容器化。利用容器这种轻量级解决方案将异构数据引擎纳入统一的资源管理框架中。同时，由于容器可以持久化数据引擎的运行环境，大大增加了系统的弹性，让系统的水平伸缩成为可能。

15.3.1 系统结构

Linux 容器[4] 并不是新的概念。容器是一种轻量级、可移植、自包含的软件打包技术，使应用程序可以在几乎任何地方以相同的方式运行。容器之间共享同一套操作系统资源。

Docker[5-8] 是一个能够把开发的应用程序自动部署到容器中的开源引擎。它由 Docker 公司团队开发，基于 Apache 2.0 开源授权协议发行。资源管理与调度工具采用 Docker 技术作为容器打包引擎,将大数据管理系统中的数据引擎及其运行环境打包至 Linux 容器中。最后利用容器编排工具对底层众多的数据引擎容器进行资源调度和管理。

如图 15.1 所示,资源管理与调度工具共分为 3 个层次。最贴近用户的是 GUI(图形用户界面),用于向用户提供简单、易用及美观的界面。GUI 使用 Web 技术连接位于中间的数据引擎资源管理层。资源管理层将异构数据引擎抽象为基础的资源分配单位,在内部根据底层不同节点的工况、任务负载的执行要求等实际情况对异构数据引擎进行资源需求分析、资源调度和动态伸缩。资源管理与调度工具的最底层是物理节点,这些节点实际承担数据引擎容器的运行任务。

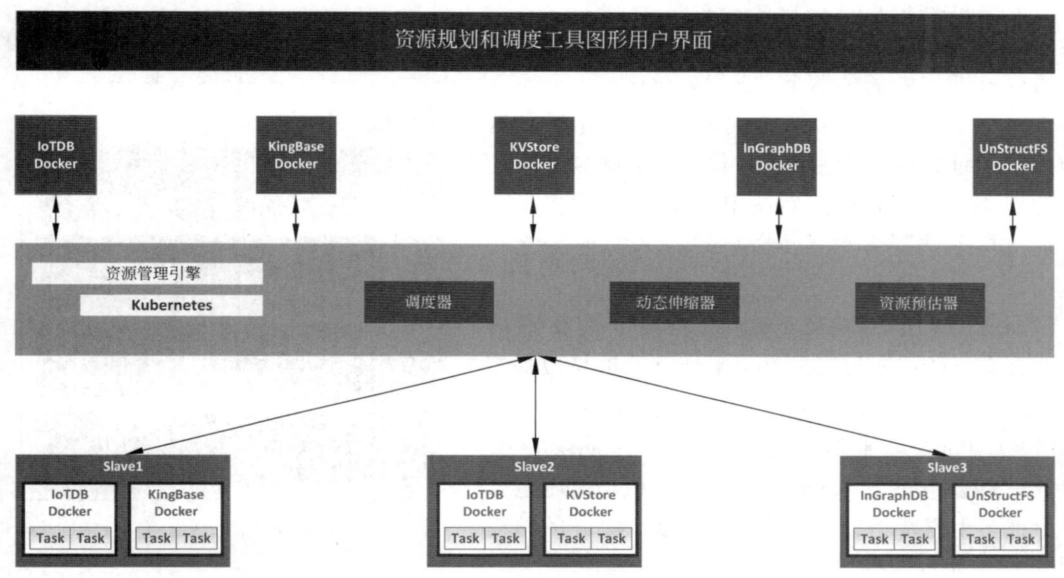

图 15.1 资源规划与调度工具系统架构

资源管理层中包含 4 个组件:Kubernetes[9-11]、调度器(scheduler)、动态伸缩器(dynamic scaler)以及资源预估器(resource predictor)。Kubernetes 是资源管理与调度工具中的容器编排工具,负责实际为容器分配资源和调度。Kubernetes 是一个全新的基于容器技术的分布式架构领先方案,是 Google 公司发布的开源的容器集群管理系统,是容器编排生态圈中重要的一员。它在 Docker 之上为容器化的应用提供了资源管理、容器编排、部署运行、服务发现等一整套功能,利用 Kubernetes 能方便地管理跨机器运行容器化的应用。其主要功能如下:

(1) 使用 Docker 对应用程序进行包装(package)、实例化(instantiate)和运行(run)。

(2) 以集群的方式运行、管理跨机器的容器。

(3) 解决 Docker 跨机器容器之间的通信问题。

(4) Kubernetes 的自我修复机制使得容器集群总是运行在用户期望的状态。

Kubernetes 为主从结构。主节点管理集群中所有从节点;每个从节点运行一个 Kubelet 组件,Kubelet 组件管理该节点上的所有 Docker 容器。在主节点上,键值数据库 Etcd 负责保存系统状态以及组件之间的协调工作,API 服务器通过向用户提供 API 获取用户需求,然后负责在系统上运行相应任务。Kubernetes 中的基本概念如表 15.1 所示。

表 15.1 Kubernetes 中的基本概念

概　　念	意　　义
Pod	相关容器的组合
Replication Controller	控制管理 Pod 副本
Service	真实应用服务的抽象
Node	Pod 的宿主机
Label	通过特定的键值对描述对象

Service 是 Kubernetes 里最核心的资源对象之一，Kubernetes 里的每个 Service 其实就是微服务架构中的微服务。Kubernetes 的 Service 定义了一个服务的访问入口地址，前端应用通过这个入口地址访问其背后的一组由 Pod 副本组成的集群实例，Service 与其后端 Pod 副本集群之间则是通过标签选择器（label Selector）来实现无缝对接的。

所有的数据引擎在 Kubernetes 中都以 Pod 的形式存在。Pod 是 Kubernetes 中最重要也是最基本的概念，每个 Pod 中包含一个被称为 Pause 容器的根容器。Pause 容器对应的镜像属于 Kubernetes 平台的一部分。除了 Pause 容器，每个 Pod 中还包含一个或多个紧密相关的用户业务容器。Pod 的结构如图 15.2 所示。

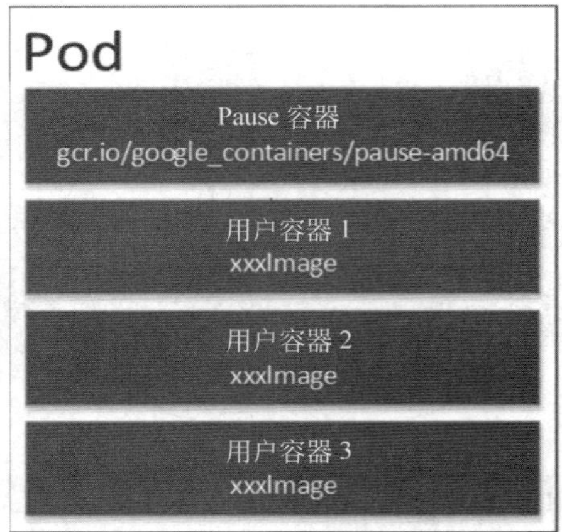

图 15.2 Pod 的结构

本工具通过将 5 种数据库组件 Docker 容器化，托管为容器编排平台上的长服务应用集成系统。容器编排平台提供编排和调度容器的技术，提供用于基于容器应用可扩展性的基本机制。编排意味着用户可以灵活地对各种容器资源实现定义和管理。这些平台使用容器服务并编排它们以决定容器之间如何进行交互。目前主流的容器编排平台有 Docker Swarm[12]、Kubernetes 和 Marathon[13]。表 15.2 给出了它们之间的对比。

表 15.2 Docker Swarm、Kubernetes 以及 Marathon 的对比

属　　性	Docker Swarm	Kubernetes	Marathon
来源	Docker	Google	Mesosphere
API 灵活性	API 非常灵活	具有通用灵活的 API	灵活性较低
自动伸缩	支持	支持	支持
服务发现	支持	支持	支持
Docker 友好度	非常友好，支持原生的 Docker API	非常友好	对 Docker 的支持不是很完善
部署难易度	部署非常方便，开箱即用	部署难度较大，对环境要求较高	部署相对简单

续表

属　性	Docker Swarm	Kubernetes	Marathon
社区活跃度	较高	非常高	较高
应用环境规模	小型	大型	大型

通过对比表 15.2 中的 3 种容器编排平台的特性，结合面向高端制造领域的大数据管理系统一体化方案的实际需求，Kubernetes 具有以下优势：

(1) 一体化资源管理工具中通过 Docker 容器进行资源和环境隔离。当前 Kubernetes 和 Docker 公司的合作不断深入，对 Docker 提供了非常友好的支持。

(2) Docker 在 Google 公司的大型集群中已被成功应用 17 年，Kubernetes 是基于 Google 公司多年的数据中心容器集群管理经验开发的，深度融合了 Docker。Kubernetes 具有强大的容器编排能力，久经考验，理念完善，更适合大型开发环境，可以满足企业级的容器编排需求，更符合本工具的需求。

(3) Kubernetes 开源社区非常活跃，有 Google、RedHat、华为、CoreOS 等大型公司的支持。新特性更新速度快，有助于解决在部署开发过程中遇到的困难。

(4) Kubernetes 具有很好的灵活性。Kubernetes 划分出了具有独立功能的组件，组件之间耦合度小，可以方便地运行在不同的环境中。Kubernetes 中各个组件的功能明确，便于根据需求进行二次开发。

因此，本工具采用 Kubernetes 作为容器编排平台来进行容器化数据库组件的编排调度。

15.3.2　数据持久化

数据持久化是异构大数据系统的关键问题之一。由于异构大数据系统中存在多种数据引擎，这些数据引擎均是有状态服务，因此需要对数据引擎进行数据持久化，否则，一旦数据引擎容器重启，所有的数据将不可恢复地丢失。除此之外，异构大数据系统需要有一定的水平伸缩能力，在系统的底层表现为数据引擎的水平伸缩能力；然而，在实际使用中，数据引擎的水平伸缩能力一直是不足的，因为数据引擎一旦发生节点的增加或缩小，均会出现数据重分布的问题，这将对数据引擎的性能带来非常负面的影响。归结到底，数据引擎的水平伸缩能力与底层的数据存储有非常密切的关系。表 15.3 展示了有状态服务和无状态服务的对比。

表 15.3　有状态服务和无状态服务的对比

属性	有状态服务	无状态服务
数据持久化	需要	一般不需要
典型应用	数据库服务	Web 服务、MapReduce 任务
生命周期	较长，需要参数调整、数据备份维护等操作	短暂
故障恢复	难度较大，需要立即进行维护以防止数据丢失、损坏	简单，可以立即删除并创建新实例以取而代之
随意性	不可随意启动、停止实例	可以启动、停止、增加、删除实例

无状态服务的生命周期一般较短，基本不涉及数据存储操作，服务实例发生故障后，可

以立即删除并创建新实例以取而代之。但有状态服务的时序数据库、结构化数据库、键值数据库、图数据库、非结构化数据库组件的容器有数据需要保存，生命周期长，如果容器宕机或重启，容器里面保存的大量数据就会丢失并难以恢复，因此需要考虑有状态的数据库组件容器的数据持久化功能。而有状态服务在数据库容器进行资源动态伸缩，增删节点和容器时，又会涉及数据的重分布搬迁问题。

本工具拟采用共享存储方案解决容器内数据的持久化和在动态伸缩时的数据重分布搬迁问题。当前高速网络、RDMA、高性能分布式存储等技术有了很大发展，已经能满足计算存储分离需求，网络和 I/O 能力强大，可以忽略网络延迟和 I/O 影响。

Kubernetes 对有状态的容器应用或者对数据需要持久化的应用，不仅需要将容器内的目录挂载到宿主机的目录或者 emptyDir 临时存储卷，而且需要更加可靠的存储来保存应用产生的重要数据，以便容器应用在重建之后仍然可以使用以前的数据。

Kubernetes 引入 PersistentVolume(PV)和 PersistentVolumeClaim(PVC)两个资源对象实现以对存储的管理子系统。PV 是对底层网络共享存储的抽象。Kubernetes 支持的 PV 类型很多，如 GlusterFS、CephFS、NFS、iSCSI、Cinder 等。PVC 是用户对于存储资源的一个申请，PVC 会消费 PV 资源。本工具通过将数据库组件容器的目录挂载到共享存储上，可以实现容器内应用数据的持久化存储。共享存储的结构如图 15.3 所示。

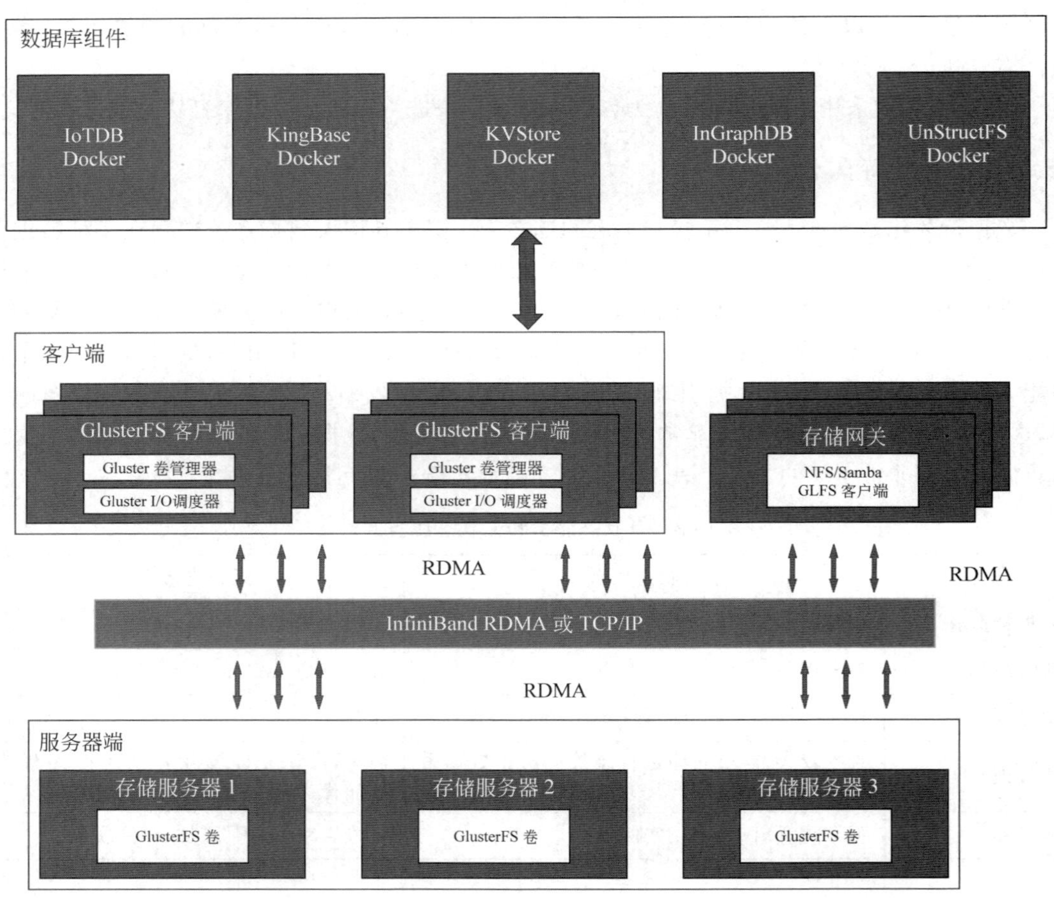

图 15.3　共享存储的结构

数据库实现弹性能力是比较困难的，因为数据库对性能要求非常高，而且需要进行大量数据的搬迁，成本很高。本工具将计算与存储分离，由数据库容器负责计算，存储则交给共享存储实现。由于一个服务的所有容器始终指向同一片存储空间，所以上述方法简单、有效地解决了数据重分布问题。

本工具采用 GlusterFS 作为共享存储的实现方案。GlusterFS 是一个具有强大的水平扩展能力的开源分布式文件系统，能够轻松支持 PB 量级的存储容量和数千个客户端。GlusterFS 借助 InfiniBand RDMA 或 TCP/IP 网络将物理分布的存储资源聚集在一起，使用单一全局命名空间来管理数据。GlusterFS 基于可堆叠的用户空间设计，可为各种不同的数据负载提供性能优异的支持。

GlusterFS 主要由存储服务器（brick server）、客户端以及 NFS/Samba 存储网关组成。GlusterFS 架构中没有元数据服务器组件，这是其最大的设计特点，对于提升整个系统的性能、可靠性和稳定性都有着决定性的意义。GlusterFS 支持 InfiniBand RDMA 和 TCP/IP 高速网络互联，客户端可通过原生 GlusterFS 协议访问数据，其他没有运行 GlusterFS 客户端的终端可通过 NFS/CIFS 标准协议通过存储网关（storage gateway）访问数据。

存储服务器主要提供基本的数据存储功能，最终的文件数据通过统一的调度策略分布在不同的存储服务器上。它们上面运行的 Glusterfsd 负责处理来自其他组件的数据服务请求。数据以原始格式（如 EXT3、EXT4、XFS、ZFS 等）直接存储在存储服务器的本地文件系统上，运行服务时指定数据存储路径。多个存储服务器可以通过客户端或存储网关上的卷管理器组成集群，如 Stripe（RAID0）、Replicate（RAID1）和 Distributed（分布式 Hash）存储集群。

由于没有了元数据服务器，客户端承担了更多的功能，包括数据卷管理、I/O 调度、文件定位、数据缓存等功能。客户端上运行 Glusterfs 进程，它实际是 Glusterfsd 的符号链接，利用 FUSE 模块将 GlusterFS 挂载到本地文件系统之上，实现以 POSIX 兼容的方式访问系统数据。在最新的 3.1.X 版本中，客户端不再需要独立维护卷配置信息，改成自动从运行在网关上的 Glusterd 弹性卷管理服务获取和更新这些信息，极大简化了卷管理。GlusterFS 客户端负载（包括 CPU 占用率和内存占用率）比传统分布式文件系统高。

GlusterFS 存储网关提供弹性卷管理和 NFS/CIFS 访问代理功能，其上运行 Glusterd 和 Glusterfs 进程，两者都是 Glusterfsd 的符号链接。卷管理器负责逻辑卷的创建、删除、容量扩展与缩减、容量平滑等功能，并负责向客户端提供逻辑卷信息及主动更新通知功能等。GlusterFS 3.1.X 实现了逻辑卷的弹性和自动化管理，不需要中断数据服务或上层应用业务。对于 Windows 客户端或没有安装 GlusterFS 的客户端，需要通过 NFS/CIFS 代理网关来访问，这时网关被配置成 NFS 或 Samba 服务器。相对原生 GlusterFS 客户端，NFS/CIFS 代理网关在性能上要受到 NFS/Samba 的制约。

搭建 GlusterFS，把数据库容器的数据持久化挂载到分布式共享存储 GlusterFS 上，提供数据库服务的 Pod（一组容器）通过网络连接到 GlusterFS。这样，无论 Pod 在哪个节点上重启，无论 Pod 重启多少次，都会连接到同一片分布式存储空间。

15.3.3 资源的规划和调度

资源规划和调度机制分为资源规划机制和资源调度机制。资源规划机制为容器化的数据库组件规划 Pod 启动时合适的初始资源配置;资源调度机制高效地将数据库容器调度到最合适的节点上运行。资源规划和调度机制如图 15.4 所示。

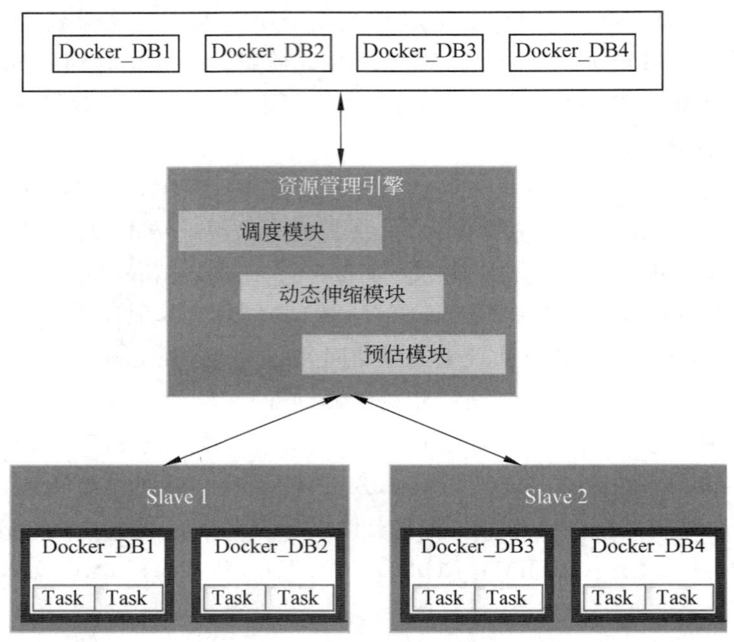

图 15.4 资源规划和调度机制

资源管理引擎的调度模块为用户可配置的可插拔模块。系统提供默认配置的算法、系统优化算法和特定场景下的专用算法,用户可以根据自身需求和不同应用场景自主选择、配置所需的集群资源规划和调度算法,甚至可以通过接口自行编写算法。

1. 资源规划机制

对于资源规划机制,资源管理引擎可以为 Pod 设置其能使用的服务器上的计算资源配额,资源规划机制针对该配额值进行合理规划。系统提供默认的规划资源配额值,用户也可根据情况自行配置。

可以设置配额的计算资源为 CPU、内存和 PVC:

(1) CPU 的资源配额为 CPU 的数量,是绝对值而非相对值。一个 CPU 的配额对绝大多数容器来说是相当大的资源配额了。通常以 m 表示千分之一的 CPU 配额。一个容器的 CPU 配额通常被定义为 100～300m,即 0.1～0.3 个 CPU。

(2) 内存配额也是一个绝对值,单位是字节。

(3) PVC 配额也是一个绝对值,单位是字节。PVC 一般需要设置容器要使用的共享存储的容量大小。

CPU 和内存进行配额限定时需要设置两个参数:

(1) Requests:资源的最小申请量,系统必须满足该参数。

（2）Limits：资源的最大允许使用量，该参数不能被超过。

通常会将 Requests 设置为一个较小的数值，符合容器平时工作负载情况下的资源需求，而将 Limits 设置为峰值负载情况下资源占用的最大量。

2. 资源调度机制

对于资源调度机制，资源管理引擎将其分为系统默认调度机制和用户可插拔的自定义调度机制。默认调度机制为用户不进行自定义配置时系统进行调度算法预设和完成自动调度的机制，包含了丰富的预选和优选策略。自定义调度机制为用户根据自身需求和不同应用场景自主配置调度策略的机制。

本工具采用容器编排调度机制，默认调度机制由资源管理引擎的容器编排平台 Kubernetes 的 kube-scheduler 提供。kube-scheduler 是 Kubernetes 的三大核心组件之一，其作用是将待调度 Pod 依据某种调度策略调度到最合适的节点上运行。

kube-scheduler 相当于一个黑盒，输入待调度的 Pod 和待部署的节点队列，输出一个 Pod 与某节点的绑定信息。kube-scheduler 作为单独的程序运行，启动后会一直监听 API 服务器，获取 PodSpec.NodeName 为空的 Pod，然后对每个 Pod 创建一个绑定（binding）。若 Pod 指定了 NodeName 属性，则会被直接调度到指定的节点，无须 kube-scheduler 参与。

自定义调度机制基于容器编排平台的调度机制进行开发和扩展，以实现更灵活丰富的调度机制，合理高效地部署和使用数据库 Docker 容器，同时使得 Pod 的调度可控，便于更好地满足业务对资源的需求。

自定义调度机制的实现可以细分为以下 5 种方式：

（1）开发自定义的调度器。系统中可以同时运行默认调度器和多个用户开发的调度器，各自负责相应 Pod 的调度。

（2）Pod 精准调度。编写 Pod 配置文件中相应的配置项，进行用户所需的精准调度。

（3）Pod 优先级和抢占。实现 Pod 间优先级的设定和高优先级的抢占机制。

（4）定制预选和优选策略。用户可以对默认调度器中使用的调度算法进行重新配置。

（5）自定义预选和优选策略。用户可以开发和丰富默认调度机制的预选和优选策略，并将自定义策略可插拔地集成到默认调度器中运行。

本工具侧重自定义调度器的设计和开发，也对其他调度形式进行了一定的设计和尝试。

15.3.4 资源动态伸缩机制

资源管理引擎的动态伸缩模块为用户可配置的可插拔模块。在数据库 Docker 启动后，其资源配额是不变的。本工具在运行中通过系统规则设定一些触发条件，按照相关的动态伸缩算法和规则，动态增减 Docker 内资源量或动态增减每个数据库组件的 Docker（Pod）的个数，实现资源的动态伸缩，提高集群的资源利用率。资源动态伸缩流程如图 15.5 所示。

资源弹性伸缩可分为两种：一种是水平伸缩，主要是容器实例数目的增减；另一种是垂直伸缩，即单个容器实例可以使用资源的增减。Docker 容器本质上是一个运行于自己的命名空间中的 Linux 进程，因此对于垂直伸缩而言，可以看作单机进程的资源伸缩问题。资源的水平伸缩则需要考虑更多的方面：当容器负载升高到一定阈值时，需要增加容器实例且保证运行的环境一致；而当容器负载降低到一定阈值的时候，需要减少容器实例以回收相关资源。

本工具需要对单机数据库组件和分布式数据库组件分别设计具体的伸缩方案。例如，

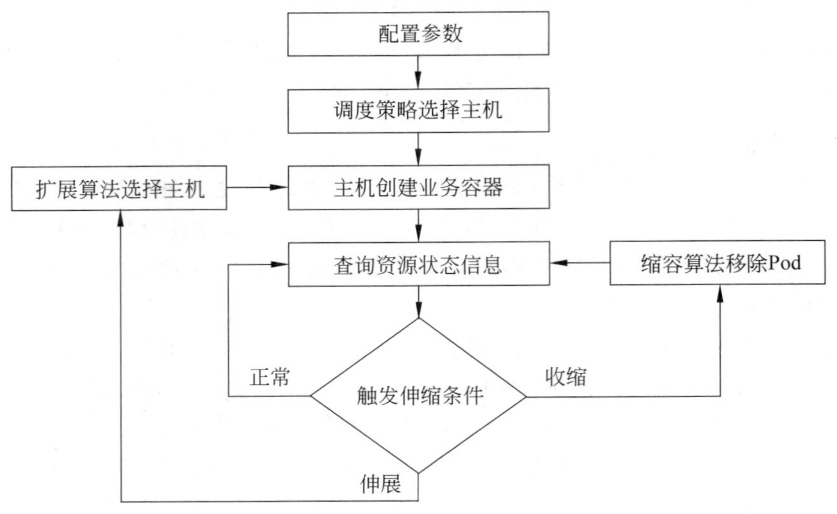

图 15.5 资源动态伸缩流程

时序数据库管理引擎 IoTDB 等单机数据库使用 Rescheduler 的方式加强实例，KVStore 等分布式数据库采用 Horizontal Pod Autoscaler 的方式进行水平扩展。

1. 水平伸缩

通过动态增减服务容器数目实现的水平伸缩方式，其伸缩能力不受单节点资源量的限制，可以灵活、充分地利用集群资源。

当某个数据库所有 Docker 容器的总资源利用率大于或小于某阈值，或某个 Docker 资源利用率过高/过低而不适合垂直伸缩，或根据待投放任务的资源预估信息触发了伸缩条件，动态伸缩模块会自动根据配置的算法，增加该数据库的 Docker 数目，或停止该数据库资源利用率低的 Docker。

动态伸缩模块可以根据 CPU 使用率或应用自定义的 Metrics 自动增加或减少 Pod 数量。将观察到的 CPU 等的实际使用量与用户的期望值进行比对，做出是否需要增减实例数量的决策。水平伸缩需根据 Pod 当前系统的负载来自动进行。如果系统负载超过某值，就自动增加 Pod 的个数；如果低于某值，就自动减少 Pod 的个数。

动态伸缩模块通过定期轮询 Status.PodSelector 来查询 Pod 的状态，获得 Pod 的 CPU 使用率，判断是否触发伸缩条件。计算扩容后 Pod 的个数有很多种方法，如：Ceil((以前采集到的使用率/用户自定义的使用率)×Pod 数量)，用户可对其进行配置。

2. 垂直伸缩

当某个容器内的资源利用率大于或小于某阈值，或根据待投放任务的资源预估信息触发了伸缩条件时，动态伸缩模块会自动对该容器增加或释放资源。在 Kubernetes 中，其 Requests & Limits 配额机制可以实现在一定范围内容器资源的自动垂直伸缩。本工具针对单机数据库设计的重调度功能也是一种垂直伸缩的自动实现方式。

单机数据库组件在资源规划阶段，其容器以配置文件的形式限定了其 CPU 和内存使用配额。当前的集群架构体系下存在 3 种单机数据引擎：IoTDB、KingBase 和 UnStructFS，它们在集群中以 Pod 形式存在并提供数据库服务，Pod 以配置文件的形式限定了其最大内

存使用量和最大 CPU 使用比例。假设在系统运行中出现高密度查询请求等业务场景,单机数据库容器的 CPU 和内存使用量会迅速上升,单机数据库又不能像分布式数据库一样将请求分散到各个节点上,系统性能会受到巨大影响。

本工具针对单机数据库设计实现了可插拔的重调度功能,动态监控单机数据库的运行情况,一旦发现数据库 Pod 达到重调度触发条件,便能自动地对数据库 Pod 进行资源伸缩更新。

15.3.5 资源预估机制

资源管理引擎的预估模块为用户可配置的可插拔模块,其预估机制如图 15.6 所示。针对每个组件使用机器学习等方法,设计和建立多种工作负载资源使用算法和模型。对新到来的工作负载,根据其负载特点、当前集群资源使用状态、历史知识库和工作负载的资源使用模型,预估执行该任务所需的 CPU 数、内存大小、磁盘大小、任务完成时间等。同时,为用户提供可视化的资源预估信息,帮助实现任务的合理投放与资源的优化调度,并为资源动态伸缩模块提供信息。

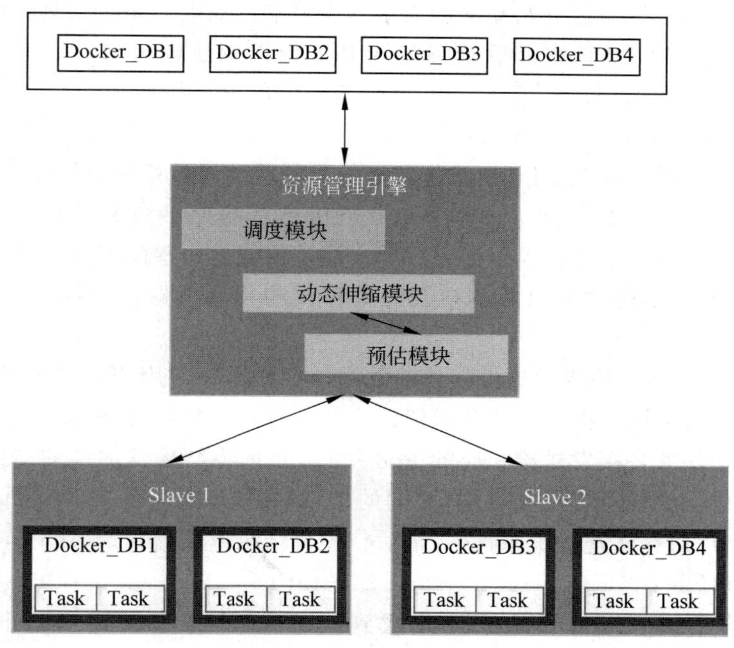

图 15.6 资源预估机制

本工具主要实现对 IoTDB 在特定用户描述场景下所需资源进行预估与规划。例如,用户描述需要存储的数据量,系统就可以预估出执行该任务时所需的内存大小。利用这种机制,在资源的规划与配置阶段,就能达到更合理的分配和性能效果。

结合具体需求,也可以开发针对扩展组件 Hadoop、Spark 任务的资源动态预估功能,如在代码逻辑不变的情况下数据分布对资源量的影响。

15.3.6 资源管理系统界面

资源规划和调度工具的前端界面采用了诸多 HTML 5 新特性,利用 JQuery 等先进的前端框架构建出一套简单易用的前端 Web 页面，采用扁平化的设计思想，力图用最简洁的界面为用户展示最丰富的信息，同时简化操作，最大限度地降低用户使用该功能的学习成本，提升用户的使用体验。在后台实现方面，基于 J2EE 技术实现前端所提供的功能。J2EE 是一套基于 Java 的后端 Web 技术体系，自诞生以来以其安全性、稳定性迅速占领了后端技术的市场。

从服务架构上来看，资源规划和调度工具的前后端服务架构是典型的 B/S 架构。前端页面利用 Ajax 等异步网络通信技术从服务器端获取数据，然后通过多样化的技术手段展示给用户。服务器端在相应的端口监听来自浏览器的网络请求，根据网络请求的请求接口和参数决定返回什么样的数据。本系统的前端分为以下几个主要界面：

（1）集群状态信息界面。需要向用户展示数据时，首先以 JSON 格式向相应的接口发送带有参数的网络请求。后端在收到前端的网络请求后，将根据请求参数调用 Kubernetes 的 API 服务器的相应 API，获取相应的数据，对数据进行整理后再以 JSON 格式将数据返回。

（2）组件的添加与删除界面。该界面与集群状态信息界面有所不同，不仅有信息展示的功能需求，还有 Pod 资源创建与删除的需求。当前端页面需要添加与删除组件时，将向后端发送带有参数的 HTTP 请求。后端将默认 Pod 资源创建模板与 HTTP 请求参数相结合，生成目标 Pod 资源的创建模板，然后据此创建需要的 Pod 资源。

（3）资源规划调度界面。该界面可以为创建的 Pod 配置调度算法。用户在该界面完成基础配置后，同样通过异步 HTTP 请求将数据传送到后端进行相应的处理。

（4）资源动态伸缩界面。该界面用于对集群中已有的 Pod 资源进行动态伸缩，用户在界面上完成配置之后，将这些配置传送到后端。后端将依据这些配置动态地生成 XML 配置文件，供重调度器读取，同时会以后端系统内部存储的重调度器创建模板为蓝本创建重调度器。

（5）资源预估界面。该界面提供任务的发布与预估服务。用户在前端界面的任务发布框中输入任务，然后可以选择执行任务或资源预估。若选择执行任务，则任务代码将被传送到后端，后端将把任务直接发送给相应的 Pod 执行，并且将结果反馈给前端；若选择资源预估，前端界面同样会把任务传送到后端，不同的是，后端将不会把任务转发到相应的 Pod，而是会调用相应的预估算法进行资源预估，最后将预估结果返回给前端，用户可以根据预估结果选择是否执行任务。

为了让后端系统可以非侵入式地集成到集群中，本工具采用 Apache 基金会下的 Tomcat 项目作为资源规划和调度工具的后台服务器。在服务形式上，后端系统以 Pod 的形式在集群中提供服务，从而最大限度地减小对原有系统的侵入性，同时也能做到模块可插拔。在具体实现上，首先在 Docker Hub 上拉取 Tomcat 的最新版镜像作为后端系统的运行环境，然后将开发完成的后端系统放入运行环境中，最后将整个运行环境重新打包成镜像，上传到私有仓库中以供下载和使用。

15.4 系统实现

资源规划和调度工具的主要功能是对异构大数据系统中的多种数据引擎实现资源的管理与调度。因此，首要的目标是将异构数据库引擎集成到一起，这样就能支持对其进行各种

资源管理调度操作。其次需要实现异构资源的数据持久化，资源规划和调度工具可采用共享存储作为解决方案。最后要实现的功能是对异构大数据系统中异构资源的规划调度、水平伸缩以及资源预估，这些功能将大大提高整个系统的性能和可用性。

在以上各个功能中，系统的集成性、异构系统的水平弹性伸缩、有状态服务的水平弹性伸缩以及资源的预估都是本工具面临的实现难点。由于系统资源本身的异构性，上述问题所要考虑的情况是多种多样的，需要解决的问题也复杂而繁多。例如系统的集成，如何在底层数据库引擎异构的前提下实现系统集成，进而实现对异构资源的管理，就成为一个很突出的问题。资源规划和调度工具采用容器作为解决方案，将不同的数据引擎容器化，并纳入容器编排工具的统一管理，即可实现系统的集成和资源的快捷管理。另一个突出的问题是如何实现异构大数据系统的水平弹性伸缩，这个问题在底层表现为有状态服务的水平弹性伸缩。资源规划和调度工具采用 HPA（Horizontal Pod Autoscaling，水平 Pod 自动伸缩）模块和共享存储两种技术解决了这个问题。前者提供基于阈值的自动化的数据引擎扩张机制，后者提供数据持久化机制，通过高速网络提供集群存储资源的虚拟化功能，较好地解决了有状态服务集群规模改变时数据重分布的问题。

15.4.1　共享存储的集成

GlusterFS 的全称是 Gluster File System，意为 Gluster 文件系统。它是一个开源的分布式文件系统，主要由 ZRESEARCH 公司负责开发。

在 Kubernetes 中集成 GlusterFS 组件需要以 Pod 的形式完成，这要求用户首先编写相关的 YAML 文件，如果计算机中没有预先编写好的 YAML 文件，可以从 Github 下载官方配置仓库，默认的 YAML 文件可以在该仓库中找到，用户可以根据实际运行环境更改默认 YAML 文件配置。

接下来需要下载并运行 GlusterFS 的客户端程序，如果安装不成功，则需要更改安装该程序的计算机的软件源。具体操作是在每一台需要运行 GlusterFS 的计算机上都运行如下命令：

```
apt-get install glusterfs-client
```

通常，下载完成之后 glusterfs-client 程序就自动开始运行，不需要手动启动。需要特别说明的是，只有需要作为 GlusterFS 存储节点运行的物理机需要下载并安装 glusterfs-client。GlusterFS 需要安装的 YAML 文件及其说明如下：

（1）glusterfs-daemonset.yaml：该文件用于创建 GlusterFS 管理程序容器所在的 Pod，可以理解成 GlusterFS 的服务端，每一个 GlusterFS 存储节点上必须有一个该类型的 Pod 在运行。需要特别说明的是，该 DaemonSet 中采用的镜像是基于 CentOS 的，不过这并不妨碍其运行在 Ubuntu 系统上。

（2）heketi-deployment.yaml：该文件用于创建 Heketi 容器，该容器内运行 Heketi 服务进程，该进程为用户提供 RESTful API，允许用户操作 GlusterFS 集群，这便于用户自动化地管理 GlusterFS 集群。

（3）heketi-service-account.yaml：该文件用于创建 Heketi 服务容器所需的 ServiceAccount，以及该 ServiceAccount 所需的用户角色和权限。由于 Heketi 提供了

RESTful API，允许用户管理 GlusterFS 集群，这就必然要求 Heketi 操作 Kubernetes 的某些 API。基于 Kubernetes 本身的授权机制，需要为 Heketi 创建服务账户，并且绑定一定的权限。

（4）topology.json：该文件用于描述 GlusterFS 集群的存储节点的拓扑结构及其所用的物理卷位置，该文件需要根据集群的实际情况编写。

（5）glusterfs-storageClass.yaml：该文件用于创建 storageClass 对象，该对象用于创建 Kubernetes 中的 PV 对象。

（6）glusterfs-pvc.yaml：该文件用于创建 PVC 对象，在创建过程中会自动创建 PV 对象。

在开始 GlusterFS 安装前还需要做一项准备工作。由上面的文件清单可以看出 GlusterFS 管理进程的 Pod 是由 DaemonSet 对象建立的，之所以由该对象而不是 ReplicationController 对象建立 Gluster 管理进程，是因为 DaemonSet 对象可以确保在每个目标物理机上只分配一个 Pod，该机制是基于 node 标签的，在本例中需要为每个运行 GlusterFS 管理进程 Pod 的节点都打上 storagenode=glusterfs 的标签，代码如下：

```
kubectl label node lab1 storagenode=glusterfs
```

标签设置完成后，就可以正式开始 GlusterFS 的安装了。

首先在各个存储节点上运行 GlusterFS 管理进程 Pod，代码如下：

```
kubectl create -f glusterfs-daemonset.yaml
```

其次启动 Heketi 服务。需要设置 Heketi 服务的 ServiceAccount 以及相关权限，代码如下：

```
kubectl create -f heketi-service-account.yaml
```

启动 Heketi 服务的代码如下：

```
kubectl create -f heketi-deployment.yaml
```

接下来需要建立 GlusterFS 集群。在建立集群前，首先要在各存储节点上创建物理卷（phyical volume），在本例中尝试在物理设备/dev/sdb 上创建物理卷，并加载内核模块。代码如下：

```
pvcreate -ff --metadatasize=128M --dataalignment=256K /dev/sdb1
modprobe dm_snapshot && modprobe dm_mirror && modprobe dm_thin_pool
```

需要特别注意的是，代码中是在物理设备/dev/sdb 的 sdb1 分区上创建物理卷。用户在实际操作时完全可以使用其他的物理设备或者分区来创建物理卷。

在最终构建 GlusterFS 集群前，首先需要进入 Heketi 容器内部，创建 topology.json 文件，定义 GlusterFS 集群的拓扑结构。代码如下：

```
kubectl exec -it heketi /bin/bash
vim topology.json
{
  "clusters": [
```

```
{
  "nodes": [
    {
      "node": {
        "hostnames": {
          "manage": [
            "lab1"
          ],
          "storage": [
            "192.168.1.1"
          ]
        },
        "zone": 1
      },
      "devices": [
        "/dev/sdb1"
      ]
    },
    {
      "node": {
        "hostnames": {
          "manage": [
            "lab2"
          ],
          "storage": [
            "192.168.1.2"
          ]
        },
        "zone": 1
      },
      "devices": [
        "/dev/sdb"
      ]
    },
    {
      "node": {
        "hostnames": {
          "manage": [
            "lab3"
          ],
          "storage": [
            "192.168.1.3"
          ]
        },
        "zone": 1
```

```
            },
            "devices": [
              "/dev/sdb"
            ]
          }
        ]
      }
    ]
  }
export HEKETI_CLI_SERVER=http://localhost:8080
```

创建 GlusterFS 集群的代码如下：

```
heketi-cli load topology --json=topology.json
```

创建过程中的信息如下：

```
Creating cluster ... ID: 063b9c0b0f9833009e3a5aae15f39b97
        Creating node lab1 ... ID: 380d155956b3dae1d9da9fc3fa62342d
                Adding device /dev/sdb1 ... OK
        Creating node lab2 ... ID: 70f90e18e4243aef616847c685e6bdd7
                Adding device /dev/sdb ... OK
        Creating node lab3 ... ID: cd136687a2f1bfa204a43d8595094627
                Adding device /dev/sdb ... OK
```

可以看到，GlusterFS 集群已经创建成功，并且能够通过 heketi-cli topology info 命令查看到相应的集群信息。

最后，需要创建 storageClass 对象。特别要注意的是，在 storageClass 对象的 YAML 文件中需要动态配置 Heketi 服务的地址，代码如下：

```
vim glusterfs-storageClass.yaml
kind: StorageClass
apiVersion: storage.k8s.io/v1beta1
metadata:
  name: gluster
  labels:
    glusterfs: s3-sc
    gluster-s3: sc
provisioner: kubernetes.io/glusterfs
parameters:
  resturl: "http://10.107.31.73:8080"      #根据实际情况动态配置 Heketi 服务器的地址
  restuser: "admin"
  restauthenabled: "false"
kubectl create -f glusterfs-storageClass.yaml
```

至此，GlusterFS 集群已经建立完成。当数据引擎需要使用共享存储时，只需要引用名为 gluster 的 storageClass 对象即可。

15.4.2 时序数据库管理引擎的集成

时序数据库管理引擎 IoTDB 是由项目课题组自主研发的采用列式存储、针对时间序列数据进行优化的数据库，是面向高端制造领域的大数据管理系统的重要组成部分。IoTDB 组件集成架构如图 15.7 所示。

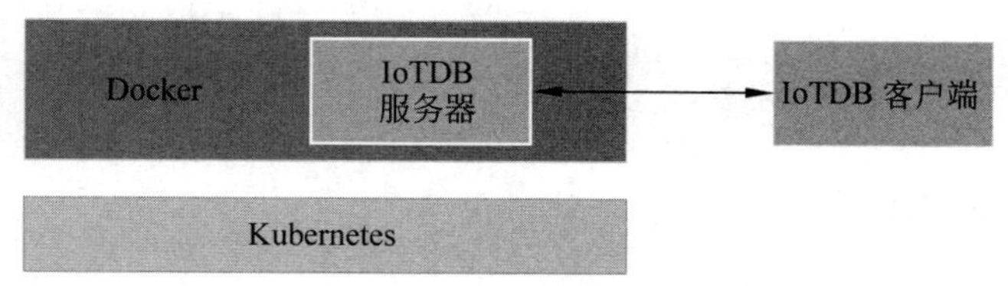

图 15.7　IoTDB 组件集成架构

制作 IoTDB 数据库的 Docker 镜像，利用资源管理引擎的容器编排平台 Kubernetes 对 Docker 的良好支持，部署 IoTDB Docker 容器到集群中。在 Kubernetes 中以长期服务的方式运行 IoTDB 服务器，将 Docker 容器中 IoTDB 服务器的 6667 端口映射到本机的一个端口(默认为 6667 端口)上，将 IoTDB 客户端通过连接服务器端"IP＋端口"的方法连接到 IoTDB 服务器。

编写 Kubernetes 中 IoTDB 的 ReplicationController 和 Service 的 YAML 配置文件，可以指定 IoTDB Docker 的 CPU 和内存资源量、端口映射、存储卷、实例数、位置约束等参数，使用配置请求的资源启动 IoTDB 镜像实例。数据库的数据持久化在底层共享存储空间 GlusterFS 上实现。

下面介绍其具体实现。

首先制作 IoTDB 的 Docker 镜像。本镜像基于 Ubuntu 16.04 镜像开发，下载 Ubuntu 16.04 镜像：

```
docker pull ubuntu:16.04
```

用 Ubuntu 镜像创建一个容器：

```
docker run -it ubuntu:16.04 /bin/bash
```

在启动的容器内安装 IoTDB 必需的环境：Git、JDK 和 Maven。

在启动的容器内编译安装 IoTDB，代码如下：

```
git clone https://github.com/thulab/tsfile.git
cd tsfile/
mvn clean install -Dmaven.test.skip=true
git clone https://git.oschina.net/xingtanzjr/iotdb.git
cd tsfiledb/
mvn clean package -Dmaven.test.skip=true
```

编译安装完成后，退出容器，根据容器 ID 提交已修改的容器副本为 IoTDB 镜像，代码如下：

```
docker commit -m="iotdb" -a="aranna" 1de4f22521a5 iotdb/ubuntu:v1
```

执行 docker images,可看到已有 iotdb/ubuntu 镜像。将制作的 IoTDB 的 Docker 镜像上传到集群私有仓库,并开源到公有仓库 Docker Hub。使用时,本地若无该镜像,可以从仓库中下载。

编写 IoTDB 服务器端的 ReplicationController 的 YAML 配置文件:

```
iotdb-server-rc.yaml:
apiVersion: v1
kind: ReplicationController
metadata:
  name: iotdb-server
  labels:
    name: iotdb-server
spec:
  replicas: 1                                         //实例数
  selector:                                           //标签
    name: iotdb-server
  template:
    metadata:
      labels:
        name: iotdb-server
    spec:
      containers:
      - name: server
        image: 172.19.0.131:5000/iotdb/server         //私有仓库上容器使用的镜像
        command: ["/root/iotdb/iotdb/bin/start-server.sh"]  //启动服务器端容器
        ports:
        - containerPort: 6667                         //容器应用监听的端口号
        volumeMounts:
        - name: gluster-volume
          mountPath: "/root/iotdb/iotdb/data"
          readOnly: false
      volumes:                                        //共享存储挂载
      - name: gluster-volume
        persistentVolumeClaim:
  claimName: pvc-gluster-heketi
```

编写 IoTDB 服务器端的 Service 的 YAML 配置文件:

```
iotdb-server-svc.yaml:
apiVersion: v1
kind: Service
metadata:
  name: iotdb-server
  labels:
    name: iotdb-server
spec:
```

```
  type: NodePort
  ports:
    #the port that this service should serve on
  - port: 6667                                          //端口映射
    targetPort: 6667
    nodePort: 32000
  selector:                                             //标签选择器
    name: iotdb-server
```

编写 IoTDB 客户端的 ReplicationController 的 YAML 配置文件：

```
iotdb-client-rc.yaml:
apiVersion: apps/v1beta2
kind: Deployment
metadata:
  name: iotdb-client
  labels:
    run: iotdb-client
spec:
  replicas: 1
  selector:
    matchLabels:
      name: iotdb-client
  template:
    metadata:
      labels:
        name: iotdb-client
    spec:
      containers:
      - name: client
        image: 172.19.0.131:5000/iotdb/client  //容器使用的镜像
        command: ["sh"]                         //容器启动命令,参数控制 Pod 长期存活
        args: ["-c","while(true)\ndo\ncd /root/iotdb/iotdb/bin/;\nsleep 10000;\
ndone;\n\n"]
        ports:
        - containerPort: 6667                   //容器应用监听的端口号
```

编写 IoTDB 客户端的 Service 的 YAML 配置文件：

```
iotdb-client-svc.yaml:
apiVersion: v1
kind: Service
metadata:
  name: iotdb-client
  labels:
    name: iotdb-client
spec:
```

```
type: NodePort
ports:
  #the port that this service should serve on
- port: 6667
selector:                                        //标签选择器
  name: iotdb-client
```

至此，IoTDB 的集成工作已经完成，可以在 Kubernetes 集群中执行相应的 kubectl create -f ×××.yaml 命令启动组件。

15.4.3 结构化数据库管理引擎的集成

结构化数据库管理引擎 KingBase 组件集成架构如图 15.8 所示。

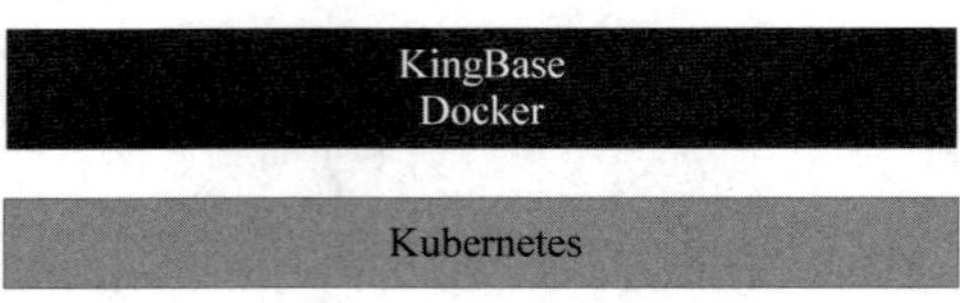

图 15.8 KingBase 组件集成架构

制作 KingBase 数据库的 Docker 镜像，利用资源管理引擎的容器编排平台 Kubernetes 对 Docker 的良好支持，部署 KingBase Docker 容器到集群中。在 Kubernetes 中以长期服务的方式运行 KingBase 的服务器，将 Docker 容器中 KingBase 服务器的端口映射到本机的一个端口上，外部就可以通过连接服务器端"IP+端口"的办法连接到 KingBase 的服务器。

编写 Kubernetes 中 KingBase 的 Pod 和 Service 的 YAML 配置文件，可以指定 KingBase Docker 的 CPU 和内存资源量、端口映射、存储卷、实例数、位置约束等参数，使用配置请求的资源启动 KingBase 镜像实例。数据库的数据持久化在底层共享存储空间 GlusterFS 上实现。

下面介绍其具体实现。

首先制作 KingBase 的 Docker 镜像。将制作好的 KingBase 的 Docker 镜像上传到集群私有仓库，并开源到公有仓库 Docker Hub。使用时本地若无该镜像，可以从仓库中下载。

编写 KingBase 的 Pod 的 YAML 配置文件：

```
kingbase.yaml:
apiVersion: v1
kind: Pod
metadata:
  name: kingbase
  labels:
    name: kingbase-app
spec:
  nodeSelector:
    neo_name: "node4"
  volumes:
    - name: data-file
```

```
        hostPath:
          path: "/home/presentation/FDU/YYRH/"
      - name: kingbase-pv-Pod
        persistentVolumeClaim:
          claimName: kingbase-pvc-server
    containers:
      - name: kingbase
        image: 172.19.0.131:5000/kingbase:v1
        imagePullPolicy: IfNotPresent
        resources:
          limits:
            cpu: 500m
            memory: 4096Mi
          requests:
            cpu: 200m
            memory: 1024Mi
        ports:
          - containerPort: 54321
          - containerPort: 54328
        volumeMounts:
          - name: data-file
            mountPath: "/home/"
          - name: kingbase-pv-Pod
            mountPath: /opt/Kingbase/ES/V7/data/DB
```

编写 KingBase 的 Service 的 YAML 配置文件：

```
kingbase-svc.yaml
kind: Service
apiVersion: v1
metadata:
  name: kingbase-svc
  labels:
  type: kingbase-real
spec:
  type: NodePort
  selector:
  name: kingbase-app
  ports:
  - name: db
    port: 54321
    nodePort: 32321
  - name: http
    port: 54328
nodePort: 32328
```

至此，KingBase 的集成工作已经完成，可以在 Kubernetes 集群中执行相应的 kubectl create -f ×××.yaml 命令启动组件。

15.4.4 键值数据库管理引擎的集成

键值数据库管理引擎 KVStore 组件集成架构如图 15.9 所示。

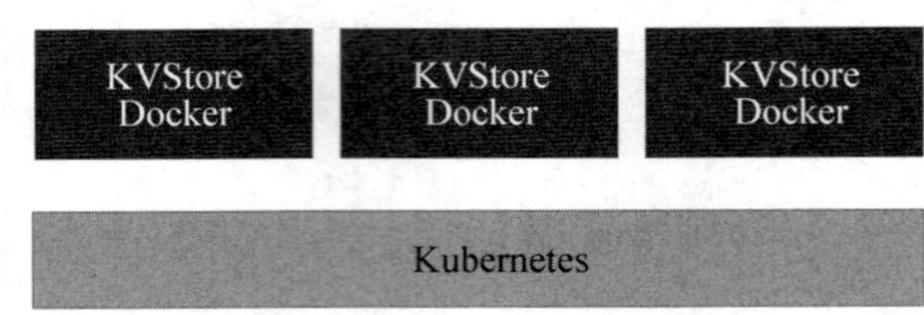

图 15.9 KVStore 组件集成架构

制作 KVStore 数据库的 Docker 镜像，利用资源管理引擎的容器编排平台 Kubernetes 对 Docker 的良好支持，部署 KVStore Docker 容器到集群中。在 Kubernetes 中以长期服务的方式运行 KVStore，将 Docker 容器中 KVStore 提供服务的端口映射到本机的一个端口上，客户端通过连接服务器端“IP＋端口”的办法连接到 KVStore 服务器。

编写 Kubernetes 中 KVStore 的 StatefulSet 和 Service 的 YAML 配置文件，可以指定 KVStore Docker 的 CPU 和内存资源量、端口映射、存储卷、实例数、位置约束等参数，使用配置请求的资源启动 KVStore 镜像实例。数据库的数据持久化在底层共享存储空间 GlusterFS 上实现。

KVStore 数据库是去中心化的，没有主节点，需要在集群中启动一个 Seed 节点，完成集群中节点之间的相互查找和通信，获知集群中新节点的加入。本工具利用 Kubernetes 中的 Service 概念完成 Seed 节点的相应实现。通过将 KVStore 数据库 Pod 加上 name＝KVStore 标签，查询相应标签的 Service 就可以查询到 KVStore 集群的所有节点。

在 Kubernetes 中，Pod 管理对象 RC、Deployment、DaemonSet 等是面向无状态服务的，而现实中有很多服务是有状态的。这些应用集群的每个节点都有固定的 ID，通过这个 ID，集群中的成员可以互相发现并且通信；集群里的每个节点都是有状态的，通常会持久化数据到永久存储中。

Kubernetes 引入了 StatefulSet 对象。StatefulSet 里每个 Pod 都有稳定、唯一的网络标识，可以用来发现集群的其他成员。若 StatefulSet 的名字为 kvstore-ss，则第一个 Pod 的名字为 kvstore-ss-0，第二个 Pod 的名字为 kvstore-ss-1，以此类推。

StatefulSet 的 Pod 采用稳定的持久化存储卷，通过 PV/PVC 实现，删除 Pod 默认不会删除与 StatefulSet 相关的存储卷。

KVStore 组件和 InGraphDB 组件的集成采用 StatefulSet 实现。

下面介绍其具体实现。

首先制作 KVStore 的 Docker 镜像。将制作好的 KVStore 的 Docker 镜像上传到集群私有仓库，并开源到公有仓库 Docker Hub。使用时本地若无该镜像，可以从仓库中下载。

Kubernetes 中，Headless Service 对象与普通的 Service 对象的关键区别在于其没有 ClusterIP。解析 Headless Service 的 DNS 域名，返回的是该 Service 对应的全部 Pod 的 EndPoint 列表。StatefulSet 在 Headless Service 的基础上为 StatefulSet 控制的每个 Pod 实例创建了一个 DNS 域名，通过解析这个域名就能够得到相应 Pod 的 IP 地址。

创建一个 Headless Service 对象(不定义 ClusterIP)，该对象能够帮助 KVStore 集群发

现节点的 IP 地址。编写 KVStore Peer 的 Service 的 YAML 配置文件：

```
kvstore-peer-svc.yaml:
apiVersion: v1
kind: Service
metadata:
  labels:
    name: kvstore-peer-svc
  name: kvstore-peer-svc
spec:
  clusterIP: None
  ports:
    - port: 7000
      name: intra-node-communication
    - port: 7001
      name: tls-intra-node-communication
  selector:
name: kvstore
```

编写 KVStore 的 StatefulSet 的 YAML 配置文件(与 RC 等的主要区别是挂载卷的声明)：

```
kvstore -statefulset.yaml:
apiVersion: apps/v1beta1
kind: StatefulSet
metadata:
  labels:
    name: kvstore -ss
  name: kvstore -ss
spec:
  serviceName: kvstore-peer-svc
  replicas: 1
  template:
    metadata:
      labels:
        name: kvstore
    spec:
      terminationGracePeriodSeconds: 10
      containers:
        - image: 172.19.0.131:5000/k8s-kvstore
          name: KVStore
          env:
            - name: PEER_DISCOVERY_SERVICE      //Headless Service 对象的名字
              value: KVStore-peer-svc
            - name: KVSTORE_CLUSTER_NAME
              value: kvstore
            - name: KVSTORE_DC
              value: DC1
```

```
          - name: KVSTORE_RACK
            value: Kubernetes Cluster
          - name: KVSTORE_ENDPOINT_SNITCH
            value: GossipingPropertyFileSnitch
        ports:
          - containerPort: 9042
            name: cql
        volumeMounts:
          - mountPath: /var/lib/kvstore/data
            name: kvstore-pvc
  volumeClaimTemplates:
    - metadata:
        name: kvstore-pvc
        annotations:
          volume.beta.kubernetes.io/storage-class: " gluster-presentation"
      spec:
        accessModes: ["ReadWriteOnce"]
        resources:
          requests:
            storage: 10Gi
```

编写 KVStore 的 Service 的 YAML 配置文件：

```
kvstore-svc.yaml:
apiVersion: v1
kind: Service
metadata:
  labels:
    name: kvstore-svc
  name: kvstore-svc
spec:
  ports:
    - port: 9042
      name: cql
  selector:
name: kvstore
```

至此，KVStore 的集成已经完成，可以在 Kubernetes 集群中执行相应的 kubectl create -f ×××.yaml 命令启动组件，可使用命令 kubectl scale statefulset kvstore-ss --replicas=×××扩增 KVStore 集群的规模。调用 KVStore 节点的内部命令 kubectl exec -it kvstore-ss-0 -- nodetool status 可以查看集群中的所有节点，如果看到在 KVStore 集群内部能够相互感知其他节点，说明集群创建成功。

15.4.5 BOM 图数据库管理引擎的集成

BOM 图数据库管理引擎 InGraphDB 组件集成架构如图 15.10 所示。

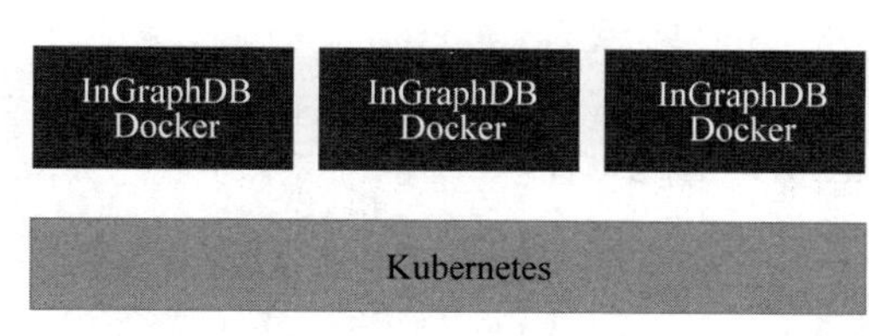

图 15.10　InGraphDB 组件集成架构

制作 InGraphDB 数据库的 Docker 镜像，利用资源管理引擎的容器编排平台 Kubernetes 对 Docker 的良好支持，部署 InGraphDB Docker 容器到集群中。在 Kubernetes 中以长期服务的方式运行 InGraphDB，将 Docker 容器中 InGraphDB 提供服务的端口映射到本机的一个端口上，客户端通过连接服务器端"IP＋端口"的办法连接到 InGraphDB 服务器。

编写 Kubernetes 中 InGraphDB 的 StatefulSet 和 Service 的 YAML 配置文件，可以指定 InGraphDB Docker 的 CPU 和内存资源量、端口映射、存储卷、实例数、位置约束等参数，使用配置请求的资源启动 InGraphDB 镜像实例。数据库的数据持久化在底层共享存储空间 GlusterFS 上实现。

下面介绍其具体实现。

首先在 InGraphDB 企业版镜像的基础上制作 InGraphDB 的 Docker 镜像。利用原生的 InGraphDB 企业版镜像构建集群时，各主机的 IP 地址需提前明确并手动填入，这与 Kubernetes 自动部署、弹性伸缩的设计思想相违背。制作新的镜像就是要对用户屏蔽构建集群时的技术细节，自动获取整个集群 Kubernetes 为每个 InGraphDB 实例分配的 IP 地址，实现对 Kubernetes 动态部署的支持。

向 InGraphDB 企业版镜像中注入一个 Java 应用程序和一个脚本。Java 应用程序根据初始集群的规模、StatefulSet 控制 Pod 的命名特征和 Headless Service 提供的域名解析功能动态解析出初始集群中每个 Pod 实例的 IP 地址。将得到的信息作为参数传入 Shell 脚本，在 Shell 脚本中根据/etc/hosts 文件动态获取当前节点的 IP 地址，并根据 Java 程序传入的集群 IP 地址集合设置相应的环境变量。最后运行 InGraphDB 企业版原生镜像提供的 Docker-entrypoint.sh 脚本启动 InGraphDB 集群。

将制作的 InGraphDB 的 Docker 镜像上传到集群私有仓库，并开源到公有仓库 Docker Hub。使用时本地若无该镜像，可以从仓库中下载。

编写注入 InGraphDB 镜像中的 Java 应用程序 ParseIPAddress.java：

```
import java.io.BufferedReader;
import java.io.IOException;
import java.io.InputStreamReader;
import java.net.InetAddress;
public class ParseIPAddress {
    public static void main(String[] args) {
        BufferedReader reader = null;
        try {
            if (args.length != 4) {
                return;
```

```
            }
            String serviceName = args[0];
            String param = args[1];
            int clusterSize = Integer.parseInt(args[2]);
            String presentName = args[3];
            StringBuffer ips = new StringBuffer();
            for (int i = 0; i < clusterSize; i ++){
                String domain = presentName + "-" + i + "." + serviceName +
".default.svc.cluster.local";
                InetAddress address = InetAddress.getByName(domain);
                if (address !=null){
                    ips.append(address.getHostAddress() + ":5000,");
                }
                System.out.println(domain + ": " + address.getHostAddress());
            }
            String res = ips.substring(0, ips.length() - 1);
            String cmd = "/var/lib/ingraphdb/java/run.sh " + res + " " + param;
            System.out.println(cmd);
            Process ps = Runtime.getRuntime().exec(cmd);
            reader = new BufferedReader(new InputStreamReader(ps.getInputStream()));
            String line = reader.readLine();
            while(line !=null){
                System.out.println(line);
                line = reader.readLine();
            }
        } catch (Exception e) {
            e.printStackTrace();
        }finally{
            if (reader !=null){
                try {
                    reader.close();
                } catch (IOException e) {
                    e.printStackTrace();
                }
            }
        }
    }
}
```

编写注入 InGraphDB 镜像中的 Shell 脚本 Run.sh：

```
#!/bin/bash
hostname=`hostname`
for line in `cat /etc/hosts`; do
  if [ ${line} == ${hostname}.ingraphdb-peer-svc.default.svc.cluster.local ];
    then
```

```
        break
    fi
    ipAddress=${line}
done

export INGRAPHDB_causal__clustering_initial__discovery__members=${1}
export INGRAPHDB_causal__clustering_discovery__advertised__address=
${ipAddress}:5000
export INGRAPHDB_causal__clustering_transaction__advertised__address=
${ipAddress}:6000
export INGRAPHDB_causal__clustering_raft__advertised__address=
${ipAddress}:7000
export INGRAPHDB_dbms_connectors_default__advertised__address=${ipAddress}

echo `date` "[INFO] - \"run.sh\" completed."
cd /var/lib/ingraphdb
/Docker-entrypoint.sh ${2}
```

在构建完新的 InGraphDB 镜像后，就可以着手搭建 InGraphDB 集群了。由于新的 InGraphDB 集群已经为用户设置了大多数环境变量，因此只需在 YAML 文件中设置少量环境变量即可让集群正常启动。

创建一个 Headless Service 对象（不定义 ClusterIP），该对象能够帮助 InGraphDB 集群发现节点的 IP 地址。编写 InGraphDB Peer 的 Service 的 YAML 配置文件：

```
ingraphdb-peer-svc.yaml:
#Headless service that allows us to get the IP addresses of our KVStore nodes
apiVersion: v1
kind: Service
metadata:
  labels:
    name: ingraphdb-peer-svc
  name: ingraphdb-peer-svc
spec:
  clusterIP: None
  ports:
    - port: 7474
      name: ingraphdb-port-1
    - port: 7473
      name: ingraphdb-port-2
    - port: 7687
      name: ingraphdb-port-3
    - port: 5000
      name: ingraphdb-port-4
    - port: 6000
      name: ingraphdb-port-5
    - port: 7000
```

```
      name: ingraphdb-port-6
  selector:
    app: ingraphdb
```

编写 InGraphDB 的 StatefulSet 的 YAML 配置文件(与 RC 等的主要区别是挂载卷的声明)：

```
ingraphdb-statefulset.yaml:
apiVersion: apps/v1beta1
kind: StatefulSet
metadata:
  labels:
    name: ingraphdb-ss
  name: ingraphdb-ss
spec:
  serviceName: ingraphdb-peer-svc
  replicas: 3
  template:
    metadata:
      labels:
        name: ingraphdb-init-cs
        app: ingraphdb
    spec:
      containers:
        - name: ingraphdb
          image: 172.19.0.131:5000/ingraphdb:enterprise
          imagePullPolicy: IfNotPresent
          ports:
            - containerPort: 7474
            - containerPort: 7473
            - containerPort: 7687
            - containerPort: 5000
            - containerPort: 6000
            - containerPort: 7000
          env:
            - name: PRESENT_NAME
              value: ingraphdb-ss
            - name: PEER_DISCOVERY_SERVICE      //Headless Service 对象的名字
              value: ingraphdb-peer-svc
            - name: INGRAPHDB_dbms_mode
              value: "CORE"
            - name: INGRAPHDB_causal__clustering_expected__core__cluster__size
              value: "3"
            - name: INGRAPHDB_ACCEPT_LICENSE_AGREEMENT
              value: "yes"
          volumeMounts:
```

```
            - mountPath: /var/lib/ingraphdb/data
              name: ingraphdb-pvc
  volumeClaimTemplates:
    - metadata:
        name: ingraphdb-pvc
        annotations:
          volume.beta.kubernetes.io/storage-class: "gluster-presentation"
      spec:
        accessModes: ["ReadWriteOnce"]
        resources:
          requests:
            storage: 10Gi
```

编写 InGraphDB 的 Service 的 YAML 配置文件：

```
ingraphdb-svc.yaml:
kind: Service
apiVersion: v1
metadata:
  name: ingraphdb-svc
  labels:
  type: core-server
spec:
  selector:
  app: ingraphdb
  type: NodePort
  ports:
  - name: http
    port: 7474
    nodePort: 32474
    targetPort: 7474
  - name: http-1
    port: 7473
    nodePort: 32473
    targetPort: 7473
  - name: http-2
    port: 7687
    nodePort: 32687
    targetPort: 7687
```

至此，InGraphDB 的集成已经完成，可以在 Kubernetes 集群中执行相应的 kubectl create -f ×××.yaml 命令启动组件，可使用命令 kubectl scale statefulset ingraphdb-ss --replicas=×××扩增 InGraphDB 集群的规模。

15.4.6　非结构化数据库管理引擎的集成

非结构化数据库管理引擎 UnStructFS 组件集成架构如图 15.11 所示。

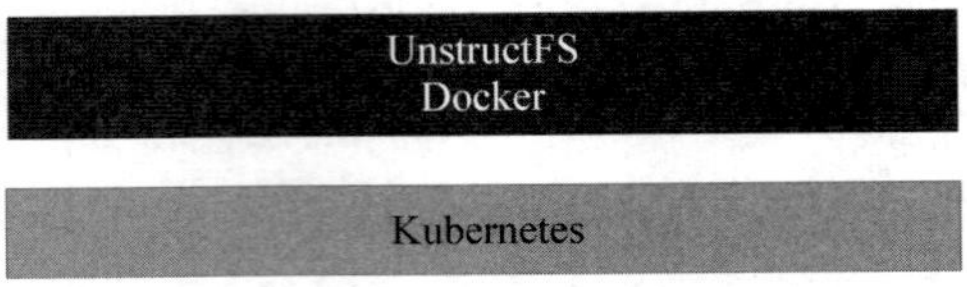

图 15.11 UnStructFS组件集成架构

制作 UnStructFS 数据库的 Docker 镜像,利用资源管理引擎的容器编排平台 Kubernetes 对 Docker 的良好支持,部署 UnStructFS Docker 容器到集群中。在 Kubernetes 中以长期服务的方式运行 UnStructFS,将 Docker 容器中 UnStructFS 提供服务的端口映射到本机的一个端口上,外部通过连接"IP+端口"的办法连接到 UnStructFS。

编写 Kubernetes 中 UnStructFS 的 YAML 配置文件,可以指定 UnStructFS Docker 的 CPU 和内存资源量、端口映射、存储卷、实例数、位置约束等参数,使用配置请求的资源启动 UnStructFS 镜像实例。数据库的数据持久化在底层共享存储空间 GlusterFS 上实现。

下面介绍其具体实现。

首先制作 UnStructFS 的 Docker 镜像。将制作的 UnStructFS 的 Docker 镜像上传到集群私有仓库,并开源到公有仓库 Docker Hub。使用时本地若无该镜像,可以从仓库中下载。

编写 UnStructFS 的 Pod 的 YAML 配置文件:

```
usfs.yaml
apiVersion: v1
kind: Pod
metadata:
  name: unstructfs
  labels:
    name: UnStructFS-app
spec:
  volumes:
    - name: usfs-data-pvc
      persistentVolumeClaim:
        claimName: pvc-usfs-data
    - name: usfs-name-pvc
      persistentVolumeClaim:
        claimName: pvc-usfs-name
    - name: usfs-es-data-pvc
      persistentVolumeClaim:
        claimName: es-data-1
    - name: usfs-hash
      persistentVolumeClaim:
        claimName: pvc-usfs-hash
  containers:
    - name: nosqldb
      image: 172.19.0.131:5000/usfs-run:v2
imagePullPolicy: IfNotPresent
```

```
      resources:
        limits:
          cpu: 500m
          memory: 16Gi
        requests:
          cpu: 200m
          memory: 1024Mi
      ports:
        - containerPort: 8889
        - containerPort: 9000
        - containerPort: 50010
        - containerPort: 9200
        - containerPort: 9300
      volumeMounts:
        - name: usfs-data-pvc
          mountPath: /tmp/hadoop_tmp/data
        - name: usfs-name-pvc
          mountPath: /tmp/hadoop_tmp/name
        - name: usfs-es-data-pvc
          mountPath: /elasticsearch-5.5.0/data
        - name: usfs-hash
          mountPath: /temp/
```

编写 UnStructFS 的 Service 的 YAML 配置文件：

```
usfs-svc.yaml
kind: Service
apiVersion: v1
metadata:
  name: usfs-svc
  labels:
  type: UnStructFS-real
spec:
  type: NodePort
  selector:
  name: UnStructFS-app
  ports:
  - name: http
    port: 8889
    nodePort: 30868
  - name: http-1
    port: 9000
    nodePort: 30900
  - name: http-2
    port: 50010
    nodePort: 30668
```

```
  - name: http-3
    port: 9300
    nodePort: 30930
  - name: http-4
    port: 9200
    nodePort: 30920
```

至此，UnStructFS 的集成已经完成，可以在 Kubernetes 集群中执行相应的 kubectl create -f ×××.yaml 命令启动组件。

15.4.7 自定义调度器的实现

很多情况下用户更了解自己的应用。自定义调度机制基于容器编排平台的调度机制进行开发和丰富，实现更灵活、丰富的调度机制，合理、高效地部署和使用数据库 Docker 容器，同时使得 Pod 的调度可控，便于更好地满足业务对资源的需求。

1. Multi-scheduler

本工具允许用户自己开发调度器，并在创建资源的时候引用它。多个调度器可以同时运行和工作，只要调度器名称不冲突即可。

调度器首先监听 API 服务器，获取没有被调度的 Pod 和全部节点列表，而后根据一定的算法和策略从节点中选择一个作为调度结果，最后向 API 服务器中写入绑定(binding)。

使用某个调度器就是在 Pod 的 spec.schedulerName 字段中填写调度器的名字。在该字段不指定调度器的情况下，每个新的 Pod 会被默认的调度器调度。如果该字段指定了自定义调度器，默认的调度器会忽略该 Pod，允许自定义的调度器将其调度到节点上。自定义的调度器也只能调度 spec.schedulerName 字段是其名字的 Pod。若在不部署自定义的调度器的情况下创建该 Pod，默认的调度器又会忽略它，它将保持处于挂起状态。

自定义的调度器可以用任何语言定义实现。下例是一个在 Shell 中编写的简单调度器：

```
#!/bin/bash
SERVER='172.19.0.134:6443'
while true;do
for PODNAME in $(kubectl get Pods -o json | jq '.items[] | select(.spec.schedulerName == "aranna-scheduler") | select(.spec.nodeName == null) | .metadata.name' | tr -d '"');do
NODES=($(kubectl get nodes -o json | jq '.items[].metadata.name' | tr -d '"'))
NUMNODES=${#NODES[@]}
CHOSEN=${NODES[$[ $RANDOM % $NUMNODES ]]}
curl -k --header "Content-Type:application/json" --request POST --data '{
"apiVersion":"v1", "kind": "Binding", "metadata": {"name": "'$PODNAME'"},
"target":{"apiVersion": "v1", "kind" : "Node", "name": "'$CHOSEN'"}}' https://$SERVER/api/v1/namespaces/default/Pods/$PODNAME/binding/
echo "Assigned $PODNAME to $CHOSEN"
done
sleep 10
done
```

2. Poseidon 调度器

Firmament[14]是剑桥大学提出的一种调度算法，是一个集中式调度器，它把调度问题表示成图上的一个最小费用最大流(Minimum Cost Maximum Flow，MCMF)优化问题，并不断重调度整个工作负载。通过使用多个 MCMF 算法，增量式解决问题以及通过对特定问题的优化实现低延迟。

Firmament 保持和当前的集中式调度器一样高的放置质量。如 Quincy[15]，通常情况下为所有工作负载实现亚秒级的放置延迟，且可以适应要求苛刻的情况，即便集群超分或新工作大量到来，其扩展性依然良好。它的核心观点是：如果它们很好地匹配问题结构，且算法运行时集群状态的改变很少，那么调度问题的集中式复杂算法就可以执行得很快。

Poseidon 项目实现了 Firmament 算法在 Kubernetes 集群中的集成。本工具在资源规划调度模块中集成了 Poseidon。用户只需在 Pod 的 spec.schedulerName 字段指定 Poseidon，便可使用该调度器。

下载 firmament-deployment.yaml、poseidon-deployment.yaml、heapster-poseidon.yaml 这 3 个文件，并按顺序创建相应的 Pod。

执行以下命令：

```
kubectl edit clusterrolebinding system:kube-scheduler
```

在后面添加

```
- kind: ServiceAccount
  name: poseidon
  namespace: kube-system
```

执行以下命令：

```
kubectl edit clusterrole system:kube-scheduler
```

在 resourceNames 下删除原有的 kube-scheduler，添加 Poseidon 调度器名称，格式如下：

```
resourceNames:
  - poseidon
```

3. CustomScheduler

本工具在资源规划调度模块中开发了 CustomScheduler[16]。它可以集成多种自定义调度算法，每个算法在 CustomScheduler 内独立运行，各相当于一个调度器，执行相应的调度任务。用户可以根据自身需求和不同应用场景自主选择和配置所需的调度算法，也可以通过接口自行编写算法。

CustomScheduler 的调度流程如下：

(1) 编写 CustomScheduler 应用的 config.properties 配置文件，指定 kube-apiserver 和 Heapster(收集资源信息)的地址、CustomScheduler 中要运行的调度算法集合。

(2) 启动 CustomScheduler。应用程序读取 config.properties 配置文件，针对配置的每个调度算法，启动相应的调度器(线程)。

(3) 客户端通过 API 服务器的 RESTful API、kubectl、helm 创建 Pod、Service、Deployment、Job 等对象,支持的类型主要为 JSON、YAML、tgz。

(4) API 服务器接收到用户请求,存储相关数据到 Etcd。

(5) 每个调度器(线程)通过 API 服务器获取自己的待调度 Pod 列表。等待调度的 Pod 包含通过 API 服务器创建的 Pod,也包含 Controller Manager 为补足副本数而创建的 Pod。当检查到有新的 Pending(挂起)状态的 Pod 出现时,就将其加入 spec.schedulerName 指定的调度器(线程)的待调度队列 PodQueue 中。

(6) 每个调度器(线程)按照一定策略对 PodQueue 中的 Pod 进行排序,然后依次取出 Pod 进行调度。调度过程分别使用各自的调度算法,调度算法会返回一个当前 Pod 最适合运行的节点。

(7) 调度器(线程)执行 assume 方法。该方法在 Pod 调度到节点之前,就以该 Pod 运行在目标节点上为场景,更新调度器(线程)缓存中的 Pod 状态(scheduled)和节点信息,从而让 Pod 在真正调度到节点上时,调度器(线程)也可以同时进行后续其他 Pod 的调度工作。

(8) 调度器(线程)执行 bind 方法,将 Pod 和目标节点进行绑定。该方法创建一个绑定资源,API 服务器检查到该资源时,会主动更新 Pod 的 nodeName 字段,将绑定信息写入 Etcd。

(9) 目标节点的 Kubelet 通过 API 服务器监听到调度器触发的 Pod 和目标节点的绑定事件。当发现自己所在的节点被绑定了,Kubelet 就会开始在本节点拉取镜像并创建容器。

用户可以通过 config.properties 配置文件指定 CustomScheduler 中要运行的调度算法集合。用户可以通过实现调度算法接口可插拔功能来接入自己的调度算法,以丰富 CustomScheduler 可用算法集合。CustomScheduler 为自定义调度算法的实现提供了丰富的工具类和 DAO 类,用户使用相关类可以方便地进行获取 kube-apiserver、heapster 各项资源信息等操作。自定义调度算法传入待调度 Pod 的信息等,只需返回 Pod 要被调度到的节点名称即可。

用户在进行 Pod 定义时,只需指定 spec.schedulerName 为需要使用的调度算法名,启动 Pod 后,该 Pod 便会被 CustomScheduler 内相应的调度器(线程)捕获,加入其 PodQueue,相应调度算法会返回该 Pod 最适合运行的节点名称,调度器(线程)会执行写缓存、发送绑定等操作,将 Pod 调度到该节点。

4. Pod 精准调度

本工具使用的 Kubernetes 容器编排平台里,除了 kube-scheduler 中的一系列预选和优选算法以外,从 Pod 的精准调度角度来看,调度策略有如下 8 个:

(1) Deployment/RC:全自动调度。该策略的主要功能之一就是自动部署一个容器应用的多份副本,以及持续监控,自动保持集群内有指定数量的副本。从调度策略上来说,这些 Pod 副本由系统自动完成调度,完全由 Master 的 kube-scheduler 经过一系列算法计算得出,用户无法干预调度过程和结果。

(2) NodeSelector:节点定向调度策略。在实际情况中,可能需要将 Pod 调度到指定的节点上,kube-scheduler 或用户可以通过节点的标签和 Pod 的 nodeSelector 属性相匹配来实现定向调度。

(3) NodeAffinity:节点亲和性调度策略。该调度策略是用于替换 NodeSelector 的全新调度策略。有硬限制(必须满足指定规则)和软限制(优先满足指定规则)两种亲和性表达。NodeSelector 通过节点的标签进行精确匹配,而 NodeAffinity 增加了 In、NotIn、Exists、DoesNotExist、Gt、Lt 等操作符来选择节点,调度策略更加灵活。

(4) PodAffinity: Pod 亲和与互斥调度策略。该策略让用户从另一个角度来限制 Pod 所能运行的节点:根据节点上正在运行的 Pod 的标签而不是节点的标签进行判断和调度,对节点和 Pod 两个条件进行匹配:若在具有标签 X 的 Node 上运行了一个或多个符合条件 Y 的 Pod,那么 Pod 应该拒绝在这个 Node 上运行。

(5) Taints 和 Tolerations: 污点和容忍调度策略。NodeAffinity 是 Pod 的属性,使得 Pod 能够被调度到某些节点上运行(强制要求或优先选择);Taints 则正好相反,它让节点拒绝 Pod 的运行。Taint 需要和 Toleration 配合使用,让 Pod 避开不合适的节点。在节点上设置一个或多个 Taint 后,除非 Pod 声明能够容忍这些污点,否则无法在这些节点上运行。

(6) DaemonSet: Daemon 进程集调度策略。在每个节点上调度一个 Pod。DaemonSet 用于管理在集群中每个节点上仅运行一份 Pod 的副本实例。这种方法适合一些有这种需求的应用,例如,在每个节点上运行一个 GlusterFS 存储的 Daemon 进程,或在每个节点上运行一个日志采集程序(如 Fluentd 等)。DaemonSet 的 Pod 调度策略与 RC 类似,除了使用系统内置的算法在每个节点上进行调度以外,也可以通过在 Pod 的定义中使用 NodeSelector 或 NodeAffinity 来指定满足条件的节点范围来进行调度。

(7) Job: 批处理调度策略。Kubernetes Job 资源对象支持定义并启动批处理任务。

(8) Cronjob: 定时调度策略。该类型的 Job 类似 Linux Cron 的定时任务,可以设置任务的起始触发时间、间隔触发时间等。

用户只需在编辑 Pod 的 YAML 配置文件时,在相应选项上进行设置,就可以很方便地使用这些策略。

5. Pod 优先级和抢占

优先级表明了一个 Pod 相对于其他 Pod 的重要性。高优先级的 Pod 会优先被调度。当节点没有足够的资源供 kube-scheduler 调度 Pod 而导致 Pod 处于 Pending 状态时,抢占(Preemption)逻辑会被触发,kube-scheduler 会尝试抢占(即驱逐)低优先级的 Pod,从而释放资源,使得挂起的高优先级的 Pod 得到节点资源进行部署。

给 kube-apiserver 和 kube-scheduler 添加如下参数并重启:

```
kube - apiserver - - - - - feature - gates = PodPriority = true - - runtime - config =
scheduling.k8s.io/v1alpha1=true
kube-scheduler -----feature-gates=PodPriority=true
```

定义 PriorityClass 对象,该对象是非命名空间隔离的,是全局的。PriorityClass 只会影响还未创建的 Pod;即使删除某个 PriorityClass,也不会影响已经引用它的 Pod 的优先级。

```
apiVersion: scheduling.k8s.io/v1alpha1
kind: PriorityClass
metadata:
name: high-priority
value: 1000000
globalDefault: false
```

```
description: "This priority class should be used for XYZ service Pods only."
```

在 Pod 的 spec.priorityClassName 中指定已定义的 PriorityClass 名称：

```
apiVersion: v1
kind: Pod
metadata:
name: nginx
labels:
env: test
spec:
containers:
- name: nginx
image: nginx
imagePullPolicy: IfNotPresent
priorityClassName: high-priority
```

6. 定制预选和优选策略

在启动 kube-scheduler 的时候，通过--policy-config-file 参数指定调度策略文件，用户可以根据需要重新组装 predicates 和 priorities 策略。选择不同的预选函数和优选函数，控制优选函数的权重，都会影响调度过程。

编写 Policy 文件 policy.config，定制预选和优选策略：

```
"kind" : "Policy",
"apiVersion" : "v1",
"predicates" : [
    {"name" : "PodFitsHostPorts"},
    {"name" : "PodFitsResources"},
    {"name" : "NoDiskConflict"},
    {"name" : "NoVolumeZoneConflict"},
    {"name" : "MatchNodeSelector"},
    {"name" : "HostName"}
    ],
"priorities" : [
    {"name" : "LeastRequestedPriority", "weight" : 1},
    {"name" : "BalancedResourceAllocation", "weight" : 1},
    {"name" : "ServiceSpreadingPriority", "weight" : 1},
    {"name" : "EqualPriority", "weight" : 1}
    ],
"hardPodAffinitySymmetricWeight": 10
```

重启 kube-scheduler，通过参数--policy-config-file 指定策略配置文件，kube-scheduler 运行时就可以执行自定义调度逻辑。

```
kube-scheduler xxx
    --policy-config-file=/var/lib/kube-scheduler/policy.config
```

7. 自定义预选和优选策略

上面对默认调度器中已有的预选和优选调度策略进行了组合定制。本工具也允许用户编写自己的预选和优选函数，添加功能重新编译使用，其中需要实现预选和优选函数的接口。

预选函数的接口如下：

```
// FitPredicate is a function that indicates if a Pod fits into an existing node
// The failure information is given by the error
type FitPredicate func(Pod * v1.Pod, meta interface{}, nodeInfo * schedulercache.
NodeInfo) (bool, []PredicateFailureReason, error)
```

优选函数的接口：

```
// PriorityMapFunction is a function that computes per - node results for a
given node
type PriorityMapFunction func ( Pod * v1. Pod, meta interface { }, nodeInfo *
schedulercache.NodeInfo) (schedulerapi.HostPriority, error)
```

自定义预选函数的实现步骤如下(优选函数与之类似)：

(1) 在 plugin/pkg/scheduler/algorithm/predicates/predicates.go 文件中编写预选函数，实现预选函数的接口。

(2) 将编写的自定义预选函数注册到 kube-scheduler，让 kube-scheduler 启动时知道其存在。在 plugin/pkg/scheduler/algorithmprovider/defaults/defaults.go 中的 init()函数中注册该自定义函数。

(3) 重新编译 kube-scheduler 代码，重启 kube-schedule，通过参数--policy-config-file 指定策略配置文件，把自定义预选函数写进策略配置文件，kube-schedule 运行时就可以执行自定义调度逻辑。

```
kube-scheduler xxx --policy-config-file=policy.config
```

15.4.8　资源动态伸缩机制的实现

本节从垂直伸缩、水平伸缩、单机数据引擎的垂直伸缩和分布式数据引擎的水平伸缩[17,18] 4 个方面实现系统的弹性伸缩。

1. 垂直伸缩

在 Docker 中，通过 update 命令可以手动地更新容器配置。命令格式如下：

```
docker container update [OPTIONS] CONTAINER [CONTAINER...]
```

2. 水平伸缩

系统资源水平伸缩的触发条件如下：

(1) 某容器资源利用率过高或过低，不适合进行垂直伸缩。

(2) 某数据库服务所有容器的总资源利用率大于或小于某阈值，需增加容器数或关闭资源利用率低的容器。

(3) 根据待投放任务的资源预估信息,判断接下来数据库服务需要增加还是减少资源。

(4) 服务的某些容器宕机,该服务运行的 Pod 数少于指定副本数(Replicas),需增加副本,直到满足要求为止。

当触发了水平扩展条件的时候,资源动态伸缩模块会为待调度的 Pod 从当前集群节点中选择一个最合适的节点进行调度。扩展策略可以复用资源规划调度模块的策略,都是对新 Pod 的调度。在重调度器和 HPA 的具体实现中,借助定义新 Pod 的 spec.schedulerName 选择扩展 Pod 的调度策略,完成扩展。

当触发了水平缩容条件的时候,资源动态伸缩模块会选择关闭最适合关闭的 Pod。缩容策略目前主要包括宿主机指定策略、资源利用率最低策略。

(1) 宿主机指定策略。如果用户指定在特定节点关闭组件的特定 Pod,则优先选择在相应的节点关闭相应的 Pod;否则按照其他缩容策略进行选择。

(2) 资源利用率最低策略。获取组成当前服务的每个 Pod 的资源利用率情况,其中主要包括 CPU 和内存两种资源的利用率(CPUUtilization 和 MemoryUtilization),按照如下公式计算 Pod 的 score(分数):

$$\text{score} = 1 - w_1 \times \text{CPUUtilization} + w_2 \times \text{MemoryUtilization}$$

其中 w_1 和 w_2 可进行参数配置,规定 $w_1 + w_2 = 1$,默认 $w_1 = w_2 = 0.5$。Pod 的 score 越高,代表该 Pod 资源利用率越低,此 Pod 的任务量越少,关闭此 Pod 的代价会越小,因此优先关闭该 Pod,直到剩余 Pod 数量符合用户要求为止。

通过使用 scale 命令调整 Pod 的副本数,可以实现服务的 Pod 数目的增减,达到用户指定的或扩展或缩容策略求得的副本数。命令格式如下:

```
kubectl scale statefulset kvstore --replicas=5
```

3. 单机数据引擎的垂直伸缩

Kubernetes 设计了一套丰富的 RESTful API 供用户进行操作,允许通过 Java 应用程序监控集群中某一 Pod 的状态,并提供了完整的 API 允许用户对 Pod 进行增删改查。

单机重调度功能实现流程如下:

(1) 重调度模块以 Pod 形式运行于集群中并提供服务。使用私有仓库中的重调度镜像建立的容器中包含完整的 Java 运行环境,可在该环境中编写相应的 Java 控制程序。

(2) 该程序被设计成容器启动时自动开始运行。主程序首先读取初始化配置文件,以轮询的方式监控目标数据库 Pod 的运行状态,一旦发现某一时刻数据库 Pod 的资源使用情况达到或临近其资源使用上限,就调用相应的 Pod 创建子程序。

(3) Pod 创建子程序,根据数据库 Pod 的创建模板文件动态地增大其资源使用上限,并且将新的设置转成 YAML 文件,保存到本地供以后使用。

(4) 紧接着调用 Kubernetes 的 POST 接口,以新生成的 YAML 文件,创建一个新的、增大了资源使用上限的 Pod。

(5) 待新的 Pod 处于稳定运行状态时,调用另一个子程序,将原有的 Pod 从集群中删除。

这样就实现了单机数据库 Pod 的重调度。该方案的优点在于:重调度模块以 Pod 的形式存在于集群中提供服务,与 Kubernetes 的设计思想完美融合,可以做到非侵入、可插拔;

而且自动化程度较高，无论是监控还是重调度都不需要人工干预。

整个重调度模块被设计成一个多线程的Java应用程序，应用生产者与消费者模型，利用Java内部丰富且有效的同步机制实现多线程的同步，防止出现竞争条件。整个模块的线程分为3种类型：

(1) Java主程序所在的主线程。该线程负责启动其他两类线程并在重调度器生命周期内不断扫描集群资源，一旦发现有新的符合配置文件描述的Pod资源，就立刻启动新的线程对其进行监控和重调度。

(2) 监控线程。通常每一个待重调度的Pod资源对应一个监控线程，该类线程在生产者与消费者模型中扮演生产者角色。监控线程会以一定的时间间隔扫描相应的Pod，获取其CPU使用率、内存使用率等监控信息，一旦发现某个监控指标达到或超过配置文件中给定的上限值，就会触发重调度操作，在用户定义的适当时机完成重调度操作。

(3) 操作线程。该线程在重调度器中仅拥有一个线程实例，在生产者与消费者模型中扮演消费者角色。它负责完成具体的调度任务。当没有调度任务时，操作线程会在管程中等待。一旦某个监控线程需要对Pod资源进行重调度时，就会进入管程中唤醒操作线程，并且将调度任务发布给操作线程执行。

重调度模块通过RESTful API与Kubernetes集群进行交互，通过对特定接口以特定HTTP方法访问的方式实现对集群中不同资源的增删改查。Kubernetes集群的接口信息可以通过查阅其接口文档的方式得到。此外，重调度器还可以通过调用Heapster模块的RESTful API的方式获取集群中不同资源的资源使用情况。这是重调度器实现其设计功能的现实基础。

重调度器通过配置文件读入初始化配置。用户可以在配置文件中设置待监控Pod资源的名称正则表达式、重调度操作的触发条件和监控线程扫描时间间隔等参数。所有的配置都以XML文件的形式保存在重调度器根目录下的配置文件中，该配置文件被命名为config.xml。

当用户启动重调度器时，运行在主线程中的主程序将首先读入config.xml文件，以SAX形式解析文件。除获取所有待监控的Pod资源信息外，还将获取Kubernetes API服务器和Heapster的IP地址、端口号和服务协议等信息。主程序利用这些信息首先获取Kubernetes集群中的Pod资源列表，遍历列表中每一个Pod资源名称，并与配置文件中给出的待监控的Pod名称正则表达式逐一匹配。

一旦匹配成功，则启动一个监控线程，并且将配置文件中该Pod的相关配置信息传入线程中以供参考。主程序扫描完一次集群后并不立刻结束，而是会以一定的时间间隔继续扫描集群中的Pod列表，一旦检测到有新的符合条件的Pod资源产生，主程序会立刻创建新的监控线程对其进行监控。

监控线程在构造函数中会根据主程序传入的Pod信息对监控线程内部的属性和字段进行初始化配置，随后就会开启对Pod资源的监控。由于集群的运行环境和其他不可控因素，监控线程以小概率出现无法获取Pod监控信息的情况，因此在监控线程中要对这种情况加以处理。

具体而言，监控线程首先会初始化Kubernetes API服务器和Heapster的数据访问对象，这两个对象中封装了对API服务器和Heapster模块访问的方法。随后监控线程会进入一个while死循环，在死循环中会维护一个wrongNum变量。监控线程在死循环中会首先获取集群中目标 Pod 资源的详细信息，包括其 CPU 和内存的使用上限。如果成功获取相关信息，则将 API 返回的字符型数据转化为浮点型并与 Heapster 模块返回的数据统一单位，分别以 cpuLimit 和 memLimit 变量存储在内存中。随后会调用 Heapster 模块的相应 API 获取 Pod 资源的实时资源使用率，至此，监控线程的数据获取阶段便宣告结束。上述步骤的任何一步若出现无法获取数据的情况，都会触发对 wrongNum 变量加一的操作，同时利用 continue 语句在本次循环中再等待 5s 后重新尝试获取监控信息。若下次成功获取所有必要信息，则重置 wrongNum 变量为 0，若 wrongNum 被累加至 10 仍然不能获取到必要的监控信息则认定该 Pod 资源目前无法重调度，监控线程会抛出运行时异常记录在日志中并终结掉自己。

通常情况下，每次循环都能获取所有需要的监控信息。监控线程一旦发现 Pod 资源的使用率达到或超过配置文件中给定的比例，则会进入重调度任务发布阶段。监控线程会首先初始化一个 Task 对象，该对象中除了封装重调度任务所需要的必要信息外，还传入了对 OperateHandler 接口的实现实例。由于操作线程在功能上只负责为 Kubernetes 资源操作（增删改）本身提供运行环境，并不负责具体的业务操作，因此业务操作的具体实现就要由相应的需求提出者来完成。在重调度器中该操作反映为对 Pod 资源的重调度操作。

重调度器实现了 OperateHandler 接口的 operate 方法，该方法有两个参数：操作任务 Task 和调用线程的实例引用 Thread。重调度器在 operate 方法的实现中首先取出 Task 中封装的相关必要信息，例如目标 Pod 资源名称、重调度资源扩增系数等参数，随后调用 API 服务器的相关接口获取目标 Pod 的详细信息，并以此为模板，同时根据 CPU 和内存扩增系数更新 cpuLimit 和 memLimit 指标创建新 Pod 资源的 JSON 文件，最后删除旧的 Pod 资源，创建新的 Pod 资源。当操作线程调用 OperateHandler 接口的 operate 方法后，随即唤醒在管程中睡眠的监控线程，继续监控相应的新 Pod 资源；操作线程自身则重新在管程中睡眠，等待新的任务到来。

在线程的同步问题上，重调度器采用 Java 自带的线程同步机制，例如互斥锁、同步方法等技术，对线程进行同步。为了防止多个达到重调度条件的监控线程并发地向操作线程发布重调度任务，进而引起竞争，所有的调度任务发布和执行都通过 OperateObject 对象来完成。该对象拥有两个基本方法：set 方法，用于监控线程向操作线程发布调度任务；get 方法，用于操作线程执行调度任务。这两个方法都要用 synchronized 关键字修饰成同步方法，即不允许多个线程并发调用同一个方法。

当监控线程需要发布调度任务时，就会在 synchronized 代码块中调用 OperateObject 对象的 set 方法。由于所有监控线程引用的是同一个 OperateObject 对象实例，因此，如果此时有其他监控线程正在调用 OperateObject 对象的 set 方法，当前线程就不能成功地进入 synchronized 代码块中，从而避免了多个线程并发地访问 OperateObject 对象。OperateObject 对象中的同步方法进一步保证了该方法调用的同步性，进一步降低了产生竞争条件的概率。

4. 分布式数据引擎的水平伸缩

HPA 流程如下：

(1) 创建 HPA 资源，设定目标 CPU 使用率限额以及最大/最小实例数。

(2) 收集一组 PodSelector 中每个 Pod 最近 1min 内的 CPU 使用率，并计算平均值。

(3) 读取 HPA 中设定的 CPU 使用限额。

(4) 用平均值之和除以限额，求出目标调整的实例数。

(5) 目标调整的实例数不能超过(1)中设定的最大/最小实例数。如果没有超过，则伸缩至目标调整实例数；如果超过，则伸缩至最大/最小实例数。

(6) 回到(2)，不断循环。

本工具的分布式数据库组件采用 StatefulSet 对象实现，需要实现 StatefulSet 的可插拔 HPA 功能，动态监控分布式数据库的运行情况，一旦发现数据库 Pod 达到重调度触发条件，便自动地对数据库 Pod 进行资源伸缩更新。

HPA 和重调度器都是作为动态伸缩模块的子模块集成到动态伸缩程序中的，因此 HPA 模块的基础架构和重调度器是相同的，都是沿用简单的生产者与消费者模型来构建。与重调度器不同的是，HPA 模块的服务对象是集群中的另一类有状态组件——分布式数据库 StatefulSet。针对 StatefulSet 的自动伸缩功能参考了 Kubernetes 提供的 HPA 特性。

用户首先需要在上文中所述的 config.xml 文件中配置相关的参数，如待监控的资源名称正则表达式、触发水平伸缩的资源使用率条件、最大实例数以及最小实例数等。动态伸缩模块的主程序启动时，首先会按照上文提到的加载顺序读入 config.xml 文件，在初始化重调度器后即开始对 HPA 模块的初始化。主程序会扫描集群中的 StatefulSet 资源列表，并且将列表中与 config.xml 文件中配置的资源名称正则表达式匹配的 StatefulSet 资源都加入监控列表中，最后根据监控列表启动相应的监控线程。

由于 StatefulSet 资源通常会管理多个 Pod 资源，且这些 Pod 资源的命名方式都遵循一定的规范，因此 HPA 的监控线程会通过 Heapster 模块获取某个 StatefulSet 管理的全部 Pod 的监控信息，计算这些信息的算术平均值作为监测指标。一旦某个指标达到或超过配置文件中给定的比例，监控线程就会实例化一个 Task 对象，将 OperateHandler 的实现传入 Task 对象中，再调用 synchronized 代码块中的 OperateObject 对象的 set 方法发布水平伸缩任务，等待操作线程完成。

HPA 模块对 OperateHandler 的实现体现了水平伸缩的业务特征。HPA 模块首先获取集群中目标 StatefulSet 管理的 Pod 列表，随后统计其个数。若集群中目标 StatefulSet 管理的 Pod 个数等于伸缩的目标 Pod 个数，则该方法返回，否则调用 API 服务器的相关接口增加或减少 StatefulSet 资源控制的副本数。

在线程的同步问题上，HPA 模块沿用重调度器的解决方案，即利用 Java 自带的互斥锁和同步方法机制实现线程之间的通信与同步。需要特别说明的是，重调度器各监控线程和 HPA 各监控线程之间共享同一个 OperateObject 对象的引用，因此从整个动态伸缩模块的角度来看，无论是 HPA 模块还是重调度器，它们的线程都是同步且安全的。

15.4.9 资源预估机制的实现

对时序数据管理引擎 IoTDB 进行容量规划的预估方法[19]如下。

首先，对单个内存组(storage group)进行计算。

若 v_1 较大($v_1 \geqslant vwmn$)，单个内存组所需的内存预估值为

$$50 \times \frac{t \bmod T \times v(1-w)}{M_1} \times 16mn(n+1) +$$

$$50 \times \frac{M_2}{M_1}\left(1-\frac{v_1}{16vwmn}\right) \times m(n+1) + 4M_1$$

若 v_1 较小($v_1<16vwmn$)，单个内存组所需的内存预估值为

$$50\times\frac{t \bmod T\times v(1-w)}{M_1}\times 16mn(n+1)+$$

$$50\times\left(\lfloor t/T'\rfloor\times\frac{M_2}{M_1}\left(1-\frac{v_1}{16vwmn}\right)+\frac{t \bmod T'\times 16vwn}{M_1}\right)\times m(n+1)+4M_1$$

其中，

$$T'=\frac{M_2}{16vwmn}$$

最后，执行该任务所需总内存的预估值为

单个内存组所需的内存预估值$\times s$

下面说明以上公式中的参数意义。

(1) 负载参数由用户在资源预估界面设置，如表 15.4 所示。

表 15.4 负载参数

参　　数	意　　义
s	内存组数(单位：个)
m	设备数(单位：个)
n	传感器数(单位：个)
w	数据乱序比例，取值范围为[0，1]
v	每个设备的每个传感器速度(单位：点/秒)
t	系统持续写入工作负载的运行时间(单位：秒)

(2) 调参参数如表 15.5 所示。只有这 3 个参数会影响内存占用。可在 IoTDB 的配置文件中配置调参参数。

表 15.5 调参参数

参　　数	意　　义
M_1	metatable 大小，默认值为 128MB
M_2	overflow 整理阈值，默认值为 200MB
T	文件自动关闭时间，即多久会关闭一次文件启动新的，默认值为 7200s

(3) 不可调参数如表 15.6 所示。

表 15.6 不可调参数

参　　数	数　　值
chunk metadata 大小	50B
rowgroup metadata 大小	50B
一个数据点的大小	160B

(4) 不可控参数如表 15.7 所示。

表 15.7 不可控参数

参　数	意　义
v_1	每秒可整理文件大小,与计算能力相关(单位:字节/秒)

由于 v_1 表示数据的处理速度,而 $16vwmn$ 是数据的生成速度。当 $v_1 \geqslant 16vwmn$ 时,数据处理速度大于或等于数据生成速度,系统达到稳态,内存随时间增大至最大值;而当 $v_1 < 16vwmn$ 时,数据处理速度小于数据生成速度,系统不能达到稳态,预估公式也与前面的情况不同。

当用户根据该预估结果在组件的资源规划阶段进行初始资源量规划时,也要考虑 Pod 中数据库本身运行的资源需求等。

15.5 性能与优势

资源规划和调度工具为用户提供了全方位、多角度的交互界面,以方便用户查看集群资源使用和作业运行状态,添加和删除组件,进行资源规划调度和动态伸缩策略配置,预估投放和提交作业,等等。下面通过图直观地展示本工具的效果与特色,对工具各个模块进行介绍。

集群状态信息界面有 3 个子界面。

图 15.12 为"CLUSTER 与 NODE 信息"界面。

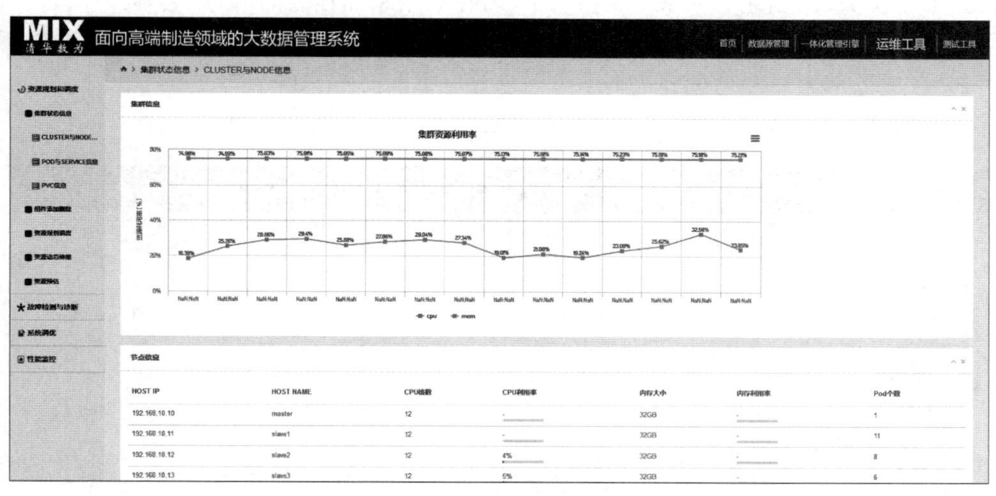

图 15.12 "CLUSTER 与 NODE 信息"界面

"CLUSTER 与 NODE 信息"界面的使用方法如下:

(1) 通过"集群信息"折线图查看集群资源使用情况,包括 CPU 利用率和内存利用率。通过这些信息用户可以整体把握集群资源使用情况。

(2) 通过"节点信息"表查看集群中单个节点的资源信息,包括节点 IP 地址、节点名称、CPU 核数及利用率、内存大小及利用率以及节点上的 Pod 个数。通过这些信息用户可以把握节点层面的详细资源使用情况。

图 15.13 为“POD 与 SERVICE 信息”界面。

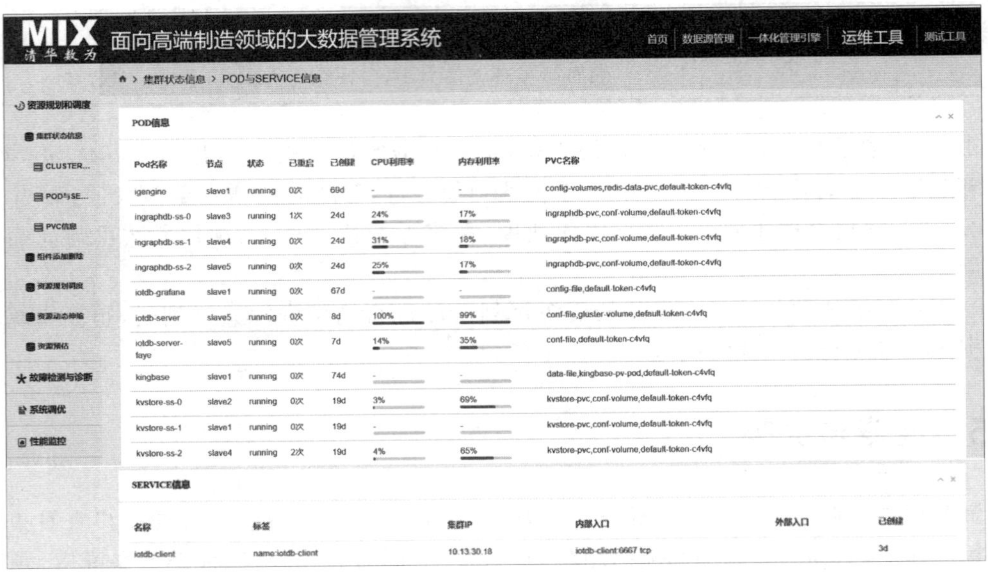

POD信息

Pod名称	节点	状态	已重启	已创建	CPU利用率	内存利用率	PVC名称
igengine	slave1	running	0次	69d	-	-	config-volumes,redis-data-pvc,default-token-c4vfq
ingraphdb-ss-0	slave3	running	1次	24d	24%	17%	ingraphdb-pvc,conf-volume,default-token-c4vfq
ingraphdb-ss-1	slave4	running	0次	24d	31%	18%	ingraphdb-pvc,conf-volume,default-token-c4vfq
ingraphdb-ss-2	slave5	running	0次	24d	25%	17%	ingraphdb-pvc,conf-volume,default-token-c4vfq
iotdb-grafana	slave1	running	0次	67d	-	-	config-file,default-token-c4vfq
iotdb-server	slave5	running	0次	8d	100%	99%	conf-file,gluster-volume,default-token-c4vfq
iotdb-server-faye	slave5	running	0次	7d	14%	35%	conf-file,default-token-c4vfq
kingbase	slave1	running	0次	74d	-	-	data-file,kingbase-pv-pod,default-token-c4vfq
kvstore-ss-0	slave2	running	0次	19d	3%	69%	kvstore-pvc,conf-volume,default-token-c4vfq
kvstore-ss-1	slave1	running	0次	19d	-	-	kvstore-pvc,conf-volume,default-token-c4vfq
kvstore-ss-2	slave4	running	2次	19d	4%	65%	kvstore-pvc,conf-volume,default-token-c4vfq

SERVICE信息

名称	标签	集群IP	内部入口	外部入口	已创建
iotdb-client	name:iotdb-client	10.13.30.18	iotdb-client:6667 tcp		3d

图 15.13　“POD 与 SERVICE 信息”界面

“POD 与 SERVICE 信息”界面的使用方法如下：

(1) 通过“POD 信息”表查看集群中 POD 的详细信息，包括 Pod 名称、Pod 所在节点、运行状态、重启次数、已创建时间、CPU 利用率、内存利用率和挂载的 PVC 名称。

(2) 通过“SERVICE 信息”表查看集群中服务的信息，包括服务名称、标签、集群 IP 地址、内部入口、外部入口和已创建时间。

图 15.14 为“PVC 信息”界面。

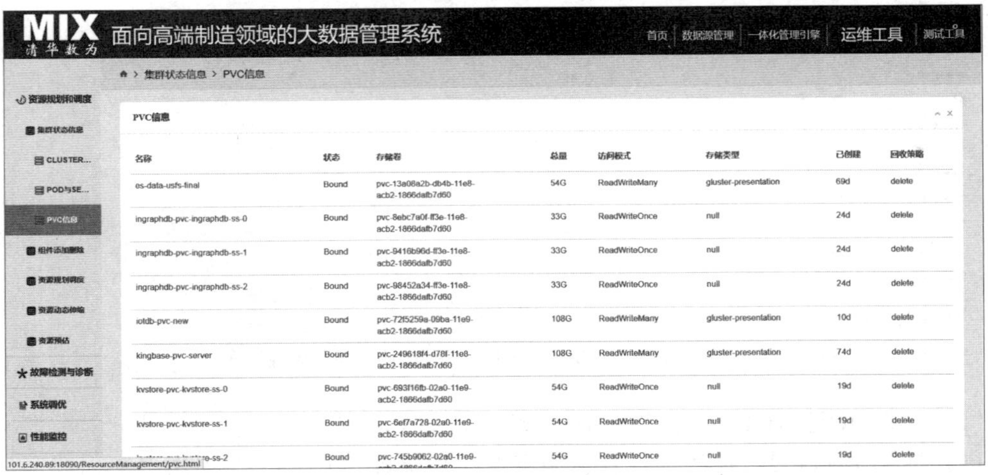

PVC信息

名称	状态	存储卷	总量	访问模式	存储类型	已创建	回收策略
es-data-usfs-final	Bound	pvc-13a08a2b-db4b-11e8-acb2-1866dafb7d60	54G	ReadWriteMany	gluster-presentation	69d	delete
ingraphdb-pvc-ingraphdb-ss-0	Bound	pvc-8ebc7a0f-ff3e-11e8-acb2-1866dafb7d60	33G	ReadWriteOnce	null	24d	delete
ingraphdb-pvc-ingraphdb-ss-1	Bound	pvc-9416b96d-ff3e-11e8-acb2-1866dafb7d60	33G	ReadWriteOnce	null	24d	delete
ingraphdb-pvc-ingraphdb-ss-2	Bound	pvc-98452a34-ff3e-11e8-acb2-1866dafb7d60	33G	ReadWriteOnce	null	24d	delete
iotdb-pvc-new	Bound	pvc-72f5259a-09ba-11e9-acb2-1866dafb7d60	108G	ReadWriteMany	gluster-presentation	10d	delete
kingbase-pvc-server	Bound	pvc-249618f4-d78f-11e8-acb2-1866dafb7d60	108G	ReadWriteMany	gluster-presentation	74d	delete
kvstore-pvc-kvstore-ss-0	Bound	pvc-693f16fb-02a0-11e9-acb2-1866dafb7d60	54G	ReadWriteOnce	null	19d	delete
kvstore-pvc-kvstore-ss-1	Bound	pvc-6ef7a728-02a0-11e9-acb2-1866dafb7d60	54G	ReadWriteOnce	null	19d	delete
[illegible]e-ss-2	Bound	pvc-745b9062-02a0-11e9-[illegible]	54G	ReadWriteOnce	null	19d	delete

图 15.14　“PVC 信息”界面

“PVC 信息”界面的使用方法如下：通过“PVC 信息”表查看集群中共享存储 PVC 的信

息，包括 PVC 名称、绑定状态、存储卷、总量、访问模式、存储类型、已创建时间和回收策略。

图 15.15 为“组件添加删除”界面。

图 15.15 “组件添加删除”界面

“组件添加删除”界面的使用方法如下：

(1) 选择组件类型(选择扩展架构方案可以添加 Hadoop、Spark 扩展组件，单击组件类型右侧的下拉按钮可查)。在“配置文件”文本框中会显示相应的默认 Pod 配置信息，即组件的 YAML 配置文件内容。用户若需修改某配置项，可直接在文本框内修改，然后保存配置。

(2) 在 Pod 配置中，若用户要进行资源规划或使用默认调度器外的其他调度器，可单击“调度算法”按钮，跳转至“资源规划调度”界面，进行自定义调度算法配置。配置保存完毕后，返回“组件添加删除”界面，“配置文件”文本框会更新算法配置。

(3) 单击 “组件启动”和“组件删除”按钮可以启动和删除选定组件。

(4) 组件启动后，可以查看其 Pod 信息，包括 Pod 名称、Pod 所在节点、运行状态、重启次数、已创建时间、CPU 利用率、内存利用率、挂载的 PVC 名称。组件被删除后，其 Pod 信息也会从“POD 信息反馈”表中消失。

图 15.16 为“资源规划调度”界面。

“资源规划调度”界面的使用方法如下：

(1) 系统为选定组件提供了 CPU、MEM、PVC 的资源规划值，包含 Limits 和 Requests 配额，用户也可自行配置合适的资源值。手动输入值不可越界，输入值超过上限则置为上限值，小于 0 则置为 0。也可以单击数值输入框的加减号或小箭头进行调整。

(2) 用户可单击调度算法右侧的下拉按钮，在选项中选择自定义调度算法，每个算法有相关介绍。被选中的算法会以键值对形式由系统自动添加至 Pod 的 YAML 配置文件。单击“保存配置”按钮后，再单击“返回启动页面”按钮，即可返回“组件添加删除”界面。

(3) 用户可单击“POD 精准调度”列表中的复选框，被选中的项会以键值对形式由系统自动添加至 Pod 的 YAML 配置文件，用户需填写该键值对的值。单击“保存配置”按钮后，再单击“返回启动页面”按钮，即可返回“组件添加删除”界面。

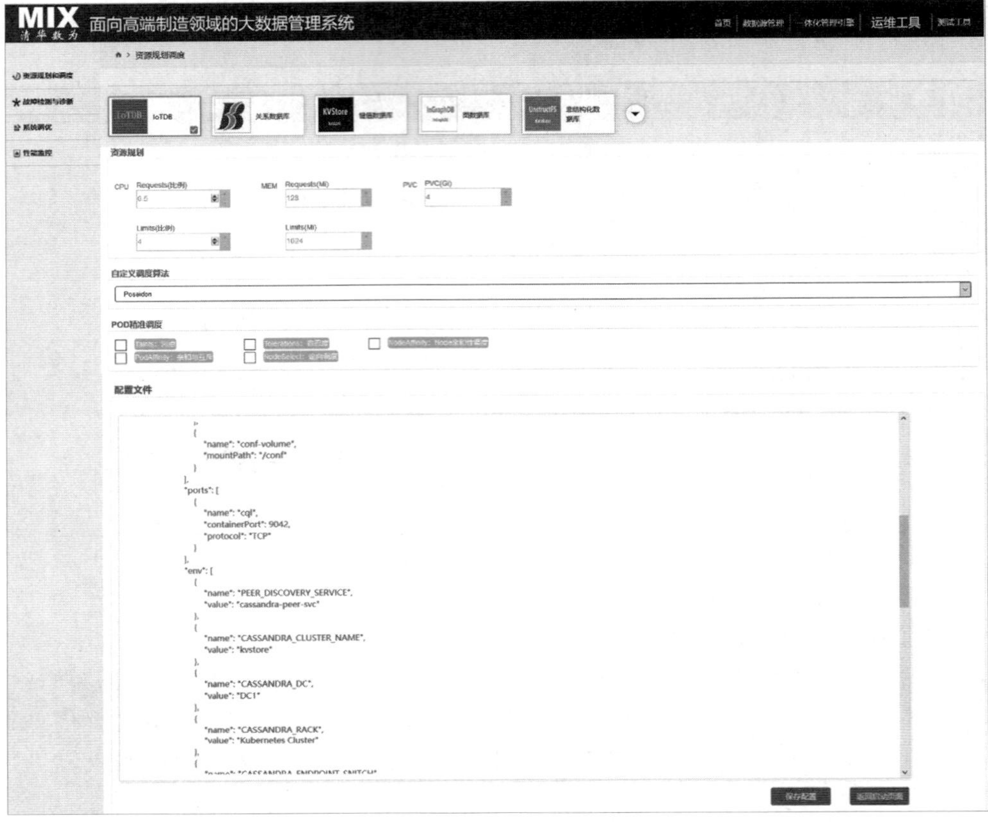

图 15.16 “资源规划调度”界面

图 15.17 为“资源动态伸缩”界面。

“资源动态伸缩”界面的使用方法如下：

(1) 单击组件下拉按钮，在弹出的组件列表中选择要管理的组件类型。在“资源监控”表中查看被选组件的所有 Pod 信息：Pod 名称、CPU 核数及利用率、内存大小及利用率。

(2) 用户可通过组件的实例数目控制器手动配置实例数目。为防止用户误操作，每次更改实例数目时，都会弹出对话框，让用户确认是否执行操作。

(3) 用户可以对被选中的单机组件进行重调度的动态伸缩配置。

(4) 用户可以对被选的分布式组件进行 HPA 的动态伸缩配置。

(5) 在进行重调度或 HPA 的动态伸缩配置时，“名称”和“命名空间”两个文本框中的内容默认不能更改。若要修改这两项，需单击文本框下的“自定义配置”。

(6) “触发机制”配置项用来设定重调度或 HPA 操作的触发时机。用户可通过拖动“内存触发比例”滑块和“CPU 触发比例”滑块设定触发条件，也可以通过滑块右侧的触发比例控制器设定相应的触发条件。

(7) “扩增系数”用来配置 Pod 资源重调度(HPA 功能无此选项)时 CPU 和内存上限值以何种比例扩大。用户可通过相应的扩增系数控制器来设置数值。

(8) “扫描间隔”用来设定重调度器或 HPA 以多长时间间隔监控相应 Pod 的资源使用情况。当用户设定完成所有配置后，即可单击“提交配置”按钮使配置生效。

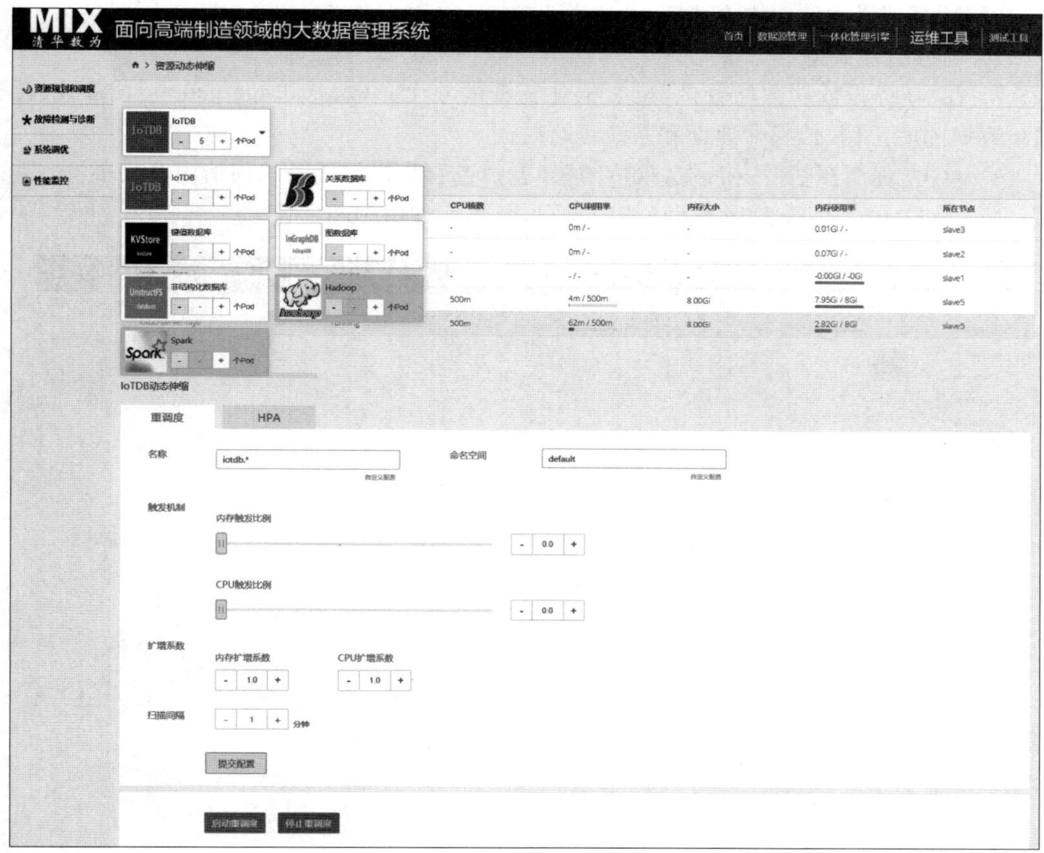

图 15.17　“资源动态伸缩”界面

(9) 单击相应的启动或停止按钮可启动或停止重调度、HPA 功能。

不同组件的资源预估任务投放形式有所不同。“资源预估”界面如图 15.18 所示。

图 15.18　“资源预估”界面

"资源预估"界面的使用方法如下：

(1) 选择组件类型。

(2) 在"任务投放参数配置区"配置描述任务的 6 个参数：storage group、设备数、传感器数、数据乱序比例、传感器速度和系统运行时间。

(3) 单击"资源预估"按钮，在"预估结果"表中查看待执行任务的预估内存大小。

进行 IoTDB 内存预估为预估功能的重点，其界面如图 15.19 所示。

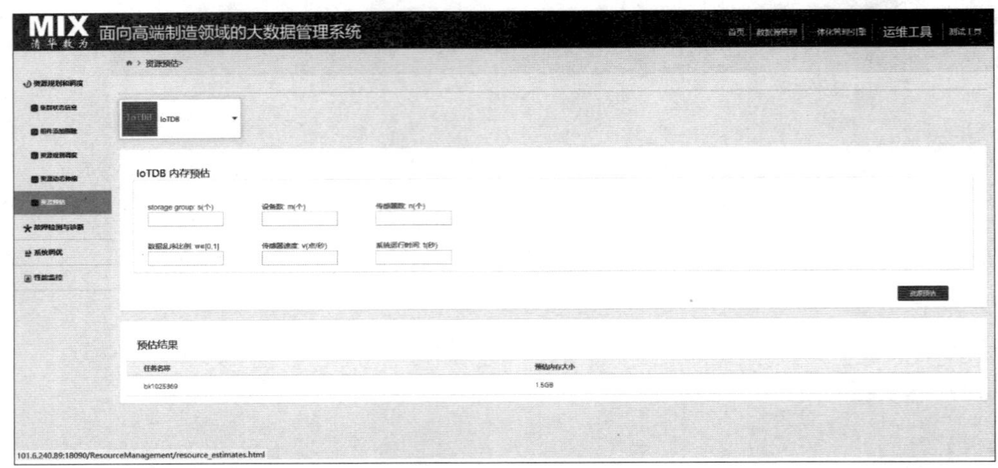

图 15.19 "IoTDB 内存预估"界面

"IoTDB 内存预估"界面的使用方法如下：

(1) 选择组件类型 IoTDB。

(2) 在"IoTDB 内存预估"配置区设置描述任务的 6 个参数：storage group、设备数、传感器数、数据乱序比例、传感器速度和系统运行时间。

(3) 单击"资源预估"按钮，在"预估结果"表中查看待执行任务的预估内存大小。

15.6 本章小结

本工具提供友好的用户操作界面，供用户执行资源管理任务，避免了命令行交互的复杂性。用户根据自己的需求，进入相应界面，按照用户手册操作界面并提交任务，将其转化为各个具体应用组件的任务，这些组件的任务正是整个集群资源的使用者。本工具采用 kubernetes 协调整个集群所有节点的物理资源，在资源管理引擎中内置多种用户可配置算法，为资源消费层中组件的任务分配合理的物理资源。在组件运行过程中，如果资源不能满足需求或者资源过剩，动态地增加或者删除组件数量，以确保资源的合理利用。本工具还采用共享存储技术，持久化用户数据，减少数据的迁移，并提供用户交互界面。

(1) 在"集群状态信息"界面中，为用户提供实时的集群资源和任务状态信息展示。用户还可以通过可视化交互界面进行配置管理。

(2) 在"组件的添加删除"界面中，实现了各种组件的一键式添加与删除，包括的组件有时序数据库组件、结构化数据库组件、键值数据库组件、图数据库组件和非结构化数据库组

件。此外，也可以扩展添加 Hadoop、Spark 大数据处理框架组件。

(3) 在"资源规划调度"界面中，实现了用户可配置的资源规划与调度策略，能获取集群中可用的物理资源，提供给上层组件合适的资源。面向高端制造领域的大数据管理系统的技术路线是为每一类数据开发独立的数据管理引擎。在这种模式下，每一种数据管理组件内部都有自己的资源管理机制，一体化资源管理工具难以进入每个组件内部进行细粒度的资源调度。为了在不同组件间高效地共享硬件资源，简化资源管理引擎的调度逻辑，使其具有尽可能高的通用性，本工具采用轻量级的容器编排调度机制，具体为：将组件容器化，合理规划其初始资源量，并采用高效的调度策略对其进行调度。在多异构系统、多任务类型混杂的工业大数据管理系统中，本工具的用户可以配置自己的资源管理机制。系统提供默认的配置算法、系统优化算法和特定工业场景下的专用算法，用户可以根据自身需求和不同应用场景自主选择配置特定的集群资源规划调度算法，也可以通过接口自行编写算法。

(4) 在"资源动态伸缩"界面中，结合集群资源使用状态、任务运行状态、新任务的资源预估信息和系统预设规则，实现组件间智能的、细粒度的、优化的动态资源伸缩。弹性伸缩是动态资源调度的重要特征，资源弹性伸缩是指组件可大可小、可增可减地利用集群资源，其主要目的是：在使用大数据管理系统时不会因资源供给不足而导致服务质量低下，也不会因资源过度供给而导致集群资源浪费和一些额外开销。资源规划调度模块默认初始采用静态调度机制。在系统运转的过程中，本工具将针对系统架构和工业大数据管理系统中各个组件的任务特点，结合任务运行时状态和新任务的资源预估信息，在当前集群资源使用状态下，通过预设的一定规则，设计可插拔的资源伸缩算法，实现组件间智能的、细粒度的动态资源伸缩机制。

(5) 在"资源预估"界面中，建立工作负载的资源使用模型，对新到来的工作负载，预估并展示其资源需求信息。根据负载特点、当前集群资源使用状态、历史知识库和工作负载的资源使用模型，预估执行该任务所需的 CPU 核数、内存大小、磁盘大小以及任务完成时间，并为用户提供可视化的资源预估信息，以帮助用户实现任务的合理投放与资源的优化调度。

本章参考文献

[1] 李杰. 工业大数据[M].北京：机械工业出版社，2015.

[2] HINDMAN B. Mesos：A platform for fine-grained resource sharing in the data center[C]. In：Proc. of the 8th USENIX Conference on Networked Systems Design and Implementation，[S. l.]：USENIX Association，2011：429-483.

[3] 李永峰，周敏奇，胡华梁. 集群资源统一管理和调度技术综述[J]. 华东师范大学学报：自然科学版，2014(5)：17-30.

[4] Sourceforge. Linux containers (LXC) overview document[EB/OL]. http://lxc.sourceforge.net/ lxc.html.

[5] MERKEL D. Docker：lightweight Linux containers for consistent development and deployment[J]. Linux Journal，2014(239)：2.

[6] 菜鸟教程. Docker 教程[EB/OL]. https://www.runoob.com/docker/docker-tutorial.html.

[7] 孙宏亮. Docker 源码分析[M]. 北京：机械工业出版社，2015.

[8] 浙江大学 SEL 实验室. Docker：容器与容器云[M].2 版. 北京：人民邮电出版社，2016.

[9] Kubernetes. https://kubernetes.io.

[10] 龚正. Kubernetes 权威指南[M].北京：电子工业出版社，2016.

[11] 徐珉. Docker 环境下容器编排工具的选择[J]. 集成电路应用，2017，34(7)：62-66.

[12] Swarm. https://docs.docker.com/swarm.

[13] Marathon. https://github.com/mesosphere/marathon.

[14] GOG I，SCHWARZKOPF M，GLEAVE A，et al. Firmament：fast，centralized cluster scheduling at scale[C]. In：Proc. of USENIX. [S.l.]：USENIX Association，2016：99-115.

[15] ISARD M，PRABHAKARAN V，CURREY J，et al. Quincy：fair scheduling for distributed computing clusters[C]. In：Proc. of IEEE International Conference on Recent Trends in Information Systems. New York：ACM，2009：261-276.

[16] 张陶然. 异构制造业大数据管理系统资源管理技术研究[D]. 西安：西北工业大学，2019.

[17] 耿培. 异构大数据管理系统一体化方案研究与实现[D]. 西安：西北工业大学，2018.

[18] 代凯. 异构大数据资源管理技术的研究与实现[D]. 西安：西北工业大学，2018.

[19] 杨航. 异构大数据管理平台的资源分配机制研究[D]. 西安：西北工业大学，2020.

数据备份与容灾工具

张小芳　曾雷杰　刘海龙

西北工业大学计算机学院

16.1　概述

随着信息技术的不断发展与进步,数据在人们的生活中也越来越重要。人们要挖掘数据中的价值,首先需要做的就是保护自己的数据免受破坏。数据遭受破坏的因素大致可以分为3种:自然灾害、设备故障、人为破坏。自然灾害一般有火灾、地震、洪水、海啸等。设备故障指的是硬件存储设备损坏,例如硬盘损坏、设备断电和网络故障等。人为破坏指的是有人恶意攻击系统,导致数据丢失。

如今,越来越多的公司开始非常认真地应对灾难。一项为期半年的调查结果显示[1]:有74%的受访者称其所在的公司已有灾难应对方案;有48%的受访者表示他们正在规划新的方案;有52%的受访者表示他们有自己的灾备中心;有29%的受访者表示他们的灾备中心是租来的,有11%的受访者将他们的灾备中心放在云上托管;有47%的受访者表示他们会每两年定期测试其灾备计划,有21%的受访者表示每年会进行演练,还有24%的受访者表示并无定期的灾备演练计划;有80%的受访者表示他们期望应用在24h内恢复;有42%的受访者表示他们不能丢失任何数据。

数据保护是企业的必要手段。为了有效地减少大范围内故障或者灾难(例如大范围停电、地震或者洪水等)带来的损失,用户需要把数据备份到足够远的地方,并且保证在适当的情况下能够恢复数据,这就必须借助远程数据容灾系统。另外,为了避免用户误操作、病毒侵害以及磁盘损坏等造成的数据丢失,需要实施连续数据保护,以便用户可以尽可能地恢复到数据丢失前的任意历史状态。基于以上原因,本章介绍一款基于本团队已有研究成果[2-23]开发的远程复制和连续数据保护(Remote Replication & Continuous Data Protection,RCDP)系统。

RCDP系统在Windows或Linux操作系统内核中嵌入远程复制以及连续数据保护机制,并且设计了完备的灾难恢复机制,从而极大地提高了计算机系统的数据容灾能力。

16.2　需求

16.2.1　术语解释

为了便于下文中的说明,首先解释RCDP系统的相关术语[15-23]。

- DV(Data Volume)：数据卷，即需要被保护的磁盘。在 RCDP 中，DV 可以有多个。
- LV(Log Volume)：临时日志卷。用于缓存来自上层应用的 I/O 请求。
- HV(History Volume)：历史卷，保存 DV 数据变化的日志及初始快照。
- RVG(Replication Volume Group)：复制卷组，由若干个 DV(至少 1 个，至多 4 个)、1 个 LV 和若干 HV(至少 1 个，至多 4 个)组成。复制时需要保持整个 RVG 范围内的数据一致性，整个系统中最多可创建 4 个 RVG。
- PRIMARY：主端，即被保护端。
- SECONDARY：从端，即备份端，保存主端的镜像。
- RLINK(Replication Link)：复制连接，每个主端的 RVG(用 PRVG 表示)和从端的 RVG(用 SRVG 表示)之间的一个连接被称为一个 RLINK。每个主端的 RVG 最多可以有 3 个 RLINK 同时存在，从端的 RVG 最多可以有 1 个 RLINK。可以用＜PRVG，SRVG＞唯一标记一个 RLINK。
- CDP(Continuous Data Protection)：连续数据保护，是一种在不影响主要数据运行的前提下，可以持续捕捉或跟踪目标数据所发生的任何改变，并且能够恢复到此前任意时间点的方法。

16.2.2 系统需求

1. 功能需求

当主端系统正常工作时，主端系统和从端系统都处于运行状态，但业务处理程序只在主端系统中进行，而数据的任何修改都会复制到从端系统，达到远程复制的目的。为了能够更好地应对各种软硬件故障或自然灾害对计算机系统的影响，保护业务系统的不间断运行，构建完整的异地容灾系统，需提出 RCDP 的灾难恢复策略。其具体功能需求如下：

(1) 完成主端和从端 RVG 的创建、修改、删除、加载、卸载、显示。

(2) 实现主端 RLINK 的创建、配置、删除、启动、停止、显示、数据卷映射。

(3) 实现从端 RLINK 的创建、配置、删除、显示。

(4) 初始选择备份(支持 EXT3 和 reiserFS 文件系统)，即 RLINK 创建好后，主端和从端首次启动时进行初始同步。

(5) 数据恢复功能，当发生各种灾难而造成主端数据的丢失、破坏时，可将从端的复制数据恢复到主端，并可以配置 CDP 保护，实现任意时刻的数据恢复。

(6) 实现主从端 CDP 的创建、删除、启动、停止、显示(历史卷大小：数据卷的 2 倍，以数据追加为主的应用)功能。

(7) CDP 可设定保存历史数据的时间，在历史数据保存期间，可按照秒级进行任何时刻点的数据恢复。

(8) 系统通过命令行来控制管理配置及复制。

2. 消息需求

消息需求如下：

(1) 当出错停止 DV 写请求时，向系统写出错日志。

(2) 当 LV、HV 磁盘空间不足时,向系统写警告日志。

(3) 当网络中断时,向系统写警告日志。

3. 性能需求

在配有 CDP 和 RCDP 的环境下,测试不同 I/O 次数时系统读写速度随着 I/O 次数变化的影响情况。

4. 强度需求

在指定的服务器配置(最低工作环境)下能够满足系统的正常工作环境。

5. 恢复性需求

软件配置项的可重启动并继续提供服务的能力;软件配置项的还原功能的还原能力。

6. 安装性需求

安装性需求如下:

(1) 编译 RCDP 内核模块和用户命令程序。

(2) 加载编译好的 RCDP 内核模块,使用 rcdp_mkctldev 脚本来加载控制设备。

(3) 创建卷、RVG 和 RLINK。

16.3 相关工作

RCDP 系统内核可以划分为以下 9 个模块:请求分发模块、用户命令处理模块、磁盘 I/O 管理模块、远程传输模块、监听模块、主从角色互换模块、远程复制灾难恢复模块、连续数据备份模块以及连续数据恢复模块,如图 16.1 所示。

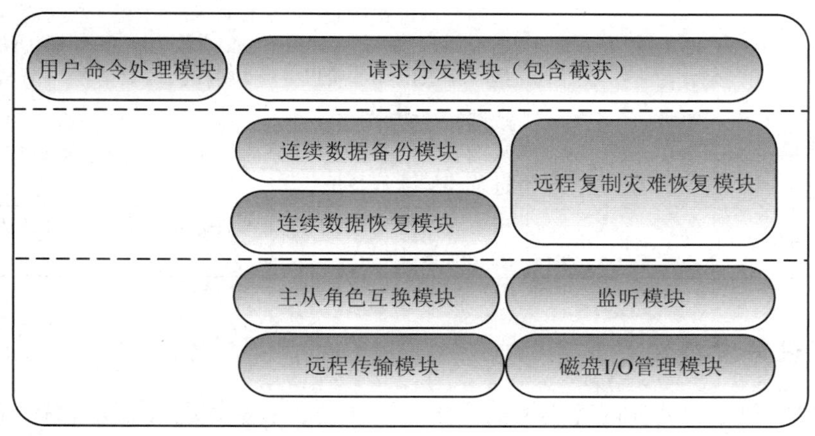

图 16.1　RCDP 系统内核结构

为了配合上述模块工作,RCDP 中配置了 6 类工作线程,如图 16.2 所示。这 6 类工作线程的具体功能如表 16.1 所示。

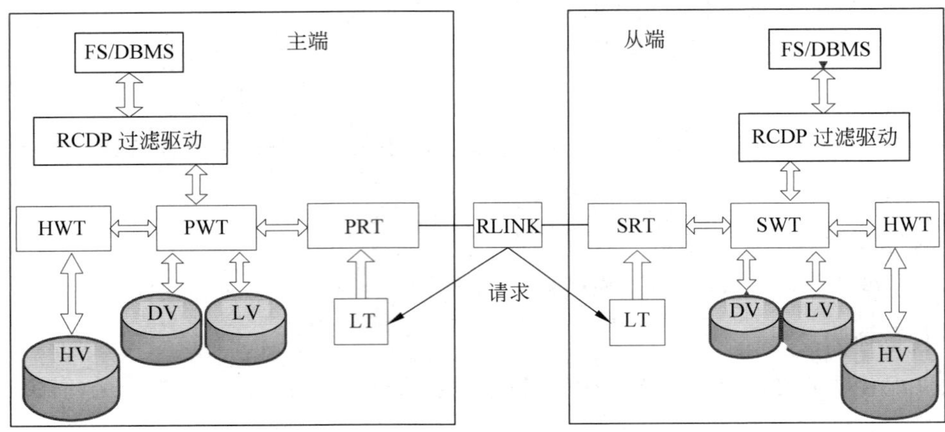

图 16.2 RCDP 系统中的工作线程

表 16.1 RCDP 系统 6 类工作线程的功能

编号	线 程 名	功 能 说 明
1	PWT (Primary Write Thread)	主端写线程,负责将变化数据写到临时日志卷和数据卷,随后通知 PRT 线程向远端发送数据。在有 CDP 的情况下,还要负责通知 HWT 线程进行连续数据备份
2	PRT (Primary RLINK Thread)	主端复制链接线程,用于传输一个主端 LV 中的数据块到对应的从端,并支持 HealthCheck 协议,每个 RLINK 拥有一个 PRT
3	LT(Listen Thread)	监听线程,一个系统只有一个 LT,为主端 RVG 和从端 RVG 共用,用于监听和接收来自对方的连接请求
4	SRT (Secondary RLINK Thread)	从端复制链接线程,用于接收来自主端的更新数据并更新从端 RVG。支持 HealthCheck 协议。由于一个从端 RVG 只支持一个 RLINK,所以一个从端 RVG 只需要一个 SRT
5	SWT (Secondary Write Thread)	从端写线程,用于从端 RVG 将接收到的来自主端的数据写进从端数据卷。在有 CDP 的情况下,还要负责通知 HWT 线程进行连续数据备份
6	HWT(HV Write Thread)	历史卷写线程,用于将写入数据卷的数据备份到历史卷(主从端均有该线程)

16.3.1 请求分发模块

请求分发模块主要处理两种类型的请求:一种是上层应用的写请求,另一种是用户对 RCDP 系统的控制请求。在对上层应用写请求的处理中,本模块会首先分析写请求是否是针对被 RCDP 系统保护的磁盘。如果不是,则直接传递给下层驱动;如果是,则进行如下处理:

(1) 判断此设备是否可写。如果不可写,则向上层返回失败;否则,继续执行。

(2) 如果此卷只是 RVG 中的卷,则判断是否是主端 RVG 且有活动的 RLINK。如果是,则进行复制;如果不是,则直接传递到下层。

(3) 如果此卷是 CDP 或者 RCDP 中的卷，则交给连续数据备份模块处理。

复制时，需要对请求进行编号，按照先后顺序将请求放入请求缓冲区内，并设置信号说明缓冲区存在数据，通知后续过程进一步处理。

16.3.2　用户命令处理模块

当用户发出对 RCDP 系统的操作请求时，系统将操作请求包截获，然后分析此请求包的主功能码，并决定对系统进行哪一种操作。具体的操作与每一个用户命令相对应。

16.3.3　磁盘 I/O 管理模块

由于在 RCDP 系统中 RVG 所充当的角色不同以及 CDP 的配置不同，磁盘 I/O 管理模块的功能由主端 I/O 处理模块和从端 I/O 处理模块组成。

1. 主端 I/O 处理模块

主端 I/O 处理模块需要针对主端 RVG 和 CDP 进行处理，其处理流程如图 16.3 所示。

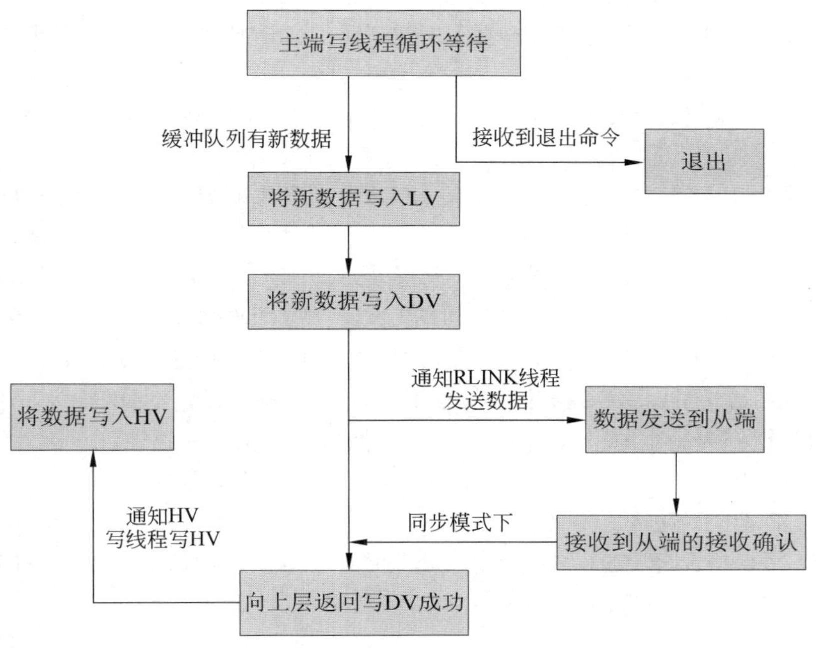

图 16.3　主端 I/O 处理模块的处理流程

其具体描述如下：

(1) 首先检查是否有用户命令。如果有退出命令，则检查是否满足退出条件，满足则继续，否则让用户等待。

(2) 如果有要求完成工作后退出的标志并且此时工作已经完成，则退出。

(3) 从请求缓冲队列中得到新的写请求。如果有新的请求，则继续执行；否则睡眠一段时间。

(4) 写 LV。先对该写请求进行检查(具体检查步骤下面有详细解释)，若能写 LV，则将写请求数据写入 LV。然后移动有关指针(LvIndex)，并执行下一步。

(5) 写 DV,完成后执行下一步。

(6) 设置信号灯,通知连续数据保护模块将数据写入 HV。

(7) 设置事件,通知远程传输模块中的 RLINK 线程可以对数据进行传输。

(8) 若 RLINK 为异步模式,则直接向用户返回成功,移动相应的指针(DV_INDEX);若 RLINK 为同步模式,则等待 RLINK 线程的反馈信息,当接收到从端接收确认时,向用户返回成功报文,移动相应的指针(DvIndex)。

(9) 继续下一次循环。

在写 LV 和 DV 时需要对写请求进行检查,因为其过程复杂,在这里进一步描述:

(1) 遍历所有当前 RVG 中的 RLINK,进行下面的操作:

- 检测当前 RLINK 是否处于 stop 状态。如果是,就检查下一个。
- 如果是初始同步过程,则判断是否溢出。如果溢出,作相应处理。
- 对异步复制模式进行处理的步骤。检测当前 RLINK 是否处于 latency protection(延迟保护)状态,若是就进行相应处理;检测当前是否有 RLINK 将要处于溢出的状态,若是就进行相应处理。
- 对同步复制模式进行处理的步骤。检测当前 RLINK 的连接是否已断开,若是就向上层返回失败报文。

(2) 对于 LV 溢出进行处理。由于在从端可以配置 CDP,因而关于 LV 溢出进行以下处理:

- 如果是由于 LV_INDEX 追上 ACK_INDEX 而产生的溢出或者它们之间的距离达到一定的阈值,则进行 DCM 保护:暂停 PRT 线程,刷新 DCM 表,重新启动 PRT 线程,开始执行 DCM 操作。刷新 DCM 表是从 ACK_INDEX 到 HV_INDEX(在没有 CDP 的情况下是 DV_INDEX)之间的数据。刷新 DCM 表后,即可以既写 LV 又写 DV,LV_INDEX 和 DV_INDEX 都在移动。而 DCM 操作发送的数据是直接从 DV 上获取的,故而当 DCM 操作完成之后,必须立即将 ACK_INDEX 和 DV_INDEX 之间的数据作为一个原子操作发送过去,才能保证数据的一致性。
- 如果是由于 LV_INDEX 追上 HV_INDEX 而产生的溢出,则等待。

(3) 检查 DV 是否完成。

本地 DV 写操作已经完成,先不向上层返回成功报文,直到所有同步的 RLINK 的接收确认全部到达,再向上层返回成功报文。

2. 从端 I/O 处理模块

本模块主要接收远程传输模块放入缓冲区中的数据报文,根据报文的类型进行不同的处理,将数据写入数据卷或日志卷。其处理流程如图 16.4 所示。

其具体描述如下:

(1) 检查缓冲区中是否有数据要确认,若没有则等待。

(2) 从缓冲区中读取数据,根据不同的数据类型进行不同的处理,若出错则退出线程。

原子操作查询报文的处理如下:

① 检查要求继续的原子操作是否就是上一次的原子操作。如果是新的原子操作,则返回需要写 LV 的报文,通知 SRT;如果是上一次的原子操作,就转到②进行处理。

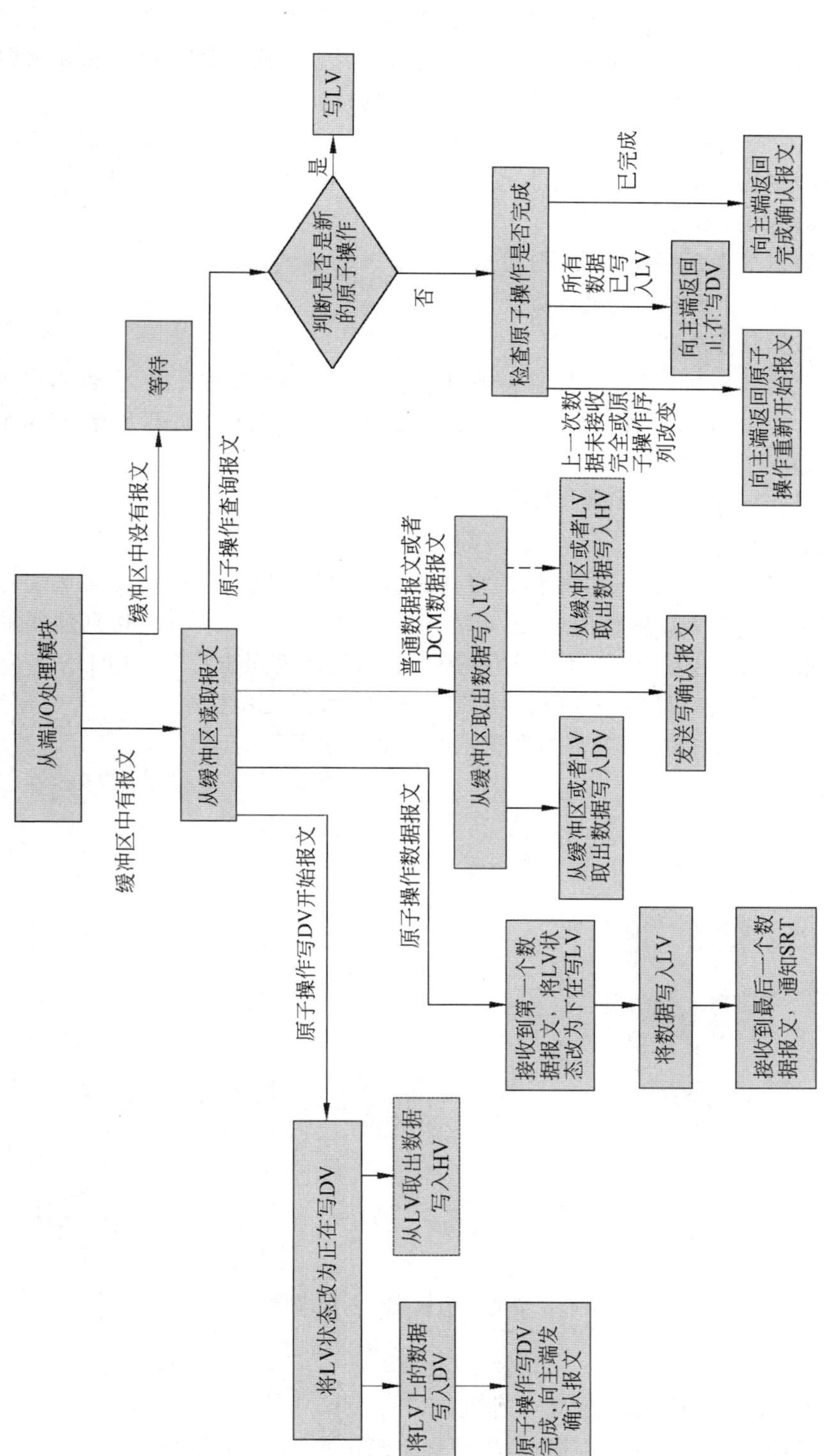

图 16.4　从端 I/O 处理模块的处理流程

② 检查上一次的原子操作是否已经完成。若已经完成，则通知 SRT 返回原子操作完成报文；若只是接收原子数据完成了并都写到日志卷上了，则返回需要写 DV 的报文，通知 SRT；若上一次原子报文连原子数据都没有接收完，或者上一次的原子报文和要求继续的原子操作不一样，则通知 SRT 返回重新开始原子操作的报文。

原子操作数据报文的处理如下：

① 如果是原子操作的第一个数据报文，则修改 LV 的状态为正在写 LV。

② 将数据写入 LV 的相应位置。

③ 如果是请求的最后一个报文，则通知 SRT。

原子操作写 DV 开始报文的处理如下：

① 修改 LV 的状态为正在写 DV。

② 将 LV 上的数据写入 DV。如果失败，则发送从端写磁盘失败报文；否则修改 LV 的状态为写 DV 完成。同时，当有 CDP 时，将 LV 上的数据写入 HV，如果失败，则向主端返回写 HV 失败报文。

③ 向主端发送原子操作写 DV 完成的报文。

普通数据报文的处理如下：

① 将数据从缓冲区中读出，直接将其写到磁盘上。若写盘失败，则返回从端写磁盘失败报文，通知 SRT；否则组织确认信息，写入缓冲区的对应位置。所有发送到从端的数据都先写入 LV，请求写 LV 成功之后，就确认从端写成功，然后再同步写 DV 和 HV。

② 如果是一个请求的最后一个报文，则通知 SRT，发送写确认报文。

DCM 数据报文的处理过程与普通数据报文的处理过程相同。

16.3.4 远程传输模块

远程传输模块的处理流程如图 16.5 所示。

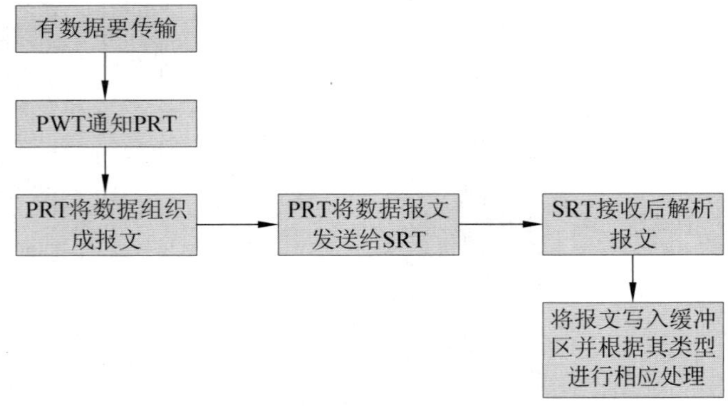

图 16.5 远程传输模块的处理流程

其具体描述如下：

(1) 如果有数据需要传输，则 PWT 通知 PRT。

(2) PRT 线程得到待发送的数据，调用报文组织函数，生成数据报文。

(3) 将数据报文发送到 SRT。

(4) SRT 接收到数据报文后，解析报文，并将数据写入 RLINK 的缓冲区。

(5) SRT 根据数据报文的类型进行不同的处理，在需要的时候通知 SWT。

1. 主端数据传输模块

主端数据传输模块按照顺序将数据发往从端，并跟踪和确认是否发送成功。有时候也需要发送一些控制报文，通知从端进行某些相应的操作，如请求建立连接、更改工作模式、网络健康状况检测等。

正常情况下主端传输处理流程如图 16.6 所示。

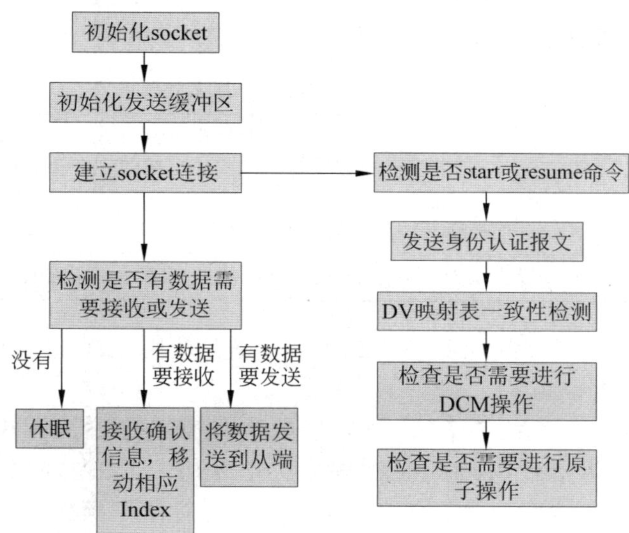

图 16.6 主端传输处理流程

其具体描述如下：

(1) 初始化 Socket。若初始化失败，则释放相关资源，退出线程。

(2) 初始化发送缓冲区。若初始化失败，则退出线程。

(3) 建立连接并初始化。

① 进行 Socket 连接。若连接失败，设置错误为网络错误，退出初始化过程。

② 检查主端是否有用户命令。如果有，则进行相应的处理(此时处理的主要是 start 和 resume 命令)。

③ 向从端 LT 发送身份认证报文，通知从端与特定的 SRVG 建立连接。身份认证报文包括的参数有 PRVG/SRVG 名称、PRVG/SRVG 的 IP 地址、复制模式以及版本信息。等待接收对方的应答报文，并按表 16.2 进行处理。

表 16.2 身份认证报文的应答报文处理

情　　况	相应的处理方式
认证成功	继续
收到认证失败或从端 LT 的其他错误报文	设置错误为身份认证错误，退出 PRT

续表

情　　况	相应的处理方式
收到认证失败报文并且返回为尝试连接到主端错误	提示用户设为伪从端，并将本 RLINK 设为 pause，退出 PRT
认证过程中网络断开	设置错误为网络错误，设置连接状态为断开，退出 PRT

④ 进行 DV 映射表的一致性检测。发送要求进行 DV 一致性检测的报文(包括 DV 映射表数据)，进行 DV 映射表的一致性检测(包括 DV 和 LV 的大小检测)，并等待从端的应答。对从端的应答报文按表 16.3 进行处理。

表 16.3　检测报文的应答报文处理

情　　况	相应的处理方式
检测成功	继续
检测失败	设置连接断开的原因为一致性检测失败，设置连接状态为断开，退出 PRT
检验的过程中网络断开	设置错误为网络错误，设置连接状态为断开，退出 PRT

⑤ 检测 LV 的状态是否为 DCM_USE 的状态，若是就执行 DCM 操作，完成后转到(6)；对其中出现的错误转到(4)。

⑥ 判断是否需要进行原子操作，如果是就执行原子操作。在执行原子操作前设置相应的状态，将确认指针(AckIndex)与发送指针(RepIndex)间的数据作为一个原子操作进行发送，发送结束后设置为正常工作状态；对原子操作过程中出现的错误转到(4)。

(4) 对初始化和接收/发送数据过程中出现的错误进行错误处理；若在数据发送过程中出现网络连接错误，则进行网络重连；若是其他错误，则退出传输线程。

(5) 如果 RLINK 已经建立，则执行下列步骤：

① 检测是否有数据要接收(异步接收)，再检测是否有数据要发送(注意顺序)。如果两者都没有，则休眠一个时间段；如果被时间段终止事件唤醒，则进行 HEALTHCHECK 检测。若连接良好，则继续休眠；若连接已经中断，则将 RLINK 置为尝试连接状态，转到(4)。如果被其他事件唤醒，则相应地执行其他操作。

② 如果有接收确认或写确认报文需要接收，则尝试接收报文。

- 若接收数据成功，分析数据报文的类型(只有接收确认和写确认两种类型)。如果是接收确认报文，就将 RepIndex 向前移一位，通知 PWT；如果是写确认报文，就将 AckIndex 向前移动一位。如果不是等待的数据则返回出错，转到(4)。
- 若接收过程中连接中断，则将 RLINK 置为尝试连接状态，转到(4)。

③ 如果有新数据要发送，则执行以下操作：

- 检查此时是否有用户命令。若有 stop 或 pause 命令，则退出线程，不再发送数据。
- 若读取数据时发生 I/O 错误，转到(4)。
- 若发送数据过程中连接中断，则将 RLINK 置为尝试连接状态，转到(4)。

④ 如果有用户命令到来，则处理用户命令。如果是 stop 或 pause 命令，则退出线程。

(6) 若进行了100次循环,则将RLINK的信息写入磁盘。

(7) 转到(4)。

2. 从端数据传输模块

SRT接收PRT发送的数据和控制信息,同时也要对PRT进行响应,如确认从端数据I/O完成、确认状态更改完成、确认连接正常等。

SRT的流程如下:

(1) 判断接收缓冲区中是否有足够的空间接收主端报文。若空间不够,则不接收主端报文,转去处理其他事件;若空间足够大,则尝试接收主端报文。如果接收到主端的报文,根据接收到的报文类型进行相应的处理,若出错则退出线程。

- 普通数据报文:如果是同步复制模式,向主端发送接收确认。将报文写入接收缓冲区,通知SWT。
- DCM数据报文:将报文写入接收缓冲区,通知SWT。
- 原子操作报文:将报文写入接收缓冲区,通知SWT。
- 健康检查的报文:组织确认报文发送到主端。
- 卷一致性的报文:按照报文的内容进行DV MAP。

(2) 如果有确认报文要发送到主端,根据要发送的报文类型进行相应的处理,出错则退出线程。

- 写确认。将缓冲区中相应位置的内容设置为无效(循环操作,直到一个请求的最后一个报文),将确认报文异步发送到主端。
- 原子操作写LV完成报文。将缓冲区中相应位置的内容设置为无效(循环操作,直到原子操作的最后一个报文),将确认报文异步发送到主端。
- 原子操作写DV完成和作用范围检查报文。将缓冲区中相应位置的内容设置为无效,将确认报文异步发送到主端。

(3) 检查传输线程是否要退出,如果是则退出SRT。

(4) 若循环重复100次,则将RLINK的信息写入磁盘。

(5) 转到(1)。

16.3.5 监听模块

当创建首个RVG或首次加载已有RVG时,将会创建LT。同一主机内的所有RVG,不论是主RVG还是从RVG,都共享一个LT。LT的功能是监听RLINK的连接请求,一旦侦听到,就将到达的连接请求转交给合适的连接实体,进行身份验证,创建相应的连接线程,然后LT继续监听。RLINK的停止和删除都不影响LT,LT退出的时机是最后一个RVG从内核卸载的时候。

LT的监听流程如下:

(1) 分配连接实体。

(2) 监听(等待)。

(3) 若有通知退出,则结束等待,LT退出。

(4) 若连接请求到达,结束等待,转下一步。

(5) 检查连接实体是否可用。若不可用,返回连接失败;否则转下一步。

(6) 取出一个连接实体,接受连接请求。

(7) 启动连接线程,转(2)。

16.3.6 主从角色互换模块

RVG 角色包括主端、伪从端、从端 3 种角色,在正常情况下,角色切换的流程如下:

(1) 伪从端(或从端)切换为主端。当要求切换为主端时,操作流程如下:

① 中断所有的 RLINK。

② 设置状态参数。

③ 与所有的从端建立连接,创建 PRT,向从端的 LT 发送身份验证报文和映射表报文,初始化并发送数据。

(2) 主端切换为伪从端。当主端要求切换为伪从端时,操作流程如下:

① 验证操作的合法性(是否有主端存在)。

② 中断所有的 RLINK。

③ 设置状态参数。

④ 启动 LT,接受主端的连接请求。

16.3.7 远程复制灾难恢复模块

当主端系统正常工作时,主端系统和从端系统都处于运行状态,但业务处理程序只在主端系统中进行,而数据的任何修改都会复制到从端系统,达到远程复制的目的。

为了能够更好地应对各种软硬件故障或自然灾害对计算机系统的影响,保护业务系统的不间断运行,构建完整的异地容灾系统,我们提出了 RCDP 的灾难恢复策略。RCDP 的灾难恢复策略分为两个部分:

(1) 灾难后迁移(Disaster-Over)。当主端系统发生灾难遭到破坏时,从端系统立即启动业务应用程序,服务迁移到从端进行,保证业务的正常运行,同时从端系统担当的角色也相应变化。

(2) 灾难后回迁(Disaster-Back)。当原主端系统可以正常工作时,则在适当时机利用新主端系统恢复原主端系统,然后将应用程序切换到主端系统,从端系统重新回到备份状态,而系统角色也相应回迁。

1. 灾难后迁移过程

灾难后迁移可分为以下 3 步:

(1) 通过第三方软件进行监控,当主端发生灾难时,立即通知从端。

(2) 在从端中找出一个和主端数据状态最接近、最相似的一个从端。

(3) 将该从 RVG 变为主 RVG,并接管原主端的服务。

2. 灾难后回迁过程

RCDP 的灾难后回迁分 4 步完成,其中(2)和(3)为关键步骤,参见图 16.7。

(1) 改变角色。将原主 RVG 变为伪从 RVG(图 16.7 中的①)。

(2) 构造 DCM 表。灾难回迁有快速恢复和完全恢复两种方式:

• 对于快速恢复,伪从 RVG 根据 LV 中记录的灾难发生前未能成功发往从 RVG 的数据信息(图 16.7 中左侧 LV 的阴影部分)构造 DCM 表(图 16.7 中的②a)。

- 对于完全恢复,伪从 RVG 构造全 1 的 DCM 表(图 16.7 中的②b);伪从 RVG 将构造好的 DCM 表(只发位图,不发数据)发往新的主 RVG,新的主 RVG 根据灾难发生后这段时间内本地更新的数据构造 DCM 表,然后将其与原主端发送过来的 DCM 表进行或操作(图 16.7 中的②和③)。

(3) 恢复。新的主 RVG 将(2)中得到的 DCM 表所对应的 DV 中的数据块发往伪从 RVG,后者对相应的 DV 数据进行更新,实现数据同步(图 16.7 中的④)。恢复过程中 RVG 对应的 DV 标记为只读。

(4) 恢复角色。伪从 RVG 变回为主 RVG,新的主 RVG 相应变回从 RVG(图 16.7 中的⑤和⑥)。

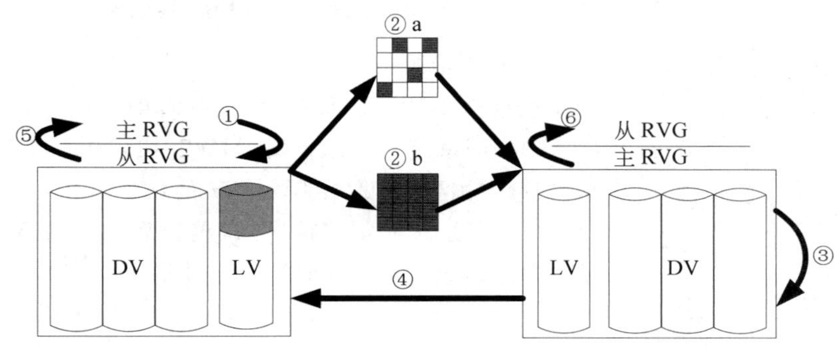

图 16.7　灾难回迁示意图

3. 原主端恢复模块

在进行恢复时,原主端需要启动一个原主端恢复线程(Original Restore Thread,ORT),将原主端 LV 中记录的灾难发生前未能成功发往原从端的数据信息以 DCM 表的形式(只发位图,不发数据)发往新主端。其步骤如下:

(1) 尝试连接到新主端的 LT 线程。

(2) 向新主端的 LT 线程发送一个恢复身份认证报文,进行身份认证。

(3) 构造 DCM 表。

(4) 向新主端发送只包含 DCM(只发位图,不发数据)的数据报文。

(5) 接收新主端 DCM 修改成功报文。

(6) 接收新主端恢复成功报文。

(7) 唤醒等待本线程结束的命令,然后退出。

4. 新主端恢复模块

在新主端的 LT 收到恢复报文时,需要启动一个新主端恢复线程(New Restore Thread,NRT)来接收原主端发来的 DCM 数据,然后启动 PRT 线程,发送 DCM 表所标记的数据。其步骤如下:

(1) 对原主端的身份进行认证。

(2) 接收 DCM 数据。

(3) 根据灾难发生后这段时间内本地更新的数据构造 DCM 表。

(4) 将本地 DCM 表与接收到的 DCM 表进行或运算,用其结果修改本地 DCM。

(5) 发送 DCM 修改成功报文。

(6) 启动 PRT 线程,发送(4)中得到的 DCM 表所对应的 DV 中的数据。

(7) 循环检查 PRT 是否恢复完成,若完成则进入(8),否则进行循环检查。

(8) 发送恢复成功报文。

(9) 唤醒等待本线程结束的命令,然后退出。

16.3.8 连续数据备份模块

连续数据备份模块是实现 RCDP 系统连续数据保护技术的主要模块,该模块从本地 I/O 模块中获得需要备份的数据,并将该数据存入 HV 中对应的位置。本模块依据功能划分,其结构如图 16.8 所示。

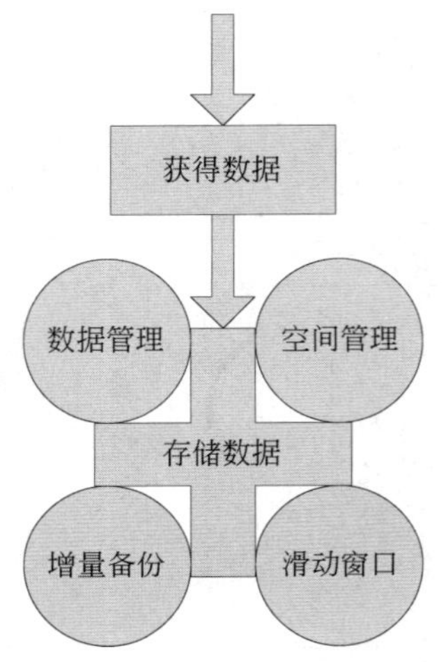

图 16.8 连续数据备份模块结构

1. 获得数据

数据由 HWT 线程获得,其处理如下:

(1) 当系统正常运行时,HWT 线程由写 DV 信号触发,从内存缓冲区中读取要写入 DV 的数据。

(2) 当系统异常宕机后,在重新启动时,HWT 线程依据 HV 指针标识从 LV 临时数据区读取 HV 与 DV 指针之间的数据。

2. 存储数据

在存储数据时,首先从空间管理模块中申请足够的头存储空间与数据存储空间,再按照数据管理模块中的索引结构建立对应关系进行存储。增量备份与滑动窗口是实现连续数据保护技术的两个辅助功能。增量备份的目的是提高数据恢复的效率,将某段时间内的数据进行合并,并将最新数据的指针集中存储在某一区域,在数据恢复时减少遍历节点区域的时间。滑动窗口实现自动数据删除功能,能减少手工删除数据的操作,提高 HV 磁盘空间利用率。

16.3.9 连续数据恢复模块

当系统正常工作时,应用程序写到 CDP 的 DV 中的数据同时也会按时间依次保存到 HV 中。这是实现连续数据保护的关键,即在系统中存储具有时间连续性的历史数据。当灾难(病毒攻击、人为误操作等)发生之后,利用系统提供的数据恢复功能可将 DV 中的数据恢复到此前的任意时刻。

1. 系统推荐时间点恢复

在 CDP 系统中提供了 3 种数据恢复的策略,即用户自定义时间恢复、用户预设定时间点恢复和系统推荐时间点恢复,前两种恢复的时间点完全由用户控制,而系统推荐时间点恢复则由 RCDP 系统专门的线程维护。该线程一般处于休眠状态,主写线程(PWT)根据当前的截获请求密度来唤醒系统推荐时间点恢复的维护线程。

系统推荐时间点恢复维护线程根据 PWT 指示,搜索当前空闲头节点区域的最后使用时间和当前系统时间，然后将这段时间写入专门的时间日志文件中。

时间日志文件的文件格式如下：

推荐时间起点--推荐时间终点

若主从端同时配有 CDP，则为这两个 CDP 各自维护一个时间日志文件。本地 CDP 的可恢复时间是完全连续的；而远程 CDP 由于会有 DCM 操作的影响，在 DCM 时间窗口内是不提供连续的可恢复时间的，即使用户指定的恢复目标时间点落在该范围内，其数据状态和窗口结束时刻的数据状态也是一样的，因此这个 DCM 时间窗口要从推荐时间内删除，如图 16.9 与图 16.10 所示。

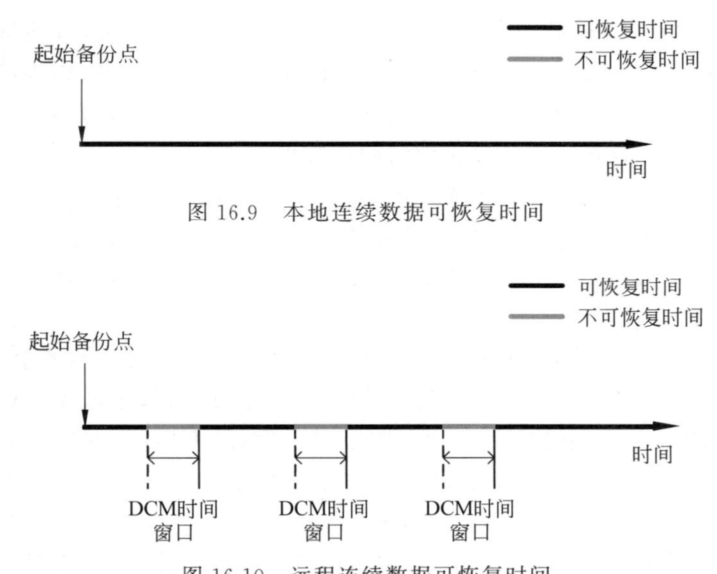

图 16.9　本地连续数据可恢复时间

图 16.10　远程连续数据可恢复时间

2. 数据恢复流程

连续数据保护的数据恢复线程是 RCDP 系统中用户进行本地数据恢复的一个专有线程。当用户执行数据恢复命令的时候将会启动该线程。数据恢复线程会按以下处理流程对被保护磁盘的数据进行恢复：

(1) 由于在本次恢复之前用户可能进行了多次恢复操作，为了提高数据恢复的速度，首先根据用户指定的恢复时间查找本次数据恢复将要用到的恢复映射序列。恢复映射序列存储在日志卷的控制信息区域中。

(2) 依次读出每个 DV 的 BCM(Block Change Map，块改变映射)表，通过 BCM 表建立每个 DV 对应的 DRF(Data Restore Form，数据恢复表)数组。

(3) 对每一个 DRF 数组，依次判断 DV 每一个块在备份的过程中是否被修改过。如果是，则从全备份中读出被修改过的块的全备份，写入 DV 中对应的位置上。

(4) 根据恢复映射序列获得恢复时所要查找历史数据的时间范围(最近的恢复映射序列的恢复目标时间点和上一个恢复映射序列的恢复时间)，首先判断这个范围之内有无增量备份表以及哪些增量备份表可用。若无，则转到(5)；若有，则获得增量备份表的地址和增量备份表的大小，由此计算出增量备份表下一个头节点的地址。

(5) 首先查找恢复映射序列中对应的恢复目标时间点是否有对应的头节点地址。若有,则直接转到(6);若无,则先在正在使用的当前节点区域中查找该恢复目标时间点对应的头节点地址,若在当前使用的节点区域中没有,则在历史节点区域中查找本次恢复的目标时间点所对应的头节点地址,两种节点区域的查找方法都一样。

① 在日志卷上先读出当前正在使用的节点区域,并判断该恢复目标时间是否在这个节点区域的时间范围之内。如果不在,则读取第一个历史节点区域;如果在,则转到③。

② 在日志卷上依次读取历史节点区域信息,并将该时间与历史节点区域的时间范围进行比较。如果该时间不在历史节点区域的时间范围之内,则读取下一个历史节点区域;如果在该历史节点区域中,则转到③。

③ 采用二分法在节点区域中(历史节点区域/当前使用节点区域)查找该恢复目标时间的头节点地址。根据起始地址和结束地址算出中间扇区的位置。判断该扇区是否为增量备份的扇区。若是,则获得下一个扇区的位置;否则将该扇区作为头节点扇区,读出其属性域,并判断恢复目标时间是否在这个头扇区的时间范围内:

- 若在这个时间范围内,则依次读出该扇区内的头节点,并将其时间与恢复目标时间进行比较。如果大于头节点的时间则继续读下一个头节点,直到头节点时间大于恢复目标时间。记录比恢复目标时间小的最大的头节点地址,并将该地址记录到恢复映射中。
- 若不在这个时间范围内,如果恢复目标时间大于这个时间范围的上界,则将该中间扇区作为起始地址,结束位置不变,继续进行二分查找;如果恢复目标时间小于这个时间范围的下界,则起始地址不变,中间扇区作为结束地址,进行二分查找。

(6) 根据以上获得的头节点的地址依次往前查找历史头节点并将数据写入被保护磁盘中。

① 分析该头节点的 DV 块信息,并根据 DRF 判断对应块的 RBM 表是否建立。若没有建立,则创建 RBM 表并把其地址填到 DRF 对应的域中。

② 分析该头节点的扇区信息,根据 RBM 表判断哪些扇区应该写入历史数据,并根据头节点所指示的位置取出数据,写入 DV,同时修改 RBM 对应的位为 1。每修改一次 RBM 表就判断该 RBM 是否已填满。若填满,则释放 RBM 并设置 DRF 中相应的域,标志该块的恢复已经结束。同时查看 DRF,判断所有被修改过的块是否都已经恢复成功,判断本次恢复是否已经结束。若结束,则返回恢复成功报文。

③ 获得上一个头节点(若为增量备份头,则进行增量备份[8]),判断该头节点的时间是否大于或等于恢复时间。若是,则根据地址读出数据,转到①;否则获得下一次恢复的时间范围,转到(2)。每次读一个扇区,读出该扇区所有的头节点,依次对扇区内的头节点进行处理。

④ 特殊情况:当获得的上一个历史节点区域为备份中的第一个历史节点区域,则将该数据根据 RBM 写入 DV 之后,返回恢复成功报文。

(7) 获得上一个历史数据的头节点,有以下几种情况:

① 若上一个头节点在同一个扇区内,则用上一个头节点在扇区内的偏移减去头的大小。

② 若上一个头节点在当前历史节点区域的上一个扇区内,则获得上一个头节点扇区的

地址，并取得上一个扇区的最后一个头节点；

③ 若上一个头节点在上一个历史节点区域中，则取上一个历史节点区域，根据其所指示的地址读取上一个头节点。

④ 若上一个头节点在另一个 HV 中，方法同上。

(8) 读出增量备份表，依次取得每一个增量备份的增量头，根据增量头读出其增量数据：

① 判断该增量备份所占的块信息。

② 根据对应块的 RBM 将相应位置为 0 的扇区用增量备份的数据来填充。

③ 修改 RBM 表，然后判断该 RBM 是否已填满，并设置相应的域，标志该块的恢复已经结束。若填满，则释放内存；否则继续存在于内存当中。

④ 获得上一个增量头，转到①。

3. 远程 CDP 恢复主端 DV 补充说明

当用远程 CDP 恢复主端数据时，历史数据部署在远端。因此，为提高恢复效率，需要先在从端 DV 上进行 CDP 恢复。从端 CDP 恢复的发起有两种方式：

(1) 主端发起。主端向从端发送 CDP 恢复报文，该报文包含有主端指定的恢复目标时间点。

(2) 用户在从端发起。当主端已不可用时，用户可以在从端发起 CDP 恢复。

远程 CDP 恢复主端 DV 的主要流程如下：

(1) 从端切换为新主端。

(2) 按照上面的数据恢复流程的方法创建 DRF，并将该 DRF 复制到临时 DCM 内。

(3) 接下来的步骤与上面的数据恢复流程相同。

(4) CDP 恢复完成后，原主端切换为伪从端。

(5) 利用上面的数据恢复流程恢复从端 DV 数据，此时临时 DCM 作为远程复制恢复时从端的 DCM。

(6) 其余步骤同 16.3.7 节所述步骤。

4. 本地恢复与远程恢复的结合

本地连续数据恢复只能用在主端，当用户因为病毒侵害或者人为误操作导致业务系统被破坏时，利用本系统提供的连续数据恢复功能可以将主端的数据恢复到正常工作时的任意状态。为了保证从端仍然是主端的最新镜像，在进行连续数据恢复的时候，主端所写的数据必须发送一份到从端。因此在获得数据且要将数据写入 DV 时，需要将同样的数据复制一份，通过远程传输到从端并写入从端的 DV。

当主端发生灾难导致无法正常工作时，需要进行灾难迁移；当主端恢复正常之后，根据用户需要进行灾难回迁。在灾难迁移之后新主端也写入了一定量的新数据，在灾难回迁的时候，这些新数据会写入 DV，以保持主端和从端数据镜像的一致性。在灾难回迁的过程中给用户提供了两个选项：删除 CDP 和不删除 CDP。若选择删除 CDP，在进行灾难恢复的时候将原主端的 CDP 删除，用户在进行连续数据保护时需要重建 CDP；若选择不删除 CDP，系统按原来的配置重新实施 CDP 保护，当然以前的备份数据被删除。

16.4 本章小结

为了有效地减少大范围内故障或者灾难带来的系统不可用现象，以及避免用户误操作、病毒侵害以及磁盘损坏等造成的数据丢失，为用户提供持续的数据服务，需要对大数据系统进行保护并且提供灾难恢复机制。本章论述的数据备份与容灾工具通过远程复制与连续数据保护机制，提升了工业大数据管理系统的数据容灾能力。

(1) 数据备份。针对制造领域异构数据管理引擎数据的在线与离线、同步与异步、连续、近程及远程数据备份机制的差异性要求，建立完整、可配置的系统数据备份功能体系。

(2) 系统容灾。研制可配置的连续数据保护和容灾工具，以支持对制造领域异构大数据管理系统的节点的镜像配置、任意历史时间点数据恢复，以及实时灾难自动迁移和回迁。

本章参考文献

[1] 中国产业调研网. 2019年版中国容灾市场调研与发展趋势预测报告[EB/OL]. http://www.cir.cn/R_ITTongXun/15/RongZaiShiChangXianZhuangYuQianJing.html.

[2] 王超，李战怀，张小芳，等. 基于数据差异的连续数据保护恢复算法[J].计算机学报，2013，36(11)：2303-2315.

[3] 王惠峰，李战怀，张晓，等. 云存储中数据完整性自适应审计方法[J].计算机研究与发展，2017，254(1)：172-183.

[4] 王超，李战怀，刘海龙，等. RM-LCDF：一种块级连续数据保护高效数据恢复方法[J].计算机科学，2013，40(6)：172-177.

[5] 侯利曼，李战怀，胡娜. 基于数据差异的CDP邻近时间点恢复[J].计算机科学，2011，38(5)：159-163.

[6] 王超，李战怀，胡娜，等. 一种低恢复时间低存储空间的块级连续数据保护机制[J].西北工业大学学报，2011，29(3)：429-434.

[7] ZHANG X，LIANG K，ZHANG X. Research on the recovery strategy of incremental-data-based continuous data protection[C]. In：Proc. of IEEE International conference on computer science and electronics engineering. New York：IEEE，2012：498-502.

[8] 娄颖，王彦龙，李战怀，等.一种块级别多模式数据容灾模型[J].微电子学与计算机，2007，10：5-7.

[9] 王彦龙. 基于块的数据库系统连续数据保护[C]. 第二十三届中国数据库学术会议论文集. 北京：中国计算机学会数据库专业委员会，2006.

[10] 朱立平，李战怀，温宗臣. RCDP：基于冗余的连续数据保护架构[J].微处理机，2009，30(4)：21-24.

[11] 杜洪涛，李战怀 .基于数据价值的云存储动态备份一致性机制[J].西北工业大学学报，2013，31(6)：979-984.

[12] 赵晓南，曾雷杰，李战怀. 一种基于块级的存储性能优化方法[J].计算机科学，2009，36(6)：129-132.

[13] 胡娜，李战怀，张晓. 分级存储中自适应选择迁移策略的研究[J].计算机科学，2012，39(3)：139-143.

[14] 余承龙，李战怀，黄英，等. 采用位表的块级持续数据容灾系统研究[J].计算机工程与应用，2010，46(32)：119-122.

[15] 董欢庆. 存储系统数据容灾技术研究[D]. 西安：西北工业大学，2005.

[16] 王明钟. 在线数据复制系统的设计与实现[D]. 西安：西北工业大学，2005.
[17] 王彦龙. Linux 平台数据容灾系统的研究与实现[D]. 西安：西北工业大学，2005.
[18] 林伟. 远程卷复制系统的研究和开发[D]. 西安：西北工业大学，2005.
[19] 余承龙. 基于 CDP 技术的灾难恢复系统的研究与实现[D]. 西安：西北工业大学，2010.
[20] 姜楠. 稳定高效的远程数据复制系统的研究与实现[D]. 西安：西北工业大学，2010.
[21] 黄英. 连续数据保护系统多种方案的研究与实现[D]. 西安：西北工业大学，2010.
[22] 侯利曼. 基于块的高效 CDP 容灾系统的研究与实现[D]. 西安：西北工业大学，2011.
[23] 王超. 数据块级数据保护技术研究[D]. 西安：西北工业大学，2012.

第17章 故障诊断与修复工具

刘海龙　朱　祎　刘欣珂　何海洋　张国荣　成阿茹
西北工业大学计算机学院

17.1 概述

故障被定义为系统中至少一个特性或变量的一种不被允许的偏离[1]。从广义上讲，故障可以看作系统的任何异常现象，使系统表现出不期望的特性[2]。故障检测是指确定故障是否发生，尽早对将会出现的问题进行检测，且提出有价值的警告。故障诊断是指对系统运行状态和异常情况进行分析，判断是否发生了故障及检测出故障发生的时刻。诊断的目的是确定某些功能未按预期工作的原因以及解决该问题的方法。

17.2 需求

应用的多样性以及部署环境的动态性逐渐形成体系。这种体系的建立，一方面提高了系统的自动化水平，为系统可持续化运作提供了保障；另一方面导致影响系统运行的因素骤增，使其产生故障的概率越来越大。软件系统时常会出现故障，这无疑严重影响系统的正常运作，有效的故障检测与诊断工具是及时检测系统故障并准确定位问题原因的保障。

大数据正带来一场信息社会的变革[3]，各行业都需要使用大数据平台处理其自身的业务。在高端制造大数据领域中，由于制造业大数据的异构性，给大数据的服务带来了很多困难。单一的数据库系统在存储和处理异构数据时各有所长。例如，时序数据库系统适用于时序大数据的存储及处理，图数据库系统善于处理大量复杂、互连接、低结构化的数据。这些数据变化迅速，需要频繁地查询，而在关系数据库中，这些查询会导致大量的表连接，会产生性能上的问题，所以，单一的分布式数据库系统不能满足实际生活中日益复杂的大数据平台的要求。为了解决日益复杂的工业大数据的相关服务，可以采用多种数据库系统协作的方式完成相应的大数据业务处理任务。使用异构大数据平台时出现层出不穷的故障，给异构大数据平台的故障检测与诊断带来了巨大的挑战。

为了更好地解决异构大数据平台所产生的各种故障问题，本章主要介绍为异构高端制造业大数据平台提供的故障检测与诊断工具。需要监控的数据库管理组件主要包括时序数据库管理组件、键值数据库管理组件、关系数据库管理组件、非结构化数据库管理组件以及图数据库管理组件。故障检测与诊断技术为提高系统的可靠性、可维护性和有效性开辟了一条新的途径。对于工业系统来说，为了避免某些部分发生故障而引起整个系统瘫痪，必须在故障发生伊始就能进行迅速有效的处理，维持系统的功能基本正常，从而提高设备的利用效率和使用安全性，保证工业系统安全可靠地运行[4]。在故障检测与诊断工具中，主要是对各个软件模块提供自动检测机制、自动报警机制和故障日志自动收集机制[5]，以确保系统能够快速检测软件错误，并能够快速搜集故障诊断所需的信息。故障诊断主要是针对检测到的故障，利用搜集的信息设计可视化智能分析方法，对系统故障进行诊断，智能地发现系统故障的诱因。

17.3　方法设计

17.3.1　总体框架

面向高端制造领域的大数据管理系统的故障检测与诊断工具总体框架如图 17.1 所示。本章主要围绕各数据库管理组件来设计故障检测与诊断工具。数据库管理组件主要包括时序数据库管理组件 IoTDB、键值数据库管理组件 KVStore、关系数据库管理组件 KingBase、非结构化数据库管理组件 UnStructFS 以及图数据库管理组件 InGraphDB。

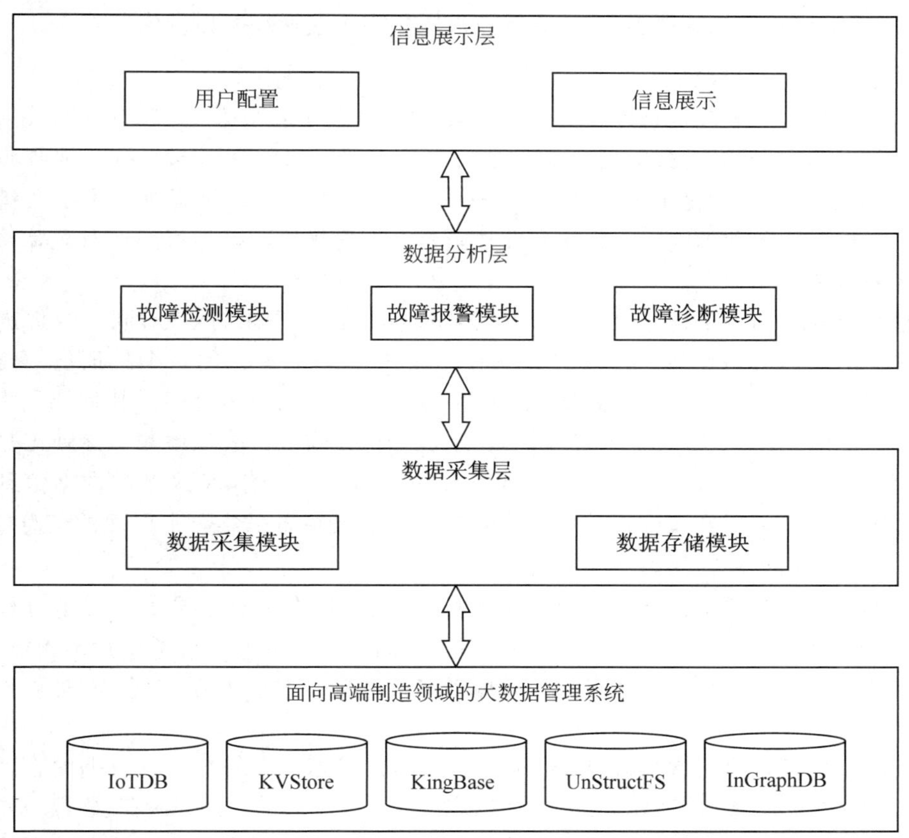

图 17.1　故障检测与诊断工具总体框架

依据故障检测与诊断工具所要完成的具体工作，将故障检测与诊断工具划分为以下3层：

（1）数据采集层。主要负责采集各个数据库管理组件的相关信息，并通过数据存储模块对采集的信息进行持久化保存。

（2）数据分析层。主要对数据采集层采集到的系统运行状态信息及日志信息进行处理分析，具体分为3个模块：故障检测模块、故障报警模块和故障诊断模块。其中，故障检测模块是对数据采集层采集到的数据进行检测；当检测到故障时，由故障报警模块进行报警提示；故障诊断模块负责智能发现系统故障的诱因找到故障的根源。

（3）信息展示层。对数据分析结果进行展示，用户可以通过图形用户界面进行相关的信息配置。

17.3.2 功能设计

故障检测与诊断工具有3个主要功能：信息采集与存储功能、故障检测与报警功能、故障诊断功能。信息采集与存储功能主要是对集群、Pod、Docker、组件等的运行状态信息、日志信息及进程状态信息进行采集并存储在相应的数据库中。故障检测与报警功能主要对采集到的信息进行分析，通过对分析结果进行判断实现故障的检测，若检测到故障，则自动向用户进行报警。故障诊断功能主要是对系统运行状态和异常情况作出分析判断，分析故障类型、故障发生位置及故障原因，为使系统从故障状态中快速恢复提供依据[6]。

1. 信息采集与存储功能

信息的采集与存储是信息处理的关键一步。信息采集和整合工作，为后续数据处理的顺利展开打下基础，同时为数据的存储带来便利。为了确保快速、准确、有效地收集数据信息，故障检测与诊断工具提供了信息采集与存储功能。系统运行过程中产生了大量的可用于监控的数据。从各种不同的运行状态和故障状态下采集的数据的可用性对故障检测和诊断而言都是至关重要的[7]。

信息采集一般通过采样方式实现，即间隔一定时间（称采样周期）对同一数据进行重复采集。采集的数据大多是某一时刻的瞬时值，也可是某段时间内的一个特征值。信息存储是将经过序化后的信息按照一定的格式和顺序存储在特定的载体之中。其目的是为了便于信息管理者和信息用户快速地、准确地识别、定位和检索信息。故障检测与诊断工具的信息采集与存储功能主要是采集选取能够反映系统状态的关键信息，将采集的数据信息存储在合适的数据库中以备检索和分析。故障检测与诊断工具主要采集3个层面的信息：运行状态信息、日志信息、进程信息。

典型的监控系统通常包含一个或多个量度，这些量度在某种程度上表现了过程的状态或行为。可以给某些量度设置一定的阈值，一旦检测到某个量度超出了设置的阈值，就认为系统有可能处于某种不正常的状态。量度可以定义系统的正常行为，相应地，也可以定义系统失控的状态。

运行状态信息采集包含集群、Pod、Docker的运行状态信息采集以及数据库管理组件的运行状态信息采集。集群、Pod、Docker状态信息采集主要是对CPU、内存、磁盘以及网络等相关信息进行采集，这些指标数据可以反映出目前系统的运行状态。由于面向高端制造领域的大数据管理系统的核心模块是异构的数据库管理组件，故障检测与诊断工具对各个数据库管理组件进行运行状态信息的采集，用于刻画各个组件的状态以及运行情况，依据采集信息进行故障检测与诊断。数据库管理组件运行状态的采集是通过对不同的数据库管理组件使用不同的采集器进行的，各采集器采集状态信息时选取具有代表性的指标数据。由于各数据库管理组件的差异性，采集的运行状态指标数据也各不相同。

日志信息是服务器等计算机设备或软件的运作信息[8]。系统日志信息是分析系统行为的天然数据源，具有非常重要的作用。日志信息往往是各类系统的标准配置，可作为系统排错和性能优化的依据。通过日志信息，可以有效地监控系统的运行状况(如性能信息、故障检测、入侵检测等)；日志可以用于用户的行为信息分析，发现潜在商机；日志可以帮助开发人员找到错误的来源，修复漏洞；并且随着数据挖掘、大数据等技术的不断发展，数据也愈发凸显其重要。由于日志是数据分析的一大来源，所以日志收集分析系统也愈发凸显其重要。

大量日志通过相对简单的机制搜集，从不同层次搜集的日志对故障检测有较高的参考价值。日志信息的采集主要是针对集群中众多的节点，通过在这些节点上部署日志采集客户端，并根据用户制订的日志采集配置策略，实时采集集群和各个数据库管理组件中需要监控的日志信息。日志信息采集并不是对与系统相关的日志全部进行采集，而是对日志信息进行基于关键字的过滤，以获取不同级别的日志信息。系统主要采集包含关键字的日志信息，用户也可以根据需求配置相关的采集关键字。

进程是计算机中已运行的程序。进程的运行状态可以在一定程度上反映程序的执行状态。进程信息主要采集 Pod、Docker 数据库管理组件的进程运行状态信息。Pod、Docker 通过相应的应用程序接口获取相关的进程状态信息，数据库管理组件通过相应的命令获取相关的进程状态信息并存储到对应的存储介质中。

信息存储是将采集的数据进行保存，以便于分析和使用。信息存储主要存储运行状态信息，包括以下 4 类：一是集群、Pod、Docker 的运行状态信息和数据库管理组件的运行状态信息；二是日志信息(包括集群和数据库管理组件的日志信息)；三是进程信息(包括 Pod、Docker、数据库管理组件的进程运行状态信息)；四是故障检测模块、故障报警模块以及故障诊断模块产生的检测信息、报警信息以及诊断信息。其中，运行状态信息和日志信息存储周期为 7 天，在存储第 8 天的信息时会自动覆盖第一天的信息。故障检测与报警模块产生的检测结果信息、诊断信息、报警信息的存储周期为一个月。

2. 故障检测与报警功能

故障检测是根据监测数据预测系统出现故障的可能性，分析当前系统的运行状态。故障检测的目的是确定系统中是否存在故障并发出信号。在启动阶段，根据监测数据建立系统状态模型；在运行过程中，根据运行环境变化(如负载波动、资源调整以及更新升级)，对模型进行动态更新；同时根据模型预测并检测系统运行状态是否异常[9]。当预测或检测到异常状态时，将报警信息汇报给故障诊断模块以作进一步分析。

故障检测与报警模块主要检测集群状态与数据库管理组件中的故障，并根据不同的故障类型制订不同的应对策略。导致集群出现故障的原因错综复杂，集群中常见的故障包含某个服务器的站点上发生灾难性故障(如火灾或大地震)、连接服务器的联网电缆被破坏导致服务器之间的连接丢失、在一个服务器上的处理中延迟过长、磁盘使用率过高、磁盘 I/O 异常等[10]。数据库管理组件中常见的故障包括因缺失进程而产生的故障、运行时因资源不足等问题产生的故障、系统由于资源竞争产生的故障、权限不足等。

故障检测方法通常可以分为基于规则的检测方法和异常检测两类[11]。基于规则的故障检测方法根据历史故障所表现出来的现象来定义故障出现时可辨别的特征，而后将观察到的现象与已定义的故障特征进行匹配。若匹配成功，则检测为有故障，发出警报；否则认为系统运行正常。当监测数据与其中任何规则匹配成功时，则检测为某种故障，并进行相应的故障报警。异常检测方法是对目标系统建立模型，作为基准，将系统行为与基准进行对比，从而对系统状态进行评估。

基于阈值的检测方法是一种简单的基于规则的方法。该方法事先设置各监控项的阈值，当监测的指标值超过阈值时，故障报警模块则根据规则自动向用户进行报警。基于阈值的故障检测规则的设定主要包括系统预定义规则和用户对监控项自定义规则两个部分。系统预定义规则是监控系统对部分监控项设定的固定规则(用户可以进行修改)。用户对监控项自定义规则是用户根据需求和经验对监控项设定的规则。用户通过可视化界面对相关指标和相应的规则进行设定。

基于日志的监测是一种异常检测的方法。因此，日志收集模块具备以下功能：日志数据的高效采集和汇聚，支持日志源的不断扩张；日志数据存储；日志数据的信息展示功能，支持多维度的实时展示；日志实时分析系统的快速重建预案，在系统遇到短期内无法排除的故障时，可采取重建预案，将损失降至最低。当前复杂分布式软件系统中，大量日志能够通过简单的机制进行搜集，这些从不同的层次搜集的日志对于故障检测具有较高的价值。然而在实际系统中，这些日志信息并没有得到充分的利用。我们的故障检测与诊断工具实现的日志信息采集功能主要针对集群、Pod、Docker 和数据库管理组件进行合理的日志采集与分析，将收集到的异常日志根据定义的规则解析，得到 Host、异常系统、异常 Pod、异常类型信息，并将这些信息显示到 Web 上，帮助用户分析故障。

用户可以对全部主机监控项设置相应的规则，同时可以设置监控项的报警机制。报警机制需要设置报警方式、报警联系人以及备注。采用的报警方式包括邮件报警、短信报警以及微信报警。

3. 故障诊断功能

进行故障诊断时，首先确定发生了哪一种故障，然后，进一步确定故障发生的原因，确定故障的类型、位置、量级和时间。故障诊断的目的是提供更具体的故障信息。故障诊断模块的功能主要包括：对系统运行状态和异常情况做出分析判断，分析故障类型，分析故障位置及原因。故障诊断主要是由用户根据需求实时进行。故障诊断的方法主要是基于日志分析和时间关联分析的故障诊断方法。

17.4 技术实现

17.4.1 系统结构

故障检测与诊断工具系统架构如图 17.2 所示。该工具主要包括 3 个部分：信息采集与存储模块、故障检测与报警模块、故障诊断模块。下面将详细介绍每个模块的功能和具体实现方法。

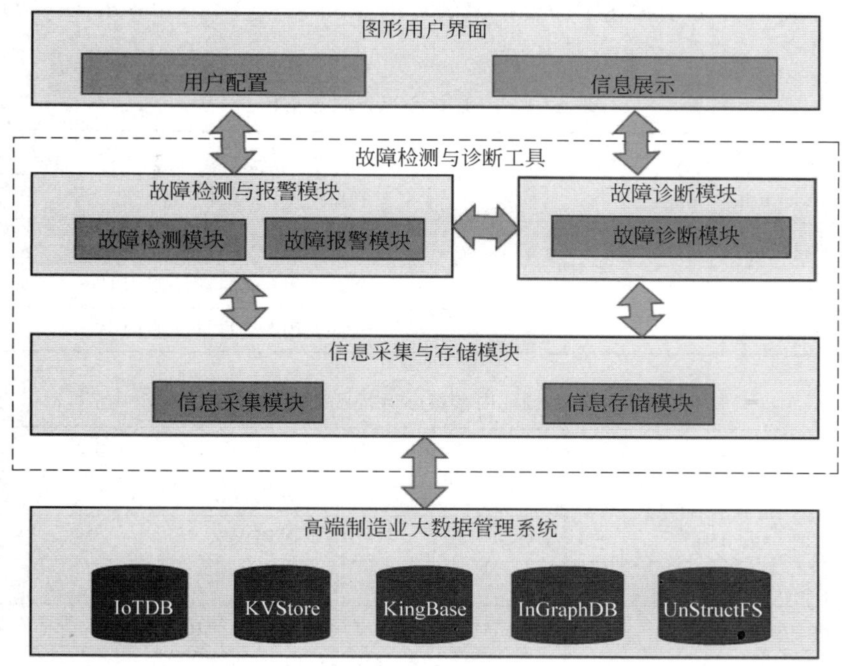

图 17.2 故障检测与诊断工具系统架构

1. 信息采集与存储模块

信息采集与存储模块的功能主要是对大数据管理系统中的运行状态信息和日志信息进行采集并存储在相应的数据库中。

1) 运行状态信息

运行状态信息主要包括 MIX 系统集群中的单机运行状态信息、框架级运行状态信息和数据库管理组件运行状态信息。这些状态信息能很好地反映集群和各软件系统当前的运行情况，对于系统监控与故障检测有重要的作用。

(1) 单机运行状态信息。

在任何监控系统中单机运行状态信息都是刻画计算机性能最基础的数据，这些运行状态信息包括计算机的 CPU 使用率、内存使用率、磁盘空间使用率、磁盘 I/O 情况、网络流量、网络连通性等。如果这些运行状态信息出现异常，则很可能引起运行在其上的服务出现问题。

(2) 框架级运行状态信息。

通常单机运行状态信息可以反映当前计算机运行状态，但无法反映运行在其上的具体应用的运行状态，且在集群环境下无法反映整个集群的运行状态。通常 MIX 系统大部分服务故障是由其底层 Kubernetes 及运行具体应用的 Docker 容器产生的。Kubernetes 中使用 Pod 对 Docker 容器进行了封装，可以将 Pod 看作一台物理机，它拥有与单机几乎相同的运行状态信息。通过收集 Kubernetes 容器编排系统的运行状态信息及运行在其上的 Pod 运行状态信息，能监控整个集群及具体应用运行的情况，使用户更深入地了解 MIX 系统的运行状态。

表 17.1～表 17.4 分别描述了需要采集的单机、Pod 以及整个 Kubernetes 集群的核心运行状态指标。

表 17.1 CPU 核心运行状态指标

指　　标	含　　义
cpu/node_utilization	节点的 CPU 使用时间
cpu/request	CPU 的请求量
cpu/usage	全部 CPU 核的累计使用时间
cpu/usage_rate	全部 CPU 核的累计使用率

表 17.2 内存核心运行状态指标

指　　标	含　　义
memory/limit	内存容量上限
memory/major_page_faults	主页面错误数
memory/major_page_faults_rate	主页面错误率
memory/node_utilization	节点的内存使用量
memory/page_faults	页面错误数
memory/page_faults_rate	页面错误率
memory/request	内存请求量
memory/usage	内存总使用量

表 17.3 文件系统核心运行状态指标

指　　标	含　　义
filesystem/usage	文件系统已用的容量
filesystem/limit	文件系统总容量限制
filesystem/available	文件系统可用的容量

表 17.4 网络核心运行状态指标

指　　标	含　　义
network/rx	网络流量的累计接收字节数
network/rx_errors	网络流量的累计接收错误数
network/rx_errors_rate	网络流量的接收错误率
network/rx_rate	网络流量的接收速度
network/tx	网络流量的累计发送字节数
network/tx_errors	网络流量的累计发送错误数
network/tx_errors_rate	网络流量的发送错误率
network/tx_rate	网络流量的发送速度

(3) 数据库管理组件运行状态信息。

由于 MIX 核心包括 5 种数据库管理组件,为了保障各组件提供稳定服务,需要监控每个组件的运行状态,因而本工具应当采集各数据库管理组件的运行状态信息。各个数据库管理组件的运行状态信息各不相同,采集方式也各不相同,需要使用不同的数据采集器收集各组件的关键运行状态信息。表 17.5～表 17.8 是不同数据库管理组件的核心运行状态指标。

表 17.5 IoTDB 核心运行状态指标

指　　标	含　　义
BootTime	系统启动时间
StoageGroupNum	存储器组数量
TimeseriesNum	时间序列数量
MemUsage	内存占用信息
PointNumRate	每秒写入的点数
ConnectNum	当前客户端连接数
AvgQueryResponse	查询响应时间的平均值
DataSizeInByte	当前数据总大小
TotalDiskUsage	当前使用的总磁盘空间大小
OverFlowSize	溢出文件所占空间大小
TotalOpenFileNum	当前数据库打开文件总数
MergePeriodInSecond	文件合并时间
LogSize	日志文件所占的空间

表 17.6 KVStore 核心运行状态指标

指　　标	含　　义
ActiveTasks	当前正在处理的任务数
PendingTasks	当前正在排队的任务数
CompletedTasks	当前已经完成的任务数
Timeouts	运行过程中读写超时次数
Failures	运行过程中读写失败次数
HitCounts	运行过程中缓存命中数
HitRate	运行过程中总缓存命中率
FiveMinuteCacheHitRate	5min 的缓存命中率
Load	节点管理的数据大小
Exceptions	捕获的内部异常数,正常为 0

续表

指　　标	含　　义
connectedNativeClients	连接到本节点的客户端数
MemtableColumnsCount	Memtable 的列总数
MemtableLiveDataSize	Memtable 中的实时总数据大小

表 17.7　InGraphDB 核心运行状态指标

指　　标	含　　义
TotalStoreSize	节点存储的数据总大小
NumOfRelationship	在图数据库中存储的关系总数
NumOfNode	在图数据库中存储的节点总数
Evictions	页面缓存替换总数
EvictionExceptions	替换页面缓存过程中的异常总数
PeakNumOfConcurTransaction	节点上并发事务的最高峰值
ActiveNumOfTransaction	节点当前活动事务总数
ActiveNumOfReadTransaction	节点当前活动读事务总数
ActiveNumOfWriteTransaction	节点当前活动写事务总数
TerminalNumOfTransaction	节点已终止的事务总数
NumOfSlavePullUpdates	节点执行的 Pull 更新总数
isClusterMaster	节点是否为集群的主节点
isAvailable	节点是否在集群中可用

表 17.8　KingBase 核心运行状态指标

指　　标	含　　义
Questions	客户端发送给服务器执行的语句数
SlowQueries	查询时间超过 long_query_time 的慢查询总数
RowLockWaits	行级锁必须等待的时间
ThreadsConnected	当前打开的连接总数
ThreadsRunning	数据库中并发用户的活动会话总数
AbortedConnects	连接服务器失败的次数
BufferPoolPagesTotal	缓冲池总页数
BufferPoolReadRequests	缓冲池读请求的次数
BufferPoolReads	从物理磁盘读取页面到缓存的次数
OpenTables	当前数据库打开表的数量
Queries	数据库服务端执行的查询数
Connections	连接服务器的次数(无论成功与否)

2）日志信息

当系统在运行过程中出现故障时，日志信息是排查故障原因及解决问题的重要信息来源。因而，实时收集并持久化存储 MIX 系统中的单机日志信息、框架级日志信息以及数据库管理组件日志信息都是必不可少的。

不同软件系统的日志信息通常会有不同的格式。本工具需要在收集这些日志信息的同时对日志进行格式化处理，以统一的日志格式存储在后端数据库中。大部分系统采用标准的日志框架将日志写入日志文件中，日志在输出时一般按照级别进行分类。需要采集的日志级别如表 17.9 所示。

表 17.9　日志级别

级　别	含　义	符　号
Fatal	导致应用停止的事件	LOG_FATAL
Error	不影响运行的错误事件	LOG_ERR
Warning	会出现潜在错误的事件	LOG_WARNING
Info	应用程序运行信息	LOG_INFO

信息采集与存储模块由系统指标信息采集与存储子模块、日志信息采集与存储子模块、组件运行状态信息采集与存储子模块组成。信息采集与存储模块的结构如图 17.3 所示。

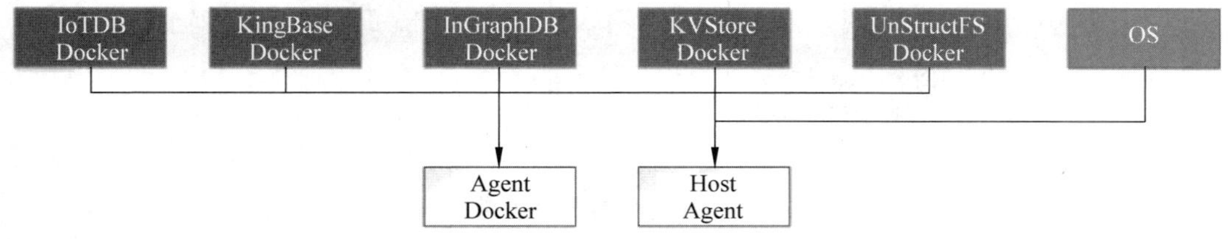

图 17.3　信息采集与存储模块的结构

（1）系统指标信息采集与存储模块。

指标信息采集与存储模块采用 Kubernetes 平台推荐的通用采集方案 cAdvisor＋Heapster＋InfluxDB，用来收集主机和组件 Pod 的性能指标。其架构如图 17.4 所示。

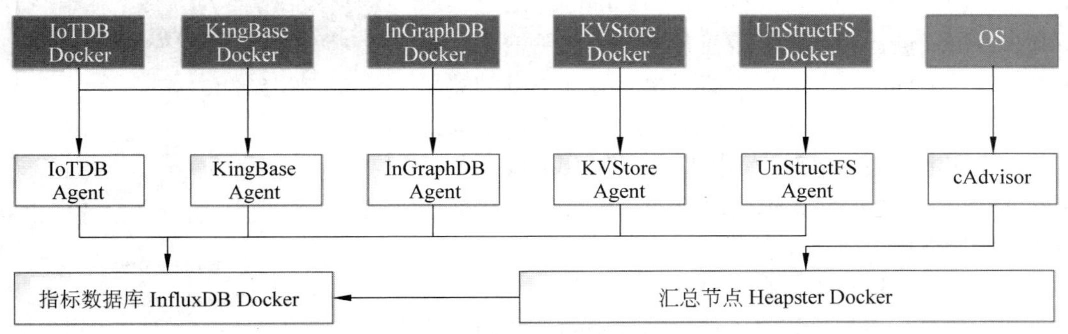

图 17.4　系统指标信息采集与存储模块架构

cAdvisor[12]是一个开源的容器资源使用和性能分析代理。Kubernetes 中的 Kubelet 集成了 cAdvisor。cAdvisor 自动发现主机上的所有容器，收集 CPU、内存、文件系统、网络使用情况。cAdvisor 还通过分析机器上的 root 容器来提供主机整体使用情况。

Kubelet 将每个 Pod 转化为一组容器，并从 cAdvisor 获取每个容器的使用情况，然后通过 RESTful API 暴露聚合的 Pod 资源使用统计。

Heapster[13]是一个收集者，Heapster 可以收集节点上的 cAdvisor 数据，将每个节点上的 cAdvisor 数据进行汇总，还可以按照 Kubernetes 的资源类型来集合资源，例如 Pod、Namespace 域，可以分别获取它们的 CPU、内存、网络和磁盘的度量值，默认的度量值聚合时间间隔是 1min，同时把数据导入第三方数据库 InfluxDB[14]。

由于 cAdvisor+Heapster+InfluxDB 采集方案无法采集到异构数据库系统 IoTDB、关系数据库、KVStore、InGraphDB、UnStructFS 的状态指标信息，需要开发相应的代理模块：IoTDB Agent、KingBase Agent、KVStore Agent、InGraphDB Agent、UnStructFS Agent。这些代理将需要收集的数据存入 InfluxDB 中。代理采用 Kubernetes 中 sidecar 的方式与应用容器部署在一个 Pod 中，其结构如图 17.5 所示。

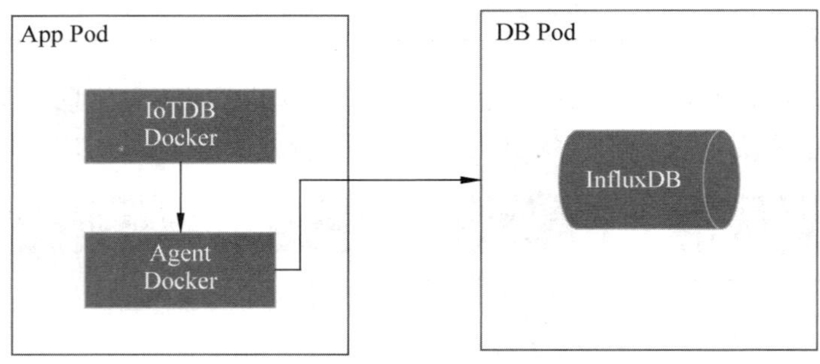

图 17.5 组件信息采集代理架构

其工作过程具体描述如下。

由于不同的数据管理系统向外暴露指标的方式不同，所以需要为不同的数据管理系统开发不同的数据采集代理。其中，KVStore、InGraphDB、IoTDB 的数据采集代理用 Java 语言开发，通过由 Java 提供的统一的 JMX 方式进行指标采集；KingBase 通过读取系统表的方式进行相关指标信息的采集。将不同的数据采集代理采集到的指标信息存储到相应的 InfluxDB 数据库表中。管理员可以通过配置相应的 XML 文件获取指标信息。在本模块中将部分指标信息写入 KingBase 数据库中，以供用户进行配置规则时选用。KingBase 数据库中指标的表结构如图 17.6 所示。

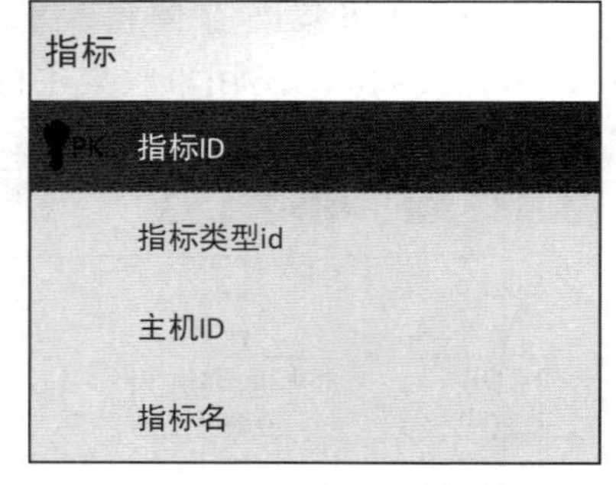

图 17.6 KingBase 数据库中指标的表结构

(2) 日志信息采集与存储模块。

日志信息采集与存储模块采用 Kubernetes 通用的日志收集方案 Fluentd+ElasticSearch，其中 Fluentd[15]为日志信息采集工具，ElasticSearch[16]作为日志信息存储与检索工具。该模块的结构如图 17.7 所示。

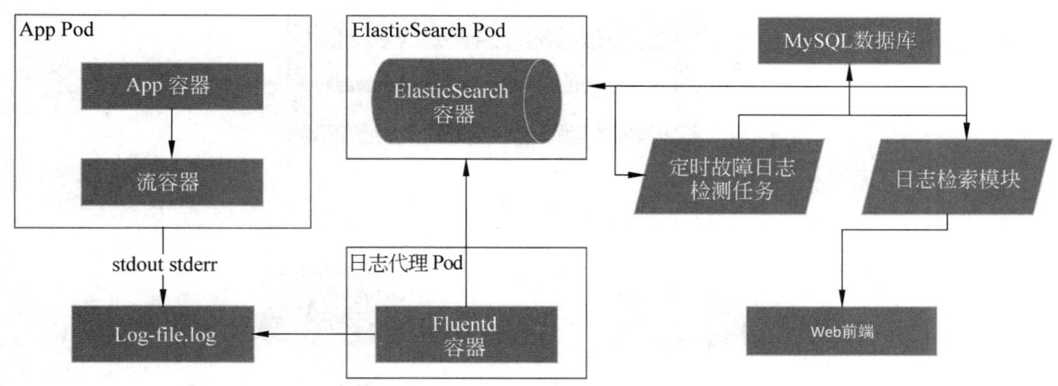

图 17.7　日志信息采集与存储模块结构

Fluentd 是一个日志收集系统，通过丰富的插件收集来自各种系统或应用的日志，并将收集来的数据转存到存储后端 ElasticSearch 中。

ElasticSearch 是一个开源的高扩展分布式全文检索引擎，它可以近乎实时地存储、检索数据。其本身扩展性很好，可以扩展到上百台服务器，处理 PB 级别的数据。

日志信息采集与存储模块的工作过程如下。

首先在各节点以 Pod 形式启动日志采集代理 Fluentd，Fluentd 会自动定期扫描每个容器的日志文件，用来采集日志信息。

各数据库管理组件 Pod 中加入 sidecar 流容器，用来将应用产生的日志重定向到 stdout 及 stderr，以便于 Fluentd 可以收集到组件的日志。

在 Kubernetes 集群启动信息汇总后端 ElasticSearch 集群，以接收各节点采集到的指定日志信息。

ElasticSearch 将数据持久化存储并提供强大的全文检索功能。

自行开发的定时故障日志检测模块会定期访问 ElasticSearch，将指定时间内的异常日志信息存入 KingBase 数据库，以便对日志进行检测和诊断。KingBase 日志存储格式如图 17.8 所示。

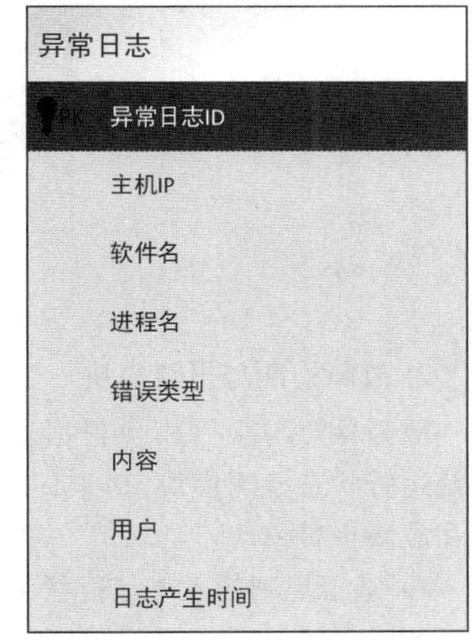

图 17.8　KingBase 日志存储格式

(3) 组件运行状态信息采集与存储模块。

组件运行状态信息采集与存储模块结构如图 17.9 所示。

其工作过程具体描述如下：

① 在 Kubernetes 集群中启动组件运行状态信息采集与存储 Pod。

② 此 Pod 使用 Kubernetes 提供的 API 向 Kubernetesapiserver 请求 Kubernetes 中各组件的运行状态信息。

③ 组件运行状态信息采集与存储 Pod 同时更新数据库中的组件状态信息。

组件运行状态信息存储在数据库中的主机表中，将 Pod 抽象为主机进行统一管理。其存储格式如图 17.10 所示。

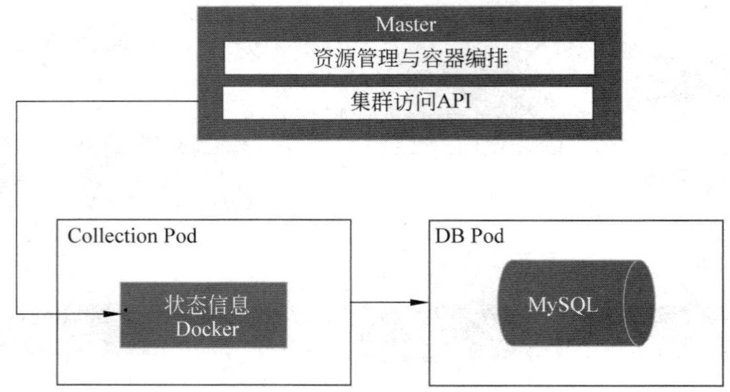

图 17.9　组件状态信息采集与存储模块结构

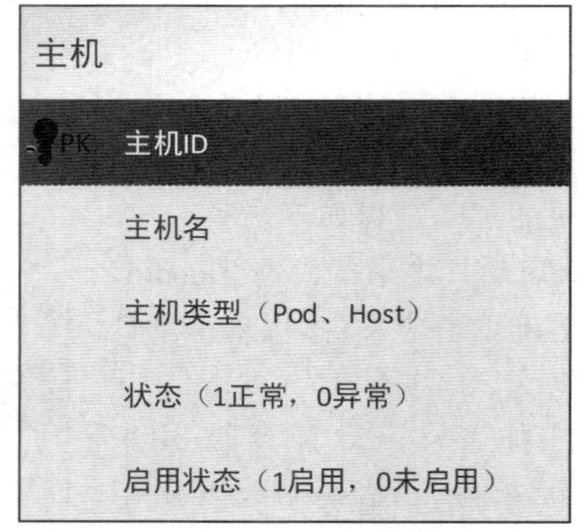

图 17.10　组件运行状态信息存储格式

2. 故障检测与报警模块

故障检测与报警模块根据功能主要分为基于规则的系统运行状态检测模块、基于日志模式匹配的故障检测模块和故障报警模块。

1）基于规则的系统运行状态检测模块

基于规则的系统运行状态检测模块主要是对组件运行状态信息采集与存储模块采集来的组件运行状态进行检测，以确定系统中是否有组件运行状态异常。其处理流程如图 17.11 所示。

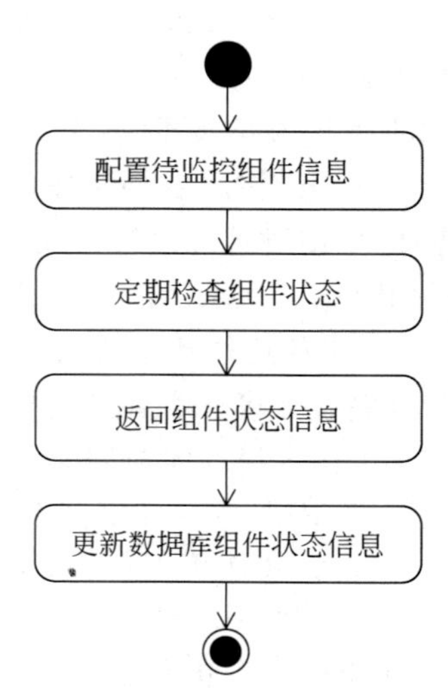

图 17.11　基于规则的系统运行状态检测模块处理流程

其具体流程如下：

（1）用户通过 Web 界面配置需要监控的组件信息，更新组件运行状态表(主机表)。

（2）定期扫描需要监控的组件列表，并根据监控列表向集群查询组件状态。

（3）返回组件状态信息，并更新数据库组件状态信息。

(4) 定期检测组件状态，重复执行步骤(2)和(3)。

在组件运行状态监控中，组件运行状态信息采集模块会定期检测 Kubernetes 集群中的组件运行状态信息，若组件运行状态异常，会在 Web 端进行显示，如图 17.12 所示。

集群组件状态表

Search

组件名称	状态信息
InGraphDB	●
KVStore	●
IotDB	●
KingBase	●
UnStructFS	●

图 17.12　集群组件状态表

基于规则的系统运行状态检测模块主要针对指标信息中的异常进行检测。指标信息检测包括操作系统指标和系统运行时状态指标的检测。主要采用基于阈值的规则检测，系统提供一些预定义的阈值规则，同时支持用户自定义阈值规则。用户为监控的指标制定相应的规则，当监控指标返回的数据触发了用户制定的规则，就会产生一个事件。故障检测模块定期扫描事件表，如果满足故障触发条件，则产生故障信息，并进行报警处理。

定义规则时，通常由领域专家通过分析历史故障发生时的可辨别特征来确定性能指标数据的阈值。以 CPU 使用率为例，当 CPU 使用率为 0～75%时，新加入的任务可以正常运行；而当 CPU 使用率持续保持在 90%以上时，新加入的任务会出现等待，系统性能出现问题。参照以往对于系统性能监控的经验，本工具提供一些内置的预定义阈值规则，如表 17.10 所示。本工具也支持用户自定义阈值规则。

表 17.10　本工具预定义阈值规则

性能指标	阈　值	故障级别
CPU 利用率	75%	Warning
	90%	High
磁盘 I/O	读 100MB/s，写 50MB/s	Warning
	读 130MB/s，写 65MB/s	High
内存利用率	88%	Warning
	90%	High

故障检测模块主要分为两个子模块：规则触发检测子模块和故障触发检测子模块。其处理流程如图 17.13 所示。

该模块的处理流程具体描述如下：

(1) 用户通过 Web 界面对需要检测的指标制定相应的规则。

(2) 更新规则表，添加 Web 端用户配置的规则信息。

(3) 规则触发检测子模块定期扫描规则表，检查相应的监控项值，计算触发函数，检查其上定义的规则的触发阈值。

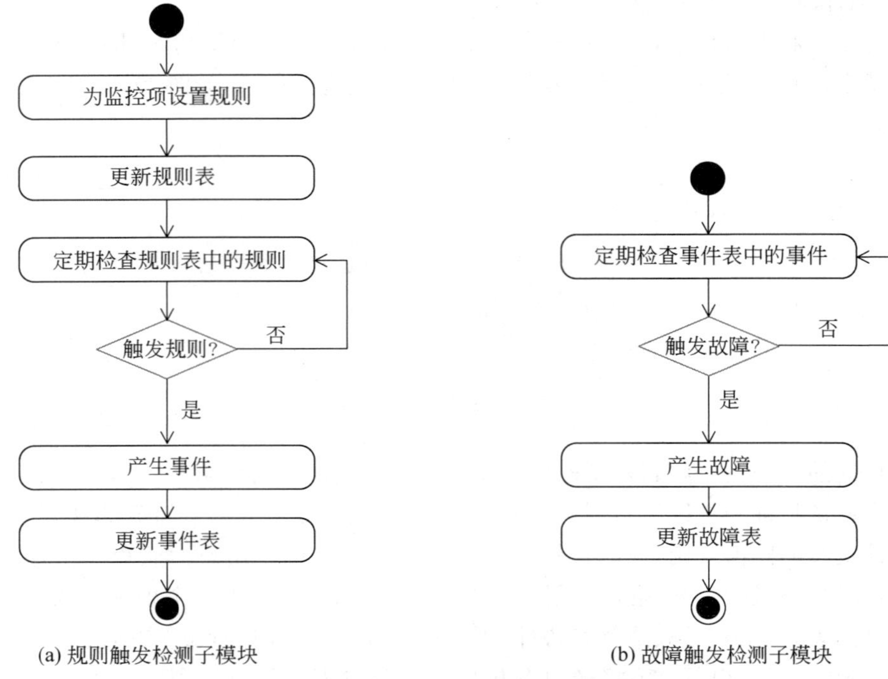

图 17.13　故障检测模块的两个子模块处理流程

(4) 若没有触发阈值,则说明并未触发规则。检查恢复阈值,若达到恢复阈值,更新事件表,将预定时间段内产生的该指标相关的事件设置为失效,然后继续扫描规则表。

(5) 若触发阈值,说明触发了规则。产生事件,并更新事件表。

(6) 故障触发检测子模块定期扫描故障表。如果预定时间内某条规则触发的情况超过了预定的阈值,则触发故障。

(7) 否则,继续扫描故障表。

(8) 更新故障表,添加故障信息。

故障检测模块设计主要围绕规则表进行操作,其中包含了规则所属主机和指标的信息、触发与恢复函数等信息,产生事件后,向事件表添加事件,并建立关联。故障检测模块数据库设计如图 17.14 所示。

该模块 Web 界面实现如图 17.15 所示。

各选项说明如下:

(1) 规则名称:为该条规则设置名称,该名称应简单、明确。

(2) 主机名称:待监控的主机名。

(3) 表达式:为指标设置相应的规则表达式。

(4) 规则描述:对设置的规则进行相应的说明。

(5) 严重程度:违反规则后造成影响的严重程度。

(6) 报警方式:违反规则后的报警方式。

(7) 是否启用规则:设置是否启用本规则。

表达式配置界面如图 17.16 所示。

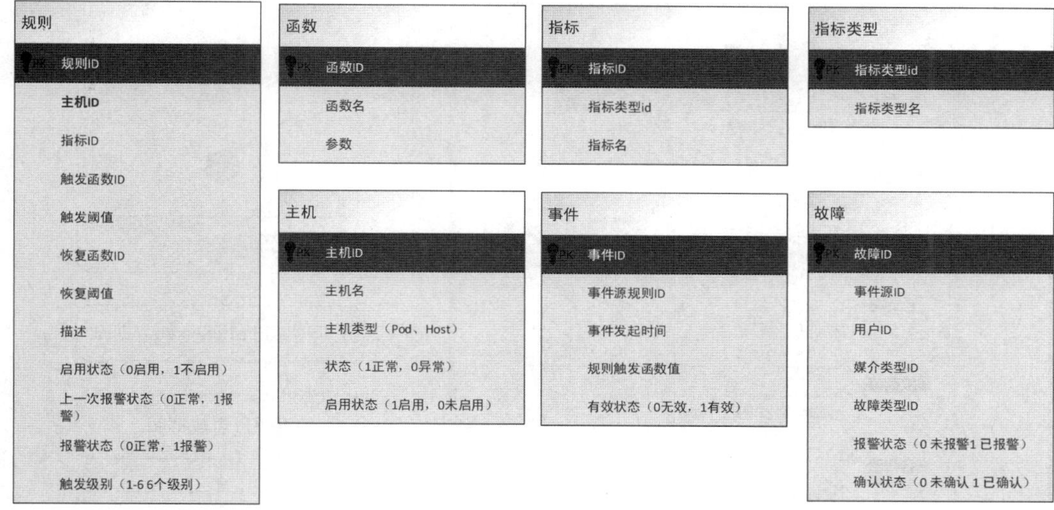

图 17.14　故障检测模块数据库设计

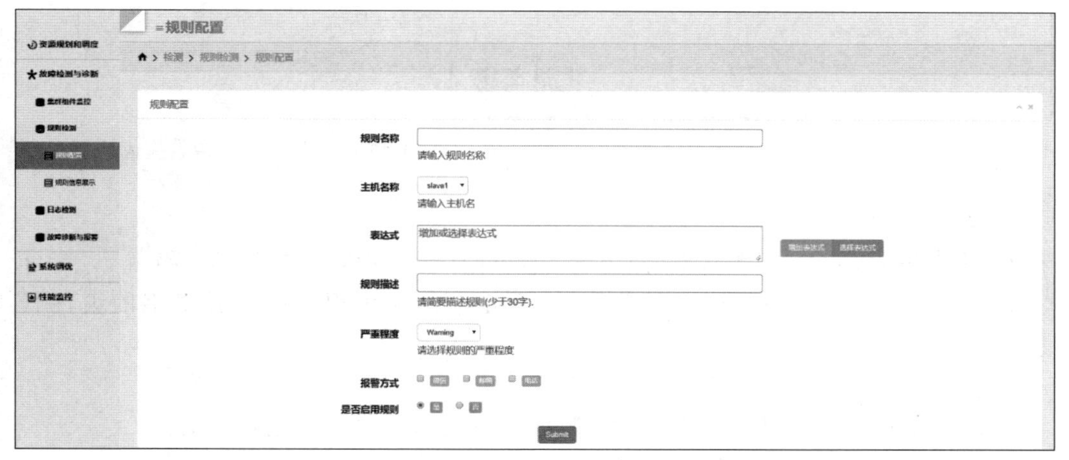

图 17.15　规则设置界面

（1）指标：选择相应的指标。

（2）函数：选择所需的函数及其参数。

（3）运算符：选择相应的运算符。

（4）触发阈值、恢复阈值和故障次数：设置合适的阈值。

2）基于日志模式匹配的故障检测模块

基于日志模式匹配的故障检测模块主要根据管理人员配置的日志模式，对实时产生的日志进行匹配，以检测是否发生故障。为方便对故障日志进行高效管理，需要将故障日志存储在后端数据库 MySQL 中。同时为方便用户查看不同组件的日志信息，该模块也提供了普通日志的检索功能。下面分别介绍这两个功能的实现。

（1）故障日志检索模块。

故障日志检索模块处理流程如图 17.17 所示。

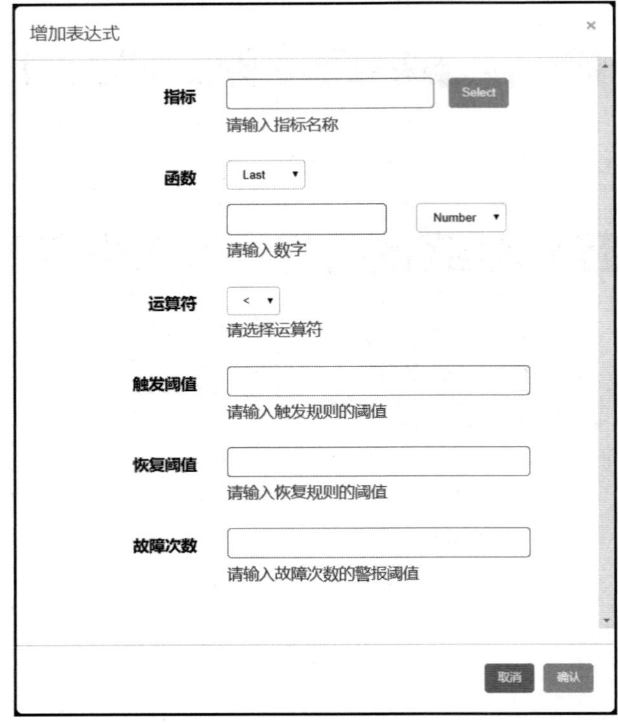

图 17.16 表达式配置界面

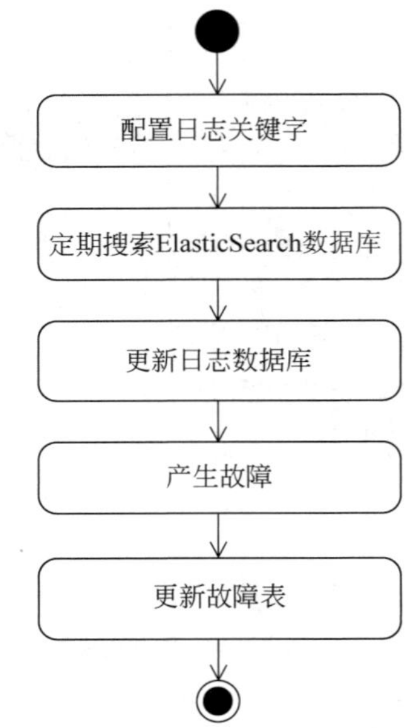

图 17.17 故障日志检索模块处理流程

其具体流程如下：

① 用户通过 Web 界面配置需要监控的组件以及故障关键字(以逗号分隔)。

② 定期检测 ElasticSearch 数据库，检索固定时间内出现了故障关键字的组件日志信息。

③ 将故障日志信息更新到日志数据库中。

④ 产生故障信息，并更新故障关键字数据库，向数据库中添加故障信息。

⑤ 重复执行②～④。

故障关键字数据库的表结构如图 17.18 所示。

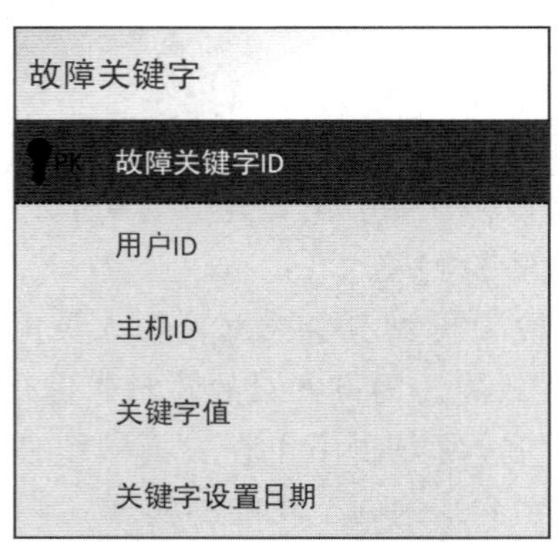

图 17.18 故障关键字数据库的表结构

在监控日志时，需要知道监控哪个应用的日志中的哪些关键字，其配置界面如图 17.19 所示。

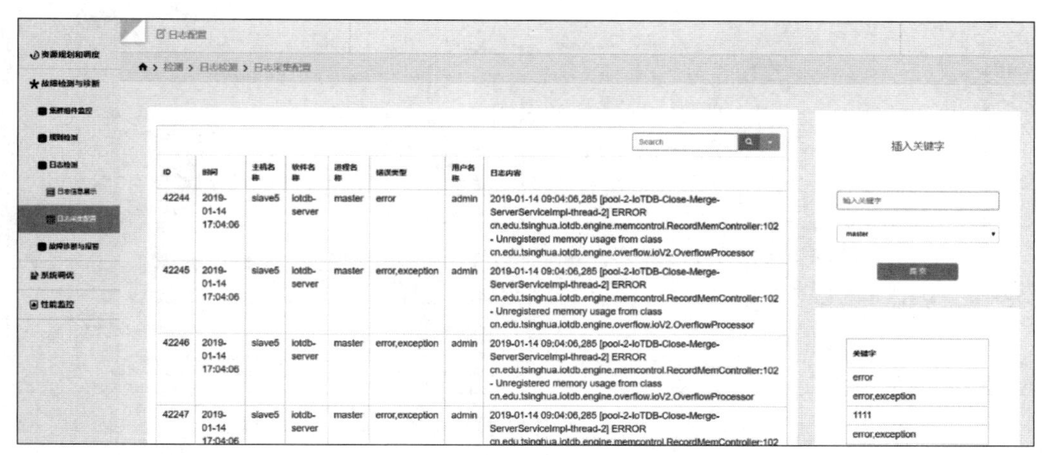

图 17.19 故障日志检索配置界面

(2) 普通日志检索模块。

普通日志检索模块处理流程如图 17.20 所示。

其具体流程如下：

① 用户通过 Web 界面配置需要检索的日志相关信息中的若干项，包括关键字、软件名、进程名、主机、开始时间和结束时间。

② 检索 ElasticSearch 数据库，得到符合条件的日志信息。

③ 将符合条件的日志信息发送到前端进行展示。

普通日志检索配置界面如图 17.21 所示。

3) 故障报警模块

故障报警模块主要对产生的故障进行报警处理，其处理流程如图 17.22 所示。

其具体描述如下：

(1) 用户通过 Web 界面设置报警方式和报警联系人，并存入数据库中。

(2) 故障报警模块定期检测故障信息表。当故障检测模块检测到故障时，会更新故障信息表。

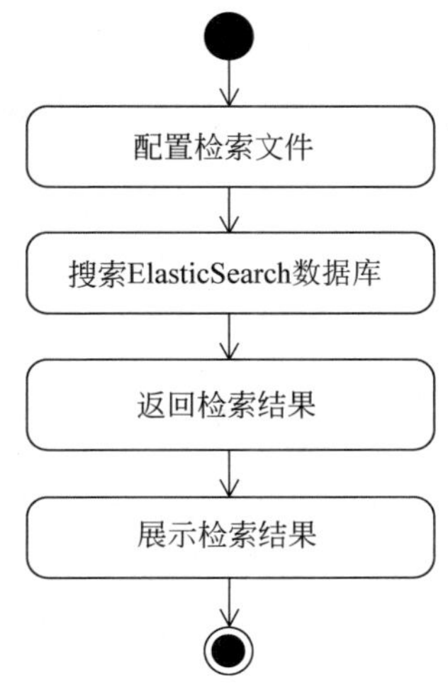

图 17.20 普通日志检索模块处理流程

(3) 故障报警模块根据报警方式和报警联系人发出报警信息。

(4) 修改故障信息表信息，包括报警发送次数、报警状态、确认状态和有效状态。

(5) 如果报警发送次数不为 0，重复执行(3)和(4)。

故障报警模块数据库表主要包括用户表和故障表，用户表存储当前用户的一些报警信息，故障表包括所有的故障信息。其结构如图 17.23 所示。

3. 故障诊断模块

故障诊断模块主要通过对日志信息和指标信息(主要指与资源相关的指标信息)的分析

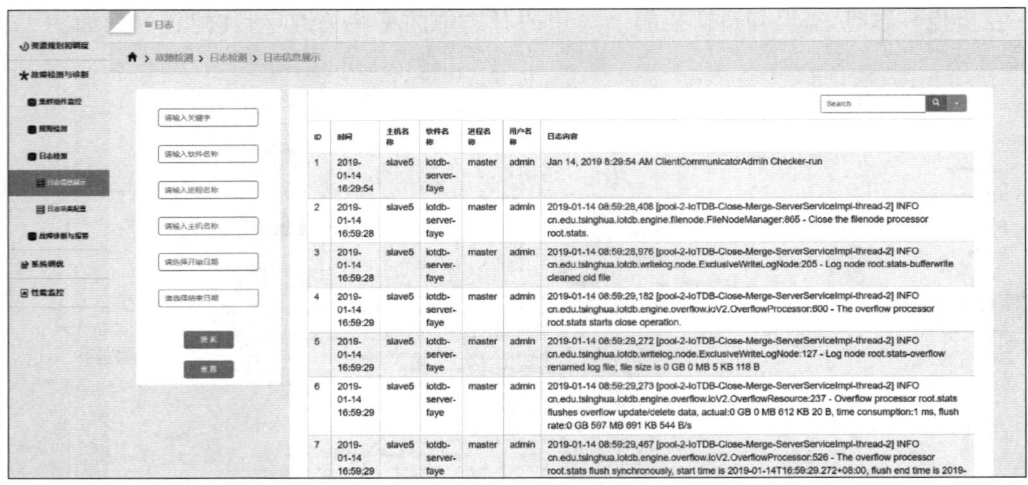

图 17.21　普通日志检索配置界面

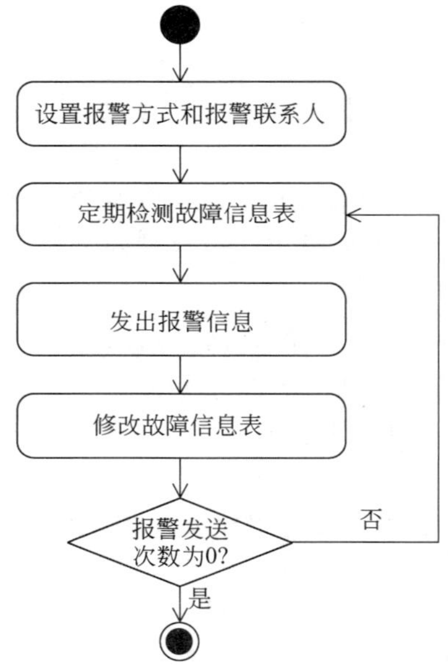

图 17.22　故障报警模块处理流程

实现故障诊断。

当出现故障信息时，通过获取故障产生时刻前后的相关日志信息进行关联，实现故障诊断功能，其处理流程如图 17.24 所示。

其具体流程如下：

(1) 用户通过 Web 界面触发对故障信息的诊断。

(2) 故障诊断模块检索故障信息表，查看相应的故障信息，获取故障对应的应用及故障产生的时间。

(3) 根据故障对应的应用和故障产生的时间检索 ElasticSearch 数据库，获取应用在故障产生前后一段时间范围内的日志数据。

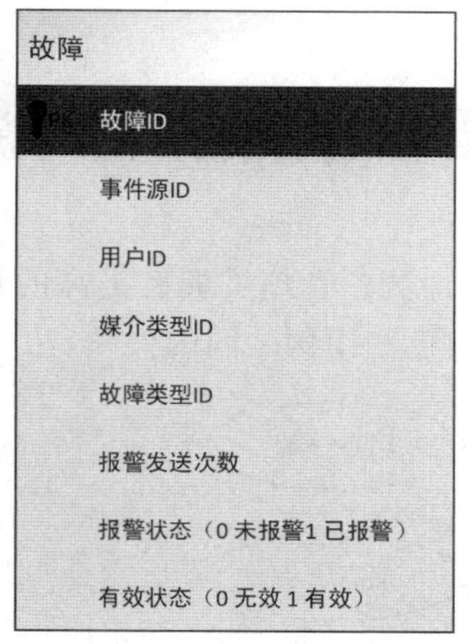

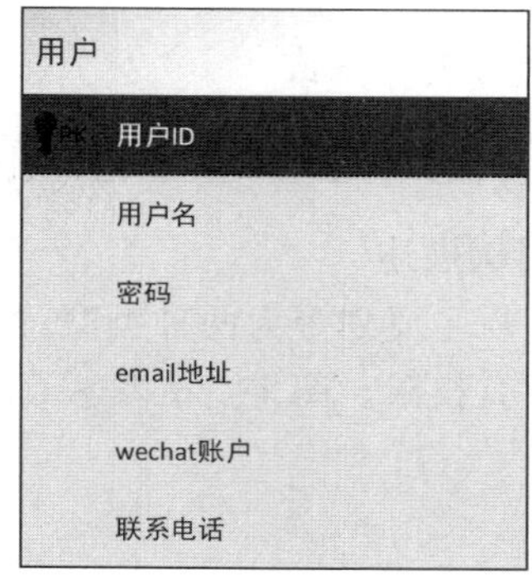

图 17.23　故障报警模块数据库表结构

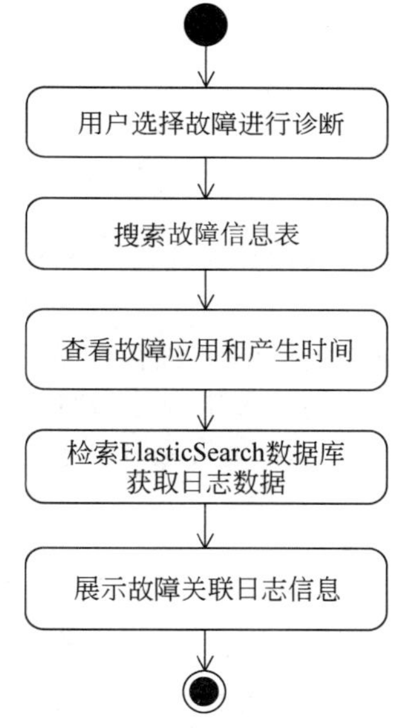

图 17.24　故障诊断模块处理流程

(4) 将检索到的关联日志数据进行展示，也可以生成诊断报告，其中包括关联日志信息。

当系统检测出故障时，会将故障显示在故障展示界面，如图 17.25 所示。用户可以根据需求单击 Diagnosis 按钮直接对故障进行诊断，诊断完成后返回关联的日志信息。

图 17.25　故障展示界面

17.4.2 图形用户界面

系统的图形用户界面主要功能包括用户管理、系统监控信息展示、故障检测与报警相关配置。

1. 系统用例描述

系统的用户主要划分为两种类型：普通用户、管理员。管理员拥有更高的权限，并拥有普通用户的所有权限。图 17.26 描述了这两类系统角色和用例之间的关系。

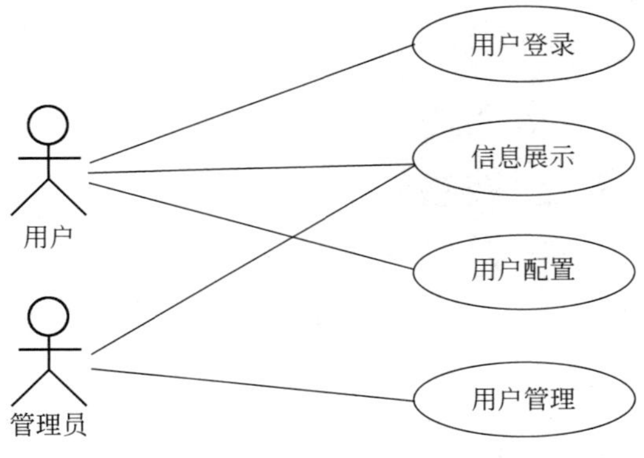

图 17.26 系统用例图

下面分别对各个不同角色和他们的操作功能进行说明。

1）普通用户

普通用户必须登录系统才可以查看信息和进行配置。普通用户可以登录和注销登录，查看信息展示和用户配置。普通用户的二级用例图如图 17.27 所示。

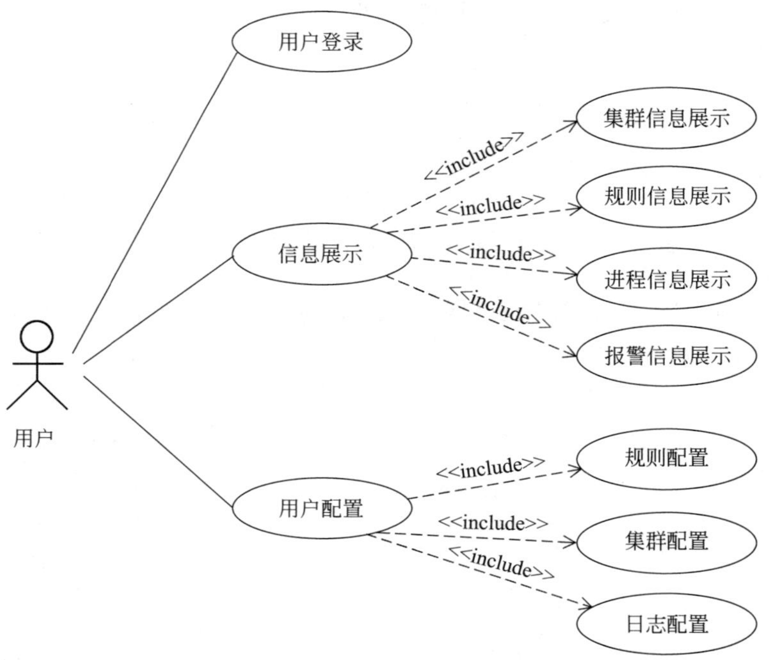

图 17.27 普通用户二级用例图

2）管理员

管理员可以添加、删除用户，并拥有普通用户的所有权限。管理员关于用户管理的二级用例图如图 17.28 所示。

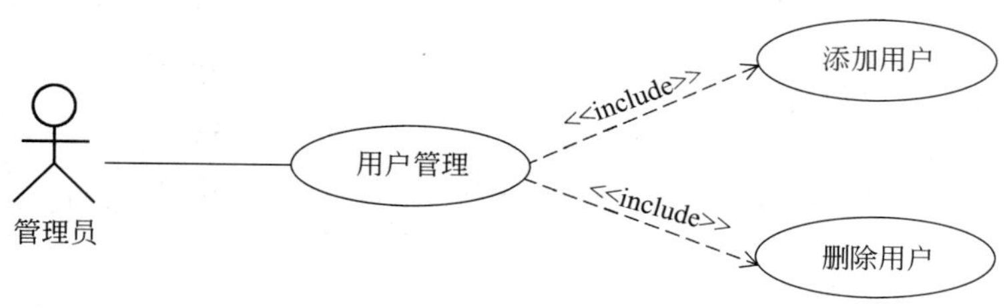

图 17.28　管理员关于用户管理的二级用例图

2. 功能流程描述

本节对功能模块进行流程描述，为页面设计和程序设计提供依据。

1）用户管理

用户管理功能包括用户登录和用户添加与删除。

用户登录过程需要依次检测用户名是否正确以及用户密码是否正确。在通过以上检测后用户登录才算成功，这时可以完成登录成功后的业务操作。操作完成后，需要将用户对象添加到 HTTP 会话中，以便后续操作可以直接从会话中获取用户信息。图 17.29 为用户登录流程。

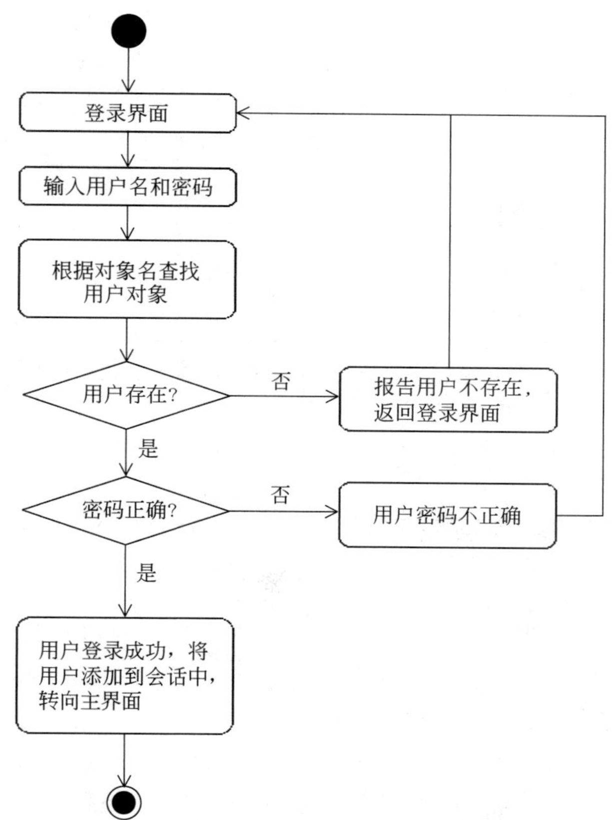

图 17.29　用户登录处理流程

系统中的用户只能由管理员进行添加和删除。这两个操作的流程如图 17.30 和图 17.31 所示。

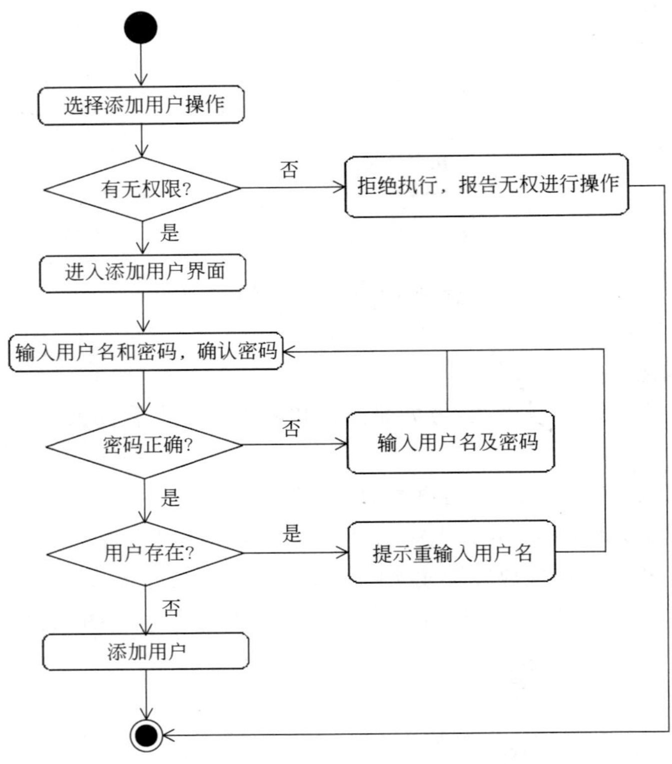

图 17.30 添加用户处理流程

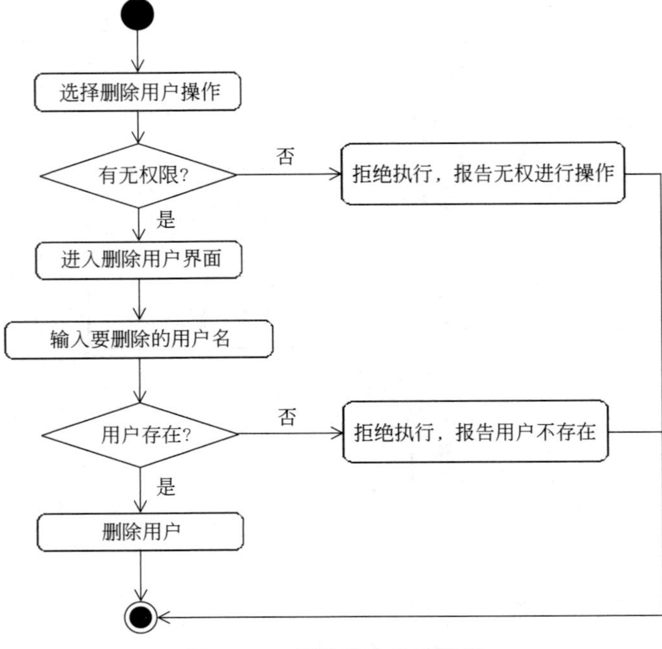

图 17.31 删除用户处理流程

2）系统监控信息展示

系统监控信息展示功能包括集群监控信息展示、组件监控信息展示、检测规则展示、模式匹配日志展示和报警信息展示。各部分具体功能如下：

(1) 集群监控信息展示。展示集群整体运行状态和每个节点的运行状态，包括 CPU、内存、文件系统和网络使用情况以及集群中运行组件的心跳状态。

(2) 组件监控信息展示。展示 5 种数据管理组件的资源使用情况、性能指标详情以及同一组件不同实例的心跳状态。

(3) 检测规则展示。展示系统预定义规则和用户自定义规则。

(4) 模式匹配日志展示。展示用户自定义日志模式以及与日志模式匹配的故障日志。

(5) 报警信息展示。展示系统产生的故障信息及故障原因。

这几部分信息的展示都需要访问后端各模块提供的 RESTful API 服务。前端获取要展示的信息后，在前端对这些信息进行可视化。系统监控信息展示功能需要访问的后端 RESTful URL 设计如表 17.11 所示，其操作方式主要是通过 GET 获取数据。

表 17.11　系统监控信息展示功能需要访问的后端 RESTful URL 设计

操作	URL	含　义
GET	/cpu/node/utilization	获取所有节点 CPU 使用率
GET	/memory/node/utilization	获取所有节点内存使用率
GET	/network/node/rxtx	获取集群所有节点网络输入输出量
GET	/storage/node/free	获取集群所有节点剩余存储空间
GET	/podInfo/software/status	获取集群运行组件心跳状态
GET	/cpu/iotdb/usage	获取组件 IoTDB 的 CPU 使用率
GET	/podInfo/iotdb/list	获取组件 IoTDB 所有实例状态
GET	/rule/list	获取所有故障检测规则
GET	/log/pattern/list	展示所有日志模式
GET	/log/list/{page}	获取第 page 页的故障日志信息
GET	/fault/list/{page}	获取第 page 页的故障信息
GET	/fault/list/{id}/reason	获取 ID 为 id 的故障原因

检测规则展示功能主要是通过页面对检测规则进行展示，可以根据用户输入的过滤条件进行展示，默认全部展示。检测规则展示处理流程如图 17.32 所示。

规则触发展示功能主要是通过页面对规则的触发情况进行展示。如果某条规则超过了设定的规则阈值，可以根据用户输入的过滤条件进行展示，默认全部展示。规则触发展示处理流程如图 17.33 所示。

异常日志展示功能主要是通过页面的关键字配置完成基于关键字的异常日志展示。异常日志展示处理流程如图 17.34 所示。

日志搜索功能可以对展示的日志信息进行搜索。日志搜索功能主要是通过页面配置搜索的方式获取满足用户需求的日志信息。日志搜索功能处理流程如图 17.35 所示。

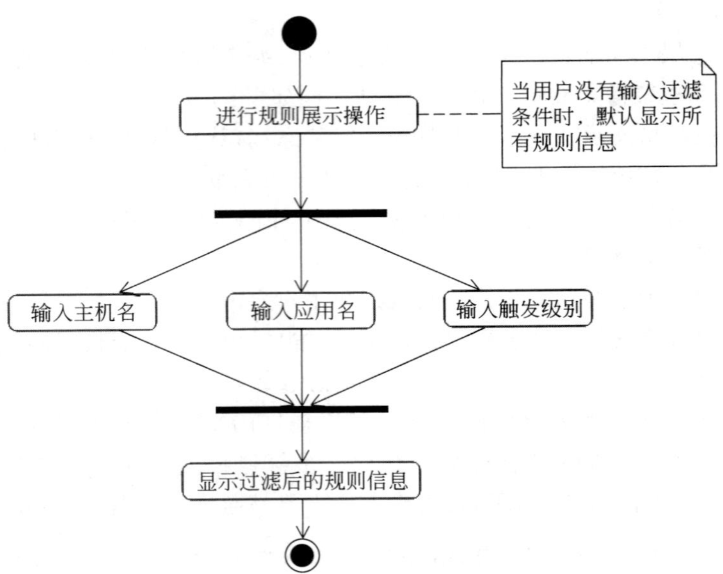

图 17.32　检测规则展示处理流程

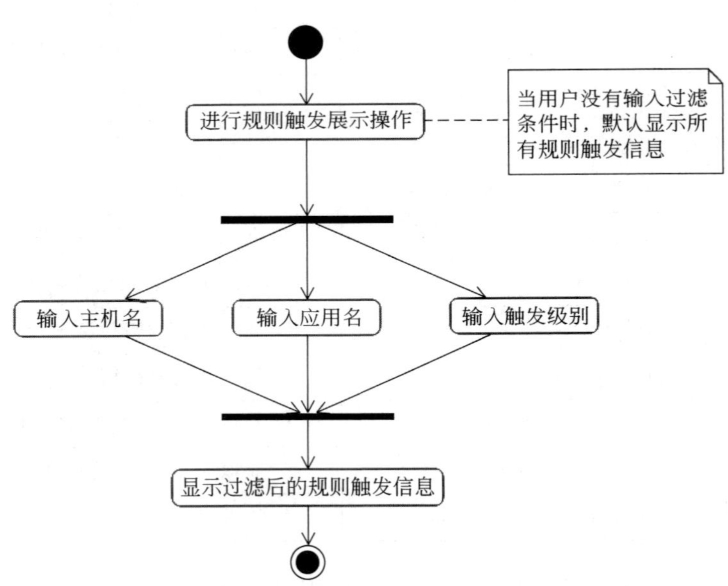

图 17.33　规则触发展示处理流程

3）故障检测与报警相关配置

故障检测与报警相关配置功能包括检测规则配置、日志检索配置、日志模式配置和故障原因配置。

（1）检测规则配置。配置性能指标检测中的自定义规则，包括规则名、规则表达式、规则描述等。

（2）日志检索配置。配置日志检索条件，包括日志模式、软件名、时间等。

（3）日志模式配置。配置故障日志匹配模式，包括组件名与日志模式。

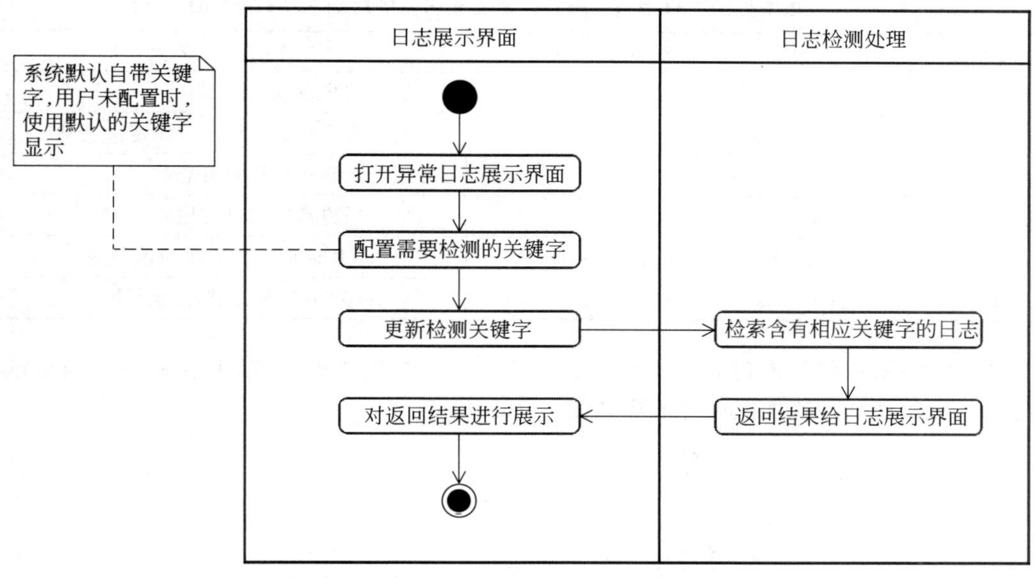

图 17.34 异常日志展示处理流程

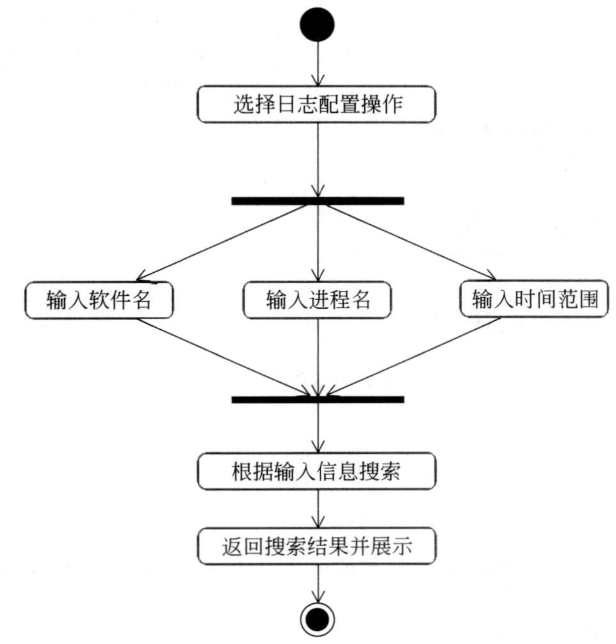

图 17.35 日志搜索功能处理流程

(4) 故障原因配置。对没有关联故障原因的故障设置故障原因。

这几部分的配置同样需要访问后端各模块提供的 RESTful API 服务。用户在前端发出配置请求后,后端对请求进行处理,并返回相应的请求状态。故障检测与报警相关配置功能需要访问的后端 RESTful URL 设计如表 17.12 所示,其操作方式主要是通过 POST 获取数据。

表 17.12　故障检测与报警相关配置功能需要访问的后端 RESTful URL 设计

操作	URL	含　　义
POST	/rule/insertion	插入用户自定义规则
POST	/rule/deletion	删除用户自定义规则或预定义规则
POST	/log/list/filter	根据检索条件检索日志
POST	/log/pattern/insertion	插入用户自定义日志模式
POST	/fault/list/{id}/reason/insertion	对 ID 为 id 的故障设置故障原因
POST	/fault/list/{id}/status/ack/update	对 ID 为 id 的故障状态确认更新

其中的检测规则配置功能主要是通过页面对检测规则进行配置，并在检测规则后端进行更新。检测规则配置功能处理流程如图 17.36 所示。

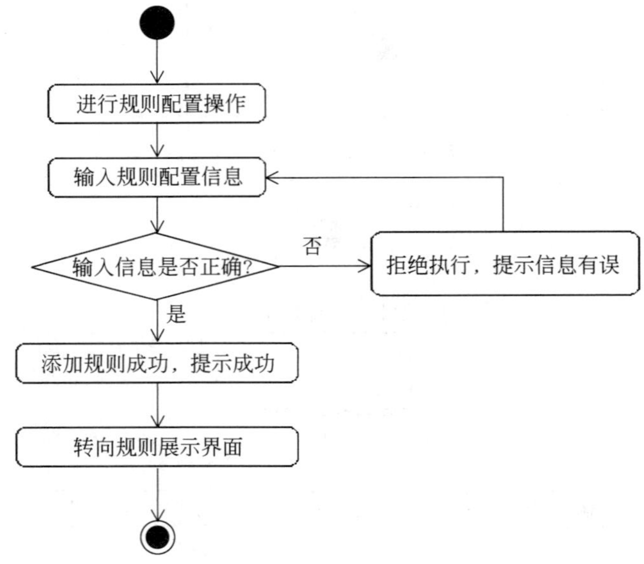

图 17.36　检测规则配置功能处理流程

17.5　性能

故障检测与诊断工具的性能介绍以系统的图形用户界面为基础进行展示说明。

17.5.1　集群组件监控模块

集群组件监控模块主要包括集群监控、IoTDB 数据库管理组件监控、KVStore 数据库管理组件监控、KingBase 数据库管理组件监控、InGraphDB 数据库管理组件监控和 UnStructFS 数据库管理组件监控。

1. 集群监控主页

集群监控主页如图 17.37 所示。该主页包括两部分：一部分用来展示每一个节点的 CPU 利用率、内存利用率、网络传输和存储空间情况，另一部分用来展示每一个数据库管理组件的运行状态。

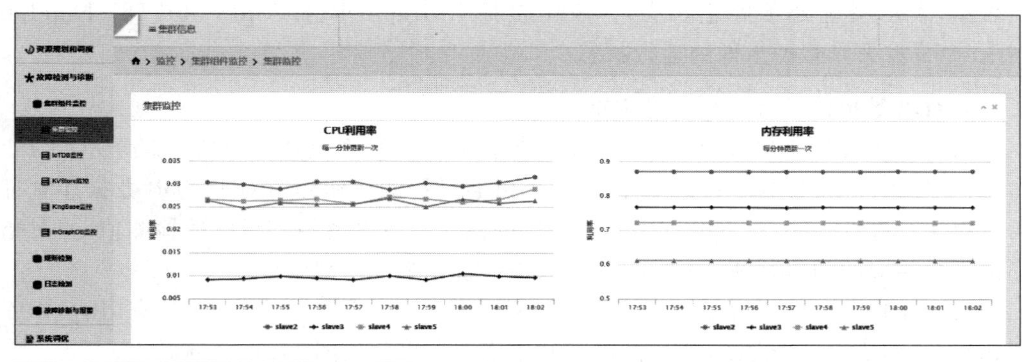

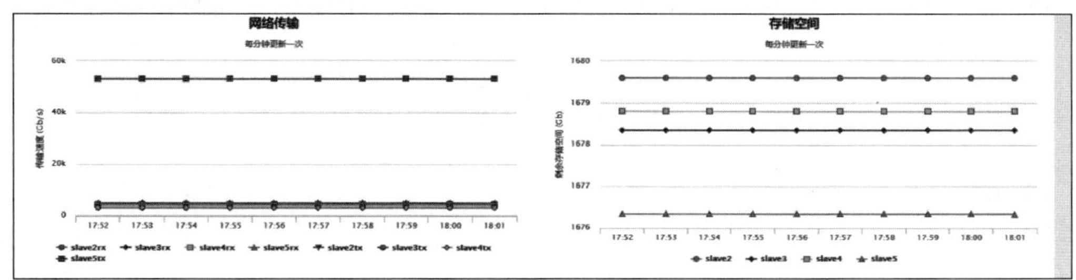

图 17.37　集群监控主页

图 17.37 中的“CPU 利用率”描绘了 Kubernetes 集群中每一个节点在 10min 内的 CPU 利用率的变化，每一个节点用不同的颜色标明。纵轴表示 CPU 利用率，横轴表示时间，每隔 1min 图更新一次，以获取每一个节点最新的 CPU 利用率的值。

图 17.37 中的“内存利用率”描绘了 Kubernetes 集群中每一个节点在 10min 内内存利用率的变化，每一个节点用不同的颜色标明。纵轴表示内存利用率，横轴表示时间，每隔 1min 图更新一次，以获取每一个节点最新的内存利用率的值。

图 17.37 中的“存储空间”描绘了 Kubernetes 集群中每一个节点在 10min 内文件系统的可用空间的变化，每一个节点用不同的颜色标明。纵轴表示文件系统可用空间大小，以 MB 为单位，横轴表示时间，每隔 1min 图更新一次，以获取每一个节点最新的文件系统可用空间的值。

图 17.37 中的“网络传输”描绘了 Kubernetes 集群中每一个节点在 10min 内网络的输入输出量的变化，每一个节点在图中有两条折线，一条表示 10min 内 tx 的数据，另一条表示 10min 内 rx 的数据。纵轴表示输入输出量，横轴表示时间，每隔 1min 图更新一次，以获取每一个节点最新的网络 tx/rx 值。

图 17.38 为集群组件状态表，给出每一个组件的运行状态。主要分为两种状态：一种为

集群组件状态表

Search

组件名称	状态信息
InGraphDB	●
KVStore	●
IotDB	●
KingBase	●
UnStructFS	●

图 17.38　集群组件状态表

up 状态(用绿色的圆点表示,表示系统处于正常运行状态);另一种为 down 状态(用红色的圆点表示,表示系统处于停止状态)。表中包括 InGraphDB、KVStore、IoTDB、KingBase、UnStructFS 数据库管理组件的运行状态。

2. IoTDB 数据库管理组件监控主页

IoTDB 数据库管理组件(单节点数据库管理组件)监控主页主要包括 4 部分:

(1) IoTDB 健康检测。在该部分,用户可以通过检测按钮随时对 IoTDB 数据库管理组件的健康状态进行检测,得到数据库管理组件的健康指数以及相关指标的检测值,并对指标检测值进行相应的阈值判断,得到 IoTDB 数据库管理组件的健康情况。

(2) IoTDB 资源使用情况。该部分包括两张图:一张图描绘了 IoTDB 应用的 CPU 利用率;另一张图描绘了 IoTDB 应用的内存利用率。该界面如图 17.39 所示。

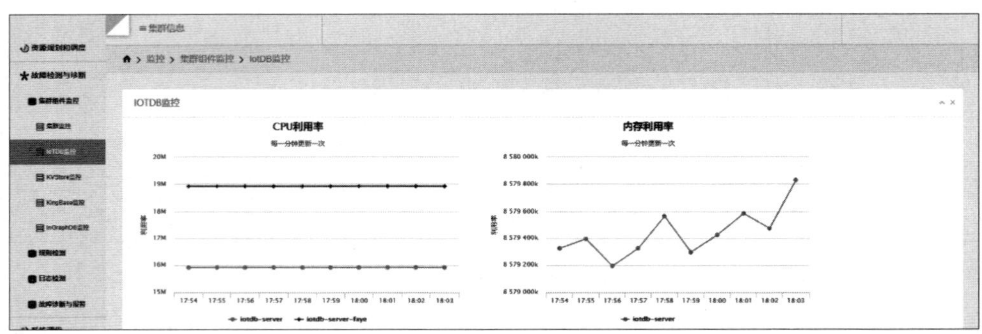

图 17.39 IoTDB 资源使用情况

(3) IoTDB 指标详情。该界面包括的 IoTDB 指标如图 17.40 所示。

IoTDB监控基本指标表

时间	数据库进程	主机名	数据大小(B)	溢出缓存	写前日志状态	合并时间(S)	关闭时间(S)
2019-01-14T11:13:14.168Z	true	iotdb-server	7509961060	0	true	7200	3600
2019-01-14T11:12:39.505Z	true	iotdb-server-faye	5363889	0	true	7200	3600
2019-01-14T11:12:14.166Z	true	iotdb-server	7509961060	0	true	7200	3600
2019-01-14T11:11:39.759Z	true	iotdb-server-faye	5363889	0	true	7200	3600
2019-01-14T11:11:14.17Z	true	iotdb-server	7509961060	0	true	7200	3600
2019-01-14T11:10:39.463Z	true	iotdb-server-faye	5363889	0	true	7200	3600
2019-01-14T11:10:14.168Z	true	iotdb-server	7509961060	0	true	7200	3600
2019-01-14T11:09:39.59Z	true	iotdb-server-faye	5363889	0	true	7200	3600
2019-01-14T11:09:14.19Z	true	iotdb-server	7509961060	0	true	7200	3600
2019-01-14T11:08:39.603Z	true	iotdb-server-faye	5363889	0	true	7200	3600

IoTDB状态信息

组件名称	状态信息
iotdb-client-6cc8cf74f6-qfkxv	●
iotdb-client-faye-6b669b8d88-bmzz	●
iotdb-grafana	●
iotdb-server	●
iotdb-server-faye	●

图 17.40 IoTDB 指标详情

(4) IoTDB 状态。描述 IoTDB 数据库管理组件的进程运行情况。进程运行状态包括两种:一种为 up 状态(用绿色的圆点表示,表示进程处于正常运行状态);另一种为 down 状

态(用红色的圆点表示,表示进程处于停止状态)。

3. KVStore 数据库管理组件监控主页

KVStore 数据库管理组件(分布式数据库管理组件)监控主页如图 17.41 所示。它主要包括 3 部分:

(1) KVStore 资源使用情况。图 17.41 描绘了 KVStore 资源使用情况。其中包括两张图:一张图描绘了 KVStore 集群中每一个 KVStore 应用的 CPU 利用率,图中包括 KVStore 集群中的每一个 KVStore 应用;另一张图描绘了 KVStore 集群中每一个 KVStore 应用的内存利用率,图中包括 KVStore 集群中的每一个 KVStore 应用。

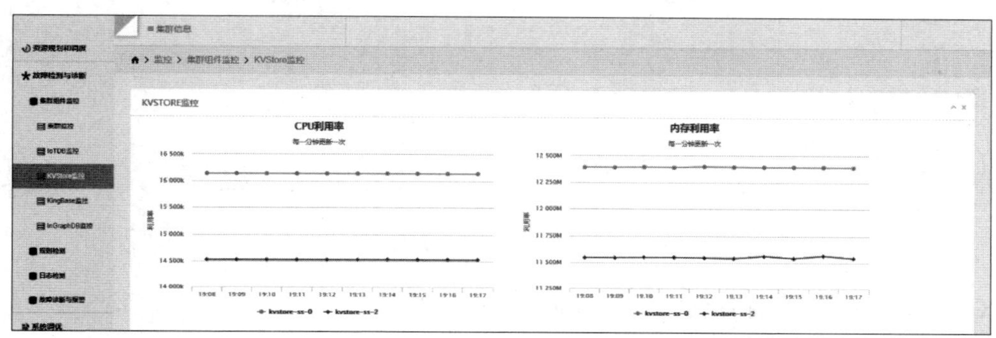

图 17.41 KVStore 资源使用情况

(2) KVStore 指标详情。图 17.42 给出了 KVStore 的指标详情。

KVStore监控基本指标表

时间	KVSTORE进程	主机名称	磁盘大小	完成任务数	命中数
2019-01-14T11:18:13.548Z	true	kvstore-ss-0	229618	296384	618
2019-01-14T11:17:35.304Z	true	kvstore-ss-2	297591	423808	561
2019-01-14T11:17:13.498Z	true	kvstore-ss-0	229618	296380	618
2019-01-14T11:16:35.32Z	true	kvstore-ss-2	297591	423800	561
2019-01-14T11:16:13.485Z	true	kvstore-ss-0	229618	296376	618
2019-01-14T11:16:08.642Z	true	kvstore-ss-1	304700	259370	464
2019-01-14T11:15:35.376Z	true	kvstore-ss-2	297591	423792	561
2019-01-14T11:15:13.511Z	true	kvstore-ss-0	229618	296372	618
2019-01-14T11:15:08.703Z	true	kvstore-ss-1	304700	259366	464
2019-01-14T11:14:35.292Z	true	kvstore-ss-2	297591	423784	561

KVStore状态信息

组件名称	状态信息
kvstore-ss-0	●
kvstore-ss-1	●
kvstore-ss-2	●

图 17.42 KVStore 指标详情

(3) KVStore 集群状态。该界面描述了 KVStore 数据库管理组件集群中每一个 KVStore 进程的运行状态。进程运行状态包括两种:一种为 up 状态(用绿色的圆点表示,表示进程处于正常运行状态);另一种为 down 状态(用红色的圆点表示,表示进程处于停止状态)。

4. InGraphDB 数据库管理组件监控主页

InGraphDB 数据库管理组件(分布式数据库管理组件)监控主页如图 17.43 所示。该界面主要包括 3 部分：

(1) InGraphDB 资源使用情况。该界面如图 17.43 所示。其中包括两张图：一张图描绘了 InGraphDB 集群中每一个 InGraphDB 应用的 CPU 利用率，图中包括 InGraphDB 集群中的每一个 InGraphDB 应用；另一张图描绘了 InGraphDB 集群中每一个 InGraphDB 应用的内存利用率，图中包括 InGraphDB 集群中的每一个 InGraphDB 应用。

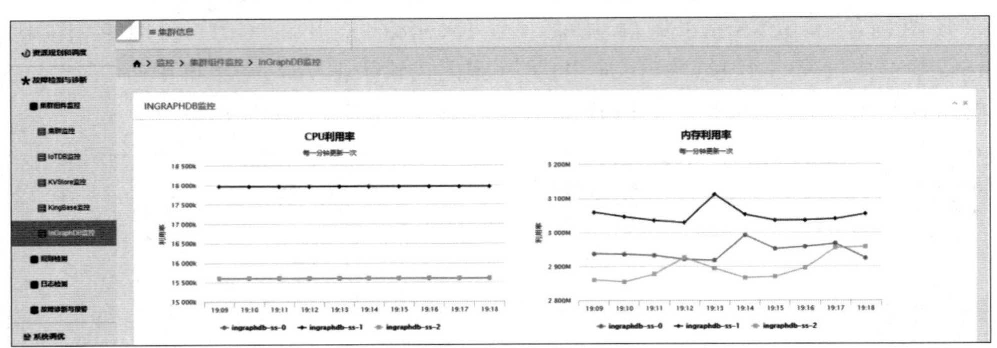

图 17.43 InGraphDB 资源使用情况

(2) InGraphDB 指标详情。该界面如图 17.44 所示。

InGraphDB监控基本指标表

时间	主机名称	数据库进程	存储	已打开事务数	读字节	写字节
2019-01-14T11:19:32.531Z	ingraphdb-ss-1	true	5925209	2	331170	2591980
2019-01-14T11:18:51.467Z	ingraphdb-ss-2	true	5965999	12944	625728	2657336
2019-01-14T11:18:49.399Z	ingraphdb-ss-0	true	5965999	3	625408	2657290
2019-01-14T11:18:32.611Z	ingraphdb-ss-1	true	5925209	2	331170	2591980
2019-01-14T11:17:54.395Z	ingraphdb-ss-2	true	5965999	12944	625728	2657336
2019-01-14T11:17:47.703Z	ingraphdb-ss-0	true	5965999	3	625408	2657290
2019-01-14T11:17:32.614Z	ingraphdb-ss-1	true	5925209	2	331170	2591980
2019-01-14T11:16:51.3Z	ingraphdb-ss-2	true	5965999	12944	625728	2657336
2019-01-14T11:16:51.008Z	ingraphdb-ss-0	true	5965999	3	625408	2657290
2019-01-14T11:16:32.532Z	ingraphdb-ss-1	true	5925209	2	331170	2591980

InGraphDB状态信息

组件名称	状态信息
ingraphdb-ss-0	●
ingraphdb-ss-1	●
ingraphdb-ss-2	●

图 17.44 InGraphDB 指标详情

(3) InGraphDB 集群状态。该界面描述了 InGraphDB 数据库管理组件集群中每一个 InGraphDB 进程的运行状态。进程运行状态包括两种：一种为 up 状态(用绿色的圆点表示，表示进程处于正常运行状态)；另一种为 down 状态(用红色的圆点表示，表示进程处于停止状态)。

5. KingBase 数据库管理组件监控主页

KingBase 数据库管理组件(单节点数据库管理组件)监控主页主要包括 3 部分：

(1) KingBase 资源使用情况。该界面如图 17.45 所示。其中包括两张图：一张图描绘了 KingBase 应用的 CPU 利用率；另一张图描绘了 KingBase 应用的内存利用率。

(2) KingBase 指标详情。其中包含了 KingBase 的重要指标。

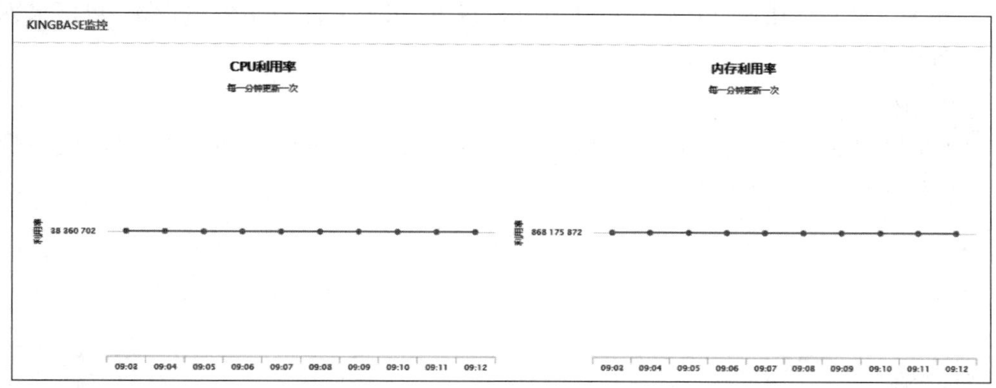

图 17.45　KingBase 资源使用情况

(3) KingBase 状态。该界面描述了 KingBase 数据库管理组件的进程运行情况。进程运行状态包括两种：一种为 up 状态(用绿色的圆点表示,表示进程处于正常运行状态);另一种为 down 状态(用红色的圆点表示,表示进程处于停止状态)。

17.5.2　规则检测模块

1. 规则配置

规则配置界面如图 17.46 所示。规则检测主要基于阈值的方法,事先设置规则的各个选项的值。选项说明如下：

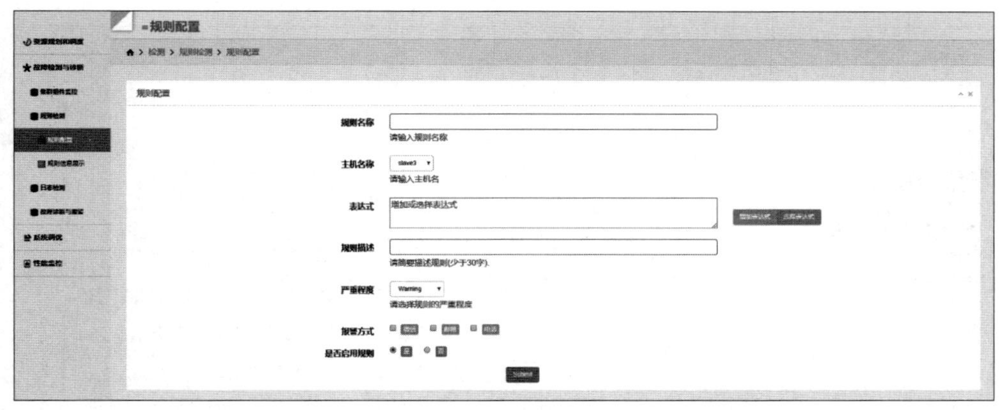

图 17.46　规则配置界面

- 规则名称：配置监控规则的名称。
- 主机名称：配置监控主机的名称。
- 表达式：用于设置规则的内容。包括两种方式,一种是在已经设置的规则中选择一条以适用于当前的待配置组件,另一种是为该组件配置相应的规则(其中包括待监控的指标名称、设定规则应配置的函数、操作符和指标的阈值)。
- 规则描述：描述此条规则的含义以及目的。
- 严重程度：描述违反规则时影响系统的严重程度。

- 报警方式：描述违反规则后以什么方式报警（报警方式包括微信报警、短信报警、邮件报警）。

2. 规则信息

规则信息界面如图 17.47 所示，主要用于展示所有系统预定义和用户自定义的规则状态。后台程序对这些规则进行实时检测。

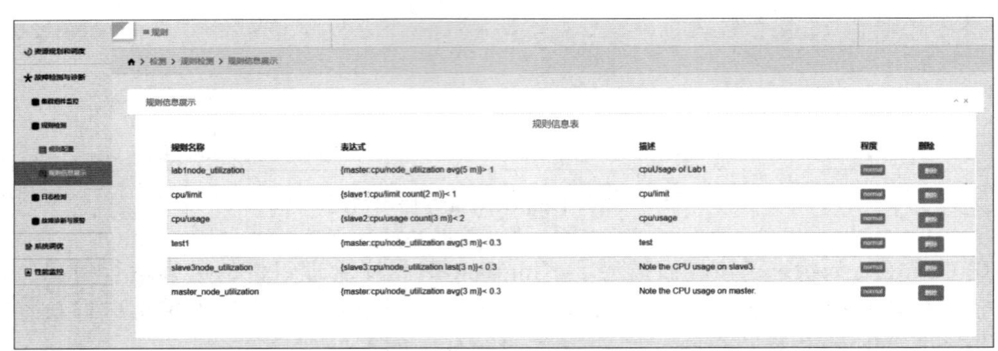

图 17.47　规则信息界面

17.5.3　日志检测模块

日志检测界面如图 17.48 所示。该界面包括两部分：一部分为日志搜索，另一部分为日志信息表。

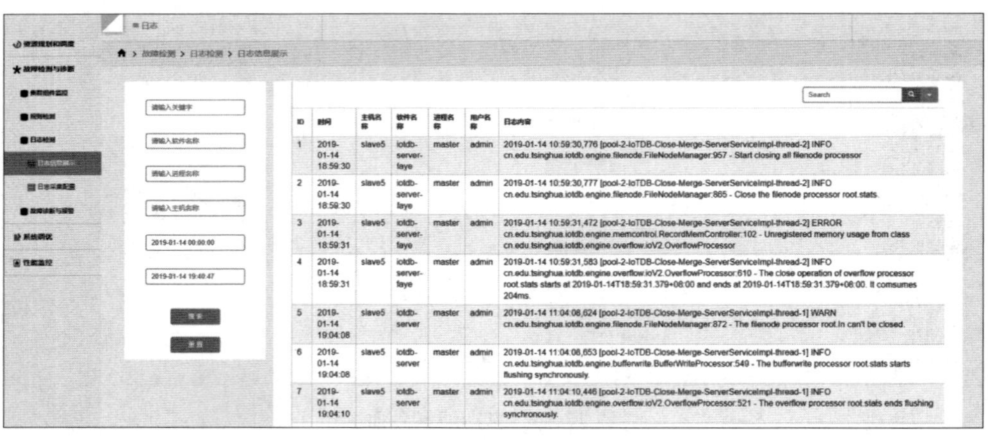

图 17.48　日志检测界面

（1）日志搜索。主要用于对收集的日志信息进行检索。当需要查看某些特殊的日志时，用户可以通过配置相应的信息进行日志搜索。搜索选项有以下 6 个：关键字，用于搜索某种级别的日志信息（如 emerg、alert、crit、error、warning、notice、info、debug）；软件名称，用于搜索某个集群中的组件或者数据库管理工具的日志信息；进程名称，用于搜索关于某个进程的日志；主机名称，用于搜索指定主机的日志；开始时间和结束时间，用于搜索一段时间内的日志。这些选项可以为空。

(2) 日志信息表。用于展示对日志收集系统收集到的日志进行相应的解析之后的日志信息,包括时间、主机名称、软件名称、进程名称、错误类型、用户名称和日志内容。

17.5.4　故障诊断与报警模块

故障诊断与报警界面如图 17.49 所示。单击 Diagnosis 按钮可以显示该条记录的原因分析。

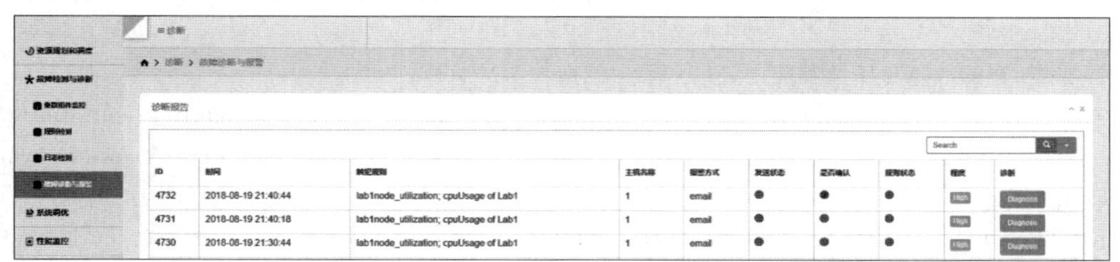

图 17.49　故障诊断与报警界面

17.6　本章小结

故障检测与诊断工具对每个数据库管理组件的运行状态信息、进程信息、日志信息进行展示,更加直观地反映系统的数据库管理组件的状态。运行状态信息主要是对数据库管理组件的资源使用情况和剩余资源信息进行直观的展示,对数据库管理组件进程的运行状态进行可视化展示,对数据库管理组件的重要指标信息进行详细显示,从更细的粒度反映数据库管理组件的运行状态。

日志信息部分主要展示日志采集系统采集的日志以及进行相应的解析之后的日志信息。用户可以设定日志的关键字信息,后台程序会据此采集日志信息,使得日志采集更加灵活和可配置。用户可以依据自己的需求对日志信息进行搜索,可以指定关键字等选项以快速搜索到相应的日志信息。

故障检测主要使用基于规则的检测策略和基于日志的检测策略。规则检测主要采用基于阈值的方法,事先设置各项指标的阈值、违反规则后系统可能存在隐患的严重程度、违反规则后以哪种方式进行报警等。用户可以设置规则,也可以查看目前系统中已经设置的规则,并且可以对已经设置的规则进行删除。系统根据设置的规则对各个数据库管理组件进行持续的监控,若某一时刻数据库管理组件违反了规则,将显示违反规则的时间、违反的规则的详细内容、违反规则的主机名称等信息。

依据故障检测提供的各项数据信息,用户可以单击 Diagnosis 按钮查看具体的诊断结果。诊断结果主要包含故障的日志片段、故障的原因等信息,从而便于用户更加准确地确定故障的类型和故障的位置。

本章参考文献

[1]　ISERMANN R, BALLE P. Trends in the application of model based fault detection and diagnosis of technical processes[J]. Control Engineering Practice, 1997, 5(5): 709-719.

[2] FRANK P, FAULT M. Diagnosis in dynamic systems using analytical and knowledge-based redundancy—a survey and some new results[J]. Automatica, 1990, 26(3): 459-474.

[3] BREWER E. Towards robust distributed systems[R]. Keynote at the ACM Symposium on Principles of Distributed Computing (Invited Talk), 2010.

[4] 王建民. 工业大数据技术[J]. 电信网技术, 2016(8): 1-5.

[5] 翟雅荣, 于金刚. 基于 Filebeat 自动收集 Kubernetes 日志的分析系统[J]. 计算机系统应用, 2018(9): 81-86.

[6] 鄂加强. 智能故障诊断及其应用[M].长沙: 湖南大学出版社, 2006.

[7] ZHANG X, FRESCHL J L, SCHOPF J M. A performance study of monitoring and information services for distributed systems[J]. Proc.IEEE International Symposum high Performance Distributed Computing, 2003, 716(1): 270-281.

[8] KARANDE V, BAUMAN E, LIN Z, et al. SGX-Log: Securing system logs with SGX[C]. In: Proc. of the 2017 ACM on Asia Conf. on Computer and Communications Security. New York: ACM, 2017: 19-30.

[9] CHANDOLA V, BANERJEE A, KUMAR V. Anomaly detection: a survey[J]. ACM Computing Surveys, 2009: 41(3): 1-58.

[10] BHADURI K, DAS K, MATTHEWS B L. Detecting abnormal machine characteristics in cloud infrastructures[C]. In: 2011 IEEE 11th International Conference on Data Mining Workshops (ICDMW), Vancouver, Canada, Dec 11, 2011.

[11] 王焘, 张文博, 徐继伟, 等. 云环境下基于统计监测的分布式软件系统故障检测技术研究[J]. 计算机学报, 2017, 40(2): 397-413.

[12] cAdvisor. https://github.com/google/cadvisor.

[13] Heapster. https://github.com/kubernetes-retired/heapster.

[14] InfluxDB. http://influxdata.com/time-series-platform/influxdb/.

[15] Fluentd. Why Use Fluentd? [EB/OL]. https://www.fluentd.org/why.

[16] ElasticSearch. https://www.elastic.co/cn/what-is/elasticsearch.

数据清洗工具

王宏志　丁小欧　苏佳轩　李子珏　耿　飞

哈尔滨工业大学计算机科学与技术学院

18.1　概述

数据清洗，通常作为数据预处理环节的必要步骤，是公认的修复数据错误、提高数据质量的必要手段[1-3]。在工业制造领域，由于工业数据采集密度大、相对价值密度低、缺乏专业分析人员等多种原因，工业数据的清洗与修复面临着巨大挑战[4-6]。现有数据清洗工具功能较为简单，无法满足制造领域时间序列数据的错误检测和修复。本章对工业场景中数据的不完整、不一致、不精确问题进行了分析，介绍了工业时间序列数据的不完整或不精确数据值修复、错列识别与匹配修复、序列异常区间检测这 3 类数据清洗修复方案，设计并实现了面向制造业的数据清洗工具。

18.2　需求

18.2.1　需求分析

工业大数据的常见数据质量问题可归纳为如下 3 点。

1. 数据不完整问题

工业时间序列中会出现局部没有数据记录的情况[2,4]。这类情况可能表现为：某个时刻某个传感器未采集到数据、数据为空，但预留了这个数据的位置。具体表现形式为：一行中出现了两个连续的逗号，但是行内总逗号数是正确的。

2. 数据不精确问题

某个时刻某个传感器采集到的数据值突变，严重偏离之前的数据分布。具体表现形式为：数据值出现突然的上升或下降，随即迅速恢复。

3. 数据不一致问题

在工业场景中，一个大型系统或设备往往配备多个监测传感器，用来采集系统或设备的工况信息。控制系统每隔一定时间输出一组传感器数据，存储在时序数据库中，同一列数据对应某一传感器对某一工况的持续监测结果，这时，可能存在如下异常情况：

（1）列数不一致。从某个时刻开始，某传感器因为一些原因没有采集到数据，而且数据文件中没有留出这个数据的位置。

（2）数据与属性不一致。某个时刻开始，某几个传感器采集到的数据因为某些原因被放在了其他列中，使得数据与表头属性无法对应。具体表现形式为：本应相似的几列数据出现了明显的不同，采集到的数据明显不符合此属性正常情况下的表现。

本章针对以上 3 种数据质量问题，设计开发相应的数据清洗工具，进行数据清洗操作[6]。

18.2.2 总体设计

数据清洗工具由以下 5 个功能模块构成：

（1）数据读入模块。支持原始高维时间序列数据的输入。

（2）不完整或不精确数据清洗模块。实现对序列中不完整或不精确数据的有效识别与清洗。

（3）不一致数据清洗模块。实现对时间序列中的错列问题的有效识别与清洗。

（4）异常数据检测与修复模块。对数据进行异常检测，分为异常点检测和模式异常区间检测两个部分，经由异常点检测、震荡区间检测、模式异常区间诊断、异常修复 4 个步骤完成。

（5）数据可视化展示模块。用图表等可视化工具对时间序列进行展示，并对发生数据质量问题的数据进行标注，对清洗前后的数据予以对照，对清洗日志进行统计等。

18.3 方法设计

18.3.1 不完整或不精确数据修复模块

针对数据不完整问题，本工具利用自回归方法、滑动平均方法[7]，对缺失部位进行数据填充。

针对数据不精确问题，本工具首先检测数据不精确位置，采用的方法包括顺序依赖[8]、方差约束[9]等，然后对已检测到的问题数据进行修复，修复方法包括自回归方法、滑动平均方法[8,10]以及检测方法中自带的修复策略。

18.3.2 不一致数据中的错列检测与修复模块

不一致数据中的错列检测与修复模块主要针对不一致数据中的错列问题进行清洗操作。

1. 错列现象在数据中的具体体现

错列现象主要有两种典型的表现形式：

（1）数据明显不符合属性。如图 18.1 所示，左侧图显示的是正常数据，右侧图显示的是有错列发生的错误数据。软件的版本号明显应该为一个常数值或者阶跃数据，然而，在错误数据中，数据变化频繁，且数据取值也与正常数据不同。图 18.2 所示为系统正常时间的数

据，右侧数据取值明显不符合正常的线性函数模式，被判定为发生错列问题。

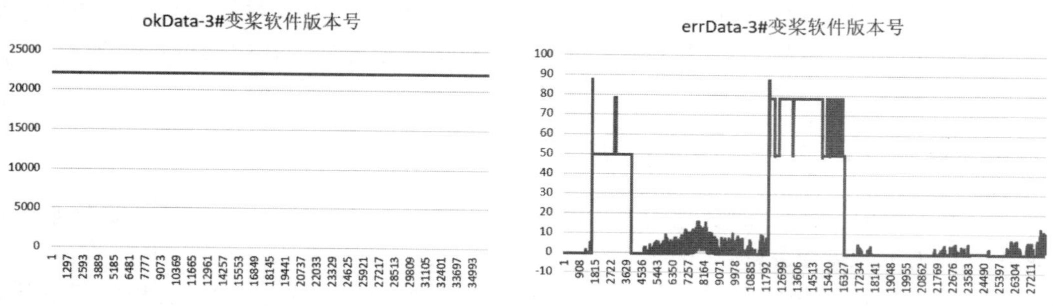

图 18.1　错列实例 1 ——变桨软件版本号的错误形式

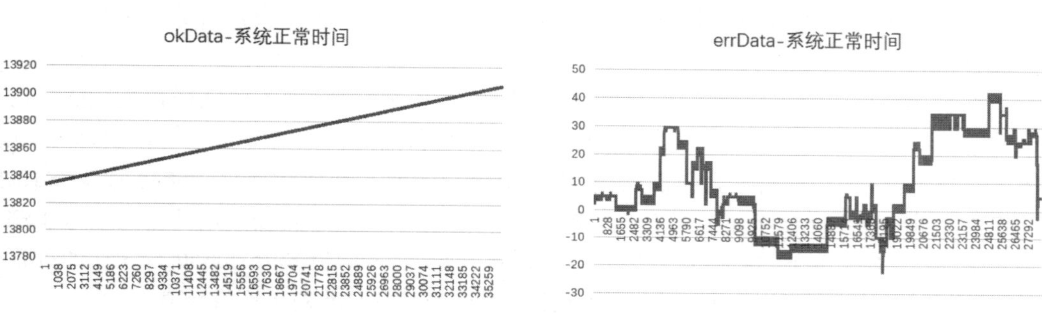

图 18.2　错列实例 2 ——系统正常时间的错误形式

(2) 正常数据中有关联(制约)关系的几列发生错列情况。如图 18.3 所示，在三相电压中，3 个相电压的有效值应该是彼此相等的(瞬时值彼此是不等的，会有相位的差别)，可能由于负载或者供电线路的关系，导致相电压有效值发生波动，但 3 个相电压值始终应呈现相似的变化。正确的数据应如左侧图所示，可以看到 3 条几乎重合的电压变化曲线。而在错误数据中，3 个相电压彼此互不相等，这违反了数据模式约束，此错误数据同样发生了错列现象。

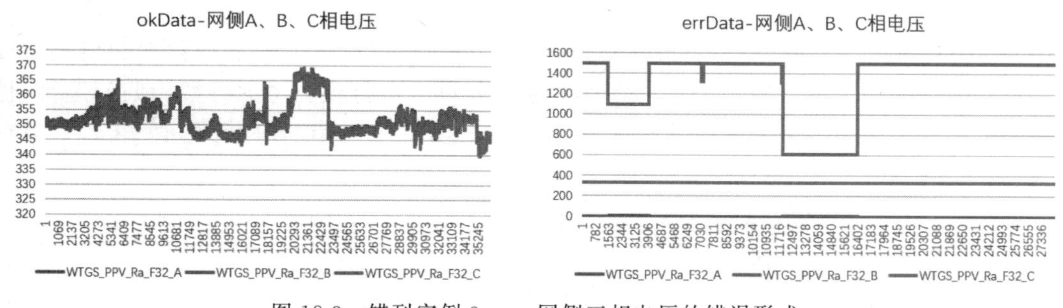

图 18.3　错列实例 3 ——网侧三相电压的错误形式

2. 修复方法

针对错列的修复方法基本流程为：输入原始数据，计算相似度矩阵，得出相应列匹配相似度。通过已标注的正确数据提取特征向量，训练分类器，每一列为一个类别。将待测试数据(错列数据)输入分类器，得到每一个实例的具体分布，即该实例属于对应列的置信度。将原数据列排列为一个有序集合 S，测试数据列排列为有序集合 S'，将之前计算出的置信度作为边权，获得以两个有序集合中的元素为顶点的完全二分图。通过对该完全二分图执行最大权匹配算法，可以获得一个带权最大匹配，作为测试数据列到原数据列的一个映射，达到修复错列的目的。

18.3.3 异常区间检测与修复模块

在线性时空中，时间序列数据的异常可以分为点异常和模式异常两种[10]。点异常也可以视作长度为 1 的模式异常。

异常点主要分为加性异常点和革新性异常点[11]。加性异常点通常孤立出现，不波及后面的值；革新性异常点通常涉及时间序列内在相关结构，它的后继点也常表现出一定异常。而模式异常主要分为模式宽度异常、模式均值和方差异常以及模式高度异常。

异常区间可以看作异常点的集合。

我们采用两层的异常检测处理：读入原始数据后，在第一层，对数据进行在线预测。对于新到来的数据，按照一定的间隔回溯历史信息，进行预测，然后与真实数据进行比较，如果误差大于一定的阈值，就判定该点为异常点，并实时报警。同时在线使用布林通道的计算方式，动态标记数据波动较大的区间。第二层，将第一层产生的波动较大的、被标记的区间输入 LSTM 神经网络[12,13]，对小范围的数据进行模式异常诊断，确定最终的模式异常区间。这样的处理简化了 LSTM 需要处理的数据规模，同时能够使用神经网络可靠地判定模式异常。

18.4 技术实现

18.4.1 不完整或不精确数据修复模块

1. 不完整或不精确数据的修复算法：自回归法

利用某时刻之前一段时间的数据线性组合，预测此时刻的数据。对于时间序列 $Y=\{y_1,y_2,\cdots,y_n\}$，一个 p 阶自回归模型的定义如下：

$$y_i=\varphi_0+\varphi_1 y_{i-1}+\varphi_2 y_{i-2}+\cdots+\varphi_p y_{i-p}$$

其中，φ_0 为常数项，$\varphi_1,\varphi_2,\cdots,\varphi_p$ 为模型参数。该预测值可以作为不完整数据的填充值或者不精确数据的修复值。模型参数可以从数据中通过学习得到。考虑线性回归问题，线性回归模型是试图学习一个属性的线性组合，即 $\{w_1,w_2,\cdots,w_k\}$，以回归目标值 $f(x)$。其形式为

$$f(x)=w_1x_1+w_2x_2+\cdots+w_kx_k+b$$

线性回归模型最小化均方误差

$$J(w)=\frac{1}{2}(\boldsymbol{X}w-\boldsymbol{Y})^{\mathrm{T}}(\boldsymbol{X}w-\boldsymbol{Y})$$

可以通过最小二乘法或梯度下降法求解。利用最小二乘法对 w 求导，令其等于 0，即可得到

$$w=(\boldsymbol{X}^{\mathrm{T}}\boldsymbol{X})^{-1}\boldsymbol{X}^{\mathrm{T}}\boldsymbol{Y}$$

梯度下降法使用

$$w=w-\alpha\boldsymbol{X}^{\mathrm{T}}(\boldsymbol{X}w-\boldsymbol{Y})$$

迭代求解 w。将自回归模型的 $y_{i-1},y_{i-2},\cdots,y_{i-p}$ 作为线性回归模型的 $x_1,x_2,\cdots,x_k$，将自

回归模型的 y_i 作为线性回归模型的 $f(x)$，即可使用线性回归模型进行学习，得到自回归模型的参数 $\phi_1,\phi_2,\cdots,\phi_p$。

2. 不完整或不精确数据的修复算法：滑动平均法

滑动平均法利用以前一些时刻的数据，计算其平均值，作为此刻的数据值。对于时间序列 $Y=\{y_1,y_2,\cdots,y_n\}$，长度为 p 的滑动平均模型为

$$y_i=\frac{y_{i-1}+y_{i-2}+\cdots+y_{i-p}}{p}$$

该数据值可以作为不完整数据的填充值或者不精确数据的修复值。

3. 不精确数据的检测算法：顺序依赖法

顺序依赖限制了数据变化的幅度。按时间先后排序，相邻数据之差应该落在给定区间 $[g_1,g_2]$ 内。如果所有相邻数据之差均在区间 $[g_1,g_2]$ 内，称这段数据满足顺序依赖；否则，可以通过修改（增大或减小）其中一些数据，使得该段数据满足顺序依赖，这些需要修改的数据点就是不精确的数据点。

系统使用动态规划算法检测每段时间内不精确的数据点。令 $f(i)$ 表示使 $\{y_1,y_2,\cdots,y_i\}$ 满足顺序依赖且不修改 y_i 时最少需要修改的点的个数。初始化 $f(i)$ 为 $i-1$。显然，可以修改前 $i-1$ 个数据值，不修改 y_i，使 $\{y_1,y_2,\cdots,y_i\}$ 满足顺序依赖。

一段数据满足顺序依赖时，相邻数据之差在 $[g_1,g_2]$ 内。所以 y_j 和 y_i 之差应在 $(i-j)$ 个 $[g_1,g_2]$ 区间的长度（用 L 表示）以内，即 $y_i-y_j\leqslant(i-j)L(i>j)$。所以，利用动态规划法更新 $f(i)$ 为 $\mathrm{MIN}\{f(j)+(i-j-1)\}$，条件为 $j<i$ 且 $y_i-y_j\leqslant(i-j)L$。它表示：前 j 个数据满足顺序依赖，且不修改 y_j，最少需要修改 $f(j)$ 个数据；修改 $y_{j+1},y_{j+2},\cdots,y_{i-1}$，不修改 y_i，则需要修改 $f(j)+(i-j-1)$ 个数据。

将 $y_1,y_2,\cdots,y_n$ 表示成坐标为 (i,y_i) 的点，绘制在二维坐标系上。假设

$$g_1=\frac{1}{3},g_2=\frac{2}{3}$$

过 $(4,y_4)$ 作斜率为 g_1 和 g_2 的两条直线。$(7,y_7)$ 在两条直线之间，即 $y_7-y_4\leqslant3\times\frac{1}{3}$，所以可由 $f(4)$ 更新 $f(7)$。其中 y_1,y_2,y_3,y_5,y_6 需要修复，其修复值应在两条直线的限制内，一种可行的修复方案用图 18.4 中的浅灰色点标出，修复值为 y_1',y_2',y_3',y_5',y_6'。

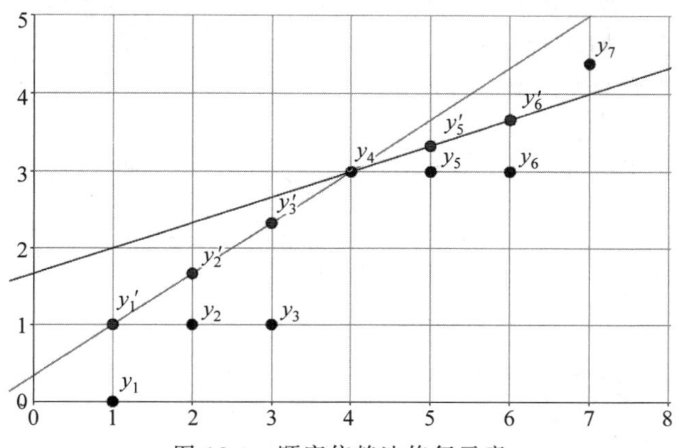

图 18.4 顺序依赖法修复示意

顺序依赖需要检测所有区间的置信度和支持度，对满足置信度和支持度的区间进行不精确数据的修复。区间$[l,r]$的置信度计算公式为

$$\text{confidence}=\frac{(r-l+1)-f}{r-l+1}$$

f 是使$[l,r]$满足顺序依赖最少需要修改的点的个数。区间$[l,r]$的支持度计算公式为

$$\text{support}=r-l+1$$

为了降低区间个数，提高计算效率，算法可生成稍大的区间，使每个区间 I 都被生成区间中的一个 J 包含。$|J|\leqslant(1+\varepsilon)|I|$，$I$ 的置信度 $\hat{c}$，则 J 的置信度至少为$\frac{1}{1+\varepsilon}\hat{c}$。选择 $0<\delta<\frac{\varepsilon}{2+\varepsilon}$，生成长度 $l_h=(1+\delta)^h\leqslant n,h=0,1,2,\cdots$的区间。对于每个长度 l_h，区间左端点依次为 $0,\delta l_h,2\delta l_h,\cdots,j\delta l_h$，约$\frac{n}{\delta l_h}$个。将位于$[2^k,2^{k+1})$中的上述各区间的左端点统一为 2^k，于是区间总长度为

$$\frac{n}{\delta l_h}l_h\log_2 n=\frac{n\log_2 n}{\delta}$$

总的时间复杂度为

$$O\left(\frac{n\log_2 n}{\delta n}n\log_2^2 n\right)=O\left(\frac{n\log_2^3 n}{\delta}\right)$$

4. 不精确数据的检测算法：方差约束法

方差约束法限制一段时间内数据的方差。一段时间内，数据变化不会太剧烈，数据方差不会太大。如果一段时间内数据的方差超过约束值，那么该段时间内可能存在着不精确的数据。

对于 i 时刻的数据和长度为 w 的时间段，共有 w 个区间包含 i 时刻，分别是$[i-w+1,i]$，$[i-w+2,i+1]$，$\cdots$，$[i,i+w-1]$。设置窗口阈值 k，若上述 w 个区间中有 k 个以上区间的方差超出了约束值，即认为 i 时刻的数据值是不精确的。

5. 不精确数据的修复算法：线性修复法

线性修复法是将不精确数据修复到以精确数据为端点的线段上。对于一段待修复的数据 $y_i,y_{i+1},\cdots,y_j$，加上时间戳后，数据可以视为点(i,y_i)，$(i+1,y_{i+1})$，$\cdots$，(j,y_j)。假设其前后数据 y_{i-1}和 y_{j+1}是不需要修复的值，那么将此段数据修复到以$(i-1,y_{i-1})$和$(j+1,y_{j+1})$为端点的直线上。如图 18.5 所示，假设 y_4、y_7 是精确的数据，将 y_5、y_6 修复到以 y_4、y_7 对应的点为端点的线段上，即 y_5'、y_6'。

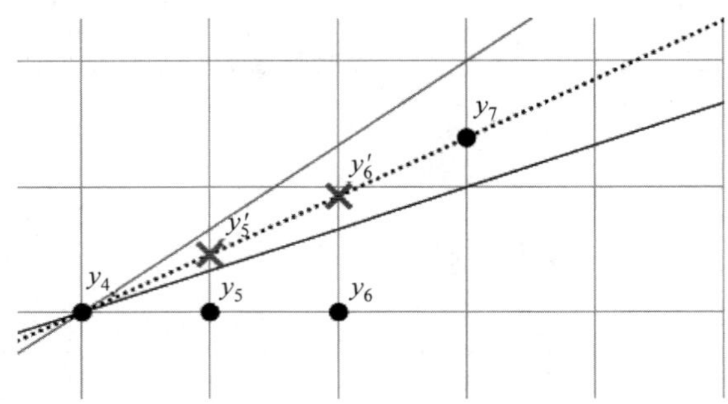

图 18.5 线性修复法修复示意

18.4.2 错列检测与修复模块

1. 实例匹配器模块

本模块旨在训练出一个合理的分类器模型，用以区分不同的数据模式。

数据模式：对于原数据，令其数据模式集合为 $S=\{s_1,s_2,\cdots,s_n\}$，其中，$n=|S|$，即原始时间序列数据中的属性(工况、传感器)数目。对于错列数据，令其数据模式集合为 $T=\{t_1,t_2,\cdots,t_m\}$，其中，$m=|T|$，即错列数据中的属性数目。多数情况下，$n=m$。

训练分类器时，如果直接使用某一数据模式 s_i 中的数据实例，可能会导致时间序列的连续性无法在模型中得以体现，所以我们将多个连续时间序列数据实例合并为一个向量，作为一个新的数据实例，且可进一步考虑向数据实例向量中加入辅助特征，帮助分类器更好地识别数据模式。

2. 相似度计算模块

通过实例匹配器模块，获得了可以识别数据实例的实例匹配器。再将测试数据实例逐一输入实例匹配器后，实例匹配器会对每一个数据实例给出一个介于 0、1 之间的数值，反映出该数据实例与原数据列之间的相似度。

3. 列重排模块

可采用两种手段计算匹配：

(1) KM 带权二分图最大匹配算法。将相似度计算模块获得的相似度矩阵看作一个二分图，从该二分图获得的一个匹配就是数据实例与原数据列的对应关系，边权就是计算获得的相似度矩阵中两列的相似度。二分图的一个匹配即为错列数据到原始数据的一个对应关系。KM 算法的执行结果可以保证得到一个匹配[14]，并且这个匹配中所有边权之和是所有匹配方案中边权之和最大的。

(2) 基于贪心思想的匹配算法。首先，在所有边中选取边权最大的边，将其加入结果集合。然后，若该边为(s_i,t_j)，那么在二分图边集中删除所有与 s_i 或 t_j 相连的边。不断重复上述过程，直至边集为空。经此匹配方式，越先获得匹配的边，其置信度越高，边权越大，匹配相似度越高。设定相似度阈值，若列之间的相似度低于设定的阈值，就抛弃此匹配结果，这样就可以保证获得的匹配结果都是质量较高的结果，而未能匹配的列视作无法匹配的列。

18.4.3 异常区间检测与修复

1. 用于检测震荡区间的方法

对于异常区间，首先筛选出数据波动较大的疑似异常区间，从大规模的数据中筛选出较小规模的待检测区间，再使用 LSTM 进行下一步的检测。

本模块利用布林通道来进行数据波动较大的震荡区间的检测，其基本形态是由 3 条轨道线组成的带状通道。由大数定律以及高斯分布模型可知，上下二倍标准差基本涵盖了数据变化的 95% 左右的情况；如果超出这个分布，那么极有可能是异常点。

震荡区间的布林通道宽会明显增大，且与震荡程度成正比，因此，可以通过检测布林通道宽是否超过阈值发现震荡区间。

异常时间序列片段的初步识别算法步骤如下：

(1) 读入待分析的原始数据。

(2) 根据原始数据计算数据的滑动平均值、标准差等数据，并根据此计算每一部分数据的布林通道宽。

(3) 按序读入数据的布林通道宽。将布林通道宽大于阈值的时间点标记为1，反之标记为0。

(4) 统计连续标记为0的数据段长度。若长度小于阈值，即为正常区间；否则判定为波动，将这一段整体标记为1，和前后的波动数据段连接起来。

(5) 返回标记为1的时间点，该部分数据被判定为震荡区间。

2. 异常区间诊断方法

在通过布林通道检测出数据波动较大的疑似异常区间后，对这些区间利用RNN算法进行进一步判断。

我们采用了RNN算法的一种典型代表——LSTM模型来进行异常区间诊断。对于时序数据来说，时刻 t 的输出由时刻 $t-1$ 的隐藏状态 h 和时刻 t 的输入共同决定。这样就达到了记忆效果，可以根据前面的数据预测以后的数据趋势。然后，可以用这些预测值和真实值对比，计算误差，判断数据是否异常。

但是传统RNN算法存在两个很大的缺点。第一个缺点是梯度消失。上面说到RNN算法中的当前输出由前一状态和当前输入共同决定。根据求导的链式法则，最终的梯度表示为乘积的形式，并且乘数往往是小于1的数字，所以梯度很快逼近0。第二个缺点是不适合长期依赖。时间序列中往往存在一些周期性，如果这些周期较长，就需要长期依赖，即记住在一段较长时间内之前的数据。而LSTM神经网络可以解决这两个问题。LSTM神经网络对于大规模的序列数据来说有着独到的优势。

接下来将对异常区间诊断的具体步骤进行说明：

(1) 疑似异常区间分段。对通过布林通道宽检测得出的每一个疑似异常区间进行分段，将其分为若干个等长子区间。同时，对每一个子区间，找到它前面的 k 个等长子区间，称为前驱区间(此前驱区间为真实前驱区间，即时间上的前驱。前驱区间可能为正常区间，也可能存在异常)。

(2) 取测试集。在当前子区间中设定一个长度为 L 的滑动窗口，该窗口初始时位于子区间左侧，取窗口内部前 $L-1$ 个数据作为 x 的 $L-1$ 个分量，窗口最右侧的一个数据作为 y，将得到的 $<x,y>$ 存放起来。把窗口向右滑动一格，每滑一次，取出新的 $<x,y>$。如此下去，直至窗口滑到最右端。

(3) 取训练集。从前向后，针对每一个前驱区间，按照类似方法提取训练集(k 个前驱区间即有 k 个训练集)。

(4) 对训练模型进行预测。对每个训练集进行训练，建立LSTM模型，再利用LSTM模型对测试集进行测试。假如第 i 次测试的结果为 y'_i。设定好投票权重 $w_1, w_2, \cdots, w_k$，它们的和为1，而且依次递增(时间越近，影响越大)。根据公式

$$y' = \sum_{i=1}^{k} w_i y'_i$$

得到每个点的综合预测结果 y'。

(5) 诊断异常区间。将 y' 与真实值 y 进行比较，求欧几里得距离。将该测试区间内所

有欧几里得距离之和记录下来，求均值，如果它大于阈值 h，说明该区间是异常区间。

18.5 性能

18.5.1 不完整或不精确数据修复实验结果

1. 不完整数据的修复实验

在前 1000 个时刻的数据中，通过人为去掉一些数据来模拟数据不完整的情况。计算去掉一些数据后的数据与原始数据的均方误差。为了便于比较误差，我们将数据值映射到[0，1]内，选择 9 个数据属性进行对比实验。实验结果如图 18.6 所示。

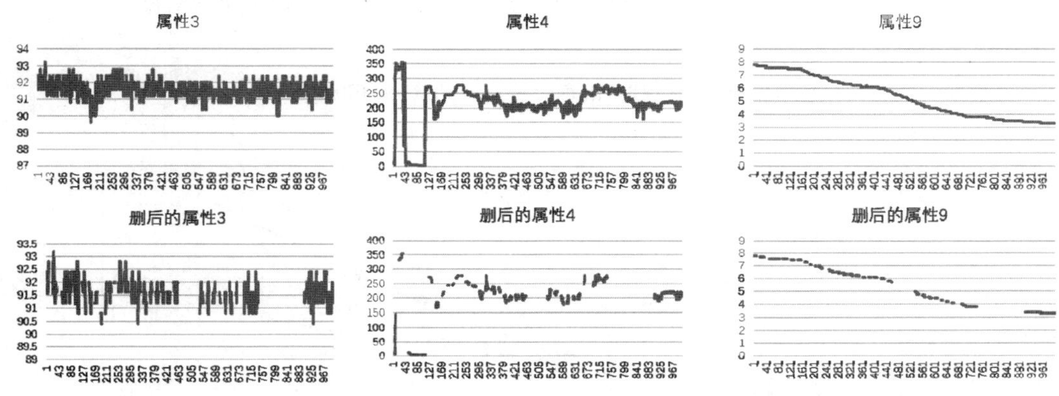

图 18.6 删除数据以模拟不完整情况的实验结果

图 18.7 与图 18.8 显示自回归与滑动平均修复方法的总体效果相似。这两种方法在频繁波动数据上的效果不理想(属性 4)，在较为平滑的数据上的效果较好(属性 7，8，9)。在有明显变化趋势的数据上，自回归方法的效果更好(属性 5，7，8，9)。

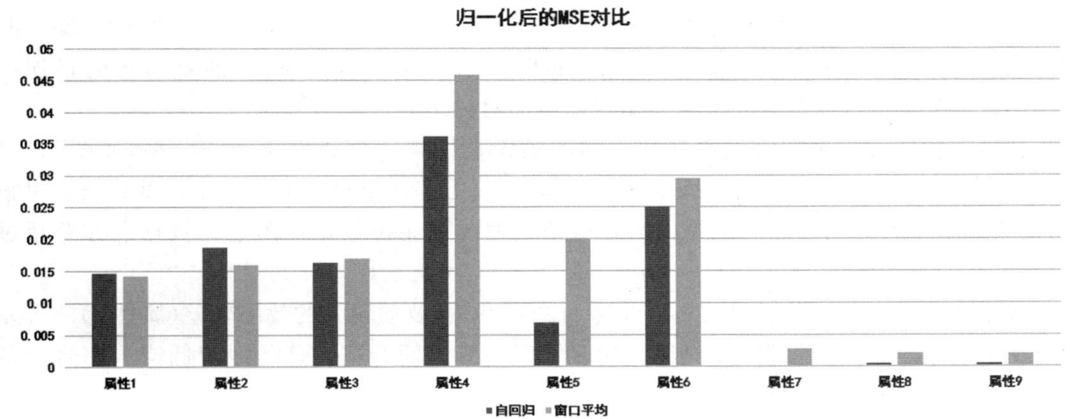

图 18.7 自回归和窗口平均修复方法在不同数据上的均方误差对比

2. 不精确数据的检测

实验中对顺序依赖算法进行了优化，对比了使用数据结构优化前后的算法运行时间，如

图 18.9 所示。

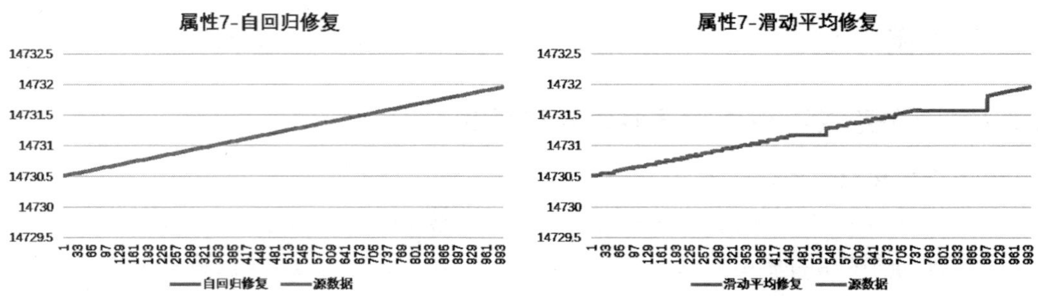

图 18.8 自回归和滑动平均修复方法在有明显变化趋势的数据上的效果对比

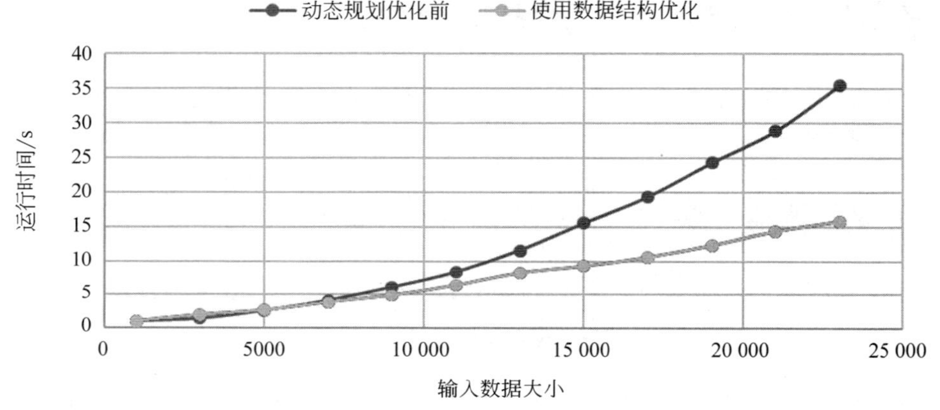

图 18.9 顺序依赖算法优化前后时间对比

实验选择了 5 个属性。对前 1000 个时刻的数据，首先对其进行一遍不精确数据的检测和修复，可以认为修复后的数据是精确的。然后人工添加错误，在[200,400]和[600,800]时间段内，对每个点分别以 0.1,0.2,…,0.8 的概率添加均值为 $\pm 3\sigma$、标准差为 σ 的错误。图 18.10 为属性 1 与属性 5 人工添加错误前后的对比图。

根据实验统计检出的错误数据和添加的错误数据来计算查准率和查全率，如图 18.11 所示。顺序依赖算法的查准率几乎都在 80%以上。方差约束算法的查准率在低错误率时很低，随着错误率升高而升高。这是因为在低错误率时不精确数据点附近的数据点方差超过约束，但它们是精确的。

根据图 18.12，顺序依赖算法的查全率与数据有关，波动较大的效果较差(属性 1)。方差约束算法的查全率在低错误率时很低，随着错误率升高而升高。这是因为低错误率时异常点较少，不容易超过方差约束。

根据图 18.13，以添加错误后的均方误差为基准，计算修复后与修复前的均方误差之比。添加错误的比例为 50%。可以看到，修复后，数据都更加接近原数据。相较于人工添加错误的数据，经过不精确检测和修复后，数据的均方误差有了明显下降。

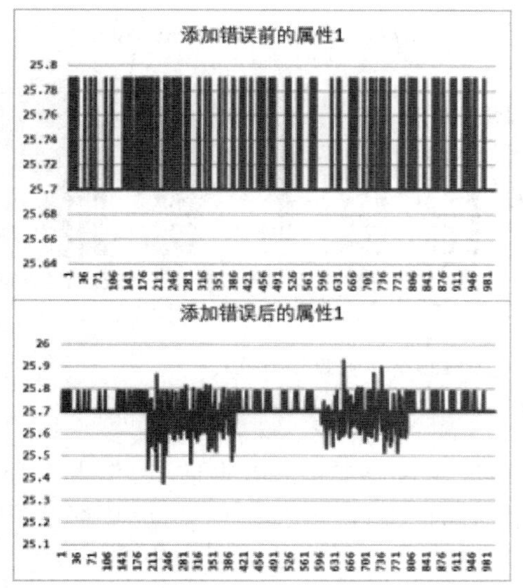

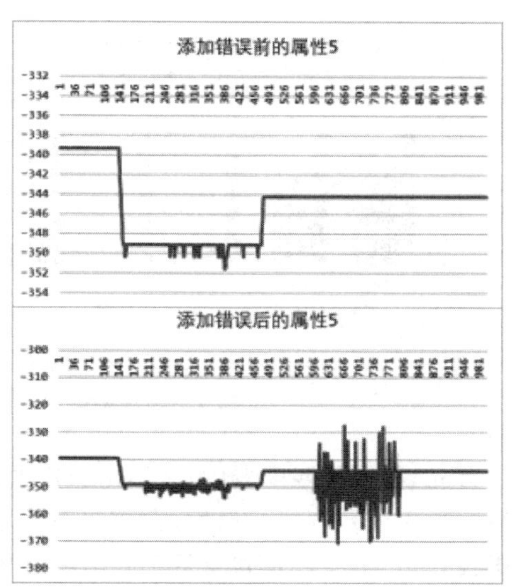

图 18.10　人工添加错误模拟不精确数据的效果

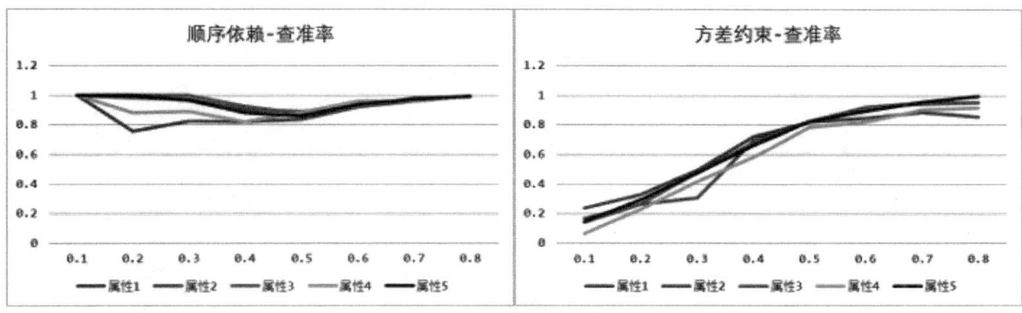

图 18.11　顺序依赖和方差约束算法检测不精确数据的查准率曲线

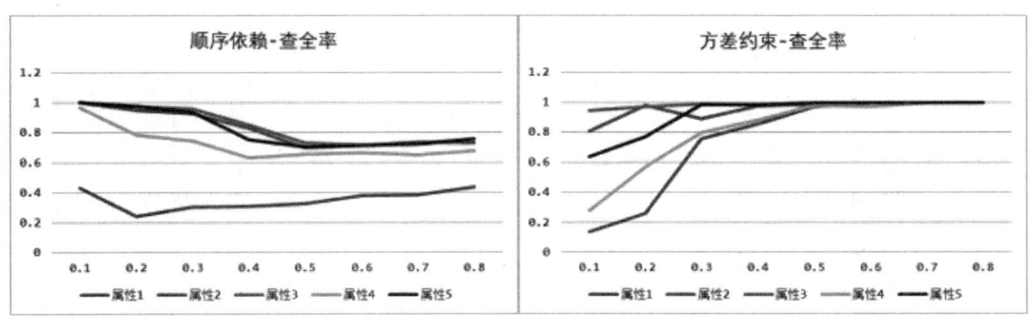

图 18.12　顺序依赖和方差约束算法检测不精确数据的查全率曲线

18.5.2　错列检测与修复实验结果

以风机数据为例，在原本 123 个属性列中除去关联属性与全零属性，保留 65 个属性列。实验取样 100 组，训练数据长度为 100，测试数据长度为 30 或 50，结果准确率取平均值。

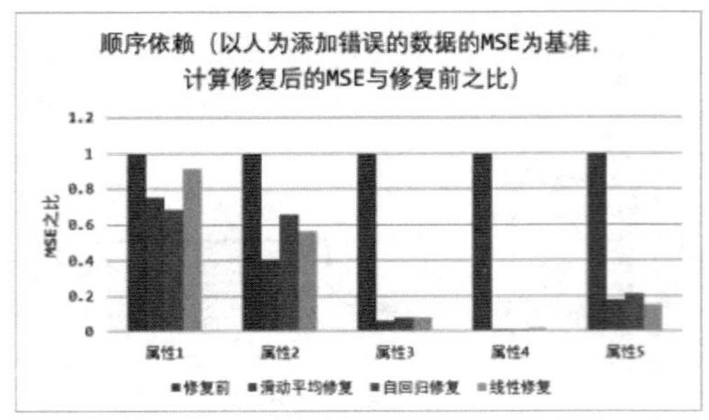

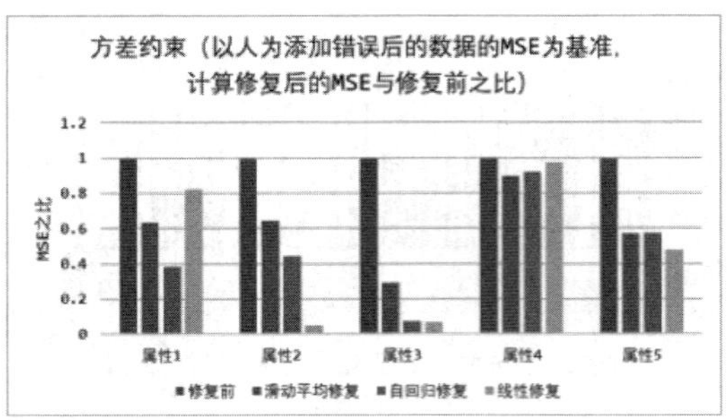

图 18.13 利用顺序依赖和方差约束算法检测不精确数据后选择不同修复方法修复数据的误差对比图

首先，在实例匹配器中，将给定长度的时序数据构建为一个新的数据向量，作为一个训练数据实例进行训练。然后，在数据向量中加入附加属性进行测试。为了保证数据结果的准确性，每一个实验步骤重复 100 次后取平均值。

测试数据长度为 50 时，实例匹配器中构建的向量长度与最终列匹配准确率的关系如图 18.14 所示；测试数据长度为 30 时，两者的关系如图 18.15 所示。

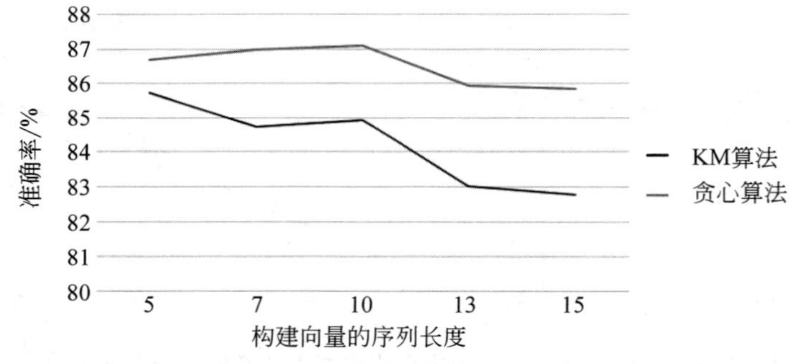

图 18.14 测试数据长度为 50 的实验结果

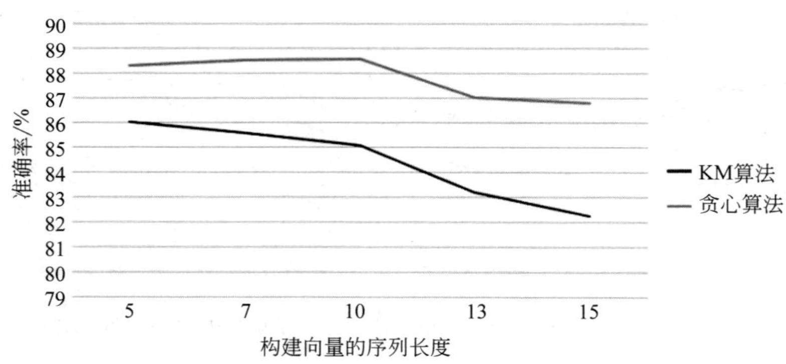

图 18.15 测试数据长度为 30 的实验结果

可以发现，贪心算法的准确率略高于 KM 二分图带权匹配算法，并且基于贪心策略的列选择算法在向量序列长度 $l=10$ 时准确率较高，KM 二分图带权匹配算法在向量序列长度

$l=5$ 时准确率较高。

此外，我们在构建的向量中加入了辅助属性并进行了实验，加入的属性包括向量均值、首尾斜率和邻差均值。设该向量为 $\boldsymbol{s}$。向量均值 a_1 为该向量各个分量的平均值，即

$$a_1=\sum_{i=1}^{l}\frac{s_i}{l}$$

首尾斜率 a_2 用向量最后一维与第一维之差除以向量长度获得，即

$$a_2=\frac{s_l-s_1}{l}$$

邻差均值 a_3 为向量相邻维度差的绝对值的平均值，即

$$a_3=\sum_{i=1}^{l-1}\frac{|s_{i+1}-s_i|}{l-1}$$

然后将计算获得的 3 个辅助属性值加入原向量，获得新的向量，即新的数据实例。当 $l=10$ 时对贪心算法进行了测试：训练数据文件为 100 行，测试数据文件为 50 行，对 100 组取平均，准确率由 87.1%提升至 88.9%；训练数据文件为 100 行，测试数据文件为 30 行，对 100 组取平均，准确率由 88.6%提升至 90.1%。

18.5.3　异常片段检测与修复实验结果

1. 利用布林通道检测震荡区间实验

在实验中，利用布林通道成功区别出了周期性震荡的区间、上升区间以及下降区间。检测效果如图 18.16 所示。

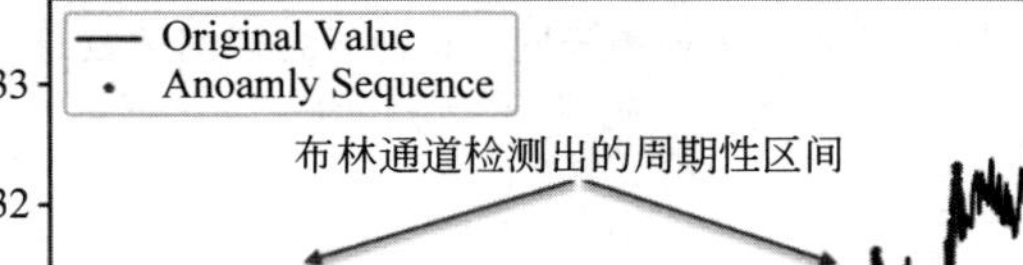
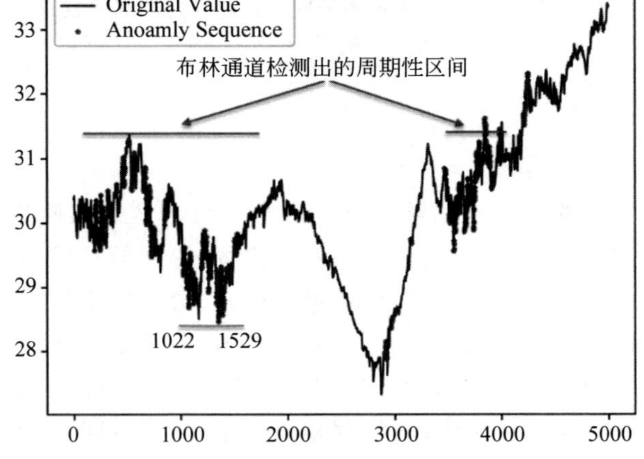

图 18.16　布林通道检测震荡区间效果

2. 利用 LSTM 神经网络检测异常区间实验

从左到右分别生成了模式均值和标准差异常、模式高度异常以及模式长度异常，如图 18.17 所示。实验验证了本工具采用的算法能够对异常区间进行有效识别。

如图 18.18 所示，LSTM 神经网络经过不断调整参数，可以较为精确地识别出 3 种模式异常。

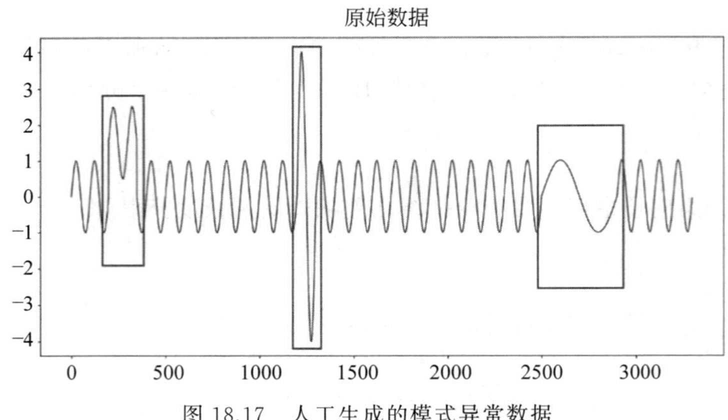

图 18.17　人工生成的模式异常数据

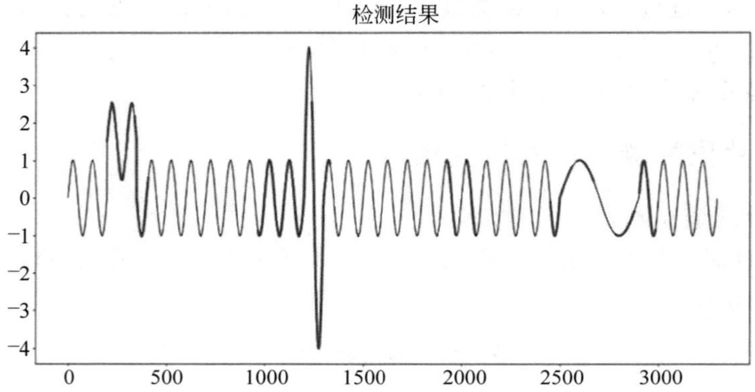

检测结果

图 18.18　利用 LSTM 神经网络检测异常区间的效果

18.6　本章小结

针对工业场景中常见的数据不完整、不精确、不一致等低数据质量问题，本章设计了不完整、不精确、不一致数据值修复、错列识别与匹配修复、序列异常区间检测 3 类工业时间序列数据清洗方法。针对数据不完整问题，可通过自回归、滑动平均等方法对缺失部位进行数据填充。针对数据不精确问题，可首先检测数据不精确的位置，然后采用自回归、滑动平均等方法对已检测到的问题数据进行修复。针对不一致数据中的错列检测与修复需求，可构建错列数据和原数据列的相似度矩阵，再根据相似度矩阵对列进行排列还原；序列异常区间检测通过震荡区间检测、模式异常区间检测、异常修复等步骤完成。

本章参考文献

[1]　WANG R Y, STRONG D M. Beyond accuracy: what data quality means to data consumers[J].Journal of Management Information Systems, 1996, 12(4): 5-33.

[2]　蔡莉，朱扬勇. 大数据质量[M]. 上海：上海科学技术出版社，2017.

[3] 郭志懋，周傲英. 数据质量和数据清洗研究综述[J]. 软件学报，2002，13(11)：2076-2082.

[4] 王建民. 工业大数据技术综述[J]. 大数据，2017，6：3-14.

[5] 工业互联网产业联盟工业大数据特设组.工业大数据技术与应用实践[M]. 北京：电子工业出版社，2017.

[6] DING X O，WANG H Z，SU J X，et al. Cleanits：a data cleaning system for industrial time series[J]. VLDB Endorment，2019，12(12)：1786-1789.

[7] 恩德斯. 应用计量经济学：时间序列分析[M]. 2 版. 北京：高等教育出版社，2006.

[8] GOLAB L，KARLOFF H J，KORN F，et al. Sequential dependencies[J]. VLDB Endorment，2009，2(1)：574-585.

[9] YIN W，YUE T B，WANG H Z，et al. Time series cleaning under variance constraints[C]. In：Proc. of International Workshop on Database Systems for Advanced Applications (DASFAA). Berlin：Springer，2018：108-113.

[10] GUPTA M，GAO J，AGGARWAL C，et al. Outlier detection for temporal data[M]. San Rafael：Morgan & Claypool，2014.

[11] RIEDEL K S. Detection of abrupt changes：theory and application[J]. Technometrics，1994：36(3)：326-327.

[12] GOODFELLOW I J，BENGIO Y，AARON C. Courville：deep learning. adaptive computation and machine learning[M]. Cambridge：MIT Press，2016.

[13] HOCHREITER S，SCHMIDHUBER J. Long short-term memory[J]. Neural Computation，1997，9(8)：1735-1780.

[14] MUNKRES J. Algorithms for the assignment and transportation problems[J]. Journal of Thesociety for Industrial and Applied Mathematics，1957，5(1)：32-38.

第5篇　测　试　篇

针对工业数据及其使用特点，本篇论述机器监测时序数据库、BOM图数据库、非结构化数据库的测试基准与测试工具，并进一步使用这些测试基准与测试工具对相关系统和产品进行功能和性能上的对比评测。

本篇包括3章。

第19章讲解高通量监测时序数据管理引擎测试基准与工具。

第20章讲解BOM图数据管理引擎测试基准与工具。

第21章讲解海量非结构化工程数据管理引擎测试基准与工具。

第19章 高通量监测时序数据管理引擎测试基准与工具

孙晓光 郝元哲 覃雄派 陈跃国 李翠平

中国人民大学信息学院

19.1 概述

当前,关于时序数据库系统的测试基准十分匮乏,工业界对高通量监测时序数据管理引擎测试基准与测试工具的需求非常迫切[1,2]。本章以风力发电站数据管理中常用的业务模型(即监控、故障诊断和功率优化等应用场景)为例,通过分析风力发电站产生的时序数据特点及其存储、查询与统计等需求,给出高通量监测时序数据管理引擎测试基准与工具的设计方法与技术实现,在基础负载之上设计了基准评测方案和评价指标,从数据压缩性能、数据库写入性能和读取性能3方面,通过不同的评价指标来评价时序数据库的性能。

19.2 需求

19.2.1 现有测试基准和工具

虽然现有的大数据测试工具有很多,但是直接应用于工业场景的测试工具十分匮乏[3-5]。例如,用于测试图数据平台的LinkBench[6]无法直接迁移到高通量监测时序数据场景;用于测试NoSQL数据库的YCSB[7],其BigDataBench[8,9]尚未覆盖时序数据,并且其测试工具尚未开发完毕;BigBench[10]主要用于电子商务和零售领域,因此更加强调业务,并没有针对时序数据设置场景;虽然StreamBench、Linear Road、RiotBench均为针对流数据库的测试基准[11-13],可以用于时序数据场景测试,但是,StreamBench缺少典型的查询场景(窗口查询),Linear Road没有存量数据(历史数据),部分查询过于复杂,度量单位过少,RiotBench既没有存量数据,也没有数据注入工具;IoTAbench[14]未能提供评测目标数据库最基本的普通无聚合查询;InfluxDB[15,16]公司研制的InfluxDB-comparisons[18-20]虽然是针对时序数据研发的时序测评工具,但是该工具所产生的存量数据太少,几乎没有横向扩展性,例如,增加一个新的时序数据库时需要重新编码,且负载场景单一,写入能力测试规模不全,评测工具扩展性较低。现有主要数据库测试基准如表19.1所示。

表 19.1 现有主要数据库测试基准

测试基准	基准类型	规范	应用领域	目标系统
LinkBench	微型负载基准	有		图数据
YCSB	微型负载基准	有		NoSQL
BigDataBench	综合类基准	有	多媒体，电子商务，搜索引擎，社交网络，生物信息学	结构化、半结构化、非结构化大数据系统
BigBench	特定的应用领域	有	零售业	DBMS 系统，MapReduce
StreamBench	微型负载基准	有	日志处理和网络流量监控	流数据
Linear Road	特定的应用领域	有	智慧城市(可变通行费)	流数据
RiotBench	综合类的测试基准	有	智慧城市	流数据
IoTAbench	微型负载基准	有	智能电表	结构化数据
InfluxDB	微型负载基准	有	日志管理等	时序数据

当前时序数据管理领域的测试规范与评价标准尚处于不成熟阶段[17]。因此，研发一个高通量监测时序数据管理系统的测试基准，对时序数据库的发展、大数据的发展甚至工业信息系统的发展都具有深远意义。

19.2.2 应用场景需求描述

以风力发电为例：每个风场有 20～1000 台风机，每台风机有 1～150 个传感器，传感器以 7s 的周期采集到的风机速度、温度等数据将被临时保存到所在风场的存储设备中；风场每 7s 会将当前最新采集到的数据发送给云服务器；后者接收到数据后，对数据进行整理和缓存(缓存 1～10 次数据)，当缓存到一定程度后，会将缓存中的数据同步到时序数据库中持久化；同时监控面板会读取缓存和时序数据库中的数据，将设备状况更新到监控面板上，用来监控风机的各个部件的运转情况。从设备采集到的数据分为两大类：一类是有实际意义、特点明显、使用较多的数据，另一类数据是实际意义不明显、使用较少、无任何规则的数据。表 19.2 给出时序服务器收集到的 26 个典型的风机传感器数据[23]。

表 19.2 26 个典型的风机传感器数据

传感器名	说明
time	数据采集时间戳
wind_speed	风机风速
generator_speed	风机发电机转速
power	风机网侧有功功率
wind_direction	风机对风角
wind_direction_mean	风机 25s 平均风向角
yaw_position	风机偏航位置
yaw_speed	风机偏航速度

续表

传感器名	说明
pitch1_angle	风机叶片 1 角度
pitch2_angle	风机叶片 2 角度
pitch3_angle	风机叶片 3 角度
pitch1_speed	风机叶片 1 速度
pitch2_speed	风机叶片 2 速度
pitch3_speed	风机叶片 3 速度
pitch1_moto_tmp	风机变桨电机 1 温度
pitch2_moto_tmp	风机变桨电机 2 温度
pitch3_moto_tmp	风机变桨电机 3 温度
acc_x	风机 x 方向加速度
acc_y	风机 y 方向加速度
environment_tmp	风机环境温度
int_tmp	风机机舱温度
pitch1_ng5_tmp	风机 ng5 1 温度
pitch2_ng5_tmp	风机 ng5 2 温度
pitch3_ng5_tmp	风机 ng5 3 温度
pitch1_ng5_DC	风机 ng5 1 充电器直流电流
pitch2_ng5_DC	风机 ng5 2 充电器直流电流
pitch3_ng5_DC	风机 ng5 3 充电器直流电流
machine_flag	风机标识
location _flag	风机风场标识

来自发电场地的传感器数据在被存储到云数据库服务器之后，数据的去向主要有以下 3 类情况：第一类是被数据中心的异常控制面板读取，然后将数据显示到监控面板中，监控面板上的数据每 7s 更新一次；第二类是被数据中心的功率优化功能读取；第三类是被数据中心的风机故障诊断模块读取。风场数据场景如图 19.1 所示。

1. 异常监控

在监控面板上可以监控每个风场的各风机以及风机上的各传感器。监控分三级视图。监控规则是：发现传感器读数超过某个阈值时，监控面板上相应的场地、风机、传感器会报警，相关人员需要对传感器是否产生问题进行具体诊断和分析。这时我们所关注的通常是在此刻出现异常的传感器一个小时内的所有读数。同时，检测出的异常需要与历史数据的波形段进行相似度计算与聚类。相似度的计算方式以及问题的聚类方法经由上层软件设计完成。数据库要做的就是把这些数据查找出来。这时候监控面板会向时序数据库发送大批

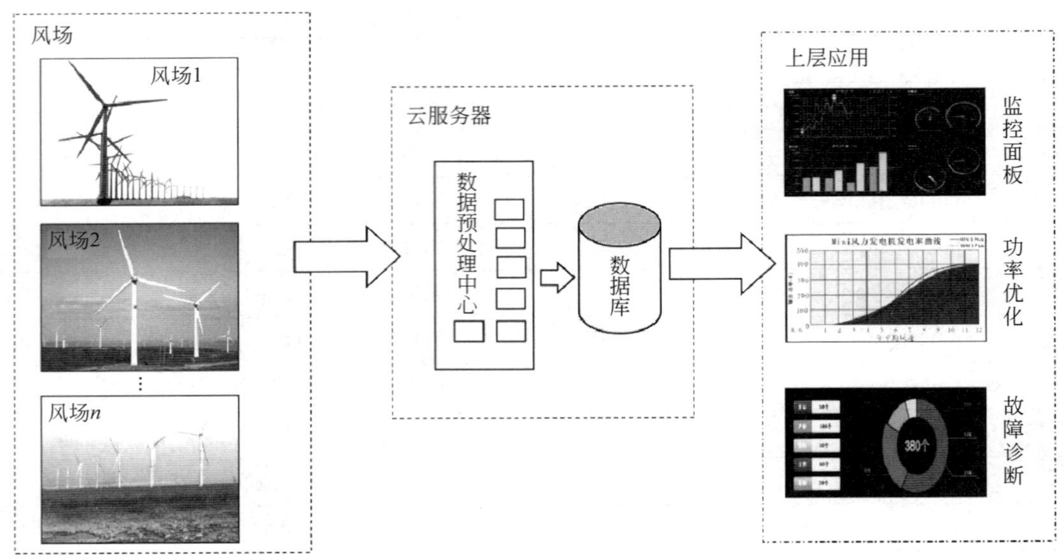

图 19.1 风场数据场景

量的数据查询请求，进行异常监控。

2. 优化风机发电量

监控中心每隔一段时间需要对各台风机发电总量进行统计，这就需要获得每台风机在该时间段内发电功率的信息，然后以某个时间粒度计算出发电功率的平均值。例如，某风机在 15min 内采集发电功率的均值为 P，以此可以计算出 15min 内该发电机的发电量；用同样的方法可以计算出下一个 15min 内的发电量，从而计算出一段时间内的发电总量。此外，监控中心还要根据查找到的风机发电功率峰值、风机某个时间段（例如 15min）内所有传感器的所有数据，通过调整相似环境下风叶的张角来最大化发电功率。

3. 风机故障预测

通过分析风机传感器的数据来预测未来时刻的风机故障（如温度过高、转速过快等）。与异常监控需要查询某些传感器的具体数据不同，故障预测需要查询整台风机上所有传感器的数据。

19.3 方法设计

本节从测试数据模型和数据生成器、性能评价指标、负载模型 3 个方面介绍高通量监测时序数据引擎的测试基准与工具设计。

19.3.1 数据模型

数据模型的建立依据下述风力发电站数据特征（图 19.2）：

图 19.2 数据模型

（1）时间戳。数据均带有时间戳（单位为 ms）。

（2）标签族。每个数据都带有标签。例如，f8 风场的 d6

风机的 s1 传感器(舱内温度)为 28.06°C,这里的风场编号、风机编号、传感器编号和传感器温度构成标签族,风场标签值和风机标签值有顺序关系,传感器标签值有语义。

(3) 状态值族,即传感器数据族,如上例中 f8 风场 d6 风机 s1 传感器的舱内温度为 28.06℃。不同的传感器值随时间变化的规则不一样,但是都有上限和下限。

测试基准与工具的数据按照实际数据的特征生成[21,22]。其中,时间戳根据指定时间来生成;风场编号为 f1,f2,f3,…,无重复风场号;风机编号为 d1,d2,d3,…,不同风场的风机编号可以重复;传感器编号无定义,由特征所在的列来说明,例如,第一列为风速,第二列为尾舱外温度。数据值根据指定标签的时间戳和相应传感器的真实历史集生成,由意义明显的 26 个传感器根据历史数据循环生成;对于无明显实际意义的 24 个传感器,则根据历史数据特点进行回归分析,设计数据模型来生成数据值。不同风机的相同传感器的生成算法一致,但是应增加修正系数,使结果数据相仿但不完全一致。产生在同一时间戳下的不同传感器标签对应的值用逗号隔开。每台设备每个时间点对应一行数据。

数据生成器按照数据生成规则生成的数据如图 19.3 所示。

```
1515340835000,f2,d14,0.31566,1.35284,1.57446,3.97450,2.24271,5.90998,0.09008
1515340835000,f2,d15,0.99708,0.94127,0.43420,3.72646,1.96392,2.62562,3.31388
1515340835000,f2,d16,0.76136,0.13349,0.22347,0.72017,1.93521,3.30975,1.96474
1515340835000,f2,d17,0.78219,1.12834,0.11862,1.46796,2.25586,5.94284,5.05234
1515340835000,f2,d18,0.99661,0.35198,0.65372,3.55623,0.46547,5.71342,2.42258
1515340835000,f2,d19,0.37487,0.25446,1.65004,3.47703,4.27095,0.54170,6.50815
1515340835000,f2,d20,0.73497,0.02596,0.26411,3.87197,1.61771,4.50527,6.08710
1515340835000,f2,d21,0.05952,0.28072,1.09899,0.07247,0.03095,2.97771,3.42539
1515340835000,f2,d22,0.50314,0.31401,2.95188,1.76785,0.71893,3.84078,4.35245
1515340835000,f2,d23,0.24790,1.45936,2.50976,3.40580,0.74480,3.91054,0.99164
1515340835000,f2,d24,0.20499,1.45499,2.22367,0.78394,4.46154,3.70195,2.93275
1515340835000,f2,d25,0.67419,1.44738,0.31464,2.04137,3.01933,4.16335,3.58823
1515340835000,f2,d26,0.37118,0.47396,0.30396,1.28548,2.82815,3.20434,1.17796
1515340835000,f2,d27,0.40012,1.91566,2.58465,1.33216,1.44943,4.22309,4.70724
1515340835000,f2,d28,0.47830,1.71444,0.11716,1.00216,1.13712,0.76234,3.26510
1515340835000,f2,d29,0.97560,0.11238,2.65083,3.16729,3.61689,4.58030,1.91321
```

图 19.3　数据生成器生成的数据

19.3.2　性能指标

性能指标用于评价数据库性能好坏。时序数据库性能指标需要根据时序数据特点和业务场景来确定。

时序数据来源场景众多,既有风力发电站数据采集的数据、物联网实时采集的数据,也有服务器集群运行状态的数据。无论哪种场景,都有一个鲜明的特点,就是规模巨大。原始数据占有的空间特别大,因此,如果一个数据库有很好的压缩性能,则会大大节省硬盘资源。除此以外,在服务器系统中,硬盘读写效率最慢。数据压缩率越高,则文件占用空间越小,读写磁盘所需要时间越短[24]。因此,本章将评价时序数据库存储性能的指标选择为数据压缩比,计算公式如下:

$$\text{数据压缩比}=\frac{\text{导入前数据占用空间}}{\text{导入后数据占用空间}}\times 100\%$$

风力发电站的应用场景对时序数据库的数据写入响应时间要求往往不高,而对其吞吐量的要求较高，更关注每秒能写入的设备数和数据点数[25]，因此，本章将评价写入性能的指标设置为吞吐量，计算公式如下：

$$写入吞吐量=\frac{写入的设备数\times每台设备的传感器数}{消耗时间}$$

在读取数据时，更多的是异常监控和数据分析两个场景，对时序数据库服务器的并发要求较低，而对响应时间要求较高[26]，因此，本章将读取性能的评价指标设置为响应时间，计算公式如下：

$$响应时间=请求结束时间戳-请求开始时间戳$$

19.3.3 负载模型

测试基准与工具的负载模型有两种[27,28]：一种是写入负载模型，另一种是读取负载模型。

1. 写入负载模型

我们利用测试基准与工具的数据生成器模拟真实风力发电站数据。在实际数据生成中，对时序数据库写入能力要求较高，且并发写入和较大数据包写入的情况较多。根据风力发电站常用场景，本章设计了不同的写入负载模型，形成写入负载，然后对目标数据库的写入性能进行评测并通过调整设备数量、传感器数量与客户端数量来调整写入负载模型。

写入负载有两大类。

第一类写入负载来源于以下场景：风力发电公司在某地区不断扩建的风场，每个风场最初风机数相同。测试时固定每个客户端（风场）的设备数（风机），通过不断增加客户端来测试时序数据库在不同客户端数量时的写入性能。第一类写入负载详情如表 19.3 所示。

表 19.3 第一类写入负载详情

模型名称	数据描述	负载描述
write_1_50	共 50 台设备和 50 个传感器，每次发送 2500 个数据点	1 个线程（风场）写入
write_2_50	共 100 台设备和 50 个传感器，每次发送 5000 个数据点	2 个线程（风场）写入
write_4_50	共 200 台设备和 50 个传感器，每次发送 10 000 个数据点	4 个线程（风场）写入
write_8_50	共 400 台设备和 50 个传感器，每次发送 20 000 个数据点	8 个线程（风场）写入
write_16_50	共 800 台设备和 50 个传感器，每次发送 40 000 个数据点	16 个线程（风场）写入
write_32_50	共 1600 台设备和 50 个传感器，每次发送 80 000 个数据点	32 个线程（风场）写入
write_64_50	共 3200 台设备和 50 个传感器，每次发送 160 000 个数据点	64 个线程（风场）写入

第二类写入负载来源于以下场景：风力发电公司在某地区的风场数固定，但是每个风场中的风机数随着时间的推移不断增加。因此，在测试时，固定风场数，不断增加每个风场管理的设备数，测试相应的写入性能。第二类写入负载详情如表 19.4 所示。

表 19.4 第二类写入负载详情

模型名称	数据描述	负载描述
write_8_50	每个风场 50 台风机,共 400 台风机,每台风机 50 个传感器,每次发送 20 000 个数据点	8 个线程(风场)写入
write_8_100	每个风场 100 台风机,共 800 台风机,每台风机 50 个传感器,每次发送 40 000 个数据点	8 个线程(风场)写入
write_8_150	每个风场 150 台风机,共 1200 台风机,每台风机 50 个传感器,每次发送 60 000 个数据点	8 个线程(风场)写入
write_8_200	每个风场 200 台风机,共 1600 台风机,每台风机 50 个传感器,每次发送 80 000 个数据点	8 个线程(风场)写入
write_8_250	每个风场 250 台风机,共 2000 台风机,每台风机 50 个传感器,每次发送 100 000 个数据点	8 个线程(风场)写入
write_8_300	每个风场 300 台风机,共 2400 台风机,每台风机 50 个传感器,每次发送 120 000 个数据点	8 个线程(风场)写入

2. 读取负载模型

在实际应用中,对时序数据库的并发查询请求并不多[29],因此,我们更关注的是单个查询请求的响应时间,对应的负载为读取负载。常用的读取负载包含以下 5 种:

(1) 查询某段时间内某风场的某风机的某传感器的所有值。

(2) 查询某风场的某传感器的值大于某个阈值的风机。

(3) 查询某风场的所有风机的所有传感器在某段时间内每小时的平均值。

(4) 查询某段时间内某风场的所有风机指定的几个传感器的所有值。

(5) 查询某段时间内某风场的所有风机的所有传感器的值。

表 19.5 给出了时序数据库的读取负载。

表 19.5 时序数据库的读取负载

负载名称	基本查询说明	类 SQL 表达形式	设计目的
query_1	查询过去一小时内 f1 风场的 d1 风机的温度	select * from sensor where f='$f' and d='$d' and s='$s' and time>=$start and time<=$end	全量单传感器查询能力
query _2	查询过去一天内 f1 风场转速大于 1 的设备	select * from sensor where f='$f' and s='$s' and value>=$value and time>=$start and time<$end	分析能力
query_3	查询过去一天内 f1 风场每台风机平均发电功率	select mean(value) from sensor where f='$f' and time>=$start and time<=$end group by f,d,s,time(1 h)	复杂分析能力
query_4	查询过去 15 分钟内 f1 风场的温度、转速、发电功率、风速和迎风角度	select * from sensor where f='$f' and (s='$s1' or s='$s2' or s='$s3' or s='$s4' or s='$s5') and time>=$start and time<=$end	全量多传感器查询能力
query_5	查询过去 15 分钟内 f1 风场的所有传感器的值	select * from sensor where f='$f' and time>=$start and time<=$end	全量查询能力

19.4 技术实现

本节介绍基于测试基准与工具的时序数据库评测方案以及评测工具的技术实现。

19.4.1 评测方案

基于测试基准与工具的时序数据库评测方案流程如图 19.4 所示。

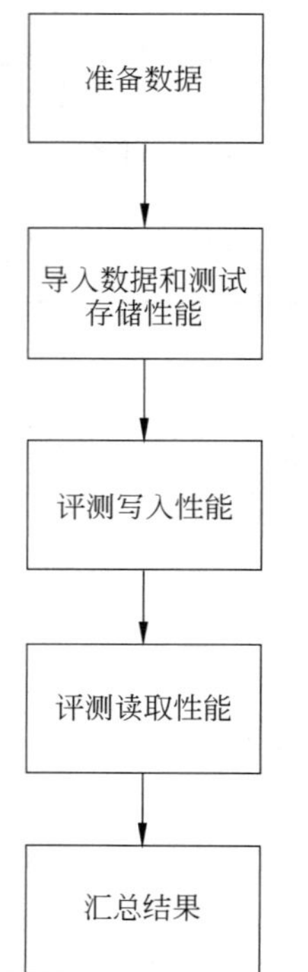

图 19.4 评测方案流程

该评测方案包括以下步骤：

(1) 评测准备。

① 在时序数据库系统的实际使用中，数据库中往往存储了大量的存量数据，数据库使用厂商也更关注数据库在有存量数据的情况下的读写能力，因此，在进行正式评测时，需要向数据库系统导入存量数据，这些存量数据首先通过测试基准与工具中的数据生成器生成 100 台风机，每台风机的 50 个传感器对应 7 天的数据 load.data。

② 安装待测试的目标时序数据库，根据测试基准与工具中的数据模型，创建目标时序数据库的数据存储模型。

③ 生成写入能力测试阶段所需要的数据，存储到磁盘中。

(2) 存储能力评测。将评测准备阶段生成的数据 load.data 导入目标时序数据库。导入完成后，由数据库将数据完全持久化和压缩，根据原始数据的大小和占用空间大小，计算数据库的数据压缩比，获得目标时序数据库的存储能力评测结果。

(3) 写入能力测试。根据测试基准与工具的写入负载，将评测准备阶段生成的数据写入目标时序数据库，并进行写入能力测试。每一种负载测试 5 次，两次间隔 0.2s，以平均结果作为该数据库的指标结果，最终测试出不同负载下目标时序数据库的写入性能。

(4) 读取能力测试。根据测试基准与工具的基本读取负载，每个读取查询负载测试 10 次，两次读取间隔 0.2s，以平均结果作为最终结果，测试出各类负载下目标时序数据库的读取性能。

(5) 汇总测试结果。完成评测后，整理各部分评测结果，完成对目标时序数据库评测结果的统计。

19.4.2 评测工具的设计和实现

基于测试基准与工具的时序数据库评测方案，本节介绍测试工具的实现细节[30]。图 19.5 给出评测工具的整体架构，共包含三大模块：

(1) 基于基本写入和基本读取负载的基础适配器模块。

(2) 基于评测方案的评测模块。

(3) 启动接口模块。

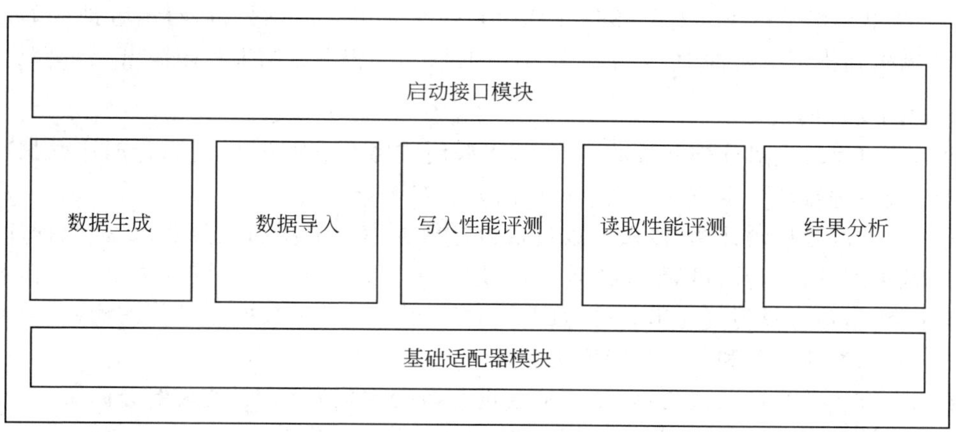

图 19.5 评测工具的整体架构

1. 基础适配器模块

基础适配器的功能是：定义待测试的目标时序数据库的连接方式、基础写入方式和 5 种基本查询方式。评测目标数据库时，对目标数据库进行参数初始化和读写操作。

(1) 初始化数据库连接参数，包括目标测试数据库 IP 地址、目标测试数据库端口、目标测试数据库连接用户名以及目标测试数据库连接密码。

(2) 对目标测试数据库进行写入。输入参数为一个字符串，字符串格式与基本数据模型一致，目标测试数据库根据基本数据模型，将数据解析为目标测试数据库所保存的类型，并保存到目标测试数据中。

(3) 对目标测试数据库进行查询。目标测试数据库需要基于自己保存的数据模型，对 5 种基本查询负载进行实现，输入参数包括查询数据的开始时间、结束时间与阈值。

2. 基于评测方案的评测模块

该模块分为 5 个子模块，分别负责数据生成、数据导入、写入性能测试、读取性能测试与结果分析。

(1) 数据生成子模块。根据测试基准的基本数据模型，生成涵盖两个风场、每个风场 50 台风机、每台风机 50 个传感器，一共 7 天的数据，并将此数据保存到磁盘文件中，目录定义为 load，数据名称为 load.data。此外，预备读写负载需要的数据集。

(2) 数据导入子模块。将数据生成子模块生成的数据导入到时序数据库中。每缓存 3000 行数据调用一次适配器导入方法，计算一次导入吞吐量和打印日志。导入完成后，计算数据在数据库中占用的空间，计算存储压缩比。

(3) 写入性能测试子模块。通过加载预生成的数据，调用适配器的写入方法，对目标测试数据库进行写入性能测试，每次写入时均记录响应时间，每个批次完成后计算平均吞吐量。实现过程中使用 Java 多线程方法(java.util.concurrent.ExecutorService 和 java.util.concurrent.CompletionService)模拟多个风场。每个批次完成后再短暂停顿，再进行下一批次的评测。

(4) 读取性能测试子模块。每个读取负载都会使用一个线程，计算 10 次请求的响应时间，两次请求间隔为 0.2s，调用适配器前会生成相应的参数，参数值主要为时间和阈值，时间为导入的数据对应的某段时间，阈值为导入数据中最小值和最大值之间的一个值。

(5) 结果分析子模块。对各部分计算出来的结果进行汇总分析，给出各部分的性能指标，最终输出到指定的文件中，文件命名为时间戳；同时将测试结果打印输出。

3. 启动接口模块

启动接口模块是对外部开放的接口，可以调用该接口中的方法，对目标时序数据库进行性能评测或者进行数据生成。调用该接口的方法有3个。

第一个方法是启动评测，传入参数包括目标数据库适配器的全类名、目标数据库IP地址、目标数据库端口以及目标数据库连接时使用的用户名和密码。该方法根据目标数据库适配器全类名，通过反射创建出新的适配器对象，然后对目标数据库进行评测，包含数据生成、导入、写入性能评测和读取性能评测。

第二个方法是半启动评测，该方法不会进行数据生成和导入，其余部分同第一个方法，会进行写入性能评测、读取性能评测和结果分析。

第三个方法是数据生成方法，该方法根据传入信息生成目录名称，并在此目录中生成待导入和写入的数据。

19.5 评测方式和结果

以评测高通量监测时序数据管理引擎IoTDB为例，评测按5个步骤进行。

第一步，安装IoTDB。在Apache官网下载IoTDB，安装Java和Maven，编译和安装IoTDB，使用默认的IoTDB的配置。

第二步，修改IoTDB的数据存储目录和安装目录，使两者为同一路径。

第三步，初始化存储组和时间序列。IoTDB使用存储组和时间序列存储数据。每一个数据点都有时间序列的概念，存储新的数据时，如果没有对应的时间序列模型和存储组，则无法写入数据，因此需要提前创建好时间序列(CREATE TIMESERIES)和指定存储组(SET STORAGE GROUP)。IoTDB是根据数据属性的层次结构和各属性之间的从属关系来设计存储结构。数据点基本格式如图19.6所示。

timestamp	timeseries	value

图19.6 数据点基本格式

其中，timestamp为时间戳，timeseries为时间序列，value为传感器的值。根据IoTDB的数据存储特点和基本数据模型，我们设计IoTDB存储的时间序列为ROOT.p.f*.d*.s*，其中，存储组设置为ROOT.p，f*为风场编号，d*为风机编号，s*为传感器编号。时间戳的单位为毫秒。测试基准模型与IoTDB存储结构的对应关系如表19.6所示。

表19.6 测试基准模型与IoTDB存储结构的对应关系

测试基准模型	IoTDB存储结构	描　　述
时间戳	timestamp	单位为毫秒
风场编号	ROOT.p.f*.d*.s* 中的 f*	
风机编号	ROOT.p.f*.d*.s* 中的 d*	

续表

测试基准模型	IoTDB 存储结构	描　　述
传感器编号	ROOT.p.f*.d*.s* 中的 s*	
传感器值		字段数据类型为 float，ENCODING 为 RLE

使用脚本设置存储组和初始化时间序列，脚本伪代码如下：

```
#设置存储组
execute "SET STORAGE GROUP TO ROOT.p"
#创建时间序列

for(int fNum=1;fNum<=64;fNum++){
    for(int dNum=1;dNum<=300;dNum++){
        for(int sNum=1;sNum<=50;sNum++){
            execute create "TIMESERIES ROOT.p.f${fNum}.d${dNum}.s${sNum}
              with datatype=float,encoding=RLE"
        }
    }
}
```

第四步，实现测试基准与工具的基础适配器。IoTDB 在适配器中的连接方式选用 JDBC 连接，使用的连接包为 cn.edu.tsinghua 中的数据库连接驱动包 iotdb-jdbc 0.7.1，不使用连接池。每次进行数据操作都会创建连接和关闭连接。在写入操作时，每次写入都将数据缓存到一个批次，最后集中写入计算时间。

第五步，确定测试基准与工具生成的数据临时存储目录和输出目录以及 TimescaleDB 的连接参数，编写启动程序，并调用启动评测的方法 TSBM.startPerformTest 开始评测。IoTDB 评测流程如图 19.7 所示。

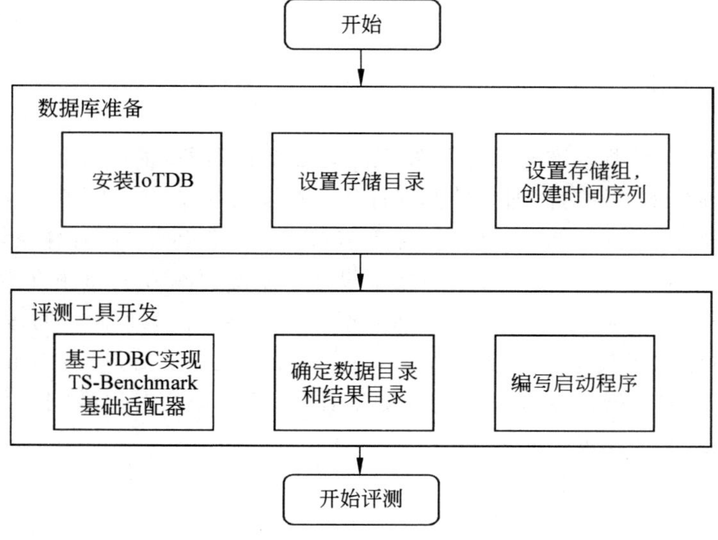

图 19.7　IoTDB 评测流程

评测结果如表 19.7 所示。

表 19.7 IoTDB 评测结果

指　　标	描　　述	评 测 结 果
存储性能	压缩比	4.58
第一类写入性能	客户端数 1	119 172
	客户端数 2	219 994
	客户端数 4	333 090
	客户端数 8	286 962
	客户端数 16	374 396
	客户端数 32	385 568
	客户端数 64	366 818
第二类写入心性能	设备数 50	252 424
	设备数 100	277 066
	设备数 150	343 237
	设备数 200	394 897
	设备数 250	367 765
	设备数 300	332 052
查询性能	Query1	39
	Query2	2795
	Query3	21 135
	Query4	6886
	Query5	N/A

19.6 本章小结

当前时序数据库评测基准与工具仍处于匮乏和空白阶段，而工业界对时序数据库基准需求迫切。基于此，本章针对高通量监测时序数据的实际工业应用场景，分析了风力发电站产生的时序数据特点及其存储、查询与统计等需求，设计与实现了针对高通量监测时序数据管理引擎的测试基准与工具，在基础负载之上设计了基准评测方案和评价指标，通过不同的评价指标从数据压缩性能、数据写入性能和数据读取性能 3 方面评测了时序数据库的性能。

本章设计的评测工具可从开源网站(https://github.com/dbiir/ts-benchmark)下载和使用。它可以作为时序数据库开发者的评测工具，也可以作为时序数据库使用者选择合适的时序数据库系统时使用的工具。

本章参考文献

[1] 金澈清，钱卫宁，周敏奇，等. 数据管理系统评测基准：从传统数据库到新兴大数据[J]. 计算机学报，2015，38(1)：18-34.

[2] 钱卫宁，夏帆，周敏奇，等.大数据管理系统评测基准的挑战与研究进展[J]. 大数据，2017，1(1)：e2015008.

[3] 刘兵兵，孟小峰，史英杰. CloudBM：云数据管理系统测试基准[J]. 计算机科学与探索，2012，6(6)：504-512.

[4] 周晓云，覃雄派，王秋月. 大数据评测基准的研发现状与趋势[J]. 计算机应用，2015，35(4)：1137-1142.

[5] 姜春宇，孟苗苗. 大数据基准测试流程与测试工具[J]. 信息通信技术，2014，6：43-46.

[6] ARMSTRONG T G，PONNEKANTI V，BORTHAKUR D，et al. LinkBench：a database benchmark based on the Facebook social graph[C]. In：Proc. of ACM SIGMOD International Conference on Management of Data. New York：ACM，2013：1185-1196.

[7] PATIL S，POLTE M，KAI R，et al. YCSB++：benchmarking and performance debugging advanced features in scalable table stores[C]. In：Proc. of ACM Symposium on Cloud Computing，Cascais，Portugal，Oct 27-28，2011.

[8] 詹剑锋，高婉铃，王磊，等. BigDataBench：开源的大数据系统评测基准[J]. 计算机学报，2016，1：196-211.

[9] WANG L，ZHAN J，LUO C，et al. BigDataBench：a big data benchmark suite from Internet services[C]. In：Proc. of the 20th International Symposium on High Performance Computer Architecture (HPCA). New York：IEEE，2014：488-499.

[10] GHAZAL A，RABL T，HU M，et al. BigBench：towards an industry standard benchmark for big data analytics[C]. In：Proc. of ACM SIGMOD International Conference on Management of Data. New York：ACM，2013：193-201.

[11] SHUKLA A，CHATURVEDI S，SIMMHAN Y. RIoTBench：a real-time IoT benchmark for distributed stream processing platforms[J]. Concurrency and Computation：Practice and Experience，2017，29(11)：e4257.1-e4257.22.

[12] ARASU A，MASKEY A S，CHERNIACK M，et al. Linear Road：a stream data management benchmark[C]. In：Proc. of the 30th International Conference on Very Large Data Bases. New York：ACM，2004：480-491.

[13] LU R，GANG W，XIE B，et al. Stream Bench：towards benchmarking modern distributed stream computing frameworks[C]. In：Proc. of IEEE/ACM International Conference on Utility & Cloud Computing，London，Dec 8-11，2014：69-78.

[14] ARLITT M，MARWAH M，BELLALA G，et al. IoTAbench：an Internet of Things analytics benchmark[C]. In：Proc. of ACM/SPEC International Conference on Performance Engineering. New York：ACM，2015：133-144.

[15] InfluxData. Benchmarking InfluxDB vs. ElasticSearch for time series[EB/OL]. https://www.influxdata.com/blog/influxdb-markedly-elasticsearch-in-time-series-data-metrics-benchmark/.

[16] InfluxData. Why Time Series Matters for Metrics，Real-Time and Sensor Data[EB/OL]. https://www.influxdata.com/resources/why-time-series-matters/.

[17] 王良. Benchmark 性能测试综述[J]. 计算机工程与应用，2006，42(15)：45-48.

[18] ONEIL P E, CHENG E Y, GAWLICK D, et al. The log-structured merge-tree (LSM-tree)[J]. Acta Informatica, 1996, 33(4): 351-385.

[19] PERSEN T, WINSLOW R. Benchmarking InfluxDB vs ElasticSearch for time-series[R]. San Francisco: InfluxData, Inc., 2016.

[20] PERSEN T, WINSLOW R. Benchmarking InfluxDB vs MongoDB for time-series data, Metrics and Management[R]. San Francisco: InfluxData, Inc., 2016.

[21] 李慰，廖湘科，何京津，等. 数据库性能测试中数据生成技术研究与实现[J]. 计算机研究与发展，2007，44(s1)：216-220.

[22] 苗超，朱莉. 数据生成器的实现[J]. 计算机与数字工程，2010，38(2)：144-147.

[23] 戚雪冰. 风电监控系统中时序数据管理系统的设计与实现[D]. 南京：东南大学，2015.

[24] 徐慧. 实时数据库中数据压缩算法的研究[D]. 杭州：浙江大学，2006.

[25] 中国电子信息产业发展研究院. 工业大数据测试与评价技术[M]. 北京：人民邮电出版社，2017.

[26] 代亮，陈婷，许宏科，等. 大数据测试技术研究[J]. 计算机应用研究，2014，31(6)：1606-1611.

[27] 姜春宇，魏凯. 大数据平台的基础能力和性能测试[J]. 大数据，2017，3(4)：37-45.

[28] 姚竞英. 数据库性能测试的研究[J]. 电脑知识与技术，2011，7(29)：7090-7092.

[29] 王宇杰，王锋，杨文宾. 基于数据库连接池的数据库访问性能对比测试研究[J]. 工业控制计算机，2010，23(6)：92-94.

[30] 方刚，赵嵩群. 数据库系统模拟负载的探讨和实现[J]. 微计算机信息，2007，23(15)：151-153.

BOM 图数据管理引擎测试基准与工具

程一舰　郭雨荷　卢　卫　李翠平

中国人民大学信息学院

20.1　概述

对于高科技制造业而言，为了跟踪产品的变化并保持所需组分的准确清单，最常使用的数据结构是物料清单(BOM)。BOM 图数据管理引擎测试基准可以为工业在选择存储和查询 BOM 图数据库系统时提供指导；制造商也可以根据该基准定制产品，以保证产品的良好性能。图 20.1 是 3 种不同产品的 BOM 图示例。

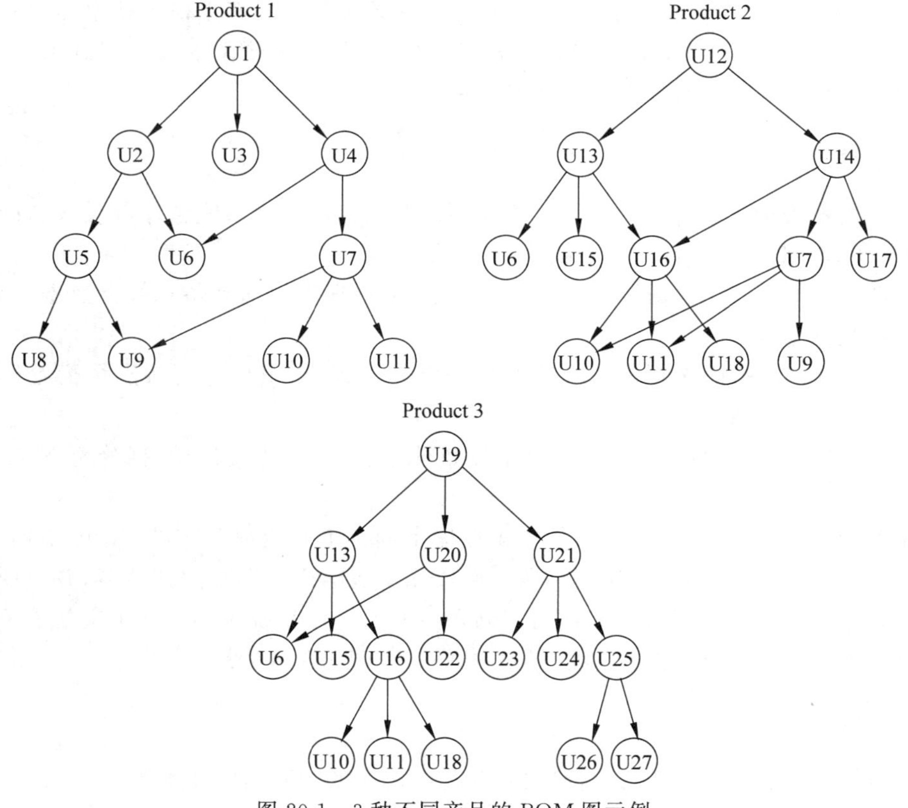

图 20.1　3 种不同产品的 BOM 图示例

20.2 需求

20.2.1 分析

BOM 不仅可以存储在图数据库中，也可以存储在关系数据库中，在这两类数据库中对图进行增删改查具有不同的性能表现。图数据库的应用模式与传统关系数据库的应用模式截然不同。鉴于不同的数据结构和查询负载，选择正确的数据库对于查询性能非常重要。但是，目前并没有统一的评测基准来评判查询和修改存储在不同数据库系统中的 BOM 时的性能。另外，制造商也需要确保其产品是根据评测基准定制的。因此，在许多方面需要一个统一的评测基准。

然而，衡量数据库系统的性能是非常复杂的任务。数据库系统的性能评估由于存在各种数据结构和满足特定需求的查询负载而变得更加复杂。确定所有数据库系统通常需要的某些关键方面，并尝试为它们定义基准测试，是非常重要的，并且非常复杂。为了衡量性能，数据生成器和查询负载生成器需要模拟真实世界的应用场景。BOM 具有层次性并且具有父子关系，生成与 BOM 具有相似的结构的数据也非常困难，需要配置大量参数。查询 BOM 是许多商业和工业环境中的常见行为，因此需要各种类型的查询和操作来模拟实际应用场景[1]。

综上所述，工业界对大规模图数据的处理不断涌现出新的需求，同时图数据库系统本身也在经历着深刻的变革。在如此复杂的内部和外部条件下，为不同的图数据库系统建立起统一的评测基准，对于图数据库的发展、工业大数据系统的发展甚至信息技术的发展都可谓意义深远。因此，我们需要研制 BOM 图数据库管理系统的评测基准及其测试工具，以便对不同的 BOM 图数据库管理系统进行比较和评价。

20.2.2 功能

工业大数据管理系统评测基准用于评测制造业大数据管理系统整体以及各功能模块的性能、扩展性、可用性等重要技术指标。具体包括 3 个部分：

(1) 研制具有工业大数据特点的、符合工况设备物理限制的高仿真并行数据生成器，支持高并发的数据生成。

(2) 研制具有制造语义和业务机理的综合负载生成器，根据应用特点可配置模拟大数据管理系统的应用负载。

(3) 研制基准评测软件套件，包括性能度量体系、数据采集方法、数据分析方法、数据审计方法等。

在本章中，我们设计了一个测试数据生成器来创建不同数据分布的 BOM 结构。同时，根据制造业的实际需求，我们利用查询负载生成器生成随机查询来测试性能，并使用查询的性能结果评估每个数据库系统。我们为存储在不同数据库系统中的 BOM 建立了一个统一的查询和修改的评测基准，这对于制造业的发展具有较为深远的意义。

20.2.3 挑战

使用这种方法评估 BOM 图数据库性能，需要解决的主要问题和挑战如下：

(1) 基准实用性，即接近实际应用和生产场景。本章重点关注 BOM 图数据库的基准开发。因此，研制的基准必须切实有效，数据和查询都应贴近真实场景，充分反映真实系统的特点和性能，特别是在实际应用中的性能，并使之可为 BOM 图数据库的开发提供参考。

(2) 基准健壮性，即充分发掘每个数据库功能的极限性能。图数据库基准测试旨在检测数据库功能模块的极端性能，并测量其科学合理的设计。因此，设计基准是否可充分利用数据库的极限性能决定了基准的有效性。

(3) 基准通用性，即适用于所有类型的数据库。由于要评估的数据库系统种类繁多，支持的操作可能不尽相同。因此，有必要彻底调查并合理确定相应的评测内容，使得该基准适用于大多数流行数据库的评测。

20.3　方法设计

20.3.1　数据模型分析与设计

由于 BOM 图的结构与其他的图（社交网络等）结构差异较大，因此，为了了解 BOM 图数据的特点，首先需要对现有的数据进行分析，得出其组合规律、分布规律和连接规律，并设计相应的数据模型，为数据生成和查询负载生成打好基础。

我们获得了世界某知名重型机械生产厂商生产的两台汽车起重机的 BOM 图，并以此作为研究用例。在对数据进行深度处理前，对这两个图数据进行初步的理解和分析，掌握其数据内容和结构、整体特征、详细构成、统计信息等，进而明确接下来应该生成什么样的数据、怎么生成数据，最终建立相关的数据模型，为数据生成做好基础准备。

1. 样本数据集的内容和结构

我们获得的 BOM 图数据以 CSV 文件的形式存储，共分为两个文件：一个文件是图的节点信息，另一个文件是图的边信息。以下说明这两个文件的组织结构和内容。

图的节点信息共包含 13 个属性，分别为 plm_m_oid、plm_oid、plm_m_id、plm_i_name、plm_i_createtime、plm_i_checkintime、plm_cailiao、plm_checkintime、plm_weight、plm_wllx、plm_wlly、plm_guige、plm_gylx，如表 20.1 所示。

表 20.1　图的节点信息

属　　性	含　　义
plm_m_oid	唯一标识（边的外键）
plm_oid	唯一标识
plm_m_id	结构型号
plm_i_name	结构名称
plm_i_createtime	创建时间
plm_i_checkintime	组装时间
plm_cailiao	材料编号
plm_checkintime	采购时间

续表

属　　性	含　　义
plm_weight	重量
plm_wllx	物料类型
plm_wlly	物料来源
plm_guige	规格
plm_gylx	工艺类型

图的边信息共包含 7 个属性，分别是 plm_oid、plm_leftobj、plm_rightobj、plm_createtime、plm_order、plm_jianhao、plm_number，其对应表述的含义如表 20.2 所示。

表 20.2　图的边信息

属　　性	含　　义
plm_oid	唯一标识(主键)
plm_leftobj	父节点标识(外键)
plm_rightobj	子节点标识(外键)
plm_createtime	创建时间
plm_order	顺序信息
plm_jianhao	数量信息
plm_number	子节点数量

其中，plm_leftobj 和 plm_rightobj 是节点数据中 plm_m_oid 的外键，意思是该条边是从 plm_m_oid 等于 plm_leftobj 的点指向 plm_m_oid 等于 plm_rightobj 的点。

2. 样本数据集的整体特征

为了更好地对 BOM 图进行统计和分析，对 BOM 图的数据进行清洗后，将其导入一个较为成熟的图数据库——Neo4j[2]。通过 cypher 程序输出 BOM 图，如图 20.2 所示，通过它就对 BOM 图的整体形态和结构有了宏观的把握。可以看到整个图以汽车起重机为中心向外辐射和扩散，总体呈现类似树的特点，但每一个孩子节点都可能会有多个父亲节点，甚至这些父亲节点之间也存在父子关系，因而这仍然是一个图(graph)。

3. 样本图数据集的详细构成

我们以其中一台结构较为简单的汽车起重机为例，进行简要描述。在进行描述之前，需要对 BOM 图中的结构层次进行定义。

定义 20.1(BOM 图中的结构层次)：在 BOM 图中，从根节点到 BOM 图中某一结构的最短路径的长度(经过的边数)称为该结构的层次。

该起重机共分为 7 层。第一层有 1 个元素，第二层有 1 个元素，第三层有 31 个元素，第四层有 655 个元素，第五层有 599 个元素，第六层有 242 个元素，第七层有 9 个元素。

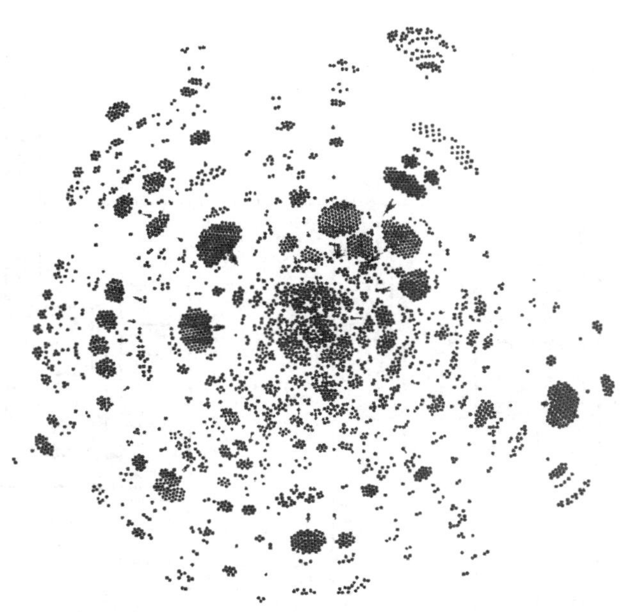

图 20.2　两台汽车起重机的 BOM 图

图 20.3 给出该起重机部分结构示意图。

该起重机的 BOM 图具备的特征如下：

(1) 真实性。起重机的数据为企业真实应用场景下的数据。

(2) 7 层结构。如果将零部件所在层次定义为从根节点到该表示该零件的节点的最短路径的长度，则起重机的 BOM 图有 7 层。

(3) 构成复杂。每一层的结构较为复杂，零部件的种类较多。

4. 图数据模型的建立

通过对源数据的分析可以发现，在工业中，影响数据生成结果的重要因素包括以下 3 个方面：

(1) 生成的点的类别(名称)和参数，即，生成哪些类别的点，点的参数如何确定，不同类别的点是以什么数量和比例生成的。

(2) 同一类点在各层次上的分布，即，每一类点可能会分布在 BOM 图中的哪些层次，每一层次分布的数量和比例是多少。

(3) 点与点之间的连接，即，每一类点可能会与哪些层次的哪些点有连接，连接的数量和比例如何。

以上 3 方面的因素一旦确定，那么一个图的结构也就随之确定了，因此，需要在数据生成器中着重研究以上 3 方面的因素。下文将从这 3 方面出发，对数据生成模式进行设计和建模，生成与实际应用更贴合的数据集。

20.3.2　数据生成器的设计

我们需要从 BOM 图的结构特征出发，生成完整的、符合实际应用场景的图数据，这些图数据包括异构的顶点(例如产品、零部件、材料等)、多类型的联系(例如组成关系、维修关系、转配关系等)、顶点和联系的内部属性以及顶点和边的时序关系等。

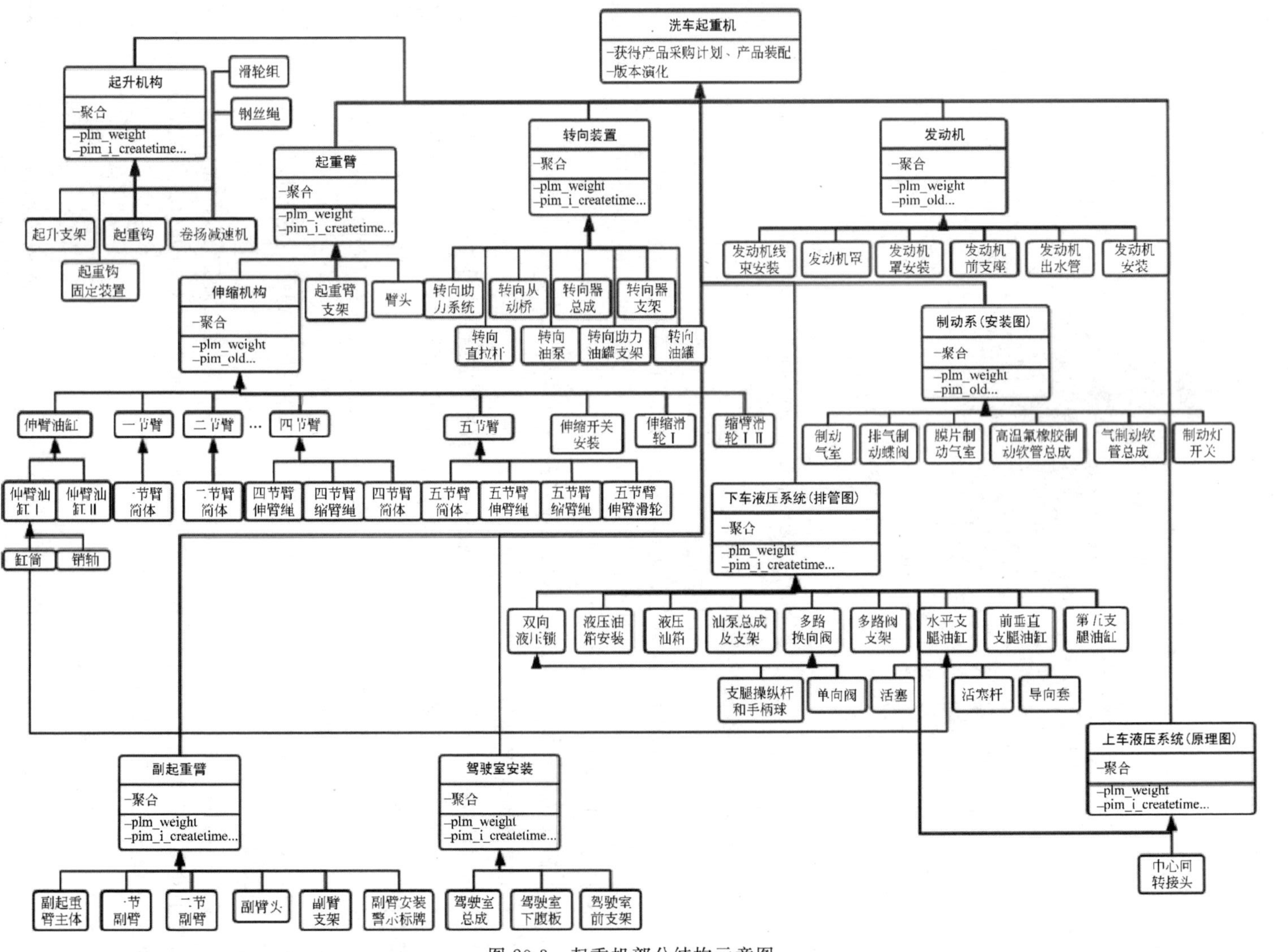

图 20.3 起重机部分结构示意图

数据生成器是评测基准的重要部分。数据生成质量的好坏，直接决定了查询的效果，进而影响基准对于系统的评价。因此，要想使得评测基准能客观、有效地对图数据进行评价，数据生成器所生成的图数据必须切实符合 BOM 图数据的实际情况，并且能在符合实际情况的前提下进行规模上的放缩，以保证能生成贴合实际应用的、各种规模的 BOM 图数据。本章将从样本数据出发，进行进一步的统计分析，然后通过建模，形成较为贴合实际应用的数据集。

1. 参数概念定义

为了使得生成的数据集尽可能贴近实际，首先需要对原来的两个图数据进行更加深入的统计分析。在进行统计分析之前，首先引入以下几个定义。

定义 20.2(节点的类型)：节点的类型即节点的名称，所有名称相同的节点称为同一类节点。

定义 20.3(节点的层次)：节点的层次是指从根节点到该节点的最短路径的长度，路径的长度即为该路径上所有的边的条数。

定义 20.4(边的类型)：边的类型是指这条边的指向(to)一侧的节点的类型(名称)和层次。需要注意的是，具有不同的层次但具有相同指向节点名称的边是不同类型的边。

定义 20.5(边的层次)：边的层次是指这条边的指向(to)一侧的节点的层次。

2. 基本原理

在引入了以上 4 个基本定义后，下面对图数据中的节点和边的分类分层原理进行阐述。节点和边的分类分层原理是数据生成器的最核心原理，以后的工作都将围绕这两个核心原理展开。

需要对定义 20.2 和定义 20.3 进行说明的是，对节点进行分类，是因为同一类的边具有相似的结构特征和层次分布特征，这一点在具有实际含义的 BOM 图中是有意义的。我们通过一些统计对这一点设想进行了证明。下面举个例子。

如图 20.4 所示，通过 cypher 命令在 Neo4j 的 BOM 图中搜索名字为“可调滑块”的节点及其所有子节点。在输出它的所有的 n 代子结构以后，可以看到在“汽车起重机”中总共存在 4 个“可调滑块”这种结构，而所有的“可调滑块”都具有以下 4 个相同的子结构：“滑块”(×1)、“调节螺柱” (×1)、“螺钉”(×2)；同时，也可以进一步查询到这 4 个“可调滑块”结构都处于“汽车起重机”BOM 图中的第 3 层，进而可以发现，“可调滑块”的子结构“滑块”“调节螺柱”“螺钉”均处于该 BOM 图的第 4 层。

其他的结构大多也与“可调滑块”的情况类似，此处不再多举例子。可以得到以下结论：相同类型的结构在层次分布上是存在一定分布规律的，相同类型的结构的子结构的构成也是存在特定规律的。

综上所述，可以得到如下结论：相同类型的节点(如“可调滑块”)具有特定的层次分布特点(如分布在第 3 层)，也具有特定的子结构构成特点(如具有 3 种子结构，即“滑块”“调节螺柱”“螺钉”)。这个假设是具有实际意义的。

在定义 20.4 和定义 20.5 中，将边的类型定义为边的指向一侧的点的类型，将边的层次定义为边的指向一侧的点的层次。这样的定义是要对该点的指入对象进行统计分析，这样的设计是有一定意义的。假设在确定了点后，先行确定点的指向对象，由于我们对点和边的

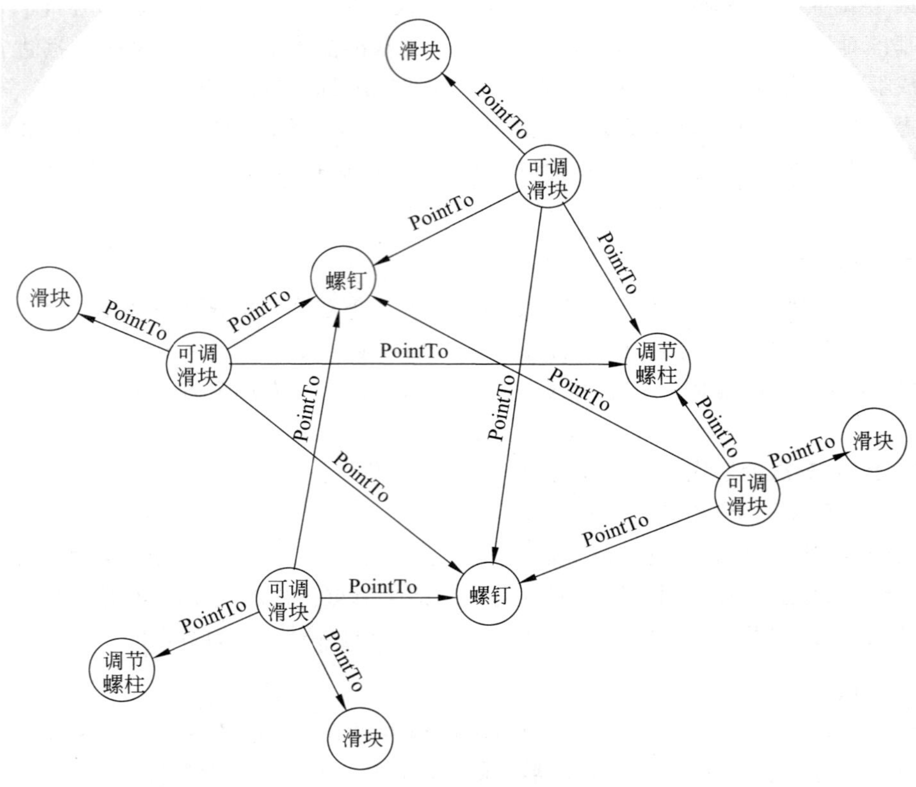

图 20.4 "可调滑块"结构示例

统计分析是基于统计意义进行的，那么可能由于分布模型产生的数据不均匀或不全面，会存在部分点没有指向对象的情况，这就会导致部分子图脱离整个图，甚至可能会导致一个较大子图的脱离，生成图的数量规模和层次规模就会有一定的偏差，利用这样的图生成数据就完全失去了实际意义。

反过来考虑，假设在确定了点之后，先确定点的指向对象，那么就可以通过确保每一个点都存在至少一条指向它的边，从而保证生成的所有点都被连接在整个图中，进而使得生成的图的数量规模和层次规模完全符合预先设定。

因此，为了保证图的数量规模和层次规模符合初始设定，我们更偏向于对点的指向对象进行统计分析，进而形成点之间的连接，最终能生成符合需求的图数据。

与对点进行分类的原因和原理类似，对边进行分类同样具有现实意义，同时，这样的现实意义也能在统计数据中得到证明。

从以上分析可以看出，可以通过确定点的分布和边的分布来确定结构，进而构造出具有实际意义的图数据。

3. 基本思路

在深入阐述图数据生成方法前，首先阐述图数据生成的基本思路，该基本思路可以用以下步骤描述：

(1) 样本数据的分布统计。对每一类点在各层上的分布情况进行统计，即统计每一类点在每一层上出现的频次；对每一类边在各层上的分布情况进行统计，即统计每一类边在每一层上出现的频次。

（2）样本数据的分布分析。对每一类点的层次分布进行量化估计，得到其分布模型；对每一类边的层次分布进行量化估计，得到其分布模型。

（3）构造分布产生模型。根据给定的样本数据的分布模型建立新的分布模型，该分布模型应建立相应的放缩机制，能够根据参数设置生成指定规模和层数的数据，新数据集的数据分布应符合样本数据的特征和分布规律。

（4）产生新的分布数据。根据新的分布模型，结合需要产生的数据集的规模和层数，产生新的点数据集；为每一类新的点产生新的不同类型的边。

（5）点和边的启发式连接。将产生的不同类型的边连接到对应的上层点，可能需要使用一些模糊连接匹配算法。

20.3.3　查询负载生成器的设计

对于基准测试来说，除了数据生成器，另一个重要的部分就是查询负载生成器的设计与实现。基准的评测结果取决于负载的查询效果，同样的查询负载在不同的实现方式下会展现完全不同的查询效果，而优秀的查询负载不仅需要符合工业的实际生产情况，还要能够贴合图数据库的设计原理，充分挖掘和发挥图数据库的性能。

当前，图数据库的底层实现主要分为 4 种模型，分别是关系模型、原生图模型、非结构化模型、键值模型。现在最常用的还是关系模型和原生图模型。因此，我们选用对应这两种模型的两种最常见的数据库——某商业数据库 A 和 Neo4j，进行查询负载的研究。

综上所述，本章主要研究在不同环境下生成哪些查询负载、如何实现查询负载、如何对查询负载进行组合等问题。

1. 查询负载的分类

首先，需要了解工业中对于图数据的查询需求。我们通过与样本数据提供方进行深入沟通和调研了解到，实际生产中的查询有很多种类。但是，可以从语义角度出发，对类似的查询进行分类；也可以从查询算法的角度出发，对类似的查询进行分类。下面就将这两种方法结合起来，确定需要生成的查询负载。

在实际生产中，如果从语义角度出发对查询负载进行分类，当前的图数据库查询主要分为以下几种：

（1）生成一个产品的整体结构，即生成从根节点到所有叶子节点的所有路径。这样的查询可以输出产品的所有构成结构，了解每一个节点的父亲节点和儿子节点。可以通过查询的结果完整地生成一个完全一致的图。

（2）搜索零件的使用情况，即搜索一个节点的所有父亲节点。这样的查询可以输出产品中一个结构被哪些上层结构使用，了解一个节点可能会影响的所有父亲结构，可能会用于哪些产品的升级和更新，了解更新节点可能会对哪些结构产生影响。

（3）比较两个结构的差异，即比较两个图或子图之间的区别。这样的查询可以用来比较两个子结构的不同，可以用来了解产品更新的所有节点，也可以用来获得不同型号的产品之间的区别。

（4）向下结构聚合以获得各项物料汇集后的总数，即从一个节点到另一个节点的所有路径上的信息的聚合。这样的查询可以获得在这两个节点之间路径的条数、最大层次、最小层次、结构的总数、质量的综述等统计信息。

(5) 向下结构聚合以获得采购计划,即获取从一个节点到另一个节点的路径上的所有采购属性为“外购”的零件。这样的查询可以帮助我们了解所有生产环节中哪些零件需要外购,从而制订采购计划。

(6) 向下结构聚合以获得零件借用情况,即获取从一个节点到另一个节点的路径大于1的零件。这样的查询可以帮助我们了解在生产过程中哪些零件可能会被几个结构同时使用,也就是说哪些零件需要生产多少份以供产品制造使用。

(7) 向上结构聚合以获得总重量(同理可以获得总成本、总采购计划、总库存计划等),即获取从根节点或某一个节点开始以下所有节点的统计信息。这样的查询可以帮助我们获得制造产品所需要的总重量、总成本、总采购计划、总库存计划等信息。

从算法角度出发,可以将查询负载分为更简单的4类:

第一类,生成从某一节点向下的所有结构,包括上述(1)。

第二类,查询节点的使用情况,包括上述(2)。

第三类,比较两个结构的差异,包括上述(3)。

第四类,结构聚合和统计,包括上述(4)~(7)。

可以发现,从语义角度描述的所有查询负载都可以通过从算法角度划分的4类查询负载的变形或扩展来实现,因此,后面的研究主要围绕这4类查询展开,将在商业数据库A和Neo4j上实现以上4类查询。

2. 负载模型的建立

1) 关系数据库查询模型的建立

下面,在商业数据库A上实现上述4类基本查询负载。我们将结合商业数据库A的特点,设计出尽可能高效的算法。在关系模型中,节点的遍历主要通过表的连接来实现,因此,我们从这一角度出发进行算法设计。

在关系数据库中,需要两种表:节点表和边表。其中所有的数据结构均与前面提到的数据结构保持一致,可以使用T_RELATION表中的plm_leftobj和plm_rightobj属性,通过T_ITEM表中的plm_m_oid属性将节点连接起来,进而形成图。下面将基于这样的图数据结构设计查询算法。

(1) 生成某一节点的所有结构。只需要从根节点开始,不断将其他点通过边连接起来,并输出连接的路径,这个路径即为图的结构。

(2) 查询节点的使用情况。这一步在算法实现上与生成结构恰恰相反,需要逆向地向根节点方向连接,其中rootid为所查询对象的ID。

(3) 比较两个结构的差异。在该算法中,大体思路是:将两个结构的子结构全都输出出来,并且进行全外连接。如果连接成功,则说明两个结构存在相同的子结构;如果没有连接成功,将显示哪一个结构缺少该子结构。

(4) 结构聚合和统计。该算法大体有两步:第一步是通过点与点的连接产生所有子结构,第二步是对子结构的信息进行聚合和统计。

2) 图数据库查询模型的建立

下面,在Neo4j上实现前面提到的4个基本查询负载。我们将结合Neo4j的特点,设计出尽可能高效的算法。

Neo4j 的底层是原生的图模型,因此在其之上的操作更贴近图本身的操作,主要是通过 cypher 查询语言的 match 操作来实现对点的递归遍历查询。但是,在我们的实验中,由于 cypher 语言没有提供用户自定义函数(User Defined Function,UDF)功能,所以不能使用 cypher 进行数据处理;通过调研,我们了解到 Neo4j 可以利用 Java 进行嵌入式开发,通过编写用户自定义过程(User Defined Precedure,UDP)来实现需要的功能。

在开发过程中,我们尝试了多种 UDP 的实现方法,最终通过对比选择使用 Neo4j 自带的节点遍历类进行搜索,这样的方法更加符合 Neo4j 的模型特点,因此其效率也是最高的。限于篇幅,在此就不详细对比分析各种方法的实现思路和效果了。下面介绍我们所采用方法的实现思路。

(1) 生成从某一节点向下的所有结构。使用 Neo4j 自带的 TraversalDescription 遍历类进行深度优先遍历,从根节点(rtp)开始沿着出度(OUTGOING)方向进行遍历。在遍历过程中,需要得到每个节点到根节点的所有路径,并保存节点信息和边的信息,以便最后形成图的所有结构。

(2) 查询节点的使用情况。与生成从某一节点向下的所有结构类似,也使用遍历类对图进行遍历,但是在遍历的时候沿着入度(INCOMING)方向进行,同时将遍历过程中的所有节点保存起来,这样就获得了节点的使用情况。

(3) 比较两个结构的差异。在该算法中,使用类似生成从某一节点向下的所有结构的方法,对两个节点的结构进行遍历搜索,最后进行比较,获得其相同节点和不同节点,即两个结构的差异。

(4) 结构聚合和统计。在该算法中,和生成从某一节点向下的所有结构类似,需要遍历所有节点,并对节点的子结构进行数据统计。

至此,完成了商业数据库 A 和 Neo4j 上所有 4 类基础查询负载的算法设计,以后可以对这 4 个算法进行扩展,并形成基准评测中使用的数据查询负载。

20.4 技术实现

20.4.1 数据生成器的实现

在本节中,需要对样本数据进行深入的统计分析,目的是确定点的分布和边的指向,从而形成数据生成的模式,进而构成完整的图。

1. 样本数据的分布统计

1) 图数据基本信息统计

要对节点的分布进行统计分析,首先就需要对节点的基本信息进行计算和统计,这主要包括节点名称、指入节点、指出节点、是否在图 1 中、是否在图 2 中和类型编号。

通过遍历所有的连接关系进行统计,这样不仅可以获得所有节点的信息,同时也可以获得所有节点的连接关系,即父子关系,从而获得指入节点和指出节点。为了获得节点在图中所在的层次,使用 Neo4j 提供的 sp1 = shortestPath((n1)-[*]->(m))方法,该方法将会返回两点之间最短路径的所有边。可以通过 length(sp1)方法获得最短路径的长度,进而获得节点在图中的层次信息。

在统计完所有节点的名称、指入节点和指出节点后，需要用最短路径法求所有结构所在的层次。

通过以上两个步骤，就能够得到节点的基本统计信息。接下来，就需要对这些统计信息进行进一步分析和操作。

2）节点的分布统计

在获得节点的基本统计信息以后，需要进一步对节点的分布进行统计分析，得到每一类节点在不同层次上的分布情况。由于在进行图数据基本信息统计的时候已经将节点按名称保存起来了，因此，需要通过访问 level_g1 或 level_g2 得到每一个节点的层次，并将同一类节点的层次分布放在一个表里面，得到节点的层次分布，如表 20.3 所示（部分）。

表 20.3 节点的层次分布（部分）

节　　点	层　　次
胶条	[3,3,3,3,3,3]
套杆	[4,4]
轴套	[3,3]
箍	[4]
…	…

3）边的分布统计

与节点的分布统计类似，通过对统计数据的进一步处理，获得每一类点的指入节点的分布数据。

通过统计，可以得到如表 20.4 所示的每一类边的分布，其中的每一行都是前面所定义的一类边，例如第一行的这类边的名称为“衬套”。可以从每一类边的 level 属性中看到，具有相同名称但不同层次的边的指入节点具有不同的层次分布，即，不能仅仅将指向(to)节点的类别作为边的类别。

表 20.4 边的分布（部分）

Name	Level	In
衬套	4	{"number": [1], "name": ["起升机构"],"level": [2]}
变量柱塞马达	3	{"number": [1], "name": ["排气装置"],"level": [2]}
…	…	…

那么接下来，就要对节点和边的层次分布进行量化分析，从而为生成新的数据集做好准备。

2. 样本数据的分布分析

对样本数据进行分布分析，就是想了解样本数据的实际分布，并进行数学模型上的建模。一方面，通过建模能够归纳总结现有数据的特征和分布规律，进而确定图数据的构造模式；另一方面，通过建模来模拟图数据的构造方式，最终设计开发有效的图数据生成器。

我们对诸多的图数据和图数据生成器进行了调研，了解其生成图的原理。我们发现，在现实生活中，绝大多数图数据的节点和边的分布都满足一定的分布规律，用数学语言描述，大多数的图数据符合以下 3 种分布规律：正态分布、均匀分布和齐普夫(Zipf)分布。因此，下面就从这 3 种分布出发，对样本数据的节点和边的分布进行分析。

1）数据分布分析算法

为了找到最符合样本图数据中节点和边的分布类型及分布情况，需要尝试使用某种概率密度函数来表示实际的分布，但实际上难以确定概率密度函数中的参数值。因此，需要设计一种拟合算法，或者称之为数据分布分析算法，对概率密度函数中的参数值进行估计。

在这种数据分布分析算法中，关键任务就是确定所拟合的概率密度函数的参数值，即正态分布中 μ 和 σ 的值、均匀分布中 a 和 b 的值、齐普夫分布中 a 的值。其中，均匀分布的 a 和 b 的值比较容易确定，即为样本数据集的最大值和最小值；但其他两种分布的参数值需要更好的估计方法。

为了达到这个目的，我们构造了一个专门负责处理该项工作的 DistributionAnalyzer 类，该类的输入参数为样本数据集，输出参数为分析结果，即最符合样本图数据中节点和边的分布类型及分布情况的密度函数参数、下界值、上界值、数据集大小、与分布函数的差异值(方差)等。

针对正态分布，可以假设参数值 μ 即为样本数据的均值 μ，因此只需要对参数值 σ 进行动态递归拟合估计即可；对于齐普夫分布，需要对参数值 a 进行动态递归拟合估计。

对于某种分布函数，动态递归拟合估计的核心算法步骤如下：

(1) 为该分布的概率密度函数的参数值设定一个很小的最小值和一个很大的最大值。

(2) 在最小值与最大值之间均匀地取 9 个样本点。

(3) 求得参数值落在这 9 个样本点上的哪两个样本点之间时该参数值决定的概率密度函数与样本数据集的差异(以方差表示)最小(实际以差异函数的极值代替最小值)。

(4) 在这两个样本点中，将小的值作为新的最小值，将大的值作为新的最大值。若此时最小值与最大值的小数部分的前 4 位有效数字相同，则转到(5)；否则转到(2)。

(5) 将最小值(或最大值)的小数部分保留 4 位有效数字，则该值即为所求的概率密度函数的参数值的最优拟合值，并取该参数值对应的样本数据集与标准概率密度函数的差异值。

2）数据分布的概率密度函数的参数确定

通过上面提到的数据分布分析算法，就能确定在上述 3 种分布下与样本数据集差异最小的参数取值情况。接下来，需要比较在上述 3 种概率密度函数的参数取最优拟合值时对应的差异值，差异值最小的概率密度函数即为最接近的拟合概率密度函数，对应的概率密度函数的参数即为最优拟合值。

这样，就可以将每一类节点的层次分布或每一类边的层次分布作为输入数据来运行算法，便可以得到该类节点层次分布的概率密度函数的参数。在得到这些概率密度函数的参数以后，每一类节点最终的概率密度也就确定了。那么下一步就是利用样本数据集中的节点类和边类的分布构造新的数据集。

3. 构造可伸缩的数据分布生成器

在获得样本数据的概率密度函数后，下一步要做的工作就是根据样本在各层次上的概率密度分布来生成新的数据，在生成新的数据时，需要对新数据集设定层次和数据量，使得新的数据既符合样本数据的层次分布规律，又符合新设定的层次和数据量。下面的工作就从这两个角度出发开展。

1）简单的数据分布生成器

在构造可伸缩的数据分布生成器前，先构造一个简单的数据分布生成器，这个简单的数据分布生成器将利用概率密度函数的参数。

利用 Python 的 NumPy 中提供的随机数生成器进行数据生成。其中，正态分布需要传入参数值 μ 和 σ、数据集的上下界以及生成数据集的大小；均匀分布需要传入概率密度函数的参数（即上下界）和生成数据集的大小；齐普夫分布需要传入样本数据中的候选分布集和生成数据集的大小。

可以通过以上算法生成与样本数据集的分布完全一致的数据分布，从而可以生成与样本数据集非常相似的图数据集。但是，最终需要生成特定规模和层次的图数据，因此需要对简单的数据分布生成器进行扩展，使之成为可伸缩的数据分布生成器。

2）数据分布生成器的伸缩

上面已经获得了简单的数据分布生成器。但是，如果要想生成特定规模和层次的图数据，就要对现有分析得到的每一类节点和每一类边的数据分布进行扩展，使之成为特定规模和层次的图数据。定义样本图数据的规模为 S_{OPQ}、层数为 L_{OPQ}，生成的目标图数据的规模为 S_{FST}、层数为 L_{FST}。

在进行下一步的伸缩之前，应该回到本节的出发点，考虑一下为什么要进行数据分布的伸缩以及进行数据分布伸缩的原则。之所以要进行数据分布的伸缩，是因为需要在不同规模和不同层次的数据集上进行基准评测，以测试基准在各种各样形态复杂的图数据上的查询表现。因此，将要生成的图不一定必须具有现实语义，但是应该具有与样本数据集相似的结构特点，反映在查询上，就是要有相似的查询复杂度、查询计划、查询效果等。因此，要从这个原则出发，进行数据分布的伸缩。

3）可伸缩的数据分布生成器

基于上面的数据分布生成器的伸缩理论和概率密度函数，从节点/边的规模、节点的层次以及边的层次 3 个方面进行伸缩，构造相应的可伸缩数据分布生成器，具体算法见文献[1]。通过其中的 3 个算法，可以生成既符合样本数据集分布又符合设定的特定规模和层次的图数据集。

4. 图数据的生成算法

以上对样本图数据进行了统计、分析以及数据分布生成器的设计与实现，接下来对这 3 部分工作进行整合，就可以基于样本图数据使用数据分布生成器生成图的节点和边，并通过特定的方法将节点和边连接起来，最终形成需要的图数据。以下所说的“生成”均指新数据集的生成。

1）节点的生成

首先构造 DataSimulator 类，该类将数据分布分析功能和数据分布生成器结合，只要输入样本数据并设定目标数据的规模和层次，就可以输出要生成的数据分布，具体代码实现参见文献[3]。

2）边的生成

为了确定边的生成，首先要找到新生成的节点所对应的样本数据中的原节点，通过原节点的边的分布来生成新的边。

由于新节点是由原节点通过伸缩获得的，因此，在确定样本数据中对应的原节点时，可以采用将伸缩“收回”的方式，即将新节点的层数除以 S_{LEVEL} 来进一步确定原节点。但是，与此同时，应该考虑到，由于数据的层次分布本就是估计得来的，并且原分布可能存在在部分区间有空缺的问题，所以，在将伸缩“收回”的时候，可能出现找不到原节点的情况，因此，需要通过一个偏离(deviation)抖动来确定其最近似的原节点。

20.4.2　数据负载生成器的实现

1. 关系数据的 4 类查询实现

在商业数据库 A 中生成从某一节点开始的所有结构的算法思路比较直接，只需要从根节点开始，不断地将其他节点通过边连接起来，并输出连接的路径，即可得到所有结构。其算法如下：

```
SELECT connect_by_root(p.plm_m_id)
    rootid,
    p.plm_m_oid pitem_oid,
    c.plm_m_oid citem_oid,
    p.plm_m_id pitem_id,
    c.plm_m_id citem_id,
    c.plm_i_name,
    r.plm_oid,
    r.plm_number,
    level plm_level,
    connect_by_isleaf is_leaf,
    lpad(' ', LEVEL * 2 - 1) || sys_connect_by_path(p.plm_m_id, '>')
FROM t_item p
JOIN t_relation r
    on p.plm_m_oid = r.plm_leftobj
JOIN t_item c
    ON r.plm_rightobj = c.plm_m_oid START WITH p.plm_m_id = rootid
CONNECT BY p.plm_m_oid = prior r.plm_rightobj AND level < lev;
```

2. 图数据的 4 类查询实现

接下来，在 Neo4j 上实现前面提到的 4 个基本查询。

下面介绍我们所采用方法的实现思路。

在生成从某一节点的所有结构时，利用 Neo4j 自带的节点遍历类，通过 Java 编程进行深度优先遍历。由于源代码过长，这里只展示其伪代码。其主要算法的伪代码实现如下：

```
Procedure generate_structure(rootid, lev)
TraversalDescription td = graphDb.traversalDescription()
.depthFirst()
.relationships(rtp, Direction.OUTGOING)
.evaluator(Evaluators.excludeStartPosition())
.evaluator(Evaluators.toDepth(lev))
```

```
Node node = graphDb.findNode(label, "plm_m_id",rootid)
for Path childPath: td.traverse(node) do
    Iterable<Path>paths = finder.findAllPaths(node,childPath.endNode())
for Path childchildPath: paths do
    [add start node, end node and relationship to results]
end for
end for
end procedure
```

20.5 性能

20.5.1 数据生成器生成的图数据

通过以上一系列的匹配算法,就将所有新生成的边连接到对应的节点上了。新生成的数据既符合样本数据的分布特征,又符合指定的数据规模和层次。部分生成节点数据如下:

```
35 | Name: 侧板 | Level: 4 | Distribution: {'min': 4, 'max': 5, 'mu': 4.461538461538462, 'distribution': 'normal', 'difference': 1.3311473896380415e-09, 'sigma': 0.4995, 'size': 13} | In: [2124]
37 | Name: 侧板 | Level: 4 | Distribution: {'min': 4, 'max': 5, 'mu': 4.461538461538462, 'distribution': 'normal', 'difference': 1.3311473896380415e-09, 'sigma': 0.4995, 'size': 13} | In: [2124]
41 | Name: 侧板 | Level: 4 | Distribution: {'min': 4, 'max': 5, 'mu': 4.461538461538462, 'distribution': 'normal', 'difference': 1.3311473896380415e-09, 'sigma': 0.4995, 'size': 13} | In: [2124]
32 | Name: 侧板 | Level: 5 | Distribution: {'min': 4, 'max': 5, 'mu': 4.461538461538462, 'distribution': 'normal', 'difference': 1.3311473896380415e-09, 'sigma': 0.4995, 'size': 13} | In: [1462]
294 | Name: 立杆 | Level: 4 | Distribution: {'size': 7, 'max': 4, 'distribution': 'uniform', 'difference': 0.0, 'min': 4} | In: [2289]
295 | Name: 立杆 | Level: 4 | Distribution: {'size': 7, 'max': 4, 'distribution': 'uniform', 'difference': 0.0, 'min': 4} | In: [2289]
```

只要再对这个图数据集稍加处理,就能生成相关的CSV文件、SQL文件或其他格式的数据导入文件,此处不再详述。

20.5.2 负载生成器生成的负载

在商业数据库A上生成的查询负载示例如下:

```
select 'where_used2: ', count(*) from table(query_BOM_test.where_userd('96'));
select 'generate_structure2: ', count(*) from table(query_BOM_test.generate_structure('493', 7));
select 'structure_diff2: ', count(*) from table(query_BOM_test.structure_diff('493', '493'));
select 'struct_aggr2: ', count(*) from table(query_BOM_test.struct_aggr('493'));
```

```
select 'plan: ', count(*) from table(query_BOM_test.struct_aggr('493')) t join
t_item_test i on t.cid = i.plm_m_id where i.plm_wlly = '外购';
select 'usage: ', count(*) from table(query_BOM_test.struct_aggr('493')) t where
t.usage_count > 1;
select 'statistic: ', count(*) from ( select root_id, root_name, count(distinct
cid), sum(qty_sum), sum(weight_sum), max(max_lev) from table(query_BOM_test.
struct_aggr('493')) group by root_id, root_name );
```

可以看到，在查询之前需要刷新缓存和共享池。同时，要在查询中添加时间输出，以便对每一次查询进行计时。

在 Neo4j 上生成的查询负载示例如下：

```
call example.where_used2("96", 7, "item_test", "PointTo_test") yield pid, cid,
poid, coid, rel_oid, cnt, lev, path return "where_used2: "+count(*);
call example.generate_structure2("493", 7, "item_test", "PointTo_test") yield
ROOTID, PITEM_OID, CITEM_OID, PITEM_ID, CITEM_ID, ITEM_NAME, ITEM_OID, ITEM_
NUMBER, ITEM_LEVEL, IS_LEAF, ITEM_PATH return "generate_structure2: "+count(*);
call example.structure_diff2("493", "493", 7, "item_test", "PointTo_test") yield
diff_type, src_rel_oid, src_pid, src_cid, src_number, dst_rel_oid, dst_pid, dst_
cid, dst_number return "structure_diff2: "+count(*);
call example.struct_aggr2("493", 7, "item_test", "PointTo_test") yield root_id,
root_name, cid, cname, usage_count, min_lev, max_lev, qty_sum, weight_sum return
"struct_aggr2: "+count(*);
call example.struct_aggr2("493", 7, "item_test", "PointTo_test") yield root_id,
root_name, cid, cname, usage_count, min_lev, max_lev, qty_sum, weight_sum, plm_
wlly with root_id, root_name, cid, cname, usage_count, min_lev, max_lev, qty_sum,
weight_sum, plm_wlly where plm_wlly="外购" return "plan: "+count(*);
call example.struct_aggr2("493", 7, "item_test", "PointTo_test") yield root_id,
root_name, cid, cname, usage_count, min_lev, max_lev, qty_sum, weight_sum, plm_
wlly with root_id, root_name, cid, cname, usage_count, min_lev, max_lev, qty_sum,
weight_sum, plm_wlly where usage_count > 1 return "usage: "+count(*);
call example.struct_aggr2("493", 7, "item_test", "PointTo_test") yield root_id,
root_name, cid, cname, usage_count, min_lev, max_lev, qty_sum, weight_sum, plm_
wlly with root_id, root_name, count(cid) as count_cid, max(max_lev) as max_max_
lev, sum(qty_sum) as sum_qty_sum, sum(weight_sum) as sum_weight_sum return
"statistic: "+count(*);
```

同样，要在查询中添加时间输出，以便对每一次查询进行计时。

至此，就生成了待查询的数据库和查询负载。接下来就可以对这两类图数据库进行测试了。

20.5.3 进行测试

我们用生成的数据集和查询负载对商业数据库 A 和图数据库进行了测试，主要从数据导入的吞吐量、4 类基本查询的响应时间以及大规模复杂查询负载的耗时方面进行了对比分析，详细的测试方案和测试数据以及性能对比参见文献[4]。

20.5.4 基准评价体系设计与建立

最后，需要制定一套评估标准，使用这套评估标准对各类查询负载在生成数据上的效果进行评价，这套标准需要从不同的维度来评判数据库的设计，包括单一数据集的基本查询、大数据集和大负载的查询，从而定量评估不同数据库的性能和特点。

在前几节进行了一些实验，对商业数据库 A 和 Neo4j 的查询效率进行了不同维度和不同规模的比较。下面，对前面的查询结果进行分析，并设计了一套完整的基准，用于进行评测。

1. 查询分析

在 BOM 图数据库应用中，从查询模型来看，Neo4j 的图专用模型优于商业数据库 A 的关系模型，表现在不考虑缓存的条件下，Neo4j 的查询效率大大高于商业数据库 A；但是，从整体表现来看，商业数据库 A 缓存和查询优化功能更加强大，所以其综合查询性能要优于 Neo4j。

对于这样的结论，我们认为，应该着重考察图数据库模型本身的优劣，而缓存和查询优化虽然重要，但其重要程度仍不及图数据库模型本身。传统的关系型数据库技术比较成熟，因此，其缓存和查询优化算法也达到了一定的高度。但缓存和查询优化毕竟只是辅助的手段，而数据库的模型才是查询效率的决定性因素。同时，注重图数据库的模型，也是为了通过基准评测鼓励数据库厂商从根本上提升图数据的处理能力。

本着以上原则，我们设计了如下的基准评测得分模型。该模型从 3 类基准查询出发进行打分，这 3 类基准查询分别是数据导入（插入）、4 类基本查询和大规模复杂负载查询。

2. 基准设计

首先，对 3 类基准查询赋予不同的权重，对数据导入（插入）、4 类基本查询与大规模复杂负载查询分别赋予 0.2、0.3、0.5 的权重。因此，其总的得分为

$$P = P_1 \times 0.2 + P_2 \times 0.3 + P_3 \times 0.5$$

（1）数据导入（插入）的得分模型如下：

$$P_1 = \frac{N}{\log_2 t}$$

其中，N 为插入数据的条数，t 为插入的时间。

（2）4 类基本查询的得分模型如下：

$$P_2 = \sum_{i=1}^{n} \sum_{j=1}^{m} \frac{N_i}{t_{ij}}$$

其中，N_i 为第 i 个图的节点数量，t_{ij} 为第 j 个查询在第 i 个图上的查询时间。

（3）大规模复杂负载查询的得分模型如下：

$$P_3 = \lambda \sum_{i=1}^{n} \sum_{j=1}^{m} w_j v_{ij} = \lambda \sum_{i=1}^{n} \sum_{j=1}^{m} \frac{N_i}{\log_2 t_{ij}} \left(\frac{1}{j}\right)^{j-1}$$

其中，N_i 为第 i 个图的节点数量，t_{ij} 为第 j 个查询在第 i 个图上的查询时间。

为每个查询赋予一定的权重，是为了更加强调每张图上前几个查询的效果，因为每张图上前几个查询不带有系统缓存，从某种程度上来说，更能反映图数据库本身的查询模型性能[5]。

20.6 本章小结

本章从图数据的现实意义引入，介绍了当前工业图数据的应用情况以及工业对于图数据库基准的需求的迫切性。

本章从国际某知名重型机械生产厂商的汽车起重机 BOM 图入手，首先对该 BOM 图进行分析，了解其数据结构、存储模型和统计特点，构造数据生成器，分析节点和边的连接情况，并从 3 种常见的图数据分布出发，对其分布进行了分类分析，同时构造了可伸缩的数据分布生成器，能够较好地生成符合实际节点分布的图数据；随后，从工业生产实际出发，深入分析了查询负载的不同类型，并为商业数据库 A 和 Neo4j 设计了相应的高效算法，最终实现了一个大规模复杂查询负载生成器。在生成数据集和生成查询负载的基础上，构建了一套基准评价体系，该评价体系从数据导入、4 类基本查询、大规模复杂负载查询 3 个角度出发，全方面评估了数据库模型和查询优化，对图数据库系统进行了系统性评价，并得出了结论。

本章围绕工业图数据库的实际应用，全方位地考虑系统的整体性能，通过基准评测，能够在一定程度上了解不同的图数据库在工业中的适用情况。

本章参考文献

[1] WANG Y, MU S, HUANG F, et al. An in-depth benchmarking study on bill of materials for high-end manufacturing[C]. In: Proc. of International Conference on Conceptual Modeling. Berlin: Springer, 2018: 75-90.

[2] Neo4j. https://neo4j.com/.

[3] DBIIR/MBBench-G. https://gitee.com/DBIIR/graph-benchmark.

[4] CHENG Y J, CHENG M Q, GE H, et al. MiDBench—multimodel industrial big data benchmark[C]. In: Proc. of Bench Council International Symposium on Benchmarking, Measuring and Optimizing (Bench). Berlin: Springer, 2018: 172-185.

海量非结构化工程数据管理引擎测试基准与工具

程梦倩　葛　昊　张　孝　李翠平

中国人民大学信息学院

21.1　概述

制造业的仿真结果文件具有海量小文件的特征，这就要求数据管理系统不仅具备传统文件系统的功能，还能对数据进行一些统计分析。如何科学、公正地对现有的大数据管理系统进行功能和性能上的评测成为工业界与学术界的热点。当前已有的大数据管理系统和文件管理系统的评测系统无论是数据模型还是负载类型均无法满足制造业的实际应用需求。

本章针对制造业数据管理系统的需求，设计了海量非结构化仿真数据管理引擎测试基准，并且实现了 MBBench-U 评测系统。

21.2　需求

21.2.1　需求概述

1. 非结构化仿真数据管理应用概述

随着高新技术的快速发展以及全球化竞争的日益加剧，我国制造业的大中型企业都开始使用仿真分析系统（如安世亚太公司研制的工程仿真 ANSYS 软件和 Garrad Hassan 公司研制的风机设计软件 GH Bladed 等）进行产品的模型构建和模拟使用。采用仿真分析系统不仅能节约企业的研发成本，还能将仿真结果文件实时存储在硬盘内，以供后续的数据分析和产品优化。

在实际使用中，随着仿真实验的进行，会产生海量的仿真结果文件[1]。这类文件的特征是整体存储容量大、文件数量多且单个文件存储量小，无法直接在单机上存储和管理。在产品研制的各阶段中需要及时地获取与利用仿真结果文件，并可以针对其仿真结果的元数据进行查询和数据分析。如何针对应用需求公平地评价现有的非结构化数据类型的大数据管理系统，如 MongoDB、ElasticSearch 等，帮助用户选择可以提升生产效率和产品质量的系统，成为学术界和工业界普遍关注的问题。

2. 已有评测基准概述

流行的数据库测试基准(如 TPC-C[2] 或 TPC-H[3])着重于评估业务应用中典型的关系数据库查询。这些基准强调查询加入、预测、选择、聚合和排序操作[4]。特别是 TPC-H,又称为商业智能计算测试,其目的是全方位评测系统的整体商业综合计算能力[5-7]。但是,由于非结构化数据库的数据类型不能存储在关系型数据库内,且主要的应用需求是针对多种属性、多种类型的查询,这些关系数据库的基准不足以评估其性能。

在大数据的背景下,海量数据与数据分析的需求同数据库管理系统的矛盾引发了人们对传统数据库的改进[8]。相应的数据库测试基准也为了适应新的数据模型与需求而进行调整。例如,TPC-DS[9] 是一套决策支持系统测试基准,主要针对零售行业。它提供了 99 个 SQL 查询(SQL99 或 2003),分析数据量大,测试数据与实际商业数据高度相似,同时具有各种业务模型(分析报告型、数据挖掘型等)[10-12]。再如,BigBench[13] 是一款面向商品零售业的基准,它扩展了 TPC-DS,保留了 TPC-DS 数据库模式中的商铺和在线销售两个部分,添加了一张新表来描述零售商给出的价格,还添加了半结构化数据(用户访问零售商网站时的单击数)和非结构化数据(用户评论数据)[14-16]。它在工作负载方面主要面向零售业务分析,涵盖了数据源、描述性过程型查询以及机器学习算法等。但是,这些测试基准的应用场景是互联网应用,与工业数据不相符,无法衡量工业对数据库系统的实际需求。

由于工业数据的海量特征,对于数据存储的需求从传统数据库的 TB 级上升到 PB 级。因此,出现了一些基于数据存储管理的文件系统,如内存文件系统 ramfs[17]、文件系统 Luster[18]、分布式文件存储系统 HDFS[19] 等。对于文件系统的性能测试有许多种基准程序,典型的是 IOZone[20]、Bonnie++[21]、Postmark[22] 等。这些基准程序各有侧重,典型的测试指标包含读写速率、随机读写速率、文件创建删除速率等[23]。虽然工业中产生的仿真实验结果文件可存储在文件系统中,但是文件系统所提供的针对数据管理方面的功能满足不了工业对于数据管理的需求,目前已有的面向文件系统的基准程序也只能评价文件传输的性能,不能很好地评估工业界非结构化数据管理的性能。

XML 数据库可对 XML 格式的文档进行存储和查询等操作,对于半结构化数据能进行有效的存储和管理。针对当前工业仿真实验结果文件,XML 数据库能很好地存储元数据文件。但是 XML 数据库主要的应用是在实体之间建立关系模型,侧重于数据之间的层次关系。例如,XML 数据库最著名的基准是 XMARK[24,25],它以一个拍卖网站的数据类型和场景为基础进行建模,其基准测试中的查询包括选择、排序访问、树形路径位置、聚合等。然而,XML 数据库仅对树进行建模,这些树是图的有限子类,也不符合工业仿真实验结果文件的管理需求。

雅虎云服务基准(YCSB[26-28])可用来评估不同数据库系统,主要用来评测分布式云数据库系统性能。与此相关,Facebook 工作负载与 YSCB 基准相似,但两者的数据、支持的操作和工作负载组合不同。YCSB 的数据模型是相对简单的表格式键值数据模型,不能存储文档型文件。另外,YCSB 中的各种查询仅包括点读取和写入以及范围扫描,其工作负载不足以衡量工业界的实际需求。

对于非结构化数据库,中国科学院的 BigDataBench[29-32] 是比较全面的评测基准。BigDataBench 是一个跨系统、体系结构、数据管理 3 个领域的大数据基准测试开源程序集。它采取增量式和迭代式的构建方法,采用公认的标准选取互联网服务中最重要的大数据应用领域，同时调研新兴的大数据应用领域，包括搜索引擎、电子商务、社交网络、多媒体和生物信息学（基因序列）。但是其中并不包含工业数据领域，而且其他领域与工业的实际应用相关度也不高。

21.2.2 基准概述

海量非结构化仿真数据管理引擎测试基准以工业仿真实验所产生的仿真文件为数据原型，从传统数据管理应用和工业文件管理应用中寻找典型操作，以此为负载模型，是一个面向工业大数据的非结构化数据库的评测基准。从根本上说，它填补了非结构化数据在工业应用领域的空白。

21.3 模型设计

21.3.1 模型设计概述

模型设计从非结构化数据中仿真文件（即原始二进制文件和元数据文件）的结构特点出发，根据实际应用查询结果类型，合理生成多类查询负载实例（包括单属性查询、多属性查询、版本管理、数据排序、热点文件查询）和简单数据分析（如统计值计算、异常文件检测），最终确定了一系列评价指标，对非结构化数据库的性能进行量化评估。模型设计的具体内容如图 21.1 所示。

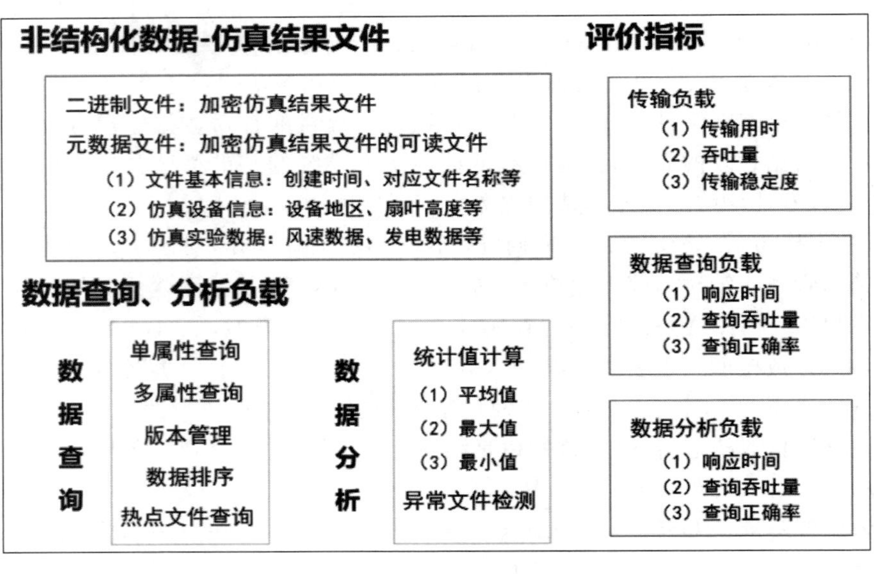

图 21.1 模型设计

21.3.2 数据模型

数据模型部分参照风力发电仿真结果文件的格式、类型与内容。生成的评测数据集分成原始数据集和增量数据集。其中，每个数据集中的文件主要由两部分构成，一部分是二进制文件，用于表示仿真结果文件；另一部分是仿真结果元数据文件，用于对仿真结果文件进行说明及提供部分数据的分析。

仿真结果文件是经过加密的仿真数据文件，用于模拟真实的数据格式与内容。

关于仿真结果的元数据文件是相应的仿真数据文件的可读文件。元数据的基本内容包括设备号、对应的仿真结果文件名称、仿真结果类型、空气密度、塔架高度、扇叶长度、扇叶宽度、地区名称和仿真时刻等基本信息。另外，根据不同的仿真结果类型，它还包含一定数量的仿真实验结果数据，例如，对于风扇数据，要包含这一段时间的风速采集数据、风扇转速数据、机械能产生数据和风能利用率。下面根据结果类型对数据模型和数据生成格式进行介绍。

1. 扇叶数据内容生成

扇叶数据内容包括当前风速、扇叶转速、发电功率及风能转换率。在生成数据时，需要提供一些基本信息，如基本风速、阵风风速、渐变风速、瞬间风速及渐变时间周期、瞬间变幻时间周期等。相关计算公式如下所示。

1）风速数据生成模型

（1）基本风速生成模型。在基本风速生成模型中设定基本风速数值，具体公式如下：

$$V_b = K$$

其中，K 表示基本风速，根据地区的平均风速而定。

（2）阵风风速生成模型。在阵风风速生成模型中，设定阵风风速的峰值、阵风开始时间和持续时间，具体公式如下：

$$V_g = \begin{cases} 0, & t < t_1 \\ \dfrac{V_{gmax}}{2}\left\{1 - \cos\left[2\pi\left(\dfrac{t - t_1}{T_g}\right)\right]\right\}, & t_1 \leqslant t \leqslant t_1 + T_g \\ 0, & t > t_1 + T_g \end{cases}$$

其中，V_{gmax}为阵风风速的峰值，t_1 为阵风开始的时间，T_g 为阵风的持续周期。

（3）渐变风风速生成模型。在渐变风风速生成模型中，设定渐变风风速的峰值、渐变风开始时间、渐变风结束时间和渐变风风速峰值的持续时间，具体公式如下：

$$V_r = \begin{cases} 0, & t < t_{r1} \text{ 或 } t > t_{r2} + t_{r3} \\ \dfrac{V_{rmax}}{2} \dfrac{t - t_{r1}}{t_{r2} - t_{r1}}, & t_{r1} \leqslant t \leqslant t_{r2} \\ V_{rmax}, & t_{r2} < t \leqslant t_{r2} + t_{r3} \end{cases}$$

其中，V_{rmax}为渐变风风速的峰值，t_{r1} 为渐变风开始时间，t_{r2} 为渐变风结束时间，t_{r3} 为渐变风风速峰值的持续时间。

（4）瞬间风速生成模型。在瞬间风速生成模型中，以随机数和比例乘积的方式设定瞬间风速的峰值，具体公式如下：

$$V_n = V_{nmax}\text{Ram}(-1,1)\cos(\omega_n t + \varphi_n)$$

其中，V_{nmax} 为瞬间风速的峰值；Ram(−1,1)为−1 与 1 之间的均匀分布的随机数；ω_n 为风速波动的平均距离，取 0.5π 到 2π 间均匀分布的随机数；φ_n 为 0 到 2π 间均匀分布的随机数。

综上所述，可得到每一时刻的风速计算公式：

$$V_w = V_b + V_g + V_r + V_n$$

2）扇叶转速数据生成模型

扇叶转速的数值由当前的风速确定，其计算公式如下：

$$n=\frac{V_{\mathrm{w}}}{2\pi R}$$

其中，R 表示扇叶的长度。

3）风能利用率数据生成模型

风能利用率的计算采用一个约简公式，其值与当前风速相关，其计算公式如下：

$$C_{\mathrm{p}}=-0.3656\left(\frac{1}{V_{\mathrm{w}}}\right)^2+0.6505\times\frac{1}{V_{\mathrm{w}}}$$

4）机械能数据生成模型

机械能根据当前风速及风能利用率计算，其计算公式如下：

$$P_{\mathrm{w}}=0.5\rho\pi R^2V_{\mathrm{w}}^3C_{\mathrm{p}}$$

其中，ρ 表示当前空气密度。

2. 发电机数据内容生成

发电机数据内容包括机械能转化效率和电能数值。其中机械能转化效率为 0.9 到 1 间均匀分布的随机数。电能数值为风能与机械能转化效率的乘积。

3. 塔架数据内容生成

塔架数据内容包括实时电能传输量与电能传输效率。实时电能传输量的计算公式如下：

$$P=P_{\mathrm{w}}-\frac{P_{\mathrm{w}}^2}{V^2}R$$

其中，V 表示传输电线的电压，R 表示传输电压的阻值（这里设置为固定值）。

电能传输效率为电能传输量与电能的比值。

4. 测试数据的格式

仿真结果文件数量、内容及大小的关系如图 21.2 所示。

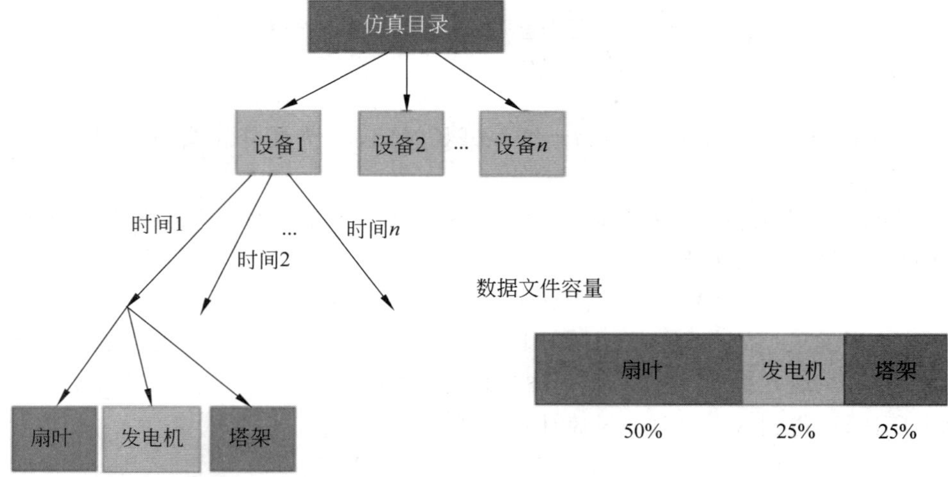

图 21.2　仿真文件数量、内容及大小的关系

仿真结果的元数据文件与仿真结果文件的关系如图 21.3 所示。

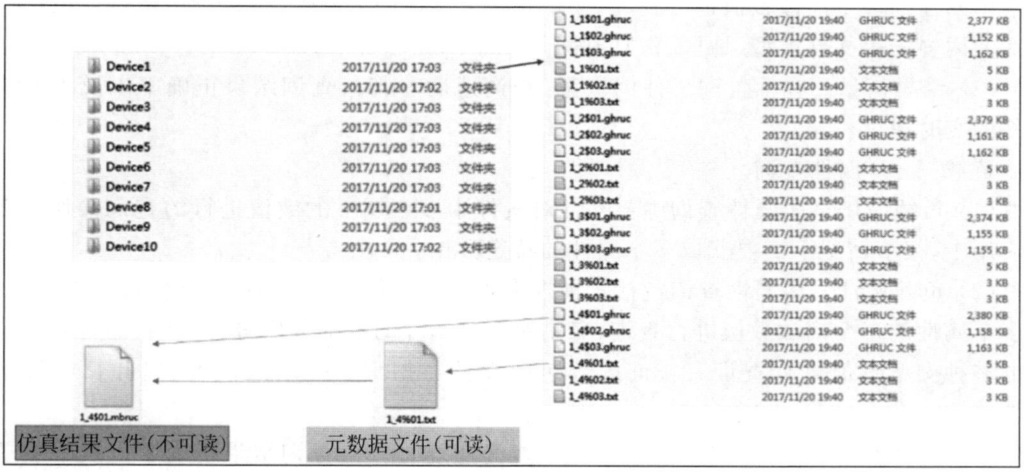

图 21.3　元数据文件与仿真结果文件的关系

21.3.3　负载模型

1. 海量仿真数据管理应用背景

仿真数据属于工业大数据中的一类，工业大数据是指在工业领域中，围绕典型的智能制造模式，从客户需求到销售、订单、计划、研发、设计、工艺、制造、采购、供应、库存、发货和交付、售后服务、运维、报废或回收再制造等整个产品生命周期各个环节所产生的各类数据及相关技术和应用的总称。在工业实际应用中，一次仿真实验很容易产生几百吉字节(GB)的仿真文件，这些仿真文件数量很多，往往上亿甚至百亿，但是单个文件的容量很小。

本章的评测基准的负载模型从工业大数据管理的背景出发，针对高端制造业的数据特征与特点，以仿真结果文件为数据原型，以海量小文件存储与管理为主题，以高端制造业对非结构化数据管理的需要为应用场景。

2. 负载描述

本章的评测基准的负载模型中包含以下 8 类负载。

负载一：数据传输。

(1) 负载应用。数据传输负载用于衡量数据库的上传和下载能力。在实际应用中，对于大批量工业数据的传输效率的测试十分重要。

(2) 负载设计。将已生成好的仿真结果文件及元数据文件批量上传到数据库内，衡量数据库的上传能力；然后将数据库的数据批量下载到本地，衡量数据库的下载能力。

(3) 结果衡量。包括仿真结果文件和元数据文件的上传下载速度、执行全部操作的用时以及单个文件的实时速度和每秒实时传输文件的个数。

负载二：单属性查询。

(1) 负载应用。单属性查询属于文件管理系统中的基本操作，主要用于对文件中某一属性的数值进行查询。在工业实际应用中，查看单个属性数值是最基本的并且也是经常使用的操作。

（2）负载设计。单属性查询包括 3 种查询：一是对单个属性的单个数值进行查询；二是对单个属性的多个离散数值进行查询；三是对单个属性的范围数值（连续型数据）进行查询。查询的内容涵盖文件类型、地区、仿真时间等。

（3）结果衡量。包括查询文件的数量、查询速度、用时、查询结果正确率以及下载单个文件的实时速度。

负载三：多属性查询。

（1）负载应用。多属性查询主要是针对文件中多个属性的数值进行的查询操作。在实际应用中，很多情况下需要获取多个属性的特定数据。

（2）负载设计。多属性查询包括 4 种查询：一是对多个属性的单个数值进行查询；二是对多个属性的多个离散数值进行查询；三是对多个属性的范围数值进行查询；四是对多个属性的多种类型数值进行查询。查询内容包括文件类型、地区、塔架高度、扇叶长度等多种属性。

（3）结果衡量。包括查询文件的数量、查询速度、用时、查询结果正确率以及下载单个文件的实时速度。

负载四：版本管理。

（1）负载应用。在实际应用中，一个数据文件会存在多个版本。版本管理是指对同一文件的不同历史版本进行保存，并且针对每个文件的所有版本进行基本管理，例如对不同版本按时间排序等。

（2）负载设计。版本管理实现对每个文件所有版本的检测，并统计每个文件的版本数。

（3）结果衡量。包括文件的总数、查询速度、查询用时以及统计版本数的正确率，并返回每个文件的版本数。

负载五：排序。

（1）负载应用。排序操作属于文件系统管理中的通用操作，也是在工业中经常使用的操作之一。在工业实际应用中，向数据库内上传文件时，文件不一定严格按照仿真生成时间顺序存储；特别是在一个文件有多个版本的情况下，文件是乱序存放的。因此，在下载仿真文件时，需要按照一定顺序对文件进行排序。

（2）负载设计。排序的数据范围为已上传的全部数据或部分数据，针对塔架高度、文件名称、仿真时间进行数值排序、字符串排序和时间排序，以升序或降序输出排序结果。

（3）结果衡量。包括是否可执行排序操作、当前排序的数据量、排序速度以及排序产生结果的用时。

负载六：统计值查询。

（1）负载应用。在工业数据中，很多数据都是批量产生的。例如，一个仿真结果文件中可能会包括上百个风速数据。对此类批量数据的统计值进行计算，可以把批量数据刻画得更加简明。

（2）负载设计。统计值计算包括最大值、最小值与平均值的计算。计算的数据是每个仿真结果文件的风速数据，以数组的方式存储在数据库内。

（3）结果衡量。包括当前计算的文件数量、计算速度、执行全部操作的用时以及正确率。

负载七：异常文件检测。

（1）负载应用。在工业仿真实验中，由于参数及执行函数的设计等原因，会出现小批量的异常数据。例如，对于风速来说，风速的变化过大或者风速数据出现负数等都是不正常的。因此，要求数据库系统能够对上传的文件进行异常数据检测，并对异常文件进行记录，例如，对异常文件进行加标签的操作，或者对异常文件进行定期汇总，等等。

(2) 负载设计。在评测基准中，异常文件检测的负载设计主要围绕异常文件的产生及标记来进行。这里选取风速作为异常数据制造属性，即通过加大瞬变风因子的倍数来制造异常数据。而对于异常文件的标记，默认在数据生成时会让用户填写异常文件占比，并在生成数据时将靠后的文件用异常数据填充，因此异常文件的数量即整体文件数量乘以异常文件占比的值。

(3) 结果衡量。包括待检测的文件数量、检测的速度、执行全部操作的用时以及检测的准确率和召回率。

负载八：热点文件查询。

(1) 负载应用。在实际管理仿真数据时，有时会经常性地访问某些文件中的特定数据，如某时期或者某一类型的数据，这类文件称为热点文件。如果数据库管理系统支持对热点文件的查询，自动地针对经常访问的文件执行特殊存储操作，将会在很大程度上减少热点文件查询的时间，提高工作效率。

(2) 负载设计。针对热点文件查询采用直接构造法。例如，对于某一类查询在一段时间内以相同的时间间隔连续执行若干次，统计每次查询的用时。

(3) 结果衡量。比对每次查询的用时，评断其执行时间趋势。若为下降的趋势，表明该数据库管理系统支持热点文件查询；否则为不支持。

21.4 技术实现

21.4.1 评测系统设计

本节介绍工业大数据非结构化数据库系统评测工具 MBBench-U 的具体内容。

MBBench-U 由数据生成、负载测试、结果显示 3 个部分组成。其中，数据生成部分可作为一个独立应用，便于用户快速生成海量小文件及相应的元数据文件；负载测试部分不仅选取了通用的非结构化功能测试，还根据工业领域中的制造业在非结构化数据的典型应用设计了相应的负载功能；结果显示部分对相应数据进行简单的分析处理，并将结果以表格、图形的形式显示，使用户对结果内容有更直观、清晰的理解。

MBBench-U 的执行流程如图 21.4 所示。

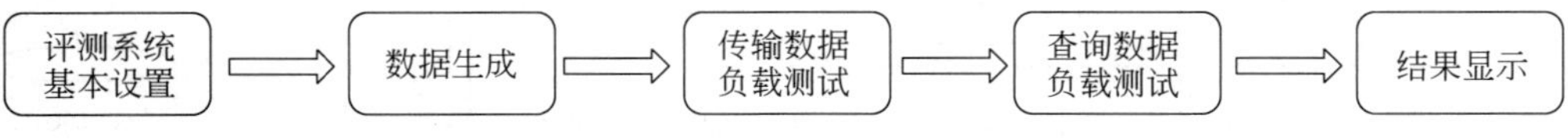

图 21.4　MBBench-U 执行流程

每部分的具体解释如下：

(1) 评测系统基本设置。选择待测数据库名称，随后输入结果日志存放位置。

(2) 数据生成。在文件生成页面，依次输入生成数据的参数信息(如数据集存放位置、仿真设备数量、文件数量等)，确认生成数据内容(原始数据集或者增量数据集)。

(3) 传输数据负载测试。根据前面的设置,确认测试数据集的存储位置,执行数据上传和数据下载测试,衡量待测数据库在传输数据方面的性能。评测结果以文件的形式存储在结果日志路径下。

(4) 查询数据负载测试。确认待测数据库内已有数据集的生成信息,用于后面生成查询负载内容。执行相应的查询,考察数据库在数据查询方面的功能与性能。评测结果以文件的形式存储在结果日志路径下。

(5) 结果显示。在执行负载测试的过程中,会根据待测数据库名称及执行时间存储评测结果,以便最终显示各数据库、各时间段的评测结果。

在具体的系统设计上,MBBench-U 共分为 3 个层次。用户在 Web 图形操作界面中选择相应的功能,执行命令会传输至后端程序,执行数据生成及待测数据库的传输和负载测试,执行的结果和产生的数据会存储在存储介质内。系统的核心部件分为 3 个部分,分别是数据生成部分、负载测试部分和结果显示部分,各个部分既相互联系又可独立运行。MBBench-U 系统架构图如图 21.5 所示。

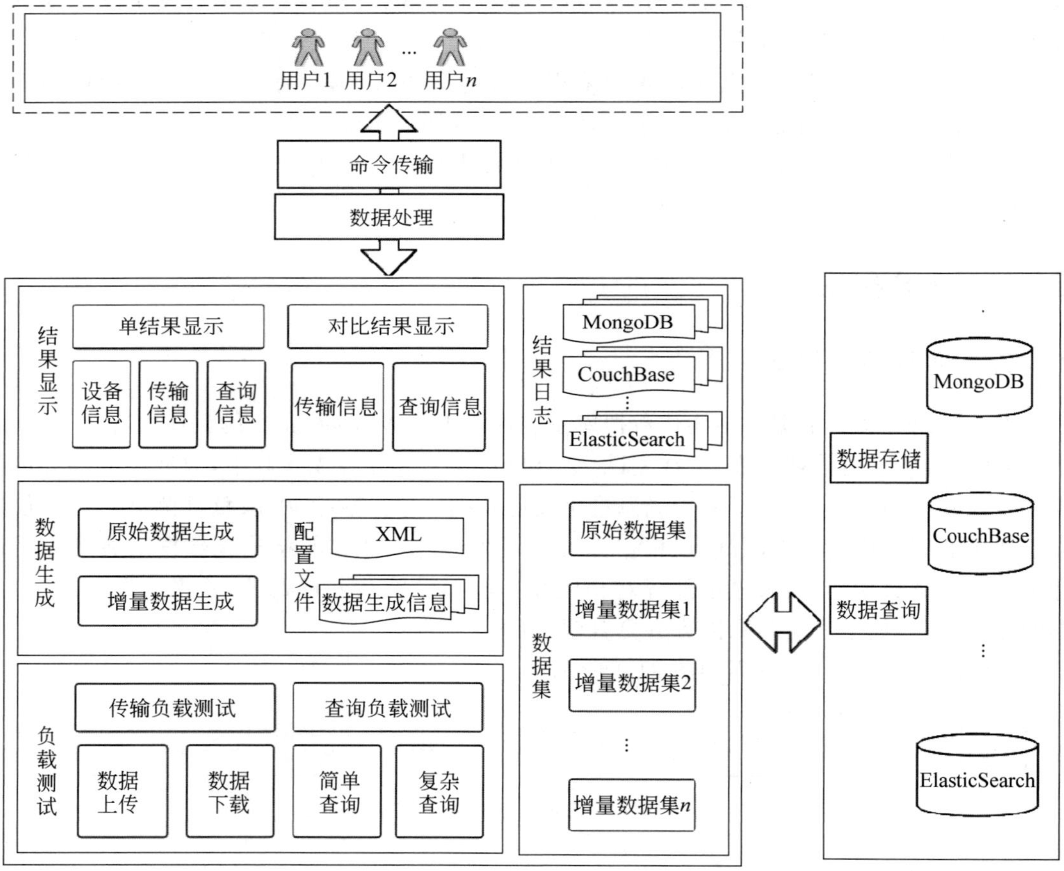

图 21.5 MBBench-U 系统架构

MBBench-U 使用 Maven 组件项目工程,是以 Java Web 为程序框架搭建的工业大数据非结构化数据库系统评测工具。其开发语言为 Java 1.8。

下面针对 MBBench-U 的核心部件依次展开叙述。

21.4.2　数据生成部分

1. 数据生成部分的需求

数据生成部分应能按照既定的工作负载及工业数据的特点，根据用户的设置，生成指定数量、大小的文件。具体的功能需求如下。

(1) 数据生成部分应该根据用户计算机的实际配置情况，如 CPU 核心数量、进程数量等并发生成数据，确保高性能、高效率地生成数据。

(2) 各种非结构化数据库对元数据的类型要求各不相同，特别是一些开源分布式数据库系统(如 Hadoop 等)需要读取文本数据。因此，元数据生成部分应具备生成通用类型文件及主流非结构化数据类型文件的功能。

(3) 在仿真实验中，有时会在已有仿真参数设置的基础上再次进行实验，产生更新的副本文件。因此文件生成部分应具备根据已有生成信息生成更新的数据集的功能。

(4) 测试数据集的生成速度应比使用仿真软件生成数据的速度快。

根据以上要求，以 Java 作为程序语言实现数据生成部分的主要功能，以 Java Web 为程序框架实现图形操作界面。

2. 数据生成的执行流程

由于数据生成部分可作为一个相对独立的版块运行，因此又将它称为 GHDataGen 仿真测试数据集生成器。其执行流程如图 21.6 所示。

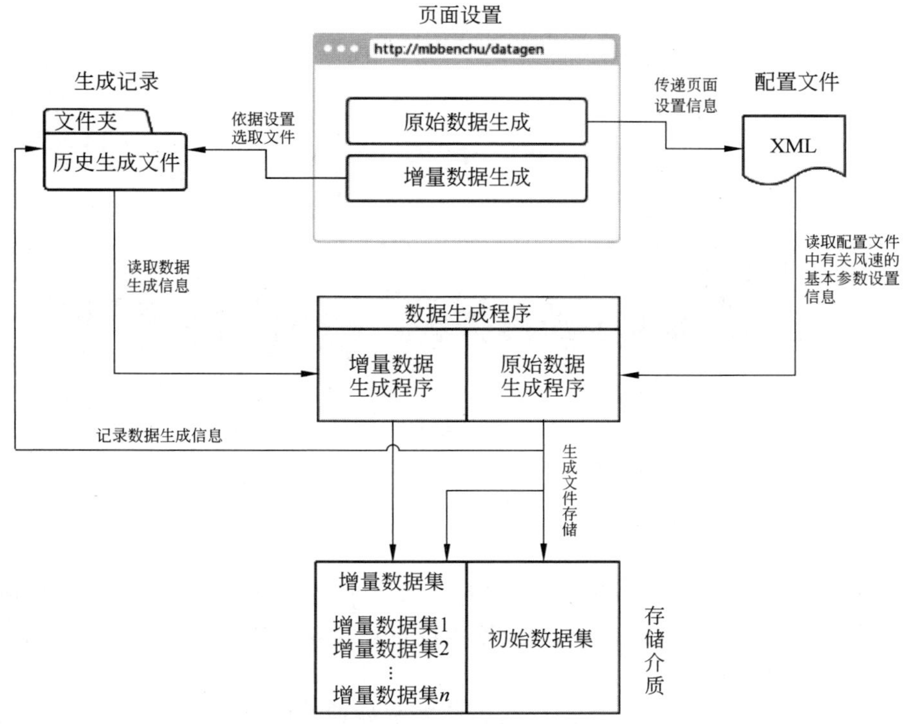

图 21.6　GHDataGen 仿真测试数据集生成器执行流程

数据生成程序根据数据集的类别分为原始数据生成程序和增量数据生成程序两个部分。其中,原始数据生成程序会生成一个初始数据集和一个增量数据集;增量数据生成程序每执行一次产生一个增量数据集。下面介绍这两个部分的具体实现。

3. 原始数据生成程序

原始数据生成程序从前端页面获得相应的参数配置信息后,通过读取配置文件获取仿真风力发电区域的基本信息值,按照指定的规格和大小进行数据生成。

1) 读取 XML 配置文件

在实际进行仿真实验设置时,有一些参数信息相对复杂,不太适合在前端进行手动设置。因此,在设计原始数据生成程序的过程中,将风力发电区域及相应的风速参数值存入 XML 文件,通过编写 Java 程序从 XML 文件中获取信息。

使用 dom4j-1.6.1.jar 工具包读取 XML 文件中的信息,并将其数据保存在一个 Java 对象中,以便随时获取数据信息。

2) 多线程并发生成数据

由于数据集生成呈现海量性,因此需要采用多线程并发方式进行数据集的生成。这里使用 sigar.jar 工具包进行系统信息的获取。以当前系统处理器的实际线程数量为基础,进行并发数量的控制。

采用上述方式进行数据生成,是通过多次试验得出的结论。具体实验数据如图 21.7 所示。

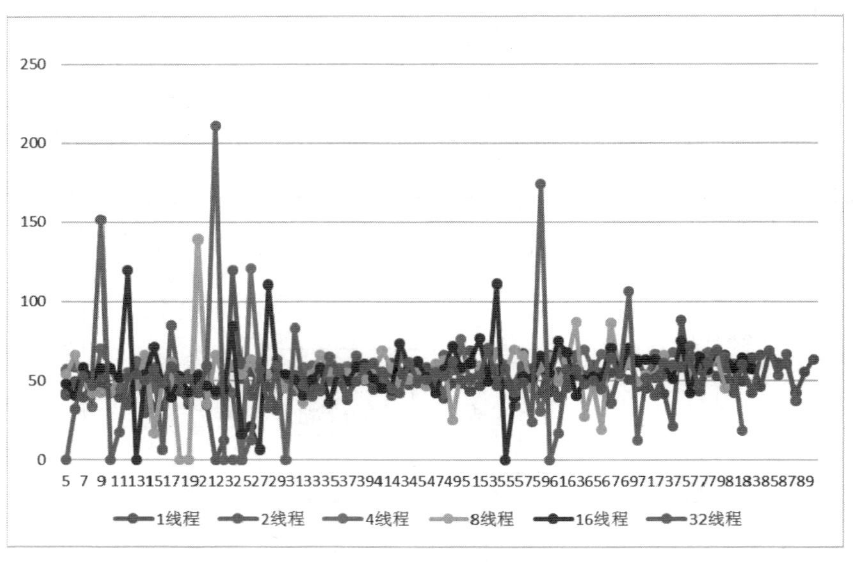

图 21.7　不同线程数量实时生成数据对比

数据生成环境是一个 4 核 8 进程的处理器,从 1 个线程增加到 32 个线程,生成同等数量、同等大小分布的数据。可以发现,当线程数量为 4 或者 8 时,生成速度较快,而且十分稳定,不存在较大的生成速度的落差。

因此,在生成数据集时,首先通过读取当前系统处理器的线程数,根据前端反馈的生成信息,按照仿真设备的数量进行分割,并发地生成数据。

经过实际测量，目前生成的速度是同一磁盘的复制/粘贴速度的 2～3 倍。

3）元数据生成方式

为了满足更多的非结构化数据库管理引擎对于数据格式的要求，GHDataGen 数据生成工具提供 JSON、XML 和 TXT 3 种格式的元数据生成功能。其中，JSON 格式的元数据生成通过 json.jar 工具包进行，XML 格式的元数据生成通过 dom4j-1.6.1.jar 工具包进行，TXT 格式的元数据采用 Java 写文件的相应方法生成。

下面，从基本参数生成和仿真数据生成两个方面介绍具体的元数据生成方式。

(1) 基本参数生成。主要分成两部分：一部分是仿真区域的基本信息，另一部分是关于风力发电塔的参数设置。

仿真区域的基本信息是通过读取 XML 配置信息文件得到的。通过统计当前已有的区域数量，依次以随机方式进行数据生成，确定该仿真设备的区域信息。

风力发电塔的信息是通过读取前端的相应参数并以随机方式生成的。

(2) 仿真数据生成。当前拟定的仿真数据类型分为扇叶仿真数据、发电机仿真数据和塔架输电仿真数据。这些数据的生成过程如下：根据区域名称获取该区域的风力参数，并将这些参数代入风力计算公式（详见 21.3.2 节），得到风力数值；通过设定一组仿真数据的个数进行迭代操作，最终得到相应的数据组。其他仿真数据组基于风力数据组利用公式生成。

4）二进制文件生成方式

在仿真过程中，会产生不同大小的仿真文件。因此，在生成二进制文件前应获取生成文件数量和文件大小及其分布比例，根据这些内容进行具体文件的生成。

首先，通过分析获取最大的文件大小，并根据这个数值创建一个二进制数组。如果恰好所写文件的大小等于这个数值，则直接将这个二进制数组变成二进制文件流，进行流式文件输出；如果所写文件的大小小于这个数值，则通过数组截取的方式得到一个符合文件大小要求的二进制数组，同样以二进制文件流的方式进行文件输出。

采用流式文件输出，相较于传统的写文件方式，经实际测量，输出速度能提升 3 倍左右。具体代码如下：

```
File disable = new File(filepath + "/" + this.id + "_" + num + type + ".mbruc");
disable.createNewFile();
FileOutputStream fp = new FileOutputStream(disable);
if(size == this.maxsize)
    fp.write(this.filecontent);
else
    fp.write(this.filecontent, 0, (int) (1024 * 1024 * size));
fp.flush();
fp.close();
```

5）异常数据生成方式

在仿真实验中，会因为计算误差产生一些异常数据。因此，我们在数据生成部分添加了异常数据生成功能。具体做法是：从前端获取异常文件占比，与文件总数相乘，得到异常文件数量。采用随机挑选的方式，从每一台设备中选取一定数量的文件，通过设置波动因子，使其产生的风力数据组中的数据与正常的风力数据组中的数据存在明显差别。

4. 增量数据生成程序

在前端界面，选择已有的数据生成记录，并设置增量数据集的规格与大小。增量数据生成程序会根据接收到的数据信息，找到并读取相应的数据生成记录。然后，根据生成的文件数量，按照占比进行随机的增量数据生成。

增量数据生成程序与原始数据生成程序基本相同，这里仅列出较为特殊的部分。

1）仿真文件版本记录

这一部分记录仿真文件的版本。这是考量到负载任务中有关于版本管理的内容，通过记录便于检验结果的功能实现。在生成的数据集根目录里，随着数据集的生成，会产生一个名为.copynum 的文件夹，在该文件夹中，根据生成数据的并发数分为若干文件，每个文件依次记录各个仿真文件的版本数量，具体内容如图 21.8 所示。

```
1_1:2
1_2:2
1_3:2
1_4:2
1_5:1
1_6:1
1_7:1
1_8:1
1_9:1
1_10:1
```

图 21.8　仿真文件版本记录信息

其中，1_1 表示的是设备 1 产生的第 1 个文件，冒号后面的数字表示在当前的数据集中存在两个 1_1 文件，相应的信息也保存在元数据文件内，如图 21.9 所示。

"AVGWINDSPEED": 2.855679750442505,
"AVGCHANGERATE": 0.18339090049266815,
"AVGBLADESPEED": 0.016833167523145676,
"AVGELECTRONICPOWER": 6346.5908203125,
"SIMULATIONTIME": "2019-02-27 00:00:00",
"FILECOPYNUM": 1,
"BLADEWIDTH": 14,
"DEVICETYPE": "BLADE",
"FILENAME": "1_1$01.mbruc",
"TOWERHEIGHT": 45,
"DEVICEID": 1,
"AREANAME": "XiBei",
"BLADELENGTH": 27,
"AIRDENSITY": 1.2933000326156616

"AVGWINDSPEED": 2.8290505409240723,
"AVGCHANGERATE": 0.18791300058364868,
"AVGBLADESPEED": 0.016676198691129684,
"AVGELECTRONICPOWER": 6490.14794921875,
"SIMULATIONTIME": "2019-02-27 00:00:00",
"FILECOPYNUM": 2,
"BLADEWIDTH": 14,
"DEVICETYPE": "BLADE",
"FILENAME": "1_1$01.mbruc",
"TOWERHEIGHT": 45,
"DEVICEID": 1,
"AREANAME": "XiBei",
"BLADELENGTH": 27,
"AIRDENSITY": 1.2933000326156616

图 21.9　两个 1_1 文件对比（部分内容）

通过对比可发现，两个文件在基本参数的数值上都是相同的（如"BLADEWIDTH"、"AREANAME"等），但是在具体的仿真实验数据上存在差异（如"AVGWINDSPEED"、"AVGCHANGERATE "等），这表示这两个文件并不是同一个文件。通过"FILECOPYNUM"属性值来区分文件的更新顺序（在图 21.9 中，左侧为 1，右侧为 2，即右侧文件是左侧的第一次更新文件）。

更新数据集在文件选取上采用随机方式。每当生成一个更新文件时，版本记录文件便会刷新一次，具体刷新方式见下面的代码：

```
List<Integer> fileCopynum = new ArrayList<>();
File sfile = new File(this.filepath + "/.copynum");
if(!sfile.exists())
    sfile.mkdirs();
RandomAccessFile raFile = new RandomAccessFile(this.filepath +
        "/.copynum/" + this.id + ".txt", "rw");
String check = null;
long oldmark = 0;
```

```
for(int i = 0; i < file.length; i++){
    if(file[i]){
        boolean finish = false;
        while((check = raFile.readLine()) !=null){
            if(check.contains(this.id + "_" + (i+1)))
            {
                int count = Integer.parseInt(check.split(":")[1]);
                raFile.seek(oldmark);
                raFile.writeBytes(this.id + "_" + (i + 1) +
                    ":" + (count+1) + "\n");
                finish = true;
                fileCopynum.add(count + 1);
            }
            oldmark = raFile.getFilePointer();
            if(finish)
                break;
        }
    }
}
raFile.close();
return fileCopynum;
```

以上代码返回的是当前改变版本数量的文件列表，用于生成元数据文件中的"FILECOPYNUM"属性信息。

2）日期时间生成

由于仿真结果文件需要提供仿真时间这一信息，因此需要生成日期与时间。特别是在增量数据集的生成上，要保证生成的文件序号与对应的原始文件内的时间一致。

在生成日期时间上，我们选择了 LocalDateTime 这个 Java API。java.util.Date 和 java.util.Calendar 这两个日期 API 具有如下缺点：

(1) Java 的 java.util.Date 和 java.util.Calendar 易用性差，不支持时区，而且不是线程安全的。

(2) java.util.Date 和 java.util.Calendar 对日期的计算方式比较烦琐，而且容易出错，因为这两个日期 API 的月份是从 0 开始的，获取的月份需要加 1 才能表示正确的月份。

在生成原始数据集时，将前端传送的时间区间信息处理为 LocalDateTime 对象，并进行时间的差值计算，精确到秒。随后根据每台设备产生的文件数量平均分配时间，因此在生成增量数据集时，会根据随机生成的文件序号，乘以当前的时间平均差值，加到时间区间的下限上，得到与其相应的时间。具体部分可见下面的代码：

```
LocalDate date = LocalDate.parse(this.sdate);
LocalTime time = LocalTime.of(this.newStartTime.getHour(),
                              this.newStartTime.getMinute(),
                              this.newStartTime.getSecond());
LocalDateTime toDateTime = date.atTime(time);
return NewDateTime.PlusBySeconds(toDateTime, this.splittime * i);
```

21.4.3 负载测试部分

在负载测试部分，由于评测系统需要支持多个数据库，因此在具体设计上，通过一个类进行前后端的交互，设置一个抽象类，将大部分执行方法放入这个抽象类内，最后根据具体的数据库选择评测程序类，并继承这个抽象类。

在具体的数据库系统识别上，采用Java的泛型与反射机制，通过建立一个导引方式确认评测的数据库名称，从而找到相应的评测程序。

1. 前后端交互程序

为了更好地提升评测系统的易用性，MBBench-U采用Java Web框架进行整体系统的搭建。在前后端，采用简单的Ajax与Servlet进行信息链接；在后端，由交互程序处理来自前端的信息，并调用相应的程序类，执行具体操作，并将结果反馈给前端。

数据库的选择体现在交互程序中的数据库连接方法中，通过接收前端有关连接数据库的名称信息，利用Java的泛型与反射机制，进行相应测试程序类的匹配。具体部分见下面的代码：

```
String ip = request.getParameter("dbip");
int port = Integer.valueOf(request.getParameter("dbport"));
String dbName = request.getParameter("dbname");
session.setAttribute("dbname", dbName);
String metaDbName = request.getParameter("metadbname");
session.setAttribute("metadbname", metaDbName);
String dataType = String.valueOf(session.getAttribute("databasetype"));
try {
    Class<? >databaseClass = Class.forName("cn.ruc.edu.dbfunction." +
                                dataType);
    database = (UnStrDBBase) databaseClass.newInstance();
    System.out.println(database.getClass());
} catch (ClassNotFoundException e) {
     e.printStackTrace();
} catch (IllegalAccessException e) {
     e.printStackTrace();
} catch (InstantiationException e) {
     e.printStackTrace();
}
boolean ifLink = false;
if(database !=null){
   database.SetDbIp(ip);
   database.SetDbPort(port);
   database.SetDbName(dbName);
   database.SetCollectionName(metaDbName);
   database.SetHttpSession(session);
   ifLink = database.LinkDb();
}
```

```
if(ifLink)
    response.getWriter().write("{\"result\":\"true\"}");
else
    response.getWriter().write("{\"result\":\"false\"}");
```

2. 评测程序抽象类文件

泛型与反射机制的应用需要抽象类的实现。在具体应用中,将当前拟定的负载执行内容设计为方法。负载方法如表 21.1 所示。

表 21.1　负载方法

负载类型	方法名称	方法作用
数据库连接	LinkDb()	连接数据库
	DislinkDb()	断开当前连接
数据传输	UpLoadFile(String filepath)	输入数据集存储路径,进行二进制文件上传
	UpLoadMetafile(String metapath)	输入数据集存储路径,进行元数据文件上传
	DownLoadFile(String downpath)	输入下载路径,对二进制文件进行下载
	DownLoadMetaFile(String downpath)	输入下载路径,对元数据文件进行下载
单属性查询	QueryOne(int index)	执行单属性单个数值的查询,index 表示目前所返回的查询数量
	QueryTwo(int index)	执行单属性的"或"查询,index 表示目前所返回的查询数量
	QueryThree(int index)	执行单属性时间范围的查询,index 表示目前所返回的查询数量
多属性查询	QueryFour(int index)	执行多个属性单个数值的"与"查询,index 表示目前所返回的查询数量
	QueryFive(int index)	执行多个属性的"或"查询,index 表示目前所返回的查询数量
	QuerySix(int index)	执行多个属性的数值范围的"或"查询,index 表示目前所返回的查询数量
	QuerySeven(int index)	执行多个属性的多个数值类型的数值的"或"查询,index 表示目前所返回的查询数量
数据排序	QueryNine()	针对某个 String 属性进行排序
	QueryTen()	针对某个 int 属性进行排序
	QueryEleven()	针对仿真时间进行排序
统计值计算	QueryTwelve()	针对风速数据进行最大值的计算
	QueryThirteen()	针对风速数据进行最小值的计算
	QueryFourteen()	针对风速数据进行平均值的计算
版本管理	VersionQuery(String datapath)	根据输入的数据集路径,获取版本记录文件,以便在完成版本管理负载后进行结果验证

续表

负载类型	方法名称	方法作用
异常文件检测	AbnormalQuery(String datapath)	根据输入的数据集路径，获取异常数据记录文件，以便在完成异常文件检测负载后进行结果验证
热点文件查询	HotFileQuery(int queryCount, int interval)	通过设置查询次数和两次查询之间的间隔时间进行多次查询

3. 具体评测程序

在数据库评测程序中，创建一个评测程序类，并继承上述的抽象类，最后实现相应的方法即可。这里给出 MongoDB 的评测程序，并给出数据库连接方法。具体见下面的代码：

```
public class MongoDB extends UnStrDBBase<Mongo>{
    public boolean LinkDb() {
        if(this.ip == null || this.port == -1){
            return false;
        }
        else {
            this.dbBase = new Mongo(this.ip, this.port);
            this.mydb = this.dbBase.getDB(this.dbName);
            this.session.setAttribute("dbport", this.port);
            return true;
        }
    }
}
```

21.4.4 结果显示部分

为了便于用户使用，在 MBBench-U 评测系统中增加了结果显示部分，它能对负载执行后的评测结果进行简单处理和分析，最终以图表的形式在前端显示。

结果显示部分由两部分构成：一部分是单评测结果显示，另一部分是对比评测结果显示。下面分别进行说明。

1. 单评测结果显示

单评测结果显示主要包含评测环境显示、数据传输结果显示和负载执行结果显示。其中，负载执行依据查询类别分为查询结果和分析结果。

1）评测环境显示

评测环境显示主要是给单机非集群的数据库使用的，且评测环境就在安装数据库的计算机上。利用 sigar.jar 工具包获取当前系统的信息、运行状态，并输出到前端页面上。如果待评测数据库在集群上，或者评测程序与待评测数据库不在同一台计算机上，受当前技术限制，上述内容不具备参考意义。

2）数据传输结果显示

当执行完数据传输的负载内容后，在结果记录中会形成一个传输基本信息，包含传输文

件的用时、平均速度和当前数据库的存储效率。这些将在前端以表格的形式呈现。而对于具体传输文件的过程，在执行负载时每一秒都会存储这一秒内所传文件的大小，实时保存在结果文件中。然后，在前端通过 EChart.js 插件进行显示。

在处理传输数据时，对于大量的数据，需要进行一定的数据缩减。具体的方式就是对数据进行分组，例如每 5 个数据为一组，取其平均值，然后再传给前端重新绘制图表。

为了能直观地体现出传输的稳定性，在处理完数据后，会计算当前数据的平均值与标准差，并按照平均值、大于或小于一倍标准差和大于或小于两倍标准差进行 6 个层次划分。平均值的计算采用 Java 8 的 Stream 处理方式，标准差的计算采用循环方式。

3）负载执行结果显示

对于查询负载的执行结果进行读取，并以图表和柱状图的形式显示。柱状图会标出若干查询的平均值，用于衡量在不同结果数量的查询下的性能优劣。对于分析查询的执行结果，根据其特点进行图表或者折线图的输出。

2. 对比评测结果显示

对比评测结果可同时对比两个数据库的评测结果，以图表的方式直观地展现数据，并且给出简单的结果分析。

1）评测环境信息对比

由于系统并不能直接得到数据库的运行环境，因此在对比评测初始化界面需要用户输入运行环境。

2）数据传输信息对比

在数据传输部分，从 4 个维度对其吞吐量和传输稳定度进行数据分析，分别是平均值、标准差、最大值和最小值。

3）查询负载信息对比

将查询负载的结果放在一张柱状图上进行对比，同时给出各个数据库响应速度的平均值、最大值和最小值。

4）分析负载信息对比

利用表格汇总评测结果，并给出一定的对比信息。

21.5　特点

MBBench-U 是针对工业大数据非结构化数据库的评测基准，旨在为用户提供方便、快捷、高效的数据库评测工具。基于这一目标，MBBench-U 系统拥有简单易用的操作、多种主流数据库评测、快捷的海量小文件生成，全面精准的负载测试以及多样化的结果展示五大特点。

1. 简单易用的操作

MBBench-U 界面友好，简单易用，文件生成、负载测试、结果显示等操作都实现了一键式执行，让不同知识背景的用户都可以轻松使用本系统。

2. 多种主流数据库评测

MBBench-U 支持多种主流的非结构化数据库（如 MongoDB、CouchBase、ElasticSearch

等)的评测。用户还可以进行二次开发,只需实现特定的方法类,就可以对新的数据库进行评测。

3. 快捷的海量小文件生成

MBBench-U 根据工业大数据的特点,实现了海量小文件的数据的快速生成,海量小文件可用作非结构化数据库及文件管理系统的评测导入数据。用户可以在较短的时间内生成一定规模的小型二进制文件以及该文件的元数据文件,采用当今主流的非结构化数据库的元数据格式,用户可直接将相应格式的元数据文件导入数据库。

4. 全面精准的负载测试

MBBench-U 包含全面精准的负载测试,负载设计针对工业领域中的制造业非结构化数据的典型应用,与实际需求接轨。MBBench-U 的负载测试主要分为 3 类:数据传输负载测试、简单查询负载测试和复杂查询负载测试,其中还包括版本管理测试、异常文件检测测试、热点文件查询测试等具有特色的负载测试,能满足用户不同层面的评测需求。

5. 多样化的结果展示

MBBench-U 为用户提供了多样化的负载测试结果展示,不仅可将结果保存为文档,还可将结果以图形、表格等形式展示出来,使结果一目了然,方便用户整体把握数据库的性能。此外,MBBench-U 还提供结果的版本管理、结果的对比展示以及相应的对比报告。

21.6 本章小结

本章以基准需求、模型设计及实际评测系统的实现 3 个部分介绍海量非结构化仿真数据管理引擎测试基准与工具的具体内容。

从需求上来看,随着工业大数据的不断发展,需要高效的管理工具去管理非结构化数据。而现有的非结构化评测基准主要针对文档类型数据,对于文件管理的评测基准在数据格式和负载内容上均不满足工业需求。这促使我们针对工业大数据的特点,从仿真文件的管理出发,构建相应的评测基准与评测工具。

在模型设计上,本章以风力发电中的仿真模拟数据为原型,设计评测数据集的格式与内容。

在负载应用上,既包括一些传统数据管理中的传输、查询、排序操作,还包括一部分针对工业大数据的应用需求而设计的负载内容,如版本管理、统计值计算和异常文件检测等。

在具体的评测系统实现上,以 Java Web 为技术框架,以 Maven 为项目组件工具,利用 Java 8 的新特性,提升了评测系统在数据生成和信息处理方面的速度。通过设计图形操作界面,实现了数据生成、负载执行与结果查看的便捷操作。

本章参考文献

[1] 唐臻. 基于多领域建模的交互式虚拟实验调度机制[D]. 武汉:华中科技大学,2009.

[2] Transaction Processing Performance Council. TPC-C benchmark revision 5.10.1[EB/OL]. http://www.tpc.org/tpcc/.

[3] Transaction Processing Performance Council. TPC-H benchmark specification[EB/OL]. http://www.tpc.org/tpch/.

[4] NAMBIAR R. Towards an industry standard for benchmarking artificial intelligence systems[C]. In: Proc. of the 34th IEEE International Conference on Data Engineering. New York: IEEE, 2018: 1679-1680.

[5] LOGHIN D, TUDOR B M, ZHANG H, et al. A performance study of big data on small nodes[J]. VLDB Endowment, 2015, 8(7): 762-773.

[6] LEE K H, KANG W L, SUH Y K. Improving I/O efficiency in Hadoop-based massive data analysis programs[J]. Scientific Programming, 2018, (PT.2): e2682085.1-e2682085.9.

[7] JOHNSON N, NEAR J P, SONG D. Towards practical differential privacy for SQL queries[J]. VLDB Endowment, 2018, 11(5): 526-539.

[8] LABRINIDIS A, JAGADISH H V. Challenges and opportunities with big data [J]. VLDB Endowment, 2012, 5(12): 2032-2033.

[9] Transaction Processing Performance Council. Public release of TPC-DS (v0.32) preliminary draft[EB/OL]. http://www.tpc.org/tpcds/default.asp.

[10] YANG C, DU Z, MENG X, et al. A frequency scaling based performance indicator framework for big data systems[J]. Preprint arXiv: 1811.10835, 2018.

[11] SCALZO B. Benchmarking software options [M]. Database Benchmarking and Stress Testing. Berkeley: Apress, 2018: 147-167.

[12] SCALZO B. Industry standard benchmarks [M]. Database Benchmarking and Stress Testing. Berkeley: Apress, 2018: 15-46.

[13] GHAZAL A, RABL T, HU M, et al. BigBench: towards an industry standard benchmark for big data analytics[C]. In: Proc. of ACM SIGMOD international conference on Management of data. New York: ACM, 2013: 1197-1208.

[14] MONTERO R A. Performance analysis of BigData Frameworks using BigBench[D]. Barcelona: Universitat Politè cnica de Catalunya, 2018.

[15] GAVALI V N, MANE T U, JUMNAKE G F. A big data: tools, systems and benchmarks[C]. In: Proc. of International Conference on Information, Communication, Engineering and Technology (ICICET). New York: IEEE, 2018: 1-5.

[16] EL MALKI M, KOPLIKU A, SABIR E, et al. Benchmarking big data OLAP NoSQL databases[C]. In: Proc. of International Symposium on Ubiquitous Networking. Berlin: Springer, 2018: 82-94.

[17] WANG A I, REIHER P L, POPEK G J, et al. Conquest: better performance through a disk/persistent-RAM hybrid file system[C]. In: Proc. of USENIX Annual Technical Conference, General Track. [S.l.]: USENIX Association, 2002: 15-28.

[18] SALUNKHE R, KADAM A D, JAYAKUMAR N, et al. Luster a scalable architecture file system: a research implementation on active storage array framework with Luster file system[C]. In: Proc. of International Conference on Electrical, Electronics, and Optimization Techniques (ICEEOT). New York: IEEE, 2016: 1073-1081.

[19] BORTHAKUR D. HDFS architecture guide[J]. Hadoop Apache Project, 2008, 53: 1-13.

[20] IOzone. IOzone filesystem benchmark[EB/OL]. http://www.iozone.org/.

[21] COKER R. The Bonnie++ benchmark[EB/OL]. http://www.coker.com.au/bonnie++/.

[22] KATCHER J. Postmark: a new file system benchmark[R]. TR3022. Network Appliance, 1997.

[23] 李鑫，李战怀，张晓. 面向海量存储的文件系统评测基准[J]. 计算机工程，2011，37(15)：55-57.

[24] SCHMIDT A, WAAS F, KERSTEN M, et al. XMark: A benchmark for XML data management [J]. VLDB Endowment, 2002: 974-985.

[25] FRANCESCHET M. XPathMark: an XPath benchmark for the XMark generated data[C]. In: Proc. of International XML Database Symposium. Berlin: Springer, 2005, 129-143.

[26] COOPER B F, SILBERSTEIN A, TAM E, et al. Benchmarking cloud serving systems with YCSB [C]. In: Proc. of the 1stACM symposium on Cloud computing. New York: ACM, 2010: 143-154.

[27] ABUBAKAR Y, ADEYI T S, AUTA I G. Performance evaluation of NoSQL systems using YCSB in a resource austere environment[J]. Performance Evaluation, 2014, 7(8): 23-27.

[28] BARATA M, BERNARDINO J, FURTADO P. YCSB and TPC-H: big data and decision support benchmarks[C]. In: Proc. of IEEE International Congress on Big Data (BigData Congress). New York: IEEE, 2014: 800-801.

[29] WANG L, ZHAN J, LUO C, et al. Bigdatabench: a big data benchmark suite from Internet services [C]. In: Proc. of the 20th IEEE International Symposium on High Performance Computer Architecture (HPCA) New York: IEEE, 2014: 488-499.

[30] GAO W, ZHU Y, JIA Z, et al. BigDataBench: a big data benchmark suite from Web search engines [J]. Preprint arXiv: 1307.0320, 2013.

[31] LIANG F, FENG C, LU X, et al. Performance benefits of DataMPI: a case study with BigDataBench[C]. In: Proc. of International Workshop on Big Data Benchmarks, Performance Optimization, and Emerging Hardware. Berlin: Springer, 2014: 111-123.

[32] HAN R, ZHAN S, SHAO C, et al. BigDataBench-mt: A benchmark tool for generating realistic mixed data center workloads[C]. In: Proc. of the International Workshop on Big Data Benchmarks, Performance Optimization, and Emerging Hardware. Berlin: Springer, 2015: 10-21.

第6篇　应　用　篇

装备创新研制与互联网+制造两类应用代表了中国制造升级与转型的方向。本篇介绍工业大数据管理技术在上述工业领域的示范应用。示范应用单位包括中国运载火箭技术研究院、中国商用飞机公司、金风科技公司等龙头企业，属于《中国制造 2025》重点发展领域;同时还包括国家气象中心与中日友好环境保护中心(生态环境部信息中心)的国家级气象和环保数据管理单位。

本篇包括 4 章。

第 22 章介绍支持航天航空装备创新研制的大数据挖掘与分析平台。

第 23 章介绍民机协同大数据设计平台。

第 24 章介绍基于风电大数据平台的风电场智能运维与设计。

第 25 章介绍风电装备全生命周期绿色供应链管理。

第22章 支持航天航空装备创新研制的大数据挖掘与分析平台

陈　薇[1]　王腾蛟[1]　黄梓铭[1]　谭楚婧[2]　李华光[3]　尚　炜[3]

[1]北京大学信息科学与技术学院

[2]北京大学前沿交叉学科研究院

[3]中国运载火箭技术研究院空天业务部

22.1 概述

在工业大数据管理关键技术研究及系统、工具研制的基础上，为满足作为高端装备典型代表的航空航天领域在研发制造阶段中产生的，以多模态、强关联、高通量为特征的设计、试验、仿真数据的复杂分析需求，本章搭建面向运载火箭产品创新研制的工业大数据分析示范应用，通过构建运载火箭设计大数据分析算法库，建立综合考虑试验和仿真多类型因素的气动规律和气动不确定度分析工具集，攻克气动规律与气动不确定度分析的难题，突破现有基于专家有限经验的瓶颈，展示工业大数据管理系统在运载火箭的设计性能优化与技术难题攻关两个重要方面起到的关键性作用。

22.2 需求

航天是人类探索太空和利用太空的伟大事业。作为高端装备典型代表的运载火箭在研制、运行和发布成果的全过程中都会产生海量数据。数据既是航天理论的基础，又是航天实践的基石。因为航天活动要对尺度比地球大无数倍的广阔宇宙空间进行探索，它所产生以及待分析的数据量极大，要求极高。如果没有及时而精确的大数据支持，哪怕是一个小数点的错误，也会影响全局的成败。因此，航天大数据不仅具有一般大数据的特点，而且具有高可靠性和高价值的要求。当然，航天也是取得大数据成果最多的领域之一。

大数据分析挖掘技术在故障诊断、生产优化、知识库拓展、决策支持等工程领域有着广泛的应用。虽然大数据分析在航空航天领域已开始有所应用，针对航空航天领域的数据挖掘工具已在结构模态分析和飞行安全分析中得到一定应用[1]，但在气动研究领域，针对气动数据规律和气动不确定度分析等问题，大数据分析挖掘技术尚未得到应用。

气动特性变化规律复杂多变。航天飞行器飞行空域大、速域宽，飞行状态变化剧烈，几乎覆盖了所有的气动现象，由此产生了复杂的气动特性，如何通过多来源数据、结合多种方法手段获得准确的气动特性，快速有效地掌握气动特性变化规律，对飞行器设计具有重要意义。

由于气动特性不确定性受到众多已知和未知因素的影响，且各种因素难以准确剥离分析，所以气动特性一直以来是困扰飞行器设计的传统难题。新的发展需求对航天飞行器的性能提出了越来越高的要求，对设计偏差和性能偏差的准确控制，对飞行器总体性能的提升和可靠度的提高有重要意义。

本章拟搭建的面向运载火箭产品创新研制的工业大数据分析示范应用，旨在实现气动规律快速提取展示和气动布局参数影响权重预测，支撑气动性能的快速掌握和气动布局的优化设计；通过不确定度影响因素权重分析，为气动偏差预测和气动特性预测精度的提升提供直接参考；基于流程结构及分布特性数据量化分析方法，挖掘离散特性差异，探寻气动特性偏差变化机理和影响来源，从而提升航天飞行器气动设计效率，缩短典型设计周期。

下面就大数据技术在航天飞行器创新研制领域的需求进行具体分析。

22.2.1 气动特性分析需求

对气动特性的分析与预示需要从风洞试验、数值仿真和飞行试验 3 个维度展开。

1. 气动特性准确预示与精度评价分析

基于样本点数据，首先需要进行相关分析(correlation analysis)，研究状态参数和气动特性参数之间的依存关系，进行相关性检测，并对具体有依存关系的参数探讨其相关方向以及相关程度。进一步，通过多元回归分析(multiple regression analysis)定量分析两组参数间的关系，探寻其规律。

为了评估风洞试验数据或数值仿真数据的精度，采用离群点检测[2](outlier detection)算法寻找数据中可能存在的离群点，配合专家系统的专业经验检测误报的假阳点(false positive)，达到剔除离群点、提高数据精度的目的。

2. 气动不确定度分析

以风洞试验数据为例，数值仿真数据和天地条件数据可采用类似的挖掘算法。风洞试验数据不确定度的影响因素主要可分为测量误差、外形误差、外界干扰和细节失真，这些因素都是一些无法避免和消除的不确定性因素，因此可以把它们的取值视为随机变量(random variable)，来表示随机试验各种结果的实值单值函数。然后，基于统计学习(statistical learning)的方法理论，分析数据的不确定度，在给定置信水平参数的情况下，得到不确定度的置信区间，从而分析出风洞试验数据的真实度与可信度。

22.2.2 气动热数据分析需求

大数据形成数据库的过程中和数据库的使用中都需要专业的挖掘技术。从某个角度可以认为挖掘技术是数据库最核心的价值所在。挖掘技术应当从两个层面满足需求：首先有便利的检索功能，为使用者提供好用的检索工具，而且具备很好的扩充功能，对数据类型具

有完全容纳的能力[3]；在此基础上具备关联性分析能力，并使用专家系统给出智能的建议与结论。

从技术研究的角度对大数据挖掘技术提出以下设想：

(1) 基本检索。基于目前国际一流检索引擎对大数据的检索方法，形成好用的检索引擎，具有数据、文字、图像、声音等各类大数据的检索能力，而且可以智能地识别用户偏好[4]，形成自适应的检索方案。

(2) 关联性分析。可以基于某方案、某特征从大数据库中收集同类信息(有别于关键词检索)；有能力对飞行试验、地面试验、数值仿真三大门类之间的数据的相符程度做出数据分析。

(3) 专家系统。基于工程的设计经验以及对关键参数的关联性的理论认识，对数据库收集到的信息作规律性研究，形成普适性的公式、参数、方法。

22.2.3 载荷与环境相关数据分析需求

载荷与环境相关数据分析需求包括以下两方面工作：

(1) 运载火箭飞行及试验数据管理和映射分析。通过有限元软件工具，建立运载火箭飞行及试验状态的动力学有限元模型，并根据现有型号数值仿真计算、地面试验中的载荷与环境数据开展数据的准确预示与精度评价分析，确定各种分析及试验中获得的数据的主要差异、差异的产生机理及相关的映射关系。同时，研究不同方式获得的载荷与环境数据间的区别及联系，实现载荷与环境数据在不同状态的映射分析。

(2) 基于聚类分析方法的数据挖掘研究。采用基于聚类分析方法开展运载火箭飞行及试验数据管理与挖掘技术研究，分析边界约束条件、试验状态等因素对载荷与力学环境天地一致性差异的影响。对数值仿真计算数据与试验数据进行数据挖掘分析。

具体地，面向高端制造领域的大数据管理平台建设应考虑如下 3 点需求：

(1) 大数据存储模块需要满足对海量多样性数据(包括结构化、半结构化、非结构化数据以及文本、网络、时空序列数据)的存储需求。

(2) 大数据存储模块需要满足不同用途的数据(包括数据文件、中间结果缓存、反复读写的动态数据等)的存储需求。

(3) 大数据计算模块应提供分析平台常用的多种模态计算形式，包括分布式计算、流式分发和实时计算、分布式实时搜索等。

22.3 方法设计

22.3.1 总体架构

在运载火箭研制方案迭代中，不同专业数据之间的关联性约束很容易引发设计不合理问题，往往需要耗费大量的筛查时间和跨部门的交流时间，严重影响设计研制周期。我们突破传统研制过程中仅限于专家有限经验的瓶颈，攻克了运载火箭气动规律与气动不确定度分析的难题，构建了相应的分析算法库，实现了对设计研制阶段的设计、仿真和试验数据进行有效的管理，为航空航天产品创新研制的大数据分析示范应用奠定了坚实基础。

面向飞行器的大数据管理平台总体架构如图 22.1 所示。本平台基于大数据驱动的运载火箭研发过程，主要分为气动试验数据处理平台、气动实验数据挖掘算法平台、气动试验数据挖掘应用平台 3 个方面。这 3 个方面主要涉及的内容各有不同：

（1）气动试验数据处理平台。支持加载来自飞行状态、数值仿真、气动特性、风洞试验、飞行试验等海量多源异构试验数据，并提供数据存储引擎、索引控制和查询处理等接口。

（2）气动试验数据挖掘算法平台。针对飞行器试验数据挖掘的具体需求来研发定制数据挖掘算法库，实现多元高次交互回归、假设分类影响度评估、分布特性的多范式差异计算、关联分析等数据挖掘算法。

（3）气动试验数据挖掘应用平台。根据专业需求进行开发飞行器气动试验数据挖掘应用平台的设计，主要包括以下应用：气动特性关联分析、气动特性预测、流场结构分析、分布气动特性分析、不确定度分布分析、不确定度影响因子分析、流场差异分析、分布特性差异分析、六分量差异分析、数据融合分析等。

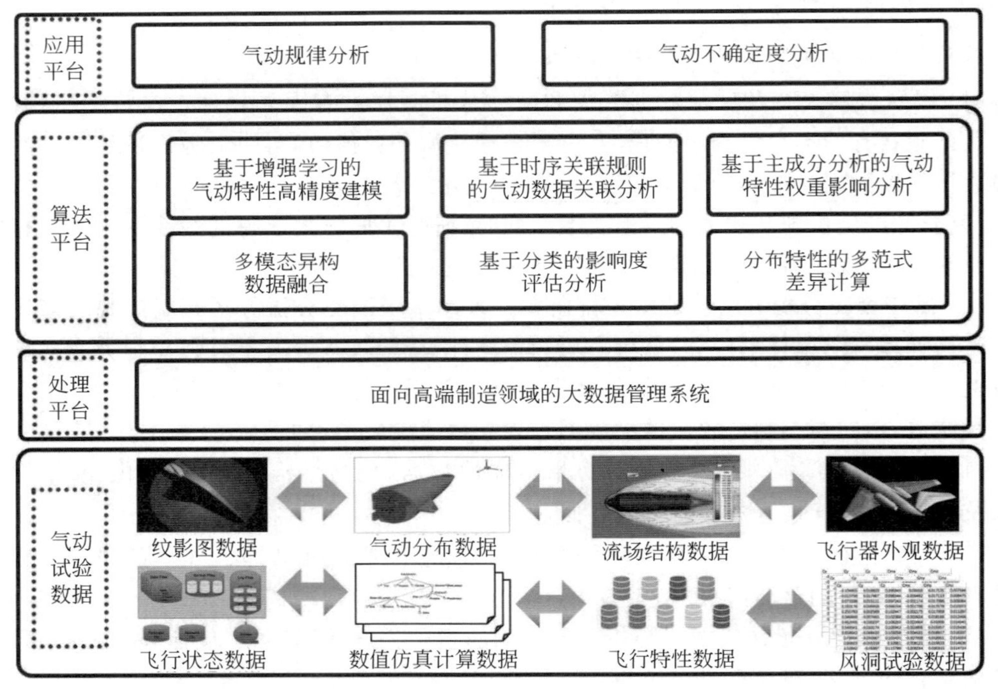

图 22.1　面向飞行器的大数据管理平台总体架构

在数据挖掘之前，我们开展了数据的预处理工作，主要是将繁杂数据源多样化的数据格式统一成一种便于算法利用的格式，同时，通过数据清洗过程剔除无效或明显异常的数据，保证提供给算法的数据的准确性和完整性。

具体的气动特性数据挖掘工作从两方面进行：

（1）气动规律分析研究。气动规律指的是飞行器在大气中飞行时，机身与来流相互作用使流场结构发生变化，可能形成激波、膨胀波、湍流边界层等多种复杂的流场结构，表现为压强、温度、流速、气流密度等参数的改变。掌握飞行过程中飞行器周围流场特性的规律对提升飞行器性能有重要意义。流场结构的特性参数在空间中并不是均匀分布的，在不同的流场结构下，各空间点上的特性参数值也将随之发生相应的改变。为了得到不同飞行状态对流场结构的影响情况，在数据集的基础上，分析各飞行状态参数与流场结构参数在飞行器整体空间中的相关关系，从而为研发人员分析气动规律提供必要的支持。该方面的研究主要包括气动特性关联分析、气动特性预测、流场结构分析、分布气动特性分析等。

(2) 气动不确定度挖掘研究。气动不确定度指的是测量值或估计值的不确定程度。它也反映了测量或估计结果的可信赖程度，是评估其质量的指标。为了有效地利用飞行器气动参数估计结果，应同时给出估计结果的不确定度，否则将无法使用估计结果，估计结果也是没有价值的。从这个意义上说，确定参数估计值的不确定度与参数估计本身是同等重要的问题。该方面的研究主要包括不确定度分布分析、不确定度影响因子分析、流场差异分析、分布特性差异分析、六分量差异分析以及数据融合分析等。

气动特性数据挖掘的主要研究过程如图 22.2 所示。

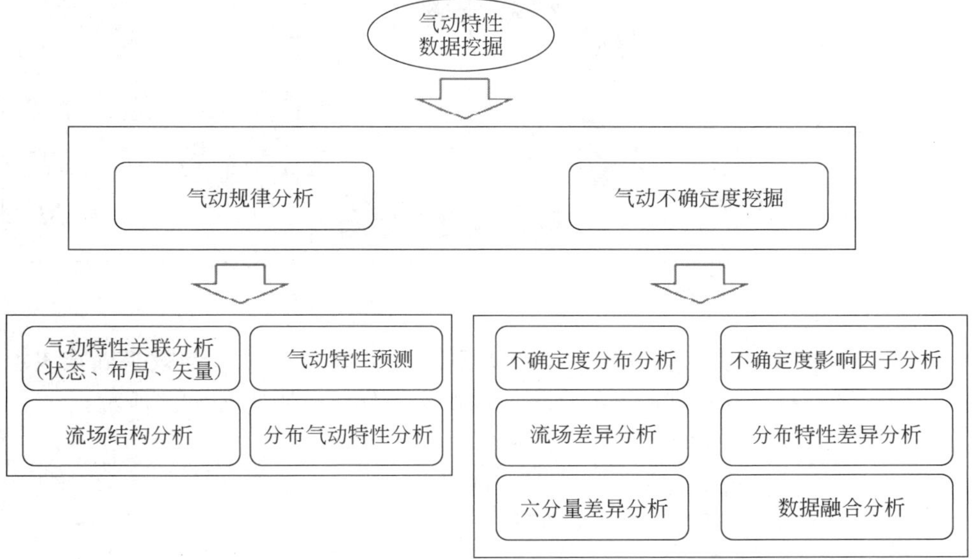

图 22.2　气动特性数据挖掘的主要研究过程

22.3.2　气动特性挖掘算法库

我们完成了 9 类定制的数据挖掘算法库：

(1) 基于斯皮尔曼相关系数的关联分析方法。该方法利用目标分析变量对之间的秩次大小进行线性相关分析，从而判定两个变量之间的相关性。目前已完成的飞行器气动特性相关系数矩阵如图 22.3 所示。

(2) 多元高次交互回归分析。通过建立考虑了交互项的多元、高次回归模型，定量分析因变量和自变量之间的关系。我们提出的方法相较于传统方法在性能上有很大的提升。

(3) 基于 Sobel 算子[5]和统计滤值的边缘检测法。Sobel 算子是一种检测效率极高的算子，可以有效监测到图像的边缘特征，往往是实际应用中的首选。

(4) 基于分布特性差异的 K-means 聚类[6]分析。可根据试验结果样本的空间分布情况控制差异区域的个数。

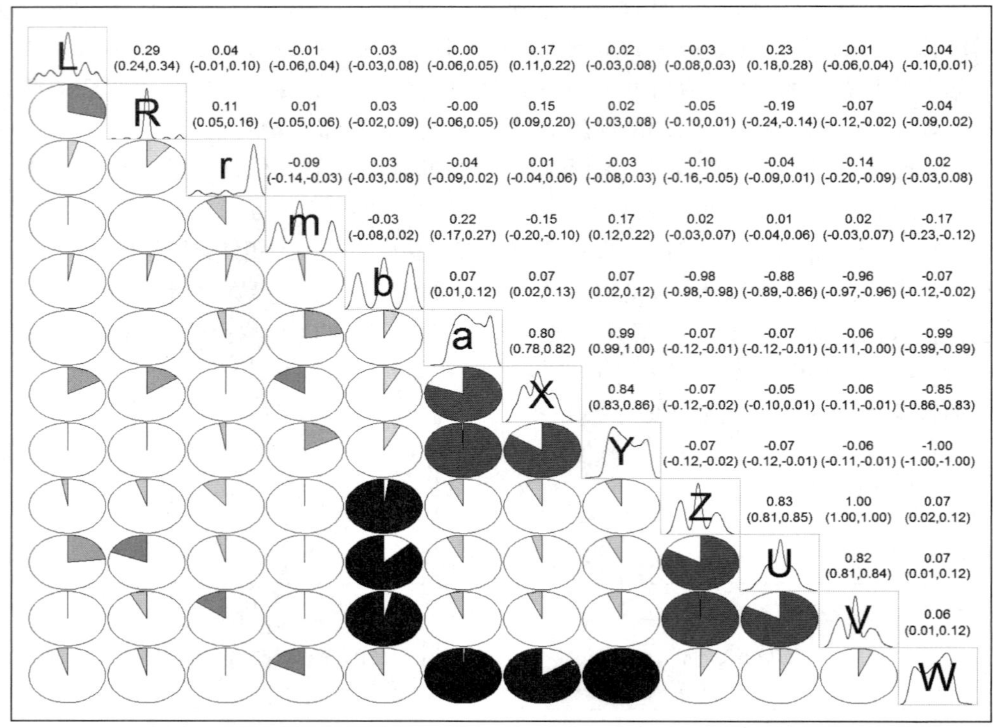

图 22.3　飞行器气动特性相关系数矩阵

(5) 基于分类的影响度评估方法。按照待评估项分类，并根据分类效果确定该项的影响度，从而确定飞行器试验条件的差异情况。该方法的分析框架如图 22.4 所示。

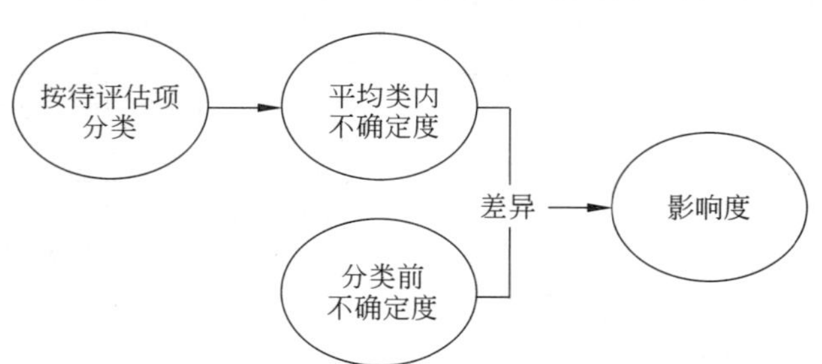

图 22.4　基于分类的影响度评估方法的分析框架

(6) 分布特性的多范式差异计算法。通过 k-d 树在两个不同的分布中找到最小的欧几里得距离，同时计算对应点的属性值的差，从而找到最佳映射。该方法的分析框架如图 22.5 所示。

(7) 多源数据融合法。由于飞行器会进行多次试验，因而会出现多组相同试验条件下的试验数据。在进行飞行预测之前，对这些数据进行融合，在减小数据偏差的同时，可以使用更多的试验数据进行预测，以达到提高预测精度的目的。

(8) 面向气动力预测的多目标回归算法。该算法通过结合自变量和因变量内部的相关性，规避了多重共线性对预测结果的影响，解决了数据量较少时相关系数不准确所导致的模

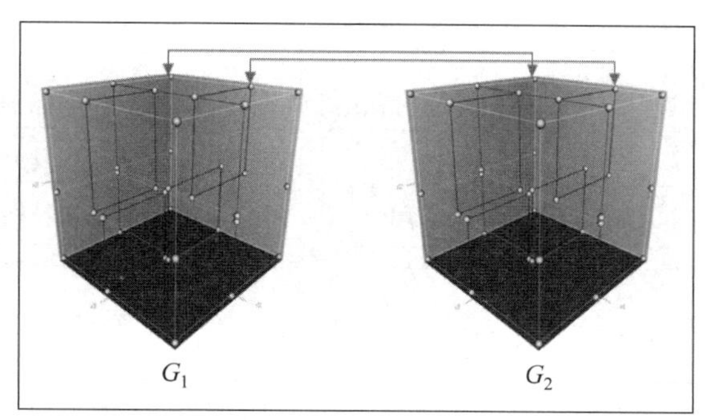

图 22.5　分布特性的多范式差异计算法的分析框架

型失真问题，实现了在气动耦合现象中对各方位气动力的多目标精准预测。

(9) 多种均衡约束条件的聚类算法[7]。该算法用于解决在大规模飞行器数据中进行激波提取的问题。通过将聚类大小的方差作为聚类均衡性的惩罚项，从而把单均衡约束的聚类问题构建为优化问题，为快速求解均衡聚类问题提供支持。同时，该算法将单均衡约束条件的聚类问题扩展为多均衡约束条件的聚类问题，使其适用于多均衡约束条件的实际应用。

22.4　技术实现

22.4.1　气动规律分析

飞行器在大气中飞行时，机身与来流相互作用，使流场结构发生变化，可能形成激波、膨胀波、湍流边界层等多种复杂的流场结构，表现为压强、温度、流速、气流密度等参数的改变。掌握飞行过程中飞行器周围流场特性的规律，对提升飞行器性能有重要意义。流场结构的特性参数在空间中并不是均匀分布的，在不同的流场结构下，各空间点的特性参数值也将发生相应的改变。为了得到不同飞行状态对流场结构的影响情况，在数据集的基础上，分析各飞行状态参数与流场结构参数在飞行器整体空间中的相关关系，从而为研发人员分析气动规律提供必要的支持。

1. 气动特性关联分析研究

对于整个流场空间，寻找飞行状态参数(马赫数、攻角、侧滑角、舵偏角等参数)、位置参数和流场特性参数(压强、温度、流速、气流密度等参数)之间的规律。首先采用相关分析研究飞行状态参数、位置参数和流场特性参数之间的依存关系，进行相关性检测，并对具体有依存关系的参数探讨其相关方向以及相关程度。然后，通过多元回归分析定量分析参数间的相关关系，探寻参数之间的规律。气动特性关联分析框架如图 22.6 所示。

我们基于样本点数据整理了气动专业数据，按照自变量和因变量分为两类，自变量主要指状态参数，因变量主要指气动特性参数。状态参数有马赫数、攻角、侧滑角、舵偏角、高度、Re、Kn、气动布局参数等，气动特性参数主要指气动力六分量、气动不确定度等。

表 22.1 列出了案例飞行器气动数据中的马赫数、攻角、侧滑角和舵偏角，共计 7600 个状态点。

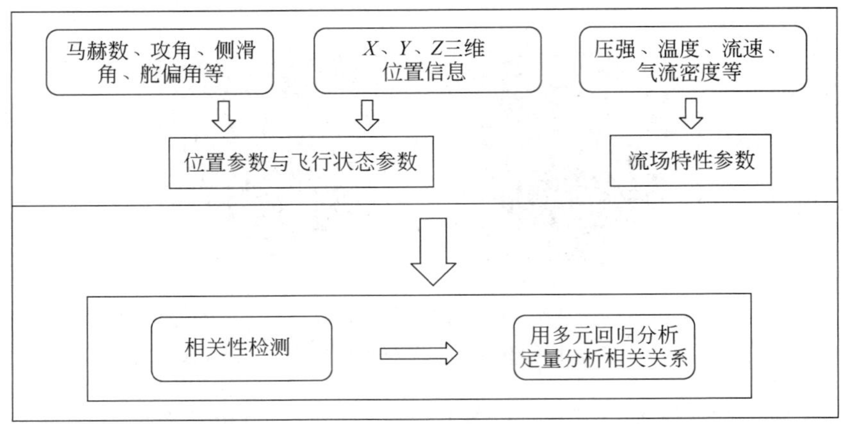

图 22.6 气动特性关联分析框架

表 22.1 气动特性状态说明表

气动特性名称	马赫数	攻角和侧滑角/°	舵偏角/°
状态值	2、3、5、7、9、12、15、20	−5～40 −5、0、5	基本状态：0 左/右底部 FLAP：−25、−20、−15、−10、−5、0、5、10、15、20、25 侧向 FLAP：−20、−10、0、10、20

1）状态参数的关联分析

首先对飞行器试验所涉及的所有物理量进行相关分析，通过度量向量所代表的变量之间的距离（通常有欧几里得距离、余弦距离、马哈拉诺比斯距离等），从而得到变量间的相关方向以及相关程度，得到相关系数矩阵。

然后基于 Spearman 相关系数的关联分析方法，利用目标分析变量对其秩次大小作线性相关分析。该方法首先为目标变量对编秩，计算变量每个观察值的秩次。按照以下公式计算每个变量对的相关系数 ρ（其中 d_i 代表第 i 个观察值的排行差）：

$$\rho = 1 - \frac{6\sum_{i=1}^{N} d_i^2}{N(N^2-1)}$$

观察知，计算所得的系数范围为−1～1。当每个观察值秩次大小相同时，系数值为 1，说明两个变量正相关；当每个观察值秩次大小相反时，系数值为−1，说明两个变量呈负相关；当系数值为 0 时，说明两个变量的观察值秩次大小分布无关，即两个变量不相关。利用−1～1 的系数值，可以量化地表示出变量之间的相关关系，便于分析和比较。

与传统计算相关系数（如 Pearson 系数）方法相比，该方法适用范围更广。因为该方法对原始变量的分析不作要求，无须要求数据服从双变量正态分布。

使用热力图（heat map）对相关系数矩阵进行可视化。以气动六分量为因变量，各个实验参数为自变量，通过该方法，发现如下规律：

- 攻角和气动力 C_x 呈显著正相关。
- 侧滑角和气动力 C_z 呈显著负相关。

• 侧滑角和气动力 C_{mz} 呈显著负相关。

• 舵偏角和气动力 C_{mx} 呈显著负相关。

2）状态参数的多元回归分析

多元回归分析对因变量和自变量之间的关系建立多元模型，通过最小二乘法、最大似然法得到参数的值，从而建立模拟自变量和因变量之间关系的数学表达式。在大多数飞行试验数据挖掘问题中，影响因变量的因素不是一个，而是多个，采用多元回归分析可以避免在分析两个变量间的相关关系时，因为忽略了其他变量而导致结果不能完全反映真实情况的问题。

在相关性分析的基础上，采用多元回归分析，进一步分析多个物理量间的相关关系，并定量地得到变量间相互影响的权重系数，使得结果更具有实用价值。

3）状态参数向量的关联分析

状态参数向量的关联分析采用典型相关分析的方法，可以用于识别和量化两组随机变量之间的相关性，它是两个随机变量之间的相关性在两组变量下的推广。对给定的物理量进行分组，得到如表 22.2 所示的 4 组维度为 3 的向量。

表 22.2　相关物理量分组情况表

向量名称	表达式
舵偏向量 **R**	(L, R, r)
姿态向量 **P**	(α, β, σ)
力向量 **F**	(X, Y, Z)
力矩向量 **M**	(U, V, W)

对每对向量分别进行典型相关分析，从第一对典型变量的散点图以及它们的相关系数矩阵可以看出向量间的两两关系。通过对气动数据物理量的相关性分析，得到了物理量的自相关分布规律和物理量相关程度的量化指标。通过气动专业分析可知，结果符合预期，该结果为物理量的分类提供了量化的依据。

4）气动布局参数的关联分析

气动布局直接影响气动特性。气动布局优化是气动设计的一项重要工作。掌握布局参数对气动特性的影响规律，可以大大提升气动布局优化效率。表 22.3～表 22.5 给出了升力体气动布局外形参数。其中，r 代表曲率半径，x 代表长度，phi 代表夹角。

表 22.3　气动布局参数对升阻比的影响

liftbody beta=0	K：升阻比					
alpha	10^{-1}	10^{-2}	10^{-3}	10^{-4}	10^{-5}	10^{-6}
0	x4，r1	x1，x2，x3，x5，x6，x7，x8，x9，x10，x11，x12，x13，x14，x15，x16，r3，phi4	x17，x18			

续表

alpha	10^{-1}	10^{-2}	10^{-3}	10^{-4}	10^{-5}	10^{-6}
10	x1，x2，x3，r1	x4，x5，x6，x7，x8，x10，x11，x12，x16，x18，r3，phi4	x9，x13，x14，x15，x17			
20	r1	x1，x2，x3，x12	x4，x5，x6，x7，x8，x9，x10，x13，x14，x15，x16，x18，phi4	x11，x17，r3		
30		x12，r1	x1，x2，x3，x4，x7，x8，x13，phi4	x5，x6，x9，x10，x11，x14，x15，x16，x17，x18，r3		
40		r1	x1，x2，x3，x7，x8，x12，x13	x4，x5，x9，x10，x11，x14，x15，x17，x18，r3，phi4	x6，x16	

表 22.4　气动布局参数对纵向稳定性的影响

liftbody beta=0	cma：俯仰力矩对攻角的导数					
alpha	10^{-1}	10^{-2}	10^{-3}	10^{-4}	10^{-5}	10^{-6}
0	x1，x2	x3，x4，x5，x7，x8，x12，X14，x17，r1，phi4	x6，x9，x10，x11，x13，x15，x16，x18，r3			
10	x1，x2，x3	x4，x5，x7，x9，x10，x13，x14，x17，x18，r1，r3，phi4	x6，x8，x11，x12，x16	x15		
20	x1，x2	x7，x8，x10，x11，x12，x18，r1	x3，x4，x5，x6，x13，x14，x15，x16，x17，r3，phi4	x9		
30	x1，x2	x3，x5，x7，x8，x10，x11，x12，x18，r1	x4，x6，x14，x15，x16，x17，r3，phi4	x9，x13		
40	x1，x2，x10	x3，x4，x5，x7，x8，x11，x18，r1	x6，x12，x13，x14，x15，x16，x17，r3，phi4		x9	

表 22.5　气动布局参数对横向稳定性的影响

liftbody beta=10	cmx：滚转力矩对侧滑角的导数					
alpha	10^{-1}	10^{-2}	10^{-3}	10^{-4}	10^{-5}	10^{-6}
0		x4，x7，x8，x12	x1，x2，x3，x5，x6，x9，x10，x15，R1，r3，phi4	x11，x13，x14，x16，X17	x18	
10		x3，x4，x12，r1	x1，x2，x5，x6，x8，x9，x13，r3，phi4	x7，x10，x11，x14，x15，x16，x17，x18		
20		x2，x4，x8，x12，r1	x1，x3，x5，x6，x7，x9，x10，x11，x14，x15，x16，x18，r3，phi4	x13	x17	
30		x1，x2，x4，x8，x12，r1	x3，x5，x6，x7，x13，x17，x18，r3，phi4	x9，x10，x11，x14，x15，x16		
40		x1，x2，x3，x4，x12，r1	x5，x6，x7，x13，x16，x17，x18，r3，phi4	x9，x10，x11，x14，x15		

通过数值计算获得气动布局参数依次变化和正交变化情况下的气动数据。通过相关性算法获得各布局参数对气动特性和稳定特性的影响。将相关性结果按照数量级大小分类，得到表 22.3～表 22.5。可见，对飞行器升阻比影响较大的参数是 x1、x2、x13、x14、r1，对纵向稳定性影响较大的参数是 x1、x2、x3、x10，对横向稳定性影响较大的参数是 x1、x2、x3、x4、x7、x8、x12、r1。

综合考虑以上结果，可以得到如下规律：

- 对升力体外形的稳定性影响较大的参数是 x1、x2、x3、x7、x8、x10、x12、r1。
- 对飞行器升阻比影响较大的参数是 x1、x2、x13、x14、r1。
- 对纵向稳定性影响较大的参数是 x1、x2、x3、x10。
- 对横向稳定性影响较大的参数是 x1、x2、x3、x4、x7、x8、x12、r1。

2. 气动特性预测

多元高阶回归分析（High Order Regression Analysis with Correlation，HORAC）通过建立考虑了交互项的多元、高阶回归模型，定量分析因变量和自变量之间的关系。相较于一般的回归分析方法，多元高阶回归分析不仅能把自变量的高次幂与因变量之间的关系考虑到模型中，还能对自变量之间的关联关系对因变量造成的影响进行建模。

通过求解以下最优化问题，得到模型的参数估计，模拟自变量和因变量之间关系的数学表达式如下：

$$\min_{b_0,b_1}\left\|\begin{bmatrix}1 & t_1\\1 & t_2\\\vdots & \vdots\\1 & t_n\end{bmatrix}\begin{bmatrix}b_0\\b_1\end{bmatrix}-\begin{bmatrix}y_1\\y_2\\\vdots\\y_n\end{bmatrix}\right\|_2=\min_b\|\boldsymbol{Ab}-\boldsymbol{Y}\|_2$$

回归分析预测法是在分析自变量和因变量之间相关关系的基础上建立变量之间的回归方程，并将回归方程作为预测模型，根据自变量的取值来预测因变量。

为了保证预测结果的可信度，首先对数据进行预处理，删除气动六分量中存在 0 的值（视为缺失值）；然后进行 5 重（5-fold）交叉验证，每次取数据集的 80% 为训练集，取剩余的 20% 为测试集。使用平均相对误差（Mean Absolute Percentage Error，MAPE）对预测结果进行评价，计算公式为

$$\text{MAPE}=\sum_i\frac{\left|\dfrac{\text{pred}_i-\text{true}_i}{\text{true}_i}\right|}{N}$$

首先，考虑将所有自变量加入一阶回归预测模型，得到回归方程的参数，再根据所得参数情况，降低模型的复杂度，对模型使用全子集回归算法进行自变量筛选，除去显著性水平较低的自变量。其次，考虑交互项的一阶回归预测。在相关性分析中，我们发现有些自变量之间具有很强的相关性，因此在进行回归分析时考虑它们的相关性可以提高预测的精度。最后，考虑交互项的高阶回归分析。

将多元高阶回归分析（HORAC）方法与传统的线性回归（LR）方法、高阶线性回归（High-LR）方法以及支持向量回归（SVR）方法进行对比，在气动力试验数据上进行预测，得到的对比结果如图 22.7 所示，表明多元高阶回归分析具有明显的精度优势。

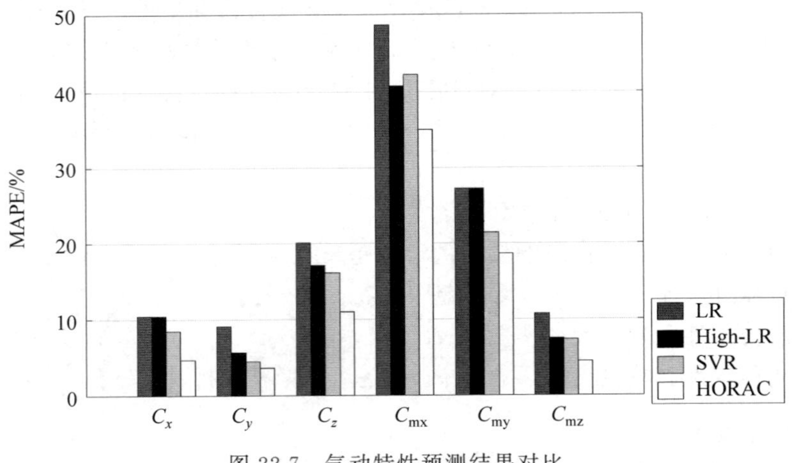

图 22.7　气动特性预测结果对比

3. 流场结构分析方法研究

在飞行器气动力试验中，激波是飞行器高速飞行时运动气体中的强压缩波，是物理量变化剧烈程度的分界线，具有非常重要的实际价值。然而，CFD 求解器计算的结果往往与实际的激波位置存在差异。因此，采用数据挖掘的方法，提取出计算数据中的激波位置，与实际拍摄的图像中的激波位置进行比较，并分析二者的差异，具有很强的实际意义与价值。流场结构分析框架如图 22.8 所示。

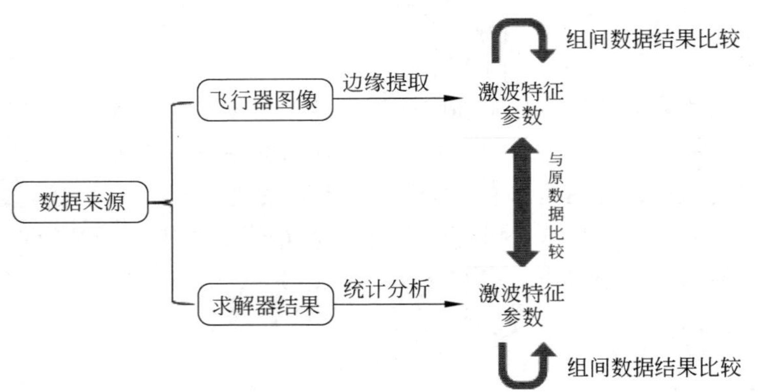

图 22.8　流场结构分析框架

1）边缘检测

图像的边缘是图像中亮度变化明显的点，这些明显变化通常反映了属性特征的重要事件和变化，包括深度上的不连续、表面方向的不连续、物质属性变化和场景照明变化。而边缘检测是特征提取中的一个重要研究领域。这里，边缘检测采用的是 Sobel 算子。

Sobel 算子是一种检测效率极高的算子，往往是实际应用中的首选。该算子包含两组 3×3 的矩阵，分别为横向及纵向，将之与图像作平面卷积运算，即可分别得出横向及纵向的亮度差分近似值。如果以 A 代表原始图像，G_x 及 G_y 分别代表经横向及纵向边缘检测的图像，其公式如下：

$$G_x=\begin{bmatrix}-1 & 0 & 1\\ -2 & 0 & 2\\ -1 & 0 & 1\end{bmatrix}A$$

$$G_y=\begin{bmatrix}-1 & -2 & -1\\ 0 & 0 & 0\\ 1 & 2 & 1\end{bmatrix}A$$

利用图像的每一个像素的横向及纵向梯度近似值，可用以下公式计算梯度的大小：

$$G=\sqrt{G_x^2+G_y^2}$$

然后，可用以下公式计算梯度方向：

$$\theta=\arctan\frac{G_y}{G_x}$$

如果 $\theta=0$，即代表图像该处为纵向边缘，左方较右方暗。

在具体应用过程中，先用 Sobel 算子检测出待处理图像中的所有边缘，然后除去那些不需要的边缘，再提取边缘的坐标即可。具体方法可参见 22.4.2 节。

2）边缘匹配

进行边缘匹配时，需要对两组向量进行数据旋转、数据伸缩、数据平移操作。以二维空间中的一组向量为例：

$$\boldsymbol{A}=[(x_1,y_1)\quad (x_2,y_2)\quad \cdots\quad (x_n,y_n)]$$

二维旋转矩阵用于对空间中的向量做坐标的旋转变换，改变向量的方向但不改变向量的模长。若旋转角度为 θ，二维旋转矩阵为

$$\boldsymbol{M}(\theta)=\begin{bmatrix}\cos\theta & -\sin\theta\\ \sin\theta & \cos\theta\end{bmatrix}$$

则旋转后的向量为 $\boldsymbol{AM}(\theta)$。

若将向量 $\boldsymbol{A}$ 伸长 k 倍，则伸缩后的向量为 $k\boldsymbol{A}$。

若将向量 $\boldsymbol{A}$ 向右平移 m 个单位长度，则平移后的向量为 $\boldsymbol{A}+m$。

3）差异比较

接下来采用 3 种方法比较两个图像中激波的差异。

方法一：

（1）采用边缘提取的方法，提取图像中激波的两条边缘，用直线拟合这两条边缘：

$$a_1x+b_1y+c_1=0$$

$$a_2x+b_2y+c_2=0$$

（2）计算激波边缘夹角，以角度 θ 作为衡量激波差异的第一个标准：

$$\tan\theta=\left|\frac{a_1b_2-a_2b_1}{a_1a_2+b_1b_2}\right|$$

方法二：

（1）固定一个图像，旋转另一个图像，使得两个图像靠近机身的那条激波边缘基本重合。在旋转时，用二维旋转矩阵对图像进行处理：

$$\boldsymbol{C}=\begin{bmatrix}\cos\theta & \sin\theta\\ -\sin\theta & \cos\theta\end{bmatrix}$$

(2) 计算旋转后两个图像另一条激波边缘坐标差值之和，以 d 作为衡量激波差异的第二个标准：

$$d=\sum_i \Delta y_i$$

方法三：

对激波区域进行积分运算，求解激波区域的面积：

$$S=\sum_i \Delta x(y_{1i}-y_{2i})$$

其中 y_{1i} 和 y_{2i} 分别表示激波上下两条边缘上第 i 个点的纵坐标。然后以两个图像的激波区域面积差 ΔS 作为衡量激波差异的第三个标准。

4. 分布气动特性分析

在飞行器气动力试验中，即使在飞行状态、求解器等条件都相等的情况下，也会因为网格的差异而出现不同的 CFD 计算结果。飞行器动力试验积累了很多压力分布、温度分布等相关的数据，可以通过对比不同试验条件的分布差异来探究不同试验条件之间的关系，为飞行试验设计和飞行器设计提供建议。

专业人员使用 Tecplot 画出不同状态下的飞行器表面压力分布(图 22.9)后，再通过人工对比需要较大的成本，而且通过人眼观察只能进行定性分析，误差较大。

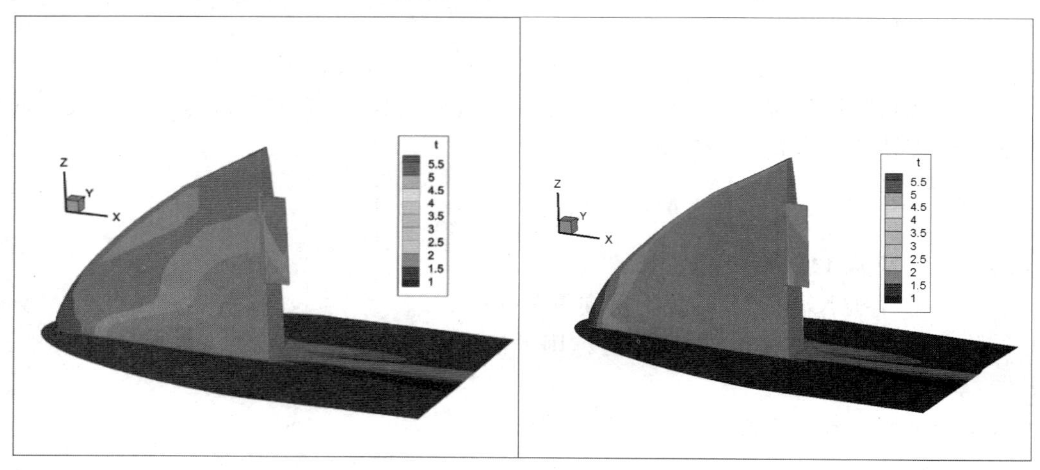

图 22.9　不同状态下的飞行器表面压力分布差异

通过成熟的数据挖掘技术来分析这种情况下的计算差异，并自动给出差异较大的区域，可以减小专业人员的工作量，并得到更为完整的差异分析结果。

1) 网格差异

选择两种有代表性的网格，对飞行器在同一求解器不同网格下计算的点进行综合分析，计算两者流场特性参数的差异，进一步分析整体差异性以及局部差异性。网格差异计算的分析框架如图 22.10 所示。

由于不同网格下计算得到的流场特性参数的位置会随着网格的变化而产生偏差，因此在对流场结构的差异进行分析之前，需要对两个网格进行点的匹配。最后，以其中一个网格为基准，得到两个网格对应的点之后，对比流场特性参数的结果，计算两者流场特性参数的

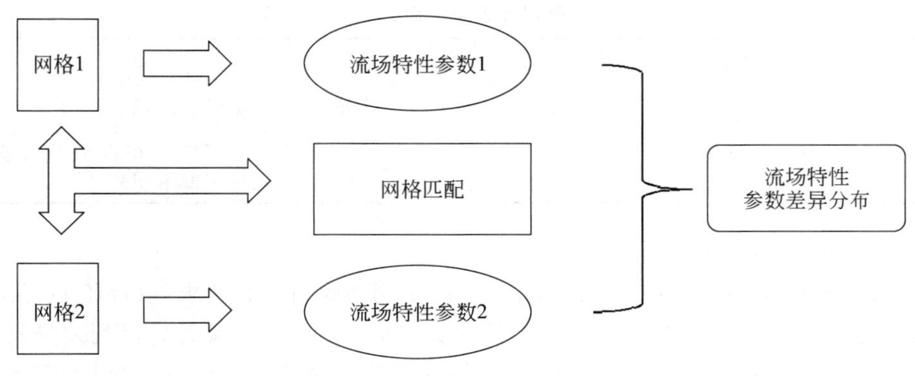

图 22.10 网格差异计算的分析框架

差异，再进一步分析整体差异性以及局部差异性。

假定网格 1 和网格 2 为待分析的网格，以寻找压强的差异为例。对于网格 1 中的每个点 a，运用 kd 树算法在网格 2 中找出与 a 的欧几里得距离最近的对应点 $\rho(a)$，并求出这两个点的属性值的差值 $\Delta v(a,\rho(a))=v(a)-v(\rho(a))$，其中 $v(a)$ 为 a 点在网格 1 中的属性值，$v(\rho(a))$ 为 $\rho(a)$ 点在网格 2 中的属性值。首先采用 KNN 算法寻找网格 2 在网格 1 中的最佳映射，在给定阈值的情况下，搜索网格 2 中映射到网格 1 中的小于阈值的点，并计算映射网格的差值。

2）求解器差异

与网格差异不同，在计算求解器差异时不需要对网格进行匹配。流场结构中的特性参数，如压强、温度、流速、气流密度等，是由不同的求解器计算得到的，不同的求解器计算出的参数值有一定差异。为分析不同求解器对流场结构计算结果的影响，在给定飞行器的网格表示后，对比不同的求解器的计算结果，分析飞行器在流场中的整体差异性以及局部差异性，得到求解器影响下的流场特性参数差异分布。

我们选择了两种有代表性的求解器，对飞行器在同一网格不同求解器下计算的点进行综合分析，计算二者流场特性参数的差异，进一步地分析整体差异性以及局部差异性。流场差异计算的分析框架如图 22.11 所示。

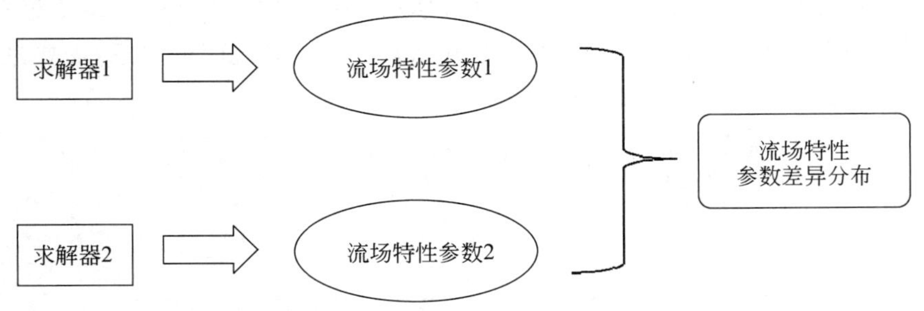

图 22.11 流场差异计算的分析框架

3）差异分析结果

根据试验结果样本的空间分布情况与差异情况，对样本进行聚类，目的是找到差异较大的区域。表 22.6 列出了我们选择的两种方法的优缺点。

表 22.6 两种分布差异对比方法的比较

方法	参数指定	优点	缺点
Diff	无	使用人眼观察，结果较为精确	数据量大时耗费人力
k-means	区域的个数 k	可以控制差异区域的个数	对数据的分布特征不敏感，区域划分可能不明显

4）网格差异造成的分布差异

图 22.12 显示的是在攻角为 40°的情况下，两个网格映射后直接求差(Diff)的结果，结果是真值，但是差异较大的区域的获取只能靠人眼观察。k-means 聚类后得到差异较大的区域，用不同的颜色代表不同的区域。此外，计算的结果是属于同一区域的坐标，因此满足了差异分析自动化的目的。

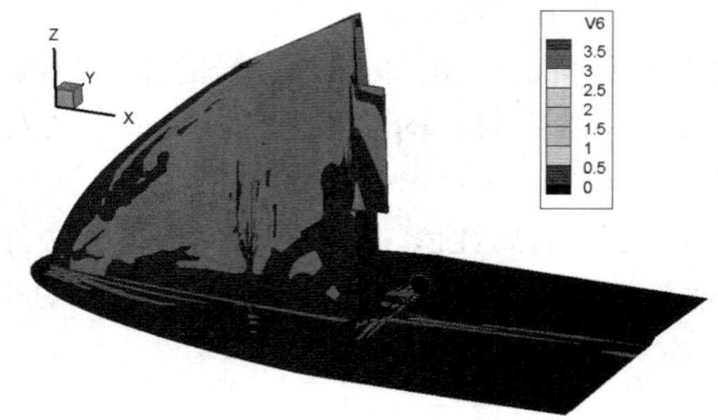

图 22.12 分布差异的 Diff 算法结果

22.4.2 气动不确定度挖掘

不确定度是指对被测量或估计值不能肯定的程度。它也反映了测量或估计结果的可信赖程度，是评估其结果质量的指标。为了有效地利用飞行器气动参数估计结果，应同时给出估计结果的不确定度，否则估计结果将无法使用，也是没有价值的。从这个意义上说，确定参数估计值的不确定度与参数估计本身是同等重要的问题。

飞行器气动参数估计不确定度取决于数学模型、估计方法以及测量误差等多个方面。为了分析激波位置的差异、流场结构的差异与气动六分量差异之间的关系，需要进行气动不确定度的差异分析工作，如图 22.13 所示。

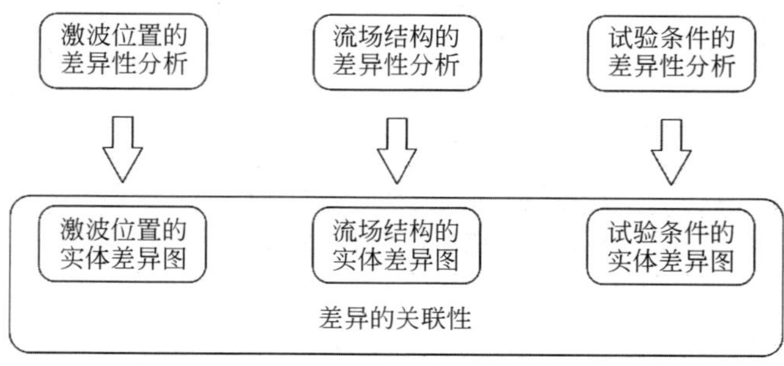

图 22.13 气动不确定度的差异分析

1. 不确定度分布

在气动不确定度分析中,不确定度为在某种置信度下对物理量的测量误差的估算值,一般取 95%的置信度,包括随机误差和系统误差。我们对气动数据进行了预处理,以开展气动不确定度的初步分析。通过初步分析可知,由于地面预示条件的限制和飞行环境的随机因素,气动特性的预示结果难以与真实飞行特性完全符合,其测量误差因素包括试验装置、模型尺寸、尺寸偏差、数据处理、天气等。其分析框架如图 22.14 所示。

图 22.14 不确定度分布分析框架

同一组飞行状态下的多组试验数据根据统计学理论是满足多元正态分布的,因此,根据样本点,可以对多元正态分布的参数进行估计,得到当前飞行状态下的样本点的不确定度,用置信区间表示。

2. 不确定度影响因子分析

飞行器试验的试验条件差异主要体现在风洞、模型外形(型号与大小)、天平等方面不同。对于差异的每一项,分别评估其不同取值对于气动参数不确定度产生的影响。假设分类影响度评估方法(Hypothesized Classification for Assessment of Influence,HCAI)按照待评估项分类,并根据分类效果确定该项的影响度。其分析框架见图 22.4。

不确定度理论将不确定度按照测量数据的性质分成两类:A 类不确定度和 B 类不确定度。其中,符合统计规律的称为 A 类不确定度,用试验标准偏差表征;而不符合统计规律的称为 B 类不确定度,用根据经验或资料及假定的概率分布估计的标准偏差表征。

在本分析中测量的不确定度为 A 类不确定度。在试验数据中,对于每组试验参数,可能有多次试验,并得到被测数据的多个测量结果。由于各组的试验参数有所不同,因此不能直接使用贝塞尔公式计算试验标准差来得到标准不确定度,而应使用合并样本标准差。记不同参数的试验组数为 k,第 j 组试验次数为 n_j,测量结果标准差为 $s_j(x_i)$,则合并样本标准差计算公式为:

$$S_{\mathrm{p}}(X_i)=\sqrt{\frac{\sum_{j=1}^{k}(n_j-1)s_j^2x_i}{\sum_{j=1}^{k}n_j}}$$

当考察试验条件差异中的一项时,将其他差异看作试验参数,对于每种当前考察的试验条件分别计算上述不确定度值。利用得到的各类别不确定度与总不确定度值,计算该试验条件差异对总体不确定度的影响程度。

利用得到的各类别不确定度与总不确定度值,计算该试验条件差异对总体不确定度的影响度。对任意一种试验条件差异,记类别 i 的不确定度为 s_i,试验次数为 n_i,总体不确定度为 s_{total},则影响度 I 为

$$I=1-\frac{1}{s_{\text{total}}}\sqrt{\frac{\sum_{i=1}^{k}s_i^2n_i}{\sum_{i=1}^{k}n_i}}$$

3. 流场差异分析

对气动流场数据在垂直方向上切片，采用 kNN 算法寻找每个网格点与周围 k 个节点平均值的差值，作为区域梯度的估计值。再根据差值的变化程度提取出数据中激波的边缘。和基于图像的激波分析有所不同，基于数据的激波分析由于数据的分布有一定的随机性，对于每一点很难找到其相邻点来计算梯度和偏导数，所以直接进行边缘提取不是很可行。通过统计，我们发现激波外侧的数据与内部的数据在压强上有着较大的差别，外侧压强很小，越靠近内部压强越大，而激波外侧的冗余数据占了很大的比重，如图 22.15 所示。

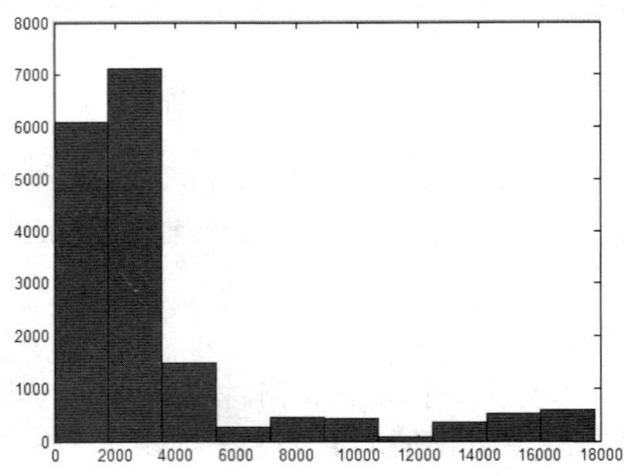

图 22.15　激波边缘差异统计分析

在这组试验中，激波外侧的压强大多都在 4000 以下，最外侧的数据更是在 1 以下。所以可以利用统计学的方法剔除激波外侧的点，再提取出激波的边缘，从而计算激波边缘的近似角度、激波两条边缘的最大距离差以及激波区域的面积。计算方法和基于图像的激波分析中提及的方法一致。

在图 22.16 中，编号为 1～7 的圆点表示求解器 Chant 的计算结果，其他圆点均为求解器 Fluent 的计算结果，圆点之间的连线长度代表两者之间的激波区域面积差异。由试验结果可以发现，不同求解器计算出来的激波区域面积差异比较明显。

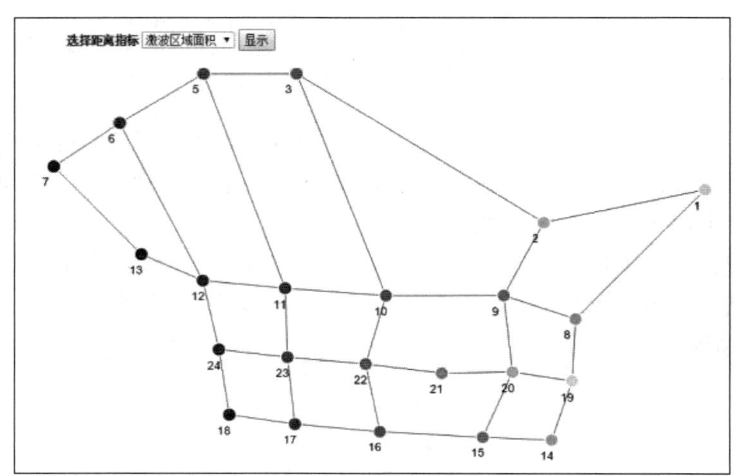

图 22.16　分布差异分析

22.5 性能及优势

面向运载火箭设计的大数据分析算法库及飞行器试验数据挖掘系统的应用很好地实现了飞行器环境条件数据的变化规律和不确定度的分析，为专业设计难题的解决提供了新的出路。在提升飞行器的设计效率和降低设计成本方面取得了明显的效益，数据分析效率的提升高达 80%。其中气动六分量预测的精度达到 85%以上，飞行器激波位置的求解与纹影图对应激波位置的相似度达到 80%以上。

从技术应用目标来看，我们提出的气动数据挖掘需求是基于海量飞行器仿真及试验数据挖掘和分析实现的，为进一步的飞行器试验研究提供了技术支持；我们研究并发掘了气动特性规律、气动不确定度，为开展气动特性的天地换算提供了可行的思路；我们针对实际示例应用提出了创新度较高的技术途径，完成了可行性论证；我们在每个示例应用的结果分析基础上，完成了对气动规律和不确定度的分析和评估。同时，从技术转化风险的角度来看，我们提出的主要技术均为前沿的数据挖掘技术，创新度较高，系统开发采用的工具和方法较为成熟，可实现的程度较高，失败可能性较低。

我们利用先进的数据挖掘技术分析了气动特性规律以及气动不确定度，其中主要包含以下主要技术创新点：

(1) 气动特性相关性分析算法。

(2) 气动特性的高精度预测技术。

(3) 气动不确定度分析方法。

(4) 流场结构及分布特性数据分析方法。

22.6 本章小结

本章将先进数据挖掘技术引入气动专业，从气动特性变化规律和影响因素、气动不确定度预示和影响因素两大方面开展研究，主要包含以下内容：

(1) 发展了气动特性相关性分析算法，具备气动特性规律快速展示能力、气动布局参数影响权重快速预示能力，为气动布局优化设计和快速掌握飞行器气动性能提供了有力支撑。

(2) 基于高阶多元回归分析算法发展了气动特性高精度建模方法，实现了气动数据的快速生成和调用，为气动、弹道、姿控等专业设计提供了更加快捷有效的输入。

(3) 发展了气动不确定度分析方法，给出了多源数据的融合算法，进行了数值仿真和风洞试验数据的不确定度影响因素权重分析，为气动偏差预示和气动特性预示精度提升提供了很好的参考。

(4) 发展了流场结构及分布特性数据分析方法，挖掘了离散特性差异，探索了气动特性偏差影响机理和变化来源，为提升气动特性预示精准度提供了新方法、新方向和有力支撑。

本章参考文献

[1] 王毅，朱礼文，王明宇，等. 大型运载火箭动力学关键技术及其进展综述[J]. 导弹与航天运载技术，

2000(1): 32-40.

[2] PIMENTEL M A F, CLIFTON D A, CLIFTON L, et al. A review of novelty detection[J]. Signal Processing, 2014, 99(6): 215-249.

[3] Han J W, KAMBER M. 数据挖掘概念与技术[M]. 范明,孟小峰,译. 北京: 机械工业出版社, 2012.

[4] SLANINOVD K. User behavioral patterns and reduced user profiles extracted from log files[C]. In: Proc. of International Conference on Intelligent Systems Design and Applications. New York: IEEE, 2014: 289-294.

[5] GAO W, YANG L, ZHANG X, et al. An Improved Sobel Edge Detection[C]. In: Proc. of IEEE International Conference on Computer Science & Information Technology. New York: IEEE, 2010.

[6] AGGARWAL C C, REDDY C K. Data clustering: algorithms and applications[M]. Data Clustering: Algorithms and Applications. [S.l.]: Chapman & Hall/CRC, 2013.

[7] SAINI D, SINGH M. Achieving balance in clusters—a survey[J]. International Research Journal of Engineering and Technology, 2015, 2(9): 2611-2614.

民机协同大数据设计平台

张益曼[1]　钟伯文[1]　余雄庆[2]

[1]中国商用飞机有限责任公司北京民用飞机技术研究中心

[2]南京航空航天大学

23.1　概述

飞机创新研发过程主要分为立项论证阶段、可行性论证阶段、预发展阶段、工程发展阶段和批生产与产业化阶段。在不同的阶段所用到的设计、研发工具各不相同，也会产生各种不同类型的数据。在民机预研过程中，积累了大量的设计、制造和管理数据，为存储、管理和使用这些数据而开发的软件层出不穷。此外由于民机预研阶段的技术性及其他经济和人为因素的影响，致使在数据管理的过程中，由简单的文件系统到复杂的网络数据库，数据的格式和存储方式、数据的管理和使用系统也大不相同，从而形成了异构数据源。尽管异构数据源的存在并不影响单个系统在各自领域的工作，但随着民机设计系统复杂程度的提高和新技术改造的深入，新应用系统的构建和实施往往需要访问各种不同的数据源。在民机预研过程中，异构数据源集成已经成为实施各种先进制造模式和技术的先决条件，实现异构数据源的集成与共享势在必行[1]。

构建民机协同大数据设计平台，可以使设计中的多学科数据得到协同，通过多学科的数据协同与设计流程构建，加快设计迭代速度，提高设计效率。

民机协同大数据设计平台架构如图 23.1 所示。通过该平台实现基础数据来源固定统一，各专业工具间数据共享，各设计活动之间的松耦合集成，统一有效的模型和数据访问通道，以及设计过程的可视、可控、可追溯。

23.2　需求

航空业与生俱来拥有大数据基因，由上百万个零件、数十种系统构成的飞机，在设计、制造、创新研发、维护过程中会产生海量数据[2]。过去，民用航空业数据利用率很低，未能充分挖掘出数据的真正价值。

在民用飞机的预研过程中，总体设计、气动设计、结构与强度设计、机载系统设计等过程

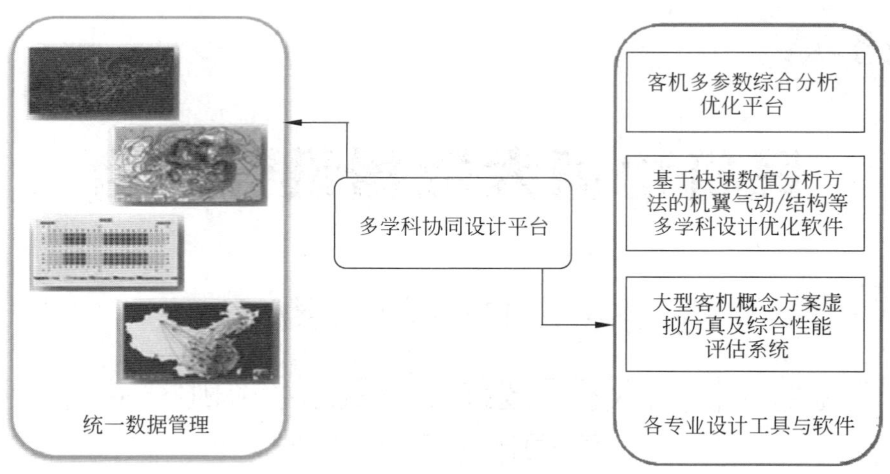

图 23.1 民机协同大数据设计平台架构

会产生大量的设计、仿真和试验数据。民机研制过程具有涉及学科多、专业范围广、地域跨度大、协作关联强等特点。各类设计工具、软件、系统以及与其相关的数据在民机预研过程中发挥了积极作用;但同时,由于软件与数据的多样性,也产生了一些问题,在现有设计体系中,软件间数据传递不畅、数据不具唯一、设计数据共享性差、设计工具集成较弱、缺乏过程数据的管理与追溯等问题越来越突出。

因此,建立面向民机预研的总体气动设计、结构强度分析等多学科数据集成应用,开发面向民机预研的多学科协同设计大数据平台,用来支撑多学科协同仿真多源异构数据的信息融合,实现数据驱动的关键产品设计和优化等技术突破,是十分有意义的。通过融合产品预研过程中的关键数据,集成多种设计工具与软件,形成设计闭环,能够加快迭代速度,有效提高预研设计过程的效率。

23.3 方法设计

民用飞机从前期需求分析到后期设计研发,数据具有来源繁多、结构不一等特点。而且民机领域系统繁多,不同数据存储在各自的体系内。系统间庞大的数据目前缺乏有效的相互连接,使得系统存储的大量信息都分散在各自的孤岛上,难以协同工作,发挥这些数据本来就具有的价值。数据多而杂的现状造成数据难以集中管理、梳理和分析,且缺少对数据进行统一管理、分析、处理和结果输出的工具。

采用以大数据技术为支撑的平台,结合民机预研设计的流程[3],对民机预研设计数据进行抽取,并发现其中的某些数据联系,进行数据关联性分析,可以有效地将多学科、多源异构数据统一在一个平台内,统一管理数据,建立数据间的联系,挖掘被闲置的数据的价值。同时可以解决传统数据库灵活性低、伸缩性差、处理大数据问题时效率低下等问题,也可以为处理民机领域大量非结构化数据提供有效的方法。同时,对不同学科间的数据的关联关系挖掘,也可以为多学科协同设计提供基础的数据协同功能。

首先,民机协同大数据设计平台包含了一个存储着民机预研专业多源异构数据的统一数据中心,各专业设计分析系统均通过该统一数据中心进行数据交互,并支持设计迭代工作的开展。考虑到民机预研对多学科协同设计平台在数据统一管理与多专业软件接入等方面的要求,我们构建了民机协同大数据设计平台总体框架,如图 23.2 所示。在该平台中,多学科的数据统一管理。多学科协同设计平台在数据管理区与各专业各自的工具、软件间提供接口,实现不同专业间的数据共享。在不同专业的协同设计过程中,可以将数据以数据包的形式传递给下游。同时,该平台可对数据包按照任务规定的某种层次结构进行分类管理,以此来实现民机预研不同专业间的协同设计。

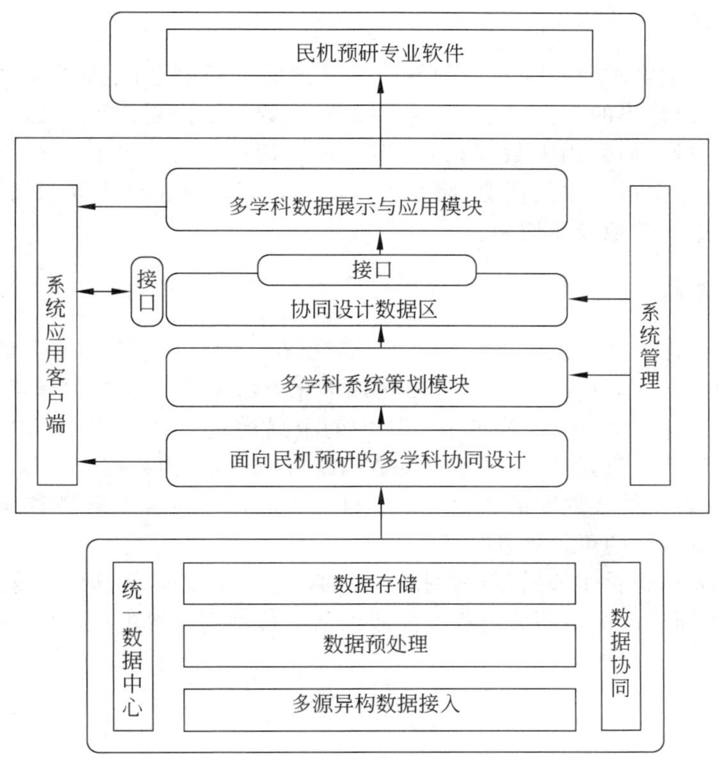

图 23.2　民机协同大数据设计平台总体框架

其次,该平台还包括与民机预研过程相关的仿真软件,如客机多参数综合分析优化平台、基于快速数值分析方法的机翼气动/结构等多学科设计优化软件以及大型客机概念方案虚拟仿真及综合性能评估系统等。

(1) 客机多参数综合分析优化平台。该平台在现有总体设计工程算法的基础上进一步开发了方案定义、几何外形三维简图显示、代理模型生成、参数敏感性分析、参数优化和优化结果可视化等模块,并通过用户界面将上述模块集成为一体,搭建了一个基于工程算法的客机多参数综合分析优化平台。

(2) 基于快速数值分析方法的机翼气动/结构等多学科设计优化软件。该软件确定了机翼气动/结构多学科优化的流程。通过解决机翼气动外形和结构布局参数化建模和气动/结构模型自动生成等关键问题,该平台对客机机翼气动性能和结构重量进行权衡分析和优化,为机翼外形设计提供了一个有效工具。

(3) 大型客机概念方案虚拟仿真及综合性能评估系统。以 ARJ21-700 飞机为算例,基于其部分气动数据，构建了人机闭环数字虚拟仿真模型，完成了数字虚拟试飞研究，得到了飞机的部分综合性能数据，并将其与真实试飞结果进行了对比分析，验证了综合性能评估技术的正确性及评估精度。基于某双通道大型客机的概念方案，采用上述评估技术和评估系统，基于虚拟飞行和虚拟运行，开展了对该客机概念方案的部分综合性能指标的评估研究。

23.4 技术实现

23.4.1 数据接入与存储

民用飞机从前期需求分析到后期创新研发维护的过程中，由于缺少对数据进行统一管理、分析、处理、结果输出的工具，加上数据来源繁多、数据结构复杂等特点，造成数据难以集中管理、梳理和分析。而采用大数据技术，不仅可以用统一方式集成管理多源异构数据资源[4]，对不同格式数据可一体化管理，而且可以对其进行数据清洗等预处理过程，以备数据在民机预研流程中被其他专业使用。

23.4.2 数据融合

本平台通过构建语义模型的方式解决预研数据在多学科协同设计中所面临的数据融合问题。面向异构数据库集成的语义模型构建技术在方法上需要保留紧密耦合的基本要素。其基本思想是：用语义模型来代替传统方法中的全局模式，利用模型内建的关系和规则处理数据语义异构问题，以达到语义层面上的数据集成；提出异构数据库数据到语义模型的两级映射方法，使得各组件数据库的数据可以各自独立地合并到语义模型中，保证了数据的透明访问和模型本身良好的可扩展性。

可以将语义简单地看作数据(符号)所代表的概念的含义以及这些含义之间的关系(语义学的角度)。下面采用民机预研过程某阶段的语义模型结构树进行说明，如图 23.3 所示。

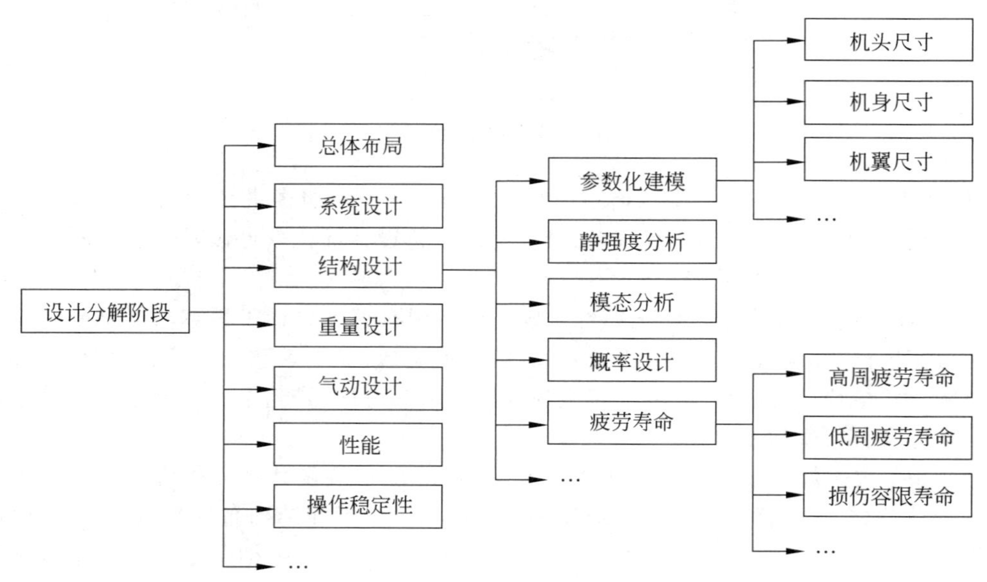

图 23.3 语义模型结构树

图 23.3 是语义模型的具体结构。由于结构树的分支较为复杂，这里以“设计分解阶段”结构设计为例，对模型工作过程进行说明：

(1) 在分层的结构树中，每个节点对应数据库中唯一的 ID，同一层中的 ID 按照字母顺序排序，以加快检索速度，减小查询所需的时间和空间复杂度。

(2) 为了检索信息，需要对整个结构树进行层次和顺序遍历查询。树形结构的底层对应实体的数据映射关系和属性映射关系。

(3) 为了对某一实体的某些属性进行筛选及限制，语义模型中封装了相应的数据库查询语言，可以查询并展示符合要求的查询结果。

针对这一语义模型，它的访问方式如下：

模型部署后，假设外部应用请求某次迭代过程中总体布置阶段的飞机总体参数信息，首先通过模型访问接口对飞机不同设计阶段类的结构树进行遍历，然后经由属性映射关系获得与节点相关联的数据映射实体，如图 23.4 所示。

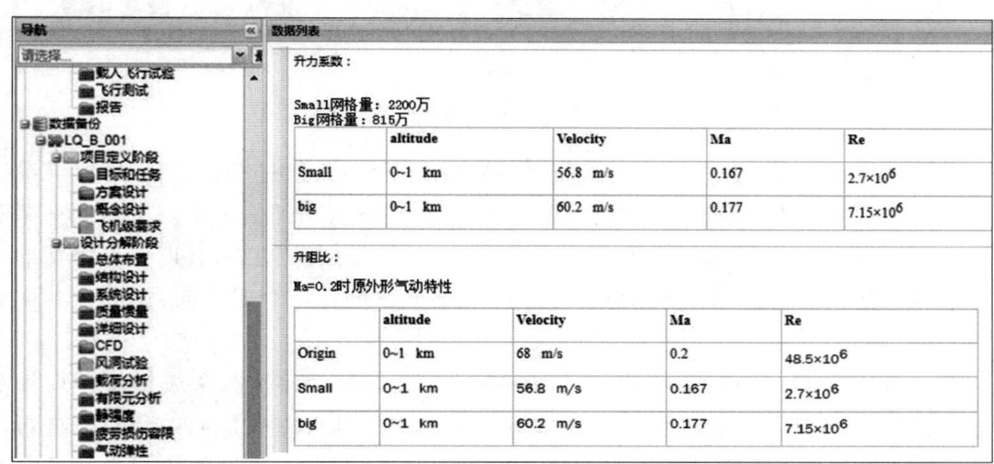

图 23.4　飞机总体参数语义模型访问结果

飞机总体设计参数包含升力系数、网格量、升阻比、气动特性等数据映射实体，对其所涉及的语义关系进行解析。例如，数据实体中的海拔高度和速度分别采用 km 和 m/s 作为单位，并且可以在马赫数 Ma=0.2 时进行气动特性计算，进而通过数据映射关系获得分布于异构数据库中的数据信息。最后返回给应用的是语义一致的数据结果集。

类似地，如需要访问数据分析模块，对不同版本的设计数据进行检索，假设指定载荷计算、起飞状态、速度参数、巡航状态等数据映射实体，展示出的结果如图 23.5 所示。

23.4.3　预研流程与数据协同

大型客机总体方案设计涵盖众多学科，要满足多方面的设计要求与目标，每个设计参数的变化会影响多个性能指标。传统的大型客机总体方案设计流程如下。首先，根据飞机的设计要求与目标形成不同的初始方案，各专业针对不同的初始方案分别进行分析与评估；然后汇集各专业的评估结果，通过综合分析、评估和协调，修改各设计方案；在完成一轮迭代工

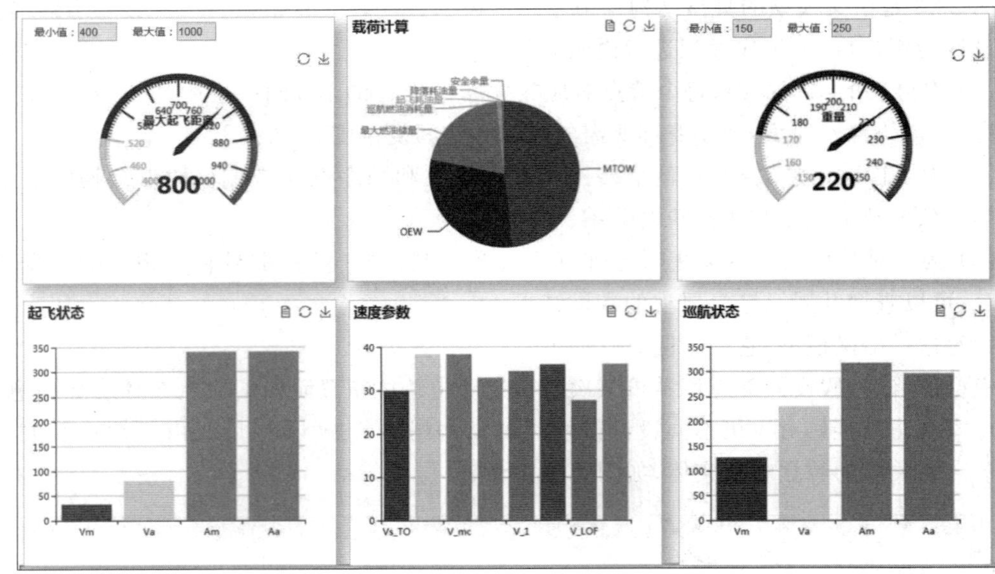

图 23.5　不同版本的设计数据检索语义模型访问结果

作之后，针对新的设计方案，各专业再进行下一轮的分析评估；通过多轮迭代，形成最终统一的总体技术方案。在传统的设计过程中，各专业的设计、分析和评估常常发生数据来源不统一、上下游专业的数据变更和关联关系不清晰、难以追溯、设计周期长、难以获得满意的总体设计方案等问题。因此，本平台针对这一问题，通过流程设计与数据协同，使得各专业可以进行协同设计。

本平台在系统层次上能实现数据与资源的共享[5]，同时能集成相关领域多种设计与仿真工具。从而使得各专业、各学科任务的发起、修改、提交都可以在协同的环境下进行。各专业工具均通过数据提取接口及适配器进行数据的获取与载入，多学科协同设计平台在数据管理区与各专业专用的工具、软件间提供接口，实现不同专业间的数据共享。不同专业在协同设计过程中可以将数据以数据包的形式传递给下游。

多学科协同设计平台在集成了多学科数据的基础上，可以作为数据与专业系统软件之间的纽带，以协同设计平台为基础，进一步开发代理模型生成、参数敏感度分析、多目标优化算法、数据结果可视化等一系列功能模块，从而改善多学科优化的效率，缩短飞机总体设计进程。

23.5　性能

前述多学科协同设计平台涉及总体、气动、结构、强度等相关的多学科仿真分析软件。本节仅介绍两个软件系统：客机多参数综合分析优化平台和基于快速数值分析方法的机翼气动/结构等多学科设计优化软件。

23.5.1　客机多参数综合分析优化平台

1. 架构

飞机总体设计是飞机研制过程的早期阶段，其任务是根据飞机的飞行任务和设计要求，对飞机进行全面构思，形成一个或几个能满足设计要求的初步总体方案，然后通过多参数的综合评估和论证，确定最合理的初步总体设计方案。飞机总体设计通常由专业团队完成，对具有全局性影响的飞机设计方案做出重大决策，包括总体布局方案、总体布置方案、新技术应用方案、总体参数确定等，是飞机研制过程中非常重要的一个阶段。

本平台采用了多学科优化设计技术，其架构如图 23.6 所示。通过集成各专业的分析模型，形成总体方案的综合分析系统，通过总体参数敏感性分析、设计目标权衡、优化方法的应用等手段，获得最佳总体方案。多学科优化设计技术打破了传统的各专业分别管理数据、分别进行分析的评估方式。在统一的数据存储区，构建了与各专业分析模型的接口，同时加入了数据预处理工具等，实现了总体多学科设计优化的统一数据管理与数据协同。

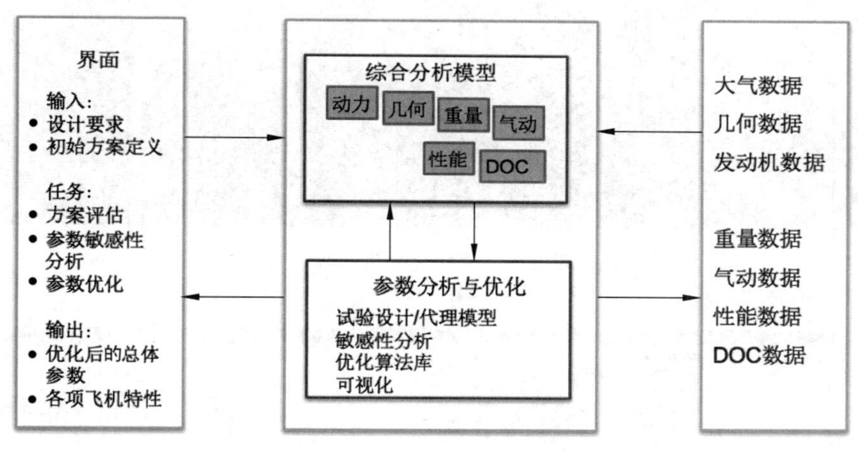

图 23.6　客机多参数综合分析优化平台的架构

在客机总体多学科优化设计过程中，总体分析程序中的各个分析模块按照一定的形式集成运行，程序集成的中心内容是数据和流程的管理。数据按学科对应关系整理，存储在顶层主体数据库中，而顶层数据库中存储的数据形式则具有明确的学科特性。学科分析模型的中间输出首先需要满足下游学科分析的数据需求，其次要能够兼顾综合优化所需的数据报表和设计人员所关注的各类图表输出形式，最后还要预留一部分用于测试与验证的数据接口。

2. 界面及功能介绍

本平台采用将大数据技术与多学科优化技术相结合的方式，能够有效缩短总体方案设计的周期，并引导设计人员获得最佳的总体方案，为客机多个设计目标之间的权衡提供了一种快速的分析手段，该方法能快速评估先进技术，为设计方案中先进技术的应用决策提供支撑。图 23.7 为客机多参数综合分析优化平台主界面，图 23.8 为构型参数输入界面，图 23.9 为具体技术参数输入界面。

图 23.7　客机多参数综合分析优化平台主界面

图 23.8　构型参数输入界面

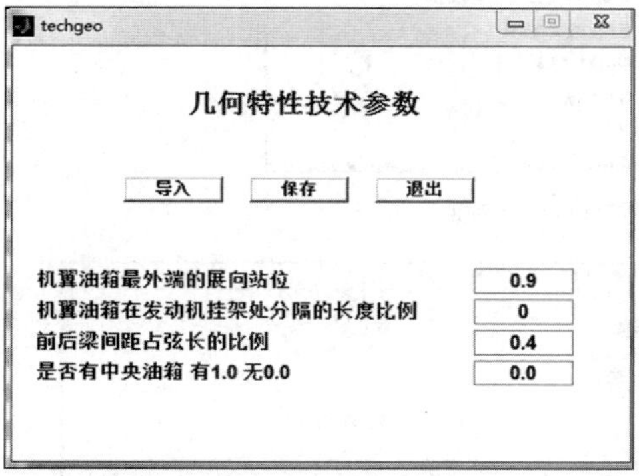

(a) 几何特性技术参数的输入界面

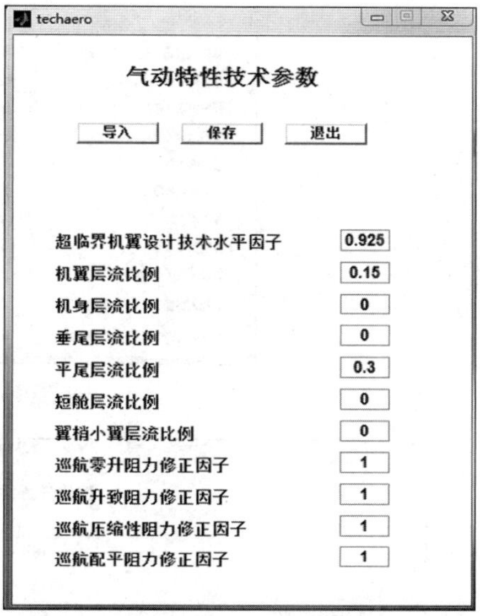

(b) 气动特性技术参数的输入界面

(c) 重量重心技术参数的输入界面

图 23.9　具体技术参数输入界面

techdoc

运营成本技术参数

导入 保存 退出

参数	值	参数	值
美元/人民币比价	7	压气机级数	11
残值率	0.05	与发动机轴数有关的系数	0.57
折旧周期（年）	20	劳工熟练因子	3
年利用率（小时）	3600	材料熟练因子	2
借款期（年）	11	推力降额因子	2
每年还款次数	2	材料价格膨胀系数	1
年利率	0.05	发动机和发动机部件的紧缩指数	1
保险费率	0.01	机体成本的紧缩指数	1
燃油价格（元/kg）	5	购机成本（元） ?	0
机组人员费率（元/人*轮挡小时）	150	导航费（元） ?	0
维修劳务费率（元/人*轮挡小时）	180		

(d) 运营成本技术参数的输入界面

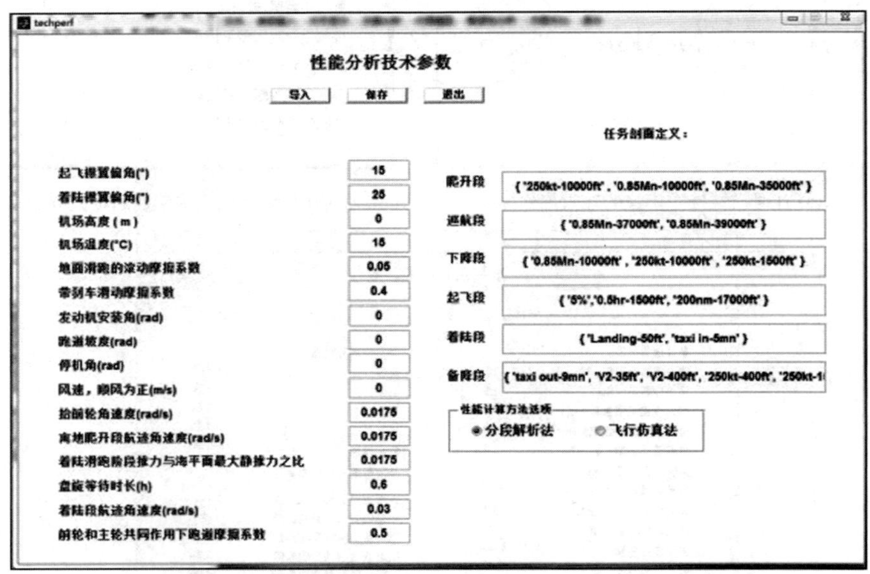

(e) 性能分析技术参数的输入界面

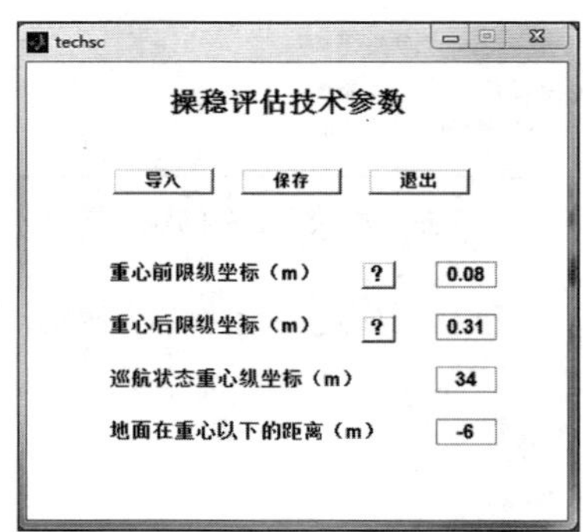

(f) 操稳评估技术参数的输入界面

图 23.9 （续）

1）任务定义

本工具具有飞机总体方案的对比分析、参数敏感性分析、优化设计的功能。设计任务可分为 3 种情况：

（1）对用户输入的原始方案进行几何、气动、重量、性能、操稳和成本 6 项分析。

（2）用户可选择本工具提供的实验设计方法进行参数敏感性分析。

（3）通过平台提供的用户界面来定义优化设计问题。设计变量、约束条件和优化目标均在用户界面中定义，用户可选择平台提供的各种优化算法进行参数优化计算。

2）输出结果

输出结果分为两种情况：

（1）若设计任务是进行不同飞机总体设计方案的对比分析，系统将输出每种方案的几何、动力、气动、重量、性能等飞机特征参数表。此外，还可以输出各种曲线图，包括推力特性曲线图、气动特性曲线图、商载航程图等，如图 23.10 所示。

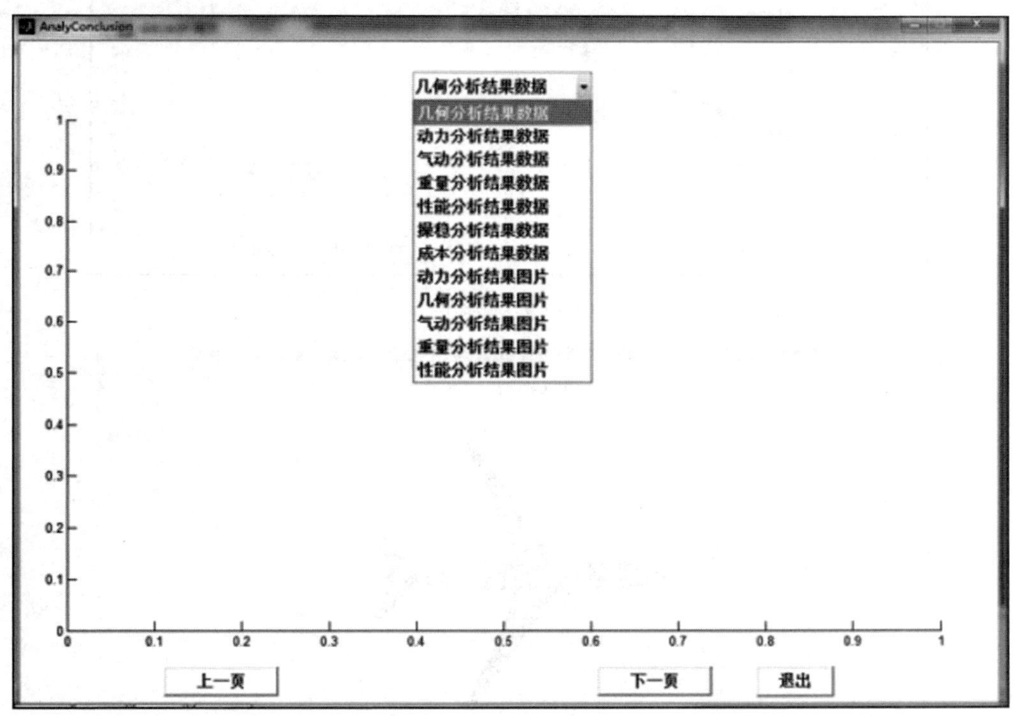

(a) 选择输出结果

图 23.10　输出结果界面

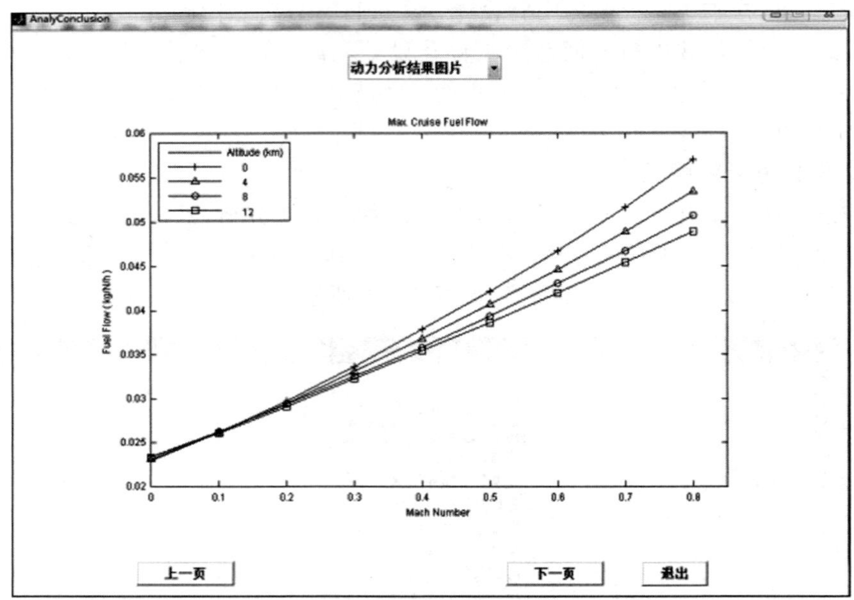

(b) 动力分析结果

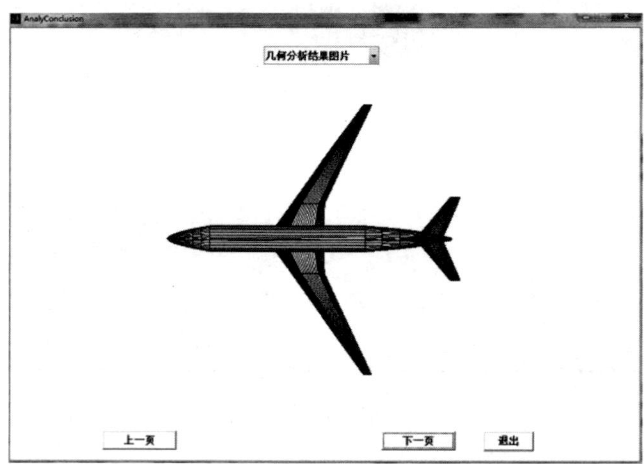

(c) 几何分析结果

图 23.10 （续）

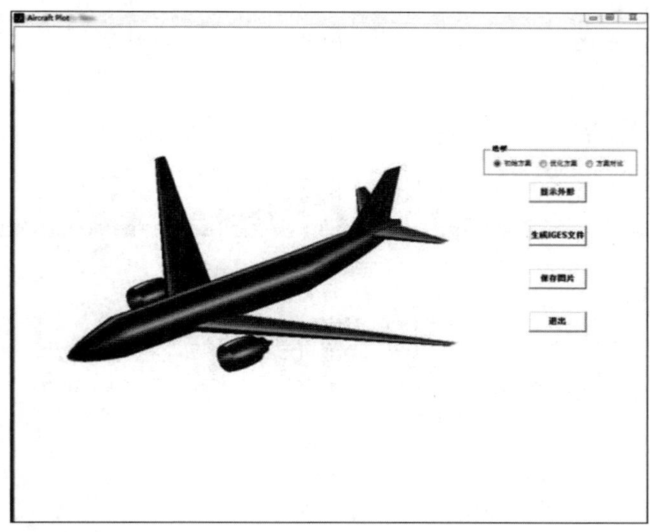

(d) 三维几何外形结果

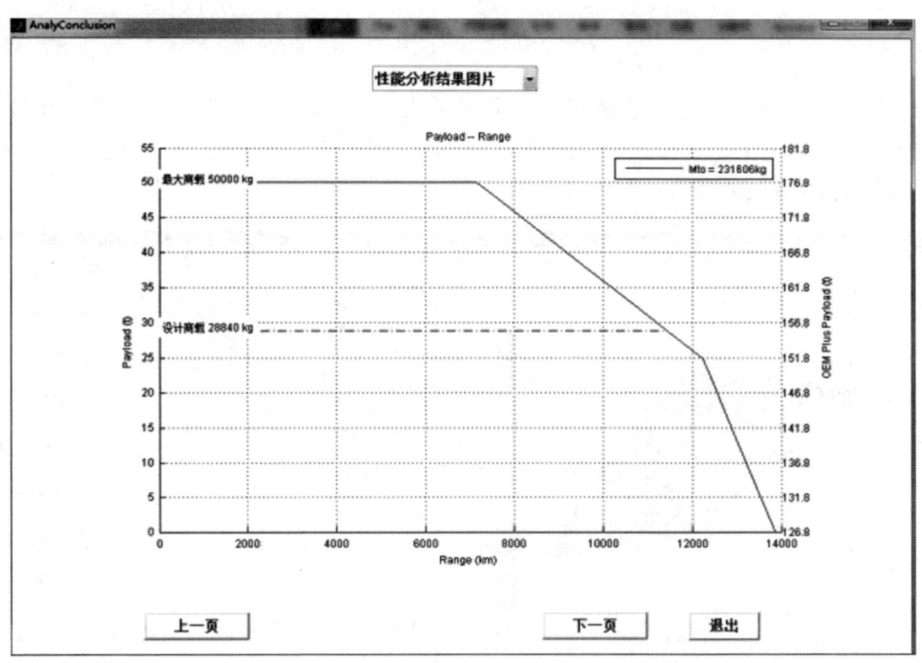

(e) 性能分析结果

图 23.10 （续）

```
****** 性能输出 ******
起降性能 -- 机场高度 : 0
起飞特征速度(m/s)
        失速速度        离地速度        过渡速度        安全高度速度
         68.71           74.80           81.64           88.48
着陆特征速度(m/s)
        失速速度        进场速度        拉平速度        着地速度
         55.57           72.25           69.47           66.69

Normal Take-off Distance           1877.4   起飞距离(m)
Blance Take-off Field Length       2264.1   起飞平衡场长(m)
Landing Distance                   1349.5   着陆场长(m)
Landing Ground Roll Distance       730.5    着陆地面滑跑距离(m)
2nd Segment Climb Gradient @OEI    3.13%    单发失效后的爬升梯度(起飞爬升第二阶段,收起落架)
--------------------------------------------------------

航线性能

Range                              7143     航程(km)
Enroute Fuel for Range             43729    航程对应的航线任务燃油(kg)
Reserve Fuel                       8376     航程对应的备降段燃油(kg)
Emergency Fuel                     2742     航程对应的应急燃油(kg)
Max. Grad of Climb @ ICA           0.04%    初始巡航高度的最大爬升梯度(最大巡航推力)
                航程(km)     航时(min)     耗油量(kg)
爬升段            1005          75            8519
巡航段            5947          395           33312
下降段            191           17            1898
```

(f) 性能输出

图 23.10 (续)

(2) 若设计任务是进行参数敏感性分析或参数优化设计,则可在用户界面中查看参数敏感性分析结果,如图 23.11 所示。还可以观察优化迭代计算过程,查看优化计算结果(即设计变量的值、约束是否满足、优化目标的值等)。

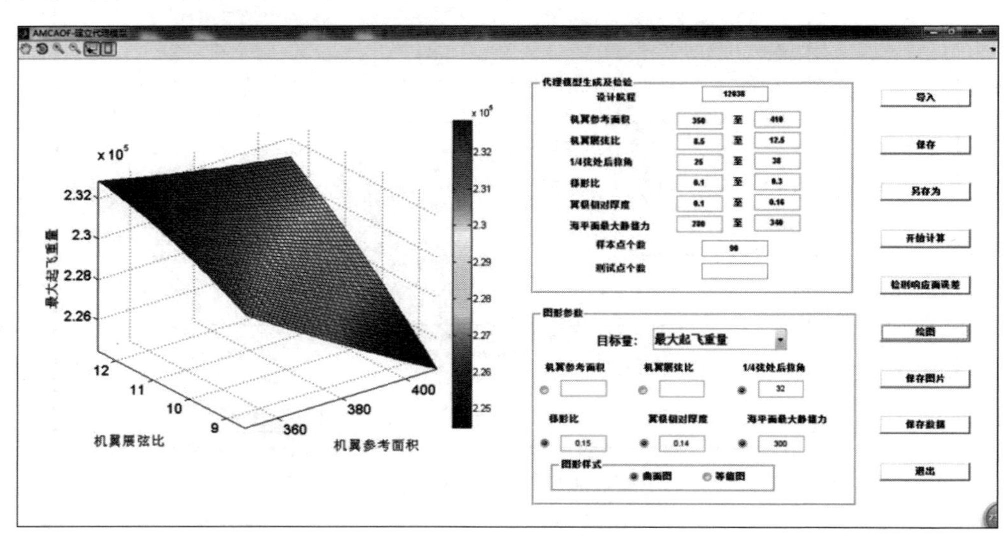

(a) 曲面图

图 23.11 参数敏感性分析结果显示

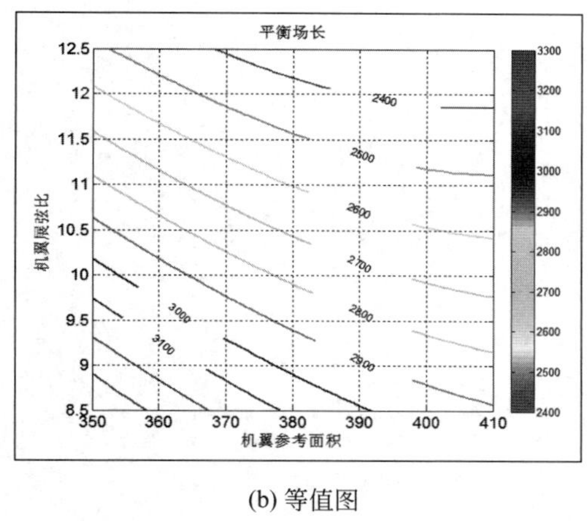

(b) 等值图

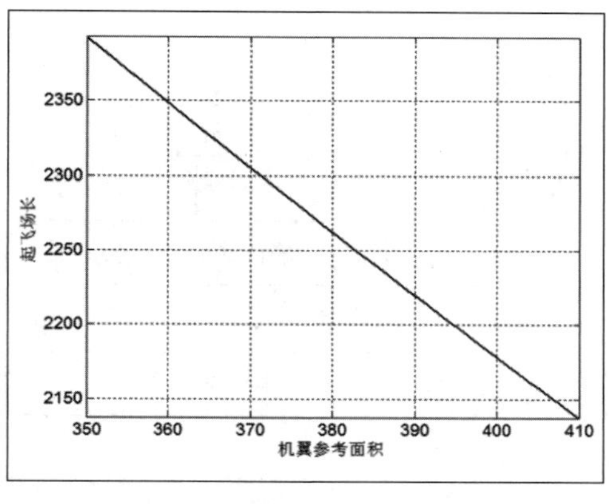

(c) 曲线图

图 23.11 （续）

3. 参数分析与优化模块

客机多参数综合设计优化工具提供试验设计方法、代理模型方法、优化算法库及可视化方法，可进行客机总体参数敏感性分析和优化，获得最佳的总体参数。

在进行参数敏感性分析时，可采用单参数敏感性分析方法，分析某个总体参数对客机特性的影响趋势；也可采用双参数敏感性分析方法（即地毯图方法），分析两个组合参数对客机特性的影响趋势。参数敏感性分析流程如图 23.12 所示。飞机总体参数优化属于复杂度较高的优化问题，其可行域在设计空间中的分布也相对复杂，具有高度的非线性和不连续的特点。对于这类复杂优化问题，直接使用常规的数值型优化算法往往使寻优过程收敛于局部最优解，因而需要结合能够实现全局寻优的探索型优化算法。应用探索型优化算法对设计空间进行研究分析可以辨识和筛选出变量范围合理、约束边界清晰、稳健性较高且存在全局最优解可能性较高的可行域，从而提高工程优化的效率。客机多参数综合设计优化工具提供了两类优化算法：一类是单目标优化算法，另一类是多目标优化算法。

23.5.2 中心数据库

中心数据库主要有两个功能：一是集成功能，即各专业模块之间的数据通信是通过内部数据库的方式进行的，依靠这个内部数据库集成各专业模块，完成大型客机总体设计的综合分析，如图 23.13 所示；二是飞机特性数据查询功能，即在进行总体综合分析时可输出设计人员所需的任何数据。这里所谓的中心数据库有别于一般意义上的数据库，中心数据库的开发应该在编程语言环境内完成，是一种小规模的数据库，不需要其他的数据库平台。

采用中心数据库的好处如下：

（1）保持各学科模块的独立性。由于各学科模块之间不发生直接关联，而是通过中心数据库发生关联，因此在系统维护和升级过程中，即使对各模块的算法和流程进行了修改，只要各模块的数据接口不变，就能保证各模块之间数据的正确传递。

（2）便于提取飞机的各种数据。由于几何数据、发动机数据、重量数据、气动数据、性能数据、DOC 数据等都保存在单一的数据库中，而不是分散在各学科模块中，因此设计人员可方便地从这个单一数据库中获取所需的数据，无须从各专业模块中获取数据。

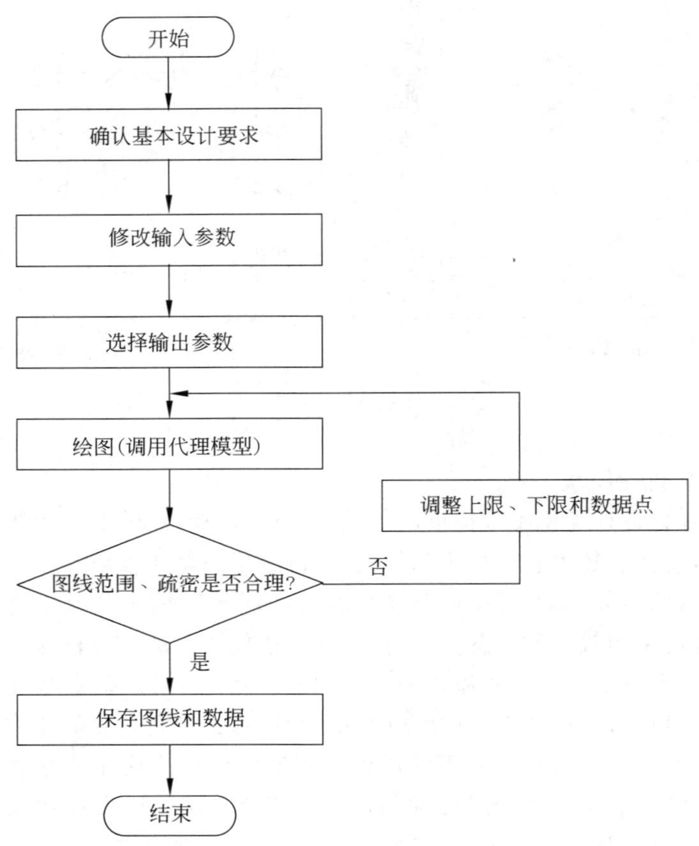

图 23.12 参数敏感性分析流程

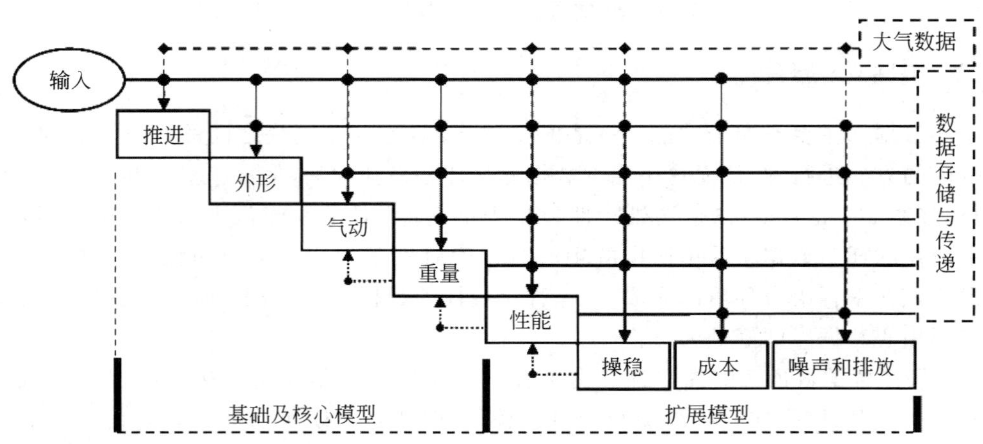

图 23.13 分析模型之间的数据传递关系

23.5.3　基于快速数值分析方法的机翼气动/结构等多学科设计优化软件

1. 架构

客机多学科设计优化属于基于数值方法的多学科设计优化，其架构包括两个层次：系统级分析和子系统级优化，如图 23.14 所示。

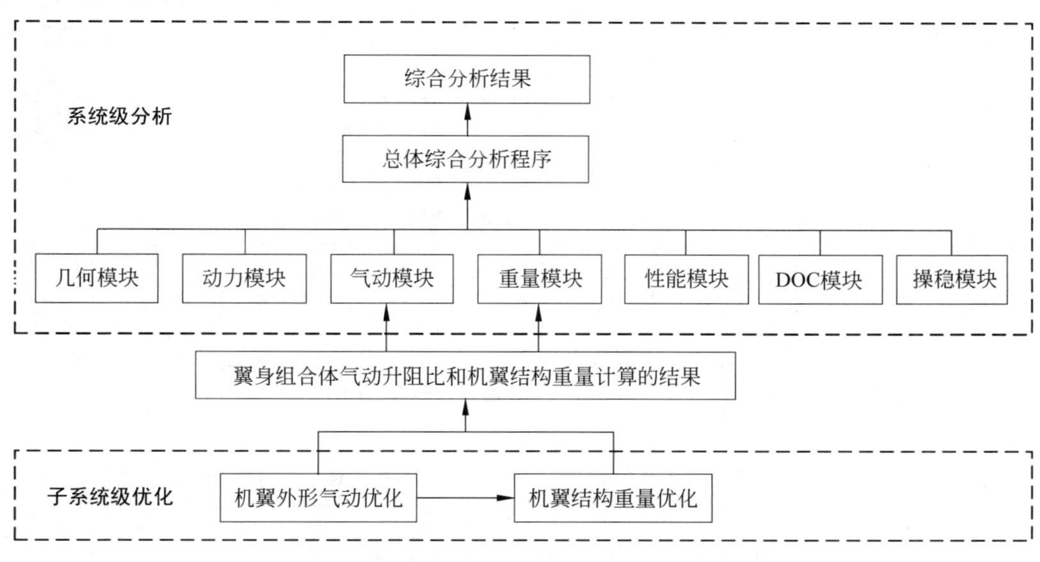

图 23.14　基于数值方法的客机多学科设计优化的架构

系统级分析的任务是：将各个专业的分析模型集成为一个总体综合分析模型，然后用这个总体综合分析模型对机翼气动/结构多学科设计优化(子系统级优化)的结果进行综合评估，得到总体方案的气动、重量、性能、操稳等特性数据。与基于工程算法的客机总体综合分析模型相比，这个阶段的总体综合分析模型更为精确，主要表现为以下几点：

(1) 机翼几何模型采用了更为精确的三维 CAD 模型，包含翼型和安装角(扭转角)的定义。

(2) 发动机模型不是采用统计方法，而是采用了基于部件分析的发动机模型。

(3) 在气动模块中，翼身组合体的巡航升阻比是通过气动优化获得的，而不是通过工程算法获得的。

(4) 在重量计算模块中，机翼重量是通过机翼结构优化获得的，而不是通过工程算法获得的。

(5) 性能分析模型采用了数值仿真方法，计算精度更高。

2. 优化流程

根据基于代理模型的二级优化方法，制订机翼气动/结构多学科设计优化的流程，如图 23.15 所示。对该流程简要说明如下：

(1) 确定机翼初始设计方案，这部分一般由基于工程算法的概念设计结果获得。

(2) 对机翼初始方案外形进行参数化描述，建立参数化数学模型。

(3) 选取机翼后掠角、展弦比、气动展向分布参数为全局设计变量，其他参数可作为固

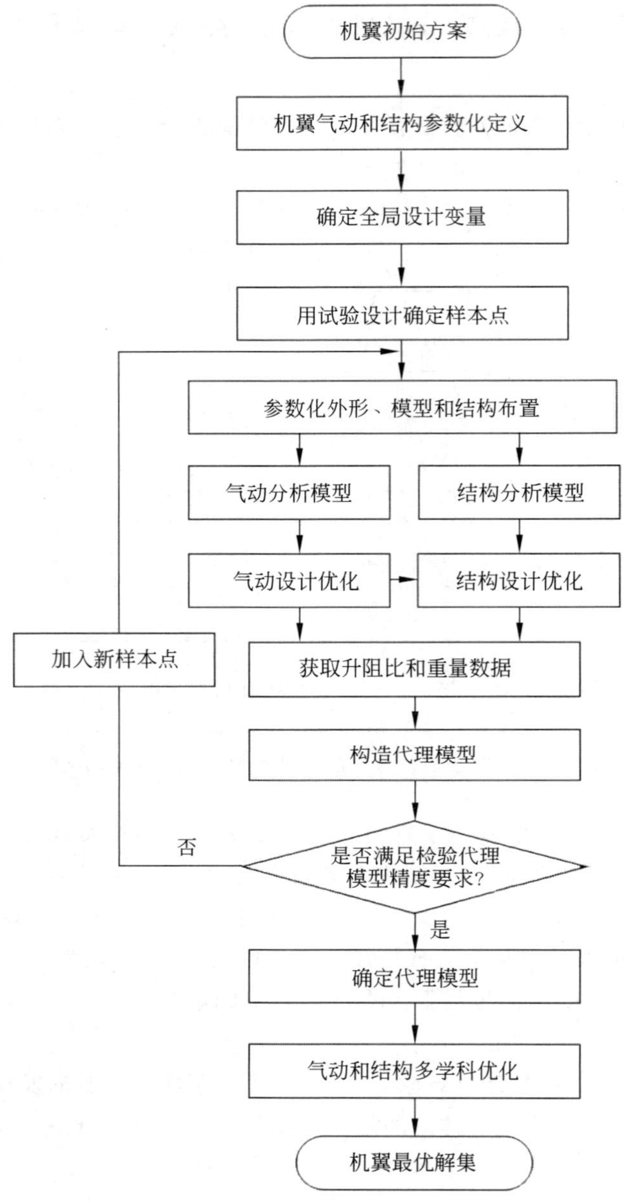

图 23.15　机翼气动/结构多学科设计优化的流程

定参数。

(4) 生成试验设计样本点。选用一种试验设计方法,在设计变量构成的设计空间中选取相当数量的样本点,这些样本点的个数一般为设计变量个数的 10～20 倍。

(5) 为气动和结构专业生成统一的几何模型。

(6) 以生成的外形和结构模型为基础,分别对机翼进行气动和结构优化设计。其中,考虑到气动载荷对结构设计的影响,气动优化后向结构优化部分传递载荷、新的外形数据等信息。

(7) 根据第(4)步中选取的样本点和第(6)步中得到的气动特性参数和结构重量参数等构造气动和结构设计优化的代理模型,得到全局设计变量与升阻比和机翼重量之间的近似关系。

(8) 检验代理模型精度。若满足精度要求,则表明代理模型建立过程结束;否则,继续加入新的样本点,回到上述第(5)步,直至满足精度要求为止。

(9) 基于气动和结构设计优化的代理模型,进行气动/结构多学科优化,获得关于翼身组合体气动升阻比和机翼重量的最优解集。

(10) 从最优解集中筛选出满足气动指标和机翼重量指标的最优解。

3. 机翼几何参数化建模

机翼几何参数化建模的步骤如下:

(1) 外形参数化建模。在飞机初步设计阶段,通常根据特征剖面和纵向(展向)轮廓线,通过放样生成三维外形。机翼的外形采用两类参数来描述:一类是总体外形参数,描述机翼的平面外形特征;另一类是翼型参数,描述机翼展向站位上的剖面形状。

(2) 结构方案参数化建模。客机机翼结构参数可分为 3 类:构型参数(或称结构布局参数)、结构元件尺寸和属性参数。构型参数描述机翼结构的布置特征,包括前后梁位置的弦向站位、肋间距、肋方向(顺气流或垂直后梁)等;结构元件尺寸包括梁缘条面积、腹板厚度、蒙皮厚度、加筋板参数等;属性参数包括材料特性参数、复合材料特性参数和等效材料特性参数,材料特性参数包括弹性模量、泊松比、密度等,复合材料特性参数包括单层主弹性模量、泊松比、密度以及铺层角度、比例和顺序等,等效材料特性参数包括等效蒙皮厚度和等效刚度系数。

(3) 机翼几何模型的自动生成。根据机翼外形参数化模型和结构方案参数化模型,应用 CATIA 二次开发方法,实现机翼外形和结构布置几何模型的自动生成。图 23.16 为通过参数化模型和 CATIA 二次开发方法自动生成的翼身组合体外形,图 23.17 为自动生成的机翼结构布置几何模型。

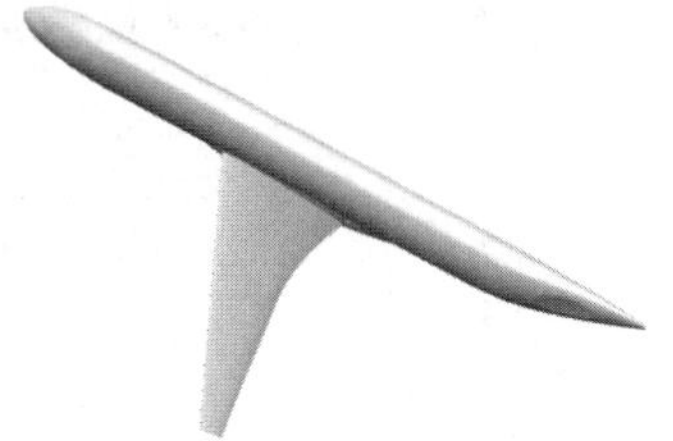

图 23.16 翼身组合体外形

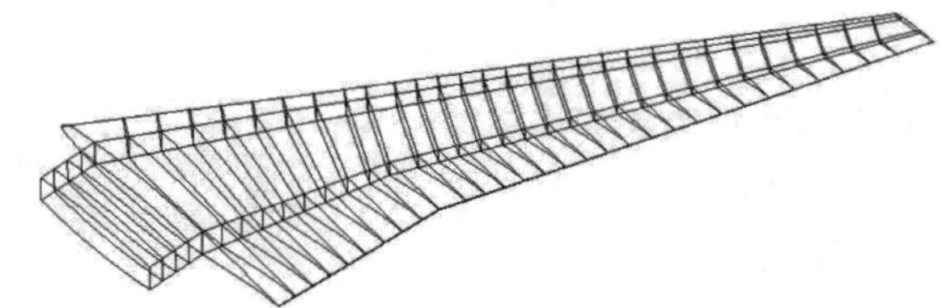

图 23.17 机翼结构布置几何模型

4. 气动/结构分析模型

气动分析程序采用由 TsAGI 开发的基于全速势方法的计算机程序 BLWF。全速势方法是在有粘/无粘迭代的数值方法的基础上发展起来的。该气动分析程序适用于机身机翼组合体的气动特性分析,具有网格自动生成能力,流场计算所需时间非常短,计算精度能满足初步设计的要求,广泛地被用于快速评估翼身组合体和稍复杂构型的跨声速气动特性。气动分析程序 BLWF 对翼身组合体的几何描述是通过其表面离散点来实现的。机身通过足够数量的机身剖面曲线数据描述，而机翼则通过多个展向站位的翼型数据描述。应用Gridgen脚本文件，依附于导入的CAD模型，生成表面网格，输出坐标数据，实现气动分析模型的自动生成。图23.18为自动生成的翼身组合体表面网格。

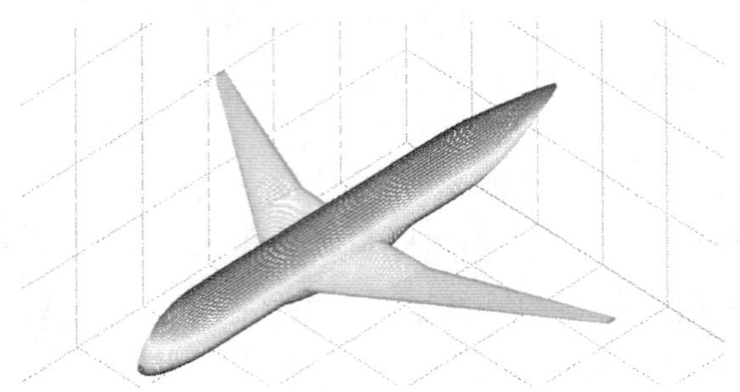

图 23.18 自动生成的翼身组合体表面网格

结构分析采用有限元方法(MSC.PATRAN软件)。应用参数化有限元模型生成程序，可自动生成机翼结构有限元模型，如图23.19所示。为了减少计算量和提高结构分析模型自动生成的稳健性，采用等效模型方法来简化机翼结构有限元模型。

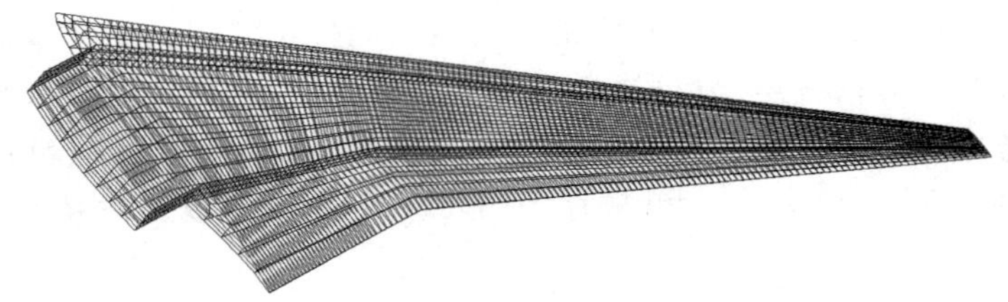

图 23.19 自动生成的机翼结构有限元模型

5. 气动/结构优化

对于不同的机翼平面外形和展向气动载荷分布，需配置不同的翼型。因此需要进行气动优化。选取展向10.6%、32.4%、89.5%处3个站位上的翼型作为控制翼型，优化机翼的气动性能。

气动优化问题描述如下：

(1) 目标函数：升阻比尽量大。

(2) 设计变量：

- 站位上控制翼型的扭转角。
- 翼型控制参数，翼型外形由CST几何参数化模型来描述。

(3) 约束条件：

- 设计升力系数等于给定值0.49。
- 俯仰力矩系数小于给定值。
- 翼型厚度满足由Korn公式计算出的翼型厚度。

采用iSIGHT软件中的Pointer优化器求解上述气动优化问题。该优化器由一组功能互补的算法构成，包括线性单纯形法、序列二次规划算法、最速下降法和遗传算法，能较好地搜索到全局最优解。

为了简化结构优化问题，使优化计算过程具有更好的稳健性，采用“三步走”的方式求解机翼结构优化问题：首先优选出较好的复合材料铺层比例；然后单独优化桁条腹板的高度和宽度以及翼肋之间的每块蒙皮壁板厚度，以满足结构稳定性要求；最后进行整个机翼结构尺寸的优化，以满足结构刚度要求。

1）复合材料蒙皮壁板铺层优化问题

采用 0°、±45°、90°这 4 种标准的铺层角度。由于铺层顺序和层数对蒙皮壁板总体性能影响很小，在机翼初步设计阶段，给定 4 种铺层的顺序为[45/0/−45/90]，对铺层比例进行优化。

优化目标：翼尖扭转角或挠度最小；或颤振速度最大；或以上几种的组合。

设计变量：0°、±45°、90°铺层比例。

2）加筋壁板结构优化问题

给定条件：边界条件、载荷工况、桁条间距和厚度。

优化目标：

(1) 结构效率参数最优。

(2) 加筋壁板重量最小。

设计变量：桁条高度和蒙皮厚度。

约束条件：

(1) 拉剪载荷下的全局失稳因子和局部失稳因子满足要求。

(2) 拉剪载荷下的静载荷失效因子满足要求。

3）结构刚度优化问题

考虑到进行了第二步加筋壁板优化后，在进行第三步优化时，机翼可能不满足刚度和气动弹性约束。因此将第二步的蒙皮厚度作为初始值，将蒙皮增量作为设计变量进行优化，这样保证第三步优化过程始终满足第二步的屈曲约束，以使最终优化结果满足所有约束。如果初始值能满足刚度和颤振约束，则说明屈曲约束是最严重的约束；如果初始值不满足约束，则说明第三步中的约束是更严重的。

优化目标：翼盒结构重量最轻。

设计变量：

(1) 蒙皮和梁肋腹板沿展向厚度分布的控制参数的增量。

(2) 翼肋缘条横截面积。

(3) 梁缘条横截面积。

约束条件：

(1) 压应变≤−3000$\mu\varepsilon$，拉应变≤3333$\mu\varepsilon$。

(2) 翼尖挠度≤7.5%半展长。

(3) 在 3000m 高度，颤振约束≥306m/s。

由于采用了“三步走”的结构优化策略，设计变量少，优化难度得到简化。第一步复合材料铺层优化由于需要调用 Nastran，采用基于梯度的修正可行性优化方法(MMFD)。在第二步壁板结构效率优化中，由于壁板参数和载荷参数已从有限元模型中提取出来了，在 MATLAB 中定义屈曲准则，不需调用 Nastran，单次分析时间非常短，可以直接使用遗传算法进行优化。第三步结构刚度优化仍需要调用 Nastran，采用序列二次规划优化方法

(NLPQL)。

6. 机翼气动/结构多目标优化

机翼气动/结构多目标优化属于系统级优化，其优化问题表述如下。

优化目标：

(1) 翼身组合体升阻比最大。

(2) 机翼结构重量最轻。

设计约束：油箱体积。

设计变量：展弦比、后掠角、气动载荷展向分布。

对于上述机翼气动/结构多目标优化问题，多目标优化算法采用了 iSIGHT-FD 软件中非支配排序遗传算法(Non-dominated Sorting Genetic Algorithm，简称 NSGA-Ⅱ算法)。该算法的特点是采用帕累托机制直接处理多个目标的优化技术，采用遗传算子实现帕累托解的进化，因此能够使所求解集的前沿与帕累托的前沿尽量接近，并尽量均匀覆盖帕累托的前沿。它不需要将多个目标转化为单一目标，因此消除了归一化方法的缺点。

完成机翼气动/结构多目标优化后，可获得一组翼身组合体升阻比和机翼重量的最优解集。通过对升阻比指标和机翼重量指标的权衡分析，从该最优解集中筛选出一个最合理的解作为机翼设计方案。

23.6 本章小结

针对飞机预研和设计过程中的研发、设计工具不同以及数据类型和来源不同的现状，本章构建了包含大数据设计平台在内的民机协同大数据设计平台，通过各专业间的数据共享实现设计过程中的多学科数据协同，使得设计过程可视、可控、可追溯，从而改善设计流程，加快设计迭代速度，提高设计效率。

本章参考文献

[1] 孙承亮. 大数据技术在飞机制造中的应用[J]. 科技资讯，2017，11：120-120.

[2] 孙雪，马静华. 飞机全生命周期的大数据[J]. 大飞机，2017(11)：18-21.

[3] 安振华. 大数据时代飞机设计阶段质量控制新思路[J]. 科技与创新，2015，13：3-4.

[4] 黄加阳，党帅，翁佳伟. 民机运行大数据全寿命周期处理技术研究[J]. 计算机测量与控制，2018，1：292-295.

[5] 陈金，党帅，吴波. 民机运行大数据分析平台整体架构研究[J]. 计算机测量与控制，2018，1：281-283.

第24章

基于风电大数据平台的风电场智能运维与设计

李富荣　刘　源　桂　笛　马　辉　王百方
宋建军　周　杰　任建强　纵瑞勇　唐新安

北京金风科创风电设备有限公司

24.1　概述

近年来，中国风电行业持续不断地快速发展。伴随着新机型的研发与风电技术的进步，先进的感知、自我学习、智能决策等技术已被初步应用在风电机组上，使其具备了一定程度的“思维”能力。尤其是大数据、云计算等新一代信息技术与风电技术的融合，使风电机组全生命周期数据得以统一集成、存储、管理，为风电场设计与智能运维提供了强有力的支持[1,2]。

基于大数据平台的底层组件，建立风电大数据分析模型开发的软件平台，可为智能风电机组提供数据分析、模型开发、管理和运行的数据和环境。数据分析平台能够孵化风电场健康体检、故障诊断、健康预警等健康管理相关服务，也能够支撑风电厂定制化设计以及单机、场站、场群和平台级的控制优化，同时提供满足用户个性化需求的服务，如报告中心、微服务、资产可视化管理等。

24.2　现状

24.2.1　风电场运维业务现状

风电场建设往往规模大，分布区域相对广阔。随着设备配件的不断更新，运维管理过程中存在一些不容忽视的问题：

(1) 故障发现不及时，运维成本高。风力发电机组发生严重故障停机的原因经常为关键大部件出现严重损坏或运行在严酷的外部环境中[3,4]。这种“不知不觉”“后知后觉”的状态降低了机组的可利用率及安全性，提高了维护成本。

(2) 设备台数多，高空作业难度大。首先，每一个风机都是一个发电单元，故障概率大，工作点分散，再加上风电场多分布在广阔的野外，地域宽广，给工作人员操作带来了极大的困难；其次，风机作业属于高空作业，每次都需要爬至少70m高的塔筒，作业面狭窄，相对于地面有一定危险性，极大的工作强度给工作人员造成了一定的压力；最后，从电气、机械到自动化，风机虽小，"五脏"俱全，所有的发电系统及能量传动链都需要同一批人员检修和维护，对人员的素质及经验有一定的要求。因此，多种因素导致风电场运维管理难度大，在一定程度上给风电场后期生产运维带来了很多不确定因素[5-7]。

(3) 岗位条件差，运维管理人才少。目前，我国风电场规模在逐步扩大，但从发展进程来看，我国风电行业仍处于初始阶段，工作岗位不稳定，且多位于偏远地区，工作条件差，既不能吸引具有专业技能的大学生，也使有着丰富经验和精湛技术的专业人员望而却步，最终导致运维管理人才稀缺，无法满足运维管理工作的需求，使风电场的安全管理水平不高。

(4) 基础薄弱，运维管理模式陈旧。风电产业在中国的发展仅有二三十年的历程，各种管理还处于摸索阶段。就目前而言，风电场多采用火电厂的管理模式，然而风电场与火电厂相比，在设备运行上存在很大差别，无法实现运维管理工作的最优化。

借助大数据、云计算等手段，提高机组的可利用率及安全性，降低维护成本，提升风电场智能化运维水平，建设风电行业大数据全生命周期智能运维平台，已成为风电行业发展的迫切需要。

24.2.2 风电场设计现状

风电场投资具有融资周期长、投资规模大的特点。如何将投资成本控制在最低点，是风电场投资的关键，也是风电投资风险分析的重要组成部分。常规的风电场风险投资分析方法是结合前期测风数据和测绘地形图、土地性质等，进行风电场建设前的风险把控和收益评估。然而目前国内外的风资源评估软件存在明显不足，例如复杂地形捕捉失真、流体模型过于简单、尾流计算结果偏差大、算法壁垒等，导致现在国内风电场在复杂地形条件下的风资源评估存在一定偏差，例如对平坦地形尾流影响预估不足、机组发电量偏差大等。同时，常规的评估工具在经济性评价方面难以顺应市场变化，收益评估能力也有所欠缺。

很多高端装备制造业朝着产品服务化方向发展，开始采用装备建设端到端的流程，为业主提供一体化的高价值服务。风电行业也在经历着类似的变化，从单纯提供风机发展到参与风场设计建设、风场运维服务以及风场价值变现过程。风场前期建设对后续风场的收益和性能有着重要影响，因此风场前期设计对业主来说是非常重要的一环。风场前期建设通常包括风场可行性论证、风场设计、风场建设3个阶段，如图24.1所示。

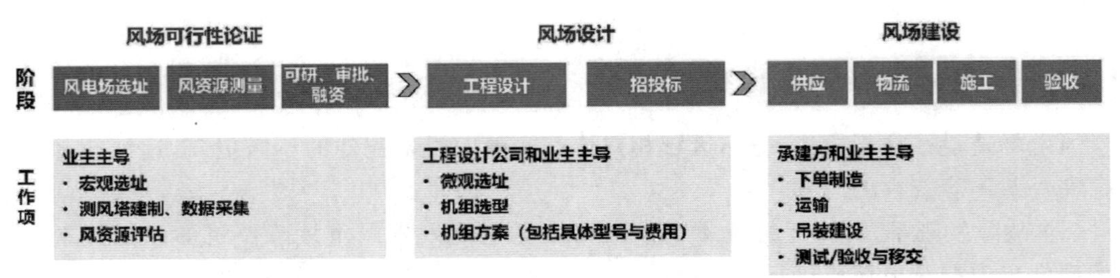

图24.1 风场前期建设阶段图

在风场设计阶段需要结合工况数据(SCADA 数据、b/f/h 文件)、气象数据和高精度地理数据,通过宏观选址、微观选址服务确定精准的风场位置和风机位置,结合不同风场和风机点位特有的风资源条件,通过载荷仿真自动化等服务寻求性价比高的机组选型,优化机组设计参数,提高设计方案的竞争力[8,9]。

24.3 平台设计

24.3.1 风电大数据平台总体设计

风电行业数据分析平台接入数据种类繁多,涉及业务数据、设备数据、运行数据、故障数据、工况数据等,需要具有工业语义分析型数据查询能力,提供健康评估、大部件预警、智能场控、工单文本分析等行业分析服务。目前已有产品不能完全满足这些需求,亟待建设一个具有行业特色且满足未来分析需求的风电行业大数据资源池和数据分析服务平台。

风电大数据平台采用 Hadoop 标准分布式架构,支持使用标准 x86 架构服务器、虚拟化环境部署以及不中断业务的在线横向扩展。本平台由数据采集层、基础设施服务层、平台服务层、数据服务层、行业应用层以及安全防护体系构成,其总体架构如图 24.2 所示。

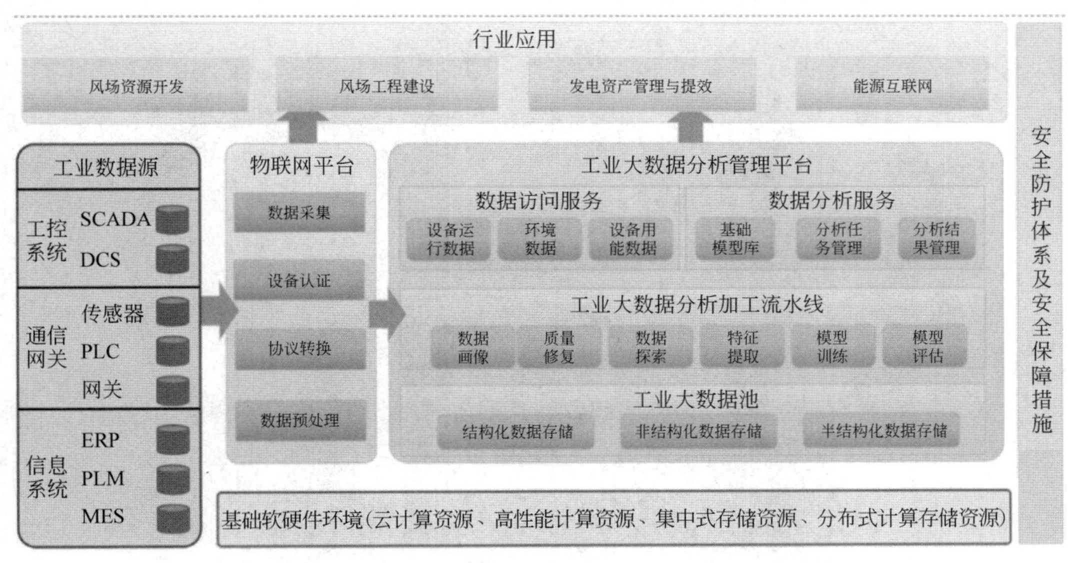

图 24.2 风电大数据平台总体架构

各层主要功能如下:

(1) 数据采集层主要满足风电行业数据接入要求,通过以数据采集和设备控制为核心的物联网平台以及企业业务系统接入各类型多源异构数据,在完成设备或系统数据采集、设备认证、协议转换、数据预处理的同时,将数据汇总并转发到大数据分析管理平台。

(2) 基础设施服务层可基于公有云或私有云实现,利用计算虚拟化、软件定义网络和软件定义存储来管理和调度相应的计算资源、存储资源、网络资源等 IT 基础资源,基于集群架构和智能调度技术为用户提供资源申请的自动调配和故障自动化处理等服务。

(3) 平台服务层提供资源管理、服务管理、开发流水线、平台监控和安全管理等基础服务。

(4) 数据服务层为大数据分析管理平台，以设备数据和业务数据的接、存、管、用为核心，接入时序数据、对象数据、关系数据等各类异构数据，经过内置的数据治理工具，实现数据的清洗和治理，最后依据数据分类及存储标准统一存储至行业大数据湖，对外提供统一标准的数据访问服务、数据分析服务和 API 接口服务，同时提供行业大数据平台运维管理和控制服务。这些服务依托于底层为工业数据定制的高吞吐集成引擎、分布式存储和并行处理引擎，封装了工业数据处理和分析的语义，以数据服务 API 的形式服务于行业应用。

(5) 行业应用层为行业应用提供友好易用的开发、测试、安装和部署环境，通过运行环境、基础中间件服务、大数据服务等支持应用的部署、测试、上线。

24.3.2 风电场智能运维服务系统设计

基于数字化服务体系，实现风电场的智能运维，实现 4 个智能化：问题感知智能化、解决方案形成智能化、服务过程智能化、结果分析智能化。真正实现状态数据的自动获取、健康水平的智能感知、最优解决方案的高效推送以及服务过程的规范交付，最终实现结果及分析的统一管理。充分实现服务内部业务打通，形成闭环，结果管理不断加强、优化问题感知。建立数字化服务体系，实现风电场智能运维服务，如图 24.3 所示。

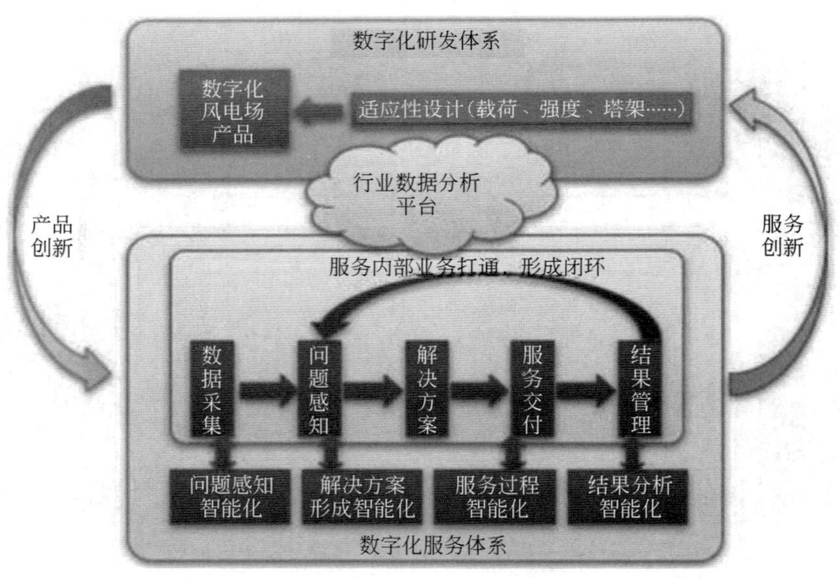

图 24.3 风电场智能运维服务

1. 问题感知智能化

风电场智能运维服务平台是贯穿于风力发电机组全生命周期的大型系统性工程，是综合了现代信息处理、人工智能与数据挖掘等领域的最新研究成果而提出的一种全新的健康状态评估＋解决方案综合管理平台。它从机组的运行状态出发，充分归纳并利用大量现场经验，深入分析并挖掘基于机理的机组失效模式，掌握故障的演化过程与性能退化趋势，进而形成具备融故障诊断、故障预测、健康管理和寿命预估于一体的综合健康管理平台。

该平台的主要功能如下：

(1) 架构设计。在架构上，考虑与大数据平台的对接方式，包括监测数据的读取、分析结果的存取以及健康评估模型的并行化执行。

(2) 风机数据管理。提供基于风机编号和时间范围的数据查询。

(3) 健康安全评估引擎。评估模型按照 R 语言文件规范存放，按照配置文件指定周期定期执行。在模型的实现方式上，与大数据平台并行化地无缝迁移。

(4) 健康安全评估结果 Web 界面。对可以提供评估模型的一两个大部件和整机健康进行评估结果的展示和报告导出工作。

(5) 报告引擎。报告模型按照定义的 R 语言文件规范存放，可人工或定期执行。报告模型支持同时使用两种数据源(7s 数据和 hdfs 数据)生成报告。

(6) 离线生成报告。根据相关模板，交付本地报告生成程序(本地版及 PAS 版、R 程序)。

(7) 分析结果管理。对报告引擎产生的性能报告(Word 文件)及中间结果(CSV 文件、图片等)进行权限管理，不同角色的用户具有不同的查看及下载权限。

在该平台主要界面展示风场三维视图、风力发电机组全生命周期数据视图、大部件视图、健康分析模型库管理、任务管理、风机故障记录、风机可利用率以及健康分析任务运行监控等内容。

2. 解决方案形成智能化

解决方案的形成基于建立的整机、大部件健康评估模型，实现故障的告警和预警功能；建立风电场级健康安全管理及优化体系；建立解决方案中心，实现模型引擎的远端运行，达到既能做出风力发电机组健康综合评估诊断也能做出解决方案的“医院”级功能目标。

通过运行模型产生的失败结果或故障的告警结果，对故障进行自动记录。并可针对故障提交维修工单，对工单进行派发，并追踪故障解决的结果。

3. 服务过程智能化

为了提升服务过程的智能化水平，风电场智能运维服务平台增加了微服务和新洞察模块，为系统用户提供定制化服务，可根据用户权限调整内容查看范围。

系统管理员可通过微服务模块为不同的用户提供模型服务的订阅。订阅了模型服务的用户可在有效时间内使用订阅的公有模型，运行模型并监测运行结果。

系统管理员可通过新洞察模块为不同的用户提供新洞察服务的分配。被分配了该服务的用户可在有效时间内查看可视化方案的内容。

4. 结果分析智能化

该平台可以生成风场性能评估报告，基于平台现有健康评估能力以及分析人员的技术经验积累，给出风场整体性能指标与风场月度性能指标，为风场提供发电性能与机组健康等评估报告。通过故障状态统计、故障维修工单统计、故障原因和解决方案汇总，企业可以及时发现产品质量问题，形成反馈回路，加速产品优化设计，或者加强现场运维人员的知识培训。

24.3.3　风电厂定制化设计系统设计

风电场定制化设计系统是一个高度创新的载荷仿真数据与工作流管理平台，它为载荷工程师和风电场定制化设计相关专业人员提供了一个高性能、集中化、易于使用的软件系

统。风电场定制化设计系统由以下 3 个主要部分构成:

(1) 风电场定制化设计载荷门户网站。为载荷工程师提供集中的、非常易于使用的工作流管理。

(2) 大规模并行仿真引擎。是与 DNV-GL 独家合作的基于公有云的并行仿真计算系统。

(3) 风电场定制化设计载荷数据管理平台是可以集中管理 PB 级载荷数据的大数据平台,可提供基于大数据平台的高性能载荷后处理算法。

载荷仿真是一个复杂的过程,除了标准计算以外,还包括适应性计算,还需要实现自动风电场设计寻优的高强度计算等。为了能够让载荷工程师使用更加方便、放心,风电场定制化设计系统针对载荷仿真进行了适应性计算(多机位点),支持多种载荷计算软件,辅助载荷工程师更加快捷地提取后处理结果,同时,为了能够让系统更加稳定地运行,针对后处理结果的存储方案进行了优化,以便更容易地弹性扩展。

风电场定制化设计系统功能设计如表 24.1 所示。

表 24.1 风电场定制化设计系统功能

功　能	子　功　能
微服务	• 仿真任务管理 • 仿真文件批处理 • 时序结果查询 • 后处理任务 • 后处理查询 • 多机位点 • 模型管理 • 进度管理
用户权限控制	• 用户管理,修改密码 • 角色管理,权限配置
Bladed 4.x 多机位点计算	• 支持 4.3 版本多机位点计算 • 支持 4.6 版本多机位点计算 • 支持 4.7 版本多机位点计算
页面功能优化	• 去除或合并使用率低的功能模块,例如基础数据管理、参数配置管理、其他信息管理、载荷检查、快速查询操作、我的面板,字典管理等 • 简化模型管理,并可直观看出是否已定版 • 对批操作和后处理的基本操作进行了简化和规范化,并增加了生风模型、云计算、后处理计算前必备条件检测和操作中的冲突控制 • 将小批量计算合并到云计算中 • 报错提示更明确,具体到工况或文件 • 提升界面体验,增强设计美感,去掉单击产生多层标签页,页面布局更合理,元素摆放更符合使用习惯
完善任务进度跟踪	• 生风任务进度实时展示百分比 • 生风工况任务进度实时展示百分比 • 仿真计算任务进度实时展示百分比 • 恢复时序数据进度实时展示百分比 • 后处理任务进度实时展示百分比

1. 微服务

为了使载荷门户系统具有更好的可扩展性和可靠性，更适应未来的敏捷开发与快速部署的需求，载荷门户按照如下模块进行了微服务重构：仿真任务管理、仿真文件批处理、时序结果查询、后处理任务、后处理查询、多机位点、模型管理、用户管理和进度管理。

2. 用户权限控制

用户权限控制提供功能权限和数据权限两层控制，数据库表分为用户组表、用户表、功能权限表和数据权限表。用户管理对系统的登录用户进行管理，可授权用户进行增删改查，可为用户分配角色权限，并可进行密码修改。角色管理对角色的使用权限进行配置，可对角色进行增删改查，并为角色分配功能和数据访问权限。

3. Bladed 4.x 多机位点计算

载荷门户系统以前只支持 Bladed 3.82 版本的多机位点计算和 Bladed 4.x 版本的单机位点计算，缺乏对 Bladed 4.x 多机位点的支持。目前载荷工程师使用的主要是 Bladed 4.x 版本，急需载荷门户系统提供对于 Bladed 4.x 多机位点计算的支持，以帮助载荷工程师提高计算效率，缩短计算时间。

4. 页面功能优化

如果没有风文件，单击生风模型时，会提示缺少风文件(或缺少的风文件个数)以及对应的工况组。云计算之前需要校验的内容包括整机模型、工况表、控制器 dll 文件、控制器参数文件、风文件和短路文件。如果含有叶片参数文件的计算，还要有叶片参数文件。在校验失败时给出提示信息，不允许进行云计算。后处理之前需要成功进行过仿真计算，否则给出无法进行后处理的提示信息。

在生风模型的云计算和后处理的过程中，针对同一个任务再次提交同样的操作，会提示该任务正在进行中，不允许再次提交。加入这些检测和控制功能后，批操作更加规范、合理，降低了出错概率。

通过修改云计算提交框中的 Batch 文件路径来决定是否进行小批量计算，简化了页面操作，减少了不必要的按钮设置。

将错误提示信息明确化，而不是仅仅提示出错，这样可以让使用系统的载荷工程师在出错时有针对性地改进操作，避免盲目尝试，节省操作时间，提升使用满意度。同时，系统维护人员也能更好地定位系统问题，更快地修复系统缺陷。

例如：去掉单击菜单产生多层标签页所造成的页面杂乱、关闭烦琐问题，页面布局更合理，元素摆放更符合使用习惯，加强了操作之间的关联性和流畅性，系统操作体验更好。

5. 完善任务进度跟踪

针对每一项任务(生风，生风模型，仿真计算，后处理，恢复载荷数据)的计算进度加入了百分比的实时显示，不需要载荷工程师刷新页面就可以看到计算的进展，使载荷工程师可跟踪计算进程，在计算时间稍长的情况下，也可以先进行其他工作，免除盲目等待的焦虑，节省载荷工程师的时间。

24.4 技术方案

24.4.1 风电大数据平台技术方案

1. 风电大数据平台关键技术

风电大数据平台关键技术如下：

（1）并行化分析引擎。基于非侵入式的分析程序并行化引擎，分析人员只需配置并行化业务参数，便可把单机分析程序直接并行化，大大降低了并行化程序开发的技术门槛。提供了执行过程日志管理和异常数据集收集、断点执行等工具，支持大、小数据集分析的无缝整合。

（2）分析模型部署管理。支持大数据分析的端到端统一管理，包括可视化模型创建、分析任务执行调度、任务执行状态管理、模型管理和分析结果管理，实现了分析算法的研发探索与生产部署的无缝连接和迭代。

（3）机器数据分析算法库。针对机器大数据的领域应用特点，除通用数据挖掘算法以外，还提供了信号处理、时间序列模式分割/分解、时域/频域/统计等高级特征提取、典型模态挖掘、多维相似度评价与聚类、基于模态的分类和预测算法，以支持机器大数据分析应用的快速开发和扩展。

（4）机器数据特征模板库。提供了不同时间序列类型（长/短时间序列、平稳/非平稳序列、线性/非线性过程、数值与符号型序列、单/多变量时间序列等）、典型应用（如故障检测、需求预测、环境指标变化等）的特征库，极大地降低了建模工作量。同时，支持行业模板库和专家知识库的建立。

2. 风电大数据资源池及数据接入方式

数据是企业的重要资产。目前风电企业主要有两类数据来源：一类为风电设备运行、气象监测、维护等场站端数据，设备种类多，通信协议复杂，数据流量大；另一类为分散在不同部门、不同系统中的业务数据，以不同的格式保存并以不同的接口访问，从而造成数据标准不统一、数据冗余、不能有效共享等问题。风电大数据平台整合了风电产品不同阶段的多个数据源，为分析服务层提供丰富、一致、可信的数据。

1）场站数据接入

数据从场站设备接入物联网网关的具体方式如图 24.4 所示。

（1）风机数据接入。风机实时数据通过通信管理机以统一标准接口接入，通常采用的标准接口包括串口（MODBUS 串口、IEC101）和网络（MODBUS TCP、IEC102、IEC103、IEC104 等）。

（2）升压站数据接入。升压站数据来源于综合自动化系统，通常由远动装置采集并提供，外部采用 IEC104 规约通信。

（3）其他设备接入。包括测风塔和储能设备等，通常由通信管理机采集并提供，外部采用 MODBUS、IEC104 等进行通信。

IEC104 规约是常用的电力通信规约，基于网络传输。数据类型包括单点遥信、双点遥信、归一化值、短浮点值以及带时标的单点遥信、双点遥信、归一化值、短浮点值。其中常用

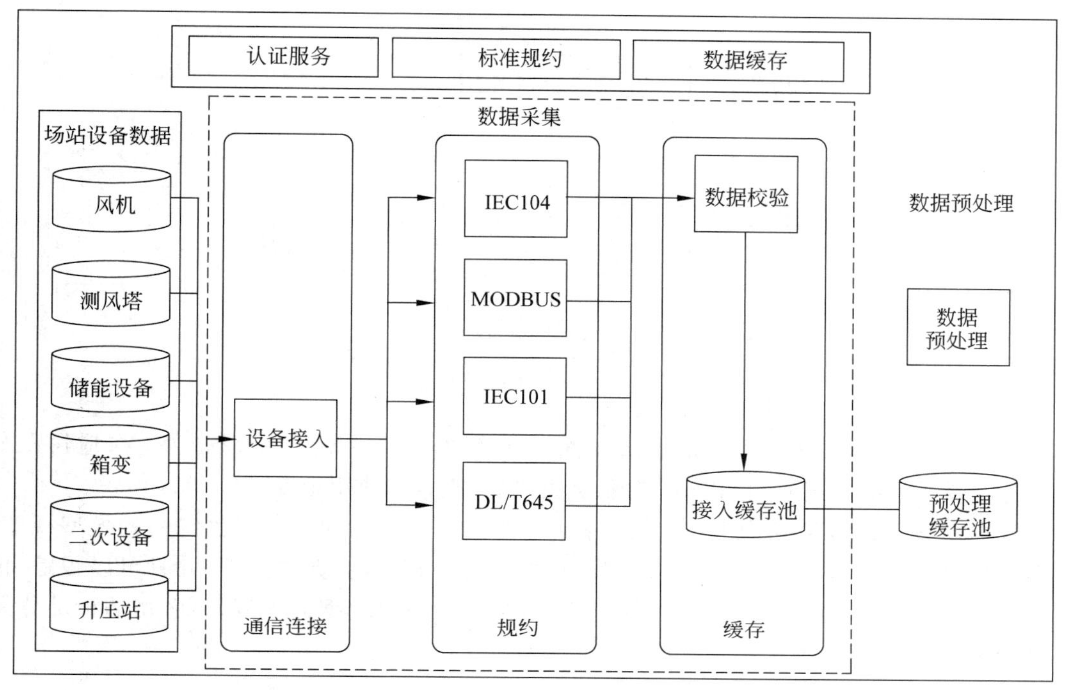

图 24.4 场站设备数据接入物联网网关的具体方式

时标为 7B,精度达毫秒级。IEC104 的数据阐述特点是变位推送,效率高,速度快,安全稳定。同时 IEC104 也支持总召唤接口对所有数据点进行召唤。它适合采集点数量巨大的现场使用。

MODBUS 规约因为其问答式的采集策略导致性能较低,不适用于大规模数据采集,可以用来在场站端进行特定设备(如测风塔、风机等)的采集。MODBUS 通信接口分为串口和网络。网络传输效率低,光伏采集设备应用较多,这主要因为光伏采集设备的性能较低。MODBUS 网络传输效率高于串口,但是比 IEC104 低。

串口通常采用 CRC 对数据进行校验,网络协议栈也会验证数据包完整。各个通信规约也有对于数据包排序、连续的检验。

采集接入数据后,在进行预处理前,将数据缓存到本地缓存池中。每个数据都以唯一的 ID 标明身份。缓存池中记录数据的 ID、值、状态和时间等关键信息。

2) 数据清洗导入

在数据导入大数据平台之前,往往需要对数据进行清洗转换。即便是同一个数据类型,也往往保存在不同的系统中,甚至以数据文件的形式分散保存在不同的位置,且数据格式有多个版本,不统一。

典型的数据清洗导入过程分为元数据准备过程和数据准备过程,如图 24.5 所示。

3) 风机数据模型服务

为了对数据进行更好的管理,需要通过对数据的有序组织来建立数字化风场/数字化风机全生命周期数据模型,根据数据模型管理存储在不同数据存储介质中的不同格式和类型的数据,包括:风机运行数据、50Hz 高频数据、10 分钟文件等时序数据,故障文件、工单数据

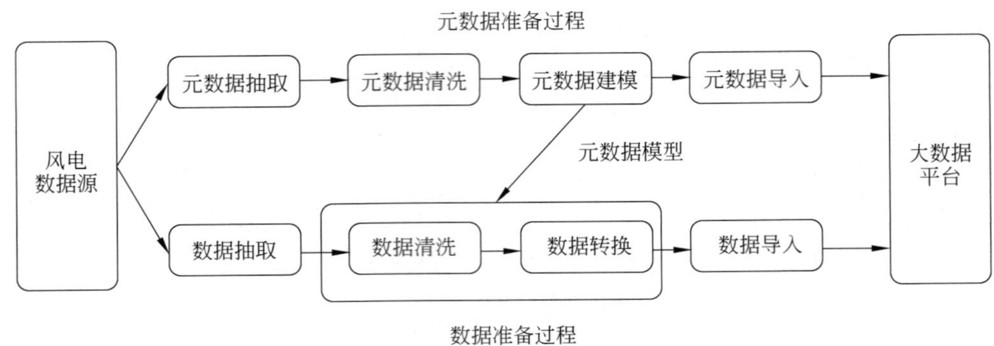

图 24.5 数据清洗导入过程

等非结构化数据，以及风电场基础数据、风机台账数据等关系型业务数据，为上层应用及分析服务提供一致的数据视图和服务，降低数据理解、整合和使用难度。

数据模型是数据存储、使用的基础，本平台为所有的服务和组件提供统一的模型视图。数据模型服务帮助用户便捷的创建、修改、删除、查询相关行业数据模型，并且可以跟踪、记录、发现数据的模型变更，降低用户在数据分析过程中整理数据的难度，为数据的标准化工作打好基础。

3. 风电大数据平台数据架构

风电大数据平台数据架构主要包括数据接入和收集区、数据分析处理区、数据存储区和管理运维区。

所有功能分区和组件均采用微服务架构。这有两个作用：一方面，通过服务间的松耦合保证不会因某个服务的故障而导致其他服务的连锁失效；另一方面，使服务功能可按需扩展，并可独立进行优化调整。在微服务内部采用集群化的部署方式，利用集群的负载均衡能力，当一个节点失效时，将任务传递给其他节点，不会出现单点失效。服务可根据业务的发展按需独立进行扩容，允许同时接入更多的数据请求。风电大数据平台数据架构如图 24.6 所示。

1）数据接入和收集区

数据接入和收集区负责从物联网平台接收实时或批量传输过来的各类型风电行业数据，主要包括时序数据接入集群、消息集群、非结构化数据接入集群和关系数据接入集群。其中，时序数据接入集群与消息集群负责风机运行 SCADA 数据等时序数据的接收，非结构化数据接入集群负责故障文件、图像等非结构化数据的接收，关系数据接入集群负责业务数据的接收。

2）数据分析处理区

时序数据分析区负责时序数据的实时分析，由流处理集群构成，基于流计算实现高吞吐消息数据的接收及实时处理。时序数据处理引擎通过实时数据接口接收时序数据，根据预先制定的数据规则进行实时数据计算，对于计算结果违反数据规则的数据进行相应的报警提示。

非结构化数据分析区主要对来自风机的故障记录文件的配置描述、数据部分按照标准格式解析，得到风机的故障信息。

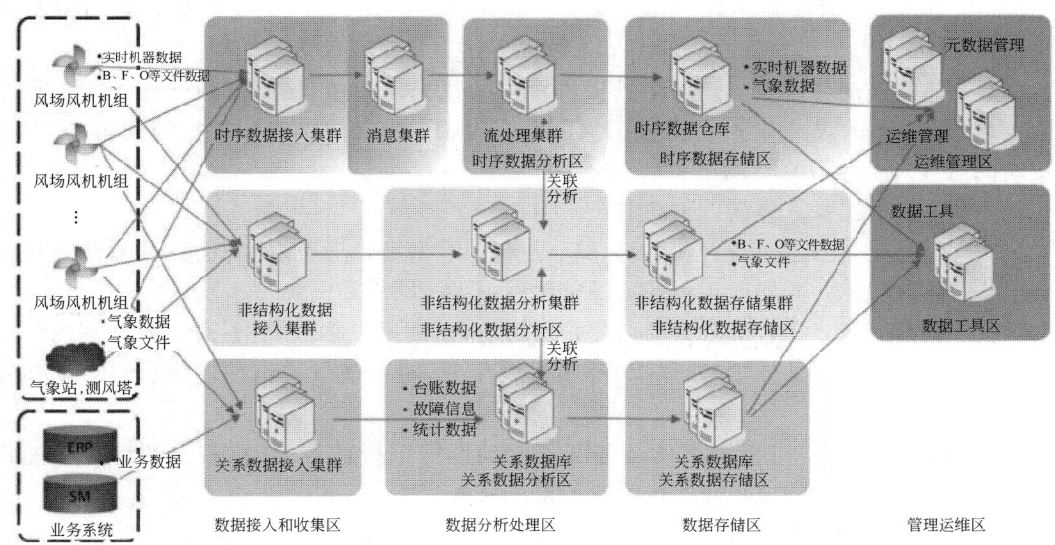

图 24.6　风电大数据平台数据流图

关系数据分析区按照一定的规则对关系数据进行统计、汇总。

时序数据分析区、非结构化数据分析区和关系数据分析区并不是独立工作的，很多情况下需要进行关联分析。例如，平台接收到风机故障文件，需要解析故障文件，得到风机配置参数，并从关系数据库中调取风机台账数据等基础信息，从时序数据库调取故障时间段的记录数据，从而进行综合处理。

3）数据存储区

数据存储区负责时序数据、非结构化数据、关系数据等各类风电行业数据的分类存储。其中，时序数据存储区负责时序原始数据及清洗后的数据的存储，非结构化数据存储区负责故障文件等数据的存储，关系数据存储区负责业务数据与时序统计数据的存储。

存储备份区负责按照备份策略实现时序数据存储区、关系数据存储区、非结构化数据存储区的数据备份，当分布式存储分析区发生故障时实现数据恢复，以保障平台数据的可靠性。

4）管理运维区

管理运维区负责提供平台管理应用服务，包括运维管理区和数据工具区。

运维管理区包括元数据管理工具、一体化查询分析工具、系统运维工具等。其中，元数据管理工具提供各类异构数据的元数据信息管理服务，系统运维工具提供平台用户、权限、用户使用痕迹等基础功能服务。

(1) 元数据管理工具。该工具通过数据元模型，结构化地描述设备产生的时间序列数据、对象文件数据及关系数据，方便数据查询和数据分析时对于多源异构数据的访问。数据访问服务和数据分析服务是基于设备元模型统一视角访问多源异构的数据。例如，风机的数据元模型对应其物理世界的结构：地区—风场—风机—传感器。同时，时间是另一个描述的维度。当对应的元模型建立以后，只需要指定地区、风场、风机、时间段等维度，即可获取相应的工况指标(时序数据)、故障文件(对象数据)、设备信息(关系数据),进行分析和计算。

(2) 一体化查询分析工具。该工具提供统一的数据访问接口,允许用户通过大数据平台为大数据分析应用提供数据访问服务。数据访问服务内容包括时序数据访问服务、对象数据访问服务和关系数据访问服务。

(3) 系统运维工具。包括以下功能:

- 资源规划。允许用户根据数据存储、分析使用、资源的分配和消耗情况,对现有资源进行合理规划,并辅助用户按需确定硬件、软件、网络等资源。
- 启动管理。提供组件/服务的启停管理功能,允许用户在系统例行维护、计划内停机(如迁移)、计划外停机(如停电)等情况发生时,对系统及其组件模块进行启动和停止操作。
- 系统性能监控。对系统整体及各层资源的性能进行监控,获取系统的综合性能指标,以保障上层的应用能够持续调用系统服务。
- 故障诊断。能够发现并定位故障,帮助介入的修复系统或管理人员及时修复故障,以避免故障导致系统长时间宕机。
- 性能告警。对一些关键性能指标设定预警阀值。当性能指标超过预警阀值时,会产生相应的系统或应用告警,以避免大数据平台长期处于非健康运行状态,最终导致系统宕机。
- 应用性能监控。对各应用组件的运行指标进行实时监控,为资源规划和性能告警提供数据源。在应用组件层,主要的监控数据是应用组件的健康状态。

数据工具区包括以下工具:

(1) 数据可视化。图形化的交互式数据探索和数据特征可视化能够在不同的维度更加直观地展示数据,可以使平台的管理人员更容易了解到存储在大数据平台中的数据的基本情况。

(2) 数据画像。能够向分析人员展示机器数据(包括统计信息、分布信息在内的多个维度的信息),帮助分析人员快速理解海量原始数据的特点,掌握原始数据的全貌,为下一步的数据质量修复和数据特征探索提取打下基础。

(3) 数据质量管理。通过数据质量评估和数据质量修复功能,辅助数据分析人员进行数据整理和清洗,避免“垃圾进,垃圾出”现象。

(4) 数据生命周期管理。允许用户根据需求对不同的数据指定不同的归档时间和归档机制。

(5) 数据集成。有效地应对多种数据类型与多种数据源带来的集成问题。

(6) 数据模型管理。为所有的服务和组件提供统一的模型视图。该工具帮助用户便捷地创建、修改、删除、查询相关数据模型,并且可以跟踪、记录、发现时序数据的模型变更,降低用户在数据分析过程中整理数据的难度,为数据的标准化工作打好基础。

4. 风电大数据平台应用架构

根据风电行业数据分析的需求,风电大数据平台的应用架构分为 4 层:基础平台层,数据服务层,模型层和应用层,如图 24.7 所示。

基础平台层提供了独立于数据语义的大数据管理的软硬件架构,负责各类数据的接入、

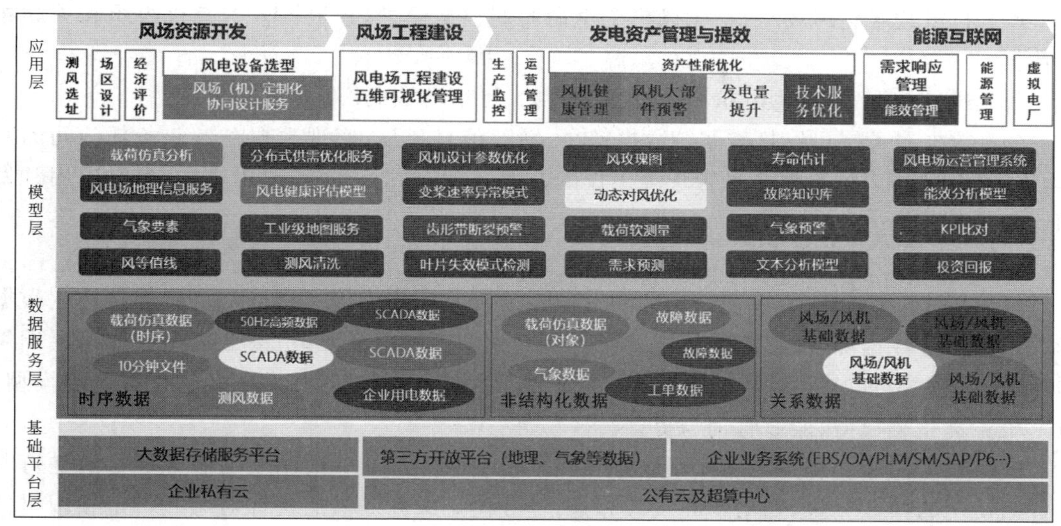

图 24.7　风电大数据平台应用架构

存储、查询，并提供数据模型管理和数据分析工具，以支持各种风电数据服务和应用。

中间的数据服务层和模型层在基础平台之上，实现风机、风电业务的共性数据服务与分析，以支持不同业务单元的数字化应用产品的快速开发与整合。

应用层是风电行业各领域的应用集成，包括风场资源开发、风场工程建设、发电资产管理与提效、能源互联网四大类应用。

1）基础平台层

基础平台的重要目标是夯实智能应用/服务开发的数据基础，支撑现有数据分析业务的顺利开展，并为后续智能化应用/服务开发提供高效的验证和实施环境。

（1）夯实数据基础，为数字化产品/服务提供大数据支撑。

提供针对风电场设计数据（如测风数据、载荷仿真数据）、风力发电机组监测数据和故障数据以及风电场运营数据的海量数据接入，并对其进行有效的管理，全面支撑对应的分析服务以及业务系统的有效运行。

（2）提供海量数据查询和分析能力，加速研发成果转化。

提供高性能的数据查询能力和大数据分析流水线、数据治理工具等基础大数据分析服务和工具，支撑数据应用和服务在平台上的快速开发和验证，保证现有数据业务的顺利上线运行，提升数据应用或服务的研发效率。

（3）打造私有云验证系统，为智能化服务的开发和管理提供高效的验证和实施环境。

根据典型的使用场景，结合混合云、统一资源、容灾备份等实际需求，设计满足风电行业需求的私有云方案和验证系统，完成风电大数据平台对各类业务支撑的验证。

2）数据服务层

数据服务层以基础平台层为支撑，以业务层应用建设、核心数据管理以及数据分析能力建设的需求为主要目标，打造风电行业数据服务层，为上层分析服务提供统一的数据视图，简化数据的理解、整合和使用难度。数据服务层的功能如下：

（1）统一集成、存储和管理多维度、多格式、多尺度的行业数据。

(2) 打造数字化风场/数字化风机全生命周期数据模型，并根据模型有机组织和关联相关数据。

(3) 通过数据服务，为分析服务提供一致的、可信的数据。

(4) 数据服务层可以打破系统数据壁垒，消除信息孤岛，实现数据在各业务部门间的共享，推动数据规范化、数据质量管理等工作的开展，降低数据访问和使用成本，提升应用开发和业务创新效率。

3) 模型层

模型层主要实现业务模型的训练和管理。结合业务需要，基于时序数据、非结构化数据和关系数据等数据源，经过数据清洗、特征提取、模型训练等步骤，最终形成可供应用层调用的数据模型，主要包括设计优化类模型、设备健康诊断预警类模型、发电量优化提升类模型、技术服务优化类模型、能效管理与提升类模型等。

模型按通用程度分为通用模型服务和业务模型服务两层。通用模型服务提供的是行业中普遍使用的共性分析，如功率曲线计算等；业务模型服务提供的是针对某一特定领域提供的与业务领域密切相关的服务，如某大部件失效预警模型。

无论是哪种分析模型服务，借助大数据平台均可以实现小数据集开发算法、大数据无缝迭代验证，从而实现以周为单位的迭代周期；通过风机为中心的机器档案对风机从不同维度建立时间维度上的异常事件、异常现象标签库，支持全量数据分析验证；通过非侵入式的并行化分析引擎，使本地开发的单机分析算法只需要很小的改动就可以直接运行在大数据上，降低大数据分析门槛。

4) 应用层

应用层主要实现各个应用子系统，如风场(风机)定制化协同设计应用、风机健康管理应用、能效管理应用等。典型应用、模型与数据的关系如下：

(1) 风机定制化系统设计服务。以载荷仿真分析为例，用到载荷仿真数据(时序数据和非结构化数据)、风机基础数据、风场基础数据。

(2) 风机健康管理。用到风电健康评估模型，以及风机运行数据(SCADA 数据)、风机历史故障数据、风机基础数据、风场基础数据。

(3) 风机大部件预警。包括叶片失效检测、齿形带断裂预警等。以齿形带断裂预警为例，主要用到 SCADA 数据、50Hz 高频数据、风机历史故障数据、风机风场基础数据。

(4) 发电量提升。例如，动态对风优化用到 SCADA 数据和基础数据。

(5) 技术服务优化。例如，基于运维工单数据，构建文本分析模型，自动形成运维知识库，指导一线运维人员工作，提高工作效率和质量。

24.4.2 风电场智能运维系统技术方案

风电场智能运维系统基于大数据和云计算技术，重点关注并行化数据分析，支持多数据源(时序数据、非结构化数据和关系数据)读取，支持多语言(R、Python、MATLAB)的模型开发与分析以及运维结果的可视化展示。风电场智能运维系统架构如图 24.8 所示。

PAS 引擎的作用如下：

(1) 提升分析应用资产的重用度。企业积累了大量单机版分析应用程序，无须过多改写即可嵌入风电场智能运维系统，提升分析应用资产重用度，避免资产浪费。

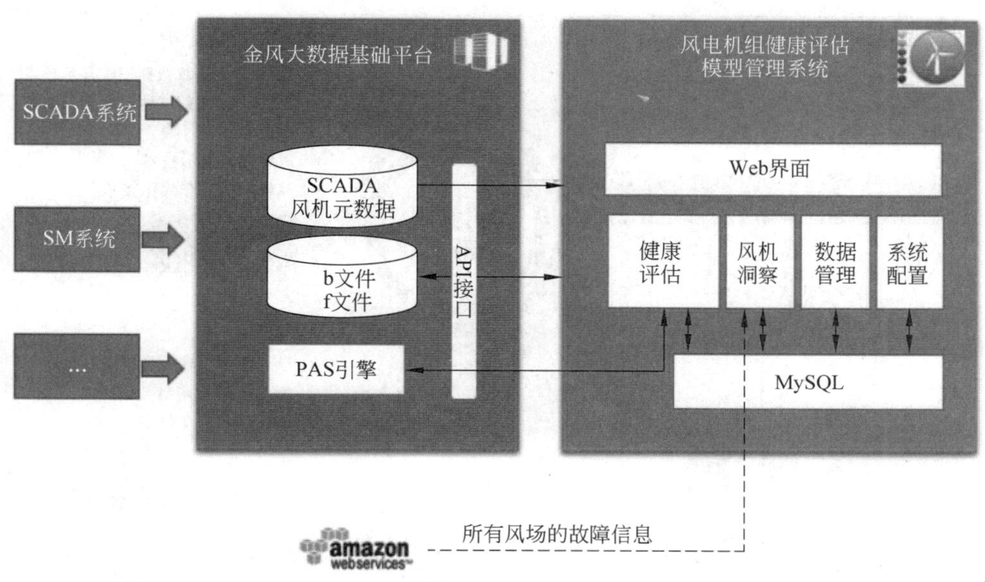

图 24.8 风电场智能运维系统架构

(2) 支撑大数据量的分析。海量数据远远超过单机的处理能力。通过分布式方法,可以大大提升计算效率。

(3) 降低大数据分析的技术门槛。技术人员可以使用自己熟悉的编程语言(R、Python、MATLAB)进行模型开发和分析,不用学习新的语言,可缩短熟悉系统的时间,提高工作效率。

(4) 增强业务人员的掌控力。业务人员可以根据业务意义为相关业务指定并行化粒度,设置后系统自动实现计算的并行化。

24.4.3 基于大数据的开放式风电场定制化设计关键技术

风电场定制化设计系统将两项创新技术引入风电设计领域:基于公有云的大规模仿真和大数据技术,如图 24.9 所示。

这些创新技术的应用带来了独特的技术优势:

(1) 高达上千个并行的仿真任务,将任务的仿真时间从几天缩短到几小时,甚至几分钟。

(2) 集中管理仿真计算产生的多种结果文件,并且可以在秒级时间内从海量结果数据中查询所需数据。

(3) 按照 MapReduce 思想执行仿真后处理,对于动辄几百吉字节(GB)的载荷时序结果,独有的基于大数据技术的后处理算法可以将后处理时间从几天缩短到几分钟,并且可以根据数据量横向扩展计算资源,将后处理时间始终控制在非常短的时间内。

从气象学中的干扰温度到流体力学中的 Navier-Stokes 方程算法修正,金风科技公司进行了精准风场风廓线、非结构网格、热稳定度、三维森林盖层模型的深入研究,尝试使用气象环境耦合流体技术,开发出自有产权的精细化仿真技术——GoldFarm。2017 年,又联合众多海内外专家,结合人工智能算法创新研制出自有产权的大涡仿真技术——GoldLES

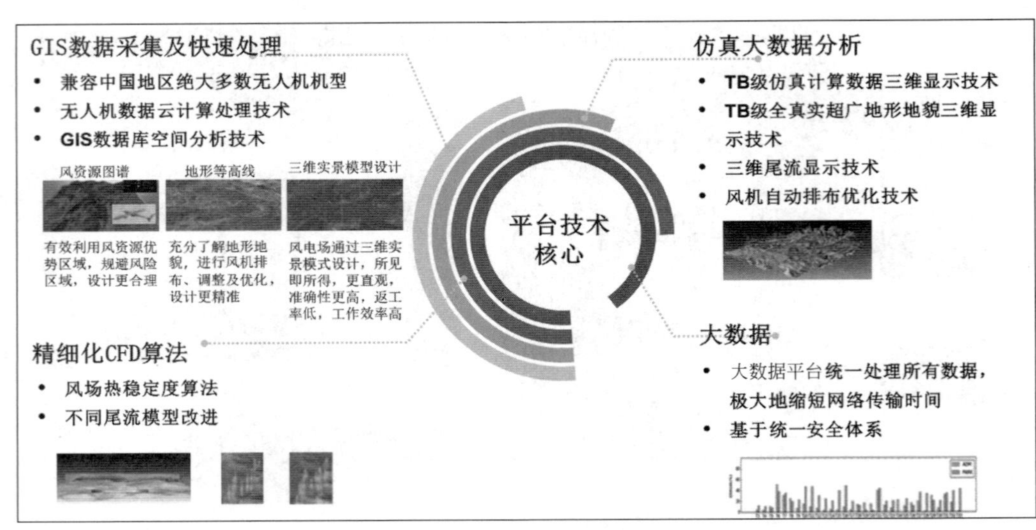

图 24.9　风电场定制化设计关键技术

(图 24.10)，进行风资源及精准尾流仿真，可用于风电场方案排布、机组选型。

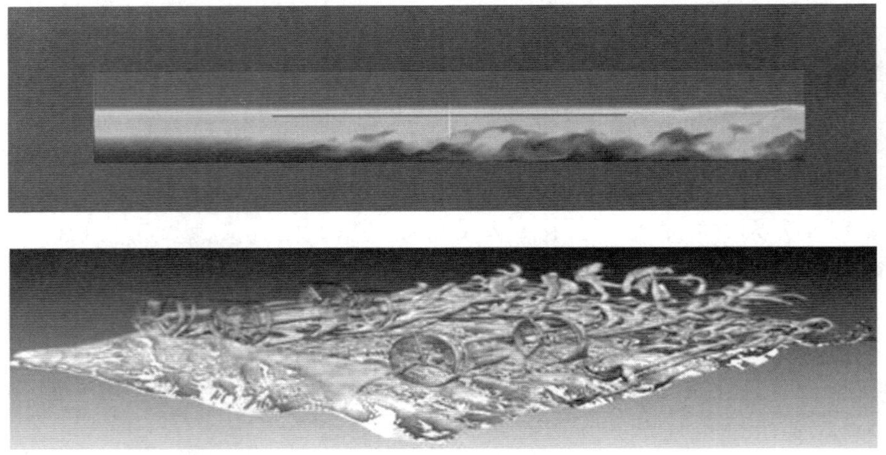

图 24.10　大涡仿真技术 GoldLES

同时，结合大数据技术，金风科技公司使用现有的数千个风电场 PB 级地形数据库、数千座测风塔数据资料和 PB 级中尺度气象数据服务于公司数字化产品。通过这些数据，对 GoldFarm 进行实战式的训练，培养平台对各种地形的敏感度，为复杂地形提供更准确的流体模型。

金风科技公司也一直关注对技术的跨界融合和应用，在 GoldFarm 中集合了无人机/声呐、GIS 技术、WRF+CFD 耦合技术，可以快速获取三维地理信息数据，识别高精度仿真计算数据，快速形成道路设计方案，识别风险点，进行自动优化排布，等等，缩短工期，降低成本，优化收益解决方案，显著提升经济性。

24.5 性能

基于元数据模型，对各类风电场数据进行接入，如表 24.2 所示。

表 24.2　风电场接入数据

数据类型	相关业务	数据结构	接入数据	日增量
风机运行数据（SCADA 数据）	运维预测，场群监控	时序数据	历史数据接入：已接入数据覆盖了 127 个风场、20 122 台风机，时间为 2009 年 2 月至 2016 年 6 月。其余数据持续导入中，数据总量超过 100TB SCADA 实时数据接入：目前稳定持续接入 262 个风场、12 139 台风机的实时数据	约 2.5 亿条
50Hz 高频数据	智能场控，运维预测	时序数据	实验风场的数据同步接入	1.74GB
故障数据	运维预测，场群监控	非结构化数据	277 个风场数据；故障发生时刻相关信息和高频数据。b 文件 1 714 765 个，f 文件 1 128 534 个，m 文件 5 937 737 个，w 文件 1 557 702 个，HFB 文件 642 243 个，o 文件 1 169 799 个	3 万个文件
10 分钟文件	载荷、强度等分析	时序数据	301 个风场数据	13 050 个文件
载荷仿真数据	风场开发、机型开发等	时序数据和非结构化数据	100＋轮载荷仿真数据，总量超过 400TB	根据仿真任务动态变化，30GB～10TB
风场（风机） 基础数据	与大多数业务相关	关系数据	部分风场的客户、厂商、故障、维修、BOM 等基础数据	1GB
工单数据	故障分析，运维预测	非结构化数据	维修、维护过程中产生的各类工单信息，包括故障工单、服务工单、备件工单等	500MB
气象数据	风电场定制设计、功率预测	时序数据和非结构化数据	包括 30 年平均风速、湍流强度、风向、风速、测风塔数据等	8GB

主要完成了以下数据的接入：

(1) 风力发电机组运行监测数据批量接入。SCADA 系统中保存的秒级风力发电机组监测数据中有超过 100TB 的历史数据，保存在实时数据库中的风机数据存在量大且导出效率低的问题。为提升这些数据的使用效率，需要利用平台批量导入能力将其纳入数据分析平台统一管理。在风电大数据平台打造过程中，需要优先选择部分风电场的历史数据，对其进行导入及管理。

(2) 风力发电机组运行监测数据实时接入。对于秒级的风机运行数据（SCADA 数据），目前每天大约有500GB的增量数据接入。未来随着传感器(测点)数量的增加,风机数据接入量会进一步增加。为了提升这一部分数据分析的实时性和效率,需要将其实时同步导入数据分析平台。优先选择一两个国内风场、一两个海外风场的SCADA数据进行实时数据接入。

(3) 50Hz高频监控数据准实时接入。风力发电机组50Hz的高频数据对于风机控制优化、风机发电效率提升等方面发挥着巨大的支撑作用。因为数据产生频率较高,数据量为秒级SCADA数据的300倍以上,平台需要及时对这部分数据进行清洗转换,并且导入平台进行统一管理。优先选择部分试验风场的旗舰机组的高频监控数据。通过场级控制器,将数据回传至平台。

(4) 故障数据的接入。以文件形式散列保存的20ms故障数据(b/h/f文件)是风机故障预警、大部件失效预警等大数据智能应用的基础之一,也需要将其导入平台进行统一管理。选择运行数据相同的机组的故障数据优先进行导入管理。

(5) 仿真结果数据接入。仿真结果数据是风机设计、风电场设计等相关业务开展的重要输入。仿真结果数据存在数据量大、格式复杂、后处理复杂等问题,给结果数据的管理、分析等工作带来了困难和挑战。为了使这类数据更高效地被利用,需要将其从二进制结构解析并导出为标准数据格式,再将其导入到数据平台中,并支持结构化的数据管理和查询。选择部分历史仿真结果数据以及新增仿真结果数据进行导入管理。

(6) 测风数据接入。测风数据对于风电场的宏观选址、微观选址等业务有关键的影响。为了更好地支持这类应用,需要导入并管理超过上千组测风数据以及未来的逐年增量数据。测风塔数据目前多以离线文件的方式分散保存在不同的位置,为提升这些数据的使用效率,需要在数据清洗、格式转换的基础上,利用平台的批量导入能力,将其纳入平台统一管理,并确保数据的完整性。

(7) 气象数据的接入。气象数据关系着宏观选址、风功率预测等关键业务的开展。气象数据会以文件等多种形式保存在不同系统中。将结构化的气象数据转换为平台支持的数据格式,并导入到平台中,统一管理。

24.6 本章小结

本章以推动大数据与风电产业融合为目标,搭建了风电大数据资源池及大数据服务平台,构建了覆盖风电产品全生命周期的大数据行业服务平台,融合金风科技公司实时设备数据、全国性的气象(国家气象局)数据与环境数据(生态环境部信息中心)、电网侧数据(恒华科技公司),支撑风电装备产业“互联网+”业务创新。目前已将测风数据、气象数据、风力发电机组运行监测数据、仿真数据等大数据放入风电场大数据资源池,构建了集接入和服务等于一身的风电大数据资源池及大数据服务平台,实现了基于大数据的风电行业大数据全生命周期智能运维服务和基于大数据的开放式风电场定制化设计服务,解决了故障发现不及时、运维成本高、高空作业难度大、设备数量多、运维要求高且人才少等痛点问题。

本章参考文献

[1] 杨茂，孙涌，孙兆键，等. 风电场大规模数据管理系统设计与研发[J]. 东北电力大学学报，2014，34(2)：27-31.

[2] 余建波，薛建，石俊杰. 基于大数据应用的智慧型风电场模型开发应用探讨[C]. 中国电机工程学会年会，南京，2016：1-4.

[3] 张慧亭，王坚，凌卫青. 大数据分析技术在风电设备异常预测中的应用[J]. 电脑知识与技术，2017，13(3)：245-247.

[4] 李景波. 试析大数据技术在风电机组运行状态监测评估中的应用[J]. 现代制造，2017，9：67-68.

[5] 汪喆. 基于大数据分析的风电机组运行状态监测评估[D].北京：华北电力大学，2016.

[6] 朱文涛. SD公司风电场运维服务能力提升研究[D]. 保定：河北大学，2015.

[7] 樊瑞全. 风电规模发展后运维服务业的机会与对策研究[D]. 北京：华北电力大学，2015.

[8] 刘旭. 基于大数据的风功率预测模型优化研究与实现[D].北京：华北电力大学，2016.

[9] 鲁宗相，徐曼，乔颖，等. 风电功率预测的新型互联网运营模式设计[J].电网技术，2016，40(1)：125-131.

风电装备全生命周期绿色供应链管理

李富荣　刘　源　桂　笛　马　辉　王百方
宋建军　周　杰　任建强　纵瑞勇　唐新安

北京金风科创风电设备有限公司

25.1　概述

全生命周期绿色供应链管理是指在产业供应链管理中综合考虑对供应链周边环境的影响和资源优化利用，是基于循环经济理论，从系统观点出发，寻求解决制造企业活动与环境之间冲突的有效方式。金风科技公司基于风电大数据平台实现的风电装备全生命周期绿色供应链管理的应用实践，以提升风电行业市场竞争力、提高国家绿色清洁能源比重、实现行业绿色发展为目标，按照创新、协调、绿色、开放、共享的发展理念，推动风电行业全产业链的绿色转型升级。

25.2　应用背景与建设目标

25.2.1　风电绿色供应链建设现状

资源与环境问题是人类面临的共同挑战，推动绿色增长、实施绿色新政是全球主要经济体的共同选择，资源能源利用效率也成为衡量国家制造业竞争力的重要因素，推进绿色发展是提升国际竞争力的必然途径。我国工业总体上尚未摆脱高投入、高消耗、高排放的发展方式，资源能源消耗量大，生态环境问题比较突出，形势依然十分严峻。建设科技含量高、资源消耗低、环境污染少的绿色环保型企业已成为我国企业发展面临的迫切任务之一。制造企业也越来越重视其活动与环境的相容性[1,2]。

绿色供应链管理在国内是一项非常新的理念，是指在供应链管理中综合考虑对供应链周边环境的影响和资源优化利用，是基于循环经济理论，从系统的观点出发，寻求消除制造企业活动与环境之间冲突的有效方式。目前，由于意识到节能减排、废物处理管理在节约成本、树立声誉和降低风险等方面对运营绩效产生的积极作用，越来越多的企业开始将其环境战略的重点从单个公司层面转移到整个供应链层面，以进一步开发自身节能减排潜力，保持市场竞争力，满足日益增长的客户需求，应对来自政府和利益相关者群体的压力[3-6]。

目前尽管个别行业的领军企业针对绿色供应链开展了一些探索性的工作，但很少有企业能够真正建立起达到发达国家绿色供应链建设水平的技术和管理体系[7]。

风能是一种可再生清洁能源，蕴藏丰富且分布广泛，也是一种重要的替代能源。风力发电由于其清洁、可再生、取之不尽、用之不竭等优点，受到众多国家的高度关注和重视，是行业成熟度最高、市场竞争力最强的可再生能源技术，占据目前已利用的可再生清洁能源的一半以上。

风力发电作为可再生能源的一种，已经成为我国能源战略产业的重要组成部分，得到了国家和地方政府的大力支持和推广。2018 年，新增并网风电装机容量达到 2059 万千瓦，累计并网装机容量达到 1.84 亿千瓦，占全部发电装机容量的 9.7%。2018 年风电发电量为 3660 亿千瓦时，占全部发电量的 5.2%，比 2017 年提高 0.4%。并网风机容量已经位居全球首位，有 4 家占全球排名前十的风电企业。我国《风电发展"十三五"规划》提出：到 2020 年底风电累计并网装机容量确保达到 2.1 亿千瓦以上，其中海上风电并网装机容量达到 500 万千瓦以上；风电年发电量确保达到 4200 亿千瓦时，约占全国总发电量的 6%。

随着整个风力发电行业的迅速扩张，我国风力发电市场总量不断增长，产业链逐渐细化，供应链不断完善，产业趋向成熟，其上下游产业链的配套问题也在逐步深化，合理和科学地选择供应商已成为风力发电整机制造企业不能忽视的问题。风电行业的产业上游主要是风机制造原材料和零部件生产，产业中游主要是关键部件的加工、整机研发和生产，下游主要涉及风电场的开发、管理、设备维护、再制造等。

风力发电机组的制造流程是需要依靠供应链来实现的，许多关键部件造价昂贵，生产工艺复杂，例如偏航系统、风机叶片、发电机、轮毂、变桨系统、主机架、变流器、齿轮箱、塔筒等，许多零部件都需要从供应商处采购，而且零部件种类众多，各不相同，差异性也较大，需要从大量不同的供应商处得到。以金风科技公司为例，供应链上企业数量超过 1500 家，具有极强的辐射带动能力。

供应商的选择与评价已经成为风电企业重要的战略问题，风电整机制造企业也希望能够有优秀的供应商加入自己的供应链。提高供应商准入标准，建立科学合理的供应商评价体系，建立并保持长期稳定的供应关系，全面评估供应商的综合能力，已经成为企业重要的规划工作之一。

在风电行业，绿色供应链管理主要受限于以下几方面的因素：

(1) 企业对绿色供应链的思想认识与观念模糊。在物流、供应链、绿色供应链等观念上，我国与西方发达国家相比仍存在着较大的差距。

(2) 供应链建设需要成本投入。企业对于绿色供应链投入的成本包括人力成本、资产成本、信息成本以及物流成本，并且在绿色供应链中，各个成员企业还必须考虑供应链的社会成本。

(3) 绿色供应链的实施需要各个企业之间的协作，客观上要求建立支持本行业绿色供应链的信息网络平台，以便使各个企业能够快速、准确地寻找到最有利于环保的合作伙伴。目前绿色供应过程等基础设施建设上均存在投入不足的问题，基础设施的绿色化水平低，技术水平和信息化水平不高，不能优化调度和有效配置各项资源，对新技术的应用也不够充分。

(4) 过去的供应链绩效评价标准一般包含时间、质量、成本、财务、市场等方面的指标，缺乏对环保绩效的评价，特别是基于绿色供应链的绩效评价。绿色供应链的绩效评价体系需要根据行业特点、核心企业的需求等因素建立，技术含量较高[8,9]。

25.2.2 风电绿色供应链建设需求

绿色供应链包括绿色制造、绿色采购、绿色设计、绿色生产、绿色物流、绿色使用和绿色回收7个环节。在具体的绿色供应链环节上存在的问题及需求如下。

1. 绿色制造环节

设备制造过程中的资源使用以及对环境的污染是风电行业对环境影响的主要来源。目前针对供应商的绿色信息管理平台市场尚属空白，大多是针对单一因素（如能耗、污水排放、空气质量等）进行监测分析。绿色供应链信息管理平台需要整合智慧能效管理、污水排放管理、固废管理、大气监测管理、绿色物料管理等多个节能环保系统，实现无缝对接、数据互通，达到真正的大数据收集及分析利用[10,11]。绿色制造环节主要存在以下问题需要解决：

（1）企业信息化程度低。传统的工业企业的信息化受到资金投入不足、技术落后等因素的影响，使得其水平普遍偏低，在信息化应用方面的成效还不够显著。在大数据的背景下，我国的信息化系统在传统工业企业当中的应用作用与效率难以得到很好的提高。

（2）数据采集点分散，采集种类繁多，质量参差不齐。工业企业生产流程复杂，需要采集的能耗数据千差万别，各种计量仪表种类多，采用的协议不尽相同，地理位置又较为分散；不同用户的信息化系统不同，因此数据结构不一致，数据存储粒度不一致，统计模型不一致，较难形成数据融合，打破数据壁垒，实现数据共享；由于粒度、维度、统计方式、完整性、一致性等方面的问题，导致数据质量参差不齐，可用性较差。

2. 绿色采购环节

当前国内对供应商的绿色评价尚未发展成成熟的体系，对供应商的绿色化要求大多仅停留在定性方面（如要求通过ISO 14000、ISO 18000认证，未发生过超标排放等）。需要对供方不同类型、不同行业特性等制定不同的“绿色度”定性和定量评价标准，对各类供应商根据“绿色度”评价标准进行评价，由于风电行业涉及的供应商门类众多，且国家关于绿色方面的标准较少，制定分门类的“绿色度”标准难度较大。

应确定绿色指标，把绿色指标纳入供方开发和供方考核评价体系中，对供方进行多维度分类，并且根据不同行业制定相应的绿色评价标准。供应商评价指标由原来的业务绩效指标（交付、质量、服务、成本）拓展为包含绿色度指标（资源、环境、效率），形成绿色供应链体系标准，开展绿色采购。

3. 绿色设计环节

应用绿色供应链管理平台收集风电产品全生命周期资源消耗、环境影响数据，从源头——设计环节考虑原料的选择、生产过程、使用、再制造等阶段对环境造成的影响，结合产品的功能、环境、政策法规和客户要求，贯彻节材、节能、提高效率、延长产品寿命的设计理念，开展风电机组延寿、风电机组噪声分析与控制等绿色设计应用，实现产品的高性能、轻量化、绿色化和智能化等。

4. 绿色生产环节

绿色生产环节需要实现以下 3 个目标：

（1）生产过程透明化。实时监控生产过程及工艺技术质量的检验标准，提高生产效率，规范操作流程。

（2）监控指标数字化。通过数据的反馈监控设备效能、质量评测和生产人员绩效，最终提升监控指标的及时性、准确性。

（3）生产管理精细化。通过 MES 系统实现对生产计划、生产情况、产能状况、产量消耗、产品质量、产品跟踪、工序跟踪等的多维度管理，从而提升生产的管理水平。

5. 绿色物流环节

绿色物流环节要求做到以下 4 点：

（1）节约资源。整合现有资源，优化资源配置，提高企业资源利用率，减少资源浪费。

（2）绿色运输。合理规划运输线路，通过优化运输路线、提高车辆装载率等措施，实现节能减排；注重运输车辆养护，使用清洁燃料，减少燃油消耗及尾气排放。

（3）绿色仓储。合理选择仓库选址，节约运输成本；仓库科学布局，使仓库得以充分利用，实现仓储面积利用的最大化，减少仓储成本。

（4）绿色包装。提高包装材料的回收利用率，有效控制资源消耗，避免环境污染。

6. 绿色使用环节

风力发电场与同规模的燃煤电厂相比，不会向大气排放氮氧化合物、二氧化硫、二氧化碳以及粉尘等污染物，保护了大气环境，也节省了大量淡水资源。风能属于再生能源，符合可持续发展的环境要求，但也存在以下不利影响：

（1）噪声污染。风力发电机的噪声来源于经过叶片的气流和风轮产生的尾流，其强度依赖于叶尖线速度和叶片的空气动力负荷，这种噪声源与风力发电机的机型及塔架设计有关。

（2）电磁辐射。一切电气设备在运行时都会产生电磁辐射。就风力发电机而言，辐射源有发电机、变电所、输电线路 3 部分。

（3）土壤和植被破坏。在风电场建设中，风机基座、铁塔基座及道路施工和建设都会对土壤及植被造成一定的破坏，在建设中应尽量减少破坏地表植被生态。

（4）光影。白天阳光照在旋转的叶片上投射的影子会使人时常产生心烦、眩晕的感觉，正常生活受到影响。

（5）对鸟类的影响。大型风力发电机在安装时要考虑它们可能对鸟类造成的危害，特别是对夜间迁徙的候鸟。辽宁省是东北亚候鸟迁徙时的必经之地，有 200 多种鸟类在蒙古、俄罗斯、朝鲜以及中国的辽宁、山东、江苏等地之间迁徙，沿海地带是候鸟迁徙的停歇站和供食地。根据辽宁 8 个已建风电场环境评价结论可知，风机对鸟类的影响如下：

（1）噪声。当风机运行时，风轮转动会对鸟类低飞产生驱赶和惊扰效应。对候鸟和旅鸟影响较小，而对留鸟影响较大。

（2）气象天气条件。根据鸟类的习性，一般在有雾天气和云层很低时，易发生鸟类低空飞行碰撞建筑物和高压线的情况。

需要整合生态环境数据与风电场运行污染评估模型，减少光污染、噪声污染、水污染等对人类生活、鸟类迁徙以及植被、气候和海洋生物的影响，保护绿色生态。

7. 绿色回收环节

绿色回收再制造工程是以产品全生命周期理论为指导，以实现跨越式发展为目标，以优质、高效、节能、节材、环保为准则，以先进技术和产业化生产为手段，修复、改造废旧产品的一系列技术措施或工程活动的总称[1]。

再制造必须考虑产品的经济性，剩余附加值较高且获得失效功能的费用应低于产品的残余增值。在风机回收再制造环节，需要形成对回收产品的智能化、标准化、数字化检测能力。

25.2.3 风电装备全生命周期绿色供应链管理数据需求

为实现风电行业绿色供应链管理，需要采集风电装备制造全生命周期数据并进行全生命周期过程监测和分析评估。风电装备全生命周期绿色供应链管理数据需求如表 25.1 所示。

表 25.1 风电装备全生命周期绿色供应链管理数据需求

数据	数据描述	数据特征
用能数据	智能电表中记录的企业用电信息，可以细化到生产线的相应高耗能装备	以 5min 为周期发送用能数据，包括累计用能数据和实时用能数据，数据量与企业安装的智能电表成正比
生产数据	记录企业每天的实际生产计划和开工信息	以结构化数据的形式保存在企业的信息化系统中
排污数据	包括企业排污监控数据，记录企业排污口主要的污染物排放信息	数据以分为单位采集，对主要的水污染物、空气污染物进行记录
设备运行数据	包括设备运行过程中的 SCADA 数据、DCS 数据等	记录风电装备生产制造过程中各类设备的运行状况
风电设备环境监控数据	记录风电装备在运行过程中产生的光、声、电磁污染	数据以秒为单位进行采集，对风机运行过程中对环境的污染进行评估

25.2.4 风电绿色供应链建设目标

通过开展绿色供应链系统建设，实现供应商与风电企业在能源使用、环境排放、产品材料等方面的信息资源共享，建立上下游良好的协同绿色生态链条。风电绿色供应链建设要实现以下主要目标：

(1) 带动风电行业整体绿色发展，推动上下游企业绿色转型，降低产业链的绿色环保风险，改善供应链整体的环境绩效，建立供应链成员企业之间科学、高效的合作伙伴关系，对企业行为进行规范和约束，在实现环境优化、节能减碳的前提下，降低风电行业整体运营成本，提升整个链条的市场竞争力，实现协同发展、绿色发展和持续发展。

(2) 解决风电行业信息化程度较低，绿色制造数据、标准缺失的问题。风电行业供应链上的中小企业数量多、规模小，绿色转型升级成本高，排放和环境影响信息收集难、监管难，通过信息化手段建立覆盖全产业链条的风电行业绿色信息数据库，开展风电行业绿色制造标准体系建立工作，围绕绿色产品、绿色工厂和绿色供应链，推进风电行业绿色制造标准体系建设。

(3) 提高我国风电产品国际竞争力。开展风电装备产品全生命周期绿色化提升工作,利用企业信息化系统归集的产业链相关方数据,开展产品碳足迹、生态设计等标准制定工作,避免绿色化国际贸易壁垒的制约。

(4) 建立绿色供应链经典模式,为其他企业提供可复制、可借鉴的优秀范例,在风电行业及大型成套装备行业进行推广,达到产业示范的效果。

25.3 风电装备绿色供应链管理的设计

25.3.1 总体任务

按照绿色供应链全生命周期管理理念,金风科技公司牵头与供应商、物流商、终端用户等共同组成联合体,围绕采购、生产、设计、物流、使用、再制造等重点环节,实现以下任务:

(1) 搭建沿生命周期主线分模块的绿色供应链管理平台(包括供应商绿色信息平台、供应商协同平台、物流信息平台、风电场智能服务云平台、再制造测试平台等),优化完善组织之间的信息共享、传递的渠道。

(2) 建立绿色供应商的评价标准体系和绿色采购制度体系,推动风电产业链上企业转型升级发展。

(3) 建立供应商绿色发展基金及技术资源库,探索推动供应商持续绿色发展的市场化运营机制,降低风电装备零部件采购成本。

(4) 收集风电装备物流、使用、再制造等环节中的相关信息,指导风电装备绿色设计开发。

(5) 进行风电装机企业绿色设计及工艺改造创新,树立风电装机行业绿色发展标杆;加强风电装备再制造能力建设,减少风电装备停机损耗和废弃物产生。

(6) 制定出台风电装备行业相关绿色供应链标准,指导风电装备行业绿色供应链建设,形成并推广风电行业绿色发展典型模式,实现风电装备全产业链条、全生命周期的绿色化水平提升。

25.3.2 总体设计

结合我国生态文明建设和工业绿色发展对风电行业提出的历史性要求,为完成上述任务,金风科技公司充分利用自身风电行业龙头企业的地位优势和对供应链的强影响力,协同供应商、物流商、风电场、再制造企业、科研机构等相关单位组成联合体,共同建设风电装备绿色供应链管理平台,如图 25.1 所示。

围绕风电装备上游制造、整机零部件采购、整机设计/生产/运输以及整机零部件再制造的风电装备全生命周期过程,以应用信息化的管理手段和管理工具为支撑,以风电产业链物质流、能量流、信息流、资金流的分析优化配置为抓手,以绿色采购为牵引,以能源效率提升为切入点,通过绿色供应链管理平台整合供应商绿色信息平台、供应商协同平台、绿色设计平台、物流信息平台、风电场云服务平台、再制造检测平台等,对供应商进行绿色绩效考核,提出整改建议方案;为供应链管理者提供供应商绩效考核结果,实现绿色采购;应用模块化、集成化、智能化的装备,并为工艺专家提供数据分析优化改进工艺的数据来源,实现绿色生

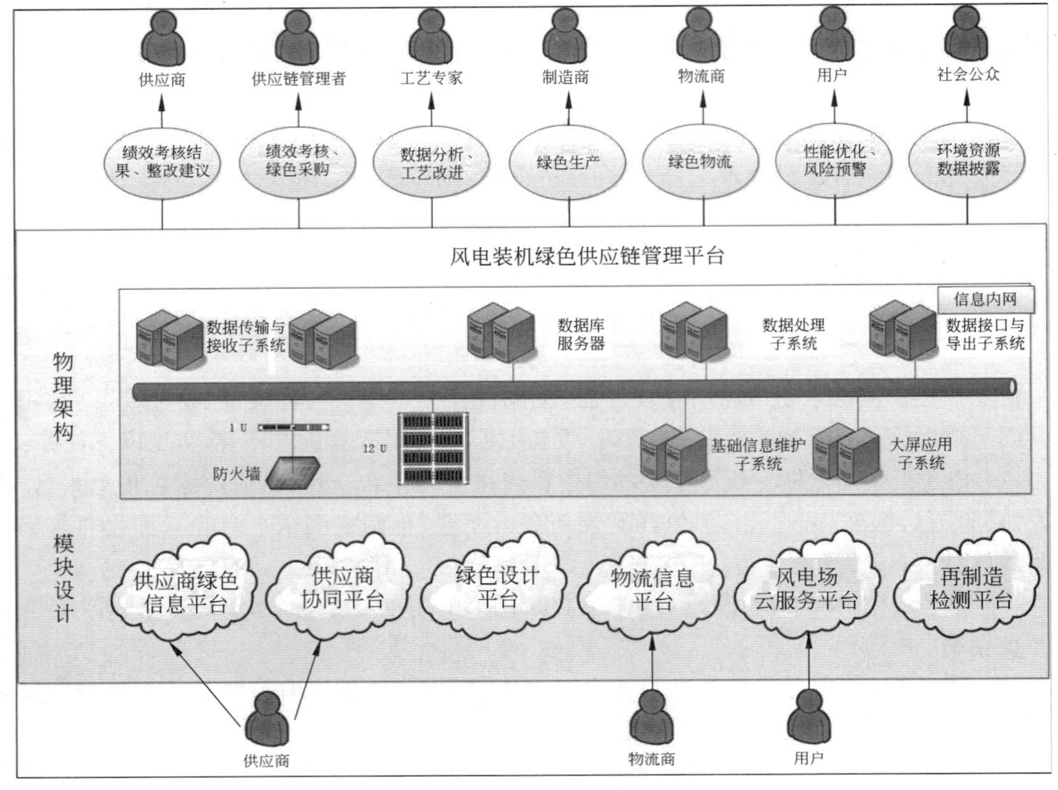

图 25.1 风电装备绿色供应链管理平台

产；提出用户在使用风机装备过程中的性能优化方案、风险预警和实现再制造；对社会公众进行环境资源数据披露；通过建立与产业链上下游的约束机制、激励机制和合作机制，形成风电行业绿色发展的典型模式，带动供应链上企业向绿色发展转型升级，实现风电行业经济效益、生态效益和社会效益的协调优化。

25.4 技术方案

25.4.1 技术路线

按照全生命周期管理理念，围绕采购、设计、制造、物流、使用、再制造等重点环节，开展绿色采购、绿色设计、绿色制造、绿色物流、绿色回收再制造等工作，研发供应商绿色信息平台、绿色供应商管理体系、供应链绿色化提升应用、绿色设计类应用、工艺改造类应用、物流运输优化应用、风电装备使用远程监控服务示范应用、风电装备再制造能力提升应用等，进行全产业链的优化改进，形成典型的、具备可借鉴性、可推广性的行业绿色供应链管理模式和实施路径，推动全产业链各环节相关部门进行转型升级，从而带动风电行业的绿色化提升。图 25.2 给出整体技术路线图，图 25.3 为绿色供应链信息平台系统(中央端)物理部署图。

1. 上游生产环节

上游生产环节以建立供应商绿色信息平台(客户端)为起点，充分利用网络优势，汇总上

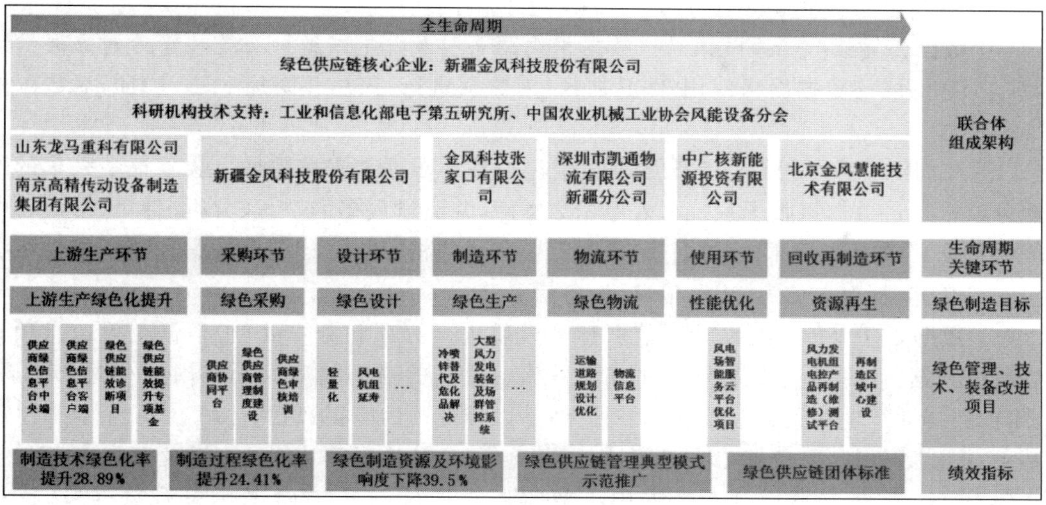

全生命周期
绿色供应链核心企业：新疆金风科技股份有限公司
科研机构技术支持：工业和信息化部电子第五研究所、中国农业机械工业协会风能设备分会
联合体组成架构
山东龙马重科有限公司
南京高精传动设备制造集团有限公司
新疆金风科技股份有限公司
金风科技张家口有限公司
深圳市凯通物流有限公司新疆分公司
中广核新能源投资有限公司
北京金风慧能技术有限公司
上游生产环节　采购环节　设计环节　制造环节　物流环节　使用环节　回收再制造环节　生命周期关键环节
上游生产绿色化提升　绿色采购　绿色设计　绿色生产　绿色物流　性能优化　资源再生　绿色制造目标
供应商绿色信息平台中央端　供应商绿色信息平台客户端　绿色供应链能效诊断项目　绿色供应链能效提升专项基金
供应商协同平台　绿色供应商管理制度建设　供应商绿色审核培训
轻量化　风电机组延寿　…
冷喷锌替代及危化品解决　大型风力发电装备及场群管控系统　…
运输道路规划设计优化　物流信息平台
风电场智能服务云平台优化项目
风力发电机组电控产品再制造（维修）测试平台　再制造区域中心建设
绿色管理、技术、装备改进项目
制造技术绿色化率提升28.89%　制造过程绿色化率提升24.41%　绿色制造资源及环境影响度下降39.5%　绿色供应链管理典型模式示范推广　绿色供应链团体标准　绩效指标

图 25.2　整体技术路线图

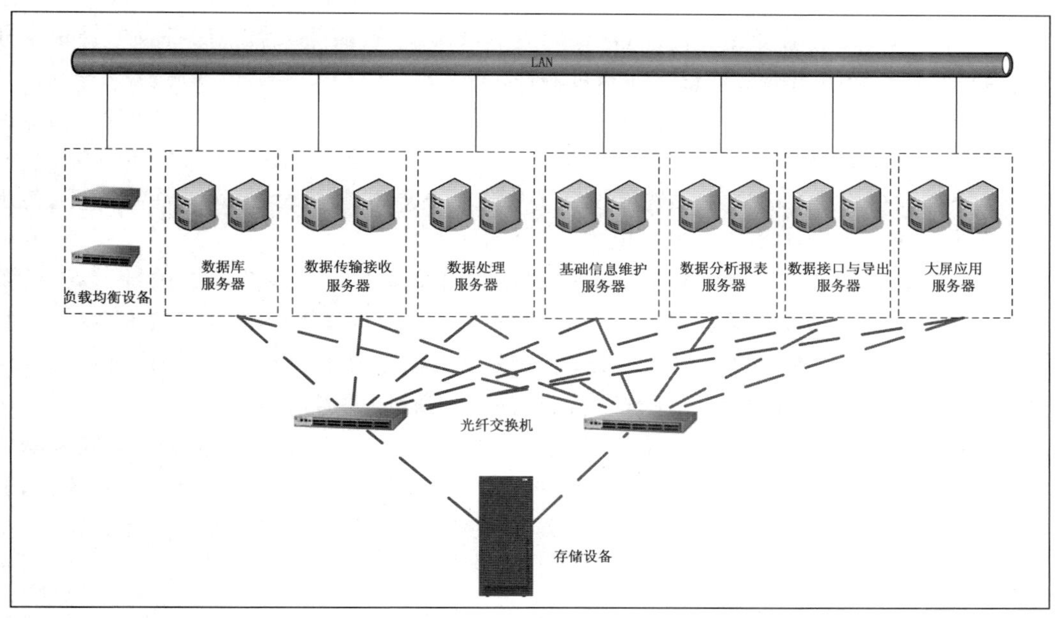

图 25.3　绿色供应链信息平台系统(中央端)物理部署图

下游企业资源能源消耗、污染物排放、物料绿色管控、资源综合利用效率等信息，通过供应商绿色信息平台(中央端)实现供应商环境信息与其他信息有效集成，实现产业链上相关信息的共享。开展供应链能效诊断，为供应商提供绿色技术支持，提出绿色优化改进方案。利用绿色供应链能效提升专项基金，鼓励供应商进行能效改进，为供应商提供金融支持，解决困扰供应商绿色升级的技术和资金问题，实现上游生产的绿色化水平提升，降低供应链的生产成本。

供应商绿色信息平台(中央端)应考虑以下技术问题：

(1) 数据传输接收子系统设计。数据采集器通过设置主站地址与统一平台建立通信链接，基于 IP 协议的数据网络使用 TCP 协议，对数据进行打包，并附加 MD5 验证，对数据进行加密传输。

(2) 数据汇总方案设计。系统数据模型包括核心数据和支撑数据。从采集端采集的原始业务数据经过数据接收子系统写入原始数据库，并经过数据的整理、分拆、计算，形成各个阶段的数据，分别写入不同的数据库，最终形成完整的核心数据。支撑数据主要指提供业务支撑的信息，包括企业信息、支路信息、设备信息等。

(3) 数据处理分析方案设计。数据计算模块进行分项和分户处理，根据企业信息预处理后所得数据，计算得到分项数据和分类数据。数据的时间精度有 10 分钟、小时、天、周、月、年。数据计算模块是针对数据的多种类型，以经处理的能耗数据、环境参数、企业信息等为基础，提供数据展示、分析、比较、统计、财务分析、节能诊断等功能的自动化工具。

(4) 数据存储方案设计。数据中心数据库为国际或者国内主流关系数据库，支持 ANSI/ISO SQL-92 标准，具备数据分析和报表功能。本应用采用 Oracle 数据库作为存储媒介，利用实时应用集群技术搭建数据库集群，实现多节点负载均衡和数据库服务高可用性。采用高端服务器部署数据库应用，保证服务器资源充足，能够支撑上层各类数据采集和数据处理应用，并保障系统运行稳定性和可靠性。

(5) 数据备份方案设计。统一信息平台的备份内容包括业务数据备份、非结构化数据备份。对业务数据的备份策略包括每天做增量备份、每周做差分备份和每月做全备份。

(6) 终端设备设计。数据采集终端设备主要包括电子式电能表、超声波冷量计、远传水表和远传燃气表。目前主要应用的是电表、水表和气表。

(7) 传输设备设计。能耗数据采集器是数据实时采集和远传系统中的关键设备，负责接入智能电能表或其他数据采集终端(如水、燃气等能耗计量设备或者传感器设备)。下行采用 RS-485 串行通信端口进行数据采集，上行可以根据需要采用基于 IP 协议有线以太网或移动 GPRS 网络实现数据远传，实现与接收端服务器程序的通信。

(8) 数据采集网络设计。数据采集网络将终端设备、数据采集器和数据采集服务器相连接。终端设备与数据采集器之间采用双绞线连接方式，为了同时保证通信速率和质量，原则上线路长度不超过 300m。数据采集器与数据采集服务器之间采用以太网连接方式。

2. 采购环节

在采购环节，编制绿色调研信息表，收集供应商的绿色信息。同时，利用供应商绿色信息平台提供的供应商绿色信息数据库，通过供应商协同平台实施供应商绿色信息分类管理，建设绿色供应商管理制度、供应商绿色度评价标准以及绿色采购标准，开展供应商绿色度审核，建立健全供应商绩效管理与退出机制，定期组织供应商培训，选择符合公司绿色供应链理念的原辅材料供应商，实现绿色采购。

3. 设计环节

在设计环节，应用绿色供应链管理平台收集的风电产品全生命周期资源消耗、环境影响数据库，从源头设计考虑原料的选择、生产、使用、再制造等阶段对环境造成的影响，结合产品的功能、环境、政策法规和客户要求，贯彻节约材料、节约能源、提高使用效率、延长产品寿

命的设计理念，开展风电机组延寿、风电机组噪声分析与控制等 14 个绿色设计应用，实现产品的高性能、轻量化、绿色化和智能化等。

4. 制造环节

在制造环节，开展绿色制造关键工艺技术装备的创新突破，应用冷喷锌替代及危化品解决方案等清洁高效的绿色基础共性工艺技术和物料半自动配送系统等智能化的绿色生产装备，降低生产过程的废弃物排放，提高生产效率，实现关键工艺环节的绿色化改造升级，实现绿色、清洁生产。

5. 物流环节

在物流环节，采用无人机航拍等方式，通过 GIS 系统进行标签路勘，并通过三维全景地图进行道路扫描，建立运输道路规划模型，利用信息化手段合理规划路线设计，减少道路长度、运输和检修行驶的距离，减小道路施工土石方工程量，尽量避免破坏植被和影响生态；通过物流信息平台以及安装在运输车辆上的传感器和 GPS，对车辆运行时间、车辆状态、天气环境等进行实时监控，跟踪承运商，实施运输、储存、包装、装卸、流通加工等物流活动，提高物流运输效率，促进承运商降低运输油耗和排放，实现运输过程的节能减排和环境保护。

6. 使用环节

在使用环节，基于物联网、大数据、云技术组建风电智能服务体系，通过物联网的感知端与信息互联建设，对片区电场、组装生产、储备物流、总部研发等各个部分的设备信息、运行信息、人员行为信息等进行捕捉、采集并可靠地传输到云中心存储，向各业务系统和人员提供数据信息。同时，利用大数据分析与挖掘，向各业务系统及人员发布数据分析结果，也可以直接发布云服务方式的数据资讯服务。此外，各业务系统通过终端将智能化的处理结果返回各设备及现场，进行自动的或者人工的事务处理。风电智能服务体系网络系统架构如图 25.4 所示。

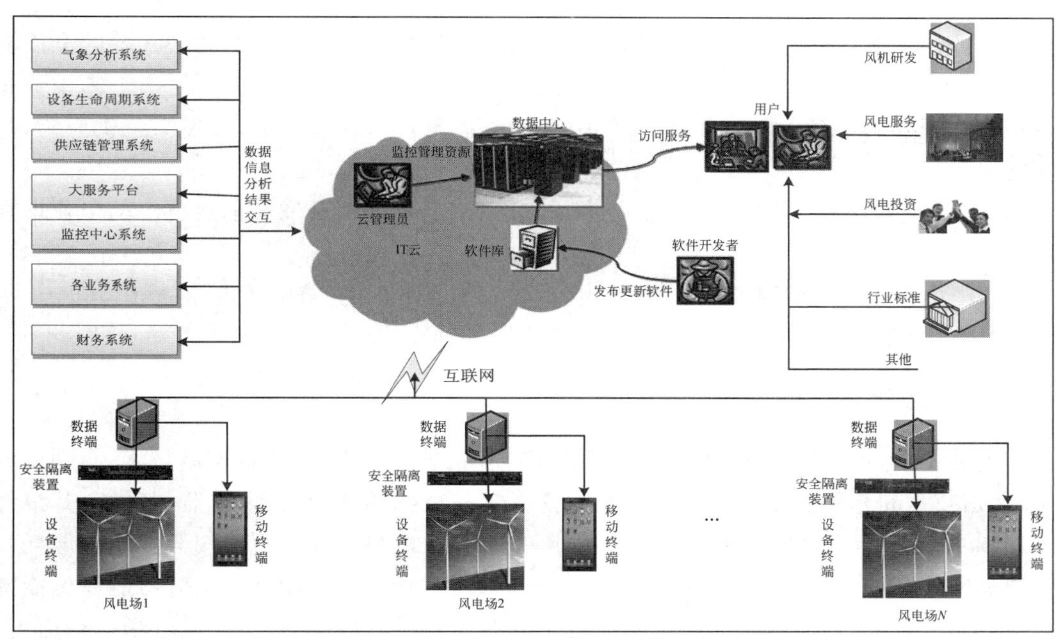

图 25.4　风电智能服务体系网络系统架构

7. 回收再制造环节

在回收再制造环节，建设再制造测试平台实体，开发风力发电机组电控产品再制造（维修）测试平台，提升集成化、数字化、标准化的风电备件检测能力；编制再制造作业指导书，指导开展再制造工作，提高再制造技术能力；建设多处再制造中心，满足日益增长的再制造需求，降低再制造过程中机组停机时间和运输成本，全面提升再制造水平，减少资源浪费。

基于一体化的大数据平台，融合生产制造过程数据、风机运行数据与生态环境部的环境影响评估、环境举报和投诉、污染源自动监控数据，打造生态企业全产业链的制造、运行、回收环节的完整能耗、污染物排放监测，实现具有标杆性的风电装备全生命周期绿色管理，如图 25.5 所示。

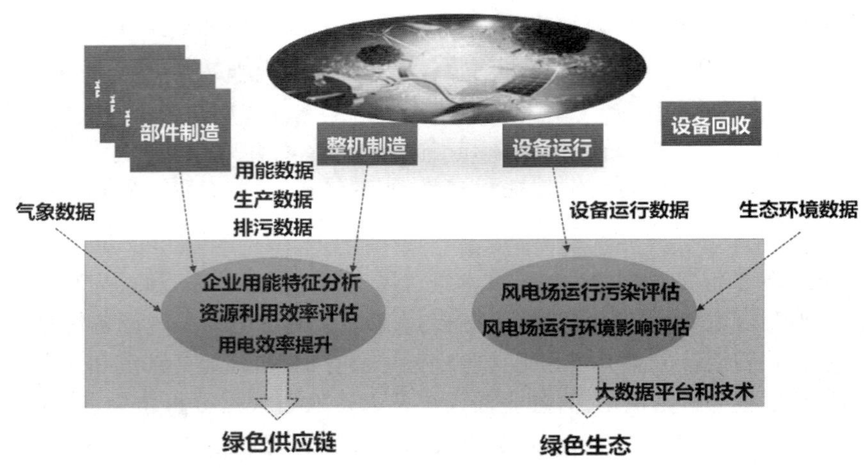

图 25.5 风电装备全生命周期绿色管理

在产业链企业中搭建能效大数据平台，实现对工业企业用电及能源消耗状况的全面监测、分析和评估，通过对能源消耗过程实施信息化、可视化管理，优化企业生产工艺用能过程，科学、合理地制订企业用能方案，有效提升企业能源效率管理水平，实现绿色供应链，从而实现以下目标：

（1）提高企业电能利用效率，降低能源成本，以较低电力消费增长创造更多的工业增加值产出。

（2）优化企业用电结构，转变工业用电方式，实施科学用电、节约用电、有序用电。

（3）提升清洁能源的使用比例，达到节能减排、保护环境的目的。

25.4.2 平台建设

风电装备全生命周期绿色管理平台是利用计算机软件技术、计算机网络技术、自动监测技术、通信技术和相关的专业技术建立的一套高效、稳定的能耗专业采集监测系统，其设计方案如图 25.6 所示。主要功能一是对各用能单位的水、电、热、液化石油气等能源的能耗计量值数据实施在线集中采集，实现动态监测、分析诊断，通过能源计量加强对用能单位能源计量器具的依法合理配置和检定管理；二是对风电场能耗进行监测，实现风电场运行监测、风机及各部件性能测评、风电场发电量及场用电量分析、场站建筑水电气热计量、重点设备能效分析等功能。

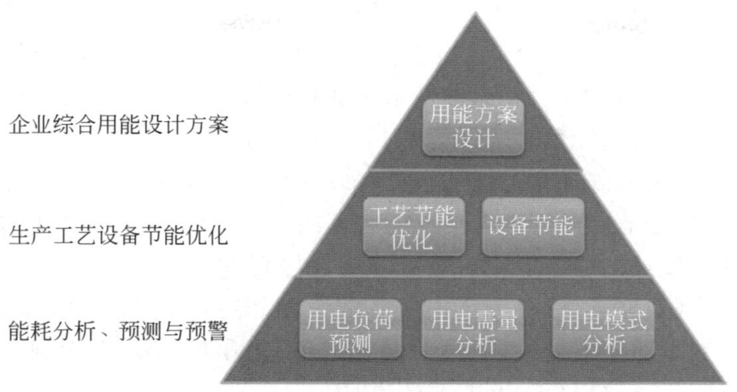

图 25.6　风电装备全生命周期绿色管理平台设计方案

1. 系统架构

风电装备全生命周期绿色管理平台从逻辑上可以划分为两大子系统，即数据处理计算平台和 Web 服务平台。其系统架构如图 25.7 所示。

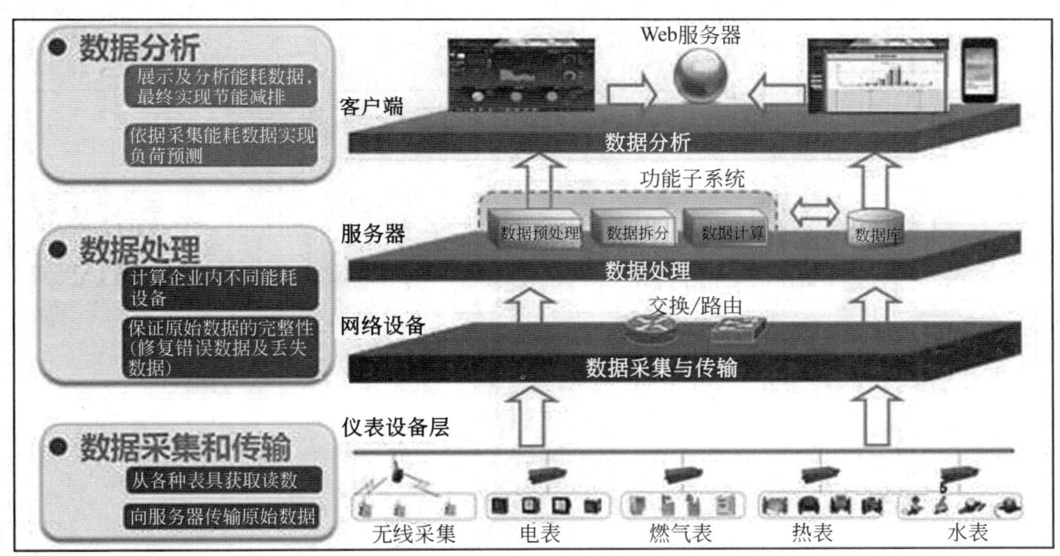

图 25.7　风电装备全生命周期绿色管理平台系统架构

数据处理计算平台是风电装备全生命周期绿色管理平台的后台系统，负责对海量能耗数据的获取、存储、处理和加工计算，在保证能耗数据完整性和准确性的基础上，获得各层级能耗报表。

Web 服务平台是风电装备全生命周期绿色管理平台的前端系统，它基于 B/S 架构，通过 Web 服务器向不同角色的用户提供有针对性的专业化能耗监测和节能管理服务。风电装备全生命周期绿色管理平台支持各种末端计量设备的接入，可收集各类能耗数据，形成原始能耗数据积累。原始数据通过数据完整性服务，将错误数据剔除，利用计算模型或人工方式补充缺失数据。在获取完整数据后，通过数据拆分计算，将原始累计值的能耗数据转换成单位时间的能耗、企业基本信息等内容，通过人工调研和数据有效性验证，利用 Web 服务平台录入到系统中。系统能根据调研信息生成和评判计量设计方案，并形成信息数据，该数据涵盖了设备系统能耗计算模型及针对企业应用的能耗计算模型。这两套模型能对能耗的计量支路情况进行系统的归类和划分，以便未来准确地拆分和计算能耗数据。

风电装备全生命周期绿色管理平台包括九大功能，覆盖了企业在实际节能管理工作中的所有需求，从基础信息管理到能耗综合分析以及最终在线生成节能诊断报告，都是从用户实际管理需求出发，涵盖能源管理人员节能管理的方方面面，能够极大地提高能源管理人员的工作效率。功能设计的核心点是：采用海量数据管理办法，结合能源管理系统业务的实际情况和需求，实现数据共享、提升节能业务能力和开辟创新业务模式、促进业务融合和管理提升。基于对数据的深入挖掘，通过对能耗信息、企业基本信息、外部系统信息等数据进行汇总、分析和计算，支撑用户的节能改造决策。

2. 主要功能

1）园区/企业能效管理

图 25.8 给出金风智慧能效平台功能模块。其中，金风智慧能效平台整体展示企业能耗指标以及企业用能趋势与对比信息，可按能源介质种类进行分类展示，显示各种能源介质的每日消耗占比、能源成本消费占比、折算标煤占比等信息，以及主要生产线或者车间的能源消耗信息及排名。

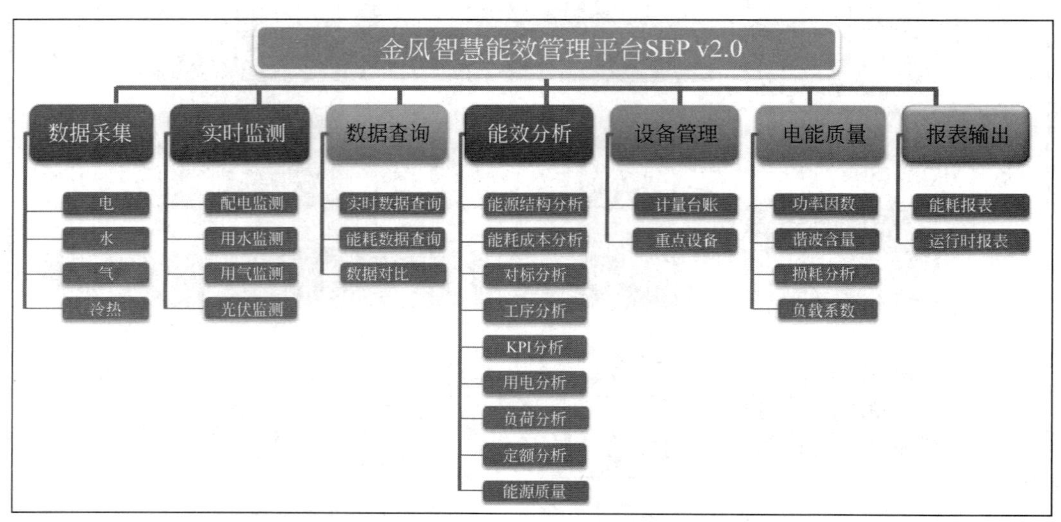

图 25.8 金风智慧能效平台功能模块

实时监测模块可以实时监测用户各能源介质、环保、设备运行参数等数据，及时发现问题，为及时采取措施提供决策支持，使生产、能源调度更准确及时。该模块包含配电监测、用水监测、用气监测、光伏监测等子模块。

能耗数据查询模块支持按时间段（逐时、逐日、逐月）和组织架构以及计量支路查询，显示每个查询维度的数据对比。

能效分析模块是整个平台的核心。它从各个层面、各个角度对企业的能耗进行成本分析，既能从宏观的企业层面进行分析，也能从微观的具体设备、工序上分析，找出企业消耗量大的能源，为管理层提供数据支持，辅助管理层做出正确决策，减小企业成本压力。

2）风电场能效管理平台

风电场能效管理平台帮助风电场提高规模化能源管理的可视化水平、可追溯能力和决策支持能力。通过动态监测、分析诊断、综合统计，从而合理计划和管理能，提高风电场运行效率，降低综合场用电耗，提高经济效益。其结构如图 25.9 所示。

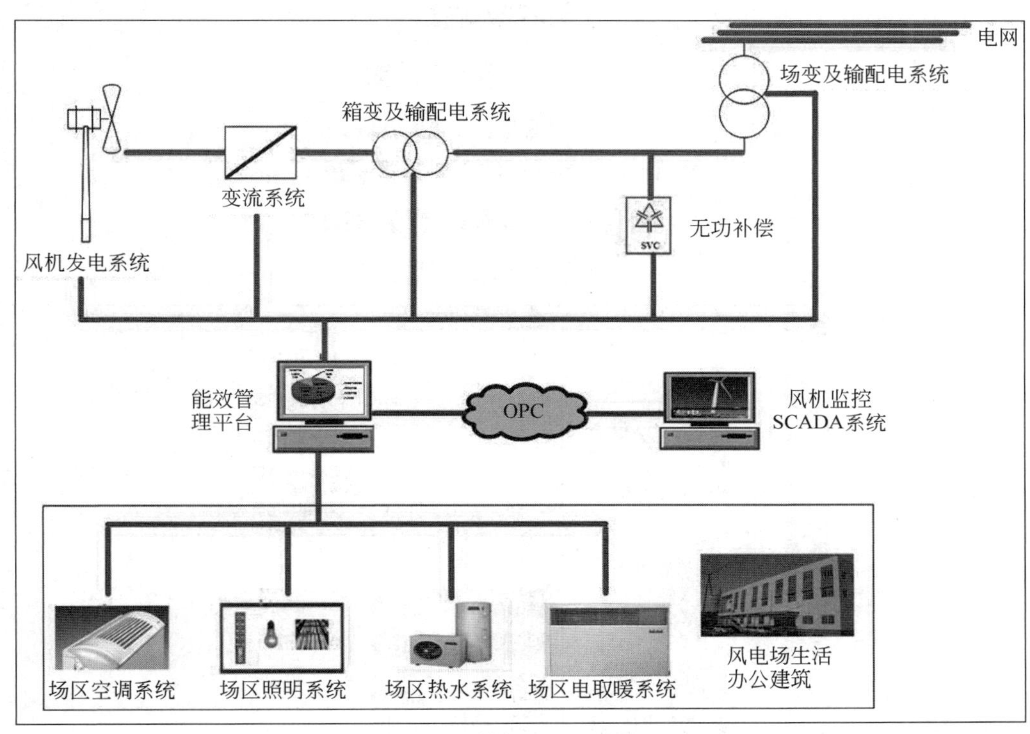

图 25.9　风电场能效管理平台结构

该平台监测的内容包括风机自用电耗及变流、水冷等子系统的电耗、风机发电量和上网电量、中控楼电耗及各主要用能设备电耗、变流器实时效率、变压器实时效率、热泵机组实时制热/冷量及效率、发输电各环节的损耗、场区用冷水用量和热水能耗以及场站室内外环境信息检测。

该平台主要功能如图 25.10 所示。

（1）实时监测。按风机和场站选择电表、水表等，可查看当前各参数的实时数值、功率（流量）实时曲线和能耗累计折线图等，如风电场发电功率、风电场上网电功率、风机的实际发电功率、预测理论发电功率、主变压器前后电功率、集中无功补偿设备输出无功功率、消耗有功功率、风机自用电功率、风机发电机冷却系统电功率、风机变流器冷却系统电功率、偏航系统电功率、变桨系统电功率、场站用电功率、地源热泵电功率以及场站各功能分区的用电功率等数据。

（2）执行查询并生成趋势图。可选择时间段、能耗类型（风机冷却散热、风机变桨偏航、风机其他指标、用电场站暖通、场站其他指标、场站用水、环境参数）、具体数据项或指标项查询历史曲线。可追溯时间应超过一年。

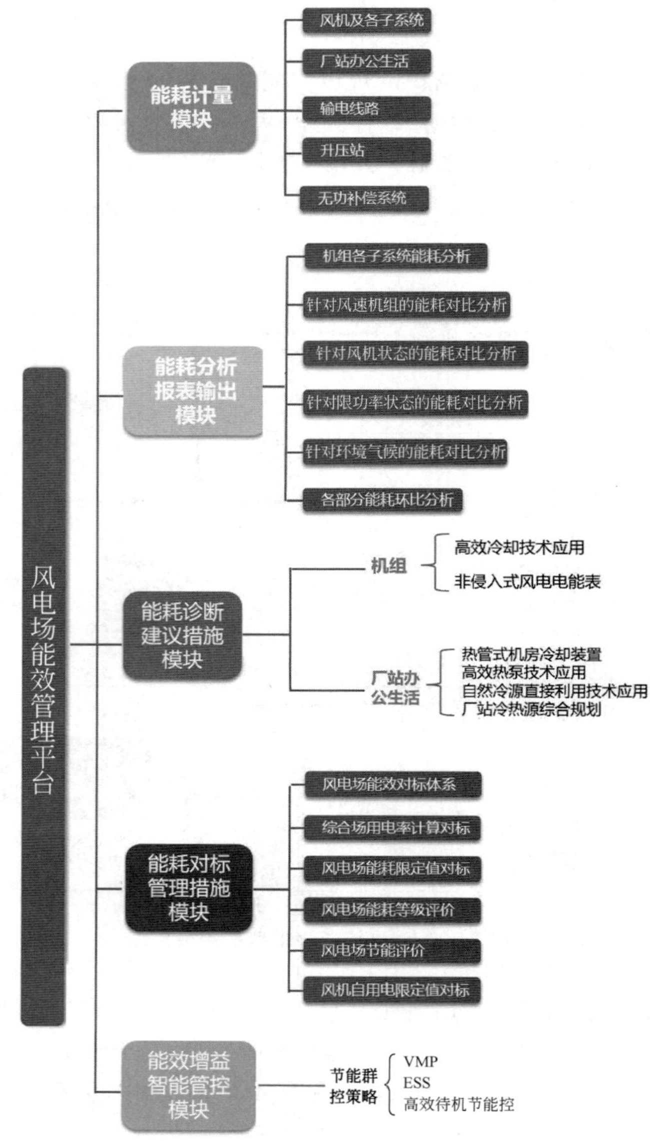

图 25.10 风电场能效管理平台主要功能

(3) 生成能效评估报表。依据风电场能效评估指标以及相关数据生成能效评估报表。

(4) 设备管理。记录各设备型号、参数等信息。

(5) 能耗异常预警。当设备的能耗偏出正常值范围时进行报警。

3) 清洁能源微网

清洁能源微网管控平台是一个综合、统一、互联的管理和服务平台，全面涵盖能源调度管控、客户管理、交易结算管理、合同管理、负荷预测、能效服务、需求侧管理、能源运维等方面的业务，实现横向电、水、气、热、冷多能互补集成优化，纵向源、网、荷、储协调运行控制的目标。

清洁能源微网管控平台定位为区域站功能，采用物理分布、逻辑集中、组件部署、按需配置的可弹性扩展的部署架构。该平台作为集团综合能源服务平台的下级分区管理的延长，面向分区内部提供区域级能源管控服务。该平台在物理上是一套独立系统，实现延长的区域管理功能，向下对变电站、分布式光伏、风电、燃气-蒸汽联合循环机组、终端负荷进行优化控制，向上预留接口与上级综合能源服务平台进行数据交互。该平台与上级平台的架构关系如图 25.11 所示。

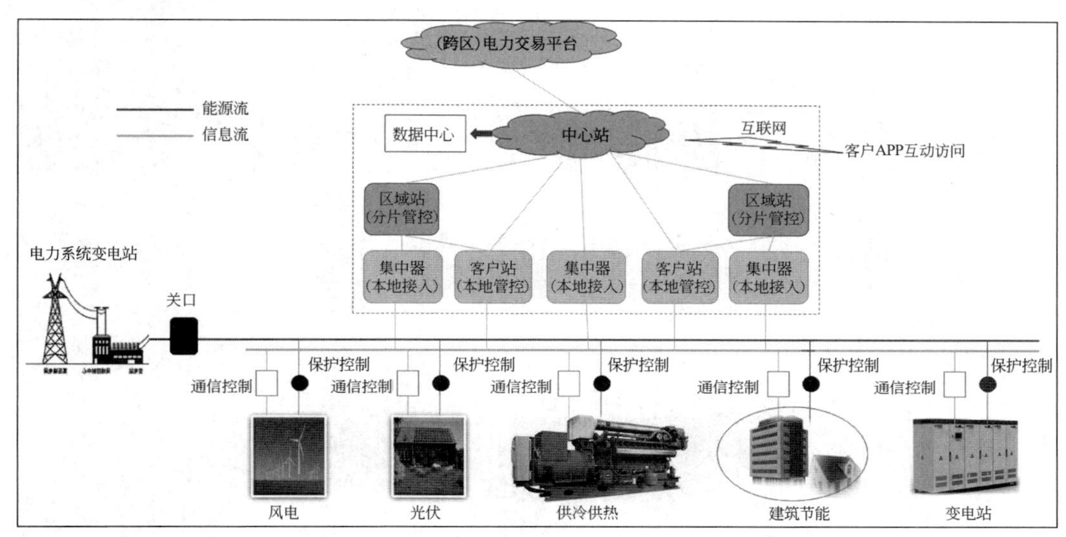

图 25.11　清洁能源微网管控平台与上级平台的架构关系

作为统一的大数据平台，清洁能源微网管控平台既要包括分布式的局部性应用功能，也要包括集中式的全局性应用功能。该平台具体分为能源规划子系统、能源调控子系统、能源管理子系统、能源优化子系统、能源运维子系统、能源交易子系统 6 个子系统。每一个子系统对应若干功能模块。应用采用模块化设计，根据需要可以灵活组建相应的模块。

同时，该平台综合考虑了多层级架构、多业务组件、多类型能源、多数据类型、多接入规约、多类用户访问、多数据发布方式、多对外接口等外部数据特征，提供统一的数据采集框架和安全体系，既可实现标准化数据接入，又可充分保障能源设施、能源系统及能源信息的完整性、可靠性、可用性、可控性与保密性。

清洁能源微网管控平台软件架构如图 25.12 所示。

（1）依托能源规划子系统，对目标区域进行多源资源不同容量配比场景下的电、水、气、冷/热联供系统的调控运行模拟仿真，定量评价其经济性和环保性。并在此基础上提供目标区域的能源规划优化配置方案，提出实现用户设定目标的最佳方案。

（2）依托能源监控子系统，提供电、水、气、热/冷综合能源在生产、传输、分配、消费各环节的信息采集、全景能流监控，实现集中监视、统一调度、快速故障预警与高效协调运行。基于此，可提供不同应用需求下的场景组合与切换，包括分区—分片—分点运行监控、新能源消纳应用、管网运行分析应用、能源设备运行状态监测等。

（3）依托能源优化子系统，对区域开展分布式光伏、风电、燃气-蒸汽联供、空调等各类可调可控资源在各个时空尺度下的协调优化控制，提供虚拟电厂、能效电厂、削峰填谷、需求侧

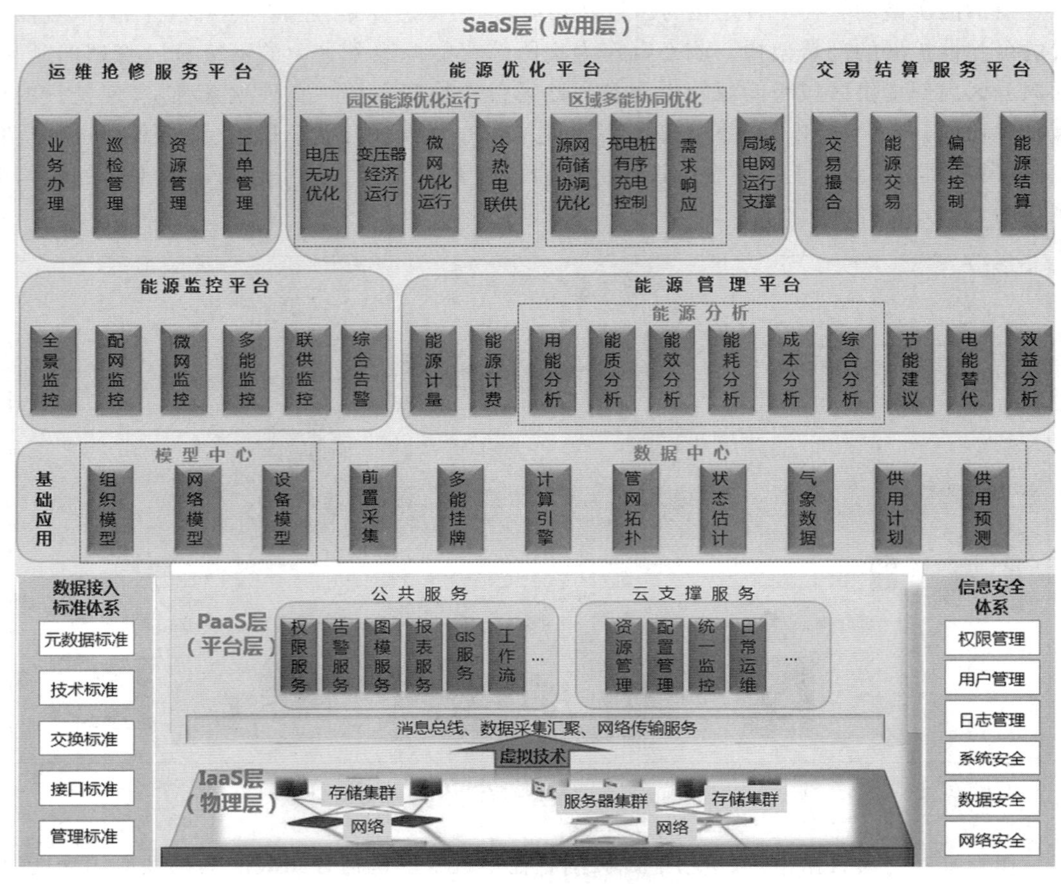

图 25.12　清洁能源微网管控平台软件架构

响应、节能控制等能源微网支撑服务，实现多样化增值服务。能源优化子系统多能微网源网荷储协调控制以区域协同互补、微网分布自律、终端双向互动为原则，采用分层分区、协调控制的模式，充分利用多种能源之间的互补特性，对整个区域内的源、网、荷、储进行协调优化控制，并对协调控制策略、调控对象、控制效果进行全景可视化展示，提高区域电网整体安全水平和运行效率，最大化消纳清洁能源。

(4) 依托能源管理子系统，为开展区域能源采购计划、能源需求计划、能源检修计划、电水气热集中抄表、能源质量分析、能耗分析、能效分析、成本分析、投资收益分析等业务，提供查询、统计、编辑、分析等功能性报表。

(5) 依托能源运维子系统，提供支持移动 APP 的运维抢修闭环管理，实现预警管理、巡检管理、停供管理及工单管理。实现快速线上派单、接单，并支持巡检人员执行巡视、到位巡检、现场设备查看、巡视数据上传等任务，为开展用户侧能源代维、运维、抢修、实物资产寿命管理等业务提供快速而精准的服务。

(6) 依托能源交易子系统，为辖区客户在统一平台上完成电、水、气、冷/热等多种能源一站式出售、购买，提供现货交易管理、中长期交易管理、合同管理、结算管理、市场分析等服务，并与跨区电力交易系统进行过网交易的数据交互。

此外，通过该平台提供的便捷、易用、交互性能良好的互联网桌面终端或移动 APP 终端，可在确保系统安全的基础上，开展移动监控、快速抢修、移动巡视等业务；通过网上营业厅，发布企业资讯，与用户互动，提供绝佳的用户体验，向用户提供综合能源的业务办理、用能查询、代扣代缴、快速抢修、设备代维、能源托管、能效监控、节能诊断等全方位、一站式服务。用户可利用互联网网页或移动 APP 随时随地了解能源设备与系统运行情况、故障异常运维处理进展、参与需求侧响应情况及预期/实际收益分析等，满足多用户随时随地同步操作、高效协同的需求。

最后，依托该平台的大数据技术，可以提供分析市场供需状况、售电数据、用户用电数据、用户用电行为等指标，清晰展示现状，并对售电量、日用电量、盈亏平衡、智能购售电等进行有效预测，为运营提供决策支撑。同时，基于大数据分析，结合公司运营情况，可测算不同周期的盈亏平衡，预设阈值，精确评估购售电时机、购售电价格、购电对象，满足公司智能决策的需要。

25.4.3 关键技术

风电装备全生命周期绿色管理平台采用的关键技术包括物联网技术、人工智能技术、大数据分析技术和云计算技术等，如图 25.13 所示。

(1) 大数据挖掘利用，通过大数据平台进行工业大数据价值挖掘利用。

(2) 采用智能算法，解决大量数据自动筛选问题，及时发现各类异常数据。

(3) 将各种监测系统功能整合，实现各种类型数据的互联互通。

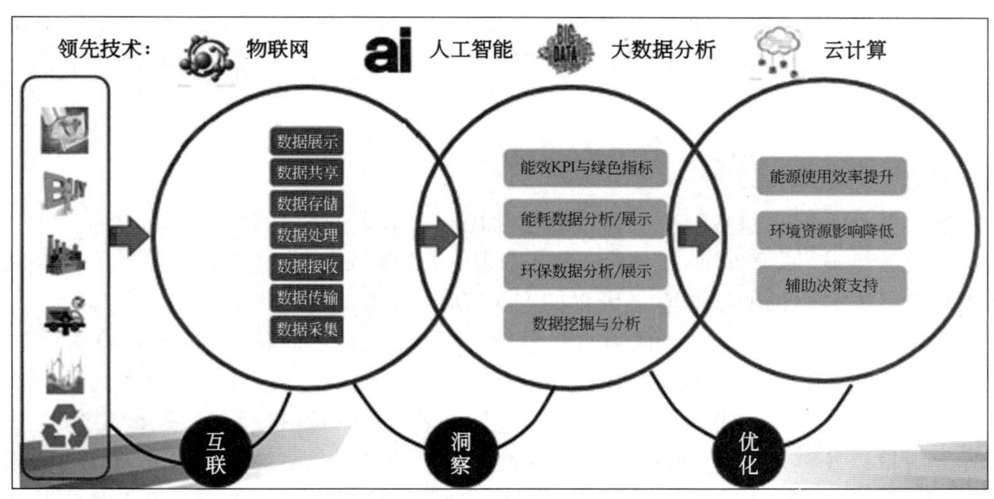

图 25.13 风电装备全生命周期绿色管理平台关键技术

通过全链条的能效提升和能源成本控制，降低单位产品的能耗水平和能源成本，最终体现在终端产品的能源成本和绿色化水平大大提升，借助信息化平台的数据支撑，绿色供应链专项基金的持续引导，以及节能技术的引入、应用和推广，建成动态监测、持续提升的绿色供应链。

25.5 性能

25.5.1 特色与优势

金风科技公司在开展绿色供应链建设过程中，结合公司战略发展方向，着眼于长期利益，通过与供应商建立合作机制、约束机制和激励机制，加强沟通，为供应商提供信息、技术、管理、人才、资金等方面的帮助，主要创新点体现在以下几方面：

(1) 在合作机制上，金风科技公司提出供应商协同平台的内容，改变了以往供应链上企业之间仅通过采购部门和销售部门对接的现状，建立研发对研发、质量对质量、生产对生产的全面协同合作机制，提高绿色化产品设计要求、绿色生产要求在供应链上的信息传递效率，消除信息壁垒。同时，通过供应商绿色信息平台，实现了供应链上绿色信息的互通共享，便于供应链上企业进行协同优化。

(2) 在约束机制上，金风科技公司提出供应商的绿色度评价通用性标准(为国内首次提出)，并计划分行业制订不同供应商的绿色度评价细则，建立供应商绿色度定期审核机制、在线评价机制和绩效管理与退出机制，约束供应商的绿色行为，对评价为不合格的供应商进行暂停向其采购乃至将其从采购名录中删除的处理。

(3) 在激励机制上，金风科技公司为供应商提供了信息、技术、管理、人才、资金等全方位的帮助。由金风科技公司出资为供应商建设能源管理系统，组织专家为供应商提供管理、技术方面绿色化的诊断。同时，设置了绿色供应链能效提升专项基金，为供应链企业实施绿色化改进提供资金支持。这些工作的开展充分体现了金风科技公司作为行业龙头企业的社会责任意识和对供应商充分的信任。这些工作中的很多措施都是金风科技公司首创的。

25.5.2 经济效益

1. 降低生产成本

本平台推动了绿色供应链上企业朝着更加清洁、低碳、节能的方向进行产品设计、工艺改造以及产品运输、回流处理，在生产、产品处理、库存维持和运输方面降低能耗、节约材料，避免或减少有害材料的使用和有害废物的产生，提高资源的利用率。

(1) 以金风科技公司全部供应商每年总电耗 20 亿千瓦·时估算，本平台将协助供应商将电耗降低 10%，预计实施期内供应商电耗累积下降 2 亿千瓦·时，节约成本约 1.2 亿元。

(2) 通过工艺设计优化，有效节省铸件制造过程中的原材料使用量、风电场建设过程中的混凝土用量以及钢筋用量，预计成本下降 40%。

(3) 维护成本比传统方法减少 20%～25%，设备故障减少 40%以上，能有效减小设备维护成本和风电厂用户运行成本。

(4) 备件维修可靠性需求日益增长。废旧备件的维修不但节约了风电场运行成本，而且提升了进组的利用率，使绿色能源得到更广泛的应用。根据测算和现场调查，对于拥有 33 台风机的现场，平均每个现场的失效风机在 10 台以上，四五个现场便可收回再制造测试平台成本。

2. 增加收入，拉动投资

通过推进绿色供应链管理模式，供应链成员企业整合利用各自的独特资源与能力，共同完成价值创造过程，增强链上单个企业和整个供应链为顾客提供所需产品与服务的能力，获得超出其他企业的收益，并拉动整个供应链的投资增长。

(1) 本平台提供的绿色产品或绿色服务可以更好地协助供应链上企业开拓新的市场，赢得差异化的竞争优势，从而有效避免单纯的价格竞争。

(2) 绿色供应链管理新模式促进了绿色设计的完善、工艺的绿色化改进和使用性能的优化，使得质量和可靠性进一步提升，有效提高发电量。以发电效益提高 5%进行估算，该应用实施期内预计每年新增装机容量 5000MW，可实现发电收入 69 亿元，其中通过发电量提升而增加的收入可达到 3.3 亿元。

(3) 通过供应链能效诊断应用以及能效提升专项基金，带动产业链上一亿元以上的节能项目投资，拉动投资增长。

3. 提升市场影响力，打破国外绿色贸易壁垒

通过本平台可以引导和促进各企业响应国家加强生态文明建设的号召，不断提升产品的绿色度，生产出社会需要的绿色精品，树立企业的形象，实现绿色品牌经营，提高企业的国内和国际市场影响力。

25.5.3 社会效益

1. 环境保护和资源节约

本平台以市场化手段促进供应链上游企业从产品设计阶段就通过节材、节能、避免使用有害物质等措施，节约原材料，降低能耗，并减少有害物质在供应链上的循环。通过绿色供应链对废旧产品进行再造、再生、再循环，提升产品质量，完善产品设计，提升电控备件的产品质量，减少电子垃圾的生成，将绿色风能生产成本降到最低，减少资源浪费以及有害物质对自然环境的破坏。

2. 填补行业研究的空白领域，培养专业技术人才，创造新的商业机会和就业机会

本平台可以实现基于全生命周期的绿色供应链管理，覆盖绿色供应链的各个环节，开创了风电行业以及大型成套装备行业绿色供应链的新模式，填补了绿色供应链管理理论上的空白并提供有益的实践积累。本平台采用的多项技术均为行业领域内的新技术，通过对新技术的研发、实施，将培养一批专业技术人才，填补行业内技术空白领域，创造新的商业机会和就业机会。

3. 推动行业转型升级

我国的工业企业环境管理政策主要依靠行政命令与控制，即以执行相关法律的强制标准为基础，同时采用限期治理、排污收费和排污许可证制度等经济手段进行管理。这些方法在一定的历史时期对保护环境发挥了一定的作用，但目前在新经济形势下暴露了其不足。

本平台的绿色供应链管理作为一种新的管理模式，突破了企业单一的自我环境管理，实现了全供应链绿色共管；通过市场化驱动，使企业环境管理从“点”到“线”再到“面”，实现由政府监管为主向企业相互约束、自觉管理转变；通过供应链上下游之间环环相扣的制约机制，推动企业减污增效、节能低碳及生态友好，促进整个产业链的绿色化，实现真正意义上的绿色制造，继而推动整个社会的可持续发展。

25.6 本章小结

金风科技公司的风电装备绿色供应链管理平台通过建立与供应商的合作机制、约束机制和激励机制，推动供应链的整体绿色化提升，是风电行业绿色供应链的有益探索。本平台主要具有以下特点：

(1) 市场化。本平台完成了绿色供应链的顶层设计、平台开发、管理机制、运行实施等主要工作，设计了供应链能效诊断以及绿色供应链能效提升专项基金等激励机制，改变了传统绿色供应链只收集供应商信息的模式，通过纯市场的手段以及基金和技术的激励，调动供应链企业的积极性，使链上各成员企业充分合作，在技术、知识、工艺选择、资源供应等方面充分协调，形成良好的合作关系。

(2) 信息化。本平台建立信息平台(中央端)作为信息的集散中心，通过以核心企业为中心的信息平台，建立贯通供应链的信息链，支撑供应链之间的物质流、资金流、信息流、技术流按照绿色理念的要求进行传递，运用信息化的手段建立覆盖全产业链条的风电行业绿色信息数据库，设定绿色供应链相关标准，对链上企业进行绿色化管理，促进绿色化的提升。

(3) 智能化。通过搭建智能化的绿色供应链管理平台，配合新兴的技术手段(大数据、云计算、商业智能等)，使 IT 系统成为供应链的大脑，主动思考布局，预知市场趋势，预防潜在漏洞，预先调配资源，预警潜在风险，从建立智能化信息平台以及引入智能化设计、生产技术两方面实现绿色供应链管理的智能化。

(4) 标准化。标准先行是促进政策落地、有序开展工作的重要手段。本平台依托覆盖全产业链各环节的信息平台和数据库，开展针对供应商绿色度评价、风电行业绿色供应链评价、风电行业绿色产品评价以及风电行业绿色工厂评价等相关标准的研究和制订，为标准化、体系化的绿色供应链管理模式提供技术支持。

(5) 精益化。通过信息平台建设、绿色设计、工艺改造、绿色物流等一系列应用，运用现代化的手段和方法，合理配置和有效使用供应链上企业资源，最大限度地以较少的人力、设备投入和较短的时间为企业创造尽可能多的价值，满足客户对产品的需求。作为绿色供应链核心企业，金风科技公司将通过本平台的实施推动链上企业成员实现自身精益化，从而达到整条供应链的精益化。

本章参考文献

[1] 王悦，郭森，郭权，等. 基于 IO-LCA 方法的我国风电产业全生命周期碳排放核算[J]. 可再生能源，2016，7：1032-1039.

[2] XU L，PANG M Y，ZHANG L X，et al. Life cycle assessment of onshore windpower systems in China [J]. Resources，Conservation and Recycling，2017，7：361-368.

[3] 谢志明，谢青青，易玄. 绿色供应链管理对制造企业绩效的影响[J]. 财经理论与实践，2015，1：111-116.

[4] 方陈承，张建同. 绿色供应链管理对企业绩效的影响：一项元分析研究[J]. 科技管理研究，2017，24：234-240.

[5] 谬朝炜，伍晓奕. 基于企业社会责任的绿色供应链管理：评价体系与绩效检验[J]. 经济管理，2009，

31(2): 174-180.

[6] ZHU Q, SARKIS J. Relationships between operational practices and performance among early adopters of green supply chain management practices in Chinese manufacturing enterprises[J]. Journal of Operations Management, 2004, 22(3): 265-289.

[7] 中国机械工业联合会机经网. 金风科技"五位一体"铸就风电智造的新局面[EB/OL]. (2019-06-20). http://www.mei.net.cn/yqyb/201906/830559.html.

[8] PERRAMON J, ALONSO-ALMEIDA M D M, LLACH J, et al. Green practices in restaurants: impact on firm performance[J]. Journal of Operations Management Research, 2014, 7(1/2): 2-12.

[9] LEE S M, KIM S T, CHOI D. Green supply chain management and organizational performance[J]. Industrial Management & Data Systems, 2012, 112(8): 1148-1180.

[10] GONZALEZ-BENITO J, GONZALEZ-BENITO O. A review of determinant factors of environmental proactivity[J]. Business Strategy and the Environment, 2006, 15(2): 87-102.

[11] GOLICIC L, SMITH C D. A meta-analysis of environmentally sustainable supply chain management practices and firmperformance[J]. Journal of Supply Chain Management, 2013, 49(2): 78-95.

寄　　语

管理数据踏征程，智能制造如井喷。

助推国家大战略，屹立世界大翻身！